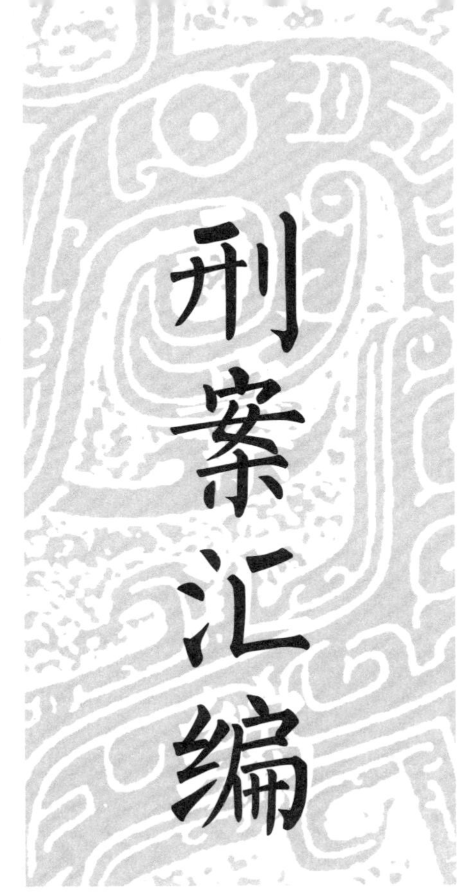

刑案汇编

（清）周守赤◎辑
程方　李明蔚　吴鲁锋◎点校

天津出版传媒集团
天津人民出版社

图书在版编目(CIP)数据

刑案汇编 / (清) 周守赤辑；程方, 李明蔚, 吴鲁锋点校. -- 天津：天津人民出版社, 2018.10
ISBN 978-7-201-13994-4

Ⅰ. ①刑… Ⅱ. ①周… ②程… ③李… ④吴… Ⅲ. ①刑法-案例-汇编-中国-清代 Ⅳ. ①D924.02

中国版本图书馆 CIP 数据核字(2018)第 224953 号

刑案汇编

XING AN HUI BIAN

出　　版　天津人民出版社
出 版 人　刘　庆
地　　址　天津市和平区西康路 35 号康岳大厦
邮政编码　300051
邮购电话　(022)23332469
网　　址　http://www.tjrmcbs.com
电子信箱　tjrmcbs@126.com

策划编辑　马晓雪
责任编辑　杨　轶
封面设计　春天书装

印　　刷　河北鹏润印刷有限公司
经　　销　新华书店
开　　本　787 毫米×1092 毫米　1/16
印　　张　33.25
插　　页　6
字　　数　600 千字
版次印次　2018 年 10 月第 1 版　2018 年 10 月第 1 次印刷
定　　价　126.00 元

前　言

有清一代，大部头、多卷本的判案汇编主要有三部：一是祝庆琪纂修、鲍书芸参定的《刑案汇览》，二是全士潮等纂辑的《驳案汇编》，三是许梿、熊莪纂辑的《刑部比照加减成案》。三书“博采广收，芟繁提要，按门排纂，具有手眼”，案情记叙简洁明确，历来为研究者所称道，但也正因“芟繁提要”，这些刑案在司法程式上并不完整，对案件的前因后果也往往缺乏必要的交代，使读者很难窥其全貌。咸同以降，地方官吏与幕宾等群体编纂案牍开始蔚然成风，他们在内容编订上务求翔实，以方便学律之人观摩学习，《刑案汇编》便是其中比较有代表性的作品。

《刑案汇编》作者周守赤，字春帆，晚清浙江山阴县(今绍兴)人，自幼饱读诗书，尤精于律学，科举不第后，入幕于广东、江苏、安徽等地，负责刑名案件长达四十余年。周氏办案审慎详明，深得当道赏识，两广总督曾国荃、两江总督张树声、安徽巡抚陈彝等人倚之如左右手。在幕宾群体中，周氏声名虽不及汪辉祖，然亦属佼佼者，慕名从学者不计其数。晚年受门生之请，将历年所办各案以“刑案汇编”为名刊刻于世，凡十六卷，收录入幕安徽期间各类案件一百五十件。

《刑案汇编》与其他判案汇编相比，有以下几个主要特点值得关注：

一、《刑案汇编》为当时学律之人提供了学习司法程序和法律文书诸多方面的范例。该书的辑纂目的在于“藉便初学观摩”，因此题、奏、咨各案极为详细，“均系供看全招”，“案尾照刊审限一二起，以示规式”。通过阅读，学律之人可对案件的审理程序、奏报程序、审转制度、定罪量刑原则、卷宗格式等产生较明晰的认识。其价值正如安徽巡抚陈彝在该书序中所评价的那样:《刑案汇编》“巨细宏纤,靡不毕具,要归于实事求是,谨慎详明,不但幕学之圭臬,实律家之功臣也”。

二、《刑案汇编》中每一判案的定性量刑,引证除律例条文之外,引用律注、成案亦较值得关注。与律例一样,律注亦具法律效力,在《刑案汇编》中常作为判案依据。如卷八“兵丁逢操在空地放枪不期枪子中伤潜住砲楼内之乞丐身死”目下有“与初无害人之心偶致杀人之律注相符”字样,便是直接将律注作为判案的依据。成案是指某一判决作为审理同类案件的前例。乾隆三年(1738)规定:“除正律正例之外,凡属成案,未经通行著为定例,一概严禁。”然而现实中因“法条有限而情伪无穷”,通行、未通行的成案在司法运用中则是司空见惯。如卷十一有“因奸谋杀本夫之父弃尸不失复逼令奸妇同逃援案陈明恭候钦定”一案,霍邱县县民杨光醴妻文氏与村邻郑修三通奸事发后悔过自新,奸夫郑修三求奸不成,独自起意将杨光醴养父杨玉山杀死,胁迫文氏逃跑。案发后,文氏比拟“子犯奸,父母并未纵容被人谋杀者,绞立决”例,拟绞立决。然而安徽巡抚认为这一判决过严,征引了嘉庆十八年(1813)四川一则类似案例上请,最后遵依谕旨“减等发落”。

三、《刑案汇编》生动地展示了清代晚期法律、经济和社会的真实面貌,其内容涵盖了土地买卖、典当、租佃、雇工、移民、民族矛盾、农民起义等诸多领域。此外,对于官方文献很少涉猎的小农家庭经济、婚外情、同性恋方面的材料也多有涉及。还有一点需要特别指出的是,光绪朝正是中国社会的大变革时期,新的军事技术(如火枪、火炮)、交通工具(如轮船)、邮政制度(如邮局)等纷纷出现,很大程度上推动了中国的近代化进程,这些在《刑案汇编》中也有所体现。可以说,通过《刑案汇编》所记载的案例,可以为我们提供研究清代政治、经济、中西文化交流以及下层民众社会生活等领域的一系列资料。如卷七“因斗误伤其母身死”目下,霍邱县民董仁因与邻人甘锦成争夺牛遗粪便发生斗殴，致其母被误伤致死一案，反映了清末安徽农民经济拮据、生活窘迫的状况。再如卷五“听从谋杀并捕役诈赃酿命”目下，凤台县捕役廖洪串通乡长孙柏龄勒索解费一案，则揭露了当时蠹吏勾结恶徒为非作歹、欺压良善的黑暗现实。诸如此类，不再赘引。

《刑案汇编》刊行于清末，一为光绪二十二年(1896)爱莲书室刻本，一为光绪二十三年(1897)上海图书集成局刻本。上海图书集成局刻本封面题为“新辑刑案汇编”，然考之序、跋，实为《刑案汇编》无疑。2011年，台湾文听阁图书公司以上海图书集成局刻本为底本影印收入《晚清四部丛刊》，该丛书价格昂贵，非一般研究者和科研机构所能承担。而清末刻本传世者极少，大都藏之图书馆中，利用起来诸多不便。尤为遗憾的是，爱莲书室刻本国内外虽有收藏，然我们按图索骥查阅时，却被管理人员告知查无此书。因此，这次点校只得以上海图书集成局刻本为底本，无法参校其他各本了。在点校过程中，为保持底本原貌，凡通假字及习见的异体字，一般不改；脱字外加[ ]号于正文中补出；衍字外加【 】号于正文中标出；错字，人名、地名、行政区划、法律条文错讹以及语句不通者，分别在校勘记中加以说明；因多人作跋，体例效仿序言；各案部分段落的划分，为我们所做，不是原文格式。

本书为全国高等院校古籍整理研究工作委员会省级资助项目，由程方、李明蔚、吴鲁锋点校。全书文字录入工作则是由济南大学政法学院李明蔚、宫祺皓、杨宇杰、李姿妍、宫柯雨、周超诸位同学完成的，前后历时数月。在此，对他们所付出的劳动，表示深深的谢意。本书在项目申请、点校、出版期间，得到山东省教育厅、济南大学、天津人民出版社各级领导的支持，在此一并表示衷心感谢。南开大学赵伯雄教授、山东大学杜泽逊教授在本书申请古委会项目时不吝推荐，我们尤感于心。特别感谢云南师范大学朱端强教授、扬州大学王嘉川教授、淮北师范大学吴航副教授、挚友岳鹏以及我的同事李燕、刘家楠诸师友的帮助,使得本书点校工作最终能够完成。本书出版期间,天津人民出版社杨轶编辑认真负责,多次与我们就文稿讨论协商,特此感谢。

限于水平,我们虽尽力把此项点校工作做得更细致、扎实一些,仍不免存在各种问题,请读者诸君批评指正。

目 录

卷十二德　奸拐 抢夺妇女各案附 ………………………………… 351

卷十三讲　奸拐 抢夺妇女各案附 ………………………………… 387

序　一

我世祖章皇帝如天之仁，好生不杀，撰律之初，周详慎重，煌煌天语，昭于古今，损益累朝，尽善尽美。顾律文至细，律意至深，有一句一意，有一句数意，有一字一意，有一字数意，总是一片哀矜恻怛，不欲轻致民于死也。今人引律，动曰律文如是。苟如是，是亦当矣，而律文中虚字不察也。又曰条例如是。能如是，是亦详矣，而条例中虚字不察也。引断不确，援比过苛，迎当轴之意旨，避上司之摘驳，一心两用，且三四用焉，安望其虚心以研钻律文，细心以参稽条例也哉！又或刻舟求剑，拘泥胶执，而不知神明变化之道，其胸中先有畸重畸轻之见，多强狱以就我，不能如鉴之空，如衡之平，刑罪每不相准。夫刑与罪有铢黍毫发不准之处，即可生之路也。一案有可生之路，千百案之可疑者皆同此可生之路也。凡案有铢黍毫发之不准，而率意牵合附会、穿凿弥缝之者，皆可死之路也。生与死之路，直起于铢黍毫发而已矣。微乎？微乎！危乎？危乎！此山阴周春帆先生《刑案汇编》一书所由辑也。先生聪明俊伟，审慎周密，外侠烈而内冲穆，为曾忠襄、张靖达诸巨公所赏契。发逆初平，刑狱滋蔓，删烦除秽，汰其已甚，安养国家之元气，先生与有功焉。先生初游粤，而苏、而皖，佐理上台，垂四十年神明不衰。南针尚在，固将大福斯民也！从及门之请，掇拾生平刑谳，裒成一书，巨细宏纤，靡不毕具，要归于实事求是，谨慎详明，不但幕学之圭臬，实律家之功臣也。国朝如萧山汪龙庄大令《佐治药言》，临汾徐文青中翰《刑案纂要》，高邮王金樵曹部《读律辨讹》，皆折狱之良，卓然有所表见。读其遗书，如见当日其难、其慎之意，非苟为著述者也。先生素抱经纬之才，虽不获大为世用，仅仅宾师以老，是先生之不幸也，而襄理之绩，造福生民，先生之心亦堪差慰。览先生之书，可以想见其为人矣！

光绪二十二年岁在丙申九月既望 教弟陈彝拜撰

序　二

国家刑制之设，辅政而行，所以禁民为非，而人命所系者也。天下行省，自牧令至封疆大吏，皆有问刑之责，由下而上，以次推鞫，狱成上于朝，下法司议，再疏请宸断，是明慎用刑之道也。夫牧令至封疆大吏读律，致君挟持有素，而狱囚匿情饰辞，务为虚诞欺诳，以眩堂上之聪。明允称职，往往难之。所以官听于庭，类资研究刑志之宾参佐于幕，是式敬由狱之道也。若夫衡情断事，惟《大清律例》一书，为百司帅以奉行之具。律于雍正年编定，四百三十六条；例于嘉庆六年厘正，一千五百七十余条。迄今百年，又节次损益修改。论者谓律为定法，义简而赅；例则与时变通，文繁赜而斟酌尽善。倘非钩索极深，则疑似之间，难云斠若画一。况近世情伪百出，狱讼滋丰，辄出于律例之外，有司以无专条援引比附，可彼可此，一有不当，而出入生死之关。失之毫厘，谬以千里矣！山阴周春帆先生，学行纯笃，邃于法家言，自光绪乙酉游皖江，参幕府事，历任中丞如固始吴公、仪征陈公、归安沈公、长白福公，倚之如左右手。其治刑牍，若悬衡以权轻重，而各适其平；若引绳以持曲直，而皆得其准。盖惟素抱宽恕，而复行之以缜密，故据法定谳，协乎其中，手不必操宪柄，躬不必居显位，而明刑弼教之盛轨，直于幕中行之。森书共处节端十一寒暑，知之审矣。比见先生从门下士之请，选积年在皖手订爰书，凡命、盗、一切杂案一百五十起，裒然成书，名曰《刑案汇编》，付之剞劂，甚良法也。尝览沈氏稼叟《名法指掌图》、沈氏天易《律例统纂集成》、祝氏松庵《刑案汇览》，皆经后人增修而为治狱之针度，顾或仅举其要，或仅详其科条，或仅节钞其大概。浅涉者濡毫削牍，犹病其鲜所折衷。此编逐案全刊，灿然秩然，岂惟刑家后进恃为津筏已哉！《书》曰：“惟齐非齐。”《礼》曰：“必察小大之比以成之。”当世听讼之官，由此事絜齐、明法比、慎厥用、敬厥由，刑无枉桡，政益修举，足保全人命于无穷，而先生之德之推暨，讵有涯量耶！

光绪丙申秋九月　金匮顾森书拜序

自　序

余不敏，弃书读律，奔走江湖间数十载春秋矣。虽承当道诸公优加推许，而自问轮材薄植，碌碌无所短长，不足以仰酬知己。故卅年来依人作嫁，惟以谨饬二字是勖，每遇批判案牍，拟办谳狱，无不慎之又慎，兢兢焉，必求其心之所安，尚恐百密一疏，挂一漏万。畸轻畸重之间，失出失入之处，自知必不能免。况于名法一道，本未得其奥旨，敢谓案无遗漏，而妄肆夸张耶？日者同学诸子欲以历年所办各案付之剞劂，俾为后学津梁，予则再三辞，不敢从所请。乃诸子已议集同人首倡刷印，复承陈子莲远编次焉、校订焉，始终其事，越半年告成，名其书曰《刑案汇编》，凡十六卷，共计一百五十案，其中之舛错纰缪处，正不知凡几。所期高明，绳愆纠谬，斧正一二，则幸甚矣！是为序。

光绪丙申孟冬十有三日　山阴周守赤

凡 例

一、是编计十六卷，以“国尚师位，家崇儒门，稟道毓德，讲艺立言”十六字为次。

一、题、奏、咨各案共计一百五十起，均系供看全招，非敢烦琐，亦藉便初学观摩。

一、案中人犯姓名内有字系土音或为字典所无者，间从改易，余俱仍旧。

一、题案内犯供仅录初供，覆供下注“云云同前”四字，看语仅录院看，县看下注“云云同后院看”六字，以省笔墨。

一、案尾照刊审限一二起，以示规式，余俱从简。

一、各案格式均照司院体裁，较之各州县原详稍从简略。

一、每案有未注奉准、部覆月日者，因忽促发刻，不暇检查，俱付阙如。

一、编中案固不多，格亦未备，举一反三，是在学者。

一、是编首夏经始，孟冬告成，越时不过半年，采摭殊嫌未备，固陋之讥，知所不免，尚望海内同志诸君子匡其不逮。幸甚！

山阴周守赤春帆甫辑
男锡荣、炳荣侍辑

卷一国　盗贼 抢窃各案附

城内被劫格杀拒捕盗首

题为详报事。据升授甘肃布政使、安徽按察使张岳年详，准安庐滁和道丁峻移，据和州直隶州知州罗锡畴详称：光绪十四年五月初七日，据民人鞠家兴禀称：伊在城内开设鞠广和杂货店生理。本月初六日夜四更时分，被匪撞门进内行劫。店伙王思礼惊起喊捕，被匪用刀拒伤左臂膊、左肩甲，吓禁声张。匪即分投各房，劈开箱柜，劫去钱文、衣物逃逸。当蒙会营追获盗匪，起回原赃，开单禀请认赃给领，并勘验缉究。等情。并据地保沈全同报，各到州。据此，查是月初六日夜，卑职亲督兵役在城巡缉，访闻被劫情形，立刻会营跟踪、追捕，见该处河面有停船一只，督饬兵役上前擒拿。盗首周建章出船持刀拒捕，戳伤营兵撒步云右乳，当被营兵撒步云、陆金榜格伤获住，并获周长玉、马学庚二名，余匪凫水逃逸，并在船内起获赃物同盗械洋枪，并在杜家庙地方续获马名仁一名。正诣勘间，据报前情，立即会营驰诣该处，勘得大南门内有事主鞠广和杂货店房屋一所，并排四间，前后两进，前进店屋，后进住房。查看店门有撞损痕迹，钱柜被匪劈开，房内箱笼散乱，地有匪遗油捻。勘毕，绘图。饬验店伙王思礼左臂膊有铁器伤、左肩甲有刃伤各一处，又营兵撒步云右乳有刃伤一处，皮破血出，分别填单饬医。传讯保邻、事主、店伙人等，各供均与报词相同。传牙估赃，值银一百九两一钱九分，即将起获原赃给主认领，余赃储库。据报，该犯周建章被格伤重，移时身死，随带刑仵亲诣相验。据仵作张玉验报：已死盗犯周建章，约年三十余岁。仰面，不致命：右胳膊有刃伤一处，斜长一寸，宽四分，深抵骨，骨不损；左胯相连左腿有刃伤一处，参差不齐，难量分寸。合面，致命：脊背有刃伤一处，斜长一寸，宽五分，深抵骨，骨不损；不致命：左右腿肚各有刃伤一处，参差不齐，难量分寸。以上各伤，俱皮卷血污。余无故。委系受伤身死。报毕，亲验无异，当场填格取结，尸令棺殓。随提该犯周长玉、马学庚、马名仁到案，均验无拷刺痕迹，即讯。

据伙犯马名仁供：年二十一岁，无为州人，母亲诰氏。这到案的马学庚是父亲，小的向随父亲驾船度日，雇在逃不知姓名的秃孜在船帮伙，并没为匪犯案。光绪十四年五月初三日，父亲船只泊在江宁地方，有先不认识后知姓名、拒捕格伤身死的周建章，合这到案的周长玉并在逃的韦小山、张三、姜大赖、汪老窝孜，来向父亲雇船，说要到和州谋事。讲定船钱，他们带了些衣物一同上船。就是那日下午开行，初六日船到和州，天色将晚，在南门外荒滩停泊。周建章上岸，过了一会回船，听他向周长玉们商量，说是和州南门城墙还没修筑，城里鞠广和杂货店生意兴隆，料有银钱，他起意纠同行劫，得赃分用，周长玉们允从。周建章就叫父亲合小的一同入伙，父亲同小的没允，周建章吓逼同行，并说如果不从，将来破案，定要扳害，父亲同小的无奈允从。就是那夜三更时候，留秃孜看守船只，周建章、周长玉都拿洋枪，小的同父亲空手，韦小山、张三、姜大赖、汪老窝孜分拿刀棍、布袋、油捻不等，一共八人上岸。走到半路，小的心里害怕，看见路旁有座空庙，就逃进庙里躲避，不敢回船。后来他们怎样行劫，小的没有知道。今被兵役拿获带案的。小的委系被逼听从伙劫，临时畏惧不行，事后并没分赃这一次。韦小山们现逃何处，不知道。是实。

据伙犯马学庚即马学更供：年五十九岁，无为州人，父母都故，并没兄弟，娶妻诰氏。这到案的马名仁是儿子，同小的驾船度日，雇在逃不知姓名秃孜在船帮伙，并没为匪犯案。光绪十四年五月初三日，小的船只泊在江宁地方，有先不认识后知姓名、拒捕格伤身死的周建章，合这到案的周长玉并在逃的韦小山、张三、姜大赖、汪老窝孜，来向小的雇船，说要到和州谋事。讲定船钱，他们带了些衣物一同上船。就是那日下午开行，初六日船到和州，天色将晚，在南门外荒滩停泊。周建章上岸，过了一会回船，听他向周长玉们商量，说是和州南门城墙还没修筑，城里鞠广和杂货店生意兴旺，料有银钱，他起意纠同行劫，得赃分用，周长玉们允从。周建章就叫小的合儿子一同入伙，小的同儿子没允，周建章吓逼同行，并说如果不从，将来破案，定要扳害，小的同儿子无奈允从。就是那夜三更时候，留秃孜看守船只，周建章、周长玉都拿洋枪，小的合儿子空手，韦小山、张三、姜大赖、汪老窝孜分拿刀棍、布袋、油捻不等，一共八人上岸。同走将到和州城边，小的不见儿子，料想逃走，心里害怕，故意行走落后，看见周建章们已经走远，当就逃回船上，正要解缆开船，见周建章们分背赃物逃上船来，听得岸上追赶紧急，周建章们忙把赃物递交小的，替他代放船舱，许俟变卖俵分。后蒙文武官员带同兵役追来，上船擒拿，韦小山们同秃孜从船后凫水逃脱。周建章上前拿刀拒捕，戳伤营兵一人，当被兵役们把周建章格伤获住，并把周长玉同小的一并拿获，起出原赃并洋枪等件，后又拿获儿子马名仁到案。不料周建章伤重，过了一会身死，就蒙勘验的。小的委系被逼听从伙劫，临时畏惧逃回，事后代放赃物这一次，此外并没另犯窝伙窃劫别案。韦小山们现逃何处，不知道。是实。

据伙盗周长玉即周添源又名吴添财供：年三十七岁，合肥县人，父亲周春发，母亲陆氏，弟兄三人，小的第二，娶妻已故，没生子女。小的前在广西军营当勇，后因遣散回籍，各处游荡，曾在江宁上元县龙都镇伙劫事主李春源钱土店得赃。光绪十四年五月初三日，小的在江宁地方，合这拒捕格伤身死的周建章并在逃的韦小山、张三即张汶启、姜大赖、汪老窝孜会遇，说起龙都镇劫案上元县差拿紧急，商量躲避，当就同到江边，雇这到案的马学庚船只，假说要到和州谋事。讲定船钱，小的合周建章们拿了龙都镇劫来赃物，一同上船。就是那日下午开行，初六日船到和州，天色将晚，在南门外荒滩停泊。周建章上岸，停了一会回船，向小的合韦小山们告说，他走进和州南门，看见城墙还没修筑，城里鞠广和杂货店生意兴旺，料有银钱，起意纠同行劫，得赃分用，小的同韦小山们允从。周建章转向船户马学庚、马名仁告明前情，叫他们一同入伙，马学庚、马名仁没允，周建章吓逼同行，并说如果不从，将来破案，定要扳害，马学庚、马名仁勉强答应。那夜三更时候，留船伙秃孜看守船只，小的合周建章都拿洋枪，马学庚、马名仁都是空手，韦小山、张三、姜大赖、汪老窝孜分拿刀棍、布袋、油捻不等，一共八人上岸。走到和州城边，马学庚、马名仁逃避不见，小的合周建章们同伙六人，就从坍坏城脚进去。四更时候，同到事主鞠广和杂货店门口，小的同周建章撞开店门，合韦小山们一拥进内，有一店伙惊起喊捕，被韦小山用刀背打伤他左臂膊，又用刀口划伤他左肩甲，吓禁声张。小的合周建章们分投各房，劈开箱柜，劫得钱文、衣物装入布袋，各自分背，逃回船上。见马学庚已在船内，正要解缆开船，马名仁没有看见。听闻岸上追赶紧急，周建章们忙把赃物递交马学庚，叫他代放船舱，许俟随后变钱俵分。后蒙文武官员带同兵役追来，上船擒拿，韦小山们同秃孜从船后凫水逃脱，周建章上前拿刀拒捕，戳伤营兵一人，当被兵役们把周建章格伤获住，小的同马学庚也被拿获，就在船舱起出本案同龙都镇劫来各赃，马名仁也被获住。不料周建章伤重，过了一会身死，就蒙勘验的。小的除这案外，还有听从周建章伙劫江宁上元县龙都镇事主李春源钱土店得赃一案，已于彼案供明。此外，再没另犯窝伙窃劫别案，也没同居亲属分赃、牌保得规包庇的事。洋枪已蒙起案。韦小山们现逃何处，不知道。是实。各等供。

据此，将犯收禁，录供通详，奉批缉审，一面抄供移准上元县查案，移覆相符，当将赃物移送，传主认领。据报，该犯周长玉于十四年六月二十四日在监患病，验报饬医，至七月二十四日治痊。伤查王思礼、撒步云等伤俱平复，逸犯韦小山等弋获无期，现犯未便久羁，遵提覆讯，除各供同前不叙外，讯据伙盗周长玉供云云同前。等供。据此，该和州直隶州知州罗锡畴审看得云云同后院看至，均请免参。等情。解道核，恐案情未确，札委安庆府审明，照拟解道提讯，犯供游移，札委怀宁县覆讯，犯供狡展，申请发回该州，审系畏罪狡翻，仍照原拟解道提讯，供仍翻异，札委桐城县审无别故，照拟解道提讯，供仍不符，札委潜山县审，照原拟详解到道，移司勘转到臣，提犯亲讯无异。

该臣审看得和州拿获行劫城内事主鞠广和杂货店得赃案内，盗犯周长玉等并盗首周建章拒捕格伤身死，及船户马学庚等被逼勉从临时畏惧不行一案。缘周长玉即周添原又名吴添财、马学庚即马学更、马名仁，分隶合肥县并无为州。周长玉前在广西军营当勇，后因遣散回籍，各处游荡，曾在江宁上元县龙都镇伙劫事主李春源钱土店得赃。马学庚、马名仁系属父子，驾船为业，雇在逃不知姓名之秃孜在船为伙，均先未为匪犯案。光绪十四年五月初三日，周长玉在江宁地方，与拒捕格伤身死之周建章并在逃之韦小山、张三即张汶启、姜大赖、汪老窝孜会遇，谈及龙都镇劫案上元县差拿严紧，商议避匿，随即同至江干，雇马学庚船只，捏称往和州谋事，议定船价，携带龙都镇劫案原赃一同上船。即于是日下午开行，初六日船至和州，天色将晚，在南门外荒滩停泊。周建章上岸，移时回船，向周长玉等告知，走进该州南门，因见城垣尚未建复，城内鞠广和杂货店生意兴旺，料有银钱，起意纠劫，得赃分用，周长玉同韦小山等允从。周建章复向船户马学庚父子告明前情，邀令入伙，马学庚等不允，周建章吓逼同行，并称如果不从，将来破案，定要扳害，马学庚父子被逼勉从。是夜三更时分，留秃孜看守船只，周建章、周长玉分执洋枪，马学庚、马名仁均系徒手，韦小山、张三、姜大赖、汪老窝孜分携刀棍、布袋、油捻不等，一共八人。行至中途，马名仁心生畏惧，乘间逃进空庙躲避，不敢回船。马学庚不见马名仁，心亦畏惧，故意行走落后，见周建章等已经走远，即行逃回船上。周建章同伙六人各从坍坏城脚进去，偕抵事主鞠广和杂货店门首。周建章、周长玉撞开店门，与韦小山等一拥进内，店伙王思礼惊起喊捕，被韦小山用刀背拒伤其左臂膊，又用刀口划伤其左肩甲，吓禁声张。周建章等分投各房，劈开箱柜，劫得钱文、衣物装入布袋，各自分负，同逃回船。听闻岸上追捕紧急，周建章等赶将赃物递交马学庚，嘱其代为收放船舱，许俟随后变钱俵分。维时，该州亲带差役会营督兵追至河干，登即上船查拿。韦小山等同船伙秃孜从船后凫水逃脱，周建章上前持刀拒捕，戳伤营兵撒步云右乳，当被兵役撒步云、陆金榜将周建章格伤获住，并获周长玉及船户马学庚二名，查起原赃，续获马名仁带案。讵周建章伤重，移时殒命。事主鞠家兴投保，报经该州会营勘验，起赃给主认领，并究出周长玉尚有听从周建章伙劫江宁上元县龙都镇事主李春源钱土店得赃一案，并在船内起出原赃。经该州抄供，移准上元县查案相符，将赃移送，传主认领。录供通详，批饬缉审。该犯周长玉在监患病，验报医痊。饬查店伙人等伤俱平复，逸犯弋获无期，先就现犯[覆]讯，拟解道委审，移司勘转前来。臣提犯亲讯，据供前情不讳，犯系登时追获，赃经主认，正盗无疑。查律载："强盗已行但得财者，不分首从，皆斩。"又光绪十三年通行："嗣后强劫之案，但有一人执持洋枪在场者，不论曾否伤人，不分首从，均拟斩立决，枭示。"又十五年五月通行："嗣后遇有强劫之案，如事犯在本年三月十六日恩诏以前者，悉照定例，不分首从皆斩。无论有无执持火器，概免加拟枭示。"又例载："共谋为强盗伙犯，临时畏惧不行，事后分赃者，杖一百，流二千里；不分赃者，杖一百。"又律载："断罪无正条，援引比附加减定拟。"各等语。此案周长玉听从周建章行劫城内事主鞠广和杂货店得赃，实属不法，查州城被毁尚未建复，犯非爬越入城，自毋庸加拟枭示，应仍按强盗本律问拟。周长玉即周添源又名吴添财，应如州道司及委审所拟，合依"强盗已行但得财者，不分首从，皆斩"律，拟斩立决。船户马学庚讯系被逼随行，临时畏惧逃避，事后接递赃物代为收放船舱，并经周建章许以俵分，是其意图分赃可知，惟核其情节，究与已经分得赃物者有间，且其入伙同行，系被吓逼勉从，更与伙谋为盗悬殊，遍查律例，并无作何治罪明文，自应按例量减问拟。马学庚即马学更，亦如所拟，照"共谋为强盗伙犯，临时畏惧不行，事后分赃者，杖一百，流二千里"例上量减一等，拟杖一百，徒三年。马名仁亦系被逼随行，临时畏惧逃避，事后并不回船分赃，亦应按律量减问拟。马名仁亦如所拟，照"伙犯临时畏惧不行，事后不分赃者，杖一百"例上量减一等，拟杖九十。马学庚、马名仁虽属父子一家共犯，惟系侵损于人，仍照凡人分别科断。该犯等事犯到官均在光绪十五年三月十六日恭逢恩诏以前，周长玉系强盗，罪干斩决，毋庸查办，仍照通行，免加枭示。该犯尚有听从伙劫上元县事主李春源店得赃一案，罪名相等，应归此案拟结，照例刺字，留禁省监。马学庚罪止拟徒，马名仁罪止拟杖，均不在不准援免之列，应准援免，后再有犯，加等治罪。盗首周建章业被格伤身死，应毋庸议。余讯无另犯窝伙窃劫别案，及同居亲属分赃、牌保得规包庇情事，应与该犯等在外为匪无从觉察之原籍牌保，均毋庸议。不能禁子为匪之犯父周春发，事在赦前，应免移提责惩。兵丁撒步云等因被周建章持刀拒伤，将其格伤身死，律得勿论。店伙、营兵伤俱平复，亦毋庸议。获赃给领，未获追赔。尸棺由州关属领埋。盗船变价充赏。盗械洋枪验明，案结发回备拨。逸盗韦小山等，饬缉获日另结。此案首伙八人，当时追获伙盗三名，并格杀首盗一名，获犯及半，兼获盗首。州城尚未建复，犯非爬越入城行劫，文武疏防职名均请免参。除揭移部科外，理合恭疏具题，伏乞皇上圣鉴，敕下法司核覆施行。再，此案审限云云。

光绪十七年六月十一日准。部照覆。

城内被劫拒毙店伙差役二命并伤多人

为议详事。据按察使嵩崑详,准凤颍道[1]移,据颍州府知府凤林转,据署涡阳县知县欧阳霱详称:光绪十六年七月二十七日,据地保王意成报,据事主王有海、刘华投称:伊等在城内大街同屋分设柜台,开设复兴、泰昌钱店生理。本月二十六日夜二更时分,店门尚未关闭,突来匪徒多人,拥进分投行劫。伊等同店伙韩经、李善、马继明喊捕,均被拒伤。匪等劫得银钱、烟土、布匹等物,逃由西门水沟出城,已蒙派拨兵役,当场追获赃匪。嘱即报案。等语。往查属实,合报勘缉。等情。并据事主监生王有海、廪生刘华分开失单同报,各到县。据此,查此案一闻失事,业经卑职会营督带兵役当夜出城跟踪、追捕,讵该盗开枪拒捕,轰伤差役马江倒地,并将龙山营右军百总马张锦拒伤。经兵役率众格斗,四面围捕,当将一盗格伤右腿,同开枪之盗一并拿获,询名孙汶、应林。又在路旁草堆内搜获一盗,询名李山,并起获原赃烟土一包,银镯一只,盗械洋枪二杆,匪遗小车一辆。带犯回城,一面勒缉逸犯在案。据报前情,并据禀店伙韩经、差役马江先后因伤身死前来。随带刑仵会诣该处,勘得城内大街有事主王有海等朝东店屋一所,前后三进,前进排连五间,中间开设大门,查验门无损痕。左首一间系王有海复兴店堂,靠边一间账房。右手一间系刘华泰昌店堂,靠边一间亦系账房。各账房银柜损坏,什物散乱,地有匪遗油捻一条、木棍一根。中后两进,据称匪未走入。又勘得距失事处半里许西门附近地方有涸水沟一道,量高三尺六寸,阔二尺四寸,直达城外,沟泥上验有扒出行迹。勘毕,绘图。饬据仵作李锐验报:已死韩经,问年四十岁。仰面,致命:偏左有木器伤一处,斜长一寸四分,宽五分,青黑色,按捺骨损。合面,致命:脑后有木器伤一处,斜长一寸三分,宽四分,紫色,按捺骨不损。余无故。实系受伤身死。又据验报:已死马江,问年三十二岁。仰面,致命:胸膛有砂子伤一处,围圆三分,焦黑色,深透内,子未出。余无故。委系被枪轰伤身死。报毕,逐一亲验无异,分别填格取结,尸令棺殓。又饬仵验得事主王立右臁肕有枪药轰伤一处,刘华偏右、店伙李善额头、马继明右手腕各有木器伤一处,百总马张锦右臁肕有枪药轰伤一处,均用药敷裹,未便揭验,分别注单饬医。讯据事主、保邻人等,各供均与报词相同。传牙估赃,值银一千四百九十五两一钱四分八厘。盗械带回储库。勒据兵役于二十七日协同义门集把总巡检拿获伙盗万太贵、刘得帼二名并赃衣、洋枪等件,一并解案,当将前后起获各赃,分别给主认领。提验各犯,惟孙汶右腿已被格伤骨损,余无拷刺痕迹,随隔别研讯。

据伙盗李山供:年二十二岁,山东濮州人,父亲李如才,母亲李氏,弟兄三人,小的居长，余无别属，一向在外游荡，先没为匪犯案。光绪十六年七月二十六日，小的在涡阳县境内会遇素识已获的孙汶、应林、万太贵、刘得帼，并在逃的黄六，说起穷苦难度，孙汶说他探知城内王姓钱店有钱，起意纠劫，得赃分用，大家允从。黄六又转邀在逃的叶芳、刘铎，并不识名的老赵、老彭二人入伙。孙汶留小的在城外看车，他合应林们到了傍晚时候各带器械藏放身边，陆续混进城内。到二更后，孙汶们劫得赃物逃回，向小的告知行劫拒伤事主情由。正在查点赃物，忽闻后面人声追赶，不及俵分，孙汶就把银洋、烟土一并交给黄六、叶芳背了先走，约等日后均分。小的随手拿得银镯一只、烟土一包，其余零星赃物并带来小车沿路抛弃，四散逃走。因追赶紧急，小的逃走不及，躲在路旁荒草堆里，不料被兵役拿获，连赃带案的。小的实止听纠行劫，因在城外看车不行，事后分赃这一次，此外并没另犯窝伙窃劫别案，及同居亲属知情分赃、牌保得规包庇的事。原赃银镯、烟土已蒙起案。黄六们现逃何处，不知道。是实。

据伙盗刘得帼供：年二十三岁，山东曹县人，父亲已故，母亲赵氏，并无弟兄妻子，一向在外游荡，先没为匪犯案。光绪十六年七月二十六日，小的在涡阳县境内会遇素识已获的孙汶、应林、万太贵、李山并在逃的黄六，说起穷苦难度，孙汶说他探知城内王姓钱店有钱，起意纠劫，得赃分用，大家允从。黄六又转邀在逃的叶芳、刘铎，并不识名的老赵、老彭二人入伙。孙汶留李山在城外看车，自合小的并应林们到了傍晚时候各带器械藏放身边，陆续混进城内，到僻处会齐。二更时候，小的拿洋枪，孙汶拿洋枪、木棍，应林拿洋枪，万太贵拿绳鞭，余拿洋枪、铁斧、油捻不等，一共九人，都到事主钱店门口。孙汶叫小的合应林、叶芳、黄六在外把风接赃，他们点起火捻，见门还没关，一拥进内。不多一会，孙汶们劫得赃物跑出，递交小的合应林们分携同逃，都从西门水沟扒出城外。孙汶们找着李山，告知行劫拒捕情由。正在查点赃物，忽闻后面人声追赶，不及俵分，孙汶就把银洋、烟土一并交给黄六、叶芳分背先逃，约等日后均分。小的见李山拿得银镯、烟土，也随手拿取马褂一件，其余零星赃物并带来小车沿路抛弃，分路奔逃。至万太贵怎样喝令应林开枪拒捕，小的没有在场，二十七日逃到义门集地方，不料被兵役连赃衣、洋枪追获送案的。小的实止听纠行劫，在外把风接赃这一次，此外委没另犯窝伙窃劫别案，及同居亲属知情分赃、牌保得规包庇的事。黄六们现逃何处，不知道。是实。

据伙盗万太贵供：年四十六岁，河南虞城县人，父母俱故，余没别属，一向在外游荡，先没为匪犯案。光绪十六年七月二十六日，小的在涡阳县境内会遇素识已获的孙汶、应林、刘得帼、李山，并在逃的黄六，说起穷苦难度，孙汶说他探知城内王姓钱店有钱，起意纠劫，得赃分用，大家允从。黄六又转邀在逃的叶芳、刘铎，并不识名的老赵、老彭二人入伙。孙汶留李山在城外看车,自合小的并应林们到了傍晚时候各带器械藏放身边,陆续混进城内,到僻处会齐。二更时候,小的拿绳鞭,孙汶拿洋枪、木棍,应林、刘得幅各拿洋枪,余拿洋枪、铁斧、油捻不等,一共九人,都到事主钱店门口,留应林、刘得幅、叶芳、黄六在外把风接赃。孙汶叫点起火捻,见门还没关,一拥进内,分投搜劫。当有事主人等五人喊捕,都被孙汶们棍枪拒伤,劫得银钱、烟土、布匹等物跑出,递交应林们分携同逃,都从西门水沟扒出城外,找着李山,告知行劫拒捕情由。正在查点赃物,忽闻后面人声追赶,不及俵分,孙汶就把银洋、烟土一并交给黄六、叶芳分背先逃,约等日后均分。李山拿取银镯、烟土,刘得幅拿取马褂,大家也不及理会其余零星赃物,并带来小车沿途抛弃,分路奔逃。兵役追到兜拿,小的喝令开枪拒捕,是应林放了两枪,轰伤一人倒地,又伤了一人,小的就趁势逃走,被兵役追获送案的。小的实止听纠行劫得赃,喝令开枪拒捕这一次,此外委无另犯窝伙窃劫别案,及同居亲属分赃、牌保得规包庇的事。绳鞭已经撩弃。黄六们现逃何处,不知道。是实。

据凶盗应林供:年二十一岁,山东巨野县人,父亲应金坦,母亲沈氏,娶妻生有一子,余没别属,一向在外游荡度日,先没为匪犯案。光绪十六年七月二十六日,小的在涡阳县境内会遇素识已获的孙汶、万太贵、刘得幅、李山,并在逃的黄六,说起穷苦难度,孙汶说他探知城内王姓钱店有钱,起意纠劫,得赃分用,大家允从。黄六又转邀在逃的叶芳、刘铎,并不识名的老赵、老彭二人入伙。孙汶留李山在城外看车,自合小的并万太贵们到了傍晚时候各带器械藏放身边,陆续混进城内,到僻处会齐。二更时候,小的拿洋枪,孙汶拿洋枪、木棍,万太贵拿绳鞭,刘得幅拿洋枪,余拿洋枪、铁斧、油捻不等,一共九人,都到事主钱店门口。孙汶留小的合刘得幅、叶芳、黄六在外把风接赃,他们点起火捻,见门还没关,一拥进内行劫。不多一会,孙汶们劫得赃物跑出,递交小的合刘得幅们分携同逃,都从西门水沟扒出城外。孙汶们找着李山,告知行劫拒捕情由。正在查点赃物,忽闻后面人声追赶,不及俵分,孙汶就把银洋、烟土一并交给黄六、叶芳分背先逃,约等日后均分。李山拿取银镯、烟土,刘得幅拿取马褂,大家也不及理会其余零星赃物,并带来小车沿途抛弃,分路奔逃。小的合孙汶、万太贵落后,兵役纷纷追及,会同兜拿。万太贵喝令小的开枪拒捕,小的放了两枪,轰伤一人倒地,并拒伤一人。不料兵役率众格斗,四面围捕,把孙汶右腿格伤,连小的一同拿获送案。这身死的马江,原是小的轰伤的。小的实止听纠行劫,在外把风接赃,拒捕杀人这一次,此外委没另犯窝伙窃劫别案,及同居亲属知情分赃、牌保得规包庇的事。洋枪已蒙起案。黄六们现逃何处,不知道。是实。

据盗首孙汶供:年四十五岁,山东濮州人,父亲孙庭之,母亲谋氏,娶妻生有一子,余没别属,一向在外游荡,先没为匪犯案。光绪十六年七月二十六日,小的在涡阳县境内会遇素识已获的应林、万太贵、刘得帼、李山,并在逃的黄六,说起穷苦难度,小的探听得城内王姓钱店有钱,起意纠劫,得赃分用,大家允从。黄六又转邀在逃的叶芳、刘铎,并不识名的老赵、老彭二人入伙。小的留李山在城外看守小车,自合应林们到了傍晚时候各带器械藏放身边,陆续混进城内,到僻处会齐。二更时候,小的拿洋枪、木棍,应林、刘得帼各拿洋枪,万太贵拿绳鞭,余拿洋枪、铁斧、油捻不等,一共九人,都到事主钱店门口。留应林、刘得帼、叶芳、黄六在外把风接赃,小的合万太贵们点起火捻,见门还没关,一拥进内,分投搜劫。有五个事主喊捕,大家上前拒伤,内有一人被小的用棍殴伤倒地,劫得银钱、烟土、布匹等物跑出,递交应林们分携同逃,都从西门水沟扒出城外,找着李山,告知行劫拒捕情由。正在查点赃物,忽闻后面人声追赶,不及俵分,小的就把银洋、烟土交给黄六、叶芳们背了先逃,约等日后再分。刘得帼、李山拿取银镯、烟土、马褂等件,大家也不及理会其余零星赃物,并自带来小车沿途抛弃,分路奔逃。小的合应林、万太贵落后,兵役纷纷追及,会同兜拿。万太贵喝令开枪拒捕,应林放了两枪,轰伤一人倒地,并拒伤一人。不料兵役率众格斗,四面围捕,把小的右腿打伤,连应林一并拿获送案。这身死的韩经,原是小的拒伤的。小的实止起意纠劫得赃,拒捕杀人这一次,此外委没另犯窝伙窃劫别案,及同居亲属知情分赃、牌保得规包庇的事。木棍丢弃在事主屋里,洋枪已蒙起案。黄六们现逃何处,不知道。是实。各等供。

据此,将犯收禁,录供详批审缉。据报,孙汶在监患病,医治无效,于八月十八日病故,循例禀府,札委署蒙城县知县王树鼎验讯明确,实系因病身死,刑禁人等并无凌虐情弊,绘具图结,详批核入正案拟办。嗣据该署县以逸犯弋获无期,事主人等伤均平复,遵提现犯覆讯,议拟由府解道。该犯应林解至凤阳县境内陡患急痧病症身故,又经禀道,饬委护理凤阳县彭楙孙验讯解役人等,并无凌虐情弊,绘图取结,详批核入拟办。该凤颍道②核,恐案情未确,发委署凤阳府知府刘宗海讯明解勘,移由臬司核议,转详到院。

该本部院核看得涡阳县城内同门出入之复兴、泰昌钱店被盗行劫,拒伤店伙韩经、差役马江各身死,并伤事主王立等平复,获犯孙汶等首伙五名,并孙汶、应林于取供后先后在监、在途病故一案。缘孙汶、应林、万太贵、刘得帼、李山分隶山东濮州、巨野、曹县,河南虞城等州县,均各在外游荡,先未为匪犯案。光绪十六年七月二十六日,该犯等在涡阳县境内会遇素识在逃之黄六,各道贫难。孙汶探知城内王姓钱店殷实,起意纠劫,得赃分用,各犯允从。黄六又转邀在逃之叶芳、刘铎、老赵、老彭入伙。孙汶留李山在城外看守车辆,自与应林等于傍晚时候各带器械藏放身边,陆续混进城内，至僻处会齐。二更时分，孙汶拿洋枪、木棍，应林、刘得幗各拿洋枪，万太贵拿绳鞭，余拿洋枪、铁斧、油捻不等，一共九人，偕抵事主店门首。留应林、刘得幗、叶芳、黄六在外把风接赃，孙汶等点燃油捻，见门尚未关，一拥进内，分投搜劫。事主王立、刘华，店伙韩经、李善、马继萌[3]喊捕，均被各犯拒伤。孙汶用棍殴伤韩经倒地，劫得银钱、烟土、布匹等物逸出，递交应林等分携同逃，各由西门水沟扒出城外。寻见李山，告知行劫拒捕情由。正拟点赃，适该县营督带兵役跟踪、追捕，不及俵分，孙汶将赃物检交黄六、叶芳等背负先逃，约俟日后再分。刘得幗、李山随手携取银镯、烟土、马褂等物，其余零星赃物并自带小车沿途抛弃，分路奔逃。维时，兵役纷纷追至，会合兜拿。万太贵喝令开枪拒捕，致应林开放洋枪，轰伤差役马江倒地，并将龙山营右军百总马张饰[4]拒伤。兵役率众格斗，四面围捕，遂将孙汶右腿格伤，同应林一并擒获，复在路旁草堆内搜获李山一名，并起获赃械等件。即据事主王有海等投保报案。韩经、马江旋各先后因伤殒命，经县会勘，验明生死各伤，分别填格饬医。勒据兵役协同义门汛[5]把总巡检续获万太贵、刘得幗二名，讯供详批缉审。据报，该犯孙汶在监病故，禀府委验详报。嗣据该署县以逸犯弋获无期，事主人等伤俱平复，先就现犯覆讯，议拟由府解道。该犯应林在途患痧病故，又经禀道委验，讯明解役人等并无凌虐情弊，绘图取结，详道委审勘讯，移司核议，转详前来。本部院覆核此案，既经凤颍道[6]提犯亲讯，据各供悉前情不讳，犯系先后拿获，供出一辙，赃经主认，正盗无疑。查例载："强盗杀人，不分曾否得财，俱照得财律，斩。奏请审决枭示。"又律载："强盗已行，但得财者，不分首从，皆斩。"又光绪十三年通行："盗劫之案但有一人执持洋枪在场者，不论曾否伤人，俱拟斩立决，枭示。"又例载："共谋为盗伙犯，临时因别故不行，事后分赃者，发新疆给官兵为奴。"又光绪八年通行："寻常盗案实系距省窎远地方，酌照秋审事例，将犯解赴该管巡道讯明，详由督抚分别题奏。"各等语。此案孙汶起意纠邀应林等伙劫城内同门出入之复兴、泰昌钱店得赃，拒伤店伙韩经身死，应林听纠伙劫，开枪拒伤差役马江身死，万太贵听纠伙劫，入室搜赃，虽未杀人，但喝令拒捕，致应林开枪轰毙人命，即与强盗杀人无异，均应按例问拟。孙汶、应林、万太贵应如县府道司所拟，均合依"强盗杀人，不分曾否得财，照得财律，斩决，枭示"例，拟斩立决，枭示。孙汶、应林业已在监、在途病故，仍应照例戮尸，枭示。该犯等虽持洋枪，但罪已斩枭，无可复加。刘得幗听纠伙劫，在外把风接赃，系属同恶相济，亦应按律问拟。刘得幗亦如所拟，合依"强盗已行，但得财者，不分首从，皆斩"律，拟斩立决。该犯执持洋枪，仍照通行加拟枭示。该犯等系由水沟出城，与爬越城垣者有间，毋庸再议加等。李山听从行劫，因在城外看守车辆，未经同行上盗，事后分得赃物，亦应按例问拟。李山亦如所拟，合依"共谋为强盗伙犯，临时因别故不行，事后分赃者，发新疆给官员为奴"例，拟发新疆给官兵为奴，仍照名例，改发极边烟瘴充军，以足四千里为限，到配后锁带铁杆石墩二年，与万太贵、刘得帼均各照例刺字。余讯无另犯窝伙窃劫别案，及同居亲属知情分赃、牌保得规包庇情事，应与各犯在外为匪无从觉察之原籍牌保，及孙汶在监病故、应林在途病故，讯无凌虐之刑禁解役人等，均毋庸议。不能禁子为匪之各犯父，由县分别移籍提责。起赃给主认领，未获照估追赔。各尸棺饬属领埋。盗械储库备拨。逸犯黄六等，饬缉获日另结。监毙盗犯仅止孙汶一名，管狱官例无处分。此案首伙十人，业已先后拿获盗犯五名，获犯及半，兼获盗首，疏防职名请免开参。除恭折具奏并分咨外，相应咨达。为此，合咨贵部，请烦查照核覆施行。再，此系奏案，请免扣限，合并咨明。

光绪十七年十一月准。部照覆。

校勘记：

①凤颍道：全称当谓"凤颍六泗道"，为光绪年间安徽省三道之一。

②凤颖道：颖字误，当为"颍"，全称当谓"凤颍六泗道"，为光绪年间安徽省三道之一。

③马继萌：人名前后不一致，据上下文当为"马继明"。

④马张饰：人名前后不一致，据上下文当为"马张锦"。

⑤义门汛：地名前后不一致，据上下文和《皖政辑要》，当为"义门集"，是清军驻防的汛地。

⑥同②。

盗犯迭劫得赃拒捕杀人

奏为审明盗犯迭劫得赃拒捕杀人，按例分别定拟并先行就地正法，恭折仰祈圣鉴事。窃据泗州、凤阳、五河、盱眙、灵璧等县详报：勒据兵役协同防军弁勇，并江苏桃源县暨宿州兵役，先后拿获盗犯何凤高、许余庆、刘麻孜、张三、王二、郑五、魏大肚孜、张小三孜、黄汶早、傅汝珍、傅伶汶十一名，并起获原赃棉被一条、稍马袋一个，及被拐幼女鲍兜孜一口。解案提讯，何凤高供认：起意纠劫泗州事主王吕氏、杨廷智、卞锡禹等家，并从劫泗州事主李耀先家、张德善杂货店、凤阳事主刘绍坤家，拒伤刘绍坤之妻刘杨氏身死，及灵璧县事主张延龄等家，又从窃凤阳县事主陆元和家，临时行强，各得赃。许余庆供认：起意纠抢泗州过客孙桂林，并从劫泗州事主杨廷智、李耀先等家，得赃。刘麻孜供认：起意纠窃凤阳县事主陆元和家，临时行强，并从劫事主刘绍坤家，及泗州事主吴炳阳丽生恒钱店，得赃。又听从诱拐五河县事主鲍凤楼幼女鲍兜孜已成，并未奸污。张三供认：从劫泗州事主吴炳阳丽生恒钱店，并盱眙县事主高汉图家，得赃。王二供认：从窃凤阳县事主陆元和家，临时行强，又听从诱拐五和县[1]事主鲍凤楼幼女鲍兜孜已成，并未奸污。郑五供认：从劫泗州事主吴炳阳丽生恒钱店，得赃。魏大肚孜供认：起意纠劫盱眙县事主高汉图家，得赃，拒伤事主之父高九池身死。张小三孜、黄汶早各供认：从窃凤阳县事主陆元和家，临时行强，黄汶早在外接赃先逃，不知强情。傅汝珍、傅伶汶各供认：从劫泗州事主卞锡禹家，傅汝珍在途看守衣服，傅伶汶临时畏惧逃避，均各事后分赃各等情不讳。分别监禁。起获赃物并被拐之鲍兜孜，传属给领完聚。查所供各案，均据各事主先后报经各该州县会营勘验，详缉有案。其事主李耀先、王吕氏、杨廷智、张德善各案，先经获犯周光谱、吴兆春、刘庭方、张有信、张桂伶、姚小闹孜、周立江七名，并格毙拒捕盗犯侯老九一名。将周光谱归于王吕氏被劫案内，审依"强盗杀人"例，斩决，枭示。吴兆春、刘庭方、张有信审依"强盗"律，拟斩立决，照章免加枭示。张桂伶审依"强盗案内知而不首，行劫后分与赃物，以塞其口，数在一百两以下，照共谋为盗，临时畏惧不行，事后分赃，减一等"例，拟杖一百，徒三年，遇赦援免。姚小闹孜归于张德善被劫案内，审依"共谋为盗伙犯，临时畏惧不行，事后分赃"例，杖一百，流二千里，照例监候待质。周立江审依"共谋为盗伙犯，临时因别故不行，事后分赃"例，发遣新疆给官兵为奴，仍照名例，改发极边烟瘴充军，到配后锁带铁杆石墩二年。侯老九依"强盗杀人"例，斩决，枭示，业已被格身死，仍应照例戮尸示众。又孙桂林被抢一案，先经该州获犯许乃成、许作修二名，审依"抢夺之案，聚众三人以上，但经持械威吓及捆缚、按捺，为从在场并未动手"例，发遣新疆给官兵为奴，仍以极边足四千里为限，到配后锁带铁杆石墩二年，照例监候待质。又盱眙县事主高汉图家被劫一案，先经该县获犯赵四、纪相钰、冯汰刚三名，将赵四审依"强盗"律，斩立决，纪相钰、冯汰刚审依"共谋为盗伙犯，临时因病及别故不行，事后分赃"例，发遣新疆给官兵为奴，仍照名例，改发极边烟瘴充军，到配后锁带铁杆石墩二年。又灵璧县事主张延龄家被劫一案，先经该县获犯王时一名，审依"共谋为盗伙犯，临时畏惧不行，事后分赃"例，拟杖一百，流三千里[2]，照例监候待质。均由凤颖道[3]勘讯，移司核议详，经前抚臣分别题咨奏报，奉准部覆，饬遵监提前获各犯，逐一质讯，供各相符。旋据泗州以该犯何凤高、许余庆、刘麻孜、张三、郑五均系已革游勇，情罪重大，禀经臣核明，批饬凤颖道[4]覆提各犯，研讯明确，照章先行就地正法，以昭炯戒。各在案。

据报，案犯冯汰刚在盱眙县监患病，医治不效，于光绪十七年正月二十七日病故，即经该县验讯详报，批饬核入正案办理。兹据泗州等州县将现犯覆讯，议拟解经凤颍六泗道⑤勘讯，移由署臬司童祥熊核议，具详前来。臣详加覆核，缘何凤高、许余庆、刘麻孜、张三、王二、郑五、魏大肚孜、张小三孜、黄汶早、傅汝珍、傅伶汶分隶泗州、五河，江苏睢宁，山东沂水、邹县、兰山，陕西西乡等州县。何凤高、许余庆、刘麻孜、张三、郑五先各在营充当勇丁，后因犯事斥革，与王二等均在外游荡度日。光绪十年十二月初三日午候，该犯许余庆起意纠同素识前获拟罪监侯之许乃成、许作修，并在逃之许培业，共伙四人，在青阳北堡泗、宿交界地方，持械抢夺过客孙桂林得赃。许余庆将事主按捺倒地，许乃成等在场并未动手。又十三年闰四月二十五日夜初更时分，该犯何凤高起意纠同素识前获拟办之刘庭方、周立江，并现获之许余庆，在逃之何凤潮等，共伙十人，各带洋枪、刀棍，行劫泗州事主杨廷智家得赃。何凤高开放洋枪，拒伤杨张氏、杨廷哲平复。又十三年六月二十二日夜二更时分，该犯何凤高、许余庆听从在逃之张矮仔⑥，起意伙同前获拟办之张有信等，并在逃之魏洪有等，共伙十七人，各带洋枪、刀棍，行劫泗州事主李耀先家得赃。魏洪有开放洋枪，拒伤事主之妻李屈氏身死。该犯何凤高与张有信、张矮孜各拒伤事主之媳李龚氏、邻人唐兆江平复。又十三年七月二十二日夜初更时分，该犯何凤高起意纠同素识前获拟办之周光谱、吴兆春、姚小闹孜，并在逃之张麻孜等，共伙九人，共带洋枪、刀械，行劫泗州事主王吕氏家得赃。周光谱拒伤事主之子王克家身死。又十三年八月二十三日夜初更时分，该犯何凤高听从在逃之赵四，起意伙同当场格毙之侯老九、前获拟罪监候待质之姚小闹孜，并在逃之魏洪有等，共伙十六人，各带洋枪、刀械，行劫泗州事主张德善杂货店得赃。魏洪有开放洋枪，拒伤牌长刘得田身死。姚小闹孜临时畏惧不行，事后分赃。又十四年正月二十四日夜更余时分，该犯魏大肚孜起意纠同素识现获之张三，及前获拟办之赵四、纪相钰，前获拟办现已监毙之冯汰刚，并在逃之刘老汉等，共伙十二人，各带洋枪、刀械，行劫盱眙县事主高汉图家得赃。魏大肚孜开放洋枪，拒伤事主之父高九池身死。又十四年二月初三日夜三更时分，该犯何凤高听从在逃之张鲁，起意伙同前获拟罪监候待质之王时，并在逃之张二等，共伙八人，各带刀棍、油捻，行劫灵璧县事主张延龄家得赃。王时临时畏惧不行，事后分赃。该犯何凤高用火烧伤事主之母张王氏平复。又十四年十一月初三日夜二更时分，该犯刘麻孜、张三、郑五听从在逃之卢五，起意伙同刘老汉等，共伙十二人，各带洋枪、刀械，行劫泗州城内吴炳阳丽生恒钱店得赃。刘麻孜开放洋枪，轰伤路人许元礼平复。又十五年二月初四日夜三更时分，该犯刘麻孜起意纠同现获之何凤高、王二、张小三孜、黄汶早，并在逃之张家钰，共伙六人，分带刀械，行窃凤阳县事主陆元和家，临时行强得赃。黄汶早在外接赃先逃，事后闻知强情，分受赃物。又十五年八月初一日夜三更时分，该犯刘麻孜、何凤高听从在逃之李二，起意伙同娄四等，共伙六人，分带洋枪、刀棍，行劫凤阳县事主刘绍坤家得赃。何凤高用刀拒伤事主之妻刘杨氏身死。又十五年十月二十五日，该犯刘麻孜、王二听从在逃之张三，起意共伙三人驾船，诱拐五河县事主鲍凤楼幼女鲍兜孜已成，并未奸污。又十六年正月二十五日夜二更时分，该犯何凤高起意纠同现获之傅汝珍、傅伶汶，并在逃之傅汝萌等，共伙十四人，各带洋枪、刀棍，行劫泗州事主卞锡禹家得赃。傅汝珍在途看守衣服，并未上盗，傅伶汶临时畏怯逃避，均各事后分赃。经各事主先后投保，报经各该县会营勘验，获犯讯供，详批缉审。旋据署泗州章敬以何凤高等均系已革游勇，禀经臣核明批饬，由道覆讯明确，将何凤高、许余庆、刘麻孜、张三、郑五照章先行就地正法。据报，案犯冯汰刚在监患病病故，即经盱眙县验讯刑禁人等，并无凌虐情弊，绘具图结通报。

兹查逸犯弋获无期，据各该州县将现犯覆讯，议拟解道勘讯，移司核议，转详到臣，覆查该犯等供认各案均经凤颍道⑦逐一提犯亲讯，据各供悉前情不讳，犯系先后拿获，供出一辙，正盗无疑。查例载："强盗杀人，不论曾否得财，俱照得财律，斩决，枭示。"又律载："强盗已行，但得财者，不分首从，皆斩。"又光绪十三年刑部通行："强劫之案，但有一人执持洋枪在场者，不论曾否伤人，不分首从，均拟斩立决，枭示。"又例载："共谋为强盗伙犯，临时畏怯不行，事后分赃者，杖一百，流二千里。如因患病及别故不行，事后分赃者，发新疆给官兵为奴。"又："知强盗后而分所盗之赃，数在一百两以下者，照共谋为盗，临时畏怯不行，事后分赃例减一等，杖一百，徒三年。"又光绪八年刑部通行："寻常盗案实系距省窎远地方，酌照秋审事例，将人犯解赴该管巡道讯明，详由督抚分别题奏。"各等语。此案何凤高迭劫事主杨廷智、李耀先、王吕氏、张德善、张延玲⑧、刘绍坤、卞锡禹，又从窃陆元和等家得赃，复拒刘绍坤之妻刘杨氏身死，并伤杨廷哲、杨张氏、李龚氏、张王氏等平复，魏大肚孜起意纠劫事主高汉图家得赃，拒伤事主之父高九池身死，均属凶悍不法，自应按例问拟。何凤高、魏大肚孜均应如该司道所拟，合依"强盗杀人，不论曾否得财，俱照得财律，斩决，枭示"例，拟斩立决，枭示。许余庆纠抢事主孙桂林，并迭劫事主杨廷智、李耀先等家得赃。刘麻孜迭劫事主丽生恒钱店，拒伤路人许元礼平复并事主刘绍坤，又纠窃事主陆元和等家得赃，复听从诱拐鲍凤楼幼女鲍兜孜已成。张三迭劫事主高汉图家，并丽生恒钱店得赃。郑五从劫事主丽生恒钱店得赃。王二从窃事主陆元和家，临时行强得赃，又听从诱拐鲍凤楼幼女鲍兜子⑨已成。张小三孜从窃事主陆元和家，临时行强，在外把风，均应按律问拟。刘麻孜、王二除诱拐为从轻罪不议外，应与许余庆、张三、郑五、张小三孜均如所拟，合依"强盗已行，但得财者，不分首从，皆斩"律，各拟斩立决。该犯等执持洋枪，各照通行加拟枭示。事犯均在光绪十五年三月十六日恭逢恩诏以前，系强盗罪干斩决，毋庸查办，并照章免加枭示。该犯何凤高、许余庆、刘麻孜、张三、郑五业已先行正法,均毋庸议。魏大肚孜、王二、张小三孜,照例刺字。傅汝珍从劫事主卞锡禹家,在途看守衣服,并未上盗,事后分得赃物,亦应按例问拟。傅如珍[10]亦如所拟,合依“共谋为强盗伙犯,临时因别故不行,事后分赃者,发新疆给官兵为奴”例,拟发新疆给官兵为奴,仍照名例,改发极边烟瘴充军,以足四千里为限,到配后锁带铁杆石墩二年。傅伶汶从劫事主卞锡禹家,临时畏怯逃避,事后分受赃物,亦应按例问拟。傅伶汶亦如所拟,合依“共谋为强盗伙犯,临时畏怯不行,事后分赃者,杖一百,流二千里”例,拟杖一百,流二千里。该犯等事犯虽在光绪十六年三月二十二日恭逢恩诏以前,惟到官在后,无庸查办,均照例刺字,分别定地发配,折责安置。黄汶早从窃事主陆元和家,在外接赃先逃,事后闻知强情,分受赃物,亦应按例问拟。黄汶早合依“知强盗后而分所盗之赃,数在一百两以下者,照共谋为盗,临时畏怯不行,事后分赃例减一等,杖一百,徒三年”例,拟杖一百,徒三年。该犯事犯在光绪十五年三月十六日恭逢恩诏以前,系强窃案内事后分赃拟徒,不在条款不准援免之列,应请准予援免,后再有犯,加一等治罪。监候待质之许乃成、许作修、姚小闹孜、王时四犯,均经许余庆、何凤高质讯明确,供词靡异,应各照原拟罪名分别定地发配,折责安置。余讯无再犯窝伙窃劫别案,及同居亲属分赃、牌保得规包庇情事,逃后亦无知情容留人家,应与该犯魏大肚孜等在外为匪无从觉察之各原籍牌保,及伤经平复之杨廷哲等,并该犯冯汰刚在监病故,讯无凌虐之刑禁人等,均无庸议。犯兄张学安、犯父黄锡魁不能禁约子弟为匪,本有应得之咎,惟事在赦前,应与失察许余庆等为匪之牌保,均免置议。买赃之不识姓名人,并免查提。被拐之鲍兜孜,业已给亲完聚。起赃给领,未获追赔。逸犯张矮孜、赵四、张鲁、李二、卢五、张三等,饬缉获日另结。各案应开疏防职名,饬取另参。监毙盗犯一名,管狱官例无处分。获犯应叙职名,查取另文开报。除各案供招咨部查核外,谨恭折具奏,伏乞皇上圣鉴,敕部核覆施行。谨奏。

光绪十八年十二月十八日差弁赍回原折后,开奉朱批刑部议奏。钦此。

校勘记:

①五和县:和字误,当为“河”。

②审依“共谋为盗伙犯,临时畏惧不行,事后分赃”例,拟杖一百,流三千里:按《大清律例》,当为“拟杖一百,流二千里”。

③凤颖道:颖字误,当为“颍”,全称当谓“凤颍六泗道”,为光绪年间安徽省三道之一。

④同③。

⑤凤颖六泗道:颖字误,当为“颍”。

⑥张矮仔：即“张矮孜”。

⑦同③。

⑧张延玲：人名前后不一致，据上下文当为“张延龄”。

⑨鲍兜子：即“鲍兜孜”。

⑩傅如珍：人名前后不一致，据上下文当为“傅汝珍”。

盗劫停船拒伤船户一命

题为详报事。据按察使张岳年详，准凤颍道①移，据署颍州府知府彭禄转，据署涡阳县知县邹钟俊详称：光绪十四年六月十一日，据地保吴玉报，据家丁唐福投称：伊护送家长江苏候补道何宫春由汴赴苏，雇坐陈广恒船只，于六月初十日晚行抵涡境吴家窝地方停泊。三更时分，被匪上船行劫。船伙朱大元孜惊起喊捕，被匪拒伤，船众起捕，用篙格落匪人铁枪头一个、木棍一根。匪等劫去头舱行李逃逸。等语。往查属实，合报勘验缉究。等情。并据事主家丁唐福开单同报，各到县。据此，查该处距城三十里，离汛十二里，附近并无墩防，随即选差严缉，一面会营带领刑仵驰诣该处，勘得事主家丁唐福船只停泊涡河南岸，船头舱板有践踏痕迹，门窗并未损坏，地有匪遗铁枪头一个、木棍一根。勘毕，绘图。提讯地保吴玉、船户陈广恒、受伤人朱大元孜、事主家丁唐福，各供均与报词相同。饬仵验得朱大元孜左手腕、脐肚各有刃伤一处，用药敷护，未便揭验，注单饬医。传牙估计失赃，值银三钱四分。匪遗铁枪头、木棍，带回储库。据报，朱大元孜医治无效，于十二日因伤身死，复经带领刑仵驰诣，饬将尸移平地，如法相验。据仵作李锐验报：已死朱大元孜，问年二十九岁。不致命：左手腕有刃扎伤一处，斜长八分，宽二分。致命：脐肚有刃伤一处，斜长八分，宽三分，深透内，肠微出。以上各伤，均皮卷血污。余无故。实系受伤身死。报毕，亲验无异，饬取铁枪头比对尸伤相符，填格取结，尸令棺殓，绘图造册，填格通详，奉批缉参。勒据兵役于八月初二、二十三及九月初六、十月十八等日，先后拿获盗犯张存金、石贯、张五、张红、谢葱五名到案，提验均无拷刺痕迹。讯据石贯、张红供认听从行劫，随同上盗，张存金、张五临时畏惧不行，谢葱因病不行，事后均未分赃不讳。将犯分别收禁。

正详办间，旋准太和县陆延龄以缉获逸犯齐三一名，讯认听从谢汶沅起意行劫过客停船，拒捕得赃不讳，准经派差前往迎提。讵该犯解至中途，因病身死，报经太和县验明，该犯齐三实系因病身死，提讯解役刘坤等并无凌虐情弊，详奉批饬，核入正案议拟详办，并准太和县绘具图结，录供抄详，移送前来。随查供折，内开：据齐三供：年二十四岁，涡阳县人，母亲已故，父亲外出佣工，并没弟兄，娶妻生子，游荡度日，先没为匪犯案。光绪十四年六月初十日，小的合素识的张存金、张五、谢葱、石贯、张红、谢汶沅、张大汉先后会遇，各说穷苦。谢汶沅说他看见涡河停有客船一只，装载甚重，料有银钱，起意纠劫，得赃分用，大家允从。就是那夜三更时候，在空地会齐，谢汶沅拿洋枪，小的拿木杆铁头枪，石贯拿小刀，张红拿绳鞭，余都空手，一共八人。走到半路，张存金、张五出恭落后，谢葱说患肚痛，不能行走，都在路旁等候。小的合石贯、张红、谢汶沅、张大汉同到事主船旁，谢汶沅留张大汉在岸瞭望，自合小的并石贯们上船行劫。船伙惊起喊捕，小的用木杆枪拒伤他左手腕、脐肚。因船上人多，一齐起捕，把小的木杆枪格落，慌忙劫得头舱包裹一个，上岸逃跑，找寻张存金、谢葱们，告知行劫拒捕情由。回到空地查验包裹，只有白布单被、哈喇马褥各一床，白夏布手巾一条，因赃少不能俵分，交给谢汶沅拿去，约俟卖钱再分。各散。后闻事主报案差拿，船伙因伤身死，小的害怕，逃往各处躲避，今被获案的。小的实止听纠行劫过客停船得赃，拒伤船伙身死这一次，此外并没另犯窝伙窃劫别案，及同居亲属分赃、牌保得规包庇的事，逃后也没知情容留人家。木杆枪已被格落。谢汶沅们现逃何处，不知道。小的现在患病。是实。等语。随提现犯，隔别研讯。

据张存金供：年三十二岁，河南长葛县人，父母都故，并没弟兄妻子，铁匠手艺。张五供：年三十三岁，太和县人，父亲张可宗，现年七十四岁，母亲已故，弟兄六人，小的居幼，并没妻子，耕种度日。谢葱供：年三十岁，太和县人，父母都故，并没弟兄妻子，游荡度日。又据同供：小的们先没为匪犯案。光绪十四年六月初十日，小的们合素识现获的石贯、张红，并太和县拿获病故的齐三，及在逃的谢汶沅、张大汉先后会遇，各说穷苦。谢汶沅说他看见涡河停有客船一只，装载甚重，料有银钱，起意纠劫，得赃分用，大家允从。就是那夜三更时候，在空地会齐，谢汶沅拿洋枪，石贯拿小刀，齐三拿木杆铁头枪，张红拿绳鞭，余都空手，一共八人。走到半路，小的张存金们害怕，不敢同行，假说出恭落后。小的谢葱说患肚痛，不能行走，都在路旁等候。谢汶沅们同往行劫，没多一会，谢汶沅们赶来，说他们走到事主船旁，留张大汉在岸瞭望，他合齐三、石贯们上船行劫，船伙惊起喊捕，被齐三用木杆枪拒伤，因船上人多，一齐起捕，把齐三木杆枪格落，慌忙劫得头舱包裹一个，上岸逃跑的话，向小的们告知。回到空地查点包裹，只有白布单被、哈喇马褥各一床，白夏布手巾一条，因赃少不能俵分，交给谢汶沅拿去，约俟卖钱再分。各散。后闻事主报案差拿，逃被获案的。小的们实止听纠行劫过客停船，临时畏惧及患病不行，事后也没分赃这一次，此外委没另犯窝伙窃劫别案，及同居亲属分赃、牌保得规包庇的事，逃后也没知情容留人家。谢汶沅们现逃何处，不知道。是实。

据石贯供:年二十一岁,父故母存,并没弟兄妻子。张红供:年三十一岁,父母都故,并没弟兄妻子。又据同供:小的们都是太和县人,游荡度日,先没为匪犯案。光绪十四年六月初十日,小的们合素识现获的谢葱、张存金、张五,并太和县拿获病故的齐三,及在逃的谢汶沅、张大汉先后会遇,各说穷苦。谢汶沅说他看见涡河停有客船一只,装载甚重,料有银钱,起意纠劫,得赃分用,大家允从。就是那夜三更时候,在空地会齐,谢汶沅拿洋枪,齐三拿木杆铁头枪,小的石贯拿小刀,小的张红拿绳鞭,余都空手,一共八人。走到半路,张存金、张五出恭落后,谢葱说患肚痛,不能行走,都在路旁等候。小的们合谢汶沅、齐三、张大汉同到事主船旁,谢汶沅留张大汉在岸瞭望,自合齐三并小的们上船行劫。船伙惊起喊捕,被齐三用木杆枪拒伤。因船上人多,一齐起捕,把齐三木杆枪格落,慌忙劫得头舱包裹一个,上岸逃跑,找寻张存金、谢葱们,告知行劫拒捕情由。回到空地查点包裹,只有白布单被、哈喇马褥各一床,白夏布手巾一条,因赃少不能俵分,交给谢汶沅拿去,约俟卖钱再分。各散。后闻事主报案差拿,逃被获案的。小的们实止听纠行劫过客停船得赃这一次,此外并没另犯窝伙窃劫别案,及同居亲属分赃、牌保得规包庇的事,逃后也没知情容留人家。小刀、绳鞭都已撩弃。谢汶沅们现逃何处,不知道。是实。各等供。

据此,将犯分别收禁录供,详批审解。据报,该犯石贯于光绪十四年九月初七日在监患病,验报饬医,至十月初七日治痊。查逸犯谢汶沅等弋获无期,遵提现犯覆讯,除各供同前不叙外,讯据石贯供:年二十一岁,父故母存,并没弟兄妻子。据张红供:年三十一岁,父母都故,并没弟兄妻子。又据同供云云同前。等供。据此,该署涡阳县知县邹钟俊审看得云云同后院看至,仍应照例开参。等情。解府提讯,犯供翻异,札委代理阜阳县秦霖审照原拟,由府解道提讯,犯供游移,札委凤阳县熊祖诒审无别故,仍照原拟解道提讯,供仍不符,札委凤阳府赵舒翘审明,仍照原拟解道勘讯,移司核议,转详到臣。

该臣核看得涡阳县盗犯石贯等听纠伙劫过客唐福停船得赃,并伙犯齐三拒伤船伙身死,该犯齐三于取供后在途病故一案。缘石贯、张红、齐三、谢葱、张五、张存金分隶太和、涡阳及河南长葛等县,或手艺务农,或游荡度日,均先未为匪犯案。光绪十四年六月初十日,石贯、张红、谢葱、张五、张存金与已获病故之齐三,并在逃之谢汶沅、张大汉先后会遇,各道贫难。谢汶沅谈及涡河停有客船一只,装载甚重,料有银钱,起意纠劫,得赃分用,均各允从。即于是夜三更时分,在空地会齐,谢汶沅拿洋枪,石贯带小刀,齐三执木杆铁头枪,张红携绳鞭,余俱徒手,一共八人。行至中途,张存金、张五畏惧,不敢同行,假说出恭落后,谢葱陡患肚痛,不能行走,各在路旁等候。石贯等偕抵事主船旁,谢汶沅留张大汉在岸瞭望,自与齐三、石贯等上船行劫，船伙朱大元孜惊起喊捕，被齐三用木杆枪拒伤左手腕、脐肚。因船上人众，一齐起捕，将齐三木杆枪格落，慌忙劫得头舱包裹一个，上岸逃逸，找见张存金、谢葱等，告知行劫拒捕情由。回到空地查点赃物无多，难以俵分，交由谢汶沅携去，约俟卖钱再分。各散。事主唐福投保，报经该县会勘。据报，朱大元孜伤重，医治无效，至十二日身死，验讯通详，批饬缉参。勒据兵役先后获犯，并准太和县续获逸犯齐三一名，讯认听纠行劫得赃，拒伤船伙身死不讳，移经该县派差迎提。讵齐三解至中途，因病身故，报经太和县验讯，详批核入正案议拟详办。行据太和县提讯解役人等，并无凌虐情弊，绘具图结，录供抄详，移由该县提犯覆讯，详批审解。该犯石贯在监患病，验报医痊。查逸犯弋获无期，先就现犯覆讯，议拟由府解道委审，勘转移司核议，转详前来。臣覆核此案，既经凤颍道[②]提犯亲讯，据各供悉前情不讳，再三究诘，矢口不移，赃虽未起，犯系先后拿获，供出一辙，正盗无疑。查律载："强盗已行，但得财者，不分首从，皆斩。"又例载："强盗杀人，不分曾否得财，照得财律，斩决，枭示。"又："共谋为强盗伙犯，临时畏惧不行，事后不分赃者，杖一百。如因患病不行，事后不分赃者，杖一百，徒三年。"又光绪十三年刑部奏准通行："嗣后盗劫之案，但有一人执持洋枪在场者，不论曾否伤人，不分首从，均拟斩立决，枭示。"又十五年刑部奏准通行："嗣后遇有强劫之案，如事犯在本年三月十六日恩诏以前者，悉照定例，不分首从，无论有无执持火器，概免加拟枭示。"各等语。此案齐三听从逸犯谢汶沅伙劫过客唐福停船得赃，拒伤船伙朱大元孜身死，实属凶横不法，自应按例问拟。齐三应如县府道司所拟，合依"强盗杀人，不分曾否得财，照得财律，斩决，枭示"例，拟斩立决，枭示。石贯、张红听纠行劫得赃，亦应按律问拟。石贯、张红亦如所拟，合依"强盗已行，但得财者，不分首从，皆斩"律，各拟斩立决。谢葱听纠伙劫，临时因病不行，事后并未分赃，亦如所拟，合依"共谋为强盗，伙犯临时因病不行，事后不分赃者，杖一百，徒三年"例，拟杖一百，徒三年。张五、张存金均系临时畏惧不行，事后亦未分赃，亦如所拟，合依"伙犯临时畏惧不行，事后不分赃者，杖一百"例，各拟杖一百。该犯等事犯均在光绪十五年三月十六日恭逢恩诏以前，石贯、张红二犯系听纠行劫得赃，罪应斩决，毋庸查办，仍照例刺字。案内首盗虽有执持洋枪，惟在此次恩诏以前，应照通行免加枭示。齐三一犯系强盗杀人，虽已病故，仍应戮尸枭示，以昭炯戒。谢葱、张存金、张五三犯罪止杖徒，不在条款不准援免之列，应请一律援免，后再有犯，加等治罪。各犯等在外为匪，原籍牌保无从觉察，请免置议。不能禁约齐三、张五为匪之父兄，事在赦前，应免移提责惩。余讯无另犯窝伙窃劫别案，及同居亲属分赃、牌保得规包庇情事，逃后亦无知情容留人家，应与齐三在途病故，讯无凌虐情弊之解役刘坤等，均毋庸议。朱大元孜尸棺由县移籍，传属领埋。失赃照估追赔。起获铁枪头、木棍,案结发回,储库备拨,余械供弃免追。逸犯谢汶沅等,饬缉获日另结。此案首伙八人,虽已拿获六名,惟盗首未获,仍饬照例开参。除揭移部科外,理合恭疏具题,伏乞皇上圣鉴,敕下法司核覆施行。再,此案审限云云。

校勘记:

①凤颍道:颍字误,当为"颍",全称当谓"凤颍六泗道",为光绪年间安徽省三道之一。

②同①。

强盗拒杀事主

为详报事。据升授甘肃布政使、安徽按察使张岳年详,准徽宁道双福移,据署广德直隶州知州文翰转,据建平县知县崇福详称:光绪十二年七月二十五日,据地保王锦枝报,据民人钱家松投称:伊叔祖钱世聚家于七月二十四日夜三更时分被匪撞开大门,进内行劫。伊叔祖惊起喊捕,被匪用木棍拒伤偏左、右后肋倒地,匪即分投搜劫钱洋、衣物逃逸。讵伊叔祖伤重,延至次早殒命。等语。往查属实,合报勘验缉究。等情。并据钱家松开单同报,各到县。据此,查失事处距城四十里,离白茆汛八十五里,附近并无墩防。随即饬差严缉,一面带领刑仵会营前诣该处,勘得事主钱世聚家有朝南住屋一所,排连三间,东一间藏放衣箱、杂物,中系堂屋,西一间系钱世聚卧室。查验大门,有撞损痕迹,房内箱柜打开,衣物散乱,地无匪遗油捻、器械,已死钱世聚尸身仰卧堂屋地上。勘毕,绘图。饬将尸移平地,如法相验。据仵作孙贵验报:已死钱世聚,问年五十三岁。仰面,致命:偏左有木器伤一处,斜长一寸四分,宽五分,红肿,按捺骨不损。合面,致命:右后肋有木器伤一处,横长一寸三分,宽四分,青紫色,肿硬。余无故。委系受伤身死。报毕,亲验无异,当场填格取结,尸令棺殓。提讯地保王锦枝、事主钱家松,各供均与报词相同。传牙估赃,值银六十八两五钱,造册详批缉参。勒据该差协同本州差役,于光绪十三年闰四月十三、二十四等日先后拿获首伙盗犯周三麻孜、李有淋、周二木匠、吴活牙四名到县,提验均无拷刺痕迹,随讯。

据首盗周三麻孜供:河南罗山县人,年三十二岁,父亲周添幅,母亲伍氏,弟兄两人。这已获的周二木匠是哥子,小的并没妻子,游荡度日,先没为匪犯案。光绪十二年七月二十四日,小的合哥子周二木匠在建平县地方先后会遇素识现获的李有淋、吴活牙,并在逃的张老小、李东发、刘明远,各说穷苦。小的知道县属钱世聚家有钱,起意纠劫,得赃分用,李有淋们都各允从。小的又添邀在逃的王汶举一人入伙。

就是那夜三更时候，在周家桥空地会齐，小的拿木棍，张老小带短刀，余拿油捻及空手不等，一共八人。走到半路，周二木匠陡患腹痛，刘明远、王汶举害怕，不敢同行，小的就叫他们各在路旁等候，自与李有淋们同到事主门口。小的点燃油捻，叫李有淋、李东发用石撞开大门，一齐进内。事主钱世聚惊起喊捕，小的用木棍拒伤他偏左、右后肋倒地。大家分投打开箱柜，搜劫钱洋、衣物，各自拿赃逃跑，找见周二木匠、刘明远，告知拒捕情由，并问明王汶举先已走回，一同逃至空地，点赃俵分。各散。王汶举并没分给赃物。后闻事主因伤身死，报案差拿，逃往各处躲避，今被获案的。小的实止起意纠劫得赃拒伤事主身死这一次，此外并没另犯窝伙窃劫别案，及同居亲属分赃、牌保得规包庇的事，逃后也没知情容留人家。分得赃物已经变卖花用。上盗木棍当时撩弃。张老小们现逃何处，不知道。是实。

据李有淋供：年三十岁，父故母存，并没兄弟妻子。据吴活牙供：年三十六岁，父母都故，并没弟兄妻子。又据同供：小的们都是河南罗山县人，游荡度日，先没为匪犯案。光绪十二年七月二十四日，小的们在建平县地方先后会遇素识现获的周三麻孜、周二木匠，并在逃的张老小、李东发、刘明远，各说穷苦。周三麻孜说他知道县属钱世聚家有钱，起意纠劫，得赃分用，小的们合张老小们都各允从。周三麻孜又添邀在逃的王汶举一人入伙。就是那夜三更时候，在周家桥空地会齐，周三麻孜拿木棍，张老小带短刀，余拿油捻及空手不等，一共八人。走到半路，周二木匠陡患腹痛，刘明远、王汶举害怕，不敢同行，周三麻孜就叫他们各在路旁等候，他自与小的们同到事主门口。周三麻孜点燃油捻，叫小的李有淋合李东发用石撞开大门，一齐进内。事主钱世聚惊起喊捕，被周三麻孜用木棍拒伤偏左、右后肋倒地。大家分投打开箱柜，搜劫钱洋、衣物，各自拿赃逃跑，找见周二木匠、刘明远，告知拒捕情由，并问明王汶举先已走回，一同逃到空地，点赃俵分。各散。王汶举并没分给赃物。后闻事主因伤身死，报案差拿，小的们逃往各处躲避，今被获案的。小的们实止听从纠劫得赃这一次，此外并没另犯窝伙窃劫别案，及同居亲属分赃、牌保得规包庇的事，逃后也没知情容留人家。分得赃物已经变卖花用。张老小们现逃何处，不知道。是实。

据周二木匠供：河南罗山县人，年四十岁，父亲周添幅，母亲伍氏，兄弟二人，这已获的周三麻孜是兄弟，小的并没妻子，游荡度日，先没为匪犯案。光绪十二年七月二十四日，小的合兄弟周三麻孜在建平县地方先后会遇素识现获的李有淋、吴活牙，并在逃的张老小、李东发、刘明远，各说穷苦。周三麻子说他知道县属钱世聚家有钱，起意纠劫，得赃分用，小的合李有淋们都各允从。周三麻孜又添邀在逃的王汶举一人入伙。就是那夜三更时候，在周家桥空地会齐，周三麻孜拿木棍，张老小带短刀，余拿油捻及空手不等，一共八人。走到半路，小的陡患腹痛，刘明远、王汶举害怕，不敢同行，周三麻孜就叫小的合刘明远们各在路旁等候，他自合李有淋们一同前去。不多一会，周三麻孜们拿赃跑回，向小的合刘明远告知拒捕情由，同到空地，点赃俵分。各散。王汶举因先已逃回，没有分赃。后闻事主因伤身死，报案差拿，逃往各处躲避，今被获案的。小的实止听从纠劫，临时患病不行，事后分赃这一次，此外并没另犯窝伙窃劫别案，及同居亲属分赃、牌保得规包庇的事，逃后也没知情容留人家。分得赃物已经变卖花用。张老小们现逃何处，不知道。是实。各等供。

据此，当将各犯收禁，详奉批饬缉审。据报，该犯李有淋于光绪十三年五月十三日在监染患霍乱病证，医治无效，至五月十六日病故。该犯周三麻孜于光绪十三年七月初十日在监染患伤寒病证，医治无效，至七月二十六日病故。均经详州委员验讯刑禁人等，并无凌虐情弊，绘具图结，详奉批饬核入正案拟办。据报，该犯吴活牙于光绪十三年六月十一日在监患病，验报饬医，至七月十一日医痊。遵将各犯覆讯，议拟由州解道提讯，犯供翻异，札委署芜湖县钱文骥审讯，该县因另有查办事件，禀道改委当涂县金耀奎覆讯，犯供狡展，禀请发回确审。其时卑职业已卸事，署县杨霈霖正提审间，于十四年七月初三日续获伙犯刘明远、王汶举二名到案，提验均无拷刺痕迹，随提前获各犯，逐加研讯。

据王汶举供：年十七岁，河南罗山县人，父故母存，并没弟兄妻子，游荡度日，先没为匪犯案。光绪十二年七月二十四日傍晚时候，小的在建平县地方会调素识已获病故的周三麻孜，各说穷苦。周三麻孜说他知道县属钱世聚家有钱，他已纠邀已获病故的李有淋、已获的周二木匠、吴活牙、刘明远，并在逃的张老小、李东发前往行劫，得赃分用，邀小的同去，小的允从。就是那夜三更时候，在周家桥空地会齐，周三麻孜拿木棍，张老小带短刀，余拿油捻及空手不等，一共八人。走到半路，周二木匠陡患腹痛，小的合刘明远害怕，不敢同行，周三麻孜就叫小的合刘明远们各在路旁等候。小的见他们已经走远，先自逃避回家。后来他们怎样撞门行劫，拒伤钱世聚身死，小的没有晓得，今被获案的。小的实止听从伙劫，临时畏惧不行，事后也没分赃这一次，此外并没犯窝伙窃劫别案，及同居亲属分赃、牌保得规包庇的事，逃后也没知情容留人家。张老小们现逃何处，不知道。是实。

据刘明远供：年三十一岁，河南光山县人，父亲刘光悦，母亲已故，弟兄二人，小的居长，并没妻子，游荡度日，先没为匪犯案。光绪十二年七月二十四日，小的在建平县地方先后会遇素识已获病故的周三麻孜、李有淋，并已获的周二木匠、吴活牙，及在逃的张老小、李东发，各说穷苦。周三麻孜说他知道县属钱世聚家有钱，起意纠劫，得赃分用，小的合李有淋们都各允从。周三麻孜又添邀现获的王汶举一人入伙。就是那夜三更时候，在周家桥空地会齐，周三麻孜拿木棍，张老小带短刀，余拿油捻及空手不等,一共八人。走到半路,周二木匠陡患腹痛,小的合王汶举害怕,不敢同行,周三麻孜就叫小的合王汶举们各在路旁等候,他自合吴活牙们一同前去。不多一会,周三麻孜们拿赃跑回,向小的合周二木匠告知拒捕情由,同到空地,点赃俵分。各散。王汶举因先已逃回,没有分赃。后闻事主因伤身死,报案差拿,逃往各处躲避,今被获案的。小的实止听从伙劫,临时畏惧不行,事后分赃这一次,此外并没另犯窝伙窃劫别案,及同居亲属分赃、牌保得规包庇的事,逃后也没知情容留人家。分得赃物已经变卖花用。周老小们现逃何处,不知道。是实。各等供。

据此,提同前获之吴活牙、周二木匠质讯,供各相同,当将各犯分别收禁,录供通详,奉批缉审。查逸犯弋获无期,现犯未便久羁,遵提各犯覆讯,除各供同前不叙外,讯据伙盗吴活牙供云云同前。等供。据此,该建平县知县崇福审看得云云同后院看至,管狱官例无处分。等情。议拟由州解道提讯,犯供游移,札委署繁昌县宾锡厘审照原拟,解道核,恐案情未确,札委署芜湖县王万甡审照原拟解道讯,因犯供不符,札委署当涂县萧先镐审系畏罪图翻,仍照原拟解道。因该犯周三麻孜等病故,图结舛错,札发建平县换送到道,经徽宁道①提犯亲讯无异,移司核议,转详到臣。

该臣核看得建平县盗犯周三麻孜等纠劫事主钱世聚家得赃,拒伤事主身死,并案犯周三麻孜、李有淋于取供后在监病故一案。缘周三麻孜、李有淋、吴活牙、周二木匠、刘明远、王汶举分隶河南光山、罗山等县,游荡度日,均先未为匪犯案。光绪十二年七月二十四日,已获病故之周三麻孜与已获之周二木匠在建平县地方先后会遇素识已获病故之李有淋、现获之吴活牙、刘明远,并在逃之张老小、李东发,各道贫难。周三麻孜稔知该县属钱世聚家道殷实,起意纠劫,得赃分用,李有淋等均各允从。周三麻孜又添邀现获之王汶举一人入伙。就是那夜三更时分,在周家桥空地会齐,周三麻孜拿木棍,张老小带短刀,余携油捻及徒手不等,一共八人。行至中途,周二木匠陡患腹痛,刘明远、王汶举均各畏惧,不敢同行,周三麻孜当令各在路旁等候,自与李有淋等齐抵事主门首。周三麻孜点燃油捻,令李有淋、李东发用石撞开大门,进内行劫。事主钱世聚惊起喊捕,被周三麻孜用木棍拒伤偏左、右后肋倒地。该犯等分投打开箱柜,搜劫洋钱、衣物,各自携赃逃逸,找见周二木匠、刘明远,告知拒捕情由,并问明王汶举先已跑回,同至漫地,点赃俵分。各散。王汶举因先已走回,未经分赃。讵事主钱世聚伤重,延至次早殒命。钱家松投保,报经该县崇福会营勘验,先后获犯周三麻孜、李有淋、吴活牙、周二木匠四名,讯供通详,批饬缉审。据报,该犯李有淋、周三麻孜先后在监病故,均经详州委员验讯刑禁人等,并无凌虐情弊,绘具图结,详批核入正案拟办。据报,该犯吴活牙在监患病,验报医痊。将现犯覆讯,议拟由州解道,翻供,发回该县,崇福业已卸事,署县杨霈霖正提讯间,续获伙犯刘明远、王汶举二名到案，提同前获之吴活牙等质讯靡异，详批缉审。据该县以逸犯弋获无期，提犯覆讯，议拟由州解道委审，勘转移司核议，转详前来。臣覆核此案，既经徽宁道[②]提犯亲讯，据各供悉前情不讳，究鞫不移，案无遁饰。犯系先后拿获，所供行劫年月日期、得赃及拒捕情形，悉与事主报案相符，正盗无疑。查例载："强盗杀人，不分曾否得财，俱照得财律，斩决，枭示。"又律载："强盗已行，但得财者，不分首从，皆斩。"又例载："共谋为强盗伙犯，临时畏惧不行，事后分赃者，杖一百，流二千里。不分赃者，杖一百。如因患病不行，事后分赃者，发新疆给官兵为奴。"各等语。此案周三麻孜起意纠邀李有淋等伙劫事主钱世聚家得赃，拒伤钱世聚身死，实属凶暴不法，自应按例问拟。周三麻孜一犯应如县州道司所拟，合依"强盗杀人，不分曾否得财，俱照得财律，斩决，枭示"例，拟斩立决，枭示，业已在监病故，仍应照例戮尸。李有淋、吴活牙听从纠劫得赃，亦应按律问拟。李有淋、吴活牙二犯均如所拟，合依"强盗已行，但得财者，不分首从，皆斩"律，各拟斩立决。李有淋业已在监病故，应毋庸议。周二木匠、刘明远听纠行劫，临时因患病及畏惧不行，事后分得赃物，均应按例问拟。周二木匠一犯亦如所拟，合依"共谋为强盗伙犯，临时患病不行，事后分赃者，发新疆给官兵为奴"例，拟发新疆给官兵为奴，仍照名例，改发极边烟瘴充军，以足四千里为限，到配后锁带铁杆石墩二年。刘明远一犯亦如所拟，合依"临时畏惧不行，事后分赃者，杖一百，流二千里"例，拟杖一百，流二千里。各定地发配，折责安置。该犯等事犯到官虽在光绪十五年三月十六日恭逢恩诏以前，惟系强盗，情节较重，均不准其援免，仍各照例刺字。王汶举听纠行劫，临时畏惧不行逃回，事后亦未分赃，亦应按例问拟。王汶举一犯亦如所拟，合依"共谋为强盗伙犯，临时畏惧不行，事后不分赃者，杖一百"例，拟杖一百。查该犯犯案时年甫十五，所得杖罪例准收赎，惟事在恩诏以前，请免收赎，后再有犯，加等治罪。余讯无另犯窝伙窃劫别案，及同居亲属分赃、牌保得规包庇情事，逃后亦无知情容留人家，应与周三麻孜、李有淋在监病故，讯无凌虐情弊之刑禁人等，及该犯在外为匪无从觉察之原籍牌保，均毋庸议。不能禁子为匪之犯父周添幅、刘广恍[③]，本有应得之罪，事在赦前，免其移籍传责。失赃照估追赔。上盗木棍供弃免追。逸犯张老小等，饬缉获日另结。此案首伙八人，已于二参限内先后拿获首伙盗犯六名，获犯过半，兼获首盗，疏防职名，请免开送。监毙盗犯二名，管狱官例无处分。除将图结揭移部科外，理合恭疏具题，伏乞皇上圣鉴，敕下法司核复施行。再，此案审限，应以光绪十三年闰四月十三获犯周三麻孜等到案之日起，县审分限两个月，扣至六月十三日满。据于九月十四日解州，除犯病一个月，程限二日，计迟延一个月零二十九日。州审分限二十日，扣至十月初四日满。该州熊祖诒未及审解，于十月十二日卸事，计迟延八日。署州文翰是日到任接审,例得照分限扣半加展,应给限十日,扣至是月二十二日满。据于十二月十七日解道,除程限七日,计迟延一个月零十八日。道提讯,犯供翻异,即于十八日札委署芜湖县钱文骥审讯,应给委审限一个月,扣至十四年正月十八日满。该县因另有查办事件,于四月十七日禀请改委审讯,除封印一个月,计迟延一个月零二十九日。道于十八日札委当涂县金耀奎覆审,应给委审限一个月,扣至五月十八日满。该县提讯,犯供狡展,于六月二十四日禀请发回,除程限二日,计迟延一个月零四日。人犯至七月初一日到县,该县崇福先已卸事,署县杨霈霖接审,于是月初三日续获伙犯刘明远等到案,应给限一个月,扣至八月初三日满。据于十月初二日解州,除程限二日,计迟延一个月零二十七日。该州文翰前已逾限,此次应作迟延扣算。据于十月十八日解道,除程限七日,前后共计迟延一个月零二十七日。道提讯,犯供游移,于十九日札委署繁昌县宾锡厘审讯,应给委审限一个月,扣至十一月十九日满。据于十五年二月十四日审照原拟解道,除封印一个月,往返程限四日,计迟延一个月零二十一日。道核恐案情未确,于十五日札委芜湖县严组璋审讯,应给委审限一个月,扣至三月十五日满。该县未及审解,于是月二十九日卸事,计迟延十四日,署县王万甡即于是日到任接审,应给委审限一个月,扣至四月二十九日满。据于六月二十八日审无别故,仍照原拟解道,计迟延一个月零二十九日。道提讯,犯供不符,于二十九日札委当涂县萧先镐覆审,应给委审限一个月,扣至七月二十九日满。据于十月初二日审系畏罪图翻,仍照原拟解道,除往返程限四日,计迟延一个月零二十九日。道因周三麻孜等病故,图结舛错,于十月初三日札发代理建平县张树建换送,据于十一月初九日申送到道,除例限二十日,往返程限十六日,并未逾违。所有承审、接审、委审、审转,迟延均在一月以上,职名系某某审转,委审迟延未及一月,职名系某某,相应开报。查崇福、杨霈霖、文翰、钱文骥、宾锡厘、熊祖诒、金耀奎逾限均在光绪十五年三月十六日恭逢恩诏以前,所得处分,均请豁免。严组璋、王万甡、萧先镐逾限在后,仍应照例议处。又自十一月初九换送图结到道之日起,道司院分限各二十日,又申文至省,程限九日,连封印一个月,统应扣至十六年二月十八日,全限届满,合并陈明。计揭送图结二套,送刑部科。

校勘记:

①徽宁道:全称当谓“徽宁池太广道”,为光绪年间安徽省三道之一。

②同①。

③刘广恍:人名前后不一致,上文作“刘光恍”。

卷二尚 盗贼 抢窃各案附

纠劫得赃拒伤事主平复

为议详事。据按察使嵩崑详,准徽宁池太广道移,据调署广德直隶州知州吴云涛转,据建平县知县崇福详称:光绪十八年三月二十六日,据地保严文树报,据民妇严储氏投称:伊家于三月二十五日夜三更时分被匪撞门进内行劫。伊惊起喊捕,被匪拒伤额颅等处,分投搜刮洋钱、衣饰等物逃逸,追捕无踪。等语。往查属实,合报勘缉。等情。并据事主严储氏开单同报,各到县。据此,查失事处距城汛均二十里,附近并无墩防。随即饬差严缉,一面会营驰诣该处,勘得事主严储氏朝南住屋一所,前后两进,前进围墙,中开大门,内设天井,后进并排三间,中系堂屋,左系卧房,右设厨灶。查验大门,有撞损痕迹,房内箱柜揭开,什物散乱,地无匪遗捻械。勘毕,绘图。饬验严储氏额颅、上唇吻、左耳垂各有刃伤一处,均用药敷护,未便揭视,注单饬医。提讯保邻、事主人等,各供均与报词相同。传牙估赃,值银二十八两二钱九分,造册附卷。勒据兵役于三月二十七、四月初一等日,先后缉获盗犯陈老么、詹萌志、赵大启、刘佶沅、杨蜓蒉五名,并起获赃衣等件到案。提验各犯,均无拷刺痕迹,随隔别研讯。

据伙盗詹萌志供:年三十四岁,湖北随州人,父故母存,并没兄弟妻子。据伙盗赵大启供:年四十八岁,湖北南漳县人,父母都故,并没兄弟,娶妻生子。又据同供:小的们都在外游荡度日,先没为匪犯案。光绪十八年三月二十五日,小的们在县属地方会遇素识现获的陈老么、刘佶沅即何老五、杨蜓蒉即杨胡子,各谈穷苦。陈老么说他知道严储氏家有钱,起意纠劫,得赃分用,大家允从。陈老么又添邀在逃的吴老六及并不识名张姓一人入伙。就是那夜三更时候,在空地会齐,陈老么合刘佶沅各拿油捻,杨蜓蒉拿木棍,小的们空手,余各分拿刀械及空手不等,一共七人。走到半路,小的詹萌志心里害怕,不敢同去,小的赵大启忽患腹痛,不能行走,陈老么叫小的们在路旁等候,自合刘佶沅们前往行劫。不多一会,陈老么们劫得赃物分拿逃回,找见小的们,同到空地,就向告说他们一同走到事主门口,点燃油捻,吴老六同张姓用石撞开大门，大家一拥进内，有一女事主惊起喊捕，吴老六用刀把他拒伤的话，把赃查点俵分。小的詹萌志分得蓝布裙裤各一条，白布男褂[①]、蓝布女褂各一件。小的赵大启分得绸布女棉袄各一件，蓝白布女褂裤各一件，被絮一床。余赃都是陈老么们分去。各散。后闻事主报案差拿，小的们逃往各处躲避，今被兵役拿获连赃衣一并起获解案的。小的们实止听纠伙劫，临时害怕及因病不行，事后分赃这一次，此外并没另犯窝伙窃劫别案，及同居亲属分赃、牌保得规包庇的事，逃后也没知情容留人家。小的们在外为匪，原籍牌保没从查察。赃衣已蒙起案。吴老六们现逃何处，不知道。是实。

据伙盗刘佶沅即何老五供：年二十八岁，河南郑州人，父母都故，余没别属。据伙盗杨蜓蟥即杨胡子供：年五十岁，河南信阳县人，父母都故，余没别属。又据同供：小的们都在外游荡度日，先没为匪犯案。光绪十八年三月二十五日，小的们在县属地方会遇素识现获的陈老么、詹萌志、赵大启，各谈穷苦。陈老么说他知道严氏[②]家有钱，起意纠劫，得赃分用，大家允从。陈老么又添邀在逃的吴老六及不识名的张姓一人入伙。就是那夜三更时候，在空地会齐，小的刘佶沅合陈老么各拿油捻，小的杨蜓蟥拿木棍，余各分拿刀械及空手不等，一共七人。走到半路，詹萌志说道心里害怕，不敢同去，赵大启忽患腹痛，不能行走，陈老么叫他们在路旁等候，自合小的们一同走到事主门口。陈老么同小的刘佶沅点燃油捻，吴老六合张姓用石撞开大门，大家一拥进内，有女事主惊起喊捕，被吴老六用刀把他拒伤，分投搜劫洋钱、衣饰等物逃回，找见詹萌志们，同到空地，告知行劫拒捕情由，把赃查点俵分。小的们分得帐子一顶，羽毛裤两条，蓝布女褂两件，余赃都是陈老么合吴老六们分去。各散。后闻事主报案差拿，小的们逃往各处躲避，今被兵役拿获连赃衣一并起获解案的。小的们实止听纠伙劫得赃这一次，此外并没[另]犯窝伙窃劫别案，及同居亲属分赃、牌保得规包庇的事，逃后也没知情容留人家。小的们在外为匪，原籍牌保没从查察。油捻、木棍当时撩弃，赃衣已蒙起案。吴老六们现逃何处，不知道。是实。

据首犯陈老么供：年二十八岁，湖北随州人，父母都故，并没兄弟妻子，游荡度日，先没为匪犯案。光绪十八年三月二十五日，小的在县属地方会遇素识现获的刘佶沅即何老五、杨蜓蟥即杨胡子、赵大启、詹萌志，各谈穷苦。小的知道严储氏家有钱，起意纠劫，得赃分用，大家允从。小的又添邀得在逃的吴老六并不识名的张姓一人入伙。就是那夜三更时候，在空地会齐，小的合刘佶沅各拿油捻，杨蜓蟥拿木棍，余各分拿刀械及空手不等，一共七人。走到半路，詹萌志说道心里害怕，不敢同去，赵大启忽患腹痛，不能行走，小的叫他们在路旁等候，自合刘佶沅们一同走到事主门口。小的同刘佶沅点燃油捻，吴老六合张姓用石撞开大门，大家一拥进内，有一女事主惊起喊捕，被吴老六用刀把他拒伤，分投搜劫洋钱、衣饰等物逃回，找见詹萌志们，同到空地，告知行劫拒捕情由，把赃查点俵分。小的分得蓝白布男女褂各一件，桌围一张，花布小褂、白布女褂各一件，余赃都是吴老六们分去。各散。后闻事主报案差拿，逃往各处躲避，今被兵役拿获连赃衣一并起获解案的。小的的实止起意纠劫得赃这一次，此外并没另犯窝伙窃劫别案，及同居亲属分赃、牌保得规包庇的事，逃后也没知情容留人家。小的在外为匪，原籍牌保没从查察。油捻当时撩弃，赃衣已蒙起案。吴老六们现逃何处，不知道。是实。各等供。

据此，将犯收禁，饬传事主到案，将起获各赃当堂认领，录供通详，奉批缉审。据报，该犯陈老么于光绪十八年五月十七日在监患病，验报饬医，至六月十七日治愈。饬查事主严储氏伤经平复，逸犯吴老六等弋获无期，现犯未便久羁，遵提覆讯，除詹萌志等各供均与前审相同不叙外，讯据伙盗刘佶沅即何老五供云云同前。据伙盗杨蜓蒉即杨胡子供云云同前。据首盗陈老么供云云同前。各等供。据此，该建平县知县崇福审看得云云同后院看至，请免开参。等情。议拟由州解道提讯，犯供狡展，札委芜湖县王万牲讯系畏罪图翻，仍照原拟详解，由道勘讯，移司核议，转详到臣。

该臣核看得建平县盗犯陈老么等纠劫事主严储氏家得赃拒伤平复一案。缘陈老么、刘佶沅即何老五、杨蜓蒉即杨胡子、赵大启、詹萌志分隶湖北随州、南漳，河南信阳、郑州等州县，均在外游荡度日，先未为匪犯案。光绪十八年三月二十五日，该犯陈老么在该县地方会遇素识现获之刘佶沅即何老五、杨蜓蒉即杨胡子、赵大启、詹萌志，各道贫难。陈老么稔知严储氏家道殷实，起意纠劫，得赃分用，各犯允从。陈老么又添邀在逃之吴老六，及不知名之张姓一人入伙。即于是夜三更时分在僻处会齐，陈老么与刘佶沅各带油捻，杨蜓蒉持木棍，余各分携刀械及徒手不等，一共七人。行至中途，詹萌志心生畏惧，不敢同往，赵大启陡患腹痛，不能行走，陈老么各令在路旁等候，自与刘佶沅等偕往，齐抵事主门首。陈老么与刘佶沅点燃油捻，吴老六同张姓用石撞开大门，一拥进内，事主严储氏惊起喊捕，被吴老六用刀拒伤额颅等处，分投搜劫洋钱、衣饰等物逃回，找见詹萌志等，同至僻处，告知行劫拒捕情由，点赃俵分。各散。事主投保，报经该县会营勘缉，获犯讯供，详批缉审。据报，该犯陈老么在监患病，验报医痊。兹据该县饬查事主严储氏伤经平复，逸犯吴老六等弋获无期，将现犯覆讯，议拟由州解道提讯，犯供狡展，札委芜湖县王万牲讯系畏罪图翻，仍照原拟详解勘讯，移司核议，转详前来。臣覆查此案，既经徽宁道[③]提犯亲讯，据各供悉前情不讳，赃经主认，正盗无疑。查律载："强盗已行，但得财者，不分首从，皆斩。"又例载："共谋为强盗伙犯，临时畏惧不行，事后分赃者，杖一百，流二千里。如因患病不行，事后分赃者，发新疆给官兵为奴。"又光绪八年刑部通行："寻常盗案实系距省窎远地方,酌照秋审事例,将人犯解赴该管巡道讯明,详由督抚分别题奏。"各等语。此案陈老么起意纠同刘佶沅等行劫事主严储氏家得赃,拒伤平复,实属不法,自应按律问拟。陈老么、刘佶沅即何老五、杨蜓蒉即杨胡子,应如县州道司所拟,均合依"强盗已行,但得财者,不分首从,皆斩"律,各拟斩立决。赵大启听纠伙劫,临时因病不行,事后分赃,亦应按例问拟。赵大启亦如所拟,合依"共谋为强盗伙犯,临时因患病不行,事后分赃者,发新疆给官兵为奴"例,拟发新疆给官兵为奴,仍照名例,改发极边烟瘴充军,以足四千里为限,到配后锁带铁杆石墩二年。詹萌志听纠伙劫,临时畏惧不行,事后分赃,亦应按例问拟。詹萌志亦如所拟,合依"共谋为强盗伙犯,临时畏惧不行,事后分赃者,杖一百,流二千里"例,拟杖一百,流二千里,与赵大启分别定地发配,折责安置。以上各犯均照例分别刺字。余讯无另犯窝伙窃劫别案,及同居亲属分赃、牌保得规包庇情事,逃后亦无知情容留人家,应与该犯等在外为匪无从觉察之各原籍牌保,及伤经平复之事主严储氏,均无庸议。起赃给领,未获追赔。盗械供弃免追。逸犯吴老六等,饬缉获日另结。此案首伙七人,已于疏防限内拿获首伙五名,获犯过半,兼获盗首,职名请免开报。除揭移部科外,理合恭疏具题,伏乞皇上圣鉴,敕下法司核覆施行。再,此案审限云云。

光绪十九年十月初三日准。部照覆。

校勘记:

①日布男褂:日字误,当为"白"。

②严氏:据上下文当为"严储氏"。

③徽宁道:全称当谓"徽宁池太广道",为光绪年间安徽省三道之一。

窃盗临时行强拒杀事主并伙盗闻喊先逃不知强情

为详报事。据署按察使、安庐滁和道丁峻祥查[①]接管卷内,据署六安直隶州知州尹起鸾详称:光绪十二年二月二十五日,据地保李洪升报,据保民黄仰成投称:伊家于本月二十四日夜三更时候被匪撬门进内行窃,伊父黄学伦惊起喊捕,匪即行强,用刀拒伤伊父倒地,伊母黄何氏、雇工戈得绳拢护,亦被拒伤。各匪分投进房,搜劫洋钱、衣饰、布匹逃逸,追捕无踪。讵伊父伤重,移时殒命。等语。往查属实,合报勘验缉究。等情。并据事主黄仰成开单同报,各到州。据此,查失事处离城汛均五十里,附近并无墩防,当即饬差严缉,一面带领刑仵会营驰诣该处,勘得黄仰成朝东草屋五间,中系堂屋,开设大门,左右四间,均系卧房。查验大门,均有撬损痕迹,房内箱柜打开,什物翻乱,地有匪遗柴棍一枝、破裤一条,已死黄学伦尸身仰卧房内地上。勘毕,绘图。饬将尸移平地,如法相验。据仵作王成验报:已死黄学伦,问年六十一岁。仰面,致命:胸膛有刃伤两处,上一处斜长一寸七分,宽二分,深抵骨[2],骨损;下一处斜长一寸五分,宽二分,深抵骨[3],骨不损;肚腹有刃伤一处,斜长一寸七分,宽二分,深透内,肠出。均皮卷血污。余无故。委系受伤身死。报毕,亲验无异,饬起凶刀无获,无凭比对尸伤,填格取结,尸令棺殓。又验得黄何氏右耳门、右胳肘各有刃伤一处,戈得绳左肩甲、右臁肕各有刃伤一处,分别注单饬医。传讯保邻、雇工、事主人等,各供均与报词相同。传牙估赃,值银四十四两八钱八分,造册附卷。勒差于三月二十四、四月十一等日先后缉获盗犯周起萌、高灦萌、高灦恒三名,并起获原赃白布一匹,盗械柴刀、铁凿各一把到案。提验各犯,均无拷刺痕迹,随隔别研讯。

据伙犯高灦萌供:年三十八岁,六安州人,父故母存,并没弟兄妻子,游荡度日,先没为匪犯案,这获案的高灦恒是族弟。光绪十二年二月二十四日,小的合高灦恒并素识现获的周起萌在州境地方会遇素识在逃的张汶滰,各说穷苦。张汶滰说他知道黄仰成家有钱,起意纠窃,得赃分用,大家允从。就是那夜三更时候,在僻处会齐,周起萌带柴刀、铁凿,小的空手,张汶滰带柴刀,高灦恒带小刀,一共四人,同到事主门口。张汶滰叫小的在外接赃,自用柴刀撬开大门,合周起萌们进内行窃。小的听见里面有人喊捕,心里害怕,连忙逃跑,在半路等候。没多一会,周起萌们携赃赶来,向小的告说他们进内行窃,有一男事主惊起喊捕,是周起萌起意喝令行强,合张汶滰各用刀拒伤那事主倒地,又有男女两人拢护,也被张汶滰合高灦恒拒伤的话,同回空地,点赃俵分。小的分得白布一匹,洋钱一元,余赃都是他们分去。各散。小的把分得布匹卖与过路不识姓名人,得钱同分得洋钱陆续花用。后闻事主受伤身死,报案差拿,小的逃往各处躲避,今被差役拿获送案的。小的实止听纠伙窃,在外接赃,闻喊先逃,事后分得赃物这一次,此外并没另犯窝伙窃劫别案,及同居亲属分赃、牌保得规包庇的事,逃后也没知情容留人家。张汶滰现逃何处,不知道。是实。

据伙盗高灦恒供:年二十六岁,六安州人,父故母存,并没弟兄妻子,这获案的高灦萌是族兄,游荡度日,先没为匪犯案。光绪十二年二月二十四日,小的合高灦萌并素识现获的周起萌在州境地方会遇素识在逃的张汶滰,各说穷苦。张汶滰说他知道黄仰成家有钱,起意纠窃,得赃分用,大家允从。就是那夜三更时候,在僻处会齐,周起萌带柴刀、铁凿,小的拿小刀,张汶滰带柴刀,高灦萌空手,一共四人,同到事主门口。张汶滰叫高灦萌在外接赃,自用柴刀撬开大门,合小的同周起萌进内行窃。有一男事主惊起喊捕,周起萌临时起意,喝令行强,合张汶滰各用刀把那事主拒伤倒地,又有男女两人赶拢救护,小的用刀扎伤那女人右耳门、右胳肘,张汶滰也用刀戳伤那男人左肩甲、右臁肕，并吓禁声张，分投进房劫得洋钱、衣饰、布匹逃出。那时高灏萌先已跑走，后在半路找见，告知行强拒捕情由，同回空地，点赃俵分。小的分得白布二匹，洋钱二元，余赃都是他们分去。各散。小的把分得布匹卖与过路不识姓名人，得钱同分得洋钱陆续花用。后闻事主受伤身死，报案差拿，小的逃往各处躲避，今被差役拿获送案的。小的实止听从伙窃，临时行强得赃，拒伤事主平复这一次，此外并没另犯窝伙窃劫别案，及同居亲属分赃、牌保得规包庇的事，逃后也没知情容留人家。小刀当时撩弃。张汶澺现逃何处，不知道。是实。

据伙盗周起萌供：年三十一岁，涡阳县人，父亲周文存，母亲张氏，弟兄三人，小的居幼，并没妻子，游荡度日，先没为匪犯案。光绪十二年二月二十四日，小的合素识现获的高灏萌、高灏恒在州境地方会遇素识在逃的张汶澺，各说穷苦。张汶澺说他知道黄仰成家有钱，起意纠窃，得赃分用，大家允从。就是那夜三更时候，在僻处会齐，小的带柴刀、铁凿，张汶澺拿柴刀，高灏恒带小刀，高灏萌空手，一共四人，同到事主门口。张汶澺叫高灏萌在外接赃，自用柴刀撬开大门，合小的同高灏萌进内行窃。有一男事主惊起喊捕，小的临时起意，喝令行强，就用刀戳伤那事主肚腹，张汶澺也用刀戳伤那事主胸膛倒地。又有男女两人赶拢救护，也被张汶澺、高灏恒拒伤，并吓禁声张，分投进房劫得洋钱、衣饰、布匹逃出。那时高灏萌先已跑走，后在半路找见，告知行强拒捕情由，同回空地，点赃俵分。小的分得白布一匹，青布二匹，洋钱三元，余赃都是他们分去。各散。小的把分得布匹卖与过路不识姓名人，得钱同分得洋钱陆续花用。后闻事主伤重身死，报案差拿，小的逃往各处躲避，今被差役连原赃一并起获解案的。小的实止听纠伙窃，临时起意强劫得赃，拒伤事主身死这一次，此外并没另犯窝伙窃劫别案，及同居亲属分赃、牌保得规包庇的事，逃后也没知情容留人家。柴刀、铁凿当时撩弃。张汶澺现逃何处，不知道。是实。各等供。

据此，将犯收禁，差传事主到案，认明被劫原赃，当堂给领，讯供详批缉审。据报，该犯周起萌于光绪十二年五月二十日在监患病，验报饬医，至六月二十日治愈。饬查黄何氏、戈得绳伤均平复，逸犯弋获无期，将现犯覆审，议拟解司，前司核，恐案情未确，札委安庆府成善提审，犯供狡展，行提原拿差役质讯，旋因该役等先期赴湖北省缉案，循例详咨展限。据报，该犯高灏恒在安庆府监病故，即经札委署怀宁县陈兆宁验讯刑禁人等，并无凌虐情弊，绘具图结，详奉批饬核入正案办理。兹据该署州将原拿差役传解到省，发府讯明解司，勘转前来。

本部院审看得六安州盗犯周起萌等听从逸犯张汶澺伙窃事主黄仰成家，临时强劫得赃，拒伤黄学伦身死，该犯高灏萌讯系闻喊先逃，不知强情，事后分赃，及高灏恒于解省后在监病故一案。缘周起萌、高灏恒、高灏萌分隶涡阳县、六安州，均游荡度日,先未为匪犯案。光绪十二年二月二十四日,周起萌等在该州地方会遇素识在逃之张汶澧,各道贫难。张汶澧稔知黄仰成家道殷实,起意纠窃,得赃分用,各犯允从。即于是夜三更时分在附近僻处会齐,周起萌携带柴刀、铁凿,张汶澧带柴刀,高灏恒带小刀,高灏萌徒手,一共四人,偕抵事主门首。张汶澧令高灏萌在外接赃,自用柴刀撬开大门,与周起萌等进内行窃。事主之父黄学伦惊起喊捕,周起萌临时起意,喝令行强,与张汶澧各用刀戳伤黄学伦肚腹、胸膛倒地殒命。其母黄何氏与雇工戈得绳拢护,亦被高灏恒用刀扎伤黄何氏右耳门、右胳肘,戈得绳被张汶澧用刀戳伤左肩甲、右臁肕,并吓禁声张,随分投进房搜劫洋钱、衣饰、布匹逸出。维时,高灏萌业已闻喊先逃,在途等候,周起萌等赶上,告知行强拒捕情由,同回空地,点赃俵分。各散。事主黄仰成投保,报经该前署州尹起鸾会营勘验,先后获犯周起萌等三名,并起获原赃白布、盗械柴刀、铁凿,讯供详批缉审。据报,该犯周起萌在监患病,验报医痊。饬查黄何氏等伤均平复。将现犯覆讯,议拟解司委审,行提原拿差役,赴湖北省缉案,详咨展限。据报,该犯高灏恒在监病故,验讯详报。兹据将原役传解到省,发审明确,由司勘转到院。本部院提犯亲讯,据各供悉前情不讳,赃经主认,正盗无疑。查律载:“共谋为窃盗,而行者为强盗,以临时主意及共为强盗者,不分首从论。”又:“窃盗临时拒捕,共盗之人不知拒捕杀伤人者,止依窃盗论。”又:“强盗已行,但得财者,不分首从,皆斩。”又例载:“强盗杀人,不分曾否得财,俱照得财律,斩。奏请审决,枭示。”又:“知强盗后而分所盗之赃,数在一百两以下者,照共谋为盗,临时畏惧不行,事后分赃例减一等,杖一百,徒三年。”各等语。此案周起萌听从逸犯张汶澧伙窃事主黄仰成家,临时起意行强,拒伤黄学伦身死,实属凶暴不法,自应按例问拟。周起萌应如州司所拟,合依“强盗杀人,不分曾否得财,俱照得财律,斩决,枭示”例,拟斩立决,枭示。高灏恒听纠强劫得赃,拒伤黄何氏平复,亦应按律问拟。高灏恒亦如所拟,合依“强盗已行,但得财者,不分首从,皆斩”律,拟斩立决,业已在监病故,应毋庸议。高灏萌听从伙窃,在外接赃,旋即闻喊先逃,不知强劫拒捕情事,惟事后经周起萌等告知强情,辄复分得赃物,计赃四十四两零,亦应按例问拟。高灏萌亦如所拟,合依“知强盗后而分所盗之赃,数在一百两以下者,照共谋为盗,临时畏惧不行,事后分赃例减一等,杖一百,徒三年”例,拟杖一百,徒三年。该犯等事犯到官均在光绪十五年三月十六日恭逢恩诏以前,周起萌罪干斩枭,毋庸查办,仍照例刺字,留禁省监。高灏萌罪止拟徒,系在条款准免之列,应请准予援免,后再有犯,加等治罪。失察高灏恒【伙】等为匪之牌保与不能禁子为匪之犯父周文存,均事在赦前,请予宽免,牌保仍革役。余讯无另犯窝[伙]窃劫别案,及同居亲属分赃、牌保得规包庇情事,逃后亦无知情容留人家,应与高灏恒在监病故、讯无凌虐情弊之刑禁人等,及伤经平复之戈得绳、黄何氏,并周起萌在外为匪无从觉察之原籍牌保,均毋庸议。买赃之不识姓名人,请免查究。起赃给主认领,未获照估追赔。盗械柴刀、铁凿案结发回,储库备拨。尸棺饬属领埋。逸犯张汶譆饬缉获日另结。此案首伙四人,业于疏防限内拿获三名,获犯过半,兼获临时行强拒捕首犯,疏防职名,请免开送。监毙盗犯一名,管狱官例无处分。除恭折具奏并分咨外,相应咨达。为此合咨贵部,请烦查照核覆施行。再,此系奏案,请免扣限,合并咨明。计咨送图结一套。

光绪十六年四月五日准。部照覆。

校勘记:

①祥查:同"详查"。

②深抵骨:抵字误,当为"抵"。

③同②。

伙盗在外把风并邻右①捕贼误毙雇工

为详报事。据署按察使庐滁和道丁峻详查接管卷内,准凤颍道②移,据凤阳府知府赵舒翘转,据凤阳县知县熊祖贻③详称:光绪十五年二月二十五日,据地保王鹤林报,据事主潘九成投称:伊雇泗州人王之朋在家帮工。本月二十四日夜三更时分,伊家被匪撞门进内行劫,伊惊起喊捕,被匪拒伤,吓禁声张,分投搜劫钱物逃逸。伊喊同庄邻常锦等赶往帮捕,追至村外,黑暗中见有一人在前跑走,常锦疑系贼匪,即用铁叉从后赶戳,致伤脑后,喊痛倒地。伊与邻佑黄甲宽等赶拢查看,认系同时捕贼之雇工王之朋,正欲抬回医治,讵王之朋伤重,移时殒命。等语。往查属实,将常锦带案,合报勘验缉究。等情。并据事主潘九成开单,暨尸侄王永堂同报,各到县。据此,查失事处距城汛均二十五里,附近并无墩防,随即饬差严缉,一面会营驰诣该处,勘得事主潘九成朝东草房一所,前后两进。前进三间,中开大门,左间堆放什物,右系厨灶;后进三间,中系堂屋,左右俱系卧房。查验大门,有撞损痕迹,房内什物散乱,门外有柳树根一段,余无匪遗捻械。已死王之朋,尸身仰卧事主村外路旁地上。勘毕,绘图。饬将尸移平地,如法相验。据仵作张林验报:已死王之朋,问年五十四岁。合面,致命:脑后有铁器伤一连二处,均围圆八分,深抵骨,骨损,皮卷血污。余无故。委系受伤身死。报毕,亲验无异,饬起凶器铁叉无获,无凭比对伤痕,当场填格取结,尸令棺殓。又验得潘九成额颅有刃伤一处,用药包护,未便揭验,注单饬医。传讯保邻、事主人等,各供均与报词相同。传牙估赃,值银六两七前四分,造册附卷。勒据兵役协同定远县缉役拿获盗犯王九、侯老汉二名，并在侯老汉身上搜获洋枪一杆，于本年五月初四日押解到县。提验各犯，均无拷刺痕迹，随传集一干人证，提同常锦并现获各犯，逐一隔别研讯。

除地保王鹤林、事主潘九成各供均与报词相同不叙外，讯据尸侄王永堂供：泗州人，已死王之朋是小的胞叔，向在素识的潘九成家帮工。光绪十五年二月二十四日夜三更时候，潘九成家怎样被匪行劫，胞叔赶出村外追捕，被村邻常锦疑贼误把胞叔戳伤身死，是潘九成信知小的赶来查看，小的就与潘九成一同投保报验的。是实。

据邻证黄甲宽、潘云和、林殿鸿同供：小的们合潘九成并这常锦都是邻居，已死泗州人王之朋是潘九成家雇工，合常锦素识没嫌。光绪十五年二月二十四日夜三更时候，小的们都已睡歇，听得潘九成家喊叫被匪行劫，连忙起来，各拿棍棒赶往查看。那时常锦手拿铁叉，也一同赶到。匪已携赃逃跑。小的们合常锦追到村外，听闻匪人开放洋枪，不敢上前追赶，黑暗中见有一人在前跑走，常锦疑是贼匪，怕他转身回拒，就用铁叉从后赶戳，致伤那贼脑后，喊痛倒地。小的们合潘九成赶拢查看，那晓就是潘九成家雇工王之朋，问他也是同时捕贼致被误伤的。正要抬回医治，不料王之朋伤重，当时身死。潘九成投保，把常锦带案报验的。是实。

据犯人常锦供：凤阳县人，年五十二岁，父母都故，并没弟兄，娶妻生有子女，务农度日，合潘九成邻近居住。这已死泗州人王之朋是潘九成家雇工，合小的素识没嫌。光绪十五年二月二十四日夜三更时候，小的已经睡歇，听得潘九成家喊叫被匪行劫，连忙起来，手拿长柄铁叉赶往查看。那时村邻黄甲宽们也一同赶到。匪已携赃逃跑。小的合黄甲宽们追到村外，听闻匪人开放洋枪，不敢向前追赶，黑暗中见有一人在前跑走，小的疑是贼匪，怕他转身回拒，就用铁叉从后赶戳，致伤那贼脑后，喊痛倒地。小的合黄甲宽们同潘九成赶拢查看，那晓就是潘九成雇工王之朋，问他也是同时捕贼致被误伤的。正要抬回医治，不料王之朋伤重，当时身死。潘九成就投保把小的带案报验的，委非有心致死，也没有起衅别故。铁叉当时撩弃。是实。

据伙盗王九供：年二十三岁，灵璧县人，父亲王元，母亲已故，并没兄弟妻子。据侯老汉供：年三十二岁，江苏山阳县人，父亲侯兆奎，母亲已故，并没弟兄妻子。又据同供：小的们都游荡度日，先没为匪犯案。光绪十五年二月二十四日，小的们在凤阳县地方先后会遇素识在案的崔七、王三旋、卞魁、王大辫孜、陈八，各说穷苦。崔七说他知道潘九成家有钱，起意纠劫，得赃分用，大家允从。就是那夜三更时候，在空地会齐，崔七带洋枪，小的王九拿木棍，小的侯老汉空手，余拿刀棍、油捻及空手不等，一共七人，同到事主门口。崔七叫小的们在外把风，自和王三旋们拾得地上柳树根一段，撞开大门，点燃油捻，一拥进内行劫。不多一会，崔七们劫得赃物走出，合小的们一同逃跑。听得后面有人追捕，崔七开放洋枪，吓退那追赶的人。同到空地，崔七就把他们进内行劫，有一事主喊捕，王三旋用刀把他拒伤额颅，吓禁声张，分投搜劫钱物的话，向小的们告知。因查点赃物不多，都是崔七拿去，约俟卖钱再分。各散。后闻事主报案差拿，逃往各处躲避，就被兵役拿获解案的。小的们实止听从伙劫得赃，在外把风这一次，此外并没另犯窝伙窃劫别案，及同居亲属分赃、牌保得规包庇的事，逃后也没知情容留人家。起获洋枪，是崔七交给小的侯老汉带在身边的，小的王九木棍已经撩弃。崔七们现逃何处，不知道。是实。各等供。

据此，将各犯分别收禁管押，录供通详，奉批缉审。据报，该犯王九于十五年七月初二日在监患病，验报饬医，至八月初二日治痊。饬查事主潘九成伤经平复，逸犯弋获无期，遵提现犯覆讯，除各供同前不叙外，讯据伙盗王九供云云同前，据侯老汉同供云云同前。等供。据此，该凤阳县知县熊祖贻[④]审看得云云同后院看至，相应开报。等情。由府解道核，恐案情未确，札委署怀远县钱文骥审明，仍照原拟解道勘讯，移司核议，转详到臣。

该臣核看得凤阳县事主潘九成家被劫拒伤平复案内，获犯王九等讯系听纠伙劫得赃，在外把风，并邻佑常锦捕贼误伤雇工王之朋身死一案。缘常锦籍隶该县，务农度日，与潘九成邻近居住。已死泗州人王之朋系潘九成家雇工，与常锦素识无嫌，王九、侯老汉分隶灵璧暨江苏山阳等县，均游荡度日，先未为匪犯案。光绪十五年二月二十四日，王九、侯老汉在该县地方，先后会遇素识在逃之崔七、王三旋、卞魁、王大辫孜、陈八，各道贫难。崔七稔知潘九成家道殷实，起意纠劫，得赃分用，各犯允从。即于是夜三更时分在空地会齐，崔七带洋枪，王九携木棍，侯老汉徒手，余各分执刀棍、油捻及徒手不等，一共七人，齐抵事主门首。崔七令王九、侯老汉在外把风，自与王三旋等拾得地上柳树根一段，撞开大门，点燃油捻，一拥进内行劫。事主潘九成惊起喊捕，被王三旋用刀拒伤额颅，吓禁声张，分投搜劫钱物逸出，与王九等一同逃跑。潘九成喊同村邻常锦等赶往帮捕，追至村外，被崔七开放洋枪吓退，常锦等均不敢上前追赶。惟时，黑暗中见有一人在前跑走，常锦疑系贼匪，恐其转身回拒，即用铁叉从后赶戳，致伤其脑后，喊痛倒地。经邻佑王甲宽等同潘九成赶拢查看，认系潘九成家雇工王之朋，当向讯问，始知系同时捕贼致被误伤，正欲抬回医治，讵王之朋伤重，移时殒命。崔七等与王九等同至空地，告知行劫拒捕情由，因点赃无多，均系崔七携去，约俟卖钱再分。各散。事主投保，将常锦带案，报经该县会营勘验。勒据兵役协同定远县缉获盗犯王九、侯老汉二名，并搜获洋枪一杆解县，讯供详批缉审。该犯王九在监患病，验报医痊。饬查事主潘九成伤经平复。据该县以逸犯弋获无期，先就现犯覆讯，议拟由府解道委审，移司核议，转详前来。臣覆核此案，既经凤颍道[⑤]提犯亲讯，据各供悉前情不讳，赃虽无获，惟所供行劫月日及上盗情形，悉与事主报案相符，正盗无疑。查律载："强盗已行，但得财者，不分首从，皆斩。"又光绪十三年刑部通行："嗣后强劫之案，但有一人执持洋枪在场者，无论曾否伤人，不分首从，加拟枭示。"又十五年刑部通行："嗣后强劫得赃之案，如事犯在本年三月十六日恩诏以前者，悉照定例，不分首从，皆斩。无论有无执持火器，概免加拟枭示。"又光绪八年刑部通行："寻常盗案实系距省穹远，酌照秋审事例，将犯人解赴该管巡道讯明，详由督抚分别题奏。"又律载："断罪无正条，援引他律比附定拟。"又例载："捕役拿贼格斗误杀无干之人者，照过失杀人律，于犯人名下追银十二两四钱二分，给付死者之家。"各等语。此案王九等听从逸犯崔七伙劫事主潘九成家得赃，该犯等在外把风，实属同恶相济，自应按律问拟。王九、侯老汉应如县府道司所拟，均合依"强盗已行，但得财者，不分首从，皆斩"律，各拟斩立决。事犯虽在光绪十五年三月十六日恭逢恩诏以前，惟系强盗，罪干斩决，毋庸查办，仍照通行免加枭示，并照例先行刺字。常锦身居邻佑，因闻潘九成家被劫，赶往帮捕，黑暗中误将同时捕贼之雇工王之朋疑贼致伤身死，实非意料所及，遍查律例，并无邻佑捕贼误伤人命作何治罪专条，惟邻佑本有应捕之责，即与捕役无异，自应比例问拟。常锦亦如所拟，比依"捕役拿贼格斗误伤无干人者，照过失杀人律，于犯名下追银十二两四钱二分，给付死者之家"，拟于常锦名下照追埋葬银十二两四钱二分，给尸属王永堂具领，以资营葬。该犯王九等讯无另犯窝伙窃劫别案，及同居亲属分赃、牌保得规包庇情事，逃后亦无知情容留人家，应与该犯等在外为匪无从觉察之原籍牌保，及伤经平复之事主潘九成，均毋庸议。不能禁子为匪之父王元、侯兆魁，事在赦前，请免移提责惩。失赃照估追赔。起获洋枪，储库备拨。凶器铁叉、盗械木棍供弃免追。逸盗崔七等，饬缉获日另结。此案首伙七人，仅获伙犯二名，疏防职名仍饬照例开参。所有协获邻境斩决盗犯二名应叙职名，系署定远县事候补知县刘庆光，相应开报。除揭移部科外，理合恭疏具题，伏乞皇上圣鉴，敕下法司核覆施行。再，此案审限云云。

光绪十七年七月初八日准。部照覆。

校勘记：

①邻右：同"邻佑"，目录及正文均作"邻佑"。

②凤颖道：颖字误，当为"颍"，全称当谓"凤颍六泗道"，为光绪年间安徽省三道之一。

③熊祖贻：当为"熊祖诒"，江苏青浦人，光绪丁丑(1877)进士，历任凤阳县知

县、滁州直隶州知州等职。

④同③。

⑤同②。

强盗拒杀事主伙犯临时不行

为详报事。据升授甘肃布政使、安徽按察使张岳年详，据庐州府知府黄云转，据署合肥县知县袁学昌详称：光绪十四年十一月初十日，据地保唐明报，据民妇朱周氏投称：伊家于本月初八日夜三更时分被匪踢开后门，进内行劫。伊翁朱本有惊起喊捕，被匪拒伤肚腹、两手等处倒地身死，匪即携赃逸出。经伊喊同邻人追获一匪，问名王海长，余匪逃走无踪。等语。往查属实，合将王海长带案，禀请勘验。等情。并据事主朱周氏开单同报，各到县。据此，查失事处距城七十里，离三河汛二十里，附近并无墩防。随即饬差严缉，一面带领刑仵会营驰诣该处，勘得朱周氏朝南住屋一排六间，靠西第一间系事主朱本有卧房，第二间开设大门，进内堂屋，第三间有后门一道，第四间堆放农具，第五间安设厨灶，第六间系事主朱周氏卧房。查验后门及各房门，均有踢损痕迹，房内什物散乱，地无匪遗捻械。勘毕，绘图。饬将尸移平地，如法相验。据仵作彭祥验报：已死朱本有，问年七十七岁。仰面，不致命：左手腕有刃伤一连四处，各斜长一寸六分，宽四分，深抵骨，骨不损；右手腕有刃伤一处，斜长一寸二分，宽三分，深抵骨，骨不损；右手心有刃伤一连二处，上一处斜长一寸六分，大指断，下一处斜长八分，宽二分。致命：肚腹有刃伤一处，斜长五分，宽三分，深透内。以上各伤均皮卷血污。余无故。实系受伤身死。报毕，亲验无异，当场填格取结，尸令棺殓。传讯保邻、事主人等，各供均与报词相同。并据该犯王海长供认听纠伙劫，在外把风等情不讳。传牙估赃，值银六两八钱四分，造册附卷。勒据差役于十五年正月初六、二十八、二月二十二等日，先后拿获秦老窝孜、吴学有、刘帼本三名带案，禀讯前来，提验各犯，均无拷刺痕迹，随隔别研讯。

据伙盗吴学有供：年五十六岁，父故母存，并没兄弟，娶妻王氏，没生子女。据刘帼本供：四十七岁，父母都故，弟兄二人，小的居长，并没妻子。又据同供：小的们都是合肥县人，游荡度日，先没为匪犯案。光绪十四年十一月初八日，小的们路遇素识在逃的姚善书、丁汝意，各说穷苦。姚善书告说他知道朱周氏家有钱，起意纠劫，已邀允这到案的秦老窝孜、王海长入伙，邀小的们同去，得赃分用，小的们允从。就是那夜在空地会齐，小的们空手，秦老窝孜带油捻，王海长拿竹梢，姚善书带小刀，丁汝意带木棍，一共六人。走到半路，小的吴学有忽然肚痛，不能行走，小的刘帼本因合事主认识，不敢同行，姚善书叫小的们都在那里等候，应许事后分赃。他们四人一同前去，等了许多时候，见姚善书们三人背了赃物逃回，找见小的们，告知他们进去行劫，有一事主喊捕，被他姚善书用刀砍伤身死，并王海长被获情由，并说花包笨重，叫小的们帮同轮流背负同逃。因被后面追捕紧急，没有查点赃物，都是姚善书拿去，约等事冷再分。后闻事主报案差拿，小的们逃往各处躲避，就被公差拿获的。小的们实止听从行劫，临时都没上盗，事后背负赃物这一次，此外并没另犯窝伙窃劫别案，及同居亲属分赃、牌保得规包庇的事，逃后也没知情容留人家。姚善书们现逃何处，不知道。是实。

据伙盗王海长供：年五十岁，合肥县人，父亲王梆太，哥子王海云，余没别属，游荡度日，先没为匪犯案。光绪十四年十一月初八日，小的路遇素识在逃的姚善书、丁汝意，并这到案的秦老窝孜，各说穷苦。姚善书说他知道朱周氏家有钱，起意纠劫，得赃分用，小的合丁汝意、秦老窝孜允从。姚善书又添邀这到案的吴学有、刘幅本入伙。就是那夜在空地会齐，小的拿竹梢，秦老窝孜带油捻，吴学有、刘幅本都是空手，姚善书带小刀，丁汝意带木棍，一共六人。走到半路，吴学有忽叫肚痛，不能行走，刘幅本说合事主认识，不敢同去，姚善书叫他们都在那里等候，应许事后分赃，自合小的并秦老窝孜、丁汝意四人同去。三更时候，都到事主后门口，姚善书叫小的在外把风，秦老窝孜点起油捻，姚善书用脚踢开后门，合秦老窝孜、丁汝意三人一拥进内。过了一会，姚善书们劫得赃物逃出，喊同小的逃走，并说有一事主喊捕，被他砍伤身死的话。那晓后面有人追上小的，当时就被追获送案的。小的实止听纠伙劫，在外把风这一次，此外并没另犯窝伙窃劫别案。竹梢当时撩弃。姚善书们现逃何处，不知道。是实。

据伙盗秦老窝孜供：年三十九岁，合肥县人，父母都故，兄弟二人，哥子秦克扬，小的第二，并没妻子，游荡度日，先没为匪犯案。光绪十四年十一月初八日，小的会遇素识在逃的姚善书、丁汝意，并现获的王海长，各说穷苦。姚善书说他知道朱周氏家有钱，起意纠劫，得赃分用，大家允从。姚善书又添邀这到案的吴学有、刘幅本入伙。就是那夜在空地会齐，小的带油捻，王海长拿竹梢，吴学有、刘幅本都是空手，姚善书带小刀，丁汝意带木棍，一共六人。走到半路，吴学有忽叫肚痛，不能行走，刘幅本说合事主认识，不敢同去，姚善书叫他们都在那里等候，应许事后分赃，自合小的并王海长、丁汝意四人同去。三更时候，都到事主后门口，姚善书叫王海长在外把风，小的点起油捻，姚善书用脚踢开后门，合小的并丁汝意三人一拥进内，分投搜劫。有一事主惊起喊捕，被姚善书用刀砍伤，倒地身死。姚善书、丁汝意劫得赃物棉花、衣服等件，小的也劫得棉花一包，闻听外面有人喊捕，小的就把花包撩弃，同姚善书们走出，喊同王海长逃跑，那知王海长当被追获。小的同姚善书们逃到空地，找见吴学有、刘幅本，告知行劫拒捕及王海长被获情由，并因赃物花包笨重，姚善书叫吴学有、刘幗本帮同轮流背负同逃。因被后面追捕紧急，没有查点赃物，都是姚善书们拿去，约等事冷再分。后闻事主报案差拿，小的害怕，逃往各处躲避，就被公差拿获的。小的实止听纠伙劫，随同入室搜赃这一次，此外并没另犯窝伙窃劫别案，及同居亲属分赃、牌保得规包庇的事，逃后也没知情容留人家。姚善书们现逃何处，不知道。是实。各等供。

据此，将犯收禁，录供通详，奉批缉审。据报，该犯王海长于十五年二月二十一日在监患病，验报饬医，至三月二十一日治痊。查逸犯姚善书等弋获无期，现犯未便久羁，遵提覆讯，除各供同前不叙外，讯据伙盗王海长供云云同前。据伙盗秦老窝孜供云云同前。等供。据此，该署合肥县知县袁学昌审看得云云同后院看至，照例详参。等情。由府解司核，恐案情未确，札委署怀宁县陈兆庆审讯，该县因另有查办事件，禀司改委安庆府联元审无别故，仍照原拟解司，勘转到臣，提犯亲讯无异。

该臣审看得合肥县盗犯秦老窝孜等听纠伙劫事主朱周氏家得赃，逸盗姚善书拒伤事主朱本有身死，并伙犯吴学有等临时患病及别故不行一案。缘秦老窝孜、王海长、吴学有、刘幗本均籍隶该县，游荡度日，先未为匪犯案。光绪十四年十一月初八日，该犯等与在逃之姚善书、丁汝意先后会遇，各道贫难。姚善书稔知朱周氏家道殷实，起意纠劫，得赃分用，各犯允从。即于是夜在空地会齐，秦老窝孜带油捻，王海长拿竹梢，吴学有、刘幗本徒手，姚善书、丁汝意分携刀棍，一共六人。走至中途，吴学有陡患腹痛，不能行走，刘幗本因与事主认识，不敢同行，姚善书均令在该处等候，许分赃物，自与丁汝意、秦老窝孜、王海长等一同前往，三更时分，偕抵事主后门首，姚善书令王海长在外把风，秦老窝孜点起油捻，姚善书用脚踢开后门，与秦老窝孜、丁汝意一拥进内，分投搜劫。朱周氏之翁朱本有惊起喊捕，被姚善书用刀迭砍，伤其两手、肚腹等处，倒地殒命。姚善书同丁汝意劫得赃物棉花、衣服等件，秦老窝孜劫得棉花一包，因闻有人喊捕，当将花包撩弃，一同逸出，喊同王海长逃跑。当经邻众追赶，将王海长获住。姚善书等逃回空地，找见吴学有、刘幗本，告知行劫拒捕及王海长被获各情由，并因赃物花包笨重，令吴学有、刘幗本帮同轮流背负同逃。因被追捕紧急，未及查点赃物，均系姚善书等携回，言明事冷再分。事主朱周氏将犯王海长投保，报经该县会营勘验。勒据差役先后获犯秦老窝孜、吴学有、刘幗本到案，讯供详批缉审。该犯王海长在监患病，验报医痊。兹据该县以逸犯姚善书等弋获无期，现犯未便久羁覆讯，议拟由府解司委审，勘转前来。臣提犯亲讯，据各供悉前情不讳，赃虽未起，惟犯系先后拿获，供出一辙，正盗无疑。查律载："强盗已行，但得财者，不分首从，皆斩。"又例载："共谋为强盗伙犯，临时患病及别故不行，事后分赃者，发新疆给官兵为奴。"各等语。此案秦老窝孜等听从逸盗姚善书伙劫事主朱周氏家得赃，并姚善书拒伤事主朱本有身死，该犯秦老窝孜随同入室，王海长在外把风，均属同恶相济，自应按律问拟。秦老窝孜、王海长应如县府司及委审所拟，均合依“强盗已行，但得财者，不分首从，皆斩”律，俱拟斩立决。据称朱本有系被逸盗姚善书拒毙，虽旁无质证，惟现获各犯供俱相同，且该犯秦老窝孜罪已斩决，无虞避就，毋庸监候待质。吴学友等听纠伙劫，临时患病不行，刘帼本因与事主认识，不敢上盗，惟既经姚善书许分赃物，旋又帮同背赃，即与分赃无异，自应按分赃例问拟。吴学有、刘帼本亦如所拟，均合依“共谋为强盗伙犯，临时患病及别故不行，事后分赃者，发新疆给官兵为奴”例，拟发新疆给官兵为奴，仍照名例，改发极边烟瘴充军，以足四千里为限，均于到配后锁带铁杆石墩二年。该犯等事犯到官虽在光绪十五年三月十六日恭逢恩诏以前，惟均系强盗，情罪较重，应不准其援免。秦老窝孜、王海长照例刺字，留禁省监。吴学有、刘帼本照例刺字，定地发配。余讯无另犯窝伙窃劫别案，及同居亲属分赃、牌保得规包庇情事，逃后亦无知情容留人家，均毋庸议。不能禁约为盗之父兄及失察之牌保，事在赦前，均免提责，牌保仍革役。未获各赃，照估追赔。逸盗姚善书等，饬缉获日另结。此案首伙六人，疏防限内，虽已缉获伙犯四名，惟盗首未获，承缉职名饬取另参。除揭移部科外，理合恭疏具题，伏乞皇上圣鉴，敕下法司核覆施行。再，此案审限云云。

光绪十七年六月二十八日准。部照覆。

逼胁伙盗同行临时逃回事后分赃

为详报事。据按察使嵩崑详，据宁国府知府吴潮转，据泾县包宗经详称：光绪十五年七月初七日，据地保查光祖报，据文童毕荣林投称：伊家于本月初五日夜三更时分被匪撞门进内行劫，伊叔祖毕思龙惊起喊捕，被匪拒伤，吓禁声张，分投进房，劈开箱柜，劫去洋钱、衣饰逃逸。等语。往查属实，合报勘缉。等情。并据事主毕荣林开单同报，各到县。据此，查失事处距城九十里，离汛十五里，附近并无墩防。随即饬差严缉，一面会营驰诣该处，勘得毕荣林朝南住屋一所，中开大门，上首一排五间，中间堂屋，左右卧房，东首厢屋三间，一系厨灶，余俱堆放柴草。查验大门，有撞损痕迹，房内箱柜劈开，什物散乱，地无匪遗捻械。勘毕，绘图。饬验毕思龙左右胳肘，各有木棍伤一处，注单饬医。提讯保邻、事主人等，各供均与报词相同。传牙估赃，值银五十九两九钱六分，造册附卷。勒据差役于七月十七日拿获伙盗王息沉、刘沾发二名，并起获赃衣四件解县，提验各犯均无拷刺痕迹，随隔别研讯。

据伙盗王息沉供：年三十岁，湖南长沙县人，父母都故，并没兄弟妻子。据伙盗刘沾发供:年二十六岁,湖北谷城县人,父母都故,兄弟二人,小的居长,并没妻子。又据同供:小的们都在案下帮工度日,先没为匪犯案。光绪十五年七月初五日,小的们先后会遇素识在逃的王老银、陈老八,并不知名的老查、老邱,各谈穷苦。王老银说他知道毕荣林家有钱,起意纠劫,得赃分用,陈老八们允从,小的们先不应允,后因王老银用言吓逼,并说如不同行,先把小的们杀害,免得走漏风声,小的们无奈勉从。就是那夜三更时候,王老银、陈老八各带短棍,小的们空手,一共六人。走到半路,小的们心里害怕,故意行走落后,见王老银们走远,就各逃回。后来王老银找见小的们,告说他合陈老八们同到事主门口,撞开大门进内行劫,有一事主喊捕,被陈老八用棍拒伤,分投进房劈开箱柜,劫得洋钱、衣饰逃逸的话,并埋怨小的们不该先自逃回,就分给小的们赃衣各两件,嘱勿声张。各散。今被差役获案的。小的们委系被逼勉从,临时逃避,事后分赃这一次,此外并没另犯窝伙窃劫别案,及同居亲属分赃、牌保得规包庇的事,逃后也没知情容留人家。赃衣已蒙起获。王老银们现逃何处,不知道。是实。各等供。

据此,将犯收禁,录供通详,奉批缉审。据报,该犯王息沉于十五年八月初一日在监患病,验报饬医,至九月初一日治痊。嗣据该县饬查,毕思龙伤经平复,逸犯弋获无期,先就现犯覆讯,议拟解府提讯,犯供游移,札委宣城县范葆廉未及审解卸事,移交陈兆庆接审,仍照原拟由府覆审,议拟具详前来。

该本司核看得泾县匪犯王息沉等听从逸犯王老银逼协伙劫事主毕荣林家,临时畏惧逃回事后分赃一案。缘王息沉、刘沾发分隶湖南长沙、湖北谷城等县,均在泾县地方佣工度日,先未为匪犯案。光绪十五年七月初五日,该犯等先后会遇素识在逃之王老银、陈老八,并不知名之老查、老邱,各道贫难。王老银稔知毕荣林家道殷实,起意纠劫,得赃分用,陈老八等允从,王息沉、刘沾发先不应允,后因王老银用言吓逼,并称如不同行,先将王息沉等二人杀害,免得走漏风声,王息沉等被逼免从[①]。即于是夜三更时分,王老银、陈老八各带短棍,王息沉、刘沾发徒手,一共六人。行至中途,王息沉、刘沾发心生畏惧,乘间落后,见王老银等走远,即行逃回,后经王老银找见王息沉等,告知伊等偕抵事主门首,撞开大门进内行劫,有一事主喊捕,被陈老八用棍拒伤,分投进房劈开箱柜,劫得洋钱、衣饰逃逸情由,并埋怨王息沉等不应先自逃回,随分给赃衣各两件,嘱勿声张。各散。事主毕荣林投保,报经该县会营勘验,获犯王息沉、刘沾发二名,并起获赃衣,录供详批缉审。据报,该犯王息沉在监患病,验报医痊。饬查事主伤经平复,逸犯弋获无期,先将现犯覆讯,议拟解府委审勘讯,详解前来。本司覆核此案,即据该县府提犯研审,据各供悉前情不讳,赃经主认,正盗无疑。查例载:"强逼为盗,临时逃避,行劫后分与赃物以塞其口,数在一百两以下者,照共谋为盗,临时畏惧不行,事后分赃例减一等,杖一百,徒三年。"等语。此案王息沉等听从逸犯王老银等强逼为盗,行劫事主毕荣林家。该犯等临时畏惧逃避,事后分得赃物,自应按例问拟。王息沉、刘沾发均应如该县府所拟,合依"强逼为盗,临时逃避,行劫后分与赃物以塞其口,数在一百两以下者,照共谋为盗,临时畏惧不行,事后分赃例减一等,杖一百,徒三年"例,各拟杖一百,徒三年。据供系在逃之王老银起意为首,陈老八拒伤事主,该犯等系被王老银吓逼勉从,临时逃避,旁无质证,难保非狡供避就,应将该犯等照例监候待质,俟缉获逸犯,质明办理。余讯无另犯窝伙窃劫别案,及同居亲属分赃、牌保得规包庇情事,逃后亦无知情容留人家,应与该犯等在外为匪无从觉察之原籍牌保,及伤经平复之毕思龙,均毋庸议。起赃给主认领,未获照估追赔。逸犯王老银等,饬缉获日另结。此案首伙六人,仅获伙犯两名,疏防职名饬取另参。理合详候核咨。再,此案审限云云,合并声明。等情。到院。据此,本部院覆核无异,除饬勒缉逸犯王老银等获报,并取疏防职名另参暨分咨外,相应咨达。

光绪十七年二月初二日准。部照覆。

校勘记:

①免从:免字误,当为"勉"。

抢夺拒杀事主

为议详事。据按察使张岳年详,准凤颍道[①]移,据署颍州府[②]知府彭禄转,据署太和县知县陆延龄详称:光绪十四年四月初五日,卑前署县王万甡任内,据地保陈从正报:本月初四日下午时候,闻庄外有人喊救,赶去查看,见有两匪抢夺不识姓名过客行李,将其杀死在地,又有一匪站在路口瞭望,当即喊捕,匪等携赃逃跑。旋有庄邻赶至,帮同追捕,至滑家寨地方,复喊经该处工作人等齐向兜拿。讵有两匪执持刀棍转身拒捕,当被庄众格落刀棍,登时格毙两匪,擒获一匪,询名魏心同,带案报候勘验。等情。到县。据经王万甡提验,魏心同胸膛有刃伤二处,左额角、左臂膊各有刃伤一处,均用药敷护,余无拷刺痕迹,分别注单饬医收禁。一面查失事处,距城汛均二十里,附近并无墩防,随带刑仵会营驰诣该处,勘得离庄箭许有南北大路一道,已死不识姓名过客仰卧路旁,地有血迹,并无遗物。勘毕,绘图。饬令尸舁平地,如法相验。据仵作陈栖凤验报:已死不识姓名过客,约年三十余岁。仰面,不致命:左耳有刃伤一处,斜长一寸一分,宽三分,深透内;左肋有刃伤一连三处,各斜长一寸,宽三分,深透内。合面,致命:左后肋有生伤一连三处,各斜长一寸一分,宽三分,深透内。以上各伤均皮卷血污。余无故。委系受伤身死。报毕,亲验无异,饬取凶器无获,无从比对尸伤，当场填格取结，尸令棺殓，交保浮厝标记。又勘得滑家寨地方有南北大路一道，格毙匪犯乔得春、李四尸身均仰卧路旁，地有血迹。勘毕，绘图。饬将各尸舁放平地，如法相验。据仵作陈栖凤验报：已死乔得春，约年三十余岁。仰面，致命：肚腹有刃伤一处，斜长一寸一分，宽四分，深透内。合面，不致命：项颈有刃伤一处，斜长四寸六分，宽四分，深三分。又验报：已死李四，约年二十余岁。仰面，致命：肚腹有刃伤一处，斜长一寸二分，宽三分，深透内。不致命：左肋有刃伤一处，斜长一寸，宽三分，深由骨缝透内。以上各尸伤均皮卷血污。余无故。委各受伤身死[③]。报毕，逐加亲验无异，饬取凶器无获，无从比对尸伤，分别填格取结，尸令棺殓，交保领管。讯据地保陈从正供与报词相同，随提犯研讯。

据匪犯魏心同供：年二十九岁，山东菏泽县人，父母都故，弟兄三人，小的居长，娶妻宋氏，没生子女，游荡度日，先没为匪犯案。光绪十四年四月初四日下午时候，小的走到太和县属双庙铺地方合同乡素识已被格毙的乔得春、李四会遇闲谈，说起穷苦难过，乔得春就说方才见一不识姓名过客，背负行李沉重，料有银钱，想没走远，起意纠抢，得赃分用，大家允从，一共三人。赶过双庙铺箭许，见那不识姓名过客在地坐歇，乔得春即叫小的在路口瞭望，自同李四上前抢夺过客背负行李，那过客起身拉护，李四就扭住那过客发辫按捺倒地，那过客大声喊救，乔得春拔出身带小刀连扎伤他左耳、左肋等处，登时身死。乔得春合李四解开行李查点，见有洋钱六元、铜钱四千二百文、布被一床、布带一条，还没俵分，因见有人赶来捕拿，乔得春们分携赃物合小的一路逃跑。到了滑家寨地方，那追捕的人喊同该处工作的人一齐兜拿，乔得春们各把赃物丢弃，乔得春手拿小刀，李四顺拾地上树棍，转身拒捕，被众人格伤肚腹等处，都就身死，小的也被扎伤获住带案禀报的。小的实止听从乔得春抢夺不识姓名过客，仅止在场瞭望，并没动手，也没随同拒捕这一次，此外委没另犯窝伙抢劫别案，及同居亲属分赃、牌保得规包庇的事。是实。等供。

据此，将犯收禁，传牙估计失赃，共值库平银八两三钱五分，造册附卷，录供通详，奉批审解。王万甡旋即卸事，卑职到任准交。据报，该犯魏心同于光绪十四年八月十二日在监患病，验报饬医，至九月十二日治痊。遵提覆讯，据匪犯魏心同供云云同前。等供。据此，该署太和县知县陆延龄审看得云云同后院看至，盗械刀棍，供弃免追。等情。议拟解府提讯，犯供游移，札委代理阜阳县秦霖审照原拟，由府解道提讯，犯供翻异，札委署凤阳府赵舒翘审无别故，仍照原拟解经凤颍道[④]亲讯无异，议拟移司，转详到臣。

该臣核看得太和县匪犯乔得春等伙抢不识姓名过客得赃拒杀事主，该犯乔得春、李四各被当场格毙，伙犯魏心同讯止在场瞭望一案。缘魏心同籍隶山东菏泽县，游荡度日，先未为匪犯案。光绪十四年四月初四日下午时分，魏心同行至太和县属双庙铺地方，与同乡素识已被格毙之乔得春、李四会遇，共道贫难。乔得春当说方才见一不识姓名过客背负行李沉重，料有银钱，想未走远，起意纠抢，得赃分用，李四与魏心同均各允从，一共三人。赶过双庙铺箭许，见过客在地坐歇，乔得春令魏心同在路口瞭望，自与李四上前抢夺过客背负行李，过客起身拉护，李四即扭住过客发辫按捺倒地，过客大声喊救，乔得春拔出身带小刀连扎伤其左耳、左肋等处，登时殒命。乔得春与李四解开行李查点，见有洋钱六元、铜钱四千二百文、布被一床、布带一条，尚未俵分，经地保陈从正等因闻喊救赶往捕拿，乔得春等分携赃物逃逸，至滑家寨地方，该保复喊经该处田工人等齐向兜拿。乔得春等各将赃物撩弃，乔得春执持小刀，李四顺拾地上树棍，转身拒捕，当被庄众格伤腹部等处，均各身死，魏心同亦被扎伤获住，由保报经该前署县王万甡会营勘验讯详，批饬审解。王万甡旋即卸事，该署县陆延龄到任准交。据报，该犯魏心同在监患病，验报医痊，遵提覆讯，议拟解府提讯，犯供游移，札委代理阜阳县秦霖审照原拟，由府解道提讯，犯供翻异，札委凤阳府赵舒翘审无别故，仍照原拟解经凤颖道[5]亲讯无异，议拟移司，转详前来。臣覆核此案，既经凤颖道[6]提犯亲讯，据供前情不讳，诘无另犯窝伙抢劫别案，再三研鞫，矢口不移，案无遁饰。查例载："白昼抢夺杀人者，斩立决。"又："抢夺之案结伙三人以上，但经按捺事主，在场动手之犯，亦照强盗律，拟斩立决。为从在场并未动手者，发遣新疆给官兵为奴。"又律载："罪人持杖拒捕[7]，其捕者格杀勿论。"又光绪八年四月刑部奏准通行："寻常盗案实系距省穹远地方，酌照秋审事例，将人犯解赴该管巡道讯明，详由督抚分别题奏。"各等语。此案乔得春纠同李四等白昼抢夺不识姓名过客得赃，拒伤事主身死，并敢持械拒捕，情殊凶恶，自应按例问拟。乔得春应如县府道司所拟，合依"白昼抢夺杀人者，斩立决"例，拟斩立决。李四听纠伙抢按捺事主，并复持杖拒捕[8]，实属同恶相济，亦应按例问拟。李四亦如所拟，合依"抢夺之案结伙三人以上，但经按捺事主，在场动手之犯，亦照强盗律，拟斩立决"例，拟斩立决，业与乔得春同时被格毙命，应毋庸议。魏心同听纠抢夺，仅止在场瞭望，并未动手，亦未随同拒捕，魏心同亦如所拟，合依"抢夺之案，为从在场并未动手者，发遣新疆给官兵为奴"例，拟发遣新疆给官兵为奴，仍照名例，改发极边烟瘴充军，以足四千里为限，到配后锁带铁杆石墩二年。据供仅止在场瞭望，并未动手，亦未随同拒捕，业经地保陈从正指证，无虞避就，事犯到官虽在光绪十五年三月十六日恭逢恩诏以前，核其情罪，在条款不准援免之列，应请毋庸查办，仍照例刺字，定地发配。格毙拘捕匪犯之庄农人等，照律勿论，并免提讯，以省拖累。该犯魏心同伤已平复，余讯无另犯窝伙抢劫别案，及同居亲属分赃、牌保得规包庇情事，应与该犯等在外为匪，无从觉察之原籍牌保，均毋庸议。失赃照估追赔。不识姓名过客尸棺，召属认领。

乔得春、李四尸棺,饬保掩埋。盗械刀、棍供弃免追。除揭移部科外,理合恭疏具题,伏乞皇上圣鉴,敕下法司核覆施行。再,此案审限云云。

光绪十七年五月四日准。部照覆。

校勘记:

①凤颍道:颍字误,当为"颍",全称当谓"凤颍六泗道",为光绪年间安徽省三道之一。

②颍州府:颍字误,当为"颍"。

③委各受伤身死:据文意,当为"委系受伤身死"。

④同①。

⑤同①。

⑥同①。

⑦持杖拒捕:杖字误,当为"仗"。

⑧同⑦。

听纠抢夺拒杀事主

为议详事。据署按察使丁峻详,准徽宁道移,据宁国府林载亨转,据旌德县知县张友仁详称:光绪十八年五月二十一日,据全昌仁信局挑夫曹金珠报称:伊与全泰盛信局挑夫赵应汰由徽州起程,随带洋信、行李等件分装脚篮、箩篓,各自挑往芜湖交卸。本月二十日早饭后,行至县属篦子岭地方,被匪五人由石亭内走出拦途喊抢。赵应汰歇担抵格,被匪拒伤倒地,伊赶上亦被一匪持械吓禁,不许声张,将担夺下,各匪随抢夺担内洋信、衣物,并将脚篮、箩篓丢弃逃逸。讵赵应汰伤重,移时殒命,往寻地保,悬缺未充,理合开单,报乞勘验缉究。等情。并据事主全泰盛信局冯有长开单同报,各到县。据此,查失事处距城汛均十八里,附近并无墩防。随即饬差严缉,一面带领刑仵会营前诣该处,勘得县属篦子岭地方有大路一道,南通县城,北达泾县,四无民居。该处地方偏僻,旁有石亭一座,已死赵应汰尸身仰卧路旁,地无匪遗器械,尸旁遗有脚篮两只、箩篓一个。查验什物,均已被抢无存。勘毕,绘图。据仵作闻庆验报:已死赵应汰,问年四十四岁。仰面,致命:左乳有刃伤一处,斜长一寸二分,宽三分,深由骨缝透内。不致命:左手食指有刃伤一处,斜长三分,宽一分,深抵骨,骨不损;左脚腕有刀伤一处[①],斜长一寸,宽二分,深抵骨,骨不损;左脚面有刀伤一处[②],斜长三分,宽一分,深抵骨,骨微损。合面,不致命:项颈左有刃伤一处,斜长一寸四分,宽三分,深透内。以上各伤均皮卷血污。余无故。委系受伤身死。报毕,亲验无异,饬取凶刀无获,无凭比对尸伤,当场填格取结,尸令棺殓。提讯事主、挑夫人等,各供均与报词相同。传牙估赃,值银一百十六两二钱八分,造册详缉。勒据兵役于闰六月初四日,在县属皂溪地方瓦窑内拿获匪犯尹得兴、冯衡潮、吴金有及窝匪尹金沅四名,并起获尖刀一把、双刀一对解案。提验各犯,均无拷刺痕迹,随隔别研讯。

据窝匪尹金沅供:浙江临海县人,年四十三岁,父母都故,兄弟四人,小的第二,哥子已故,娶妻生子,向在县属皂溪地方烧窑度日,先没窝匪犯案。这获案的尹得兴、冯衡潮、吴金有都在小的窑内帮工。光绪十八年五月二十日,有素识在逃的不知名老徐、老张,合现获的尹得兴、冯衡潮、吴金有,同在小的窑内空地打开洋钱一包,彼此俵分。小的撞见,上前查问,老徐们不能隐瞒,就把他们五人在篦子岭地方抢夺信担、银物,拒伤一人倒地,逃回分赃的话,向小的告知。小的当时就要首告,并要把尹得兴们辞覆,不肯容留,后被老徐们再三央恳,并分给小的洋钱三十元、绵绸二丈多尺,嘱勿声张,小的贪利应允。老徐合老张把尖刀一把、双刀一对寄存小的窑内,各自逃散。尹得兴们仍留在窑内工作。随闻事主报案差拿,小的把分得绵绸卖与过路不识姓名人,得钱同分得洋钱一并花用,今被兵役拿获到案的。小的除这案外,还有逸犯老徐们抢夺事主全泰盛局伙宋观美信担,事后知情分赃一案,已于彼案供明,此外再没另犯窝伙窃劫别案,及同居亲属分赃、牌保得规包庇的事。老徐们现逃何处,不知道。是实。

据伙犯吴金有供:浙江天台县人,年二十三岁,父故母存,弟兄二人,小的居幼,哥子已故,余没别属。据伙犯冯衡潮供:浙江临海县人,年三十八岁,父故母存,弟兄二人,小的居长,余没别属。又据同供:小的们都在现获的尹金沅窑内帮工度日,先没为匪犯案。光绪十八年五月二十日,有素识在逃的不知名老徐、老张来邀小的们,合现获的尹得兴同往茶馆喝茶,各谈穷苦。老徐说他知道县属篦子岭地方偏僻,常有信担挑送银钱、货物往来,起意纠抢,得赃分用,大家允从。就是那日从茶馆起身,老徐带双刀,老张拿尖刀,尹得兴拿木棍,小的们空手,一共五人,走到那里就在路旁石亭内躲匿窥伺。早饭后,见有两人挑担上岭,老徐见他担内沉重,料有银钱,就合小的们一齐赶出喊抢,老徐上前把担拦住,那人歇担抵格,老张拔出身带尖刀把那人乱砍数下,受伤倒地。随后一人挑担赶到,尹得兴手拿木棍吓禁不许声张,把担夺下,老徐们随各抢取担内洋信、衣物逃跑。那时小的们仅止在场,并没动手,后来回到窑内点赃俵分。老徐分给小的们洋钱各十五元,余赃都是老徐们分去。后被尹金沅走来撞见,上前查问,老徐不能隐瞒,告知抢夺拒捕情由,尹金沅当时就要首告,并要把小的们合尹得兴辞覆,不肯容留。经小的们合老徐们再三央恳,并由老徐分给尹金沅洋钱三十元、绵绸二丈多尺,嘱勿声张,尹金沅应允。老徐们当各逃散。

尹金沅仍把小的们合尹得兴留在窑内工作。随闻那人受伤身死，事主报案差拿，小的们把分得洋钱陆续花用，今被兵役拿获到案的。小的们实止听纠拦途抢夺得赃，仅止在场并没动手这一次，此外委没另犯窝伙窃劫别案，及同居亲属分赃、牌保得规包庇的事。老徐们现逃何处，不知道。是实。

据伙犯尹得兴供：浙江临海县人，年三十六岁，父母都故，弟兄三人，小的居长，娶妻生有子女，向在现获的尹金沅窑内帮工度日，先没为匪犯案。光绪十八年五月二十日，有素识在逃的不知名老徐、老张来邀小的，合现获的冯衡潮、吴金有同往茶馆吃茶，各谈穷苦。老徐说他知道县属篦子岭地方偏僻，常有信担挑送银钱、货物往来，起意纠抢，得赃分用，大家允从。就是那日从茶馆起身，老徐带双刀，老张拿尖刀，小的拿木棍，冯衡潮、吴金有空手，一共五人，走到那里，就在路旁石亭内躲匿窥伺。早饭后，见有两人挑担上岭，老徐见他担内沉重，料有银钱，就合小的同老张们一齐赶出喊抢。老徐上前把担拦住，那人歇担抵格，老张拔出身带尖刀把那人乱砍数下，受伤倒地。随后一人挑担赶到，小的手拿木棍吓禁不许声张，把担夺下。老徐们随各抢取担内洋信、衣物逃跑。那时冯衡潮、吴金有仅止在场，并没动手，后来回到窑内点赃俵分。小的分得洋钱二十五元，余赃都是老徐们分去。后被尹金沅走来撞见，上前查问，老徐不能隐瞒，告知抢夺拒捕情由，尹金沅当时就要首告，并要把小的合冯衡潮们辞覆，不肯容留。经小的合冯衡潮们再三央恳，并由老徐分给尹金沅洋钱三十元，绵绸二丈多尺，嘱勿声张，尹金沅应允。老徐们当各逃散。尹金沅仍把小的合冯衡潮们留在窑内工作。随闻那人受伤身死，事主报案差拿，小的把分得洋钱陆续花用，今被兵役拿获到案的。小的实止听纠拦途抢夺得赃，在场威吓这一次，此外委没另犯窝伙窃劫别案，及同居亲属分赃、牌保得规包庇的事。木棍当时撩弃。老徐们现逃何处，不知道。是实。各等供。

据此，当将各犯收禁，录供通详，奉批缉审。据报，该犯尹金沅于光绪十八年八月初二日在监患病，验报饬医，至九月初二日治痊。查逸犯老徐等弋获无期，遵提现犯覆加研鞫，除各供同前不叙外，讯据伙犯尹得兴供云云同前。等供。据此，该旌德县知县张友仁审看得云云同后院看至，照例开参。等情。解府提讯，犯供游移，札委宣城县陈兆庆审照原拟，由府解道核，恐案情未确，札委芜湖县王万甡审无别故，仍照原拟解覆提讯，犯供翻异，发委繁昌县叶鸿基审照原拟，解经徽宁道[3]勘讯，移司核议，转详到臣。

该臣核看得旌德县匪犯尹得兴等听纠械抢事主全昌仁等信担得赃，拒伤挑夫赵应汰身死，并尹金沅事后知情窝留分赃一案。缘尹得兴、冯衡潮、吴金有、尹金沅分隶浙江临海、天台等县。尹金沅向在该县凫溪地方烧窑度日，尹得兴、冯衡潮、吴金有均在尹金沅窑内佣工，先未为匪犯案。光绪十八年五月二十日，有素识在逃之不知名老徐、老张往邀尹得兴、冯衡潮、吴金有，同赴茶馆喝茶，各道贫难。老徐稔知该县属篦子岭地方偏僻，常有信担挑送银钱、货物往来，起意纠抢，得赃分用，各犯允从。即于是日由茶馆起身，老徐携双刀，老张带尖刀，尹得兴持木棍，余俱徒手，共伙五人，行抵该处，即在路旁石亭内躲匿窥伺。早饭后，全昌仁信局挑夫曹金珠与全泰盛信局挑夫赵应汰各挑信担上岭。老徐见其担内沉重，料有银钱，即与老张等一齐赶出喊抢。老徐上前将赵应汰信担拦住，赵应汰歇担抵格，老张拔出身带尖刀将赵应汰迭砍数下倒地。曹金珠挑担赶至，尹得兴手持木棍，吓禁声张，将担夺下。老徐等随各抢取担内洋信、衣物逃跑。维时，冯衡潮、吴金有仅止在场，并未动手，老徐等回至窑内，点赃俵分，旋被尹金沅走至瞥见，上前查问，老徐不能隐瞒，告知抢夺拒捕情由，尹金沅当欲首告，并欲将尹得兴等辞覆，不肯容留。经尹得兴等再三央恳，并由老徐分给尹金沅洋钱三十元、绵绸二丈余尺，嘱勿声张，尹金沅贪利应允。老徐等当各逃散。尹金沅仍将尹得兴等留在窑内工作。讵赵应汰伤重，移时殒命。曹金珠等报经该县会营勘验，获犯讯供，并究出该犯尹金沅尚有逸犯老徐等抢夺事主全泰盛局伙宋观美信担，事后知情分赃一案，分别录供，详批缉审。据保[④]该犯尹金沅在监患病，验报医痊。嗣据该县以逸犯弋获无期，先就现犯覆讯，议拟由府解道，先后委审勘讯，移司核议，转详前来。臣覆核此案，既经徽宁道[⑤]提犯亲讯，据各供悉前情不讳，赃虽无获，惟所供抢夺月日、赃数及拒捕情形，悉与事主报案相符，正犯无疑。查例载："抢夺之案，聚众数在三人以上，但经持械威吓，并伤事主者，为首及在场动手之犯，照强盗律，拟斩立决。为从在场并未动手者，发遣新疆给官兵为奴。"又："窝藏强盗二名以上，坐家分赃者，发近边充军。"又律载："断罪无正条，援引他律比附定拟。"各等语。此案尹得兴听从逸犯老徐起意纠伙五人，白昼持械拦途抢夺事主全昌仁等信担得赃，伙犯老张拒伤挑夫赵应汰身死，该犯在场持械威吓，自应按例问拟。尹得兴应如县府道司所拟，合依"抢夺之案，聚众数在三人以上，但经持械威吓，在场动手之犯，照强盗律拟斩立决"例，拟斩立决。冯衡潮等听纠伙抢得赃，在场并未动手，亦应按例问拟。冯衡潮、吴金有均如所拟，合依"为从在场并未动手者，发遣新疆给官兵为奴"例，各拟发新疆给官兵为奴，仍照名例，改发极边烟瘴充军，以足四千里为限，到配后锁带铁杆石墩二年。尹金沅于尹得兴等听纠伙抢，当时并未知情，迨后撞见，问出实情，辄敢分受赃物，仍留尹得兴等三人在窑工作，虽未造意同行，惟事后知情，窝留分赃，究有不合，遍查律例，并无抢夺窝主若非造意又不同行，事后知情分赃，作何治罪专条，自应比例问拟。尹金沅亦如所拟，比照"窝藏强盗二名以上，坐家分赃者，发近边充军"例，拟发近边充军，与冯衡潮等分别定地发配，折责安置，仍照例刺字。该犯尹金沅尚有逸犯老徐等抢夺事主全泰盛局伙宋观美信担，事后知情分赃一案，罪止拟徒，应从重归于此案拟结。据供在逃之老徐起意为首，惟现获之犯多于逸犯，且经隔别研鞫，供出一辙，无虞避就，应照例先决从罪，毋庸监候待质。余讯无另犯窝伙窃劫别案，及同居亲属分赃、牌保得规包庇情事，应与该犯等在外为匪，无从觉察之原籍牌保，均无庸议。买赃之不识姓名人，请免查传。失赃照估追赔。盗械木棍，供弃免追。起获刀械，案结储库备拨。尸棺饬属领埋。逸犯老徐等，饬缉获日另结。该处窑厂业经封闭，此后不准复开，致滋事端。此案首伙五人，虽于疏防限内拿获伙犯三名，惟盗首未获，承缉职名，仍应照例开参。除揭移部科外，理合恭疏具题，伏乞皇上圣鉴，敕下法司核覆施行。再，此案审限云云。

光绪二十年六月初九日准。部覆照。⑥

校勘记：

①左脚腕有刀伤一处：据文意及尸格填写格式，当为“左脚腕有刃伤一处”。

②左脚面有刀伤一处：据文意及尸格填写格式，当为“左脚面有刃伤一处”。

③徽宁道：全称当谓“徽宁池太广道”，为光绪年间安徽省三道之一。

④据保：据文意，当为“据报”。

⑤同③。

⑥部覆照：据文意，当为“部照覆”。

白昼抢夺威吓事主

为详报事。据署按察使丁峻详，准凤颍六泗道①移，据泗州直隶州知州文翰转，据署盱眙县知县周凤梧详称：光绪十七年十月十四日，据地保蒋怀邦、牌长陈兆鼎等禀称：本月十一日傍晚，闻村边山上有人叫喊有贼，当齐练丁上山，见有过客二人车载行李被匪拦抢，即经一同追捕。两匪落后，弃赃抵拒，被身等登时格毙一匪，拿获一匪，询名许二即许纪山，理合同起获原赃连匪械洋枪一并送报，勘验缉究。并据客民王成魁、魏学文呈称：身等由原籍宝应县车载行李、钱文前往凤阳购买棉花。本月十一日傍晚时候，行至盱眙境喻家墩近村山上，被匪四人拦路抢夺。身等叫喊有贼，即经该处牌保人等赶至，一同追捕，将落后两匪分别格毙、拿获，连赃械一并送究。理合开单，报勘验缉。等情。各到县。据此，提验许二即许纪山，左腮颊并左腿肚各有被格刃伤一处，皮卷血污，余无拷刺痕迹，讯认听从已被格毙之闵三，起意伙同在逃之赵铁匠、刘大，在途抢夺过客得赃不讳，并起出另案伙劫事主李有信等原赃布夹袄一件。当将本案起获原赃给主认领。匪械洋枪储库。查失事处距城汛均一百四十里,附近并无墩防。随即饬差严缉,一面会营驰诣该处,勘得南北山路一条,南通定远、来安等县,北达泗州。已死匪犯闵三尸身仰卧路旁。勘毕,绘图。饬据件作金庆验报:已死匪犯闵三,约年三十岁。仰面,致命:偏左有刃伤一处,斜长一寸六分,宽四分;额颅有刃伤一处,斜长一寸四分,宽三分。均深抵骨,骨损。余无故。实系受伤身死。报毕,亲验无异,当场填格取结,尸令棺殓。提讯牌保、事主人等,各供均与报词相同。传牙估赃,值银四十二两六钱五分,造册附卷。饬医该犯许二伤痊,随提研讯。

据匪犯许二即许纪山供:年二十九岁,江苏沛县人,父故母存,并没弟兄妻子,游荡度日。光绪十七年十月十一日下午,小的在盱眙县地方会遇素识在逃的赵铁匠、刘大,并被格毙的闵三,各说穷苦。闵三说在后面路上见有两人推着车子,行李沉重,料想载有钱洋,起意拦抢,得赃分用,大家允从。闵三、赵铁匠拿洋枪,小的拿小刀,刘大拿扁担,一共四人,先在山上僻静路旁等候。傍晚时候,见那两人推车走来,闵三、赵铁匠上前拦住车子,吓禁声张,小的合刘大赶拢,抢得车上钱洋、衣被,分拿逃走。事主们大声喊捕,就有村中多人上山追赶。闵三合小的落后,各弃赃物抵拒,当被村人们格伤闵三身死,并把小的格伤拿获送案的。小的除这案外,还有从劫事主李有信等得赃一案,业已分案供明,此外再没另犯窝伙窃劫别案,及牌保得规包庇的事。原赃已蒙起案。小刀撩弃。赵铁匠们现逃何处,不知道。是实。等供。

据此,将犯迁禁,录供详批缉审。据报,该犯在监患病,验报医痊。该县以逸犯赵铁匠等弋获无期,先就现犯覆讯,议拟解州,提犯讯供游移[2],委据五河县赖同晏审照原拟,由州解道核,恐案情未确,札委署凤阳县蒋翌廷审讯,该县因另有查办事件,禀道改委定远县郑葆清审无别故,仍照原拟解道提讯,犯供翻异,委据署凤阳府凤林审系畏罪狡翻,亦照原拟解道勘讯,议拟移司。

该本司核看得盱眙县事主王成魁等在途被抢,登时格毙匪犯闵三,并获伙匪许二一案。缘许二即许纪山,籍隶江苏沛县人,游荡度日。光绪十七年十月十一日下午,该犯许二在盱眙县地方会遇素识在逃之赵铁匠、刘大,并被格毙之闵三,各说穷苦。闵三告知后面路上见有二人推着车子,行李沉重,料想载有钱洋,起意拦抢,得赃分用,各犯允从。闵三、赵铁匠带洋枪,该犯与刘大分携小刀、扁担,一共四人,先在山上僻静路旁等候。傍晚时分,事主王成魁、魏学文推车走至,闵三、赵铁匠上前拦住车子,吓禁声张。许二与刘大赶拢,抢得车上钱洋、衣被,分携逃走。事主大声喊捕,即经牌保人等上山追赶。闵三、许二落后,弃赃抵拒,当被牌保人等格伤闵三身死,并将许二格伤拿获,连赃械送县。并据事主开单,报经该县给赃认领,一面会营勘验勒缉,并饬医许二伤痊,讯供详批缉审。据报,该犯许二在监患病,验报医痊。兹据该县以逸犯弋获无期，先就现犯覆讯，议拟由州遵章解道，先后委审，拟解由道勘讯，议拟移司。本司覆核此案，既经凤颖道[③]提犯亲讯，据供前情不讳，犯系当时拿获，赃经主认，正盗无疑。查例载："抢夺之案，聚众三人以上，但经持械威吓主，为首之犯，照强盗律，拟斩立决。为从在场并未动手者，发遣新疆给官兵为奴。"又光绪十三年通行："嗣后结伙三人以上抢夺案内，执持洋枪之人系首犯，拟斩立决，枭示。未经持枪者仍照向例办理。"各等语。此案闵三起意纠抢过客王成魁等车载行李得赃，持械威吓事主，实属不法，虽经破格，登时殒命，未及取供，惟已据许二到案供明，自应按例问拟。闵三应如州道司所拟，合依"抢夺之案，聚众三人以上，但经持械威吓事主，为首之犯照强盗律，拟斩立决"例，拟斩立决，执持洋枪照章应加枭示，该犯尚有伙劫事主李有信等得赃一案，罪名相等，应归彼案从一科断，照例戮尸枭示。许二即许纪山听纠持械抢夺，虽无威吓情事，亦应按例问拟。许二亦如所拟，合依"抢夺之案聚众三人以上，但经持械威吓事主为从在场，并未动手者，发遣新疆给官兵为奴"例，拟发遣新疆给官兵为奴，仍照名例，改发极边烟瘴充军，以足四千里为限，到配后锁带铁杆石墩二年。该犯尚有伙劫事主李有信等得赃一案，罪应斩枭，应归彼案从重拟处。格杀拒捕罪人闵三之牌保人等，照律勿论，仍一体给赏，以资鼓励。余讯无窝伙窃劫别案，及牌保得规包庇情事，应与该犯在外为匪，无从觉察之原籍牌保，均毋庸议。起赃给主认领，未获照估追赔。盗械小刀，供弃免追。洋枪储库备拨。尸棺由县传属领埋。逸犯赵铁匠等，饬缉获日另结。此案首伙四人，获犯及半，兼获盗首，例得免其参处。理合详候核咨。再，此案系虚拟罪名，请免扣限，合并声明。等情。到院。据此，本部院覆核无异，除饬勒缉逸犯赵铁匠等获报并分咨外，相应咨达。

光绪二十年三月初十日准。部照覆。

校勘记：

①凤颖六泗道：颖字误，当为"颍"。

②提犯讯供游移：据文意，当为"提讯犯供游移"。

③凤颖道：颖字误，当为"颍"，全称当谓"凤颍六泗道"，为光绪年间安徽省三道之一。

抢夺为从并未动手分赃

为议详事。据按察使嵩崑详，准凤颖道[①]王廉移，据凤阳府知府赵舒翘转，据宿州知州陆显勋详称：光绪十五年七月十二日，据地保朱明报，据河南光州民人杨世宽投称:伊在州境口子集收买烟土赴南京贩卖。本月十一日中午时分,行至州属尚和集[2]相近地方,被匪四人持械拦抢,伊即喊捕,被匪拒伤,抢去烟土、衣物逃逸。等语。往查属实,合报勘缉。等情。并据事主杨世宽开单同报,各到州。据此,随经饬差严缉,一面查失事处距城四十五里,离濉溪汛三十五里,附近并无墩防。当即会营驰诣该处,勘得失事处所系南北往来大路,离尚河集三里许,南通州城,北通江苏萧县,近无居民。勘毕,绘图。饬仵验得杨世宽左肩甲有木器伤一处,青色,注单饬医。传牙估赃,值银二十七两九分,造册附卷。讯据地保、事主人等,各供均与报词相同,详批缉参。勒据兵役于是年十二月十四及十六年二月初四等日先后缉获匪犯刘清迟、李三行二名,提验各犯,均无拷刺痕迹,随讯。

据匪犯刘清迟供:年二十四岁,父亲刘茂明,母亲李氏,并没弟兄,娶妻张氏,没生子女。据匪犯李三行供:年二十七岁,父亲李兴魁,母亲赵氏,弟兄二人,哥子李三乐,小的居幼,娶妻李氏,没生子女。又据同供:小的们都是山东汶上县人,向在州属佣工度日,先未为匪犯案。光绪十五年七月十一日,小的们在州境口子集地方会遇素识在逃的祁连升、黄二学,各说穷苦。祁连升说他见有过客贩运烟土,独自一人在前行走,料有银钱,起意纠抢,得赃分用,大家允从。祁连升拿尺杆孜,余都空手,一共四人。就是那日中午时候,走到州属尚河集相近地方,祁连升合黄二学赶上喊抢,把那事主拦住,吓禁声张。事主喊捕,祁连升用尺杆子[3]拒伤他左肩甲,就合黄二学抢得烟土、衣物,一同逃跑。小的们仅止在场,并没动手,听得后面有人追捕,不及分赃,都是祁连升、黄二学拿走,约俟随后卖钱再分。各散。后闻事主报案差拿,小的们逃往各处躲避,今被兵役拿获送案的。小的们实止听纠抢夺,在场并没动手,事后也没分赃这一次,此外并没另犯窝伙抢劫别案,及同居亲属分赃、牌保得规包庇的事,逃后也没知情容留人家。祁连升们现逃何处,不知道。是实。各等供。

据此,将犯收禁,录供通详,奉批缉审。勘查事主杨世宽伤已平复,逸犯祁连升等弋获无期,遵提现犯覆讯,议拟由府解道勘讯,移司核议,并准凤颖道[4]移送勘册前来。

该本司核看得宿州匪犯刘清迟等听从逸犯祁连升伙抢过客事主杨世宽得赃,该犯等在场并未动手一案。缘刘清迟、李三行均籍隶山东汶上县,向在该州属佣工度日,先未为匪犯案。光绪十五年七月十一日,该犯刘清迟、李三行在该州口子集地方会遇素识在逃之祁连升、黄二学,各道贫难。祁连升见有过客杨世宽贩运烟土,独自一人在前行走,料有银钱,起意纠抢,得赃分用,各犯允从。祁连升带尺杆孜,余俱徒手,一共四人。即于是日中午时分,走至该州属尚河集相近地方,祁连升与黄二学赶上喊抢,将杨世宽拦住,吓禁声张,杨世宽喊捕,祁连升用尺杆孜拒伤其左肩甲,即与黄二学抢得烟土、衣物一同逃跑。该犯刘清迟、李三行仅止在场,并未动手,因闻后面有人追捕,未及分赃,均系祁连升、黄二学拿走,约俟随后卖钱再分。各散。事主杨世宽投保,报经该州勘缉,先后获犯讯供,详批缉审。兹据该州以饬查事主杨世宽伤已平复,逸犯祁连升等弋获无期,先就现犯覆讯,议拟由府解道勘讯,移司核议。本司覆核此案,既经凤颖道⑤提犯亲讯,据各供悉前情不讳,究诘不移,案无遁饰。查例载:"抢夺之案,聚众三人以上,但经持械威吓并伤事主,为从在场并未动手者,均发遣新疆给官兵为奴。"又光绪八年刑部奏准通行:"寻常盗案实系距省窎远地方,酌照秋审事例,将人犯解赴该管巡道讯明,详由督抚分别题奏。"各等语。此案刘清迟等听从逸犯祁连升伙抢过客事主杨世宽得赃,拒伤平复。该犯等均各在场,并未动手,自应按例问拟。刘清迟、李三行应如州府道所拟,均合依"抢夺之案,聚众三人以上,但经持械威吓并伤事主,为从在场并未动手者,均发遣新疆给官兵为奴"例,拟发新疆给官兵为奴,仍照名例,改发极边烟瘴充军,以足四千里为限,到配后锁带铁杆石墩二年。据供系在逃之祁连升起意为首,拒伤事主,惟犯系先后拿获,供出一辙,无虞避就,毋庸监候待质。该犯等事犯到官虽在光绪十六年三月二十二日恭逢恩诏以前,惟系抢夺拟军,均不准其援减,仍各照例刺字,定地发配。余讯无另犯窝伙抢劫别案,及同居亲属分赃、牌保得规包庇情事,逃后亦无知情容留之人,应与该犯等在外为匪无从觉察之原籍牌保,并伤经平复之事主杨世宽,均毋庸议。犯父刘茂明、李兴魁不能禁子为匪,均有应得之罪,惟事在恩诏以前,请免移提责惩。失赃照估追赔。逸犯祁连升等,饬缉获日另结。此案首伙四人,仅获从犯二名,首犯未获,仍饬照例开参,理合详候核咨。再,此案审限云云,至合并声明。等情。到院。据此,本部院覆核无异,除分咨外,相应咨达。

光绪十七年六月二十九日准。部照覆。

校勘记:

①凤颖道:颖字误,当为"颍",全称当谓"凤颍六泗道",为光绪年间安徽省三道之一。

②尚和集:地名前后不一致,据上下文当为"尚河集"。

③尺杆子:即"尺杆孜"。

④同①。

⑤同①。

卷三师 盗贼 抢窃各案附

窃盗拒杀事主遗火烧毙两命伙犯并未帮殴成伤

为核议事。据署按察使安庐滁和道丁峻详，准凤颖道[①]移，据颖州府[②]知府凤林转，据代理阜阳县知县秦霖详称：光绪十五年正月初五日，据地保吴春报，据保民耿起聚投称：伊胞叔耿春幅家于本月初四日夜二更时分被匪撬门进内行窃。伊叔惊起，赶出门外喊捕，被匪拒伤偏左、囟门等处倒地，匪即携赃逃逸。讵匪遗油捻丢弃草堆，致被遗火燃烧草屋，时伊堂侄耿兴在屋睡熟，雇工管四冒火进内拉救，因火势猛烈，走避不及，耿兴、管四均被烧毙，伊喊同邻佑登时扑灭。等语。往查属实，合报勘验缉究。等情。并据事主耿起聚开单同报，各到县。据此，查失事处距城汛均三十五里，附近并无墩防，随即选差严缉，一面带领刑仵会营驰诣该处，勘得耿春幅朝南住屋一所，前后两进。前进草房三间，烧毁无存，后进平屋三间，中间堂屋，左系厨灶，右系卧房。查验堂屋门闩有撬损痕迹，房内什物散乱，地有匪遗铁剑一把、木棍一根。已死耿兴、管四尸身仰卧该处地上。勘毕，绘图。饬据仵作陈建验报：已死耿兴，问年十二岁。仰面：两眼睛突，口鼻内均有烟灰，头颅及周身皮肉焦黑色，委系被火焚烧身死。又据验报：已死管四，问年四十一岁。仰面，两眼睛突，口鼻内均有烟灰，头颅及周身皮肉焦黑色，委系被火焚烧身死。报毕，逐加亲验无异，分别填格取结，尸令棺殓。又验得耿春幅偏左、左臁肕各有刃伤一处，囟门、左额角、左肋各有木器伤一处，均用药敷盖，未便揭视，注单饬医。盗械带回储库。讯据保邻、事主人等，各供均与报词相同。传牙估赃，值银五两五分，造册附卷。旋据报，事主耿春幅于是月十六日因伤毙命，并据尸侄耿起聚呈明，伊叔耿春幅实因伤重身死，求免相验。等情。即经讯取保邻人等供结，准予照例免验，一面勒据差役于是月二十一、二月初七等日，先后获犯刘立、杨刚并窝匪王幅田三名，并在王幅田店内起获赃衣一件，一并解县。提验各犯，均无拷刺痕迹，随隔别研讯。

据窝匪王幅田供：年六十一岁，阜阳县人，父母都故，并没弟兄，娶妻王氏，生有一子，小的开设饭店生理，先没窝匪犯案。光绪十五年正月初四日，有先在小的店内住歇、在逃的边三、赵麻孜来向小的告说，他边三知道耿春幅家有钱，起意纠允赵麻孜并同店住宿在逃的程黑即程四、陈四、刘刁过山及现获的杨刚、刘立同往行窃，央小的容留，嘱勿声张，并许事后分给赃物，小的贪利应允。就是那夜二更时候，边三们一共七人各带木棍、铁剑、油捻，一同前往。到了五更，边三、赵麻孜各携赃物回店，就说他们同到事主门口，撬开大门进内，窃得铜钱、衣服，事主惊起喊捕，他赵麻孜用铁剑拒伤他偏左、左臁肕，各自逃跑，事主赶出门外追捕，又被陈四们拒伤倒地，后来刘刁过山油捻遗落草堆，延烧事主草房的话，向小的告知，并由边三分给小的铜钱七百文，赵麻孜把分得赃衣一件寄放小的店内。各散。后闻事主受伤身死，又遗火烧毙事主二命，报案差拿，小的害怕，逃往各处躲避，今被拿获解案的。小的委止知情窝留分赃，并没同行这一次，此外并没另犯窝伙窃劫别案，及同居亲属分赃、牌保得规包庇的事，逃后也没知情容留人家。分得钱文已经花用。赵麻孜寄存赃衣已蒙起案。边三们现逃何处，不知道。是实。

据伙贼刘立供：年三十岁，父亲已故，母亲张氏，兄弟二人，小的居长，并没妻子。杨刚供：年三十九岁，父亲杨茂修，母亲已故，并没兄弟妻子。又据同供：小的们都是阜阳县人，游荡度日，先没为匪犯案。光绪十五年正月初四日，小的们先后走到王幅田饭店吃饭，适有素识在逃的边三、赵麻孜、程黑即程四、陈四、刘刁过山先在店内住歇，彼此会遇闲谈，各说穷苦。边三说他知道耿春幅家有钱，起意纠窃，得赃分用，大家允从。边三、赵麻孜又向王幅田告知前情，央他容留，嘱勿声张，并许事后分给赃物，王幅田也就应允。就是那夜二更时候，在王幅田店内会齐，小的们合边三各带木棍，赵麻孜拿铁剑，余各分带木棍、油捻，一共七人，同到事主门口。边三留程黑、陈四在门外瞭望，他撬开大门，合小的们并赵麻孜们一同进院，赵麻孜用铁剑拨开堂屋门，叫小的刘立在院接赃，小的杨刚同边三们进内，窃得铜钱、衣服递交小的刘立接收，赵麻孜们正在转身复窃，事主惊起喊捕，赵麻孜用铁剑拒伤他偏左、左臁肕，各自携赃逃出，事主赶出门外追捕，又被陈四们各用木棍拒伤倒地。后来刘刁过山把油捻遗落草堆，致遗火燃着草房，登时火起，边三们望见，合小的们一同逃到空地，查点赃物，小的们各分得铜钱七百文，余赃都是边三们分去。各散。后闻事主因伤身死，又烧毙事主二名，报案差拿，小的们害怕，逃往各处躲避，今被拿获解案的。小的们实止听从伙窃得赃，并没拒捕帮殴这一次，此外并没另犯窝伙窃劫别案，及同居亲属分赃、牌保得规包庇的事，逃后也没知情容留人家。分得钱文已经花用。木棍当时撩弃。边三们现逃何处，不知道。是实。各等供。

据此，将犯收禁，起获赃衣传主认领，录供通详，奉批缉审。据报，该犯杨刚于十五年四月初二日在监患病，验报饬医，至五月初二日治痊。查逸犯续获无期，现犯未便久羁，遵提覆讯，议拟由府解道，因讯供不符，札委凤阳县熊祖诒覆审，因另有查办事件，禀道改委凤阳府赵舒翘审无别故，仍照原拟解经凤颍道[3]亲讯无异，议拟移司。

该本署司核看得阜阳县事主耿春幅家被窃拒毙并遗火延烧房屋，致事主之孙耿兴、雇工管四被烧毙命，获犯杨刚等讯未帮殴成伤，该犯王幅田知情窝留，坐家分赃一案。缘杨刚、刘立、王幅田均籍隶该县。王幅田开设饭店生理，杨刚、刘立均游荡度日，先未为匪犯案。光绪十五年正月初四日，杨刚、刘立先后走至王幅田饭店吃饭，适有素识在逃之边三、赵麻孜、程黑即程四、陈四、刘刁过山，先在该处住歇，彼此偶道贫难。边三稔知该县属耿春幅家道殷实，起意纠窃，得赃分用，各犯允从。边三、赵麻孜又向王幅田告知，央其容留，嘱勿声张，并许事后分给赃物，王幅田亦即贪利应允。即于是夜二更时分，在王幅田店内会齐，杨刚、刘立与边三各带木棍，赵麻孜携铁剑，余各分携木棍、油捻，一共七人，偕抵事主门首。边三留程黑、陈四在外瞭望，伊即撬开大门，与各犯一同进院，赵麻孜用铁剑拨堂屋门，令刘立在院接赃，与杨刚等分投进内，窃得铜钱、衣服递交刘立接收。赵麻孜等正在转身复窃，事主耿春幅惊起喊捕，赵麻孜用铁剑拒伤其偏左等处，各自携赃逃出。耿春幅赶出门外追捕，又被陈四等各用木棍拒伤囟门等处倒地。维时，刘刁过山将油捻丢弃草堆，致遗火延烧房屋，登时火起。事主之孙耿兴年尚幼稚，在房睡熟，雇工管四冒火进内拉救，因火势猛烈，走避不及，致耿兴、管四被烧毙命。各犯逃至僻处，点赃俵分。边三、赵麻孜向王幅田告知行窃拒捕并遗火延烧情由，当由边三分给王幅田铜钱七百文，赵麻孜将分得赃衣寄存王幅田店内。各散。事主之侄耿起聚投保报县，会营勘验。旋据报，事主耿春幅因伤殒命，结求免验，一面勒据差役先后擒获杨刚、刘立及窝匪王幅田三犯，并起获赃衣，讯供详批缉审。该犯杨刚在监患病，验报医痊。兹据该县以逸犯续获期无[4]，现犯未便久羁覆讯，议拟由府解道委审勘讯，议拟移司。本署司覆核此案，既经凤颍道[5]提犯亲讯，据各供悉前情不讳，赃经主认，正贼无疑。查例载："窃盗临时盗所拒捕杀人，为从未经帮殴成伤者，发极边足四千里充军。"又："窝贼窃盗五名以上坐家分赃者，发近边充军。"又光绪八年四月刑部奏准通行："寻常盗案实系距省穹远，酌照秋审事例，将人犯解府该管巡道讯明，详由督抚分别题奏。"各等语。此案杨刚等听从逸犯边三伙窃事主耿春幅家得赃，赵麻孜等拒伤事主身死，该犯等虽未帮同拒殴，惟既经在场目击，或始终在院接赃，自应按律问拟。杨刚、刘立二犯应如凤颍道[6]所拟，均合依"窃盗临时盗所拒捕杀人，为从未经帮殴成伤者，发极边足四千里充军"例，拟发极边四千里充军，到配折责安置。据供系在逃之边三起意为首，赵麻孜等拒伤事主身死，旁无质证，恐有避就情弊，应将该犯等照例监候待质，俟缉获逸犯质明办理，仍先行刺字。王幅田窝留窃盗五名以上，知情分赃,并未造意同行,亦应按例问拟。王幅田亦如所拟,合依"窝藏窃盗五名以上坐家分赃者,发近边充军"例,拟发近边充军,到配折责安置。犯经杨刚等指证确凿,无虞避就,毋庸监候待质,应请照例刺字,定地发配。该犯等事犯到官虽在光绪十五年三月十六日恭逢恩诏以前,惟系窃盗案内拟军,在不准援免之例,应不准其援免。余讯无另犯窝伙窃劫别案,及同居亲属分赃、牌保得规包庇情事,逃后亦无知情容留人家,均毋庸议。不能禁子为匪之杨茂修,及失察该犯等为匪之牌保,事在赦前,概免提责。起赃给主认领,未获照估追赔。王幅田窝匪店屋查封入官。盗械木棍、铁剑,案结储库备拨。尸棺分饬领埋。逸犯边三等,饬缉获日另结。此案首伙七人,窝匪一人,仅与疏防限内拿获从犯三名,获犯未半,首犯未获,仍饬照例开参,理合详候核咨。再,此案审限云云。等情。到院。据此,本部院覆核无异,除饬勒缉逸犯边三等获报,并饬取疏防职名另参暨分咨外,相应咨达。

校勘记:

①凤颖道:颖字误,当为"颍",全称当谓"凤颍六泗道",为光绪年间安徽省三道之一。

②颖州府:颖字误,当为"颍"。

③同①。

④兹据该县以逸犯续获期无:据文意,当为"兹据该县以逸犯续获无期"。

⑤同①。

⑥同①。

伙窃牛只事后被获拒伤坊捕身死

为报验事。据按察使嵩崑详,据六安直隶州知州刘宗海详称:光绪十五年十一月二十三日,据地保彭春报,据保民姚士林投称:伊家于本月初五日夜被贼撬门进内窃去耕牛一只,因别无失物,未经报案。二十日,伊在徐家祥牛行寻见牛只,询系李老三托卖,须俟本人到场方能牵回。次日傍晚时候,伊路遇李老三,向其查问,李老三自认偷窃属实,当即扭获,因天晚不及送案,带至家内,邀坊捕苏洪与伊妻父张银銚代为看守,拟俟明早送究。是夜,李老三撬门欲逃,苏洪、张银銚起捕,均被李老三用木扁担拒伤。讵苏洪伤重,移时殒命。等语。往看属实,现在犯已获住。查苏洪系合肥县人,家无亲属,理合将犯送案,报乞验究。等情。并据事主姚士林同报,各到州。据此,查该处距城汛均二十里,附近并无墩防,随即带领刑仵押犯驰诣该处，勘得姚士林朝南草屋一所，前后二进，均平排四间。前进中间开设大门，西边二间一系牛屋，一系厨房，东系客房，后进中间堂屋左右三间，均系卧房。已死苏洪尸身仰卧前进地上。查验大门，微有撬损痕迹。勘毕，饬将尸舁平地，如法相验。据仵作许进验报：已死苏洪，问年四十岁。仰面，致命：偏左相连左额角有木器伤一处，斜长二寸六分，宽一寸五分，皮破血污，按捺骨损。余无故。实系受伤身死。报毕，亲验无异，饬起凶器木扁担比对尸伤相符，填格取结，尸令棺殓。又验得张银銚顶心、右额角、鼻梁、右颔颏、右手中指、小指等处各有木器伤一处，均用药敷护，未便揭验，注单饬医。提讯保邻、事主人等，各供均与报词相同。传牙估赃，值银三两五钱，造册附卷。凶器木扁担带回储库。赃牛给主认领。提验该犯李老三，并无拷刺痕迹，随訊[①]。

据地保彭春供与报词同。

据行主徐家祥供：六安州人，小的在州属众兴集开设牛行。光绪十五年十一月十三日，这李老三牵牛一只来到小的行内，说是自己耕牛，托小的代卖，小的应允。李老三就把牛只拴系小的行内，言明日后卖去，再来领价。二十日，姚士林来向小的告说，是他家被窃牛只，因何拴系在此，查问来历。小的说是李老三托卖，须等他来，方能牵去，姚士林当就走回。后来姚士林怎样把李老三扭获，李老三又怎样拒伤坊捕，小的没有晓得。那时小的实止代卖耕牛，并不知道是窃赃，求详察。现在牛只已蒙起回，给还姚士林收领。是实。

据事主姚士林供：六安州人，与已死合肥县人苏洪素相认识。苏洪充当本地坊捕，他只身在外，家中并没亲属。光绪十五年十一月初五日夜，小的家被贼撬门进内窃去耕牛一只，因别无失物，没有投保报案。二十日，小的在徐家祥牛行认得是被窃原牛，问是李老三托卖，要等他来，方能牵回。小的没法，也就走了。到了二十一日傍晚，小的路遇李老三，向他查问，李老三自认偷窃属实，把他扭获，因天晚不及送案，带回家内，邀坊捕苏洪合小的妻父张银銚在前进屋内代为看守，拟俟明早送究。那夜三更后，小的听闻声喊，起身往看，见苏洪已经受伤在地，李老三合张银銚在那里争殴，小的连忙上前把李老三获住，张银銚告说李老三乘他们睡熟，撬门要逃，他合苏洪起捕，都被李老三用木扁担拒伤的话。不料苏洪伤重，过一会身死。小的就投保报验的，求究办。赃牛已蒙给还。是实。

据应讯人张银銚供：六安州人。光绪十五年十一月初五日夜，小的女婿姚士林家被窃耕牛一只，后在徐家祥牛行内寻见牛只，说是李老三托卖，小的都知道的。二十一日傍晚，姚士林路遇李老三，把他扭住，因天晚不及送案，带回家内，邀坊捕苏洪合小的同在前进屋内代为看守，拟俟明早送究。那夜三更后，李老三乘小的合苏洪都已睡熟，撬门要逃，苏洪惊醒，带刀起捕，被李老三顺拿门旁木扁担拒伤偏左倒地。小的听闻起身帮捕，也被他拒伤顶心等处，喊同姚士林把李老三获住。不料苏洪伤重，过一会身死。姚士林就投保报验的。小的身受各伤，都已平复。是实。

据凶犯李老三供：年二十八岁，六安州人，父亲早故，母亲陈氏，现年六十五岁，兄弟二人，哥子李树谦，余没别属，佣工度日，先没为匪犯案。与已死苏洪素不认识。光绪十五年十一月初五日，小的路遇素识在逃的康怀得，各说穷苦。康怀得知道姚士林家有牛只，起意纠窃，卖钱分用，小的允从。就是那夜三更时候在空地会齐，康怀得拿小刀，小的空手，一共二人。走到事主门口，康怀得用刀撬开大门，合小的进内，窃得耕牛一只逃出，牵交小的，说等卖钱分用，各自逃散。十三日，小的牵往州属众兴集徐家祥牛行，说是自己耕牛，托他代卖。徐家祥应允，小的把牛只拴系徐家祥行内，言明日后卖钱再来领价，当就走回。二十一日傍晚，姚士林路遇小的查问，小的自认偷窃属实，就把小的扭获带至他家，叫坊捕苏洪合张银銚代为看守，说俟明早送究。那夜三更后，小的乘苏洪们睡熟，撬门要逃，苏洪惊醒，带刀起捕。小的一时情急，顺取门旁木扁担拒伤苏洪偏左相连左额角倒地。张银銚赶来帮捕，也被小的拒伤顶心等处。张银銚喊同姚士林把小的获住。不料苏洪伤重，过一会身死。姚士林就投保，把小的送案报验的。委非有心欲杀，也没起衅别故，此外并没另犯窝伙窃劫别案，及同居亲属分赃、牌保得规包庇的事，逃后也没知情容留人家。凶器、赃牛已蒙起获。康怀得现逃何处，不知道。是实。各等供。

据此，将犯收禁，录供通详，奉批缉审。据报，该犯李老三于十六年二月初九日在监患病，验报饬医，至闰二月初九日治痊。查逸犯康怀得屡缉无获，饬查张银銚伤均平复，遵提覆讯，除各供同前不叙外，讯据凶犯李老三供云云同前。等供。据此，该六安直隶州知州刘宗海审看得云云同后院看至，请免开送。等情。解司，勘转到臣，提犯亲讯无异。

该臣审看得六安州贼犯李老三伙窃事主姚士林家牛只，事后被获欲逃，拒伤坊捕苏洪身死一案。缘李老三籍隶该州，佣工度日，先未为匪犯案，与已死合肥县人现充该处坊捕之苏洪素不认识。光绪十五年十一月初五日，李老三路遇素识在逃之康怀得，各道贫难。康怀得稔知姚士林家有牛只，起意纠窃，卖钱分用，李老三允从。即于是夜三更时分在僻处会齐，康怀得携带小刀，李老三徒手，一共二人，偕抵事主门首。康怀得用刀撬开大门，与李老三进内，窃得耕牛一只逸出，牵交李老三，说俟卖钱分用，各自逃散。维时，姚士林因别无失物，未经赴州禀报。十三日，李老三将牛牵至徐家祥牛行，称系自己耕牛，托其代卖，徐家祥应允，言明日后卖钱再来领价。二十日，姚士林寻至该行，认明被窃原牛，查问来历，系李老三托卖，须俟本人到场方能牵回。二十一日傍晚，姚士林路遇李老三，向其查问，李老三自认偷窃属实，将其扭获，带回家内，因天晚不及送案，邀坊捕苏洪与张银[illegible]在前进屋内代为看守，拟俟明早送究。是夜三更后，李老三乘苏洪等睡熟，撬门欲逃，苏洪惊醒，持刀起捕，李老三情急，顺取门旁木扁担拒伤苏洪偏左相连左额角倒地。张银銚闻声帮捕，亦被李老三拒伤顶心等处，随与姚士林将李老三获住。讵苏洪伤重，移时殒命。将犯送案，报经该州勘验讯详，批饬缉审。该犯李老三在监患病，验报医痊。兹据该州以逸犯弋获无期，张银銚伤均平复，将犯讯覆[②]，议拟解司，勘转前来。臣提犯亲讯，据供前情不讳，诘非有心欲杀，亦无起衅别故，再三究鞫，矢口不移，赃经主认，正贼无疑。查律载："犯罪逃走拒捕，杀所捕人者，斩监候。"等语。此案李老三听纠伙窃事主姚士林家牛只，事后被获欲逃，逞凶拒捕，致伤苏洪身死。查苏洪系属坊捕，又经事主邀令看守，本有应捕之责，自应按律问拟。李老三除听纠伙窃，计赃不及十两，并拒伤张银銚平复各轻罪不议外，应如州司所拟，合依"犯罪逃走拒捕，杀所捕人者，斩监候"律，拟斩监候，秋后处决，照例刺字。余讯无另犯窝伙窃劫别案，及同居亲属分赃、牌保得规包庇情事，逃后亦无知情容留人家，应毋庸议。徐家祥代卖牛只，不知系属窃赃，尚无不合，应与伤经平复之张银銚，均毋庸议。犯兄李树谦不能禁弟为窃，及失察之牌保，均各照例提案责惩，分别革役。无干经州省释。尸棺饬埋。凶器木扁担验明发回储库。赃牛给主认领。逸犯康怀得饬缉获日另结。此案同伙仅止二人，业已拿获拒捕伙犯一名，职名应免开送。除揭移部科外，理合恭疏具题，伏乞皇上圣鉴，敕下法司核覆施行。再，此案审限云云。

光绪十七年九月十七日准。部覆照。[③]

校勘记：

①随訊：訊字误，当为"讯"。

②将犯讯覆：据文意，当为"将犯覆讯"。

③部覆照：据文意，当为"部照覆"。

窃盗未得财拒伤事主身死

题为详报事。据署按察使松峻[①]详，准凤颍道[②]移，据署凤阳府知府孙廷林转，据宿州知州陆显勋详称：光绪十七年五月二十九日，据地保胡美报，据保民李万厢投称：伊兄李万玲家于本月二十八日夜二更时分被贼推门进内行窃，适伊兄睡在院内地上，惊觉起捕，贼即转身逃走，伊兄赶上扭住贼人发辫，喊同伊嫂王氏出向帮捕，被贼用刀戳伤伊兄心坎、肾囊等处,松手倒地,伊嫂亦被戳伤左腿,逃逸,并未失赃。讵伊兄伤重,移时殒命。等语。往查属实,合报勘验缉究。等情。并据尸弟李万厢同报,各到州。据此,查失事处距城六十里,离濉溪汛十里,附近并无墩防。随即饬差严缉,一面带领刑仵会营驰诣该处,勘得李万玲朝南住屋一所,四无居邻,前面围墙,中开大门,进内院落,正屋两间,左系卧房,右系厨屋。查验大门,并无损痕。已死李万玲尸身仰卧院内地上。勘毕,绘图。饬据仵作夏得验报:已死李万玲,问年四十二岁。仰面,致命:心坎有刃伤一处,斜长八分,宽二分,深抵骨,骨不损;肾囊有刃伤一处,斜长五分,宽二分,深透内,肾子破。均皮卷血污。余无故。实系受伤身死。报毕,亲验无异,饬起凶刀无获,无凭比对尸伤,填格取结,尸令棺殓。又验得李王氏左腿有刃伤一处,用药敷护,未便揭视,注单饬医。讯据地保、尸亲人等,各供均与报词相同。勒差于七月十三日缉获凶贼李芒一名,并起获尖刀一把解案,验无拷刺痕迹,随提研讯。

据凶贼李芒供:宿州人,年三十八岁,父亲已故,母亲王氏,并没兄弟妻子,游荡度日,先没为匪犯案。光绪十七年五月二十八日,小的因穷苦难度,知道李万玲家有钱,独自起意行窃,得赃花用。就是那夜二更时候,携带尖刀走到李万玲家门口,见大门虚掩,小的推门进内,正要去撬房门,不料李万玲睡在院内地上,惊觉起捕。小的转身逃走,李万玲赶上扭住小的发辫不放,喊他女人出向帮捕,小的情急图脱,拔出身带尖刀戳伤李万玲心坎、肾囊等处,松手倒地,并戳伤他女人左腿逃跑,并没窃得赃物。后闻李万玲因伤身死,报案差拿,小的逃往各处躲避,今被拿获解案的。小的实止起意行窃并没得赃,拒伤事主身死这一次,此外并没另犯窝伙窃劫别案,逃后也没知情容留人家。尖刀已蒙起案。是实。各等供。

据此,将犯收禁,录供通详,奉批审解。据报,该犯李芒于光绪十七年八月初十日在监患病,验报饬医,至九月初十日治痊,饬查李王氏伤经平复。遵提覆讯,据凶贼李芒供云云同前。等供。据此,该宿州知州陆显勋审看得云云同后院看至,储库备拨。等情。解府核,恐案情未确,札委署凤阳县梁涛观审照原拟,由府解道提讯,犯供狡展,札委署凤阳县蒋翊庭审无别故,仍照原拟,解经凤颍道[3]勘讯无异,移司核议,转详到臣。

该臣核看得宿州贼犯李芒行窃事主李万玲家未经得财,拒伤李万玲身死,并伤李王氏平复一案。缘李芒籍隶该州,游荡度日,先未为匪犯案。光绪十七年五月二十八日,李芒因贫苦难度,稔知李万玲家道殷实,独自起意行窃,得赃花用。即于是夜二更时分,携带尖刀行抵李万玲家门首,见大门虚掩,李芒推门进内,正欲去撬房门,适李万玲睡在院内地上,惊觉起捕,李芒转身逃走,李万玲赶上扭住李芒发辫不放，喊同其妻王氏出向帮捕，李芒情急图脱，拔出身带尖刀戳伤李万玲心坎、肾囊等处，松手倒地，并戳伤李王氏左腿逃逸，并未窃得赃物。讵李万玲伤重，移时殒命。尸弟李万厢投保，报经该州会营勘缉，获犯讯供，详批审解。该犯李芒在监患病，验报医痊。饬查李王氏伤经平复，将犯覆讯，议拟解府委审，由道勘讯，移司核议，转详前来。臣覆核此案，既经凤颖道[④]提犯亲讯，据供前情不讳，正贼无疑。查例载："窃盗未经得财逃走，被事主追逐拒捕，因而杀人者，拟斩监候。"等语。此案李芒独自起意行窃事主李万玲家，未经得赃，因被李万玲惊起喊捕，该犯逃走，李万玲赶上扭住发辫不放，该犯情急图脱，拔刀拒伤李万玲身死，并伤李王氏平复，实属凶恶不法，自应按例问拟。李芒应如州府道司所拟，合依"窃盗未经得财逃走，被事主追逐拒捕，因而杀人者，[拟]斩监候"例，拟斩监候，秋后处决，仍先照例刺字。余讯无另犯窝伙窃劫别案，逃后亦无知情容留人家，应与伤经平复之李王氏，均毋庸议。失察该犯为匪之牌保，照例提案责惩。尸棺饬埋。凶刀验明发回，案结储库备拨。除揭移部科外，理合恭疏具题，伏乞皇上圣鉴，敕下法司核覆施行。再，此案审限云云。

光绪十九年七月二十五日准。部照覆。

校勘记：

①松峻：当为"丁峻"，江西南昌人，历任凤阳县知县、安徽署按察使、浙江按察使等职。

②凤颖道：颖字误，当为"颍"，全称当谓"凤颍六泗道"，为光绪年间安徽省三道之一。

③同②。

④同②。

窃盗未得财拒杀事主之子

为议详事。据署按察使、安庐滁和道丁峻详，准凤颖道[①]移，据署凤阳府知府凤林转，据署宿州知州桂中纯详称：光绪十八年九月初四日，据地保薛克忠报，据保民张明山投称：伊家于本月初三日夜三更时分被贼撬门进内行窃，伊子张文标惊起喊捕，贼即逃走，伊子追出门外扭住发辫不放，被贼用刀扎伤左肋倒地。时伊闻声赶至，将贼获住，问名李六，并未失财。等语。往查属实，理合将犯送案，报乞勘究。等情。并据事主张明山报同前由，各到州。据此，当提该犯李六，验无拷刺痕迹，讯据供认行窃拒捕不讳，将犯收禁。查失事处距城二里许，随即会营驰诣该处，勘得张明山朝东住屋一所,四围院墙,中开大门,进内正屋三间,中系堂屋,左右均系事主卧房。查验大门,有撬损痕迹,各房均无失物情形,地有贼遗火煤一条。勘毕,绘图。饬验张文标左肋有刃伤一处,用药敷护,未便揭视,注单饬医。提讯保邻、事主人等,各供均与报词相同。正拟禀报间,即据事主张明山呈报,伊子张文标医治罔效,延至十九日因伤殒命,请验前来,当即带领刑仵驰诣相验。据仵作夏德验报:已死张文标,问年二十五岁。仰面,不致命:左肋有刃伤一处,斜长六分,宽三分,深由骨缝透内,皮卷血污。余无故。委系受伤身死。报毕,亲验无异,饬起凶刀比对尸伤相符,当场填格取结,尸领棺殓[②]。随提犯研讯。

据凶贼李六即苏六供:宿州人,年三十五岁,父亲李景龙,母亲戴氏,均年六十岁,并没弟兄,娶妻高氏,没生子女,游荡度日,先没为匪犯案。光绪十八年九月初三日,小的因贫难度,稔知张明山家有钱,起意行窃。就是那夜独自携带小刀、火煤,三更时候走到事主门口,小的用刀撬开大门,进内行窃,还没得财,张明山的儿子张文标惊起喊捕,小的转身逃走,张文标跟后追捕,赶出门外,扭住小的发辫喊拿。小的挣扎不脱,一时情急,拔出身带小刀戳伤张文标左肋,喊痛松手倒地。小的正想走脱,又被张明山赶来,把小的获住,投保送案。后闻张文标因伤身死,事主赴案报验。今蒙提讯,小的实止独自起意行窃,并未得财,拒伤张文标身死这一次,此外委没另犯抢窃别案,及牌保得规包庇的事。凶刀已蒙起案。是实。等供。

据此,将犯迁禁,录供通详,奉批审解。据报,该犯李六于光绪十八年十一月初二日在监患病,验报饬医,至十二月初二日治痊。遵提覆讯,据凶贼李六即苏六供云云同前,凶刀已蒙起案。是实。等供。据此,该署宿州知州桂中纯审看得,皋州贼犯李六云云同后院看至,请免开参。等情。议拟由府解道提讯,犯供游移,札委署凤阳县蒋翊廷审讯,蒋翊廷未及审解卸事,接署县陆楙增抵任,审照原拟,解道勘讯,移司核议,转详到臣。

该臣核看得宿州贼犯李六独自起意行窃事主张明山家未得财,拒伤其子张文标身死一案。缘李六即苏六籍隶该州,游荡度日,先未为匪犯案。光绪十八年九月初三日,该犯因贫难度,稔知张明山家道殷实,起意行窃,即于是夜独自携带小刀、火煤,三更时分行抵事主门首,该犯用刀撬开大门,进内行窃,尚未得赃,张明山之子张文标惊起喊捕,该犯转身逃走,张文标从后追捕,赶出门外,扭住该犯发辫喊拿。该犯挣扎不脱,一时情急,拔出身带小刀戳伤张文标左肋,喊痛松手倒地。该犯正欲脱逃,又被张明山赶至,将犯获住投保,报经该州会营诣勘。正禀报间,据报张文标因伤殒命,复经验明填格,讯供详批审解。该犯在监患病,验报医痊,将犯覆讯,议拟由府解道委审勘讯,移司核议,转详前来。臣覆核此案,既经凤颍道[③]提犯亲讯,据供前情不讳,诘无另犯抢窃别案,及牌保得规包庇情事,究鞫不移,案无遁饰。查例载:"窃盗未经得财逃走,被事主追逐拒捕,因而杀人者,拟斩监候。"又光绪八年刑部通行:"寻常盗案实系距省穹远,酌照秋审事例,将人犯解赴该管巡道讯明,详由督抚分别题奏。"各等语。此案李六独自起意行窃事主张明山家未经得财,因被事主之子张文标惊起追捕,扭住发辫不放,该犯情急,拔刀戳伤张文标身死,自应按例问拟。李六即苏六应如凤颖道[④]所拟,合依"窃盗未经得财逃走,被事主追逐拒捕,应而杀人者,斩监候"[⑤]例,拟斩监候,秋后处决,照例刺字。其不能禁子为匪之犯父李景龙,并失察之牌保人等,照例提案责惩。尸棺由州饬埋。凶刀案结储库备拨。再,此案系一人行窃,犯已拿获,疏防职名,邀免开参。除揭移部科外,理合恭疏具题,伏乞皇上圣鉴,敕下法司核覆施行。再,此案审限云云。

光绪二十年九月三十日准。部照覆。

校勘记:

①凤颖道:颖字误,当为"颍",全称当谓"凤颍六泗道",为光绪年间安徽省三道之一。

②尸领棺殓:领字误,当为"令"。

③同①。

④同①。

⑤窃盗未经得财逃走,被事主追逐拒捕,应而杀人者,斩监候:按《大清律例》,当为"窃盗未经得财逃走,被事主追逐拒捕,因而杀人者,拟斩监候"。

从窃逾贯致事主之女窘迫自尽

为详报事。据按察使嵩崑详,据安庆府知府联元详,据署桐城县知县符兆鹏详称:光绪十七年九月初十日,据地保姚安太报,据监生黄兆授投称:伊因嫁女置备妆奁衣饰,本月初八日夜三更时候,被贼挖洞进内窃去钱洋、衣饰。伊妻惊起喊捕,贼即携赃开门逃逸,追捕无踪。讵伊女因妆奁被窃,愁急莫释,于次早吞服洋烟身死。等语。往查属实,合报验缉。等情。并据事主黄兆授开单同报,各到县。据此,查失事处距城汛均五十里,附近并无墩防。随即饬差严缉,一面会同营员带领刑仵驰诣该处,勘得事主黄兆授朝西房屋一所,前后三进,前进五间,中开大门,左右四间均系堆放什物,中进厅屋五间,后进七间,中系堂屋,左右俱系卧房,屋旁设有耳门一道。查验左边房内挖有一洞,量高一尺四寸,宽二尺二寸,房内箱柜揭开,什物散乱,地无贼遗捻械。已死黄氏,尸身仰卧左边房内地上。勘毕,绘图。饬据仵作毛祥验报:已死黄氏,问年二十岁。仰面:面色青黑,两眼胞闭,口开,有血沫流出;咽喉用银针探入,密封良久取出,青黑色,皂角水擦洗不去;两手微握,两手心青黑色。合面:十指甲青黑色。余无故。委系吞服洋烟身死。报毕,亲验无异,当场填格取结,尸令棺殓。提讯地保、事主人等,供与报词相同。传牙估赃,值银二百六十六两四钱七分,造册详批缉参。勒据兵役于十月二十九日在怀宁县地方缉获贼犯康八即老康一名,并起获原赃衣物等件解县,验无拷刺痕迹,随讯。

据贼犯康八即老康供:年四十六岁,山东济南府人,父亲康幼龙,母亲赵氏,现年都六十八岁,并没兄弟,娶妻盛氏,没生子女,在外求乞度日,先没为匪犯案。光绪十七年九月初八日,小的在县属地方会遇素识在逃的余老六、李老三,各谈穷苦。余老六说他知道黄兆授家就要嫁女,备办妆奁不少,起意纠窃,得赃分用,大家允从。就是那夜三更时候,在空地会齐,余老六带铁凿,小的和李老三空手,一共三人。同到事主屋后,余老六叫小的在外接赃,自和李老三挖穿墙洞进内行窃,不多一会,听得里面有人喊叫,余老六们窃得钱洋、衣饰开门逸出,递交小的接收同逃,走到空地,点赃俵分。小的分得红尼被面一床,绿布女袄、夏布女褂、蓝白布女褂各一件,蓝绸汗巾三条,铜钱四百文,余赃都是余老六、李老三分去。各散。小的把分得赃物卖与过路不识姓名人,得钱同分得铜钱陆续花用。后闻事主的女儿服毒自尽,报案差拿,小的逃往各处躲避,今被兵役拿获连原赃一并起获解案的。小的实止听从行窃得赃这一次,此外并没另犯窝伙窃劫别案,及同居亲属分赃、牌保得规包庇的事,逃后也没知情容留人家。余老六们逃往何处,不知道。是实。等供。

据此,将犯收禁,录供通详,奉批缉审。据报,该犯康八于光绪十八年正月二十六日在监患病,验报饬医,至二月二十六日治痊。查逸犯弋获无期,遵提现犯覆讯,议拟由府解司提讯,犯供游移,札委署怀宁县包宗经审照原拟详解核,恐案情未确,札委署望江县龙赓言审无别故,仍照原拟招解到司,本司提犯亲讯,供与原审无异。

该本司审看得桐城县贼犯康八听纠行窃事主黄兆授家得赃,致事主之女黄氏因失财窘迫服毒自尽一案。缘康八即老康籍隶山东济南府,在外求乞度日,先未为匪犯案。光绪十七年九月初八日,该犯康八在该县属地方会遇素识在逃之余老六、李老三,各道贫难。余老六稔知事主黄兆授家将次嫁女,置备妆奁甚多,起意纠窃,得赃分用,该犯允从。即于是夜三更时候在僻处会齐,余老六带铁凿,康八、李老三徒手,一共三人,偕抵事主屋后。余老六令康八在外接赃,自与李老三挖穿墙洞进内行窃。事主惊起喊捕,余老六等窃得钱洋、衣饰开门逸出,递交康八接收,逃至僻处,点赃俵分。各散。讵事主之女黄氏因妆奁被窃,愁急莫释,即于次早吞服洋烟殒命。

事主投保，报县勘验，获犯讯供通详，奉批缉审。据报，该犯康八在监患病，验详医痊。兹据该县以余老六等弋获无期，先就现犯覆讯，议拟由府解司。本司提犯亲讯，据供前情不讳，赃经主认，正贼无疑。查例载："窃盗逃走，事主失财窘迫因而自尽者，赃银数多，罪在满徒以上，仍照律从重治罪。"又律载："窃盗赃一百二十两以上，绞监候，为从减一等。"各等语。此案康八听从逸犯余老六纠邀伙窃事主黄兆授家，计赃逾贯，致事主之女因妆奁被窃，窘迫难堪，吞服洋烟身死，自应按律问拟。康八即老康，应如该县府及委审所拟，合依"窃盗逃走，事主失财窘迫因而自尽者，赃银数多，罪在满徒以上，仍照律从重治罪"，"窃盗赃一百二十两以上绞监候，为从减一等"律，于首犯余老六绞罪上减一等，拟杖一百，流三千里。据供系在逃之余老六起意为首，旁无质证，难保非狡供避就，应请照例监禁，俟缉获逸犯，质明办理。此外，讯无另犯窝伙窃劫别案，及同居亲属分赃、牌保得规包庇情事，逃后亦无知情容留人家，应与该犯在外为匪，无从觉察之原籍牌保，均无庸议。犯父康幼龙不能禁子为匪，照例移籍提案责惩。买赃之不识姓名人无凭查传，请免提究。起赃给主认领，未获照估追赔。尸棺饬属领埋。逸贼余老六等，饬缉获日另结。此案首伙三人，仅获伙犯一名，所有承缉职名，仍应按限查参。理合详候核咨。再，此案审限云云。等情。到院。据此本部院覆核无异，除饬勒缉逸贼余老六等获报并分咨外，相应咨达。

光绪十九年十月十七日准。部照覆。

事后殴毙窃贼弃尸不失案内帮同抬尸之余人

为报验事。据按察使嵩崑详，据署宁国府知府杨综清转，据宣城县知县陈兆庆详称：光绪十八年二月十二日，据地保杨维德报，据保民戴子玉投称：伊弟戴子萌素不务正，本年正月底，伊弟在建平县地方偷窃陈四隆纸店内驴子一头，牵赴村邻梁佐邱门首，梁佐邱正在议价承买，经陈四隆邀同店伙陈小牙、胡沅林走至撞见，认系被窃原驴，并向伊弟盘出窃情，将驴带回，并将伊弟拉走，称欲送官究治。嗣伊外回，听闻伊弟已被陈四隆等殴毙，往寻陈四隆等均已逃避。本月十一日，伊在村外山上土坑内见有浮土一堆，拨开查看，认系伊弟尸身，两眼睛及脑后均受有伤，显被陈四隆等致毙弃尸灭迹。等语。往查属实，犯住隔境，理合报验移缉。等情。并据尸兄戴子玉同报，各到县。据此，随即移会建平县，并饬差严缉，一面带领刑仵驰诣该处，勘得县属三禾团村外有荒山一座，山上有土坑一穴，已死戴子萌尸身仰卧坑内，尸旁有浮土一堆。据尸兄戴子玉指称，土本盖在尸上，经伊查看拨开。等语。饬据仵作鲁政验报：已死戴子萌，问年二十七岁。仰面，面色发变，不致命：左右两眼睛均被刃尖戳破,两眼胞及上下唇吻各有刃尖划伤二道,皮破血污;两手腕均有绳痕一道,有血晕。合面,致命:脑后有木器伤一处,斜长一寸六分,宽六分,青紫色,有血晕,按捺骨不损。余无故。实系受伤身死。报毕,亲验无异,饬起凶器无获,无凭比对尸伤,填格取结,尸令棺殓。勒差于六月十五日协同建平县役缉获犯人陈小牙、胡沅林二名解县,随传集尸亲、人证,提犯研讯。

据地保杨维德供与报词同。

据尸兄戴子玉供:宣城县人,已死戴子萌是胞弟,向不务正,合这到案的陈小牙、胡沅林,并未获的陈四隆都素识没嫌。光绪十八年正月底,兄弟在建平县地方偷窃陈四隆纸店内驴子一头,带到村邻梁佐邱门口,梁佐邱正在议价承买,经陈四隆邀同他店伙陈小牙、胡沅林走至撞见,认系被窃原驴,并向兄弟盘出窃情,梁佐邱不愿买受,陈四隆们把驴牵回,并把兄弟拉走,说要送官究治。后来小的由外转回,听闻兄弟已被陈四隆们殴毙,往找陈四隆们都已逃避。二月十一日,小的在村外山上土坑内见有浮土一堆,拨开查看,认是兄弟尸身,两眼睛、脑后都受有伤,就投保报验的,求究办。是实。

据应讯人梁佐邱供:宣城县人,合已死戴子萌并这到案的陈小牙、胡沅林,未获的陈四隆都是素识。光绪十八年正年二十八日,戴子萌牵携驴子一头,走到小的家门口,他说那驴子是亲戚托卖,小的误信为真,正要议价承买,适陈四隆合陈小牙、胡沅林走至撞见,说是陈四隆店内被窃原驴,并向戴子萌盘问,戴子萌不能隐瞒,自认偷窃属实,小的知是窃赃,不愿买受。陈四隆们当把原驴牵回,并把戴子萌一同拉走,说要送官究治,后来陈四隆们怎样把戴子萌致伤身死,小的不知道。是实。

据犯人陈小牙供:年五十五岁。据犯人胡沅林供:年五十八岁。又据同供:小的们都是建平县人,父母都故,并没弟兄妻子,小的们同在素识未获的陈四隆纸店帮伙度日,合已死戴子萌素识没嫌。光绪十八年正月二十三日夜,陈四隆店被贼撥开后门窃去驴子一头,四处查看没踪。二十八日,陈四隆邀同小的们出外找寻,走到村邻梁佐邱门口,撞见戴子萌牵有驴子一头,正合梁佐邱议价承买,陈四隆上前查认,确是被窃原驴,当向戴子萌盘问,戴子萌不能隐瞒,自认偷窃属实。梁佐邱知是窃赃,不愿买受。陈四隆把驴牵回,并叫小的们把戴子萌两手用麻绳捆住,往前拉走,说要送官究治。走到村外山上,戴子萌不肯前行,陈四隆从后喝骂,戴子萌把两手缚绳挣脱逃跑,陈四隆拾取地上柴棍赶上,殴伤戴子萌脑后倒地,戴子萌卧地辱骂,并说到官无甚重罪,将来释放回家定要报复。陈四隆气忿,喝令小的们把戴子萌手足按住,说要把他两眼戳瞎成废,免得日后受累,陈四隆就拔出身带小刀,骑压戴子萌身上,在他左右眼睛内用刀连戳几下,并带划伤两眼胞、唇吻。戴子萌初还喊痛,后就不能动弹,陈四隆起身查看,业已气绝身死。陈四隆害怕,起意弃尸灭迹,就叫小的们把尸身抬到山上土坑内,陈四隆用刀刨开浮土,把尸掩埋,一同逃回躲避。后闻尸兄戴子玉投保报验,今被拿获解案的。小的们实止听从帮按弃尸不失,并没起衅别故,及另有帮殴弃尸的人,逃后也没另犯不法及知情容留人家。陈四隆现逃何处,不知道。是实。各等供。

据此,将犯收禁,录供通详,奉批缉审。该县以逸犯陈四隆弋获无期,先就现犯覆讯,议拟由府转详前来。该本司核看得宣城县贼犯戴子萌偷窃事主陈四隆店内驴只,事后被陈四隆查获,殴伤戴子萌身死,该犯陈小牙等讯止听从帮按弃尸不失一案。缘陈小牙、胡沅林均籍隶建平县,向在陈四隆纸店帮伙营生,与已死戴子萌素识无嫌。戴子萌向不务正。光绪十八年正月二十三日夜,陈四隆店内被贼撥开后门窃去驴子一头,四处查寻无踪。二十八日,陈四隆邀同陈小牙、胡沅林内外找寻,走至村邻梁佐邱门首,撞见戴子萌牵有驴子一头,正与梁佐邱议价承买,陈四隆上前查认,确系被窃原驴,当向戴子萌盘问,戴子萌不能隐瞒,自认偷窃不讳。梁佐邱知系窃赃,不愿买受。陈四隆将驴牵回,并令陈小牙等将戴子萌两手用麻绳捆缚,往前拉走,称欲送官究治,行至村外山上,戴子萌不肯前行,陈四隆从后喝骂,戴子萌将两手缚绳挣脱逃跑,陈四隆拾取地上柴棍赶上,殴伤戴子萌脑后倒地。戴子萌卧地辱骂,并称到官无甚重罪,将来释回,定欲报复。陈四隆气忿,喝令陈小牙等将戴子萌手足按住,称欲将其两眼戳瞎成废,免得日后受累。陈四隆拔出身带小刀,骑压戴子萌身上,在其左右眼睛内用刀连戳数下,并带划伤两眼胞、唇吻,戴子萌始尚喊痛,旋即不能动弹。陈四隆起身查看,业已气绝殒命。陈四隆畏惧,起意弃尸灭迹,即令陈小牙等将尸抬至山上土坑内,陈四隆用刀刨开浮土,将尸掩埋,一同逃逸。嗣尸兄戴子玉外回查见尸身,投保报经该县诣验,协同建平县获犯陈小牙等,讯供详批缉审。该县以逸犯陈四隆弋获无期,先就现犯覆讯,议拟由府转详到司,本司覆核此案,既经该县提犯研讯,据供前情不讳,诘止听从帮按,并无起衅别故,及另有帮殴弃尸之人,究鞫不移,应即拟结。查例载:"事主因贼犯黑夜偷窃财物,事后殴打致死者,余人杖一百。"等语。此案陈小牙等因其店主陈四隆被窃驴只,事后听纠同往找寻,扭获窃贼戴子萌,将其捆缚送究,嗣因戴子萌不肯同走,并挣脱缚绳欲逃,陈四隆拾棍赶殴,致伤其脑后倒地,复因戴子萌倒地辱骂,喝令该犯等按住戴子萌手足,自用刀戳伤其左右眼睛身死,并令该犯等帮同抬尸掩埋不失,自应按例问拟。陈小牙、胡沅林除帮同弃尸不失轻罪不议外,应如该县府所拟,合依"事主因贼犯黑夜偷窥财物,事后殴打致死[者],余人杖一百"例,各拟杖一百。据供系在逃之陈四隆起意为首,旁无质证,难保非狡供避就,应请照例监禁,俟缉获陈四隆到案,再行质明办理。戴子萌偷窃驴只,本干律拟,业已被殴身死,应与误买窃赃未成,旋即退回之梁佐邱,并戴子萌在外行窃无从不觉察之原籍牌保,均无庸议。戴子萌不能禁约其弟为窃,由县照例提惩。尸棺饬属领埋。逸犯陈四隆饬缉获日另结。理合详候核咨。再,此案罪止拟杖,请免扣限,合并声明。等情。到院。据此,本部院覆核无异,除饬勒缉逸犯陈四隆务获究报外,相应咨达。

光绪二十年三月初十日准。部照覆。

轮船扒窃赃逾满贯

题为委审事。据按察使嵩崑详,据安庆府知府联元详称:光绪十七年十二月二十五日,据署庐江县知县杨沛霖家丁高升禀称:【窃】伊奉家长差赴上海搬取衣箱,于本月二十二日由上海搭坐江孚轮船开行,所有衣箱堆放轮船后舱,伊在前舱住宿。二十四日夜驶至安庆,正在过船上岸,查看箱锁已被扭落,箱内衣服全失无存,料在轮船被窃,追寻无踪。理合开单,禀请勘缉。等情。到府。据经饬委怀宁县包宗经查勘,被窃属实。传牙估计失赃,值银三百五十九两,造册附卷,由府禀奉抚宪。行据芜湖保甲局袁道督饬勇役拿获贼犯杨金枝、吴牙仔、陈庆沅、杜信祥四名,并起获赃衣、当票,于光绪十八年三月二十六、二十九等日先后解,奉札发到府,饬即研讯确情,录供详办,并蒙札委因公晋省之太平府知府王汝砺会讯。等因。遵经会督局员提验各犯,均无拷刺痕迹,随讯。

据犯人杜信祥供:江西丰城县人,年三十一岁,父母都故,并没弟兄妻子。据犯人陈庆沅供:湖南巴陵县人,年四十四岁,父故母存,并没兄弟,娶妻已故,生有子女。又据同供:小的们向在外帮工度日,从没为匪犯案。光绪十七年十二月二十三日傍晚,小的们合素识现获的杨金枝、吴牙仔,并在逃的刘老么、李幅齐、朱贵亭、大绣妹子,同在镇江搭坐江孚轮船往江宁谋事。到了三更,小的们先各困倦睡熟,随后睡醒起来,小的杜信祥因不见杨金枝们同坐一处,邀同小的陈庆沅分投找寻,小的陈庆沅正要赴厕出恭,一同前往,走到轮船后艄,见杨金枝们合刘老么们都在那里分打包袱,行色慌张。小的们就向查问,杨金枝不能隐瞒,告知扒窃情由,嘱勿声张,许俟变钱分用,小的们应允。四更时候,船到江宁码头,杨金枝们分拿赃物,合小的们一起上岸,各在路亭坐歇。杨金枝说他身上寒冷,就把窃得皮马褂、皮套裤穿在身上,等到天明一同进城。杨金枝把赃衣分作三起,陆续拿到各典铺,当得洋钱连窃得赃洋按股俵分,小的杜信祥分得洋钱十五元。小的陈庆沅分得洋钱二十五元。各散。后被保甲局勇拿获解案的。小的们并没同伙行窃,实止事后知情分赃这一次,此外并没另犯窝伙抢窃不法别案。分得洋钱已经花用。刘老么们现逃何处,不知道。是实。

据伙贼吴牙仔供:湖北蒲圻县人,年十九岁,父故母存,余没别属,在外游荡度日,先没为匪犯案。光绪十七年十二月二十三日傍晚,小的合素识现获的杨金枝、陈庆沅、杜佶祥即杜老四,并在逃的刘老么、李幅齐、朱贵亭、大绣妹子,同在镇江搭坐江孚轮船往江宁谋事。到了三更,陈庆沅、杜佶祥都各困倦睡熟,小的合杨金枝并刘老么们同出船边闲逛,各谈穷苦。杨金枝说他看见船后舱堆有衣箱,没人看守,起意纠窃,得赃分用,大家允从。一共六人,都各空手走到后舱,杨金枝叫小的在船旁接赃,并叫李幅齐、朱贵亭、大绣妹子在两边看人,他自合刘老么用手挖开玻璃窗门,扳断木条,伸手入内扭落箱锁,摸取箱内洋钱、衣服,陆续递交小的接收。正在那里分打包袱,适陈庆沅、杜佶祥走来见向查问,杨金枝不能隐瞒,告知扒窃情由,嘱勿声张,许俟变钱分用,陈庆沅们应允。四更时候,船到江宁码头,小的合杨金枝们分拿赃物,同陈庆沅们一齐上岸,各在路亭坐歇,杨金枝说身上寒冷,就把窃得皮马褂、皮套裤穿在身上,等到天明一同进城,杨金枝把赃衣分作三起,先后拿到各典铺,当得洋钱同窃得赃洋按股俵分,小的分得洋钱三十五元,余赃都是杨金枝们分去。各散。后被保甲局勇拿获解案的。小的实止听纠伙窃轮船搭客,在旁接赃这一次,此外并没另犯窝伙窃劫别案,及同居亲属分赃、牌保得规包庇的事,逃后也没知情容留人家。小的在外行窃,原籍牌保没从觉察,分得洋钱已经花用。刘老么们现逃何处,不知道。是实。

据贼犯杨金枝供:石埭县人,年四十三岁,父母俱存,并没兄弟妻子,在外游荡度日,先没为匪犯案。光绪十七年十二月二十三日傍晚,小的合素识现获的吴牙仔、陈庆沅、杜佶祥即杜老四,并在逃的刘老么、李幅齐、朱贵亭、大绣妹子,同在镇江搭坐江孚轮船往江宁谋事。到了三更,陈庆沅、杜佶祥都各困倦睡熟,小的合吴牙仔并刘老么走出船边闲逛,各谈穷苦。小的知道船后舱堆有衣箱,没人看守,起意纠窃,得赃分用,大家允从。一共六人,都各空手走到后舱,小的叫吴牙仔在船旁接赃,并叫李幅齐、朱贵亭、大绣妹子在两边看人,自合刘老么用手挖开玻璃窗门,扳断木条,伸手入内扭落箱锁,摸取箱内洋钱、衣服,陆续递交吴牙仔接收。正在那里分打包袱,适陈庆沅、杜佶祥走来,见向查问,小的不能隐瞒,告知扒窃情由,嘱勿声张,许俟变钱分用,陈庆沅们应允。四更时候,船到江宁码头,小的合吴牙仔、刘老么们分拿赃物,同陈庆沅们一齐上岸,各在路亭坐歇。小的因身上寒冷,把窃得皮马褂、皮套裤穿在身上,等到天明一同进城。小的把赃衣分作三起,先后拿到各典铺,当得洋钱同窃得赃洋按股俵分,小的分得洋钱三十五元,余赃都是吴牙仔们分去。各散。

后被保甲局勇拿获解案的。小的实止起意纠窃轮船搭客得赃这一次，此外并没另犯窝伙窃劫别案，及同居亲属分赃、牌保得规包庇的事，逃后也没知情容留人家。小的在外行窃，原籍牌保没从觉察。分得洋钱已经花用。赃衣、当票都蒙起案。刘老么们现逃何处，不知道。是实。各等供。

据此，将犯分别禁管，起获赃衣、当票，饬传事主家丁高升到案认明给领。录供通详，奉批缉审。据报，该犯杨金枝于光绪十八年四月二十日在监患病，验报饬医，至五月二十日治痊。查逸犯饬缉无获，遵提现犯覆加研讯，除各供同前不叙外，讯据贼犯杨金枝供云云同前。等供。据此，该安庆府知府联元审看得云云同后院看至，饬缉获日另结。等情。解司，前署司核，恐案情未确，札委署桐城县符兆鹏审无别故，仍照原拟解司提讯，犯供游移，札委署怀宁县包宗经审系畏罪图翻，亦照原拟解司，勘转到臣，提犯亲讯无异。

该臣审看得贼犯杨金枝等纠伙扒窃轮船搭客得赃一案。缘杨金枝、吴牙仔、陈庆沅、杜佶祥即杜老四分隶石埭并湖北蒲圻、湖南巴陵、江西丰城等县，或佣工，或游荡度日，均先未为匪犯案。光绪十七年十二月二十二日，前署庐江县知县杨沛霖遣家丁高升前赴上海搬取衣箱，搭坐江孚轮船回安，所有衣箱堆放轮船后舱。该家丁即在前舱住宿。二十三日傍晚，船至镇江地方，该犯杨金枝与素识现获之吴牙仔、陈庆沅、杜佶祥，并在逃之刘老么、李幅齐、朱贵亭、大绣妹子同在镇江附搭该轮船赴江宁谋事，陈庆沅、杜佶祥旋各在船困倦睡熟。杨金枝等与刘老么等走出船边闲逛，各道贫难。杨金枝稔知船后舱堆有衣箱，无人看守，起意纠窃，得赃分用，各犯允从。一共六人，均各徒手，偕至后舱。杨金枝令吴牙仔在船旁接赃，并令李幅齐、朱贵亭、大绣妹子在两边看人，自与刘老么用手挖开玻璃窗门，扳断木条，伸手入内扭落箱锁，摸取箱内洋钱、衣服，陆续递交吴牙仔接收。正在分打包袱，适陈庆沅、杜佶祥睡醒起来，不见杨金枝等同坐一处，分投前往找寻，行至轮船后艄瞥见查问，杨金枝不能隐瞒，告知扒窃情由，嘱勿声张，许俟变钱分用，陈庆沅等应允。四更时候，船至江宁码头，杨金枝等分携赃物与陈庆沅等一齐上岸，各在路亭坐歇。杨金枝因身上寒冷，将所窃皮马褂、皮套裤加穿身上，待至天明一同进城，杨金枝将赃衣分作三起，先后携赴各典铺，当得洋钱同所窃赃洋按股俵分。各散。二十四日夜间驶抵安庆，该家丁正在过船上岸，查知被窃情形，列单报经安庆府饬委怀宁县查勘，由府禀经，饬据芜湖保甲局先后拿获贼犯杨金枝等四名，并起获赃衣、当票解省，发交该府并委因公晋省之太平府知府王汝砺会同审办讯供，详批缉审。该犯杨金枝在监患病，验报医痊。饬缉逸犯无获，覆讯议拟解司委审，勘转前来。臣提犯亲讯，据各供悉前情不讳，赃经主认，正贼无疑。查律载："窃盗赃一百二十两以上者，绞监候。为从减一等。”又:“知盗后而分赃者,计所分赃准窃盗为从论,免刺。”各等语。此案杨金枝起意纠同吴牙仔等在轮船扒窃搭客衣洋，计赃在一百二十两以上，自应按律问拟。杨金枝应如该府司及委审所拟,合依“窃盗赃一百二十两以上,绞监候”律,拟绞监候,秋后处决。吴牙仔听纠伙窃,在旁接赃,亦应按律问拟。吴牙仔亦如所拟,合依“为从减一等”律,于杨金枝绞罪上减一等,拟杖一百,流三千里,定地发配,折责安置,均先照例刺字。陈庆沅、杜佶祥明知杨金枝等扒窃情由,辄敢代为容隐,分受赃洋,亦应按律问拟。查该犯等所分赃洋估计均在一两以上,陈庆沅、杜佶祥即杜老四亦如所拟,均合依“知窃盗后而分赃者,计所分赃准窃盗为从论,窃盗赃一两以上,杖七十,为从减一等”律,各拟杖六十,折责发落,并照例免刺。余讯无另犯窝伙窃劫别案,及同居亲属分赃、牌保得规包庇情事,逃后亦无知情容留人家,应与该犯等在外行窃无从察觉之各原籍牌保,及讯不知情、误当赃衣之各典铺,均毋庸议。起赃给领,未获追赔。逸犯刘老么等,饬缉获日另结。除揭移部科外,理合恭疏具题,伏乞皇上圣鉴,敕下法司核覆施行。再,此案审限云云。

光绪二十年二月十六日准。部照覆。

捕殴贼妇致令堕胎身死

为议详事。查接管卷内,据署按察使丁峻详称,该本署司核看得合肥县客民宋品才捕殴偷砍山柴之李杨氏,致令受伤堕胎身死,该犯宋品才于解审后在府监病故一案。缘宋品才籍隶巢县,寄居该县,向为江姓看守山场,与已死李杨氏庄邻居住,素识无嫌。光绪十九年六月二十七日,宋品才赴山巡逻,撞见李杨氏偷砍山上树枝,赶向拉夺,顺用手内牛鞭殴伤李杨氏脊膂,李杨氏护赃不放,宋品才复用鞭杆殴伤其肚腹倒地,经邻人王思善路过喝住,报知尸翁李照芳抬回医治。讵李杨氏身怀有孕,被殴震伤,医治无效,延至三十日堕胎殒命。尸亲投保,报经该县获犯,验讯通详,奉批审解,将该犯覆讯,议拟解府,未及提勘,据报该犯在府监患病病故。报经该府饬委舒城县刘彦验明,实是因病身死,刑禁人等讯无凌虐情弊,详批核入正案拟办。行据该县覆讯,议拟绘具图解,由府详送前来,应即拟结。查例载:“贼犯旷野白日盗田园柴草,被事主殴打致死者,不问是否登时,有无看守,照擅杀罪人律,拟绞监候。”等语。此案宋品才因见李杨氏白日偷砍山柴,殴伤李杨氏越日堕胎身死,实属擅杀。查该犯为江姓看守山场,即与事主无异,山场亦与田园相同,自应按例问拟。宋品才应如县府所拟,合依“贼犯旷野白日盗田园柴草,被事主殴打致死者,不问是否登时,有无看守,照擅杀罪人律,拟绞监候”例,拟绞监候,业已在监病故,应与讯无凌虐之刑禁人等,及劝阻不及之见证王思善,均毋庸议。尸棺由县分别饬埋。无干省释。所有监毙绞犯一名,管狱官职名系合肥县典史徐光祖,相应随案附参,合将送到图结,详候核咨。再,此案犯已病故,是虚拟罪名,请免扣限,合并声明。等情。由前护院移交本部院准。据此,除分咨外,相应咨达。

光绪二十一年七月十五日准。部照覆。

擅杀偷窃罪人弃尸不失

为报验事。据按察使嵩崑详,据署徽州府知府刘宗海转,据婺源县知县段树榛详称:访闻县属西乡有殴毙窃贼弃尸灭迹情事,当经饬差查缉,旋于光绪十六年十月二十三日,据地保王成印报,据江西乐平县民人洪锦太投称:伊堂叔洪应贵向在寄居县属之同乡王连和家居住,为人佣工度日,先未为匪犯案。九月二十四日,伊叔在村邻程荣侍山上偷摘柽子,被程荣侍、程华封巡见捉获,将其拉走,欲行送官究治,伊叔混骂,不肯行走,致被程荣侍携取伊叔身带毛竹烟袋殴伤左膝、额颅右倒地,经邻人王承科①路见喝住。讵伊叔伤重,移时殒命。王承科②报知王连和往看,不见伊叔尸身,找寻程荣侍等无踪。王连和向伊告知连日找寻无获,今在县属土桥头溪河内捞获伊叔尸身。等语。往查属实,合报验缉。等情。并据尸侄洪锦太同报,各到县。据此,随即饬差严缉,一面带领刑仵驰诣该处,勘得程荣侍山地一块,栽种柽子,有被窃形迹,相距三里许有溪河一道,探量河宽十余丈,水深八九尺不等。已死洪应贵尸身捞放河边地上。勘毕,饬将尸舁平地,如法相验。据仵作胡钦验报:已死洪应贵,问年三十八岁。仰面,致命:额颅有竹器伤一处,斜长七分,宽四分,青紫色,有血瘾,按捺骨损。不致命:左右手腕有带痕一道,围长三寸四分,宽四分,深一分,紫红色,有血瘾;左膝有竹器伤一处,斜长六分,宽二分,红色,有血瘾。余无故。委是受伤身死。报毕,亲验无异,饬起凶器无获,无凭比对伤痕,当场填格取结,尸令棺殓。勒差于十一月十八日缉获该犯程荣侍、程华封二名到案,随传集尸亲、人证,提犯逐一研讯。

据地保王成印供与报词同。

据尸亲洪锦太供:江西乐平县人,已死洪应贵是堂叔,向在寄居县属的同乡王连和家居住,为人佣工度日,先没为匪犯案。合这到案的程荣侍叔侄邻村居住,素识没嫌。光绪十六年九月二十四日,叔子在程荣侍山上偷摘柽子,被程荣侍们巡见捉获,把他拉走,说要送官究治,叔子混骂,不肯行走,被程荣侍拿取叔子身带毛竹烟袋殴伤左膝、额颅右倒地,经邻人王成科路见喝住。不料叔子伤重,过一会就身死了。王成科报知王连和往看,不见叔子尸身,来向小的告知,连日找寻无获,后在县属士桥头[3]溪河内捞获叔子尸身,小的就投保报验的,求究抵。是实。

据见证王成科供:江西乐平县人,寄住婺源县地方种田度日,合已死洪应贵并这到案的程荣侍、程华封都是邻居认识。光绪十六年九月二十四日午候,小的路过程荣侍山地,见程华封把洪应贵两手捉住,程荣侍解下腰系布带缚住洪应贵两手,把他拉走,说要送官究治。洪应贵混骂,不肯行走,程荣侍拿取洪应贵身带毛竹烟袋殴伤洪应贵左膝,洪应贵撞头拼命,程荣侍又殴伤他额颅右倒地。小的连忙赶上喝住,问说因洪应贵偷摘程荣侍山上柽子,被程荣侍们寻获拉走,洪应贵混骂争殴起衅的。那时程华封拾取地上柽子,并没帮殴。不料洪应贵伤重,过一会就身死了,小的就去报知洪应贵的房主王连和赶往查看,不见洪应贵尸身,找寻程荣侍们没获,当向洪应贵的堂侄洪锦太告知,连日找寻,后在县属土桥头溪河内捞获尸身,投保报验的。小的委系救阻不及。是实。

据应讯王连和供:江西乐平县人,寄住婺源县地方种田度日。已死同乡洪应贵向在小的家居住,为人佣工度日,先没为匪犯案。光绪十六年九月二十四日,洪应贵怎样在村邻程荣侍山上偷摘柽子,被程荣侍、程华封寻见捉获,把他拉走,说要送官究治,洪应贵混骂,不肯行走,被程荣侍殴伤左膝、额颅右倒地身死,小的先不知道,是邻人王成科路过看见,报知小的赶往查看,不见洪应贵尸身,找寻程荣侍们没获,料被弃尸逃避,小的就向洪应贵的堂侄洪锦太告知,连日找寻,后在县属土桥头溪河内捞获洪应贵尸身,洪锦太投保报验的。是实。

据从犯程华封供:年四十五岁,婺源县人,父母都故,弟兄四人,小的居幼,娶妻生子,种山度日。这到案的程荣侍是分居胞侄,合已死江西乐平县人洪应贵邻村居住,素识无隙。程荣侍有山地一块,栽种柽子。光绪十六年九月二十四日午候,程荣侍因值柽子成熟,时常被人偷窃,邀同小的赴山巡逻,走到山上,瞥见洪应贵手拿布袋,在那里偷摘柽子。程荣侍赶上夺落布袋,小的把洪应贵两手捉住,程荣侍解下腰系布带缚住两手,把他拉走,说要送官究治,洪应贵挣扎混骂,不肯行走,程荣侍气忿,拿取洪应贵身带毛竹烟袋殴伤洪应贵左膝,洪应贵撞头拼命,程荣侍又殴伤他额颅右倒地。那时小的拾取地上柽子,并没帮殴。经邻人王成科路过赶拢喝住,问明情由。不料洪应贵伤重,过了一会身死。王成科当就走去。程荣侍害怕,起意弃尸灭迹,商同小的把洪应贵尸身抬到附近土桥头地方撩弃溪河,并把竹烟袋丢弃走回。后蒙访闻查拿,尸亲投保报验,小的同程荣侍逃往各处躲避,今被拿获解案的。委止帮同捉捕,听从弃尸,并没帮殴的事,逃后也没另犯不法及知情容留人家。是实。

据凶犯程荣俦供：年二十五岁，婺源县人，父亲已故，母亲郑氏，现年五十一岁，弟兄四人，小的居长，并没妻子，种山度日。这到案的程华封是分居胞叔，合已死江西乐平县人洪应贵邻村居住，素识没嫌。小的有祖遗山地一块，栽种柽子。光绪十六年九月二十四日午候，小的因值柽子成熟，时常被人偷窃，邀同叔子程华封赴山巡逻。走到山上，瞥见洪应贵手拿布袋，在那里偷摘柽子，小的赶上夺落布袋，叔子把洪应贵两手捉住，小的解下腰系布带缚住洪应贵两手，把他拉走，说要送官究治。洪应贵挣扎混骂，不肯行走。小的气忿，拿取洪应贵身带毛竹烟袋殴伤洪应贵左膝，洪应贵撞头拼命，小的复用烟袋吓殴，适伤他额颅右倒地。那时叔子拾取地上柽子，并没帮殴。经邻人王成科路过，赶拢喝住，问明情由。不料洪应贵伤重，过了一会身死。王成科当就走去。小的害怕，起意弃尸灭迹，商同叔子把洪应贵尸身抬到附近土桥头地方撩弃溪河，并把竹烟袋丢弃走回。后蒙访闻查拿，尸亲投保报验，小的同叔子逃往各处躲避，今被拿获解案的。委非有心欲杀，也没起衅别故，及另有在场帮同捕殴弃尸的人，逃后也没另犯不法及知情容留人家。是实。各等供。

据此，将犯收禁，录供通详，奉批审解。据报，该犯程荣俦于光绪十七年四月十六日在监患病，验报饬医，至五月十六日治痊。遵提覆讯，除程华封供与前同不叙外，讯据凶犯程荣俦供云云同前。等供。据此，该婺源县知县段树榛审看得云云同后院看至，无干省释。等情。由府解司核，恐案情未确，札委安庆府联元审无别故，仍照原拟解司，勘转到臣，提犯亲讯无异。

该臣审看得婺源县民人程荣俦等殴伤窃贼洪应贵身死弃尸不失一案。缘程荣俦、程华封均籍隶该县，程荣俦系程华封之侄，与已死江西乐平县人洪应贵邻村居住，素识无嫌。洪应贵向在寄住该县之同乡王连和家居住，为人佣工度日，先未为匪犯案。程荣俦有祖遗山地一块，栽种柽子。光绪十六年九月二十四日午候，洪应贵携带布袋，在程荣俦山上偷摘柽子。适程荣俦因值柽子成熟，时被偷窃，邀同程华封赴山巡逻，走至山上，瞥见洪应贵偷摘柽子。程荣俦赶上，夺落布袋，程华封将洪应贵两手捉住，程荣俦解下腰系布带缚住洪应贵两手，将其拉走，称欲送官究治，洪应贵挣扎混骂，不肯行走，程荣俦气忿，携取洪应贵身带毛竹烟袋殴伤洪应贵左膝，洪应贵撞头拼命，程荣俦又用烟袋吓殴，适伤其额颅右倒地。时程华封拾取地上柽子，并未帮殴。经邻人王成科路见喝住，问明情由。讵洪应贵伤重，移时殒命。王成科当就走回。程荣俦畏惧，起意弃尸灭迹，商同程华封将洪应贵尸身抬赴附近土桥头地方撩弃河内，并将烟袋丢弃逃避。王成科报知洪应贵房主王连和前往查看，不见洪应贵尸身，找寻程荣俦等无获，随向洪应贵堂侄洪锦太告知，寻获尸身。先经该县访闻饬查,并据洪锦太投保报县诣验,获犯讯供,详批审解。据报,该犯程荣俦在监患病,验报医痊。兹据该县将犯覆讯,议拟由府解司委审,勘转前来。臣提犯亲讯,据各供悉前情不讳,诘无起衅别故,及另有在场帮同捕殴弃尸之人,究鞫不移,案无遁饰。查例载:“贼犯旷野白日盗田园蔬果等类,被事主殴打致死者,不问是否登时,有无看守,照擅杀罪人律,拟绞监候。”又:“殴杀人案内,凶犯起意弃尸水中,其听从抬弃之人,无论在场,有无伤人,照弃尸为从律,杖一百,徒三年。不失尸者,减一等。”各等语。此案程荣俦因洪应贵偷摘山上柽子,与其胞叔程华封寻获,将其拉走。洪应贵挣扎混骂,该犯辄携取洪应贵身带毛竹烟袋,殴伤洪应贵身死,复商同程华封弃尸不失,自应按例问拟。程荣俦除弃尸不失轻罪不议外,应如该县府司及委审所拟,合依“贼犯旷野白日盗田园蔬果等类,被事主殴打致死者,不问是否登时,有无看守,照擅杀罪人绞监候”例,拟绞监候,秋后处决。程华封讯止在场帮捉,事后听从程荣俦弃尸不失,该犯虽程荣俦期亲胞叔,律得容隐,惟系共犯,侵损于人,亦应按例问拟。程华封除余人轻罪不议外,亦如所拟,合依“殴杀人案内,凶犯起意弃尸水中,其听从抬弃之人,无论在场,有无伤人,照弃尸为从,杖一百,徒三年。不失尸者,减一等”例,拟杖九十,徒二年半,定地发配,折责充徒。该犯等逃后,讯无另犯不法及知情容留人家,应与救阻不及之见证王成科,均毋庸议。洪应贵偷摘柽子,本干律议,业已被殴身死,亦毋庸议。程荣俦被窃柽子,已据程华封拾回。尸棺殓埋。凶器竹烟袋供弃免追。无干经县省释。除揭移部科外,理合恭疏具题,伏乞皇上圣鉴,敕下法司核覆施行。再,此案审限云云。

光绪十八年十二月月二十八日准。部照覆。

校勘记:

①王承科:人名前后不一致,据上下文当为“王成科”。

②同①。

③士桥头:地名前后不一致,据上下文当为“土桥头”。

独自起意行窃计赃逾贯

为详解事。据按察使嵩崑详,据署庐州府知府何庆钊转,据署舒城县知县吴云翔详称:光绪十六年五月初七日,据地保宋斌报,据客民黄欧坯投称:伊在城内开设万隆杂货布店生理。本月初六日夜三更时分,被贼挖洞进内,窃去柜内银洋钱文,惊觉追捕,贼已携赃逃逸。等语。往查属实,合报勘缉。等情。并据事主黄欧坯开单同报，各到县。据此，随即饬差严缉，一面会营亲诣该处，勘得城内大街有事主黄欧坯万隆店屋一所，前后四进，四围砖墙，前进中开大门，并无损痕，左首设立柜台，右首安放零星货物，靠窗下挖有墙洞一个。二进中系神厅，左系堆积布匹，右系卧房。三四两进，贼未入室。查验洞口，离地量高三尺，周围四尺有余。店堂内柜盖撬开，旁有匪遗小刀一柄，余无器械。勘毕，绘图。饬将洞口修整完固。讯据保邻、事主人等，各供均与报词相同。传牙估赃，值银四百二两八分六厘，造册附卷，小刀带回储库。勒据兵役于五月二十八日缉获贼犯王世发到案，验无拷刺痕迹。正在提讯间，即据民人江海鳌呈缴原赃，自行投首前来，随讯。

据江海鳌供：舒城县人，合这现获的王世发素识交好。光绪十六年五月初七日早上，王世发手拿宝银一只，来向小的告说，是他哥子王大从天津营里带回，央托小的代为收藏，随后再来取用。小的信以为真，就把宝银收下寄存，王世发也就走去。后闻黄欧坯家被窃，报蒙差拿王世发到案，小的才知道寄存宝银是他被窃原赃，就赴案呈缴的。小的实因一时疏忽，没有查问明白，误行收存，委没知情窝藏的事，求详查。是实。

据贼犯王世发供：年二十八岁，舒城县人，父故母存，弟兄三人，大哥王大在天津营里当勇，二哥王二在乡种田，小的第三，余没别属，游荡度日，先没为匪犯案。光绪十六年五月初六日，小的因贫难度，知道黄欧坯万隆店内存放银洋不少，起意行窃，得赃使用。就是那夜三更时候，小的独自一人携带小刀走到事主门口，就在店门右首窗下用刀挖开墙洞，钻身进内，撬开钱柜，窃得宝银四只，洋钱三百三十元，铜钱四千文，陆续搬运洞口，仍从原路逃走。拿到僻处，先把宝银三只、洋钱一百六十元埋葬附近地内，还有宝银一只，到第二日早上拿到素识的江海鳌家，捏说是大哥在天津带回，托他代为收藏。江海鳌信以为真，允为寄存。小的走回，把余存洋钱陆续花用。后闻事主报案差拿，小的逃往各处躲避，今被获案的。小的实止独自起意行窃得赃这一次，此外并没另犯窝伙窃劫别案，及同居亲属分赃、牌保得规包庇的事，逃后也没知情容留人家。寄赃的江海鳌委不知情。是实。等供。

据此，随押犯前诣埋银处所，起出原赃同江海鳌呈到赃银一并给主认领，将犯收禁，录供通详，奉批审解。据报，该犯王世发于十六年七月初三日在监患病，验报饬医，至八月初三日治痊。遵提覆讯，据贼犯王世发供云云同前。等供。据此，该署舒城县知县吴云翔审勘得云云同后院看至，未获追赔。等情。解府提讯，犯供翻异，札委署合肥县袁学昌审无别故，仍照原拟由府解司提讯，供仍游移，饬委署怀宁县吴云涛审照原拟解司核，恐案情未确，复委安庆府联元审明，仍照原拟由司勘转到臣，提犯亲讯无异。

该臣审看得舒城县贼犯王世发独自起意行窃事主黄欧坯杂货店计赃逾贯一案。缘王世发籍隶该县，游荡度日，先未为匪犯案。光绪十六年五月初六日，王世发因贫难度，稔知黄欧坯万隆店内存放银洋不少，起意行窃，得赃使用，即于是夜三更时分，独自一人携带小刀走至事主门首，即在店门右首窗下用刀挖开墙洞，钻身进内，撬开钱柜窃取宝银四只、洋钱三百三十元、铜钱四千文，陆续搬运洞口，仍由原路逃逸，携至僻处，先将宝银三只、洋钱一百六十元埋藏附近地内，尚有宝银一只，次早携至素识之江海鳌家，捏称其兄王大由天津带回，央恳代为收藏，随后再来取用。江海鳌信以为真，即将宝银收下寄存。王世发走回，将余存洋钱陆续花用。事主投保，报经该县会勘，获犯王世发到案，并据江海鳌自行呈首并缴原赃，连起出赃银一并传主认领，讯供详批审解。据报，该犯王世发在监患病，验报医痊覆讯，议拟由府解司委审，勘转到臣，提犯亲讯，据供前情不讳，赃经主认，正盗无疑。查律载："窃盗赃一百二十两以上，绞监候。"等语。此案王世发独自起意，行窃事主黄欧坯店内银钱，计赃四百余两，业已逾贯，自应按律问拟。王世发应如县府司及委审所拟，合依"窃盗赃一百二十两以上，绞监候"律，拟绞监候，秋后处决，照例刺字。江海鳌收寄赃银，讯不知情，已据赴县呈首，应免置议。余讯无另犯窝伙窃劫别案，及同居亲属分赃、牌保得规包庇情事，逃后亦无知情容留人家，均无庸议。犯兄王二不能禁弟为窃，及失察该犯为匪之牌保，饬县提案责惩。起赃给领，未获追赔。除揭移部科外，理合恭疏具题，伏乞皇上圣鉴，敕下法司核覆施行。再，此案审限云云。

光绪十八年十一月初九日准。部照覆。

发冢开棺见尸

为禀报事。据按察使嵩崑详，据凤阳府知府赵舒翘转，据宿州知州陆显勋详称：光绪十三年十月初三日，卑前州何庆钊任内，据地保李恒清报，据江南句容县监生宫彩廷投称：伊寄居州属，开店营生。伊已故伯父从九职衔宫成章，于本年七月十七日安葬城外金陵义冢。十月初一日伊前往祭扫，瞥见伊伯坟墓已被刨毁，棺盖撬开，查点尸衣等件被匪盗去。等语。往查属实，合报勘缉。等情。并据事主宫彩廷开单同报，各到州。据经何庆钊查失事处距城汛七里，附近并无墩防。随即饬差严缉，一面会营驰诣该处，勘得宫成章坟冢安葬城外金陵义冢，该处地方偏僻，附近并无村庄。查验坟土刨松，棺盖揭起，有撬损痕迹。启视宫成章尸身，仰卧棺内，并未残毁尸身，衣服仅存褂裤靴帽，余俱失去。勘毕，绘图。讯据地保、事主人等，各供均与报词相同。传牙估赃，值银四两三钱五分，造册详批缉参。嗣因疏防限满，犯无弋获，开列文武承缉各职名，详参在案。兹于光绪十五年二月十一日，据兵役缉获贼犯陈张鸭一名到案，验无拷刺痕迹，随讯。

据贼犯陈张鸭供：年四十三岁，宿州人，父母都故，并没弟兄，娶妻刘氏，生有子女，在逃的陈汰是儿子。小的平日泥水匠手艺，先没为匪犯案。光绪十三年八月不记日期，小的因无人雇工，在家歇业，穷苦难度，知道宫彩廷的伯父宫成章故后棺柩葬在城外金陵义冢地内，料有装殓衣物，那里地方僻静，起意商同儿子陈汰前往发掘，得赃花用，陈汰允从。就是那夜二更时候，小的带泥抹，陈汰拿泥叉，一共二人，同到那里。小的认明宫成章坟冢，叫陈汰用泥叉刨去坟土，露出尸棺，自用泥抹撬开棺盖，同陈汰抬起尸身，剥取花衣、袍褂、衬衣、被褥等件，记不清颜色数目，仍把尸身安放棺内，盖上棺盖，就和儿子携赃逃回。查看花衣污秽，当就撩弃河内，并把补子烧毁，余赃卖与过路不识姓名人，得钱花用。后闻事主报案差拿，逃往各处躲避，今被拿获解案的。小的除这次案外，还有发掘武郜氏坟冢开棺见尸一案，已分案供明，此外再没另犯发冢窝伙窃劫别案，及同居亲属分赃、牌保得规包庇的事，逃后也没知情容留人家。贼具当时撩弃。儿子陈汰现逃何处，不知道。是实。等供。

据此，将犯收禁，录供通详，奉批缉审。何庆钊未及审解卸事，卑职到任准交。据报，该犯陈张鸭于光绪十五年五月初十日在监患病，验报饬医，至六月初十日治痊。查逸犯陈汰弋获无期，遵提现犯覆讯，除各供同前不叙外，讯据贼犯陈张鸭供云云同前。等供。据此，该宿州知州陆显勋审看得云云同后院看至，请免开送。等情。解府提讯，犯供翻异，札委凤阳县熊祖贻[①]审照原拟，由府解司核，恐案情未确，札委安庆府联元审无别故，仍照原拟详解提讯，犯供游移，札委署怀宁县范葆廉审系畏罪图翻，仍照原拟解司，勘转到臣，提犯亲讯无异。

该臣审看得宿州贼犯陈张鸭纠同其子陈汰发掘职员宫成章坟冢，窃取衣物，开棺见尸一案。缘陈张鸭籍隶该州，平日泥水匠手艺，先未为匪犯案。光绪十三年八月不记日期，陈张鸭因无人雇工，在家歇业，贫苦难度，稔知宫彩廷伯父宫成章故后棺柩安葬城外金陵义冢地内，料有装殓衣物，该处地方僻静，起意商同其子陈汰前往发掘，得赃花用，陈汰允从。即于是夜二更时分，陈张鸭带泥抹，陈汰携泥叉，一共二人偕抵该处，陈张鸭认明宫成章坟冢，令陈汰用泥叉刨去坟土，露出尸棺，自用泥抹撬开棺盖，同陈汰抬起尸身，剥取花衣、袍褂、衬衣、被褥等件，记不清颜色数目，仍将尸身安放棺内盖上棺盖，携赃逃回。查看花衣污秽，当即撩弃河内，并将补子烧毁，余赃卖与过路不识姓名人，得钱花用。旋经事主宫彩廷前往祭扫查悉前情，投保报经该前州何庆钊会勘详缉，嗣因疏防限满，犯无弋获，开列职名详参。勒据兵役获犯陈张鸭一名，讯供详批缉审。何庆钊未及审解卸事，该州抵任准交。据报，该犯陈张鸭在监患病，验报医痊。兹据该州以逸犯陈汰弋获无期，先将现犯覆讯，议拟由府解司委审，勘转到臣，提犯亲讯，据供前情不讳，究诘不移，案无遁饰，赃虽无获，惟所供发掘情形及窃取赃物悉与事主报案相符，正贼无疑。查例载："发掘常人坟冢开棺见尸为首者，斩立决。"等语。此案陈张鸭起意纠同其子陈汰发掘职员宫成章坟冢窃取衣物开棺见尸，殊属不法，自应按例问拟。陈张鸭应如州府司及委审所拟，合依"发掘常人坟冢开棺见尸为首者，斩立决"例，拟斩立决。该犯到官虽在光绪十五年三月十六日恭逢恩诏以前，惟系发冢案内，罪干斩决，情节较重，应不准其援免。该犯尚有发掘武部氏坟冢开棺见尸一案，罪名相等，从一科断，请归彼案拟结。余讯无另犯发冢窝伙窃劫别案，及同居亲属分赃、牌保得规包庇情事，逃后亦无知情容留人家，应毋庸议。失察该犯为匪之牌保，事在赦前，请免提责，仍分别革役。买赃之不识姓名人，请免查究。失赃照估追赔。尸棺经州饬埋。贼具供弃免追。逸犯陈汰饬缉获日另结。此案首伙二人，系于疏防限外拿获起意首犯一名，获犯及半，兼获首犯，二参承缉职名，请免开送。除揭移部科外，理合恭疏具题，伏乞皇上圣鉴，敕下法司核覆施行。再，此案系虚拟罪名，请免扣限。合并陈明。

校勘记：

①熊祖贻：当为"熊祖诒"，江苏青浦人，光绪丁丑(1877)进士，历任凤阳县知县、滁州直隶州知州等职。

发冢开棺见尸

为禀报事。据按察使嵩崑详，据凤阳府知府赵舒翘转，据宿州知州陆显勋详称：光绪十五年二月十一日，卑前州何庆钊任内，据地保李占元报，据民人武魁投称：伊妻武部氏于上年病故，旋于十一月十九日安葬城外义冢地内。本年正月二十八日，伊前往祭扫，瞥见坟墓已被刨毁，棺盖揭开，尸身斜卧棺内，失去青布夹袄一件。伊四处访查，系被泥水匠人陈张鸭发掘盗窃。等语。往查属实，兹将陈张鸭捉获，并起获原赃青布女夹袄一件送案，报乞勘究。等情。并据事主武魁同报，各到州。据经何庆钊查失事处距城汛俱五里，附近并无墩防，随即会营驰诣该处，勘得武部氏坟冢埋葬城外义冢地内，该处地方偏僻，附近并无居民，查验坟土刨松，棺盖揭起，有撬损痕迹，武部氏尸身斜卧棺内，并未残毁，原殓衣服散乱，仅止失去青布夹袄一件，余未被窃。勘毕，绘图附卷，讯据地保、事主人等，各供均与报词相同，起获赃衣给主认领，提验该犯并无拷刺痕迹，随讯。

据贼犯陈张鸭供：年四十三岁，宿州人，父母都故，并没兄弟，娶妻刘氏，生有子女，在逃的陈汰是小的儿子，平日泥水匠手艺。光绪十五年正月不记日期，小的贫苦难度，知道村人武魁的妻子武部氏故后棺柩埋葬城外义地，棺内料有装殓衣物，那里地方荒僻，起意商同儿子陈汰前往发掘，得赃花用，陈汰允从。就是那夜二更时候，小的带泥抹，陈汰拿泥叉，一共二人同到那里，小的认明武部氏坟冢，叫陈汰用泥叉刨去坟土，露出尸棺，自用泥抹撬开棺盖，合陈汰抬起尸身，剥取青布夹袄一件，正要复窃，听见路口有人行走，忙把尸身放下，安上棺盖，就同儿子携赃跑回。今被拿获解案的。小的除这案外还有发掘宫成章坟冢开棺见尸一案，已另案供明，此外再没另犯发冢窝伙窃劫别案，及同居亲属分赃、牌保得规包庇的事。赃衣已蒙起获，贼具当时撩弃。儿子陈汰现逃何处，不知道。是实。等供。

据此，将犯收禁，录供通详，奉批缉审。何庆钊未及审解卸事，卑职到任准交。据报，该犯陈张鸭于光绪十五年五月初十日在监患病，验报饬医，至六月初十日治痊。查逸犯陈汰弋获无期，遵提现犯覆讯，除各供同前不叙外，讯据贼犯陈张鸭供云云同前。等供。据此，该宿州知州陆显勋审看得云云同后院看至，应请免开。等情。解府提讯，犯供翻异，札委凤阳县熊祖贻①审照原拟，由府解司核，恐案情未确，札委安庆府联元审无别故，仍照原拟详解提讯，犯供游移，札委署怀宁县范葆廉审系畏罪图翻，仍照原拟解司，勘转到臣，提犯亲讯无异。

该臣审看得宿州贼犯陈张鸭纠同其子陈汰发掘民妇武部氏坟冢，窃去衣服，开棺见尸一案。缘陈张鸭籍隶该州，平日泥水匠手艺。光绪十五年正月不记日期，陈张鸭因贫苦难度，稔知该村民人武部之妻武魁氏故后棺柩埋葬城外义地棺内，料有装殓衣物，该处地方偏僻，起意商同其子陈汰前往发掘，得赃花用，陈汰允从。即于是夜二更时分，陈张鸭带泥抹，陈汰携泥叉，一共二人偕抵该处，陈张鸭认明武部氏坟冢，令陈汰用泥叉刨去坟土，露出尸棺，自用泥抹撬开棺盖，同陈汰抬起尸身剥取青布夹袄一件，正欲复窃，听闻路口有人行走，忙将尸身放下，安上棺盖，即与陈汰携赃逃回。旋经事主武魁前往祭扫，查悉前情，投保获犯，报经该前州何庆钊会营勘讯，详批缉审。何庆钊未及审解卸事，该州抵任准交。据报，该犯陈张鸭在监患病，验报医痊，兹据该州以逸犯陈汰弋获无期，先将现犯覆讯，议拟由府解司委审，勘转前来，臣提犯亲讯，据供前情不讳，究诘不移，案无遁饰，赃经主认，正贼无疑。查例载："发掘常人坟冢开棺见尸为首者，斩立决。"等语。此案陈张鸭起意纠同其子陈汰发掘武部氏坟冢窃取衣服，开棺见尸，殊属不法，自应按例问拟。陈张鸭应如州府司及委审所拟，合依"发掘常人坟冢开棺见尸为首者，斩立决"例，拟斩立决。该犯事犯到官虽在光绪十五年三月十六日恭逢恩诏以前，惟系发冢案内，罪干斩决，情节较重，应不准其援免。该犯尚有发掘宫成章坟冢开棺见尸一案，罪名相等，从一科断，请归此案拟结，仍照例刺字，留禁省监，余讯无另犯发冢窝伙窃劫别案及同居亲属分赃牌保得规包庇情事，应毋庸议。失察该犯为匪之牌保，事在赦前，请免提责，仍分别革役。起赃经州给主认领。尸棺饬埋。贼具供弃免追。逸犯陈汰饬缉获日另结。此案首伙二人，已于疏防限内获犯及半，兼获首犯，承缉职名应免开报。除揭移部科外，理合恭疏具题，伏乞皇上圣鉴，敕下司法核覆施行[②]。再此案审限云云。

光绪十七年八月二十三日准。部照覆。

校勘记：

①熊祖贻：当为"熊祖诒"，江苏青浦人，光绪丁丑(1877)进士，历任凤阳县知县、滁州直隶州知州等职。

②敕下司法核覆施行：据文意，当为"敕下法司核覆施行"。

卷四位 人 命

谋故杀一家四命

为报验事。据署按察司[①]丁峻详，据署颍州府[②]知府王汝砺转，据署亳州知州王懋勋详称：光绪十八年二月十三日，卑职公出期内，据地保邓怀报，据保民张起太投称：伊兄张咬在泰山庙充当道士，住持多年，伊父张庭并伊侄张十儿、侄女张贞姐均在庙内居住。本月十一日，伊母舅段瞎子赴庙探望，喊叫无人答应，屋内又有血腥气，摸着伊兄等尸身，并闻伊父在地发哼，不能言语，报伊往看，见伊兄及伊侄儿女等俱死在庙内地上，身上均各受有伤痕，不知被何人杀害，伊父亦受伤卧地。讵伊父伤重，旋即殒命。等语。往查属实，合报验缉。等情。并据尸子张起太同报，各到县。据经代行署吏目李瑞藻饬差严缉，一面禀府札委前署涡阳县冯继昌带领刑仵赴州诣验。饬据仵作李锐验报：已死张庭，问年八十二岁。仰面，致命：囟门有磕伤一处，斜长八分，宽七分，深抵骨，骨不损，皮破血污。余无故。实系受伤身死。又已死张咬，问年三十二岁。仰面，致命：偏左有木器伤一处，斜长一寸四分，宽一寸一分，深抵骨，骨不损。合面，致命：右耳根有刃伤两处，各斜长九分，宽二分，深抵骨，骨损，俱皮卷血污。余无故。实系受伤身死。又已死张[十]儿，问年十一岁。仰面，致命：偏左有木器伤一处，斜长二寸七分，宽一寸二分，深抵骨，骨损。余无故。实系受伤身死。又已死张贞姐，问年十三岁。仰面，致命：偏左有木器伤一处，斜长一寸七分，宽九分，深抵骨，骨损。不致命：左眉有刃伤一处，斜长七分，宽二分，深抵骨，骨损，皮卷血污。余无故。实系受伤身死。报毕，遂加[③]亲验无异，饬取凶器无获，无从比对各尸伤，分别填格取结，饬将各尸棺殓，移送过州。卑职公回，勒据兵役协同定远县兵役，于十一月二十五、十二月初四等日先后缉获凶犯王三、邓麻帏即邓心安二名，并在许家空庙起出凶刀一把、血裤一条，一并解案，随传集尸亲人等，提犯研讯。

据地保邓怀供与报词同。

据瞽目段瞎子供：亳州人，已死张庭是姊夫，张咬是外甥，张贞姐、张十儿是张咬儿女。张咬充当泰山庙道士，住持多年，同张庭并他儿女都在庙内居住。光绪十八年二月十一日早上，小的赴庙探望，喊叫没人答应，屋里又有血腥气，摸着张咬们尸身，又听张庭在地发哼，不能言语，小的就去报知尸子张起太往看，不料张庭伤重也就身死，尸子投保报验的。今蒙获犯，求究办。是实。

据尸子张起太供：亳州人，已死张庭是父亲，张咬是哥子，张贞姐、张十儿是侄儿女。哥子充当泰山庙道士，住持多年，同父亲合侄子们都在庙内居住。小的在外帮工，常不在庙。光绪十八年二月十一日，母舅段瞎子来向小的告说，他赴庙探望，喊叫没人答应，屋里又有血腥气，摸着哥子们尸身，并听得父亲在地发哼，不能言语的话，小的连忙赶去查看，见哥子合侄子、侄女都死在庙内地上，身上各受有伤痕，不知被何人杀害，父亲也受伤卧地。不料父亲伤重，当就身死，小的就投保报验的。今蒙获犯，求究伸。是实。

据凶犯邓麻帏即邓心安供：年四十岁，亳州人，父亲已故，母亲席氏，弟兄四人，小的居长，娶妻权氏，生有二子。小的佃种泰山庙地亩，合已死张咬向来认识。张咬充当泰山庙道士，住持多年，同他父亲张庭合子女们都在庙内居住。光绪十七年春里，这获案素识的王三因在州属寻亲没遇，当向张咬商恳借住庙内，挑脚度日，小的是晓得的。十八年二月初十日，小的趁圩，路见王三，向小的告说张咬借用他钱文不还，反把他逐出，不许在庙居住，起意要把张咬致死泄忿，又怕张咬力大，央小的帮同下手。小的因上年曾被张咬辱骂有嫌，也就应允。就是那夜二更时候，王三携带小刀藏放身边，合小的同到泰山庙门口，王三用刀撬开门闩，一同进内。那时神前灯火未熄，王三点燃油捻，走进张咬房内，见张咬已在铺上睡熟。王三赶拢，举刀向砍，张咬惊起喊救，小的携取门旁木棍殴伤张咬偏左倒地。张咬卧地嚷骂，王三用刀连砍伤他右耳根，登时殒命。张咬的女儿张贞姐起身，抓起王三衣襟大声哭喊。王三用刀吓禁，并用刀柄殴伤张贞姐偏左，张贞姐仍不放手，王三起意一并致死，就用刀砍伤张贞姐左眉，松手倒地。张咬的儿子张十儿拉住小的不放，小的挣不脱身，顿起杀机，用棍殴伤张十儿偏左倒地，先后毙命。张咬的父亲张庭闻喊赶到，见张咬们都各死在地上，当向小的不依，要合拼命。小的用手把张庭推跌倒地，合王三各自逃避，今被拿获到案的。委没起衅别故，此外也没另有同谋加功的人，逃后并没另犯不法及知情容留人家。木棍早已撩弃。是实。

据凶犯王三供：年二十八岁，山东城武县人，父母都故，弟兄二人，哥子王金声，余没别属。合已死张咬向来认识。张咬充当泰山庙道士，住持多年，同他父亲张庭合子女们都在庙内居住。光绪十七年春里，小的到州属寻亲没遇，当向张咬商恳借住庙内，挑脚度日。后来小的因挑脚积有余资，陆续借给张咬铜钱一千六百文，屡讨没还。十八年正月里，小的复向索讨前欠，张咬没钱斥骂图赖，小的不依吵闹，张咬就把小的逐出，不许在庙居住，小的因此心怀忿恨。二月初十日，小的趁圩，路遇素识的邓麻帏，告述前情，起意要把张咬致死泄忿，又怕张咬力大，央邓麻帏帮同下手。邓麻帏因上年曾被张咬辱骂有嫌，也就应允。就是那夜二更时候，小的携带小刀藏放身边，合邓麻帏同到泰山庙门口，小的用刀撬开门闩，一同进内。那时神前灯火未熄，小的点燃油捻，走进张咬房内，见张咬已在铺上睡熟，小的赶拢，举刀向砍，张咬惊起喊救。邓麻帏携取门旁木棍殴伤张咬偏左倒地。张咬卧地嚷骂，小的用刀连砍伤张咬右耳根，登时殒命。张咬的女儿张贞姐起身，抓住小的衣襟大声哭喊，小的用刀吓禁，并用刀柄殴伤张贞姐偏左，张贞姐仍不放手，小的起意一并致死，就用刀砍伤张贞姐左眉，松手倒地。张咬的儿子张十儿拉住邓麻帏不放，邓麻帏挣不脱身，用棍殴伤张十儿偏左倒地，先后毙命。张咬的父亲张庭闻喊赶到，见张咬们都各死在地上，当向邓麻帏不依，要合拼命。邓麻帏用手把张庭推跌倒地，就合小的分路逃跑。小的逃到许家空庙，见天色微明，裤上沾有血渍，随进内脱下，连刀撩在神龛背后。各散。今被拿获到案的。委没起衅别故，此外也没另有同谋加功的人，逃后并没另犯不法及知情容留人家。凶刀、血裤已蒙起获。是实。各等供。

据此，将各犯收禁，录供通详，奉批审解，遵提覆讯，议拟由府解司核，恐案情未确，札委安庆府联元审讯。据报，该犯邓麻帏在府监患病，医治罔效，于十九年十月初二日病故，又经委员会同怀宁县章维藩验讯详报，批饬核入正案办理。兹据安庆府提犯讯明，议拟解司，勘转前来。

该本署抚审看得亳州客民王三起意商同邓麻帏谋杀张咬，并故杀其子女张贞姐、张十儿，及邓麻帏推跌致伤张咬之父张庭各身死，并邓麻帏于解省后在监病故一案。缘王三、邓麻帏即邓心安，分隶山东城武县暨安徽亳州，均与已死张咬素向认识。张咬在泰山庙充当道士，住持多年，张咬之父张庭并其子女张贞姐、张十儿均在庙内同住。光绪十七年春间，王三因在该州地方寻亲不遇，向张咬商恳借住庙内，挑脚度日。邓麻帏佃种泰山庙田地。彼此均无嫌隙。嗣王三因挑脚积有余资，陆续借给张咬铜钱一千六百文，屡索无偿。十八年正月间，王三复向张咬索讨前欠，张咬无钱斥骂图赖，王三不依吵闹，张咬即将王三逐出，不许在庙居住，王三因此心怀忿恨。二月初十日，王三趁圩，路遇邓麻帏，告述前情，起意欲将张咬致死泄忿，又恐张咬力大，央邓麻帏帮同下手。邓麻帏因上年曾被张咬辱骂有嫌，亦即允从。即于是夜二更时分，王三携带小刀藏放身边，与邓麻帏偕抵泰山庙门首，王三用刀撬开门闩，一同进内。维时，神前灯火未熄，王三点燃油捻，走进张咬房内，见张咬已在铺上睡熟。王三赶拢,举刀向砍,张咬惊起喊救,邓麻帏携取门旁木棍殴伤张咬偏左倒地。张咬卧地嚷骂,王三用刀连砍,伤其右耳根,登时殒命。张贞姐起身,抓住王三衣襟大声哭喊,王三用刀吓禁,并用刀柄殴伤张贞姐偏左,张贞姐仍不放手,王三起意一并致死,即用刀砍伤张贞姐左眉,松手倒地。张十儿亦拉住邓麻帏不放,邓麻帏挣不脱身,顿起杀机,用棍殴伤张十儿偏左倒地,先后毙命。张庭闻喊赶至,见张咬等均各死在地上,当向邓麻帏不依,欲与拼命。邓麻帏用手向推,张庭站立不稳,推跌倒地,致磕伤其囟门,随与王三分路逃逸。王三逃至许家空庙,见天色微明,裤上沾有血渍,随即进内脱下,连刀撩弃神龛背后。各散。次早张庭妻弟段瞎子赴庙探望,喊叫无人答应,屋内又有血腥气,摸着张咬等尸身,知系被人杀害,旋闻张庭在地发哼,不能言语,即向尸亲张起太报知往看。讵张庭伤重,旋即身死。尸亲投保报验,适值该州公出,经代行吏目禀府,札委涡阳县验明。该州王懋勋公回,先后获犯,起出凶刀、血裤,讯供详批审解。旋经该州提犯覆讯,议拟由府解司委审。据报,该犯邓麻帏在安宁府监患病病故,又经饬委会同怀宁县验讯,详批核入正案办理。兹据安宁府审拟解司,勘转前来。本署抚提犯亲讯,据供前情不讳,诘无起衅别故及另有同谋加功之人,究鞫不移,案无遁饰。查例载:“杀一家非死罪二人者,拟斩立决,枭示,酌断财产一半给被杀之家养赡。如致死一家二命,系一故一斗者,拟斩立决,奏请定夺,毋庸断给财产。”此案王三因挟张咬借钱不偿反被斥逐之嫌,辄起意商同邓麻帏谋杀张咬身死,并因张贞姐抓住哭喊,复起意一并致死,用刀将张贞姐砍毙,死系父女一家二命,一谋一故,自应按例问拟。王三应如该府司所拟,合依“杀一家非死罪二人者,斩立决,枭示”例,拟斩立决,枭示,照例刺字。犯系挑脚营生,讯无财产可断,请免著追。邓麻帏听从谋命,棍伤张咬偏左,系属从而加功,按律罪止拟绞,惟于张十儿拉住不放,辄即顿起杀机,用棍殴伤张十儿毙命,复因张庭欲与拼命,用手向推,致张庭被推跌地,磕伤囟门,越日身死,系祖孙一家二命,一故一斗,亦应按例问拟。邓麻帏即邓心安亦如所拟,除听从谋杀加功轻罪不议外,合依“致死一家二命,系一故一斗者,[拟]斩立决”例,拟斩立决,业已在监病故,应与讯无凌虐之刑禁人等,均无庸议。张咬所欠王三钱文,身死勿征。各尸棺饬属领埋。凶器木棍供弃免追。小刀、血裤案结储库锁毁④。泰山庙住持,业经由州饬令另行招人承充,不准容留闲人,致滋事端。所有首先拿获邻境斩枭命犯一名,应叙职名,系定远县知县郑葆清。又监毙斩犯一名,管狱官职名系安庆府照磨沈锦,相应一并开报。除恭折具奏,并分咨呈外,相应咨呈。为此,咨呈贵部,谨请查照核覆施行。再,此系奏案,请免扣限,合并咨明。计咨送图结一套。

光绪二十年十月初八日准。部照覆。

校勘记：

①按察司：清代省级行政机构，长官为按察使，丁峻时任安徽署按察使。

②颖州府：颖字误，当为“颍”。

③遂加：遂字误，当为“逐”。

④锁毁：锁字误，当为“销”。

挟嫌谋杀

为报验事。据按察使员凤林详，准徽宁池太广道移，据署广德直隶州知州吴云涛详称：光绪十八年九月十一日，据地保王瑞珠报，据湖北京山县民蓝元章投称：伊父蓝春于本月初九日夜在家睡宿，三更时分，不知被何人撬开后门进内，砍伤咽喉等处，伊闻声趋视，业已殒命，忆及日间伊父曾与丁其材争闹有嫌，料被丁其材谋害毙命，喊同邻人刘金彩追赶无踪。等语。往查属实，合报验缉。等情。并据尸子蓝元章同报，各到州。据此，随即饬差严缉，一面带领刑仵驰诣相验。据仵作王丙南验报：已死蓝春，问年五十六岁。仰面，致命：咽喉有刃伤一处，横长四寸八分，宽一分，深透内，食气颡[①]俱断，皮卷血污。不致命：左手有刃伤一处，斜长一寸四分，宽一分，深三分，筋断，血污。余无故。实系受伤身死。报毕，亲验无异，饬起凶刀无获，无凭比对尸伤，当场填格取结，尸令棺殓。勒差于九月二十日缉获凶犯丁其材到案，随传集尸亲、人证，提犯研讯。

据地保王瑞珠供与报词同。

据尸子蓝元章供：湖北京山县人，已死蓝春是父亲，合这获案的丁其材同乡素识，先没嫌隙。光绪十七年十月里，父亲借用丁其材洋钱七元，并没立票议息，除付过布衣四件当钱作抵外，余欠屡讨没还。十八年九月初九日，父亲出外赶集，路见丁其材，复向父亲索讨前欠，父亲不认，并斥丁其材从前偷过衣服，把他扭住胸衣，说要送官究治，彼此口角争吵，经邻人刘金彩劝散。后来父亲回家，向小的告说才晓得的。那夜父亲在家睡宿，三更时候，不知被何人撬开后门进内，砍伤咽喉等处。小的闻声走去查看，见父亲已死在床上。小的想起父亲曾合丁其材争吵有嫌，料被丁其材谋害毙命，喊同刘金彩追赶没踪，就投保报验的。今蒙获犯，求究抵。是实。

据邻证刘金彩供：湖北随州人，合已死蓝春并这获案的丁其材都是同乡认识。光绪十七年十月里，蓝春借用丁其材洋钱七元，除付过布衣四件当钱作抵外，余欠屡讨没还，小的是晓得的。十八年九月初九日，小的路见丁其材在那里向蓝春索讨前欠，蓝春抵赖不认，并斥丁其材从前偷过他衣服，扭住胸衣，说要送官究治。丁其材不服分辩,彼此争吵,经小的劝散。那夜三更时候,小的在睡梦中听闻蓝春的儿子蓝元章哭喊,说他父亲被人杀死,小的连忙过去查看,见他后门已被撬开,蓝春死在床上,咽喉等处有伤。蓝元章说他父亲合丁其材争吵有嫌,料被丁其材谋害毙命,就同小的追赶没踪,投保报验的。是实。

据凶犯丁其材供:湖北京山县人,年三十二岁,父故母存,并没弟兄,娶妻杨氏,没生子女,向在州属帮工度日。合已死蓝春同乡认识,先没嫌隙。光绪十七年十月里,蓝春借用小的洋钱七元,并没立票议息,除付过小的布衣四件当钱作抵外,余欠屡讨没还。十八年九月初九日,小的路见蓝春,复向索讨前欠,蓝春抵类[②]不认,并斥小的从前偷过他衣服,扭住胸衣,说要送官究治,小的不服分辩,彼此争吵,经邻人刘金彩劝散。小的想起蓝春借钱不还,反被诬赖做贼,心怀忿恨,起意把他谋害泄忿。就是那夜,探知蓝春在家睡宿,可以动手,三更时候,走到蓝春屋后,拔出身带小刀撬开后门进内,见房内点有灯亮,蓝春仰卧床上,已经睡熟。小的走近床前,用刀向蓝春咽喉狠砍一下,蓝春惊醒,用手抵格,小的又用刀扎伤他左手,当时不能动弹,小的仍从后门走出。后闻蓝春已经身死,尸亲赴案验报,小的逃往各处躲避,今被拿获解案的。并没起衅别故及同谋加功的人,逃后也没另犯不法并知情留容人家。凶刀当时撩弃。是实。各等供。

据此,将犯收禁,录供通详,奉批审解。据报,该犯丁其材于光绪十九年正月十四日在监患病,验报饬医,至二月十四日医痊。遵提覆讯,除各供同前不叙外,讯据凶犯丁其材供云云同前。等供。据此,该署广德直隶州知州吴云涛审看得云云同后院看至,凶刀供弃免追。等情。解道提讯,犯供游移,札委芜湖县王万甡审系畏罪图翻,仍照原拟由道解司核,恐案情未确,札委署怀宁县章维藩审讯,因另有查办事件,禀请改委安庆府审无别故,照拟解司,勘转到臣,提犯亲讯无异。

该臣审看得广德州客民丁其材谋杀蓝春身死一案。缘丁其材籍隶湖北京山县,向在该州佣工度日,与已死蓝春同乡素识,先无嫌隙。光绪十七年十月间,蓝春借用丁其材洋钱七元,并未立票议息,除付过布衣四件当钱作抵外,余欠屡讨未偿。十八年九月初九日,丁其材路遇蓝春,复向索讨前欠,蓝春抵赖不认,并斥丁其材从前窃其衣服,扭住胸衣,称欲送官究治。丁其材不服分辩,彼此争吵,经邻人刘金彩劝散。丁其材忆及蓝春借钱无还,反被诬赖作贼,心怀忿恨,起意将其谋害泄忿,即于是夜探知蓝春在家睡宿,可以动手。三更时分,走至蓝春屋后,拔出身带小刀撬开后门进内,见房内点有灯亮,蓝春仰卧床上,已经睡熟。丁其材走近床前,用刀向蓝春咽喉狠砍一下。蓝春惊醒,用手抵格。丁其材又用刀扎伤其左手,蓝春不能动弹,登时殒命。丁其材仍从后门逸出。经蓝春之子蓝元章闻声趋视,喊同邻人刘金彩追赶无踪,投保报经该州诣验，获犯讯详，批饬审解。据报，该犯丁其材在监患病，验报医痊覆讯，议拟由道解司，先后委审，勘转前来。臣提犯亲讯，据供前情不讳，诘无起衅别故，及同谋加功之人，究鞫不移，案无遁饰。查律载："谋杀人造意者，斩监候。"等语。此案丁其材因向蓝春索欠不认，反被诬赖作贼，心怀忿恨，起意谋杀蓝春身死，自应按律问拟。丁其材应如州道司及委审所拟，合依"谋杀人造意者，斩监候"律，拟斩监候，秋后处决，照例刺字。该犯逃后，讯无另犯不法及知情容留人家，应与讯无不合之邻证刘金彩，均毋庸议。蓝春借欠洋钱，身死免征。无干省释。尸棺由州饬属领埋。凶刀供弃免追。除揭移部科外，理合恭疏具题，伏乞皇上圣鉴，敕下法司核覆施行。再，此案审限云云。

光绪二十一年四月初五准。部照覆。

校勘记：

①食气颡：颡字误，当为"嗓"。

②抵类：据文意，当为"抵赖"。

挟忿谋杀

为禀报事。据按察使嵩崑详，据署凤阳府知府刘宗海转，据定远县知县郑葆清详称：光绪十六年八月二十八日，据地保吕永祥报，据保民徐占投称：伊胞兄徐汶受雇在应林家佣工。田导先年佃种应林田地，嗣因连年拖欠租稞，将田收回，另行召佃耕种。本月二十七日，田导与伊族人徐仪肩挑稻谷赴应林家归还历年旧欠，应林令伊兄代为量收，伊兄因见田导所还稻谷掺和沙土，欲令另换好谷，田导不允，斥骂伊兄在应林前故意挑剔，希图讨好，伊兄回詈，致相争闹，经徐仪与应林劝散。维时，天色已晚，田导不能走回，应林留其在家住歇。晚饭后，田导先在前进客房睡宿，伊兄与徐仪同在后房分床睡卧。是夜五更时分，徐仪听闻伊兄喊叫，惊起查看，见伊兄业已受伤身死，喊同应林找寻田导，逃避无踪。报伊往看，显被田导挟恨谋害。等语。往查属实，合报验缉。等情。并据尸弟徐占同报，各到县。据此，随即饬差严缉，一面带领刑仵驰诣该处，勘得应林朝南住屋一所，前三进东间开设大门，中系客厅，西旁客房，分作前后二间。已死徐汶，尸身仰卧后房床上，床有血迹。勘毕，饬据仵作许兰验报：已死徐汶，问年二十三岁。仰面，致命：左乳有碓杵伤一处，围圆六寸二分，肉绽骨断。合面，不致命：右胳肘有刃伤一连三处，均斜长一寸五分，宽二分，深抵骨，骨不损；左手背有碓杵伤一处，围圆四寸，肉绽骨碎；右手背有刃伤一处，斜长一寸八分,宽三分,深抵骨,骨不损。以上各伤均皮卷血污。余无故。委系受伤身死。报毕,亲验无异,饬起凶器镰刀、碓杵比对尸伤相符,填格取结,尸令棺殓。勒差于是日缉获凶犯田导一名,并起获血衣一件到案,随传集一干人证,提犯研讯。

据地保吕永祥供与报词同。

据尸弟徐占供:定远县人,已死徐汶是胞兄,向在应林家佣工,合田导素识没嫌。田导先年佃种应林田地,后因连年拖欠租稞,应林把田收回,另行召佃耕种。光绪十六年八月二十七日,田导合小的族人徐仪肩挑稻谷到应林家归还历年旧欠。应林叫哥子代为量收,哥子因见田导所还稻谷掺和沙土,要他另换好谷,田导不允,斥骂哥子在应林前故意挑剔,要想讨好,哥子回骂,致相争闹,经徐仪同应林劝散。那时天色已晚,田导不能走回,应林留他在家住歇,晚饭后田导先在前进客房睡宿,哥子合徐仪同在后房分床睡卧。那夜五更时候,徐仪听闻哥子喊叫,惊起查看,见哥子已经受伤身死,喊同应林找寻田导,逃避无踪,大门已开,报知小的往看,料被田导挟恨谋害,小的就投保报验的,求究办。是实。

据见证徐仪供:定远县人,已死徐汶是无服族人,合这到案的田导都相认识。徐汶向在应林家佣工,田导先年佃种应林田地,后因连年拖欠租稞,应林把田收回,另行召佃耕种,小的是知道的。光绪十六年八月二十七日,田导邀同小的肩挑稻谷到应林家归还历年旧欠。应林叫徐汶代为量收,徐汶因见田导所还稻谷掺和沙土,要他另换好谷,田导不允,斥骂徐汶在应林前故意挑剔,要想讨好,徐汶回骂,致相争闹,经小的合应林劝散。那时天色已晚,不能走回,应林留田导合小的在家住歇。晚饭后,田导先在前进客房睡宿,小的合徐汶同在后房分床睡卧。那夜五更时候,小的听闻徐汶喊叫,惊起查看,徐汶已经受伤身死,小的连忙喊同应林找寻田导,逃避无踪,大门已开,料被挟恨谋害,应林就叫小的报知徐汶胞弟徐占赶往看明,投保报验的。是实。

据应讯人应林供:定远县人,已死徐汶是在小的家佣工,合这到案的田导素识没嫌。田导先年佃种小的田地,后因连年拖欠租稞,小的把田收回,另行召佃耕种。光绪十六年八月二十七日,田导同徐仪肩挑稻谷来到小的家归还历年旧欠。小的叫徐汶代为量收,徐汶因见田导所还稻谷掺和沙土,要他另换好谷,田导不允,斥骂徐汶在小的前故意挑剔,要想讨好,徐汶回骂,致相争闹,经徐仪合小的劝散。那时天色已晚,田导们不能回去,小的就留他在家住歇。晚饭后,田导先在前进客房睡宿,徐仪合徐汶同在后房睡卧。那夜五更时候,徐仪听闻徐汶喊叫,惊起查看,见徐汶已经受伤身死,喊同小的找寻田导,逃避无踪,大门已开,料被挟恨谋害,小的就叫徐仪报知徐汶胞弟徐占赶往看明,投保报验的。是实。

据凶犯田导供：年三十七岁，合肥县人，父亲田永贵，母亲吴氏，并没弟兄，娶妻吴氏，生有二子，合已死徐汶素识没嫌。徐汶在应林家佣工，小的先年佃种应林田地，后因连年拖欠租稞，应林把田收回，另行召佃耕种。光绪十六年八月二十七日，小的邀同素识的徐仪肩挑稻谷到应林家归还历年旧欠。应林叫徐汶代他量收，徐汶因见小的所还稻谷掺和沙土，要小的另换好谷，小的不允，斥骂徐汶在应林前故意跳剔[①]，要想讨好，徐汶回骂，致相争闹，经徐仪合应林劝散。那时天色已晚，不能走回，应林留小的在家住歇。晚饭后，小的先在前进客房睡宿，徐仪合徐汶在后房分床睡卧。那夜五更时候，小的睡醒，想起日间徐汶在应林前有意跳剔[②]，心怀不甘，又念应林前次退佃，疑是徐汶从中挑唆，致令无田耕种，愈加忿恨，起意把徐汶致死泄忿，当就起身下床，走进后房，见灯火已熄，徐汶侧卧床上，已经睡熟。小的摸取桌上镰刀，走近徐汶床前，乘势用刀在他上身乱砍几下，徐汶翻身喊救，并格落小的手内刀子，小的连忙拿起枕头的石碓杵向徐汶狠力殴打两下，徐汶登时身死。那时天黑心慌，记不清先后致伤部位，后闻有人赶来，小的就开出大门逃跑。到了天明，小的见衣上沾有血迹，正相[③]回家洗换，出外躲避，不料就被差役拿获带案的。委没起衅别故，及另有同谋加功的人。凶器镰刀、石杵、血衣已蒙起案。是实。各等供。

据此，将犯收禁，录供通详，奉批审解。据报，该犯田导于光绪十六年九月二十八日在监患病，验详饬医，至十月二十八日治痊。遵提覆讯，除各供同前不叙外，讯据凶犯田导供云云同前。等供。据此，该定远县知县郑葆清审勘得云云同后院看至，储库锁毁[④]。等情。解府提讯，犯供翻异，发委凤阳县梁涛观审照原拟，由府解司，勘转到臣，提犯亲讯无异。

该臣审看得定远县客民田导谋杀徐汶身死一案。缘田导籍隶合肥县，寄居该县地方，种田度日，与已死徐汶素识无嫌。徐汶受雇在应林家佣工。田导先年佃种应林田地，嗣因连年拖欠租稞，应林将田收回，另行召佃耕种。光绪十六年八月二十七日，田导邀同素识之徐仪肩挑稻谷前赴应林家归还历年旧欠，应林即令徐汶代为量收，徐汶因见田导所还稻谷掺和沙土，欲令另换好稻，田导不允，斥骂徐汶在应林前故意挑剔，希图讨好，徐汶回詈，致相争闹，经徐仪与应林劝散。其时天色已晚，田导不能走回，应林留其在家住歇。晚饭后，田导先在前进客房睡宿，徐汶与徐仪同在后房分床睡卧。时夜[⑤]五更时分，田导睡醒，忆及日间徐汶在应林前有意挑剔，心怀不甘，又念应林前次退佃，疑系徐汶从中挑唆，致令无田耕种，愈加忿恨，起意将徐汶致死泄忿，随即起身下床，走进后房，见房内灯火已熄，徐汶侧卧床上，已经睡熟。田导摸取桌上镰刀，走近徐汶床前，乘势用刀在徐汶身上乱砍几下，至伤其右胳肘、右手背等处，徐汶翻身喊救，并格落田导手内刀子。田导复拿起枕头之石确杵[⑥]，向徐汶狠力殴打两下，致伤其左手背、左乳，登时殒命。该犯因天黑心慌，记不清先后致伤部位，旋经徐仪闻声惊醒，点灯往看，见徐汶业已受伤身死，喊同应林找寻田导，先已开门逃逸。应林即令徐仪报知尸弟徐占赶往看明，投保报经该县诣验，获犯讯供，详批审解。据报，该犯田导在监患病，验报医痊。兹据该县覆讯，议拟由府委审解司，勘转前来，臣提犯亲讯，据供前情不讳，诘无起衅别故，及另有同谋加功之人，究鞫不移，案无遁饰。查律载："谋杀人造意者，斩监候。"等语。此案田导因归还应林旧欠田租稻谷，被徐汶多方挑剔，欲令另换好谷，该犯心怀不甘，并疑前次应林将其退佃系被徐汶所从中挑唆，愈加忿恨，独自起意乘徐汶睡熟，辄用刀、杵将其致伤身死，实属谋杀，自应按律问拟。田导应如县府司及委审所拟，合依"谋杀人造意者，斩监候"律，拟斩监候，秋后处决，照例刺字。无干经县省释。尸棺饬属领埋。凶器刀、杵及起获血衣验明发回，分别储库销毁。除揭移部科外，理合恭疏具题，伏乞皇上圣鉴，敕下法司核覆施行。再，此案审限云云。

光绪十八年六月十三日准。部照覆。

校勘记：

①跳剔：同"挑剔"。

②同①。

③正相：相字误，当为"想"。

④锁毁：锁字误，当为"销"。

⑤时夜：据文章，当为"是夜"。

⑥石确杵：确字误，当为"碓"。

图财谋杀

题为报验事。据署按察使丁峻详，据滁州直隶州知州齐肇敏转，据全椒县知县刘庆光详称：光绪十八年十一月二十七日，卑前署县彭廷弼任内，据地保黄学聘报，据合肥县民茆尚新投称：伊子茆德华推车度日，本月初四日有客雇倩伊子车辆，装载布匹推往江苏六合县售卖，日久未归，伊四处查访，寻至县属庆家湾山岗，见伊子死在路旁，咽喉等处有伤，尸旁遗有空车一辆、车棍一根，不知被何人谋害毙命。等语。往查属实，合报验缉。等情。并据尸父茆尚新同报，各到县。据经彭廷弼饬差严缉，一面带领刑仵前诣相验，勘得县属庆家湾山岗地方偏僻，四无居民，旁有山路一条，已死茆德华尸身仰卧路旁地上，查有失物情形。勘毕，饬据仵作黄林验报：已死茆德华,问年三十八岁。仰面,致命:左额角有木器伤一处,围圆四寸,皮破血污,按捺骨不损;咽喉有刃伤一处,由右边穿出,左边进口处长一寸,宽四分,出口处,长三分,宽不及分,食气嗓俱断。不致命:右手大指有刃伤一处,斜长六分,宽一分。合面,不致命:右腿有刃伤一处,斜长二寸,宽三分,深四分。俱皮卷血污。余无故。实系受伤身死。报毕,亲验无异,饬取凶器车棍比对左额角一伤相符,其余各伤饬起凶刀无获,无凭比对伤痕。当场填格取结,尸令棺殓。凶器车棍带回储库。勒差于十二月十七日缉获凶犯马胜其即申孜一名,并起获原赃蓝布夹袄一件解案,随传尸亲、人证,提犯研讯。

据地保黄学聘供与报词同。

据尸父茆尚新供:合肥县人,已死茆德华是儿子,推车度日,合这获案的马胜其即申孜是无服表亲。光绪十八年十一月初四日,有一客人雇倩儿子车辆,装载布匹推往江苏六合县售卖,多日不见回来,小的四处访查,寻到县属庆家湾山岗地方,看见儿子死在那里路旁,咽喉等处有伤,尸旁遗有空车一辆、车棍一根,不知被何人谋害毙命,小的就投保报验的。今蒙获犯,求究伸。这起获的蓝布夹袄实系原赃。是实。

据要证欧月有供:合肥县人,这获案的马胜其即申孜是小的姐夫。光绪十八年十二月初上黄昏时候,马胜其来到小的家内,小的见他神色慌张,心里疑惑,当向盘问。马胜其不能隐瞒,就说他在路上遇见茆德华携带洋钱、衣物,一时起意图财,把茆德华谋害身死,现在差拿严紧,央恳小的暂时容留,小的不允,要把马胜其扭获送案,马胜其挣脱逃跑,后闻差役拿获解案的。小的委没知情容留的事。是实。

据凶犯马胜其即申孜供:合肥县人,年二十六岁,家有父母,兄弟二人,小的居长,娶妻没生子女,贩布度日,合已死茆德华是无服表亲。光绪十八年十一月二十一日下午时候,小的从江苏六合县回家,走到县属庆家湾山岗地方,适茆德华也从六合卖布转回,先在那里停车坐歇,彼此会遇闲谈。小的晓得他身边带有洋钱、衣服,起意图财,把茆德华谋害,得钱花用。那时天色已晚,四望没人,就拾起地上车棍,殴伤茆德华左额角倒地,茆德华在地滚骂,小的赶拢,拔出身带尖刀连戳伤茆德华右腿、右手大指。茆德华喊救,小的又用刀在茆德华咽喉上狠戳一下,登时气绝身死。小的就在茆德华身边搜得洋钱三十元,并剥取蓝布夹袄一件,当时逃跑,后闻差拿严紧,逃到妻弟欧月有家。欧月有说小的神色慌张,当向盘问,小的不能隐瞒,据实告知,央恳欧月有暂时容留,欧月有不肯,要把小的扭获送案,小的挣脱,逃往各处躲避,并把赃洋陆续花用,今被差役拿获,并起获蓝布夹袄一件一并解案的。委没起衅别故,也没同谋加功知情分赃的人,逃后也没另犯不法并知情容留人家。凶器车棍已蒙起获,尖刀当时撩弃。是实。各等供。

据此，将犯收禁，起获赃衣饬传尸亲到案认领，录供通详，奉批审解。彭廷弼未及解办卸事，卑职抵任准交。据报，该犯马胜其于光绪十九年三月初十日在监患病，验报饬医，至四月初十日治痊。遵提覆讯，除各供同前不叙外，讯据凶犯马胜其即申子[①]供云云同前。等供。据此，该全椒县知县刘庆光审看得云云同后院看至，尸棺饬属领埋。等情。解州提讯，犯供不符，札委署来安县曹敦钺审，拟由州解司核，恐案情未确，札委署怀宁县章维藩审讯，因另有查办事件，禀经改委安庆府联元审照原拟，由司转解到臣，提犯亲讯无异。

该臣审看得全椒县客民马胜其图财谋杀茆德华身死一案。缘马胜其即申孜籍隶合肥县，贩布生理，与已死茆德华系无服表亲。光绪十八年十一月二十一日下午时候，马胜其由江苏六合县回家，行至该县属庆家湾山岗地方，适茆德华亦由六合卖布转回，先在该处路旁停车坐歇，彼此会遇闲谈。马胜其知其身带洋钱、衣服，起意图财谋害，得钱花用。维时天色已晚，四顾无人，马胜其拾起地上车棍殴伤茆德华左额角到地[②]，茆德华在地滚骂，马胜其赶拢，拔出身带尖刀连戳伤茆德华右腿、右手大指，茆德华喊救，马胜其又用刀在茆德华咽喉上狠戳一下，登时气绝殒命。马胜其即在茆德华身边搜得洋钱三十元，并剥取蓝布夹袄一件，当时逃跑。尸父茆尚新四处访查，寻见尸身，投保报经该前署县彭廷弼诣验饬缉。马胜其闻拿严紧，逃至妻弟欧月有家央恳容留，欧月有不允，欲行送案，马胜其脱逃。勒差获犯，并起获原赃一并解案，讯供详拟审解。彭廷弼未及解办卸事，该县刘庆光抵任准交。据报，该犯马胜其在监患病，验报医痊，将犯覆讯，议拟由州解司委审，勘转前来。臣提犯亲讯，据供前情不讳，诘无起衅别故，及另有同谋加功知情分赃之人。究鞫不移，案无遁饰。查例载："图财害命得财而杀死人命者，首犯拟斩立决。"等语。此案马胜其因见茆德华携带洋钱、衣服，辄即起意图财，谋杀茆德华身死，并搜取财物属实，图财害命，自应按例问拟。查已死茆德华与该犯系无服表亲，应以凡论，马胜其即申孜应如县州司所拟，合依"图财害命得财而杀死人命者，首犯拟斩立决"例，拟斩立决，照例刺字，留禁省监。该犯逃后，讯无另犯不法及知情容留人家，应与不肯容留、讯无不合之欧月有，均毋庸议。起赃给领，未获追赔。车棍案结销毁，凶刀供弃免追。尸棺饬属领埋。除揭移部科外，理合恭疏具题，伏乞皇上圣鉴，敕下法司核覆施行。再，此案审限云云。

光绪二十一年三月二十六日准。部照覆。

校勘记：

①申子：即"申孜"。

②到地：到字误，当为"倒"。

图财害命

为访闻事。据按察使嵩崑详,据署六安直隶州知州尹起鹭转,据署霍山县知县吴近智详称:访闻县属八斗岭地方有图财害命弃尸灭迹情事,当经饬差查拿。旋于光绪十二年三月十二日,据地保李成兰报,据县民陈道明投称:伊父陈修八于本月初七日携带银钱赴城完粮,至晚不见回来,伊连日找寻无踪,十一日寻至县属八斗岭地方,见伊父死在该处岭坎下,额颅等处有伤,身带银钱被失无存。伊父曾与胡绍文索借不遂有嫌,料被胡绍文图财谋害。等语。往查属实,合报验缉。等情,并据尸子陈道明同报,各到县。据此,随即饬差严缉,一面带领刑仵前诣该处,勘得县属八斗岭地方有小路一道,四无人居,已死陈修八尸身仰卧路南坎下,饬将尸移平地,如法相验。据仵作崔尧验报:已死陈修八,问年六十八岁。仰面,致命:额颅连鼻梁有木器伤一处,围圆六寸,按捺骨损;右额角有木器伤一处,斜长三分,宽一分,深抵骨,骨损。不致命:右腮颊连右耳门有木器伤一处,斜长五分,宽三分,深抵骨,骨损;右耳打碎;右胳膊有木器伤一处,斜圆三寸,骨断;左手腕有木器伤一处,围圆三寸。致命:左肋有木器伤一处,斜长二寸,宽三分,深抵骨,骨不损。以上各伤均紫赤色,有血瘾。余无故。委系受伤身死。报毕,亲验无异,饬取凶器木棍无获,无凭比对尸伤,填格取结,尸令棺殓。勒据差役于五月二十日获犯汪登善即汪继子[①]一名到案,讯据供认听从在逃之胡绍文图财谋杀陈修八身死不讳。正在详办间,又于七月十五日据差役缉获凶犯胡绍文、李奋孜即李凤才到案。提验各犯,均无拷刺痕迹,随讯。

据地保李成兰供与报词同。

据尸子陈道明供:霍山县人,已死陈修八是小的父亲。光绪十二年三月初七早上,父亲携带银钱赴城完粮,到晚不见回来,小的连日找寻无着。到十一日,小的寻到县属八斗岭地方,见父亲死在那里岭坎下,额颅等处有伤,身带银钱概被失去。父亲曾合胡绍文因索借不遂,口角有嫌,料被胡绍文图财谋害。小的就投保报验的,求究抵。是实。

据从犯汪登善即汪继孜供:年三十四岁,霍山县人。李奋孜即李凤才供:年三十二岁,太和县人。又据同供:小的们父母都故,并没兄弟妻子,合已死陈修八都不认识。光绪十二年三月初六日,小的们路遇素识已获的胡绍文,说他堂母舅陈修八家积有银钱,上年冬间他曾向陈修八借钱不允,反被辱骂,心怀不甘,起意把陈修八谋害泄忿,并说他知道一二日内陈修八就要携带银钱赴城完粮,必从八斗岭经过,那里地方僻静,邀小的们同到那里等候,帮同下手,得财分用,小的们允从。就是初七日黎明,各带木棍,走到八斗岭地方,各在路旁树林内躲匿窥伺。上午时候,望见陈修八走来,胡绍文赶出,喝令小的们动手,小的李畚孜赶上,叫陈修八站住,陈修八转身查问,小的李畚孜就用木棍殴伤陈修八右额角、额颅连鼻梁倒地。陈修八在地喊救,小的李畚孜又用木棍殴伤他右腮颊连右耳门、左肋、左手腕。小的汪登善也用木棍打断陈修八右胳膊。胡绍文赶拢,用木棍捣碎他右耳。陈修八不能动弹,登时身死。胡绍文害怕,起意弃尸灭迹,就合小的们把陈修八尸身抬到岭坎丢弃。各自攫取陈修八身带银钱各物,藏放身边,查点赃物是元宝两只、碎银一包、钱四百文、银票一包、账簿一本,按股俵分。小的汪登善分得元宝一只、钱一百文,小的李畚孜分得碎银一包、钱一百文,胡绍文分得元宝一只、钱二百文。银票、账簿撩弃。各散。小的们把分得赃银换与不识招牌钱店,得钱花用,逃避,今被获案的。小的们实系听从胡绍文图财谋杀陈修八身死,委没起衅别故,也没另有同谋加功及帮同抬弃的人,逃后并没另犯不法及知情容留人家。凶器木棍当时丢弃。是实。

据首犯胡绍文供:年二十九岁,霍山县人,父亲已故,母亲陈氏,并没兄弟,娶妻生女。小的在外游荡,向不务正。已死陈修八是小的堂母舅。光绪十一年十二月间,小的因穷苦难度,曾向陈修八借钱,陈修八斥骂小的游手好闲,不允借给,小的不服,彼此口角走散。十二年三月初六日,小的路遇素识已获的李畚孜即李凤才、汪登善即汪继孜,提起前事,说陈修八不肯借钱,反被辱骂,心怀不甘,起意把他谋害泄忿。小的知道他一二日内就要携带银钱赴城完粮,必从八斗岭经过,那里地方僻静,邀李畚孜们同到那里等候,帮同下手,得财分用,李畚孜们允从。就是初七日黎明,各带木棍走到八斗岭地方,各在路旁树林内躲匿窥伺。上午时候,望见陈修八走来,小的看他腰系沉重,料有银钱,当就赶出,喝令李畚孜们动手。李畚孜赶上叫陈修八站住,陈修八转身查问,李畚孜用木棍殴伤他右额角、额颅连鼻梁倒地。陈修八在地喊救,李畚孜又用木棍殴伤他右腮颊连右耳门、左肋、左手腕。汪登善也用木棍打断陈修八右胳膊。小的赶拢,用木棍捣碎他右耳。陈修八不能动弹,登时身死。小的害怕,起意弃尸灭迹,就合李畚孜们把陈修八尸身抬到岭坎丢弃。各自搜取陈修八身带银钱各物,藏放身边,查点赃物是元宝两只、碎银一包、钱四百文、银票一包、账簿一本,按股俵分。小的分得元宝一只、钱二百文,汪登善分得元宝一只、钱一百文,李畚孜分得碎银一包、钱一百文。银票、账簿撩弃。各散。小的把分得赃物换与不识招牌钱店,得钱花用,逃避,今被获案的。小的实系起意纠允李畚孜们图财谋杀陈修八身死,委没起衅别故,也没另有同谋加功及帮同抬弃的人,逃后也没另犯不法及知情容留人家。凶器木棍当时丢弃。是实。各等供。

据此,将犯收禁,录供通详,奉批审解。据报,该犯胡绍文于光绪十二年六月二十一日在监患病，验报饬医，至七月二十一日治痊。遵提覆讯，除各供同前不叙外，讯据从犯汪登善即汪继孜、李奋孜即李凤才同供云云同前。据首犯胡绍文供云云同前。各等供。据此，该署霍山县知县吴近智审看得云云同后院看至，饬属领埋。等情。解州提讯，供情不符，札委英山县罗永祺审照原拟，由州解司，前司核，恐案情未确，饬委署怀宁县范葆廉审照原拟，解司提讯，犯供游移，札委桐城县吴云涛审无别故，仍照原拟解司。前司提讯，犯供翻异，札委安庆府联元提审，犯供狡执，禀请行提尸子陈道明到案质审。饬据该县查覆，尸子陈道明外出湖北省贸易，关提需时，循例详咨展限在案。据报，该犯胡绍文在怀宁县监患病，医治无效，于光绪十五年十月十五日在监病故，札委候补知县李文治会同该县验明，胡绍文实系因病身死，提讯刑禁人等，并无凌虐情弊，详批核入正案拟办。一面催据该县将陈道明传解到省，饬发安庆府覆讯，议拟备具图结解司，勘转到臣，提犯亲讯无异。

该臣审看得霍山县犯人胡绍文起意商同李奋孜等图财谋杀陈修八身死弃尸不失，该犯胡绍文于解审后在省监病故一案。缘胡绍文、李奋孜即李凤才、汪登善即汪继孜分隶霍山、太和等县。胡绍文平日在外游荡，向不务正。已死陈修八系胡绍文堂母舅，与李奋孜、汪登善素不认识。光绪十一年十二月间，胡绍文因贫难度，曾向陈修八借钱，陈修八斥其游手好闲，不允借给，胡绍文不服，彼此口角走散。十二年三月初六日，胡绍文路遇素识之李奋孜、汪登善，提及前事，并以陈修八家积有资财，伊向告贷不允，反被辱骂，心怀不甘，起意将其谋害泄忿。伊现已深知②一二日内陈修八即须携带银钱赴城完粮，必由该县属八斗岭经过，该处地方僻静，邀李奋子③等同往等候，帮同下手，得财分用，李奋子④等允从。随于初七日黎明，各携木棍偕至八斗岭地方，各在路旁树林内躲匿窥伺。上午时分，望见陈修八走至，腰系沉重，胡绍文料有银钱，即行赶出，喝令李奋孜等动手。李奋孜赶上，叫陈修八站住，陈修八转身查问，李奋孜用木棍殴伤陈修八右额角、额颅连鼻梁倒地。陈修八在地喊救，李奋孜又用木棍殴伤其右腮颊连右耳门、左肋、左手腕。汪登善亦用木棍打断其右胳膊。胡绍文赶拢，用木棍捣碎其右耳。陈修八不能动弹，登时殒命。胡绍文畏惧，起意弃尸灭迹，即与李奋孜等将陈修八尸身抬至岭坎丢弃。各自搜取陈修八身带银钱各物，按股俵分。银票、账簿撩弃。各散。即经该县吴近智访闻饬缉，并据尸子陈道明寻获尸身，投保报验，先后获犯，讯供详批审解。据报，该犯胡绍文在监患病，验报医痊。嗣据该县覆讯，议拟由州解司委审，犯供狡执，禀请行提尸子陈道明解质。嗣据该县查覆，陈道明外出湖北省贸易，循例详咨展限。据报，该犯胡绍文在监患病病故，经府委员验讯刑禁等人并无凌虐情弊，绘具图结，详批核入正案拟办。一面催据该县将陈道明传解到省，饬发安庆府审明解司，勘转前来。臣提犯亲讯，据各供悉前情不讳,诘无另有同谋加功及帮同抬弃之人,究鞫不移,案无遁饰。查例载:“图财害命得财而杀死人命首犯与从而加功者,俱拟斩立决。”等语。此案胡绍文因挟陈修八借贷不允反被辱骂之嫌,探知陈修八携带银钱赴城完粮,起意商同李畚孜等图财谋害陈修八身死,自应按例问拟。胡绍文、李畚孜即李凤才、汪登善即汪继孜除弃尸不失轻罪不议外,应如该县州司及委审所拟,合依“图财害命得财而杀死人命首犯与从而加功者,俱拟斩立决”例,各拟斩立决。胡绍文业已在监病故,应毋庸议。该犯李畚孜等事犯到官虽在光绪十五年三月十六日恭逢恩诏以前,惟系图财害命,情节较重,毋庸查办,各照例刺字,留禁省监。该犯等逃后讯无另犯不法及知情容留人家,应与胡绍文在监病故,讯无凌虐之刑禁人等,均无庸议。失赃照追给主。银票、账簿饬由尸子自行清厘。凶器木棍供弃免追。尸棺饬属领埋。所有监故斩犯一名之管狱官系怀宁县典史陈嘉谟,相应开报附参。除揭移部科外,理合恭疏具题,伏乞皇上圣鉴,敕下法司核覆施行。再,此案审限云云。

光绪十七年十一月十二日准。部照覆。

校勘记:

①汪继子:即“汪继孜”。

②深知:深字误,当为“探”。

③李畚子:即“李畚孜”。

④同③。

图财害命为从临时不行事后分赃

为报验事。据升授甘肃布政使、安徽按察使张岳年详,据宁国府知府吴潮转,据署旌德县知县汪锡麟详称:光绪十三年十二月二十八日,卑前署县莫燮乾任内,据地保汪新报,据保民王大富等投称:伊等族弟王四元只身独居村外,本月二十六日,伊等同往王四元家探望,不知何时被何人将王四元叉伤咽喉、捏伤肾囊身死。查看房内有失物情形,想系被人谋害。等语。往查属实,合报勘验缉究。等情。并据尸族王大富等同报,各到县。据此,查该处距城五十里,附近并无墩防。随即饬差严缉,一面带领刑仵会营前诣该处,勘得王四元朝西住屋三间,四无邻居,中开大门,左系厨房,右系卧房,房内什物散乱,已死王四元尸身仰卧中间地上。勘毕,饬令尸移平地,如法相验。据仵作汪音验报:已死王四元,问年四十九岁。仰面,致命:咽喉有手指叉伤痕一道,横长四寸五分,青紫色。致命:肾囊有手捏伤痕,紫色。余无故。委系受伤气闭身亡。报毕，亲验无异，当场填格取结，尸令棺殓。勒据差役于十二月二十九日拿获汪喜一名，并起获原赃青布马褂一件、洋布裤一条带案。禀讯前来，提验该犯，并无拷刺痕迹，随传地保、尸族人等，提犯逐加研讯。

据地保汪新供与报词同。

据尸族王大富、王观祥、王金喜、王观富同供：已死王四元是小的们族弟，种田度日，只身没属，向住村外。本月二十六日，小的们走到王四元家探望，见他死在堂屋地上，咽喉有手指叉伤痕一道，肾囊肿紫，想必被人谋害，小的们就投保报案的。今蒙获犯汪喜，起出衣裤两件，小的们认得是王四元的原赃，愿具领。至王四元究竟失去多少衣物，小的们不知细底，不敢诳报，再求缉究。是实。

据犯人汪喜供：年三十八岁，江西弋阳县人，父母都存，弟兄三人，小的居长，并没妻子。小的向在旌德县苦竹里地方帮工度日，先没为匪犯案。光绪十三年十二月二十一日，小的到素识在逃的吴幅沅家索讨欠钱，吴幅沅没钱央缓，适有在逃素识的程金贵、韩金其先后走来，大家闲谈，都说债户追逼，难以过年。程金贵说起他前在王四元家帮工，晓得王四元积有钱米，独居村外，起意纠同前去硬借，如果不肯，就把王四元谋害，得赃还欠，小的与吴幅沅们允从，约定二十五日夜在吴幅沅家会齐。到了那日黄昏时候，有同乡陈三来小的家探望，说他要回原籍，问小的可有信件带去，谈讲多时，到二更后始去。小的送了陈三出门，赶到吴幅沅家，见门已锁着，寂静无人。小的心想，程金贵们因债户紧逼，没钱归还，商同谋财害命，小的并没欠债，何苦做这歹事，正要走回，看见程金贵们手拿衣物一路逃来，小的就跟他们同到吴幅沅家。吴幅沅开门进内，小的就向他们告知来迟缘故，吴幅沅也向小的告说，起更时候程金贵、韩金其先后走到他家等候，小的不到，他们三人同到王四元家借钱不允，把王四元谋死，搜拿衣物逃回的话，并说小的并没同行，不能按股分赃，只给白米三升、青布马褂一件、洋布裤一条、白布袜一双，余赃归他们派分。各散。后闻尸族投保，报验差拿，小的正要躲避，就被公差盘获，并起出赃衣送案的。小的实止听从图财谋命，临时没有同行，事后分赃这一次，此外并没另犯窝伙窃劫别案。分得赃米已经吃完，赃袜卖钱花用，衣裤已蒙起案。程金贵们现逃何处，不知道。至王四元被程金贵们三人致死，究系何人下手，当时没有问明，赃物多少也没看清。是实。各等供。

据此，将犯收禁，详批缉审。据报，该犯汪喜于十四年三月十八日在监患病，验报饬医，至四月十八日治痊。兹据该县以逸犯弋获无期，关传陈三不知去向，现犯未便久羁，覆讯议拟解府提讯，犯供游移，札委宣城县范葆廉审，照原拟解府提讯，犯供翻异，发回覆审。前署县莫燮乾业已卸事，代理县汪锡麟到任接审，讯系畏罪狡翻，仍照原拟解府提讯，供仍狡展，札委南陵县张源溱审无别故，由府解司核，恐案情未确，札委署怀宁县陈兆庆覆审，该县因另有查办事件，禀司改委安庆府联元审明，仍照原拟详解前来，提犯亲讯，供与县府及委审相同，请免冗叙。

该本司审看得旌德县客民汪喜听从逸犯程金贵等图财害命王四元身死，该犯临时不行事后分赃一案。缘汪喜籍隶江西弋阳县，向在该县苦竹里地方佣工度日，先未为匪犯案。光绪十三年十二月二十一日，汪喜至素识在逃之吴幅沅家索欠，吴幅沅无钱央缓，适有素识在逃之程金贵、韩金其先后走至，彼此闲谈，各道债户追逼，难以过年。程金贵声言伊前在王四元家帮工，素知王四元积有钱米，独居村外，起意纠同前去强借，如果不允，即将王四元谋害，得财还欠，该犯与吴幅沅等允从，约定二十五日夜在吴幅沅家会齐。是日黄昏时分，有该犯之同乡陈三走至探望，因欲回籍，问其有无信件托带，闲谈多时，至二更时候始去。汪喜送陈三出门后，赶往吴幅沅家，见门已关锁，寂静无人。该犯自念程金贵等因债户紧逼无钱归还，商同谋财害命，伊并未欠债，何苦做此歹事。正欲走回，适值程金贵等手拿衣物一路逃来，该犯跟随同至吴幅沅家，开门进内。该犯向吴幅沅等告知来迟缘故，吴幅沅亦向汪喜告知，因等候汪喜不到，同程金贵、韩金其一共三人走至王四元家向借不允，将王四元谋死，搜取衣物逃回情由，并称汪喜并未同行，不能按股分赃，只分给白米三升、青布马褂一件、洋布裤一条、白布袜一双，余赃归程金贵等派分。各散。旋经尸族王大富等查见尸身，投保报经该前署县莫燮乾会营诣验，获犯汪喜，并起获原赃衣裤给王大富等认领，讯供通详，奉批缉审。该犯汪喜在监患病，验报医痊。兹据该县以逸犯弋获无期，关传陈三不知去向，先就现犯覆讯，议拟解府提讯，犯供游移，札委宣城县范葆廉审，照原拟解府提讯，犯供翻异，发回覆讯。前署县莫燮乾业已卸事，代理县汪锡麟到任接审，讯系畏罪狡翻，仍照原拟解府提讯，供仍狡展，札委南陵县张源溱审无别故，由府解司核，恐案情未确，札委署怀宁县陈兆庆覆审。该县因另有查办事件，禀司改委安庆府联元审明，仍照原拟详解前来。本司提犯亲讯，据供前情不讳，讯止听从图财害命，临时不行，事后分赃，再三究诘，矢口不移，赃经主认，应即拟结。查例载："图财害命得财而杀死人命，从犯不行而分赃者，实发云、贵、两广极边烟瘴充军。"等语。此案汪喜听从逸犯程金贵图财谋害王四元身死，该犯因被陈三坐谈羁留，临时未经同行，事后分得赃物，自应按例问拟。汪喜应如县府及委审所拟，合依"图财害命得财而杀死人命，从犯不行而分赃者，实发云、贵、两广极边烟瘴充军"例，拟发云、贵、两广极边烟瘴充军，仍照名例，以极边足四千里为限。据供临时不行，仅止事后分赃，旁无质证，难保非狡供避就，应请照例监候待质，俟缉获逸犯程金贵等质明办理。该犯事犯到官虽在光绪十五年三月十六日恭逢恩诏以前,惟系图财害命案内拟军,在不准援免之列,应不准其援免,仍请监候待质。起赃已给尸族认领,未获各赃讯无确数,应俟缉获逸犯再行究追。尸棺经县饬埋。逸犯程金贵等,饬缉获日另结。此案首伙四人,仅获伙犯一名,疏防职名,饬取另参。理合详候核咨。再,此案审限云云,至全限届满,合并声明。等情。到院。据此,本部院覆核无异,除饬勒缉逸犯程金贵等获报,并饬取疏防职名另参暨分咨外,相应咨达。

光绪十六年十一月十九日准。部照覆。

图财害命为从不行而分赃

为报验事。据按察使嵩崑详,据宁国府知府李成鳌转,据宣城县陈兆庆详称:光绪十八年正月初七日,据地保舒廷寿报,据保民丁潮碌投称:伊兄丁潮富于上年十二月二十一日携带洋钱十元,牵拉驴子两头,往邀素识之孔老四、余惟喜帮同拉驴,赴圩收买稻谷贩卖获利,至晚不见回家。次日,经村邻吴大贵见有两驴在依[①]地内践食麦苗,将其拉住,四处召人认领,伊听闻往看,确系伊兄蓄养驴头,当即认明领回,遍查伊兄并无下落,往寻孔老四等亦无踪迹。本月初六日,伊在村外山下水沟内见有乱草一堆,草内露出衣襟,拨开查看,认系伊兄尸身,头、面血肉模糊,显被孔老四等谋害毙命,弃尸灭迹,检查所带洋钱,业已无存。等语。往查属实,孔老四等均已逃匿,合报验缉。等情。并据尸弟丁潮碌同报,各到县。据此,随即饬差缉犯,一面带领刑仵会营驰诣该处,勘得县属华阳团村外有荒山一座,山下有水沟一道,沟内水已干涸,地方偏僻,已死丁潮富尸身仰卧沟内,尸旁有乱草一堆。据尸弟丁潮碌指称,草本盖在尸身上,经伊查看拨开。等语。饬据仵作鲁政验报:已死丁潮富,问年二十七岁,周身皮肉腐烂。仰面,致命囟门、额颅、额角、两太阳穴,及不致命两眉丛、两眼胞、两眼睛、鼻梁准,均有石块砸伤一处,皮开骨裂,血瘢模糊,难量分寸。合面,不致命:发际有石块垫伤一处,微红色。余无故。实系受伤身死。报毕,亲验无异,饬起凶器石块无获,无凭比对尸场[②]。填格取结,尸令棺殓。勒差于是月二十七日缉获犯人余惟喜一名到案,随传集尸亲、人证,提犯研讯。

据地保舒廷寿供与报词同。

据尸弟丁潮碌供:宣城县人,已死丁潮富是哥子,合这获案的余惟喜并在逃的孔老四素识没嫌。光绪十七年十二月二十一日,哥子携带洋钱十元,牵拉驴子两头,往邀余惟喜、孔老四帮同拉驴,赴圩收买稻谷贩卖获利,到夜不见回家。第二日早上,经村邻吴大贵见有两驴在他地内践食麦苗,把驴拉住。吴大贵四处召人认领,小的听闻往看，确是哥子蓄养驴头，当就认明领回，遍查哥子，并没下落，往寻孔老四们，也没踪迹。十八年正月初六日，小的在村外山下水沟内见有乱草一堆，草内露出衣襟，拨开查看，认是哥子尸身，头、面血肉模糊，料被孔老四们谋害毙命，弃尸灭迹，检查所带洋钱，业已被失无存。小的就投保报验的，求究办。是实。

据应讯人吴大贵供：宣城县人，务农度日。光绪十七年十二月二十二日早上，小的赴地工作，见有驴子两头在小的地内践食麦苗，当把驴头拉住，四处召人认领。后来丁潮碌前来看认，说都是他哥子丁潮富蓄养驴头，小的就交付丁潮碌领去，别的事不知道。是实。

据犯人余惟喜供：湖北安陆县人，年三十八岁，父母都故，并没弟兄妻子。小的合在逃的孔老四来到宣城县地方同屋居住，小贸度日，与已死丁潮富素识没嫌。光绪十七年十二月二十一日傍晚，丁潮富牵拉驴子两头来到小的家，说他带有洋钱十元，要赴圩收买稻谷贩卖获利，邀小的合孔老四帮同拉驴。孔老四因天色将晚，约俟明日一早同去，并留丁潮富在家住宿。小的就赴厨房煮饭，孔老四买酒款待，合丁潮富对饮，丁潮富酒醉。孔老四走进厨房，密向小的说道穷苦难度，没钱过年，丁潮富身带洋钱，起意把他骗到山僻地方乘机杀害，图取洋钱，央恳小的帮同下手，得洋分用，小的先不应允，后被孔老四再三吓逼，勉强允从，许俟饭后再来，叫孔老四先行。孔老四随诳邀丁潮富上街喝茶，丁潮富信以为真，当就同行。过了一会，小的把饭食毕，正要前去，见孔老四转回，把他合丁潮富走到山下，丁潮富酒气上涌，不能行走，倒卧地上，孔老四四望没人，拾取地上石块向丁潮富头面狠力掷砸，把丁潮富额颅、额角、眼鼻等处皮骨一齐砸碎，登时气绝身死，就在丁潮富身上搜取洋钱十元，因望见火光，恐怕有人路过慌忙逃回的话，向小的告知，并分给小的洋钱两元，嘱勿声张，仍叫小的等到夜静同往，弃尸灭迹。三更时候，小的同孔老四走到那里，把丁潮富尸身一同抬到山下水沟内撩弃，检拾乱草掩盖尸身上，又把丁潮富遗下两驴赶往漫地散放，各自走回。小的把分得赃洋花用，逃往各处躲避，今被拿获到案的。小的实止听从逸犯孔老四图财谋杀丁潮富身死，临时并没同行，事后分赃，帮同弃尸这一次，此外委没另有知情同谋及帮同弃尸的人，逃后也没另犯不法及知情容留人家。孔老四现逃何处，不知情。是实。各等供。

据此，将犯收禁，录供通详，奉批缉审。兹查逸犯孔老四弋获无期，先就现犯覆讯，议拟由府解司，前署司核，恐案情未确，札委安庆府联元审讯。据报，该犯余惟喜于光绪十八年九月十五日在监患病，验报饬医，至十月十五日治痊。该委员审无别故，仍照原拟详解前来。本司提犯亲讯，供与原审无异。

该本司审看得宣城县客民余惟喜听从逸犯孔老四起意图财谋杀丁潮富身死，

并未同行，事后分赃，帮同弃尸不失一案。缘余惟喜籍隶湖北安陆县，与在逃之孔老四偕至该县地方同屋居住，小贸营生，与已死丁潮富素识无嫌。光绪十七年十二月二十一日傍晚，丁潮富牵拉驴子两头，走至余惟喜家，称伊带有洋钱十元，拟赴圩收买稻谷，贩买[③]获利，邀余惟喜与孔老四帮同拉驴。孔老四因天色将晚，约俟次日早同往，并留丁潮富在家住宿，余惟喜即赴厨房煮饭，孔老四沽酒款待，与丁潮富对饮，丁潮富饮入醉乡。孔老四走入厨房，密向余惟喜商议，伊等贫难度岁，丁潮富身带洋钱，起意将其骗至山僻地方乘机杀害，图取洋钱，央恳余惟喜帮同下手，得洋分用，余惟喜先不应允，后被孔老四再三吓逼，勉强允从，许俟饭后再来，令孔老四先行。孔老四遂诳邀丁潮富上街吃茶，丁潮富信以为真，当与孔老四偕行，走至山下，丁潮富酒气上涌，不能行走，倒卧地上，孔老四四顾无人，拾取地上石块向丁潮富头面狠力掷砸，致将其额颅、额角、眼、鼻等处皮骨一齐砸碎，登时气绝殒命。孔老四即在丁潮富身上搜取洋钱十元，因望见火光，虑恐有人经过，慌忙逃回。时余惟喜在家将饭食毕，正欲前往，适见孔老四转回，告知前情，并分给余惟喜洋钱二元，嘱勿声张，仍令俟夜静同往弃尸灭迹。三更时分，余惟喜同孔老四走至该处，将丁潮富尸身一同抬至山下水沟内撩弃，检拾乱草掩盖尸身，又将丁潮富所遗两驴赶往漫地散放，各自走回，逃避。次日，吴大贵赴地工作，见有无主两驴在地食麦，将驴拉住，召主认领，尸弟丁潮碌闻知往看，认系丁潮富蓄养驴头，将驴领回。访查丁潮富并无下落，往寻孔老四等亦无踪迹，旋经尸亲寻获尸身，投保报经该县诣验，获犯余惟喜一名，讯供通详，奉批缉审。兹据该县以逸犯孔老四弋获无期，先将现犯覆讯，议拟由府解司委审。据报，该犯余惟喜在监患病，验报医痊，审照原拟，详解前来。本司提犯亲讯，据供前情不讳，诘无另有知情同谋及帮同弃尸之人，究鞫不移，案无遁饰。查例载："图财害命得财而杀死人命，不行而分赃者，实发云、贵、两广极边烟瘴充军。"等语。此案余惟喜听从逸犯孔老四图财谋杀丁潮富身死，该犯并未同行，事后分受赃洋，帮同弃尸不失，自应按例问拟。余惟喜应如县府及委审所拟，除帮同弃尸不失轻罪不议外，合依"图财害命得财而杀死人命，不行而分赃者，实发云、贵、两广极边烟瘴充军"例，拟发云、贵、两广极边烟瘴充军，仍照名例，以极边足四千里为限。据供系在逃孔老四起意为首，该犯并未同行，旁无质证，难保非狡供避就，应请照例监候待质，俟缉获逸犯孔老四质明办理。该犯逃后，讯无另犯不法及知情容留之人，应与获驴召认并无不合之吴大贵，均毋庸议。失赃照估追赔。尸棺由县饬埋。逸犯孔老四饬缉获日另结。此案首伙二人，仅获从犯一名，承缉职名，饬取另参，理合详候核咨。等情。到院。据此，本部院覆核无异，除饬勒缉逸犯孔老四获报并分咨外，相应咨达。为此，合咨贵部，请烦查照核覆施行。再，此案审限云云。

光绪十九年十月十七日准。部照覆。

校勘记：

①依：误，当为“伊”。

②尸场：据文意，当为“尸伤”。

③贩买：据文意，当为“贩卖”。

图财害命为从在路瞭望并未加功分赃

为报验事。据按察使嵩崑详，据署滁州直隶州知州余适中转，据署全椒县知县彭廷弼详称：光绪十七年五月十七日，卑前县陈福源任内，据地保费升报，据保民戚正隆投称：本月十六日早晨，伊赶驴赴集驮米路过县属萧家洼地方，见一无名男尸倒在路旁，查看尸身有伤，遍讯无人出认。等语。往查属实，合报勘验缉究。等情。并据县民戚正隆同报，各到县。据经陈福源饬差查缉，一面带领刑仵驰诣相验，先勘得该处有南北大路一道，附近并无居民。已死无名男尸仰卧路旁地上，身穿衣裤，腰系锁匙一个，尸旁遗有油纸扇一柄，查验衣裤及地上均有血迹。勘毕，饬据仵作黄林验报：已死无名男子，约年三十余岁。仰面，不致命：右腮颊有刃划伤一处，斜长八分，宽一分，深一分；右颔颏有刃伤一处，斜长一寸三分，宽深均二分，均皮破血污。致命：咽喉有刃伤一处，斜长二寸八分，宽五分，深二分，食气嗓未断。不致命：左胳膊有刃伤一处，斜长一寸，宽深均三分。致命：胸膛有刃伤一处，斜长一寸五分，宽三分，深抵骨，骨不损，均皮卷血污；右乳有刃伤一处，斜长七分，宽二分，深一分，皮破肉绽；心坎有刃伤一处，斜长六分，宽三分，深一分，皮卷血污；肚腹有刃伤一处，斜长一寸一分，宽深均二分，皮破肉绽；脐肚有刃伤一处，斜长一寸，宽四分，深透膜，肠出血污。合面，致命：右后肋有刃伤一处，斜长一寸，宽三分，深透内，皮卷血污。余无故。委系受伤身死。报毕，亲验无异，饬取凶刀无获，无凭比对伤痕，当场填格取结，尸令棺殓，封交地保浮厝，召属认领。提讯地保人等，各供均与报词相同。锁匙带回储库。旋据尸亲黄绍礼以死者系伊族弟黄绍银携带铁锁认领前来，饬取尸遗锁匙，开对相符。勒差于六月初二日拿获陈有模一名到案，随传集尸亲人等，提犯研讯。

据地保费升供与报词同。

据民人戚正隆供：全椒县人。光绪十七年五月十六日早，小的赶驴赴集驮米，路过县属萧家洼地方，见一无名男尸倒在路旁，查看身上有伤，小的连忙通知地保前往看明，同来报验缉究的。是实。

据尸亲黄绍礼供：和州人，已死黄绍银是小的族弟，他今年三十七岁，父母都故，余没别属，耕种度日，合小的邻屋居住。光绪十七年五月十五日上午时候，黄绍银身穿衣裤，手拿油纸扇，腰挂钥匙，把他住屋门户关锁，正要出门上路，小的看见，问他要往哪里去，黄绍银答说听闻封家岭地方现有妇女可买，伊携带洋银，拟赴那里买娶妇人为妻的话，当就走去。到十七日，小的听人传说萧家洼地方有一无名男子受伤身死，经官相验，面貌服饰好像黄绍银模样，小的走到黄绍银家查看，他门户仍然关锁，愈加疑心，就把黄绍银家门上铁锁取下，来案呈明的。今蒙获犯，求究办。是实。

据犯人陈有模供：全椒县人，年三十三岁，父亲陈大杨，母亲张氏，现年都七十一岁，并没弟兄，娶妻已故，生有一女，裁缝手艺，合已死黄绍银先不认识。光绪十七年五月十五日傍晚时候，小的赶集回家，路遇素识未获的侯潮均、沈万有合一不识姓名人一阵走来。侯潮均密向小的告说，这前面走的就是和州人黄绍银，他来封家岭买娶妇人没成，就要转回，见他身边带有洋银，起意商允沈万有把他哄到僻处杀害，得银分用，虑恐人手不多，邀小的同往，帮同下手，小的允从。一路同行，走到县属萧家洼地方，侯潮均见天色已黑，四顾没人，合沈万有故意落后，并叫小的在前面路旁瞭望，侯潮均们赶上前去，不多一会，忽听黄绍银喊叫救命，后来就没声响。小的连忙去看，见黄绍银已经死在地上。侯潮均们把黄绍银身边洋银取出，正要查点俵分，听得后面有人走来，侯潮均们忙把洋银拿去，约俟日后再分。各散。至侯潮均们何人致伤何处，那时小的相离较远，没有看得清楚，后闻戚正隆赶集路见黄绍银尸身，投保报验差拿，小的逃往各处躲避，今被拿获送案的。委止在路瞭望，并没下手加功分得赃银的事，逃后也没另犯不法及知情容留人家。侯潮均们现逃何处，不知道。是实。各等供。

据此，将犯收禁，录供详批缉审。据报，该犯陈有模于光绪十七年七月十八日在监患病，验报饬医，至八月八日治痊。陈福源未及审解卸事，彭廷弼到任准交。查逸犯侯潮均等屡缉无获，遵提现犯覆讯，议拟解州提讯，犯供游移，札委来安县黄筠年审照原拟，由州解司，前署司核，恐案情未确，札委安庆府联元审无别故，仍照原拟解经前署司提讯，犯供狡展，札委署怀宁县包宗经审系畏罪图翻，照拟解司。

该本司审看得全椒县民陈有模听从逸犯侯潮均等图财谋杀黄绍银身死，该犯仅止在路瞭望，并未加功分赃一案。缘陈有模籍隶该县，裁缝手艺，与已死黄绍银先不认识。光绪十七年五月十五日傍晚时分，陈有模由集回家，路遇素识未获之侯潮均、沈万有与黄绍银一阵行走。侯潮均密向陈有模告说，在前行路即系黄绍银，和州人，伊来封家岭买娶妇人未成，当晚转回，见其身边带有洋银，起意商允沈万有将其哄至僻处谋害,得银分用,虑恐人手不多,邀令陈有模同往,帮同下手,陈有模允从。一路同行,走至该县属萧家洼地方,侯潮均见天色已黑,四顾无人,与沈万有故意落后,并留陈有模在前面路旁瞭望。侯潮均等赶上,陈有模忽听黄绍银喊叫救命,旋无声响,登即赶去查看,见黄绍银业已倒地殒命。侯潮均等将黄绍银身边洋银取出,正欲点赃俵分,听得后面有人走来,侯潮均等忙将洋银携去,约俟日后再分。各散。至侯潮均等何人致伤何处,陈有模相离较远,未经看得清楚。次早,民人戚正隆赶集,路见黄绍银尸身有伤,投保报经前县陈福源勘验饬缉。并据尸亲黄绍礼以已死黄绍银系伊族弟,携带铁锁呈经饬取锁匙开对相符,旋即获犯陈有模到案,讯供详批缉审。据报,该犯陈有模在监患病,验报医痊。陈福源未及审解卸事,彭廷弼抵任准交,查逸犯侯潮均等屡缉无获,先就现犯覆讯,议拟由州解司委审,详解前来。本司提犯亲讯,据供前情不讳,诘止在路瞭望,并未下手加功及分得赃银情事,究鞫不移,案无遁饰。查例载:"图财害命未得财杀人,从而不加功者,杖一百,流三千里。"等语。此案陈有模听从逸犯侯潮均等图财谋杀黄绍银身死,该犯仅止在路瞭望,并未下手加功,事后亦未分赃,自应按例问拟。陈有模应如县州及委审所拟,合依"图财害命未得财杀人,从而不加功者,杖一百,流三千里"例,拟杖一百,流三千里。据供仅止在路瞭望,并未加功分赃,旁无质证,难保非狡供避就,应请照例监候,俟缉获侯潮均等到案质讯明确,再行详办。该犯逃后,讯无另犯不法及知情容留人家,应与路见黄绍银尸身即行投保报案之戚正隆,均毋庸议。无干省释。尸棺饬属领埋。逸犯侯潮均等,饬缉获日另结。此案首伙三人,仅获从犯一名,承缉职名,饬取另参,理合详候核咨。再,此案审限云云。全限届满,合并声明。等情。到院。据此,本部院覆核无异,除饬缉逸犯侯潮均等获报并分咨外,相应咨达。

光绪十九年十月二十二日准。部照覆。

谋杀为从

为报验事。据升授甘肃布政使、安徽按察使张岳年详,据署颖州府①知府彭禄转,据蒙城县知县陈宏勋详称:光绪十二年十月初八日,据地保袁心德报,据保民王兴儿投称:伊族人王慎修先于光绪四年聘娶河南长葛县人张氏为妻,生有子女。张氏表兄马继得向在蒙城地方贩卖草席生理,租赁王慎修家房屋居住。本月初二日,有张氏胞弟张金杜、张玉杜并马继得由原籍同至王慎修家探望,称因亲老多病,欲接张氏归宁,王慎修不允。张玉杜等再三央恳,马继得在旁劝说,王慎修不服,斥骂多管,并不许马继得住在伊家,互相争闹,经张氏喊同伊与邻人张福林等劝散。初七日，王慎修出外，赴邻村探亲，至晚不回，次早见大门虚掩，进内查看，不见张氏踪迹，往寻张玉杜等，亦已逃逸。嗣在罗家湖地方寻得王慎修尸身，业已受伤身死，料被张玉杜等谋杀，带同张氏子女同逃。等语。往查属实，合报验缉。等情。并据尸族王兴儿同报，各到县。据此，随即饬差缉犯，一面带领刑仵驰诣该处，勘得罗家湖地方偏僻，离王慎修家住屋约三里许。已死王慎修尸身仰卧路旁地上，地有血迹。勘毕，饬将尸移平地。据仵作王勤验报：已死王慎修，问年五十一岁。仰面，致命：咽喉有刃伤一处，斜长二寸，宽三分，深透内，食气嗓俱断，皮卷血污。余无故。委系受伤身死。报毕，亲验无异，饬起凶器无获，无从比对尸伤，当场填格取结，尸令棺殓。勒据差役协同河南长葛县差役，于十二年十二月十一日获犯张玉杜解县提讯，犯供狡展，详请咨部展限。旋于十三年八月二十二日，又据差役协同长葛县役续获该犯张金杜、王张氏二名口，并起获幼子王双印、幼女王朵妮到县提讯，子女年俱幼小，不能取供，当将幼子王双印、幼女王朵妮传属领回完聚，取领附卷，随集保邻、尸亲人等，提犯逐加研讯。

据地保袁心德供与报词同。

据尸族王兴儿供：已死王慎修是无服族人，这到案的张氏是王慎修的妻子，他是河南长葛县人，于光绪四年上经王慎修凭媒聘娶为妻，生有子女。这到案的张玉杜、张金杜是张氏胞弟，那马继得是张氏表兄，向在蒙城地方贩卖草席生理，租赁王慎修家房屋居住。光绪十二年十月初二日，张玉杜、张金杜与马继得从原籍动身同到王慎修家探望，说他父母年老多病，要接张氏归宁，王慎修不允，张玉杜们再三央恳，马继得也在旁劝说，王慎修不服，斥骂多管，并不许马继得住在他家，互相争闹，是张氏喊同小的并邻人张福林们劝散的。初七日，王慎修出外赴邻村探亲，到晚没回，怎样被张玉杜们杀死，小的先不晓得，是第二天早上，小的走到王慎修家门首，见他大门虚掩，进内查看，不见张氏踪迹，往寻张玉杜们也已逃逸，后同邻人张福林们到罗家湖地方寻见王慎修尸身，已经受伤身死，小的就投保报验的，求究伸。是实。

据邻佑张福林、张有伦同供：已死王慎修是邻居，这到案的张氏是王慎修的妻子，他于光绪四年上凭媒聘娶为妻，生有子女。光绪十二年十月初二日，有张氏的胞弟张玉杜、张金杜并他表兄马继得由原籍同到王慎修家探望，说他父母年老多病，要接张氏归宁，王慎修不允，张玉杜们再三央恳，马继得也在旁劝说，王慎修不服，斥骂多管，并不许马继得住在他家，互相争闹，是张氏喊同小的们并他族人王兴儿劝散的。后来王慎修出外探亲，怎样被张玉杜们杀死，张氏又怎样带同子女逃跑，小的们都先没晓得，是王兴儿向小的们告知，同到罗家湖地方寻见王慎修尸身，已经受伤身死，王兴儿就投保报验的。是实。

据尸妻王张氏供:年三十岁,蒙城县人,已死王慎修是小妇丈夫。小妇于光绪四年上经丈夫凭媒聘娶为妻,平素和睦,生有子女。这到案的张玉杜、张金杜都是胞弟,常到小妇家探望,合丈夫并没嫌隙。在逃的马继得是小妇表兄,他在蒙城地方贩卖草席生理,租赁小妇家房屋居住。光绪十二年十月初二日,张玉杜、张金杜合马继得从原籍起程,来到小妇家探望。张玉杜们说父母年老多病,要接小妇回家省视,丈夫就说家中没人照料,不肯答应。初三日,张玉杜们复向丈夫再三央恳,马继得也说妇女归宁事所常有何必措留的话,从旁劝说。丈夫不服,斥骂多管,并斥马继得租住房屋,不该帮同混说,要他即日搬迁,不许住在家里,马继得生气,互相争闹,是小妇喊同族邻王兴儿、张幅林[②]们劝散的。后来丈夫连日向马继得催令搬屋,经兄弟张玉杜们代央宽缓,丈夫又说日内如不出屋,定要告官押迁,连张玉杜们一并控究,小妇都知道的。那月初七日,丈夫出外赴邻村探亲,傍晚时候张玉杜、张金杜、马继得走回,小妇看见他们神色慌张,心里疑惑,再三盘问,马继得们就向小妇告说,他们因丈夫不叫小妇回归,反被喝骂,勒令出屋,一时气忿,马继得起意商同张玉杜们在罗家湖地方已把丈夫杀死的话,小妇不依哭喊,马继得拿刀吓说如敢啧声一并杀死,小妇害怕,不敢声张,张玉杜们就催逼小妇带了子女连夜同逃,小妇无奈,只得合马继得并张玉杜们分路逃跑。后闻案下差拿,小妇不敢径回母家,就被公差拿获,连子女们一并解案的。小妇委没知情同谋,也没与马继得通奸的事,逃后也没另犯不法及知情容留人家。带逃子女已蒙起获,给亲完聚。马继得现逃何处,不知道。是实。

据犯人张金杜供:年二十五岁,河南长葛县人,父亲张牛,现年七十四岁,母亲李氏,现年六十六岁,弟兄二人,这到案的张玉杜是胞弟,王张氏是胞姊,他于光绪四年上凭媒嫁与已死蒙城县人王慎修为妻,平素和睦,生有子女。小的同胞弟张玉杜常去探望,合王慎修并没嫌隙。在逃的马继得是小的表兄,他向在蒙城地方贩卖草席生理,租赁王慎修家房屋居住。光绪十二年九月二十六日,小的因父母年老多病,合张玉杜同往蒙城去接胞姊归宁。适马继得在家,也是那日起程,就合他结伴同行,十月初二日走到那里,马继得仍向王慎修租住房屋。小的合张玉杜进内,就向王慎修告知要接胞姐回家省亲,王慎修答说家中没人照料,不肯答应。初三日,小的合张玉杜复向王慎修再三央恳,马继得也说妇女归宁事所常有何必措留的话,从旁劝说。王慎修不服,斥骂多管,并说马继得租住他的房屋,不该帮同混说,要叫马继得即日搬迁,不许住在他家,马继得生气,互相争闹,是胞姊喊同族邻王兴儿、张福林们劝散的。后来王慎修连日来向马继得催逼搬屋,经小的弟兄代央宽缓,王慎修又说日内如不出屋,定要告官押迁,连小的弟兄一并控究。马继得想起一时无屋可搬,又被王慎修连日催逼,这样薄情,心实不甘,往向小的弟兄商谋,起意要把王慎修谋死泄忿，小的弟兄也因王慎修毫无亲情，都各允从。马继得又怕胞姊在旁难以下手，约俟王慎修出门遇便行事。那月初七日，马继得说他知道王慎修在附近邻村探亲，其回家必从县属罗家湖地方经过，那里地方偏僻，可以动手，来向小的弟兄告知。马继得携带菜刀一把，藏放身边，合小的弟兄同到那里等候，并叫小的先赴村外窥伺。傍晚时候，小的走到那里等了一会，因不见王慎修路过，当就转回。遇见马继得合张玉杜走来，向小的告说他马继得卧地假说腹痛，王慎修走近身边把马继得扶起，马继得起身趁他不备，扭住王慎修胸衣往前推搡，王慎修站立不稳，仰跌倒地，张玉杜赶拢，按住王慎修两手，王慎修两脚乱蹬，马继得拿取身带菜刀砍伤王慎修咽喉当时身死的话。同到王慎修家里，被胞姊看见小的弟兄合马继得神色慌张，再三盘问，马继得不能隐瞒，据实告知，胞姊不依哭喊，马继得拿刀吓说如敢啧声一并杀死，胞姊害怕，不敢声张。张玉杜就催逼胞姊带了子女连夜同逃，胞姊无奈，只得合小的弟兄同马继得分路逃跑。后闻案下差拿，小的逃往各处躲避，今被拿获解案的。委没在场下手加功，也没起衅别故及另有同谋加功的人，逃后也没另犯不法及知情容留人家。马继得现逃何处，不知道。是实。

据犯人张玉杜供：年二十岁，河南长葛县人，父亲张牛，现年七十四岁，母亲李氏，现年六十六岁，弟兄二人，这到案的张金杜是胞兄，王张氏是胞姊，他于光绪四年上凭媒嫁与已死蒙城县人王慎修为妻，平素和睦，生有子女。小的同胞兄张金杜常去探望，合王慎修并没嫌隙。在逃的马继得是小的表兄，他向在蒙城地方贩卖草席生理，租赁王慎修家房屋居住。光绪十二年九月二十六日，小的因父母年老多病，合胞兄同往蒙城去接胞姊归宁。适马继得在家，也是那日起程，就合他结伴同行。十月初二日，走到那里，马继得仍向王慎修租住房屋。小的合胞兄进内，就向王慎修告知要接胞姊回家省亲，王慎修答说家中没人照料，不肯答应。初三日，小的合胞兄复向王慎修再三央恳，马继得也说妇女归宁事所常有何必措留的话，从旁劝说。王慎修不服，斥骂多管，并说马继得租住他的房屋，不该帮同混说，要叫马继得即日搬迁，不许住在他家，马继得生气，互相争闹，是胞姊喊同族邻王兴儿、张福林们劝散的。后来王慎修连日来向马继得催逼搬屋，经小的弟兄代央宽缓，王慎修又说日内如不出屋，定要告官押迁，连小的弟兄一并控究。马继得想起一时无屋可搬，又被王慎修连日催逼，这样薄情，心实不甘，往向小的弟兄商谋，起意要把王慎修谋死泄忿，小的弟兄也因王慎修毫无亲情，都各允从。马继得又怕胞姊在旁难以下手，约俟王慎修出门，遇便行事。那月初七日，马继得说他知道王慎修在附近邻村探亲，其回家必从县属罗家湖地方经过，那里地方偏僻，可以动手，来向小的弟兄告知。马继得携带菜刀一把，藏放身边，合小的弟兄同到那里等候，并叫张金杜先赴村外窥伺。傍晚时候，王慎修走来，马继得卧地假说腹痛，小的央令王慎修帮同抬回，王慎修走近身边把马继得扶起，马继得起身乘他不备，扭住王慎修胸衣往前推搡，王慎修站立不稳，仰跌倒地，小的赶拢，按住王慎修两手。王慎修两脚乱蹬，马继得拿取身带菜刀砍伤王慎修咽喉，当时身死。小的合马继得跑走，遇见胞兄，告知致死情由，同到王慎修家里，被胞姊看见小的弟兄合马继得神色慌张，再三盘问，马继得不能隐瞒，据实告知，胞姊不依哭喊，马继得拿刀吓说如敢啧声一并杀死，胞姊害怕，不敢声张。小的就催逼胞姊带了子女连夜同逃，胞姊无奈，只得合小的弟兄同马继得分路逃跑，后被差役拿获解案的。小的实止听从马继得起意帮同下手，加功谋杀王慎修身死，并没起衅别故及另有同谋加功的人，逃后也没另犯不法及知情容留人家。马继得现逃何处，不知道。小的前因到案心慌，狡供图赖，今蒙提审，据实供明。是实。各等供。

据此，将犯收禁，录供通详，奉批缉审。据报，该犯张玉杜于十四年二月初五日在监患病，验报饬医，至三月初五日治痊。查逸犯马继得弋获无期，现犯未便久羁，遵提覆讯，除各供同前不叙外，讯据犯人张玉杜供云云同前。等供。据此，该蒙城县知县陈宏勋审看得云云同后院看至，另行补送。等情。解府提讯，犯供游移，札委署阜阳县刘承祖审讯，该令未及审解卸事，代理县秦霖到任，审照原拟解府提讯，供仍狡展，札委霍邱县屈承福审系畏罪狡翻，仍照原拟由府解司核，恐案情未确，饬委署怀宁县陈兆庆审照原拟，解司提讯，供仍翻异，札委安庆府联元审无别故，照拟解司，勘转到臣，提犯亲讯无异。

该臣审看得蒙城县客民张玉杜等听从逸犯马继得谋杀王慎修身死，该犯张金杜并未加功一案。缘张玉杜、张金杜均籍隶河南长葛县，系同胞弟兄。王张氏系张玉杜等胞姊，于光绪四年间凭媒嫁与已死蒙城县人王慎修为妻，平素夫妻和睦，生有子女，张玉杜等常往来探望，与王慎修并无嫌隙。在逃之马继得系张玉杜等表兄，常在蒙城地方贩卖草席生理，租赁王慎修家房屋居住，亦与王慎修素好无嫌。光绪十二年九月二十六日，张玉杜弟兄因亲老多病，赴蒙城往接王张氏归宁，适马继得在家，亦于是日由原籍起程，结伴同行。十月初二日，张玉杜等行抵该处，马继得仍向王慎修租住房屋。张玉杜等进内，当向王慎修告知欲接王张氏回家省亲，王慎修答以家中无人照料，不允接回。次日，张玉杜等复申前说，再三央恳，马继得亦以妇女归宁事所常有何必措留之言，在旁劝说。王慎修不服，斥骂多管，并以马继得租住伊家房屋，不应帮同混说，勒令即日搬迁，不许住在伊家，马继得生气，互相争闹，经王张氏喊同族邻王兴儿、张福林等劝散。以后王慎修连日向马继得催令搬屋，经张玉杜等代恳宽缓，王慎修又以日内如不出屋，定行控官押迁，并将张玉杜等一并控究。

马继得自念一时无屋可搬，又被王慎修连日催逼，如此薄情，心实不甘，往向张玉杜等商量，起意欲将王慎修谋死泄忿，张玉杜等亦因王慎修毫无亲情，均各允从。马继得又虑王张氏在旁，难以下手，约俟王慎修出门，遇便行事。是月初七日，马继得探知王慎修在附近邻村探亲，其回家必由县属罗家湖地方经过，该处地方偏僻，可以动手，当向张玉杜等告知。马继得携带菜刀一把，藏放身边，与张玉杜、张金杜同往该处等候，并嘱张金杜先赴村外窥伺。傍晚时分，王慎修走至，见马继得卧地喊叫腹痛，张玉杜央令王慎修帮同抬回，王慎修信以为真，走近身边将马继得扶起，马继得起身乘其不备，扭住王慎修胸衣往前推搡，王慎修站立不稳，仰跌倒地，张玉杜赶拢，按住王慎修两手，工慎修两脚乱蹬，马继得携取身带菜刀砍伤王慎修咽喉，登时殒命。马继得与张玉杜跑走，遇见张金杜，告知致死情由，同至王慎修家中。王张氏见马继得等神色慌张，再三盘问，马继得不能隐瞒，据实告知，王张氏不依哭喊，马继得持刀吓禁，并称如敢啧声，一并杀死。王张氏畏惧，不敢声张。张玉杜随逼令王张氏带同子女连夜逃跑，王张氏无奈勉从。维时，王慎修族人王兴儿见其大门虚掩，进内查寻王张氏子女并无踪迹，往找马继得等亦已远扬。嗣在罗家湖地方寻获王慎修尸身，投保报验。勒据差役协同河南长葛县差役获犯张玉杜，讯供狡展，详咨展限。续获张金杜、王张氏二名口，并起获子女，讯供通详，批饬缉审。据报，该犯张玉杜在监患病，验报医痊。兹据该县以逸犯弋获无期，先就现犯覆讯，议拟解府委审解司，勘转前来。臣提犯亲讯，据各供认前情不讳，诘无起衅别故，及另有同谋加功之人，究鞫不移，案无遁饰。查律载："谋杀人从而加功者，绞监候。不加功者，杖一百，流三千里。"又："夫为人所杀，妻私和者，杖一百，徒三年。"各等语。此案张玉杜等因逸犯马继得被王慎修辱骂，逼令出屋，该犯央缓被斥，听从马继得起意谋杀王慎修身死。查该犯张玉杜、张金杜系王慎修妻弟，并无服制，至死应依凡人科断。张玉杜帮同按手，即属从而加功，自应按律问拟。张玉杜应如县府司及委审所拟，合依"谋杀人从而加功者，绞监候"律，拟绞监候，秋后处决。张金杜知情同谋，临时并未在场加功，亦应按律问拟。张金杜亦如所拟，合依"谋杀人从而不加功者，杖一百，流三千里"律，拟杖一百，流三千里。张玉杜、张金杜虽系一家共犯，惟侵损于人，仍依律以凡人首从论。该犯张金杜并未在场助势，亦毋庸加等治罪。王张氏于马继得谋杀其夫王慎修身死当时，并未知情同谋，事后告知哭喊，又经马继得持刀吓禁。其携带子女同逃，亦被张玉杜逼勒勉从，尚非甘心隐忽[③]，惟不即时首告，实与私和无异，亦应按律问拟。王张氏亦如所拟，合依"夫为人所杀妻私和者，杖一百，徒三年"律，拟杖一百，徒三年，系妇女照例收赎。犯系先后拿获，供出一辙，毋虞避就，应请照拟先决从罪，毋庸监候待质。该犯等事犯到官均在光绪十五年三月十六日恭逢恩诏以前，张玉杜系听从谋杀加功，在不准援免之列，应不准其援免，仍照例刺字。张金杜、王张氏核其情罪，均在准免之列，应请准予援免，王张氏并免追取赎银，后再有犯，均加等治罪。该犯等逃后均讯无另犯不法及知情容留人家，应毋庸议。无干经县省释。起获子女，业经由县饬属领回完聚。尸棺饬属领埋。逸犯马继得饬缉获日另结。此案首从三人，仅获从犯二名，尚有首犯未获，仍饬照例开参，所有拿获邻境绞犯一名、流犯一名，应叙职名，饬县查取，另行补送。除揭移部科外，理合恭疏具题，伏乞皇上圣鉴，敕下法司核覆施行。再，此案审限云云。

光绪十七年八月十三日准。部照覆。

校勘记：

①颖州府：颖字误，当为"颍"。

②张幅林：人名前后不一致，据上下文当为"张福林"。

③隐忽：忽字误，当为"忍"。

与人鸡奸因被撞破辱骂将其谋杀身死

为详报事。据署按察使丁峻详，据署颖州府[①]知府王汝砺转，据阜阳县知县萧先镐详称：光绪十八年四月二十一日，据地保王聚报，据回民穆遐光投称：伊胞侄穆金铎于本月二十日夜在家睡宿，三更时分，不知被何人推门进内砍扎多伤，经伊闻喊趋视，业已气绝殒命。忆及伊侄生前曾向告知，撞见无服族人穆驴被张金成鸡奸，经伊斥骂有嫌，料被张金成谋害毙命。等语。往查属实，合报验缉。等情。并据尸叔穆遐光同报，各到县。据此，随即饬差严缉，一面带领刑仵前诣相验。据仵作陈建验报：已死穆金铎，问年三十岁。仰面，致命：顶心有刃伤一处，斜长二寸二分，宽二分，深抵骨，骨损；胸膛有刃伤一处，斜长六分，宽一分，深抵骨，骨不损；左右两乳各有刃伤一处，左一处斜长六分，宽一分，右一处斜长五分，宽二分，均深抵骨，骨不损；心坎有刃伤一处，斜长二寸二分，宽三分，深抵骨，骨损；肚腹有刃伤二处，上一处斜长一寸一分，宽二分，深透膜，下一处斜长七分，宽三分，深三分。不致命：左肋有刃伤一处，斜长二寸一分，宽二分，深由骨缝透内。致命：右肋有刃伤一处，斜长五分，宽二分，深透内。不致命：左腿有刃伤一处，斜长五分，宽二分，深抵骨，骨不损；右膝有刃伤三处，俱斜长四分，宽二分，深抵骨，骨不损。左臁肕有刃伤一处，斜长一寸二分，宽二分，深抵骨，骨不损。合面，不致命：左臂膊相连左胳肘有刃伤一处，斜长一寸八分，宽二分，深抵骨，骨损；左后肋有刃伤三处，上二处俱斜长二寸二分，下一处斜长一寸八分,均宽二分,深由骨缝透内;右胳脷有刃伤一处,斜长二寸二分,宽三分,深抵骨,骨不损。以上各伤,均皮卷血污。余无故。实系受伤身死。报毕,亲验无异,饬起凶刀无获,无凭比对尸伤,当场填格取结,尸令棺殓。勒差于二十三日访获从犯穆驴、穆如九二名解案。并据该差杨蓝等禀称:役等将穆驴等二犯获解进城,因穆驴偶患腹痛,称欲赴厕出恭,不期穆驴在厕取出身带洋烟,乘间吞服,经役等查知,合亟禀验。等情。到县。提验该犯穆驴吞烟属实,给药灌救,随传集尸亲、人证,提犯研讯。

据地保王聚供与报词同。

据尸叔穆遐光供:阜阳县回民,已死穆金铎是胞侄,合这获案的穆驴、穆如九都是同族无服,素好没嫌。光绪十八年四月二十日夜,侄子在家睡宿,三更时候不知被何人推门进内扎砍多伤。小的闻喊赶往看视,那时侄子已经气绝身死。小的想起侄子在日,曾向小的告说,他撞见无服族人穆驴被素识的张金成鸡奸,经他斥骂的话,料被张金成谋害毙命,小的就投保报验的。今蒙获犯,求究伸。是实。

据从犯穆驴供:阜阳县回民,年十九岁,父故母存,并没弟兄妻子,合已死穆金铎同族无服,素好没嫌。光绪十八年四月初上,小的合素识在逃的张金成各在村外空地玩耍。张金成向小的调戏,说要鸡奸,小的应允,正在行奸,适无服族人穆金铎路过撞见,当向小的辱骂。张金成斥他多管,穆金铎回骂,并说报鸣族众,要把小的撵逐出族,连张金成一并送官究办,经现获的无服族人穆如九走来劝散。小的因被穆金铎羞辱难堪,向张金城埋怨,张金成也恐到官办罪要受拖累,起意商同小的把穆金铎谋杀泄忿,并向穆如九告知前情,央恳帮同下手,穆如九先不应允,后经张金成再三恳说,许俟事后酬谢,穆如九贪利允从,约定遇便行事。那月二十日晚饭后,张金成探知穆金铎在家独宿,可以动手,邀同小的并穆如九,又另邀素识未获的姚三发,一共四人,各带小刀,一路同行。那夜三更时候,走到穆金铎门口,张金成叫小的在外看人,他合穆如九、姚三发推门进内,不多一会,听得穆金铎喊叫,张金成们怎样把穆金铎砍扎多伤,登时倒地身死,那时小的并没在场看见。张金成们逃出门外,合小的分投跑走,随被差役拿获。小的害怕,走到半途,假说肚痛,要赴厕出恭,就在厕内取出身带洋烟,乘间吞服,后被差役查知,禀蒙验明,用药灌救。小的委止听从同行,并没下手加功,此外也没另有同谋加功的人。小刀当时丢弃。张金成们现逃何处,不知道。是实。

据从犯穆如九供:阜阳县回民,年二十五岁,父亲穆业修,母亲李氏,并没兄弟妻子,合已死穆金铎同族无服,素好没嫌。光绪十八年四月初上,小的走过村外空地,见穆金铎向现获的无服族人穆驴辱骂,那在逃的张金成在旁斥穆金铎多管,穆金铎回骂,并说投鸣族众,要把穆驴撵逐出族,连张金成一并送官究办。小的连忙上前劝散。后来,穆驴因被穆金铎羞辱难堪,向张金成埋怨,张金成也恐到官办罪,要受拖累,起意商同穆驴把穆金铎谋杀泄忿。张金成就向小的告说,他合穆驴在此鸡奸,被穆金铎撞见辱骂,心怀不甘,并告知谋情,央恳小的帮同下手,小的先不允应,后被张金成再三恳说,许俟事后酬谢,小的也就允从,约定遇便行事。那月二十日晚饭后,张金成探知穆金铎在家独宿,可以动手,邀同小的并穆驴,又另邀素识未获的姚三发,一共四人,各带小刀,一路同行。那夜三更时候,走到穆金铎门口。张金成叫穆驴在外看人,他推开秫稭门,合小的并姚三发一同进内,见房内点有灯亮,穆金铎在床酣睡。张金成走近床前,拔出身带小刀,连扎伤穆金铎左右两乳、胸膛、肚腹、左肋。穆金铎惊起下床喊救,张金成又用刀砍伤他顶心、心坎等处,穆金铎仆跌倒地,并把灯火碰灭。张金成喝令一齐下手,小的就用刀在穆金铎身上连扎数下,穆金铎在地乱滚,张金成、姚三发也各用刀砍扎数下,穆金铎不能动弹,登时气绝身死。那时人多手杂,何人致伤何处部位,实因黑暗看视不清。小的合张金成们逃出门外,与穆驴分投跑走,随被差役拿获解案的。小的委止听从下手加功,并没有起衅别故,此外也没另有同谋加功的人。小刀当时丢弃。张金成们现逃何处,不知道。至穆驴在途畏罪,吞服洋烟,小的当时并没看见,是差役查出才知道的。是实。各等供。

据此,将穆如九收禁,穆驴暂行交差看管。据报,该犯毒发呕吐,医治罔效,至二十四日身故,即经亲诣验明,委系吞服烟毒身死。研讯差役人等,并无贿纵凌逼情弊,绘具图结,分别录供通详,奉批缉审。复据差役于闰六月二十日续获案犯姚三发一名到案,即讯。

据从犯姚三发供:阜阳县回民,年二十四岁,父亲姚立刚,现年六十四岁,母亲白氏,现年五十六岁,并没兄弟妻子,合已死穆金铎素识没嫌。光绪十八年四月二十日晚饭后,有素识未获的张金成来向小的告说,他合已获自尽的穆驴在村外空地鸡奸,被穆金铎撞见辱骂,并说投鸣族众,要把穆驴撵逐出族,连他一并送官究办。穆驴被辱难堪,他也恐到官办罪,要受拖累,起意商同穆驴想把穆金铎谋杀泄忿,并已邀允这获案的穆如九同往,央恳小的帮同下手,小的因合穆金铎从前仍经口角有嫌,当就应允。就是那夜,张金成探知穆金铎在家独宿,可以动手,一共四人,各带小刀,一路同行。三更时候走到穆金铎门口,张金成叫穆驴在外看人,他推开秫稭门,合小的并穆如九一同进内,见房内点有灯亮,穆金铎在床酣睡。张金成走近床前,拔出身带小刀,连扎伤穆金铎左右两乳、胸膛、肚腹、左肋。穆金铎惊起下床喊救,张金成又用刀砍伤他顶心、心坎等处,穆金铎仆跌倒地,并把灯火碰灭。张金成喝令一齐下手,穆如九用刀连扎穆金铎数下,穆金铎在地乱滚,小的合张金成也各用刀砍扎数下，穆金铎不能动弹，登时气绝身死。那时人多手杂，何人致伤何处部位，实因黑暗看视不清。小的合张金成们逃出门外，与穆驴分投跑走，今被拿获解案的。小的委止听从下手加功，并没起衅别故，此外也没另有同谋加功的人，逃后也没另犯不法及知情容留人家。小刀当时丢弃。张金成现逃何处，不知道。是实。等供。

据此，监提穆如九质讯无异，将各犯收禁录供，详奉批饬缉审。据报，该犯姚三发于光绪十八年七月二十日在监患病，验详饬医，至八月二十日治痊。查逸犯张金成弋获无期，遵提现犯覆讯，除各供同前不叙外，据从犯穆如九供云云同前。据从犯姚三发供云云同前。各等供。据此，该阜阳县知县萧先镐审看得云云同后院看至，逸犯张金成缉获另结。等情。由府解司核，恐案情未确，札委署怀宁县包宗经审照原拟，解司提讯，犯供翻异，札委安庆府联元审系畏罪狡翻，仍照原拟解司，勘转到臣。

该臣审看得阜阳县回民穆如九等听从逸犯张金成谋杀穆金铎身死，并该犯穆驴于被获后在途畏罪自尽一案。缘穆如九、姚三发、穆驴均系该县回民，与已死穆金铎素好无嫌。光绪十八年四月初间，穆驴与素识在逃之张金成在村外空地玩耍，张金成向穆驴调戏，欲行鸡奸，穆驴应允。正在行奸，适穆金铎路遇撞见，当向穆驴辱骂，张金成斥其多管，穆金铎回詈，声言报鸣族众，欲将穆驴撵逐出族，连张金成一并送官究办，经穆如九走至劝散。穆驴因被穆金铎羞忿难堪，随向张金成埋怨，张金成亦恐到官办罪，定受拖累，起意商同穆驴将穆金铎谋杀泄忿，并向穆如九告知前情，央恳帮同下手，穆如九先不应允，后经张金成再三恳说，许俟事后酬谢，穆如九贪利允从，约定遇便行事。是月二十日晚饭后，张金成探知穆金铎在家独宿，可以动手，遂往向素识之姚三发告知谋情，邀令偕往相帮，姚三发因与穆金铎前曾口角有嫌，当即应允。即于是夜一共四人，各带小刀，一路同行，三更时分，偕抵穆金铎门首。张金成令穆驴在外看人，推开秫秸门，与穆如九、姚三发一同进内，见房内点有灯亮，穆金铎在床酣睡。张金成走近床前，拔出身带小刀连扎伤其左右两乳、胸膛、肚腹、左肋。穆金铎惊起，下床喊救，张金成又用刀砍伤其顶心、心坎等处，穆金铎仆跌倒地，并将灯火碰灭。张金成喝令一齐下手，穆如九即用刀在穆金铎身上乱扎数下，穆金铎在地乱滚，张金成、姚三发亦各用刀砍扎数下，穆金铎不能动弹，登时气绝殒命。维时人多手杂，何人致伤何处部位，实因黑暗看视不清。该犯等走出门外，与穆驴分投逃逸。旋经尸叔穆遐光闻喊趋视，投保报经该县诣验，获犯穆驴、穆如九二名，并因穆驴在途畏罪，潜服身带洋烟，于讯供后灌救无效身故，既经验明，委系吞服烟毒身死，研讯差役并无贿纵凌逼情弊，绘具图结，分别录供通详。嗣又续获姚三发一名，讯供详批缉审。据报，该犯姚三发在监患病，验报医痊。兹据该县以逸犯张金成弋获无期，先就现犯覆讯，议拟由府解司委审，勘转前来。臣亲提研鞫，据各供悉前情不讳，诘无起衅别故，及另有同谋加功之人，究鞫不移，案无遁饰。查律载："谋杀人从而加功者，绞监候。不加功者，杖一百，流三千里。"等语。此案穆如九、姚三发因逸犯张金成与穆驴鸡奸，被穆金铎撞见辱骂，起意谋杀泄忿。该犯等听从同谋下手加功，致伤穆金铎身死，自应按律问拟。穆如九、姚三发应如该县府司及委审所拟，合依"谋杀人从而加功者，绞监候"律，各拟绞监候，秋后处决，照例刺字。穆驴因被穆金铎撞破奸情羞辱难堪，辄即听从谋杀穆金铎身死。该犯讯止同行，并未加功，亦应按律问拟。穆驴亦如所拟，除与张金成和同鸡奸轻罪不议外，合依"谋杀人从而不加功者，杖一百，流三千里"律，拟杖一百，流三千里，业于被获后畏罪自尽，应毋庸议。缉役杨兰等于获解穆驴在途失于防范，致令乘间服毒自尽，实属疏忽，杨兰[②]、徐忠均比照"狱卒失于检点，致囚自尽者，杖六十"律，各拟杖六十，分别折责革役。无干省释。尸棺由县分别饬属领埋。凶刀供弃免追。逸犯张金成饬缉获日另结。除揭移部科外，理合恭疏具题，伏乞皇上圣鉴，敕下法司核覆施行。再，此案审限云云。

光绪二十一年四月初五日准。部照覆。

校勘记：

①颍州府：颍字误，当为"颍"。

②杨兰：人名前后不一致，上文作"杨蓝"。

卷五家 人 命

听从谋杀并捕役诈赃酿命

为委审事。查接管卷内,据按察使员凤林详,据凤阳府知府曾树椿详称:卑前署府刘宗海任内案奉批,据凤台县具禀县民孙得相等听从逸犯孙怀如谋杀无服族人孙得胜身死,并捕役廖洪藉差吓诈,致伤刘如林身死一案。饬即提集全案人卷,到府审办。等因。遵经行提去后,催据该县将案内犯证尸亲人等并差役廖洪等连本案卷宗批解到府,随查凤台县卷,内开:光绪十六年五月初六日,该县觉罗锡光任内,据地保孙桂报,据保民孙得永投称:本月初二日夜更余时分,伊胞兄孙得胜往沟东吸食洋烟未回。次日,伊路过族人孙怀斗水沟旁边,见伊兄尸身仰卧沟旁,不知被何人砍伤身死。等语。往查属实,合报验缉。等情。并据尸弟孙得永同报,各到县。据此,当即选差廖洪严缉,一面带领刑仵亲诣相验,勘得该处有孙怀斗水沟一道,已死孙得胜尸身仰卧沟旁地上。查验地无血迹,亦无失物情形。勘毕,饬据仵作黄箴验报:已死孙得胜,问年四十五岁。仰面,致命:右额角有木器伤一处,斜长一寸二分,宽五分,皮破血污,按捺骨损;咽喉右有刃伤一处,斜长八分,宽二分,深由骨缝透内,皮卷血污;茎物、肾囊俱割落无存,肉色干白,皮不卷缩,无血污,系死后伤。余无故。实系受伤身死。报毕,亲验无异,饬取凶器无获,无凭对死尸伤,当场填格取结,尸令棺殓。勒差于六月初三日获犯孙得相、张有春二名带案提讯,孙得相等均各供认听从逸犯孙怀如起意商同谋杀孙得胜身死,孙得相在场加功,张有春仅止事后帮同弃尸并未下手等情不讳,将犯收禁。正在详报间,旋据捕役廖洪回县禀称,伊领伙役、协保将逸犯孙怀如、奸妇孙张氏拿获,顺道带犯往传地主孙怀斗一同禀审,讵孙怀斗抗不遵传,喝令男妇多人持械将伙役丁学等殴伤,并将孙怀如等夺去,役等情急,夺获刀械,格伤一人,乘间逃回,禀请查验。等情。并据乡长孙柏龄亦以前情具禀,即经饬仵验明,丁学右额角、左胳膊、右胳肘,王立顶心偏右、右胳肘,王兴额颅,各有木器伤一处,分别注单饬医,改差勒提未到。嗣据地保孙桂报,据蒙城县民人刘振邦投称:六月初六日,伊侄刘如林往妻母孙许氏家探望,适捕役廖洪因向孙许氏之子孙怀斗索诈不遂,带领伙役往拿送案。孙许氏出向理论,当被廖洪推跌在地,刘如林看见拢护,被廖洪用刀砍伤刘如林右额角倒地。孙康氏等亦被殴伤。讵刘如林伤重,延至是月十六日殒命。等语。往查属实,合报验究。等情。并据刘振邦报同前由,又经锡光带领刑仵前诣相验。据仵作黄箴验报:已死刘如林,问年五十三岁。仰面,致命:右额角有刃伤一处,斜长一寸五分,宽三分,深抵骨,骨损,皮肉溃烂。余无故。实系受伤身死。报毕,亲验无异,饬取凶器无获,无凭比对尸伤,当场填格取结,尸令棺殓。又验得:孙康氏左乳有洋枪轰伤一处,孙王氏顶心有刃伤一处,填单饬医。禀奉批饬,提府审办。等因。遵将该犯孙得相、张有春,并差役廖洪、丁学、王立、王兴、陈庭,检同县卷批解到府。催据尸亲孙得永、刘士禄及应讯人证孙怀斗、孙康氏、孙王氏,地保孙桂,于十一月十五日齐集,赴府投讯。卑前署府刘宗海提讯,供词各执,迭次催提逸犯孙怀如并帮同讹诈之文生刘虎臣即刘允中、乡长孙柏龄等,解讯未到,无凭质讯。于光绪十七年二月十四日,请咨展限。据蒙城县查明该生刘虎臣即刘允中入学年分,详奉批饬斥革在案。嗣于光绪十九年八月二十日将乡长孙柏龄提解到府,随讯。

据尸弟孙得永供:凤台县人,已死孙得胜是哥子。光绪十六年五月初二日夜更余时后,哥子往沟东吸食洋烟未回。到第二日,小的路过族人孙怀斗水沟旁边,见哥子尸身仰卧沟旁,查看咽喉等处有伤,小的就投保报验的。至乡长孙柏龄怎样串同差役廖洪藉案派费得钱分用,后来廖洪又怎样因索诈不遂,要拿孙怀斗送案,起衅争殴,致把孙怀斗的姊夫刘如林砍伤身死,小的都没知道。求究办。是实。

据尸子刘士禄供:蒙城县人,已死刘如林是父亲,合这凤台县的捕役廖洪素不认识。光绪十六年六月初六日,父亲往凤台县外祖母孙许氏家探望,适值廖洪因案向舅父孙怀斗讹索解费不遂,带领伙役们说要索拿舅父送案,外祖母出向理论,当被廖洪推跌在地,父亲看见上前拢护,携取门旁扁担殴伤差役王兴额颅,廖洪用刀砍伤父亲右额角倒地。舅母孙康氏们都被殴伤。小的闻信后就同叔祖刘振邦赶往查看,问明情由,抬回医治。不料父亲伤重,医治没效,到十六日身死,刘振邦就投保报验的。现在刘振邦在家患病,不能到案。别的事,小的不知道。是实。

据应讯孙怀斗供:凤台县人。已死蒙城县人刘如林是姊夫。已死孙得胜与在逃的孙怀如何时合族妇孙张氏有奸,小的先不知道。光绪十六年五月初二日夜,孙怀如怎样因合孙得胜妒奸,商同获案的孙得相们把孙得胜谋死移尸小的水沟旁,小的先没晓得。后经尸弟孙得永寻见尸身,投保报蒙锡前县主下乡相验,那时无服族人孙柏龄充当乡长,因合小的挟有夙嫌,就串同县役廖洪并蒙城县文生刘虎臣即刘允中,来向小的讹索尸厂费钱一百七十二千文,小的怕被连累,勉强应允,照数出钱付给。六月初五日,孙柏龄同刘虎臣又来向小的勒索解费,说要出洋一千元方可无事。

小的母亲孙许氏不依混骂，斥他不应屡次讹人，孙柏龄合刘虎臣负气走回。小的怕他串差来拿，也就躲避。初六日午后，廖洪带领伙役们来到小的家内，他说小的既不拿出解费，定要锁拿送县，母亲生气，出向理论，被廖洪推跌在地，适刘如林走来探望，看见拢护，携取门旁扁担殴伤差役王兴额颅，后被廖洪用刀砍伤刘如林右额角倒地。弟妇孙康氏们都被差役丁学、王立殴伤。各散。小的回家，就报知刘如林的儿子刘士禄，并他叔祖刘振邦同往查看，问明情由，抬回医治。不料刘如林伤重，医治没效，到十六日身死，刘振邦就投保报验的。今蒙提讯，小的委没殴差夺犯的事，母亲孙许氏因年老患病不能到案。求察究。是实。

据孙康氏、孙王氏同供：已死蒙城县人刘如林是姑夫，孙怀斗是夫兄。光绪十六年六月初六日午后，县役廖洪带领伙役们来到小妇们家内，说道夫兄孙怀斗既不拿出解费，定要锁拿送县，婆母孙许氏生气，出向理论，当被廖洪推跌在地。适姑夫刘如林走来探望，看见拢护，携取门旁扁担殴伤差役一人，廖洪就用刀砍伤刘如林右额角倒地。小妇们各持禾叉、木棒赶出乱殴，当时因人多手杂，何人殴伤何处，都没看得清楚。差役们开放洋枪，轰伤小妇孙康氏左乳，并用刀砍伤小妇孙王氏顶心。各散。后来夫兄回家，报知刘如林的儿子刘士禄往看，问明情由，把刘如林抬回医治。不料刘如林伤重，医治没效，到十六日身死，尸亲投保报验的。小妇们所受各伤现已平复。是实。

据地保孙桂供：凤台县人，充当本县尚塘集地保。光绪十六年五月初二日夜，县民孙怀如怎样因合孙得胜妒奸，商同孙得相、张有春谋杀身死移尸水沟旁边，到第二日尸弟孙得永寻见尸身，投同小的赴县，报蒙锡前县主下乡相验，票差廖洪拿获孙得相、张有春二名送案。那时乡长孙柏龄怎样串同廖洪并蒙城县文生刘虎臣即刘允中向孙怀斗讹索尸厂费，得钱分用，廖洪后又串嘱孙柏龄们往向孙怀斗吓诈解费不允，口角争闹，小的都不知情。六月初六日午后，廖洪向小的说要传地主孙怀斗讯办，叫小的跟他同去，小的因孙怀斗是案内应讯的人，当就应允。廖洪、王立各带腰刀，王兴拿洋枪，余都空手，一共六人，同到孙怀斗家内。廖洪说道孙怀斗既不拿出解费，定要把他锁拿送县，那时孙怀斗先已躲避，他母亲孙许氏生气，出来理论，被廖洪推跌在地，适孙许氏的女婿刘如林走来探望，看见拢护，携取门旁扁担殴伤王兴额颅，王兴弃枪跑走，廖洪上前拔出身带腰刀砍伤刘如林右额角倒地。孙许氏的媳妇孙康氏们各持禾叉、木棒赶出乱殴，致把丁学、王立殴伤，当时因人多手杂，何人殴伤何处，都没看得清楚。后来丁学怎样开放洋枪，轰伤孙康氏左乳，王立怎样用刀砍伤孙王氏顶心，小的已经走避，没有看见。随闻刘如林伤重，到十六日身死，尸亲投同小的赴县报验的。今蒙提讯，小的委没串同讹诈及在场帮殴。孙得相开设烟馆,小的也没得规包庇的事。是实。

据散役王兴供:亳州人。据散役陈庭供:凤台县人。又据同供:小的们都在凤台县充当捕班散役。光绪十六年五月初二日夜,县民孙得胜被人杀死一案,报蒙锡前县主票差捕役廖洪拿获孙得胜[①]、张有春二名送案。已据供认,因未获的孙怀如妒奸,起意商同谋杀孙得胜身死,锡前县主又差廖洪查拿孙怀如、孙张氏,并传地主孙怀斗们讯办。廖洪就带丁学、王立并小的们于六月初三日下乡,住在乡长孙柏龄家。他怎样和孙柏龄串诈解费,小的们合丁学、王立都没知道。初六日午后,廖洪叫小的们合丁学、王立协同地保孙桂同往查传,廖洪、王立各带腰刀,小的王兴带洋枪,余都空手,一共六人,走到孙怀斗家。廖洪说道孙怀斗既不拿出解费,定要把他锁拿送县,那晓得孙怀斗先已躲避,他母亲孙许氏生气,出向理论,被廖洪推跌在地,适孙许氏的女婿刘如林走来探望,看见拢护,携取门旁扁担殴伤小的王兴额颅。小的王兴弃枪跑走,廖洪上前拔出身带腰刀,砍伤刘如林右额角倒地。孙许氏的媳妇孙康氏、孙王氏各持禾叉、木棒赶出乱殴,致把丁学、王立殴伤。丁学情急,拾取地上洋枪轰伤孙康氏左乳,王立也用腰刀砍伤孙康氏[②]顶心。各散。找见孙柏龄,告知情由。廖洪恐怕办罪,商同孙柏龄捏禀孙怀斗夺犯殴差,藉图掩饰。县主查验伤痕,改差勒提。不料刘如林伤重,到十六日身死,尸亲投保报验的。今蒙提讯,刘如林委被廖洪砍伤身死。小的们实止同行,在场并没下手帮殴,也没串同讹诈的事。小的王兴伤已平复。是实。

据散役丁学供:年四十七岁,父亲早故,母亲杜氏,现年八十四岁,并没弟兄,娶妻生有二子,长子七岁,次子四岁。据散役王立供:年二十八岁,父亲王玉传,现年五十岁,母亲已故,并没弟兄妻子。又据同供:小的们都是凤台县人,充当本县捕班散役。光绪十六年五月初二日夜,县民孙得胜被人杀死一案报蒙锡前县主,票差捕役廖洪拿获孙得胜[③]、张有春二名送案。已据供认,因未获的孙怀如妒奸,起意商同谋杀孙得胜身死,锡县主又差廖洪查拿孙怀如、孙张氏,并传地主孙怀斗们讯办。廖洪就带王兴、陈庭并小的们于六月初三日下乡,住在乡长孙柏龄家。他怎样合孙柏龄串诈解费,小的们合王兴、陈庭都没知道。初六日午后,廖洪叫小的们合王兴、陈庭协同地保孙桂同往查传。廖洪合小的王立各带腰刀,王兴带洋枪,余都空手,一共六人,走到孙怀斗家。廖洪说道孙怀斗既不拿出解费,定要把他锁拿送县,那晓孙怀斗先已躲避,他母亲孙许氏生气,出来理论,被廖洪推跌在地,适孙许氏的女婿刘如林走来探望,看见拢护,携取门旁扁担殴伤王兴额颅,王兴弃枪跑走,廖洪上前拔出身带腰刀砍伤刘如林右额角倒地。孙许氏的媳妇孙康氏、孙王氏各持禾叉、木棒赶出乱殴,致把小的丁学右额角、左胳膊、右胳肘,小的王立顶心偏右、右胳肘殴伤。当时因人多手杂，何人殴伤何处，实在看不清楚。小的丁学情急，拾取地上洋枪轰伤孙康氏左乳，小的王立也用腰刀砍伤孙王氏顶心。各散。找见孙柏龄，告知情由。廖洪恐怕办罪，商同孙柏龄捏禀孙怀斗夺犯殴差，藉图掩饰。县主查验伤痕，改差勒提。不料刘如林伤重，到十六日身死，尸亲投保验报的。今蒙提讯，刘如林委被廖洪砍伤身死，小的们委没串同讹诈的事。各伤都已平复。腰刀当时撩弃。是实。

据孙柏龄供：年四十九岁，凤台县人，父故母存，弟兄三人，小的居长，娶妻生子，小的向充本县尚塘集乡长，合孙怀斗是同族无服。光绪十六年五月初二日夜，族人孙怀如怎样因合孙得胜妒奸，商同孙得相们谋杀身死，移尸孙怀斗水沟旁边，经尸弟孙得永寻见尸身，投保报蒙锡前县主下乡相验，票差廖洪缉凶。小的合廖洪伺候尸场，因与孙怀斗挟有夙嫌，起意商同廖洪藉验尸为名，往向孙怀斗讹索尸厂费用，并邀素识的蒙城县文生刘虎臣即刘允中同往吓诈，计讹得钱一百七十二千文，交小的合廖洪、刘虎臣分用。后来廖洪拿获孙得相、张有春二名送案。锡县主又差廖洪查拿未获的孙怀如、孙张氏，并传地主孙怀斗们讯办。廖洪就带伙役丁学、王立、王兴、陈庭于六月初三日下乡，在小的家住歇。廖洪合小的商办解费，丁学们都没知道。初五日，小的复邀同刘虎臣到孙怀斗家，又向孙怀斗吓诈解费，要他出洋一千元方可无事。孙怀斗的母亲孙许氏不依混骂，并斥小的不该屡次讹人，小的同刘虎臣负气走回，向廖洪告知，并怂令锁拿孙怀斗，使他害怕，廖洪恃系奉票饬传，正好藉此吓诈，当就应允。初六日午后，廖洪带领散役丁学、王立、王兴、陈庭，协同地保孙桂同往查传。廖洪怎样把孙许氏推跌，又把刘如林砍伤倒地，丁学、王立各把孙康氏、孙王氏殴伤，小的先没看见，是廖洪们走回找见小的，告知情由，廖洪恐怕办罪，商允小的捏禀孙怀斗夺犯殴差，藉图掩饰。不料刘如林伤重，到十六日身死，尸亲投保报验差拿，小的逃往各处躲避，今被拿获解案的。小的委止讹索得赃，后因吓诈不遂嘱差妄拿泄忿这一次，此外并没另犯不法别案，也没知情分赃的人，犯案后所捐从九职衔实收，已经缴案。刘虎臣现逃何处，不知道。是实。

据犯人张有春即张小黑供：年四十三岁，凤台县人，父亲已故，母亲吴氏，现年七十八岁，并没弟兄妻子，佣工度日，合已死孙得胜素识没嫌。光绪十六年五月初二日，孙怀如来向小的告说，族妇孙张氏先合孙得胜通奸，后又合他奸好，因被孙得胜撞破，说要把他驱逐出庄，他气忿不过，起意把孙得胜杀害泄忿，已邀允孙得相相帮，约定今夜下手，邀小的同去帮助，小的允从。就是那夜更静时候，合孙怀如一同走到孙得相烟馆门口，刚遇孙得相出外乘凉，随向孙怀如告知孙得胜已在烟铺睡熟，正可动手。孙怀如赶进门内，不多一会，听得孙得胜喊叫，小的随后走入，见孙得胜已被孙怀如扎伤身死，小的并没动手。孙怀如害怕，就叫小的同孙得相把尸抬到孙怀斗水沟旁边。孙怀如又把孙得胜茎物、肾囊割落撩弃。各散。到第二日，尸弟孙得永寻见尸身，投保报验差拿。小的逃往各处躲避，今被拿获解案的。委止听从同谋，事后帮同弃尸不失，并没在场加功的事。孙怀如现逃何处及以后的事，都不知道。是实。

据犯人孙得相供：年四十八岁，凤台县人，父亲孙秉刚，现年八十九岁，母亲已故，并没弟兄，娶妻生子，开设烟馆度日，合已死孙得胜同族无服。光绪十六年五月初二日，孙怀如来向小的告说，族妇孙张氏先合孙得胜通奸，后又合他奸好，因被孙得胜撞破，说要把他驱逐出庄，他气忿不过，起意把孙得胜杀害泄忿，邀小的相帮，小的先不应允，后因孙怀如再三央恳，也就允从，约定今夜下手，并嘱小的在家等候。那夜更静时候，孙怀如复另邀素识的张有春一同走到小的烟馆门口，刚遇小的出外乘凉，随向孙怀如告知孙得胜已在烟铺睡熟，正可动手。孙怀如赶进门内，喝令小的动手，小的顺拿桌上木棒槌殴伤孙得胜右额角。孙得胜惊醒喊救，孙怀如拔出身带小刀，连扎伤孙得胜咽喉、右肋，登时身死。张有春随后走入，并没动手。孙怀如害怕，就叫小的同张有春把尸抬到孙怀斗水沟旁边。孙怀如又把孙得胜茎物、肾囊割落撩弃。各散。到第二日，尸弟孙得永寻见尸身，投保报验差拿。小的逃往各处躲避，今被拿获解案的。委没起衅别故，也没另有同谋加功及帮同抬尸的人。小的开设烟馆，地保孙桂并没有得规包庇的事。木棒槌当时撩弃。孙怀如现逃何处并以后的事，都不知道。是实。

据捕役廖洪供：年五十二岁，怀远县人，父母都故，弟兄三人，小的第二，娶妻生子，充当凤台县捕班总役，合已死蒙城县人刘如林素不认识。光绪十六年五月初二日夜，县民孙得胜被人杀死一案，报蒙锡前县主票差小的缉凶，一面下乡相验，乡长孙柏龄伺候尸场，因与孙怀如④挟有夙嫌，起意商同小的藉验尸为名，往向孙怀斗讹索尸厂费用，并邀蒙城县文生刘虎臣即刘允中同往吓诈，计讹得钱一百七十二千文，交孙柏龄合小的与刘虎臣分用。后来小的拿获孙得相、张有春二名送案，讯认听从未获的孙怀如起意谋杀孙得胜身死，锡县主又差小的查拿孙怀如、孙张氏，并传地主孙怀斗们讯办。小的就带伙役丁学、王立、王兴、陈庭于六月初三日下乡，在孙柏龄家住歇。小的合孙柏龄商办解费，丁学们都没知道。初五日，孙柏龄复邀同刘虎臣到孙怀斗家，又向孙怀斗吓诈解费，要他出洋一千元方可无事，孙怀斗的母亲孙许氏不依混骂，并斥孙柏龄不该屡次讹人，孙柏龄同刘虎臣负气走回，向小的告知，并叫小的锁拿孙怀斗，使他害怕，小的恃系奉票饬传，正好藉此吓诈，当就应允。初六日午后，小的带领丁学们，协同地保孙桂同往查传。小的合王立各带腰刀，王兴拿洋枪，余都空手，一共六人，走到孙怀斗家。小的说道孙怀斗既不拿出解费，定要把他锁拿送县，那晓孙怀斗先已躲避，孙许氏生气，出来理论，小的把他推跌在地，适孙许氏的女婿刘如林走来探望，看见拢护，携取门旁扁担殴伤王兴额颅，王兴弃枪跑走，小的上前拔出身带腰刀砍伤刘如林右额角倒地。孙许氏的媳妇孙康氏、孙王氏各持禾叉、木棒赶出乱殴，致把丁学、王立殴伤。当时因人多手杂，何人殴伤何处，实在看不清楚。丁学情急，拾取地上洋枪轰伤孙康氏左乳，王立也用腰刀砍伤孙王氏顶心。各散。找见孙柏龄，告知情由。小的恐怕办罪，商同孙柏龄捏禀孙怀斗夺犯殴差，藉图掩饰。不料刘如林伤重，到十六日身死，尸亲投保报验的。今蒙提讯，委没起衅别故及另有在场帮殴的人。腰刀当时撩弃。是实。各等供。

据此，将犯收禁，录供通详，奉批审解，遵提覆讯，除各供同前不叙外，讯据犯人孙得相供云云同前，据捕役廖洪供云云同前。各等供。据此，该凤阳府知府曾树椿审看得云云同后院看至，亦无庸议。等情。解经前升司核，恐案情未确，札委署怀宁县章维藩审无别故，照拟解司提讯，犯供翻异，札委安庆府审讯。据报，该犯廖洪在监患病，验报医痊。经该府联元审照原拟解司，勘转到臣，提犯亲讯无异。

该臣审看得凤台县民孙得相等听从逸犯孙怀如谋杀无服族人孙得胜身死弃尸不失，并捕役廖洪藉差吓诈砍伤刘如林身死一案。缘孙得相、张有春即张小黑、廖洪、丁学、王立、孙柏龄，分隶凤台、怀远等县，孙得相开设烟馆生理，张有春佣工度日，廖洪、丁学、王立充当凤台县捕班总散各役，孙柏龄充当该县乡长。孙得相与已死孙得胜并在逃之孙怀如及获案之孙柏龄、孙怀斗，均系同族无服。已死刘如林系孙怀斗姊夫，与廖洪素不认识。孙得胜先与族妇孙张氏通奸，孙张氏后又与孙怀如奸好，孙怀如因被孙得胜撞破，欲将其驱逐出庄，从此心怀忿恨，起意将孙得胜杀害泄忿。光绪十六年五月初二日，孙怀如往向孙得相告知谋情，邀令相帮，孙得相先不应允，后因孙怀如再三央恳，亦即允从，约定今夜下手，并嘱孙得相在家等候。即于是夜更静时分，孙怀如复另邀素识之张有春，偕抵孙得相烟馆门首。正值孙得相出外乘凉，随向孙怀如告知孙得胜已在烟铺睡熟。孙怀如赶进门内，喝令动手，孙得相顺取桌上木棒槌殴伤孙得胜右额角。孙得胜惊醒喊救，孙怀如拔出身带小刀，连扎伤孙得胜咽喉、右肋，登时殒命。张有春随后走入，并未动手。孙怀如畏惧，商令孙得相、张有春将尸抬至孙怀斗水沟旁边，并将孙得胜茎物、肾囊割落撩弃。各散。次日，尸弟孙得永查见尸身，投保报经该前县锡光，饬差廖洪严缉凶犯，一面驰诣相验。孙柏龄伺候尸场，因与孙怀斗有嫌，起意商同廖洪藉验尸为名，往向孙怀斗讹索尸厂费用，并邀在逃之蒙城县文生刘虎臣即刘允中同往吓诈，计讹得钱一百七十二千文，交孙柏龄与廖洪、刘虎臣分用。嗣廖洪缉获从犯孙得相、张有春二名到案，讯供不讳。又饬廖洪查拿逸犯孙怀如、奸妇孙张氏，并传地主孙怀斗等讯办。廖洪即带伙役丁学、王立、王兴、陈庭于六月初三日下乡，在孙柏龄家住歇。其与孙柏龄商办解费，丁学等均未知情。初五日，孙柏龄邀同刘虎臣至孙怀斗家，又向孙怀斗吓诈解费，勒令出洋一千元方可无事，孙怀斗之母孙许氏不依混骂，并说孙柏龄不应屡次讹人，孙柏龄同刘虎臣负气走回，向廖洪告知，并怂令锁拿孙怀斗，使其畏惧，廖洪恃系奉票饬传，正可藉此吓诈，当就应允。初六日午后，廖洪带领丁学等，协同地保孙桂同往查传。廖洪与王立各带腰刀，王兴携洋枪，余俱徒手，一共六人，偕抵孙怀斗家。廖洪声称孙怀斗既不拿出解费，定欲将其锁拿送县。维时，孙怀斗先已避匿，孙许氏生气，出向理论，被廖洪推跌在地。适孙许氏之婿刘如林前往探望，看见拢护，携取门旁扁担殴伤王兴额颅，王兴弃枪跑走，廖洪上前拔出身带腰刀砍伤刘如林右额角倒地。孙许氏之媳孙康氏、孙王氏各持禾叉、木棒赶出乱殴，致将丁学、王立殴伤。当时因人多手杂，何人殴伤何处，均已看视不清。丁学情急，拾取地上洋枪，轰伤孙康氏左乳，王立亦用腰刀砍伤孙王氏顶心，与廖洪等各自走回，找见孙柏龄，告知情由，廖洪虑恐办罪，商同孙柏龄捏禀孙怀斗夺犯殴差，藉图掩饰。锡光查验各役伤痕，改差勒提。讵刘如林伤重，延至十六日殒命。尸亲投保报验，禀奉批饬，提府审办，将人犯、差役、卷宗连尸亲保证人等，先后解府，该前署府刘宗海讯供各执，详咨展限。饬据蒙城县查明文生刘虎臣即刘允中入学年分，详批斥革。各前府均未讯办卸事，该府抵任准交。催据该县查提孙柏龄申解到府，讯供详批缉审。随据该府将犯覆讯，议拟解司，两次委审，仍照原拟，由司勘转前来，臣提犯亲讯，据各供悉前情不讳，诘无起衅别故，及另有同谋加功帮同弃尸之人，究鞫不移，案无遁饰。查律载："谋杀人从而加功者，绞监候。不加功者，杖一百，流三千里。"又例载："蠹役吓诈致毙人命，不论赃数多寡，已未入手，拟绞立决。"又："凶恶棍徒屡次生事行凶，无故扰害良人，人所共知，确有实据者，发极边足四千里安置。"注曰："凡系一时一事，实在情凶势恶者，亦照例拟发。"又："执持凶器伤人者，发近边充军。"又："因争斗擅用鸟枪施放伤人者，发云、贵、两广烟瘴少经地方充军。"又各例载："断罪无正条，援引他例比附定拟。"各等语。此案孙得相因逸犯孙怀如与孙得胜先后与孙张氏有奸，被孙得胜撞破，欲将其驱逐出庄，孙怀如心怀忿恨，起意商同谋杀孙得胜身死。该犯听从同谋，在场加功，事后帮同弃尸不失，自应按律问拟。孙得相应如该府司及委审所拟，除弃尸不失并开设烟馆各轻罪不议外，合依"谋杀人从而加功者，绞监候"律，拟绞监候，秋后处决，照例刺字。张有春听从同谋，临时并未在场加功，事后帮同弃尸，亦应按律问拟。张有春即张小黑亦如所拟，除弃尸不失轻罪不议外，合依"谋杀人从而不加功者，杖一百，流三千里"律，拟杖一百，流三千里。该犯等供系在逃之孙怀如起意谋杀，惟孙得相已据供认加功，罪应拟绞。张有春供未加功，已有孙得相质证，无虞避就，应请照例先决从罪，毋庸监候待质。张有春据供母老丁单，是否属实，饬县查明，讯取供结，另行详办。捕役廖洪奉差缉凶，并传地主孙怀斗讯办，辄敢串诈得赃，继复吓诈解费，追孙柏龄等勒索不遂，怂令该犯锁拿孙怀斗，使知畏惧，复敢纠伙持械往拿，逞凶肆殴，致将刘如林砍伤身死，并诬禀孙怀斗夺犯殴差，掩饰己罪，实属凶玩藐法。查当时下手情形，虽属忿争互斗，而跡其肇衅之由，实因串诈不遂，恃强往拿，希图恐吓所致，未便仅照凡斗科罪，置吓诈重情于不问，惟遍查律例，并无差役诈赃致死被诈人之姻亲，作何治罪明文，自应比照吓诈毙命本例问拟。廖洪亦如所拟，除诬禀孙怀斗夺犯殴差并诈赃各轻罪不议外，合依"蠹役吓诈致毙人命，不论赃数多寡，已未入手，拟绞立决"例，拟绞立决，照例刺字，留禁省监。孙柏龄身充乡长，因与孙怀斗挟有夙嫌，辄敢藉案敛费，商同廖洪及在逃之已革文生刘虎臣，先向孙怀斗讹索得赃分用，继复向其吓诈解费不遂，怂令廖洪往拿，致廖洪砍伤刘如林身死。该犯又听从廖洪诬禀孙怀斗夺犯殴差，虽刘如林之死，非该犯意料所及，并未同行在场，惟其屡次吓诈，串差妄拿，实属情凶势恶，自应从重问拟。孙柏龄亦如所拟，除听从诬禀孙怀斗夺犯殴差及恐吓得赃各轻罪不议外，合依"凶恶棍徒屡次生事行凶，无故扰害良人，人所共知，确有实据者，发极边足四千里充军"⑤例，拟发极边足四千里充军。丁学、王立随同廖洪往拿孙怀斗，因被孙康氏等各执器械赶出乱殴，该犯等情急抵御，致丁学拾取洋枪轰伤孙康氏乳左，立亦王用腰刀砍伤孙王氏顶心，⑥均各平复。该犯等讯无串诈情事，自应各科各罪。丁学执持洋枪伤人，例无治罪专条，自应比例问拟。丁学亦如所拟，比照"因争斗擅将鸟枪施放伤人者，发云、贵、两广烟瘴少经地方充军"例，拟发云、贵、两广烟瘴少经地方充军。王立执持腰刀伤人，系属例载凶器，合依"凶器伤人发近边充军"例，拟发近边充军，与孙柏龄、丁学分别定地发配，折责安置。丁学有母年老，家无次丁，惟系差役，火器伤人，准否留养，例无明文，相应随案声明，听候部议。王兴、陈庭充当散役，并未奉官差遣，率听廖洪指使，随同往拿，虽未串诈帮殴，惟当时目击廖洪等逞凶肆殴，并不阻止，事后明知廖洪等诬禀孙怀斗夺犯殴差，亦不据实供吐，均有不合，应请各照不应重律，拟杖八十。地保孙桂讯无串诈帮殴情事，惟于孙得相开设烟馆，虽未得贿包庇，究有失察之咎。孙桂应照失察开场窝赌例，拟笞五十，与王兴、陈庭均折责发落，一并革役。孙怀斗讯无夺犯殴差情事，其于该县饬差传讯避不到案，系乡愚畏累所致，并非有心抗匿。孙康氏、孙王氏因见其姑孙许氏并刘如林被殴倒地，仓猝帮护，致以他物殴人成伤，本有应得之罪，惟情切救护，且何人殴伤何处部位均各看视不清，概免置议。已死刘如林见其妻母孙许氏被推跌地，辄用扁担殴伤王兴额颅，及孙得胜与孙张氏通奸，均干律议，业被砍伤身死，应毋庸议。尸棺分别饬埋。凶器供弃免追。孙得相开设烟馆房屋，照例入官。孙柏龄诈得各赃照追，分别给主其领，其犯事后报捐从九[职衔]实收,随文缴销。逸犯孙怀如等,饬缉获日另结。孙得胜被杀一案,仅于初参限内拿获从犯二名,首犯未获,仍饬照例补参。该前县锡光失察衙役诈赃毙命,并失察地方开设烟馆,均干吏议,业于丁艰卸事后病故,亦毋庸议。除将实收发司查销,并揭移部科查照外,理合恭疏具题,伏乞皇上圣鉴,敕下法司核覆施行。再,此案县未成招,批府提审,应扣审限云云。

光绪二十一年三月二十六日准。部照覆。

校勘记:

①孙得胜:据上下文当为“孙得相”。

②孙康氏:据文意,当为“孙王氏”。

③同①。

④孙怀如:据上下文当为“孙怀斗”。

⑤凶恶棍徒屡次生事行凶,无故扰害良人,人所共知,确有实据者,发极边足四千里充军:按《大清律例》,当为“凶恶棍徒屡次生事行凶,无故扰害良人,人所共知,确有实据者,发极边足四千里安置”。

⑥致丁学拾取洋枪轰伤孙康氏乳左,立亦王用腰刀砍伤孙王氏顶心:据文意,当为“致丁学拾取洋枪轰伤孙康氏左乳,王立亦用腰刀砍伤孙王氏顶心”。

谋杀案内从犯并未加功

为详报事。据按察使嵩崑详,据颍州府①知府凤林转,据阜阳县知府萧先镐详称:光绪十六年六月十二日,卑前署县吴乃斌任内,据地保陈文彩报,据民妇邵陈氏投称:本月初十日夜,伊子邵金华因天热在自家门外乘凉露宿,伊与媳妇邵冯氏同宿屋内。三更时分,伊于睡梦中听闻伊子叫喊一声,即喊同媳妇惊起出看,伊子不知被何人扎伤,业已殒命。伊子曾与村邻寇锦成并无服族人邵金生口角有嫌,恐被寇锦成等谋害。等语。往查属实,合报验缉。等情。并据尸母邵陈氏同报,各到县。据经吴乃斌饬差严缉,一面带领刑仵前诣相验。据仵作陈立验报:已死邵金华,问年二十九岁。仰面,【不】致命:右血盆有刃伤一处,斜长一寸五分,宽二分,深由骨缝透内,皮卷血污。余无故。实系受伤身死。报毕,亲验无异,饬取凶刀无获,无凭比对尸伤,当场填格取结,尸令棺殓,详奉批饬缉参。吴乃斌未及获犯卸事,卑职到任准交,勒差于十七年七月十六日缉获犯人邵金生一名到案,随传集尸亲人等,提犯研讯。

据地保陈文彩供与报词同。

据尸母邵陈氏供:阜阳县人。已死邵金华是儿子,合这到案的邵金生同族无服。光绪十二年九月里,儿子因有急用,央允邵金生做保,向素识的村邻寇锦成借钱十五千文,说明一年归还,不立票据,后因没钱,过期不还。十六年六月初二日,寇锦成同邵金生来向儿子索讨前欠,儿子说他讨债无据,明是串通讹诈,向寇锦成们不依,寇锦成生气,斥骂疲赖,邵金生也说儿子不爱脸面,儿子赶拢,举拳殴打,经小妇劝住。各散。后来儿子被斥不甘,屡向寇锦成寻殴没遇,是有的。初十日夜,儿子因天热在自家门外乘凉露宿,小妇合媳妇邵冯氏同宿屋内。三更时候,小妇在睡梦中听闻儿子叫喊一声,当就喊同媳妇惊起出看,不料儿子不知被何人扎伤,已经身死。小妇疑心是寇锦成合邵金生谋害,就投保报验的,求究办。是实。

据尸妻邵冯氏供:阜阳县人。已死邵金华是丈夫,这邵陈氏是婆母,余与邵陈氏供同。

据犯人邵金生供:年三十二岁,阜阳县人,父亲邵清,现年六十九岁,母亲赵氏,现年七十一岁,并没弟兄妻子,合已死邵金华同族无服。光绪十二年九月里,邵金华因有急用,央允小的做保,向素识在逃的寇锦成借钱十五千文,说明一年归还,不立票据。邵金华过期没还,经寇锦成索讨未偿。十六年六月初二日,寇锦成邀同小的往向邵金华索讨前欠,邵金华说道讨债无据,明是串通讹诈。小的合寇锦成不依,寇锦成生气,斥骂疲赖,小的也说邵金华不爱脸面,邵金华赶拢,举拳殴打,经他母亲邵陈氏劝住。各散。后来邵金华屡向寇锦成寻殴没遇。初十日,小的路遇寇锦成,谈起邵金华借钱不还,无理寻闹,日后撞遇,定被殴打吃亏。寇锦成起意把邵金华致死泄忿,又怕邵金华力大难制,央恳小的相帮,小的因被邵金华斥骂有嫌,也就允从。寇锦成探知邵金华近因天热,在自家门外乘凉露宿,正好下手。就是那夜三更时候,寇锦成拿小刀,小的空手,一同走到邵金华庄前,月光下望见邵金华仰卧地上,已经睡熟。寇锦成嘱小的在外瞭望,他自己一人走近邵金华身边,用刀在他身上狠扎一下,邵金华叫喊一声,不能动弹,寇锦成就转身合小的各自逃跑。后闻邵金华因伤身死,尸亲投保报验,小的害怕,逃往各处躲避,今被拿获到案的。委止听从同行,并没下手加功,也没另有别情及在场同谋加功的人,小的逃后也没另犯不法及知情容留人家。寇锦成现逃何处,不知道。是实。各等供。

据此,将犯收禁,录供通详,批饬缉审。据报,该犯邵金生于光绪十八年二月十四日在监患病,验详饬医,至三月十四日治痊。旋据该县以逸犯弋获无期,先就现犯覆讯,议拟解府提讯。犯供游移,札委署颍上县汪锡麟审照原拟,由府解司核,恐案情未确,札委署怀宁县包宗经审无别故,仍照原拟解司提讯,犯供翻异,札委安庆府联元审系畏罪狡翻，照拟解司，提犯亲讯无异。

该本司审看得阜阳县民邵金生听从逸犯寇锦成谋杀邵金华身死，该犯讯止同行并未加功一案。缘邵金生籍隶该县，与已死邵金华同族无服。光绪十二年九月间，邵金华因有急需，央允邵金生作保，向素识在逃之寇锦成借钱十五千文，言明一年归还，不立票据。嗣邵金华无钱，过期不还，屡经寇锦成索讨未偿。十六年六月初二日，寇锦成邀同邵金生往向邵金华索讨前欠。邵金华以索债无据、明系串通讹诈，向寇锦成等不依，寇锦成生气，斥骂疲赖，邵金生亦以邵金华不爱颜面之言向斥，邵金华赶拢，举拳殴打，经其母邵陈氏劝止。各散。邵金华被斥不甘，屡向寇锦成寻殴未遇。初十日，邵金生路遇寇锦成，谈及邵金华借钱不还，无理寻闹，日后撞遇，定被殴打吃亏。寇锦成起意将邵金华致死泄忿，又虑邵金华力大难制，央恳邵金生相帮。邵金生因被邵金华斥骂有嫌，亦即允从。寇锦成探知邵金华近因天热，在自家门外乘凉露宿，正可下手。即于是夜三更时分，寇锦成携带小刀，邵金生徒手，一同行抵邵金华庄前，月光下望见邵金华仰卧地上，已经睡熟。寇锦成令邵金生在外瞭望，独自一人走近邵金华身边，用刀狠扎一下，致伤邵金华右血盆。邵金华叫喊一声，不能动弹，寇锦成转身与邵金生各自跑逃。尸母邵陈氏喊同尸妻邵冯氏惊起出看，邵金华业已受伤殒命，投保报经该县验详饬缉。吴乃斌未及获犯卸事，萧先镐抵任准交，获犯讯供，详批缉审。据报，该犯在监患病，验报医痊。旋据该县以逸犯弋获无期，先就现犯覆讯，议拟由府委审，解司核，恐案情未确，札委怀宁县审无别故，照拟解司提讯，犯供翻异，复委安庆府审照原拟解司。本司提犯亲讯，据供前情不讳，诘止听从同行，并未下手加功，亦无另有别情及在场同谋加功之人，研鞫不移，案无遁饰。查律载："谋杀人从而不加功者，杖一百，流三千里。"等语。此案邵金生因与逸犯寇锦成往向邵金华索欠被斥，并被屡次寻殴，致寇锦成谋杀邵金华身死。该犯仅止听从同行，并未加功，自应按律问拟。邵金生应如该县府所拟，合依"谋杀人从而不加功者，杖一百，流三千里"律，拟杖一百，流三千里。据供系在逃之寇锦成起意谋杀，该犯仅止同行，并未加功，旁无质证，难保非狡供避就，应请照例监禁，俟缉获寇锦成到案，再行质明办理。邵金华欠钱不还，辄敢屡向寻殴，本干律拟，业已被扎身死，应毋庸议。欠钱身死勿征。无干经县省释。尸棺饬埋。逸犯寇锦成饬缉获日另结。此案正凶在逃，承缉职名，饬取另参。理合详候核咨。再，此案审限云云，至全限届满，合并声明。等情。到院。据此，本部院覆核无异，除饬勒缉逸犯寇锦成务获究报并分咨外，相应咨达。

光绪二十年三月初十日准。部照覆。

校勘记：

①颍州府：颖字误，当为“颍”。

故杀

为报验事。据按察使员凤林详，据署颖州府[1]知府王汝砺转，据署亳州知州王懋勋详称：光绪十七年二月十一日，卑前州陈晋任内，据地保修惠报，据保民董万军投称：伊父副将董大成前与庄邻李富疑窃有嫌，本月初十日伊父往亲戚孟继鲁家有事，路过李富门前，适李富由内走出看见，提起前事，斥骂伊父不应诬赖作贼，伊父生气回詈，致相争闹，伊父被李富喝令李小平用木柄抓钩殴伤鼻梁等处逃跑，伊父追殴，被李富赶上，用防夜木杆枪戳伤脊膂、左右肋倒地，因伊父卧地辱骂，复被李富用枪戳伤脐肚，登时殒命。有刘广生见证。等语。往看属实，犯已逃逸，合报验缉。等情。并据尸子董万军同报，各到州。据经陈晋饬差严缉，一面带领刑仵前诣相验。据仵作张仁验报：已死董大成，问年五十四岁。仰面，不致命：鼻梁有抓钩伤一处，斜长一寸，宽一分，深抵骨，骨损。致命：胸膛、肚腹各有木器伤一处，均围圆二寸，紫赤色，坚硬。不致命：左肋有刃伤一处，斜长一寸二分，宽二分，右肋有刃伤一处，斜长一寸，宽二分，均深由骨缝透内。致命：脐肚有刃伤一处，斜长一寸五分，宽二分，深透内。合面，致命：脊膂有刃伤一处，斜长三分，宽深俱一分。不致命：右腿有刃伤一处，斜长一寸五分，宽三分，深二分。以上各伤，均皮卷血污。余无故。委系受伤身死。报毕，亲验无异，饬取凶器抓钩无获，查起断木杆枪比对尸伤相符，当场填格取结，尸令棺殓，断木杆枪带回储库，详奉批饬缉参。陈晋未及获犯卸事，卑职抵任，勒差于十八年四月十一日拿获凶犯李富一名到案，随传集尸亲、人证，提犯研讯。

据地保修惠供与报词同。

据尸子董万军供：亳州人，已死董大成是父亲，前因投效军营随剿出力，递保副将，告假回籍，合这获案的李富即李庭有邻庄居住，素相认识。光绪十六年九月里，父亲因地内所种杂粮屡被贼人偷窃，疑是李富所偷，往向查问，李富不依，口角争闹，经劝各散。父亲因无赃证，没有报案。十七年二月初十日，父亲往亲戚孟继鲁家有事，路过李富门前，适李富从内走出看见，提起前事，斥骂父亲不该诬赖作贼，父亲生气回骂，致相争闹，父亲被李富喝令李小平用木柄抓钩殴伤鼻梁、胸膛、肚腹逃跑。父亲追殴，被李富赶上，用防夜木杆枪戳伤脊膂、左右肋倒地，因父亲卧地辱骂，又被李富用枪戳伤脐肚，当时身死。经刘广生路见，报知小的赶去查看，就投保报验的。今蒙获犯，求究办。是实。

据见证刘广生供：亳州人，合已死董大成并这获案的李富即李庭有都是庄邻素识。光绪十六年九月里，董大成因地内所种杂粮屡被贼人偷窃，疑是李富所偷，往向查问，李富不依，口角争闹，经劝各散，小的是知道的。十七年二月初十日，小的赶集转回，路过李富门前，见董大成合李富在那里争闹，董大成拔出身带苗刀举向李富扑扎，李富闪侧，用木杆枪戳伤董大成右腿，董大成用刀把李富枪杆砍断，格落在地。那时李小平检粪走到那里，李富喝令帮殴，李小平就用手拿木柄抓钩抓伤董大成鼻梁，并用钩柄殴伤董大成胸膛、肚腹逃跑，董大成持刀追殴，李富拾起断杆枪赶到董大成背后，戳伤董大成脊膂，董大成转身扑扎，李富举枪戳伤董大成左右肋倒地。董大成卧地辱骂，并说日后伤痊定要报复，李富赶拢，又用枪戳伤董大成脐肚，当时身死。小的赶忙上前喝住，问说因李富斥骂董大成不该诬赖作贼争殴起衅的。小的就去通知董大成的儿子董万军赶去查看，投保报验的。小的委系救阻不及。是实。

据凶犯李富即李庭有供：年四十二岁，亳州人，父母都故，弟兄三人，小的第三，娶妻生子，种田度日，合已死董大成邻庄居住，素相认识。光绪十六年九月里，董大成因地内所种杂粮屡被贼人偷窃，疑是小的所偷，往向查问，小的不依，口角争闹，经劝各散，原是有的。十七年二月初十日，董大成路过小的门前，适小的从内走出看见，提起前事，小的斥骂董大成不该诬赖作贼，董大成生气回骂，致相争闹，董大成拔出身带苗刀举向小的扑扎，小的闪侧，顺拿防夜木杆枪戳伤董大成右腿，董大成用刀把小的枪杆砍断，格落在地。那时素识的李小平检粪走到那里，小的喝令帮殴，李小平就用手拿木柄抓钩抓伤董大成鼻梁，并用钩柄殴伤他胸膛、肚腹逃跑，董大成持刀追殴，小的拾起断杆枪赶到董大成背后戳伤董大成脊膂，董大成转身扑扎，小的举枪戳伤董大成左右肋倒地。董大成卧地辱骂，并说日后伤痊，定要报复。小的一时气忿，顿起杀机，赶拢用枪戳伤董大成脐肚，当时身死。经刘广生路见喝住。小的害怕逃避，今被拿获到案的。委非预谋杀害，也没起衅别故，及另有在场帮殴的人，逃后并没另犯不法及知情容留人家。凶器断木杆枪已蒙起案。李小平现逃何处，不知道。是实。各等供。

据此，将犯收禁，录供通详，奉批缉审。据报，该犯李富于光绪十八年七月二十一日在监患病，验详伤医，至八月二十一日治痊。查逸犯李小平弋获无期，现犯未便久羁，遵提覆讯，除各供同前不叙外，讯据凶犯李富即李庭有供云云同前。等供。据此，该署亳州知州王懋勋审看得云云同后院看至，缉获另结。等情。解府提讯，犯供翻异，札委阜阳县萧先镐审照原拟，解府提讯，供仍游移，复委颍上县冯继昌审无别故，仍照原拟由府解司核，恐案情未确，札委安庆府联元审照原拟，解司提讯，犯供不符，札委署怀宁县章维藩审明，由司勘转到臣，提犯亲讯无异。

该臣审看得亳州民人李富故杀董大成身死一案。缘李富即李庭有籍隶该州,种田度日,与已死保举副将董大成邻庄居住,素相认识。光绪十六年九月间,董大成因地内所种杂粮屡被偷窃,疑系李富所偷,往向查问,李富不依,口角争闹,经劝各散。董大成因无赃证,未经报案。十七年二月初十日,董大成往亲戚孟继鲁家有事,路过李富门前,适李富由内走出看见,提起前事,斥骂董大成不应诬赖作贼,董大成生气回詈,致相争闹。董大成拔出身带苗刀,举向李富扑扎,李富闪侧,顺取防夜木杆枪戳伤董大成右腿,董大成用刀把李富枪杆砍断,格落在地。惟时素识的李小平检粪走至,李富喝令帮殴,李小平就用手携木柄抓钩抓伤董大成鼻梁,并用钩柄殴伤他胸膛、肚腹逃跑,董大成持刀追殴,李富拾起断杆枪赶至董大成背后,戳伤其脊膂,董大成转身扑扎,李富举枪戳伤董大成左右肋倒地。董大成卧地辱骂,并称日后伤痊,定行报复。李富一时气忿,顿起杀机,复赶拢用枪戳伤董大成脐肚,登时殒命。经刘广生路见喝住,问明情由,报知尸子董万军往看,投保报经该前州陈晋诣验详缉,未及获犯卸事,该署州王懋勋到任获犯讯供,详批缉审。据报,该犯李富在监患病,验报医痊。兹据该州将犯覆讯,议拟由府解司委审,勘转前来。臣提犯亲讯,据供前情不讳,诘非预谋杀害,亦无起衅别故及另有在场帮殴之人,究鞫不移,案无遁饰。查律载:“故杀者,斩监候。”等语。此案李富因挟董大成疑窃之嫌,彼此撞遇斥骂争殴,用枪戳伤董大成左右肋等处倒地,复因董大成卧地辱骂,该犯顿起杀机,用枪戳伤董大成脐肚身死,实属故杀。查董大成系由军营保举副将,告假回籍,自应按照凡人故杀本律问拟。李富即李庭有应如州府司及委审所拟,合依“故杀者,斩监候”律,拟斩监候,秋后处决,照例刺字。该犯逃后讯无另犯不法及知情容留之人,应与救阻不及之见证刘广生,均毋庸议。无干省释。尸棺饬埋。凶器断木杆枪验明发回,案结储库备拨。逸犯李小平饬缉获日另结。除揭移部科外,理合恭疏具题,伏乞皇上圣鉴,敕下法司核覆施行。再,此案审限云云。

光绪二十一年四月初五日准。部照覆。

校勘记:

①颖州府:颖字误,当为“颍”。

故杀无服族嫂

为报验事。据按察使嵩崑详,据颖州府[①]知府凤林转,据亳州知州陈晋详称:光绪十五年十月二十九日,据地保王怀报,据保民杨要投称:伊族人杨广文生前将祖遗基地当于无服族叔杨金声管业,嗣因杨广文故后无人取赎,伊母蒋氏欲将前项地基先赎一半,另行觅主售卖,屡向杨金声商恳未允。本月二十九日早,伊母携带尖刀在杨金声地内砍伐树枝,杨金声见向斥阻,起衅争殴,伊母被杨金声夺刀扎伤左肩甲、左胳膊等处倒地,后复被杨金声用刀扎伤左乳。经族人杨金荣路见喝住,报伊往看。讵伊母伤重,旋即殒命。等语。往查属实,当将杨金声扭获,连凶刀一并送案,报乞验究。等情。并据尸子杨要同报,各到州。据此,随带刑仵押犯驰诣相验。据仵作张仁验报:已死杨蒋氏,问年四十一岁。仰面,不致命:左肩甲有刃伤一处,斜长一寸二分,宽一分,深抵骨,骨微损;左胳膊有刃伤一连四处,均斜长一寸,宽一分,深抵骨,骨不损。致命:左乳有刃伤一连二处,均斜长一寸二分,宽一分,深由骨缝透内。以上各伤,均皮卷血污。余无故。实系受伤身死。报毕,亲验无异,饬取凶器尖刀比对尸伤相符,当场填格取结,尸令棺殓,凶刀带回储库。随传集尸亲、人证,提犯研讯。

据地保王怀供与报词同。

据尸子杨要供:亳州人,父亲早故,已死杨蒋氏是母亲,合这无服族叔杨金声素睦没嫌。小的族人杨广文在日,把他祖遗基地一亩五分当与杨金声管业,后因杨广文故后没人取赎,母亲要想把前项基地先赎一半,另行觅主出卖,屡向杨金声商恳没允。光绪十五年十月二十九日早,母亲携带尖刀在杨金声地内砍伐树枝,怎样被杨金声看见斥阻起衅争闹,母亲被杨金声夺刀扎伤左肩甲、左胳膊倒地,杨金声又怎样因母亲在地喊骂,复用刀连扎伤左乳,是族人杨金荣路见喝住,报知小的往看。不料母亲伤重,当就身死,小的就投保把杨金声扭获送案报验的,求究办。是实。

据见证杨金荣供:亳州人,合已死杨蒋氏并这杨金声都是同族。杨蒋氏是杨金声无服族嫂。先年族人杨广文在日,把他祖遗基地一亩五分当与杨金声管业。后因杨广文故后没人取赎,杨蒋氏想把前项基地先赎一半,另行觅主出卖,屡向杨金声商恳没允,小的是知道的。光绪十五年十月二十九日早,小的路过杨金声基地旁边,见杨蒋氏在那里合杨金声吵闹,杨蒋氏举刀扑向杨金声殴戳,杨金声闪侧夺刀,扎伤杨蒋氏左肩甲,杨蒋氏扭住杨金声胸衣不放,杨金声用刀连扎伤杨蒋氏左胳膊,松手倒地。杨蒋氏在地喊骂,并说杨金声持刀行凶,定要告官究治,杨金声复赶拢用刀连戳伤杨蒋氏左乳。小的连忙上前喝住,问说因杨蒋氏砍伐杨金声基地树枝,斥阻互骂起衅的,小的就去报知杨蒋氏的儿子杨要往看。不料杨蒋氏伤重,当就身死。杨要就投保把杨金声扭获送案报验的。小的委系救阻不及。是实。

据凶犯杨金声供:年四十二岁,亳州人,父亲杨广月,现年七十岁,母亲已故,并没弟兄,娶妻楚氏,生有三子,种田度日。合已死无服族嫂杨蒋氏素睦没嫌。小的族人杨广文在日,把他祖遗基地一亩五分当于小的管业。后因杨广文故后没人取赎,杨蒋氏想把前项基地先赎一半，另行觅主出卖，屡向小的商恳。小的因杨蒋氏并非杨广文近房，终没应允。光绪十五年十月二十九日早，杨蒋氏携带尖刀，在小的地内砍伐树枝，适小的在地工作，看见斥阻。杨蒋氏不服混骂，小的回骂。杨蒋氏举刀扑向小的殴戳，小的闪侧，夺刀过手，扎伤杨蒋氏左肩甲，杨蒋氏扭住小的胸衣不放，小的用刀连扎伤杨蒋氏左胳膊，松手倒地。杨蒋氏在地喊骂，并说小的持刀行凶，定要告官究治。小的一时气忿，顿起杀机，复赶拢用刀连扎伤杨蒋氏左乳，经族人杨金荣路见喝住。不料杨蒋氏伤重，当就身死。尸亲投保把小的扭获送案报验的。委非预谋致死，也没起衅别故及在场帮殴的人。凶器尖刀已蒙起案。是实。各等供。

据此，将犯收禁，录供通详，奉批审解。据报，该犯杨金声于光绪十六年正月二十四日在监患病，验报饬医，至二月二十四日治痊。遵提覆讯，除各供同前不叙外，讯据凶犯杨金声供云云同前。等供。据此，该亳州知州陈晋审看得云云同后院看至，储库备拨。等情。由府解司提讯，犯供游移，札委安庆府联元审照原拟解司，勘转到臣，提犯亲讯无异。

该臣审看得亳州民人杨金声故杀无服族嫂杨蒋氏身死一案。缘杨金声籍隶该州，种田度日，与已死无服族嫂杨蒋氏素睦没嫌。先年，杨蒋氏族人杨广文生前将其祖遗基地一亩五分当于杨金声管业，嗣因杨广文故后无人取赎，杨蒋氏欲将前项基地先赎一半，另行觅主售卖，屡向杨金声商恳。杨金声因其并非杨广文近房，迄未应允。光绪十五年十月二十九日早，杨蒋氏携带尖刀在杨金声地内砍伐树枝，适杨金声在地工作，见向斥阻，杨蒋氏不服混骂，杨金声回詈，杨蒋氏举刀扑向杨金声殴戳，杨金声闪侧，夺刀过手，扎伤杨蒋氏左肩甲，杨蒋氏扭住杨金声胸衣不放，杨金声用刀连扎伤杨蒋氏左胳膊，松手倒地。杨蒋氏在地喊骂，并称杨金声持刀行凶，定欲控官究治。杨金声一时气忿，顿起杀机，复赶拢用刀连扎伤杨蒋氏左乳。经族人杨金荣路见喝住，报知杨蒋氏之子杨要往看。讵杨蒋氏伤重，旋即殒命。尸子投保获犯，报经该州验讯，详批审解。据报，该犯杨金声在监患病，验报医痊。兹据该州覆讯，议拟由府解司委审，勘转前来。臣提犯亲讯，据供前情不讳，诘非预谋致死，亦无起衅别故及在场帮殴之人，研鞫不移，案无遁饰。查律载："故杀者，斩监候。"等语。此案杨金声因杨蒋氏在其地内砍伐树枝，斥阻争殴，夺刀扎伤杨蒋氏左肩甲、左胳膊倒地，复因杨蒋氏在地喊骂，辄即逞忿，用刀连扎伤杨蒋氏左乳身死，实属故杀。查杨蒋氏系该犯无服族嫂，至死应同凡论，自应按律问拟。杨金声应如州府司及委审所拟，合依"故杀者，斩监候"律，拟斩监候，秋后处决，照例刺字。杨蒋氏砍伐树枝，本有不合，业已被扎身死，应与救阻不及之族人杨金荣，均毋庸议。前项基地自杨广文故后，讯系无人取赎，应饬断归犯属管业，族众不得觊觎争执，以杜衅端。无干经州省释。尸棺饬埋。凶刀验明发回,案结储库备拨。除揭移部科外,理合恭疏具题,伏乞皇上圣鉴,敕下法司核覆施行。再,此案审限云云。

光绪十七年十二月十九日准。部照覆。

校勘记:

①颖州府:颖字误,当为"颍"。

故杀无服族人

为报验事。据按察使张岳年详,据凤阳府知府赵舒翘转,据宿州知州何庆钊详称:光绪十四年四月十五日,据地保王学敏报,据保民张明立投称:伊家于本年三月十七日[①]夜被窃衣服三件,伊子张周同伊妻周氏在族人张顶屋后草堆内寻获衣服,伊妻心疑张顶偷窃混骂,张顶听闻分辩,口角争闹,经堂叔张梦松劝散。四月十一日,伊子张周赴三义集看戏,至十三日未回,四处查询,旋闻传说庄西二里许张梦松地内有一受伤男尸,伊当邀同张梦松往看,认系伊子张周尸身,额角等处受有多伤,不知被何人杀害。等语。往查属实,合报验缉。等情。并据尸父张明立同报,各到州。据此,随即饬差严缉,一面带领刑仵驰诣,勘得该处麦地有盘踩形迹,尸旁遗有血迹,并无失物情形。勘毕,饬令尸移平地,如法相验。据仵作夏得验报:已死张周,问年十九岁。仰面,致命:右额角刃伤一处,斜长一寸七分,宽八分,深抵骨,骨损,皮卷血污。不致命:左腿木器伤一处,斜长一寸九分,宽八分,紫赤色;右臁肕木器伤一处,斜长二寸三分,宽六分,紫色,按捺骨不损。合面,致命:左耳根相连不致命项颈刃伤一处,斜长一寸三分,宽五分,深抵骨,骨损,皮卷血污。致命:脊背右刃伤一处,斜长二寸五分,宽六分,深抵骨,骨损,皮卷血污。余无故。实系受伤身死。报毕,亲验无异,饬查凶器无获,无从比对尸伤,当场填格取结,尸令棺殓。饬差于七月二十三日缉获凶犯张顶带案,随传同尸亲人等,提犯质讯。

据地保王学敏供与报词同。

据尸父张明立供:宿州人,已死张周是小的儿子,合张顶同族无服,庄邻居住,素好没嫌。光绪十四年三月二十七日夜,小的家被窃衣服三件,次早儿子张周合妻子周氏找到张顶屋后草堆里寻着衣服,妻子心疑张顶偷窃,在家扬骂,张顶听闻,来向妻子分辩,口角争闹,是堂叔张梦松走来劝散。四月十一日早上,儿子赴三义集看戏,到十三日没回,小的四处查找,听人传说堂叔张梦松地内有一受伤男尸,小的邀同堂叔往看,认是儿子尸身,额角、项颈等处受有多伤,不知被何人杀害,小的投保报验。今蒙拿获张顶,讯明儿子张周实因路遇张顶,骂他窝贼,被张顶忿恨砍伤身死的,求究抵。至小的家被窃衣服,现已查明,张顶那日在城完粮没回,不是他偷窃的。是实。

据地主张梦松供:宿州人。已死张周是堂侄张明立的儿子,他合张顶同族无服,庄邻居住,素好没嫌。光绪十四年三月二十七日夜,张明立家被窃衣服三件,次早张周同他母亲张周氏找到张顶屋后草堆里寻着衣服,张周氏心疑张顶偷窃,在家扬骂,张顶听闻,往向张周氏分辩,口角争闹,是小的走去劝散。四月十一日早上,张周赴三义集看戏,到十三日没回,张明立四处查找,听人传说小的地内有受伤男尸,张明立邀同小的往看,认是张周尸身,额角、项颈等处受有多伤,张明立投保报验的。今蒙获犯张顶,讯明张周实因路遇张顶,骂他窝贼,被张顶忿恨砍伤身死的。小的委没知情匿报的事。是实。

据凶犯张顶供:年三十七岁,宿州人,父亲已故,母亲殷氏,并没弟兄妻子,种地度日,合已死张周同族无服,庄邻居住,素好没嫌。光绪十四年三月二十七日,小的进城完粮没回,那夜张周家怎样被窃衣服三件,小的先不晓得,次早张周同他母亲张周氏找到小的屋后草堆里寻着衣服,张周氏心疑小的偷窃,在家扬骂,小的回家听闻,往向张周氏分辩,口角争闹,是族人张梦松劝散。四月十一日早上,小的携带铁锄赴田工作,走到张梦松地内,合张周撞见,张周就说他家被窃衣服在小的草堆里找着,斥骂小的窝贼,小的不服回骂,张周举拳扑殴,小的闪避,用锄柄殴伤他右臁肕、左腿,仰跌倒地,张周卧地辱骂,并称日后伤痊,定要纠人报复,小的触起前嫌,又怕张周伤痊报复,一时气忿,就用锄头砍伤他右额角,张周把身滚转,小的又砍伤他脊背右并左耳根相连项颈,登时身死。小的当就逃跑。后闻张周的父亲张明立寻见尸身,投保报验差缉,小的害怕,逃往各处躲避,今被获案的。委非预谋杀害,也没起衅别故,及另有在场帮殴的人,逃后也没另犯不法及知情容留人家。张周家所失衣服,小的并没偷窃。凶器铁锄当时撩弃。是实。各等供。

据此,将犯收禁,录供通详,奉批审解。据报,该犯张顶于光绪十四年十月十九日在监患病,验报饬医,于十一月十九日治痊。遵提覆讯,除各供同前不叙外,讯据犯人张顶供云云同前。等供。据此,该宿州知州何庆钊审看得云云同后院看至,缉获另结。等情。由府解司核,恐案情未确,委据安庆府联元审照原拟,解司提讯,犯供不符,札委署怀宁县陈兆庆审明,仍照原拟解司,勘转到臣,提犯亲讯无异。

该臣审看得宿州民人张顶故杀无服族人张周身死一案。缘张顶籍隶该州,务农度日,与已死张周同族无服,庄邻居住,素好无嫌。光绪十四年三月二十七日,张顶进城完粮未回,是夜张周家被窃衣服三件,次早同其母张周氏找至张顶屋后草堆内寻获衣服,张周氏心疑张顶偷窃,在家扬骂,张顶回家听闻,往向张周氏分辩，口角争闹，经族人张梦松劝散。四月十一日早晨，张顶携带铁锄赴田工作，走至张梦松地内，与张周撞遇，张周即以伊家被窃衣服在张顶草堆内找获，斥骂张顶窝贼，张顶不服回詈，张周举拳扑殴，张顶闪避，用锄柄殴伤张周右臁肕、左腿，仰跌倒地，张周卧地辱骂，并称日后伤痊，定要纠人报复，张顶触起前嫌，又怕张周伤痊报复，一时气忿，顿起杀机，随用锄头砍伤他右额角，张周将身滚转，张顶又用锄头砍伤其脊背右并左耳根相连项颈，登时殒命。张顶当即逃逸。尸父张明立寻获尸身，投保报经该州诣验，获犯讯供通详，批饬审解。该犯张顶在监患病，验报医痊。兹据该州覆讯，议拟由府解司委审，由司勘转前来。臣提犯亲讯，据供前情不讳，诘非预谋杀害，亦无起衅别故及另有在场帮殴之人，究鞫不移，案无遁饰。查律载："同姓服尽亲属相殴至死，以凡论。"又："故杀者，斩监候。"各等语。此案张顶因被张周诬骂窝贼，起衅争殴，该犯先用锄柄殴伤其左腿等处倒地，复因张周卧地辱骂，并有日后报复之言，该犯顿起杀机，辄用铁锄迭砍致伤张周右额角等处，立时殒命，实属故杀。查已死张周系该犯无服族人，致死应同凡论，自应按律问拟。张顶应如州府司及委审所拟，合依"故杀者，斩监候"律，拟斩监候，秋后处决。该犯事犯到官虽在光绪十五年三月十六日恭逢恩诏以前，惟系故杀拟斩，在条款不准援免之列，应不准其援免，仍照例刺字。该犯逃后，讯无另犯不法，亦无知情容留之人，应毋庸议。张周诬窃混骂，本有不合，业已被殴身死，应与讯无匿报之地主张梦松，均毋庸议。无干省释。尸棺饬埋。凶器铁锄供弃免追。张周家被窃案内正贼，事在赦前，并免缉拿。除揭移部科外，理合恭疏具题，伏乞皇上圣鉴，敕下法司核覆施行。再，此案审限云云。

光绪十七年七月二十九日准。部照覆。

校勘记：

①三月十七日：据上下文当为"三月二十七日"。

故杀本宗无服族兄

为报验事。据署按察使丁峻详，据署六安直隶州知州许以增详称：光绪十六年五月初十日，卑前州刘宗海任内，据地保陈亮报，据民人朱其发投称：伊在城外开设饭店，本月初九日傍晚，有合伙贩卖杂货生理之涡阳县人江凤塘、江朝年投宿伊店。江凤塘当即进城贩货，江朝年在店看守。黄昏后，江凤塘携带货物回店。是夜二更时分，伊闻闹起身，邀同歇客王见成同往查看，见江凤塘与江朝年在院争闹，江凤塘已将江朝年戳伤倒地，复又用刀乱戳。伊与王见成赶拢喝住，问因江朝年埋怨江凤塘货物买贵，恐防吃亏，彼此口角争殴，江凤塘夺刀戳伤江朝年左胯等处倒地。因江朝年在地辱骂，称俟日后报复杀害，江凤塘气忿，复用刀连戳伤江朝年肚腹等处，当即殒命。犯已获住。等语。往查属实，合将凶犯带案，报乞验究。等情。到州。据此，随带刑仵押犯诣验。据仵作孙全验报：已死江朝年，问年五十一岁。仰面，不致命：下唇吻有刃划伤一处，横长一寸，宽二分，深二分。致命：咽喉下有刃划伤一处，横长一寸，宽二分，深一分。不致命：食气嗓有刃划伤接连二处，均横长一寸，宽二分，深一分。左肩甲有刃砍伤一处，斜长一寸，宽二分，深一分。致命：左乳有刃戳伤接连二处，上一处斜长七，宽二分，深抵骨，骨损，下一处斜长五分，宽二分，深抵骨，骨不损；心坎有刃戳伤接连二处，均斜长一寸，宽二分，深透内；肚腹有刃戳伤接连二处，均斜长一寸二分，宽三分，深透内，肠出。不致命：右肋有刃戳伤一处，斜长六分，宽二分，深抵骨，骨不损。不致命：左胯有刃砍伤一处，斜长一寸五分，宽二分，深一分。以上各伤均皮卷血污。余无故。实系受伤身死。报毕，亲验无异，饬起凶刀比对尸伤相符，当场填格取结，尸令棺殓。随传集犯证人等研讯。

据地保陈亮供与报词同。

据店主朱其发供：小的在州城南门外开设饭店。已死的江朝年合这到案的江凤塘都是涡阳县人，他们合伙贩卖杂货生理。光绪十六年五月初九日傍晚，江凤塘、江朝年来到小的店内投宿，江凤塘当就进城贩货，江朝年在店看守。黄昏后，江凤塘携带货物回店。那夜二更时候，小的听得里面有人吵闹，连忙起身，邀同歇客王见成同往查看，见江凤塘合江朝年在院争闹，江凤塘已把江朝年戳伤倒地，还在那里用刀乱戳。小的和王见成赶拢喝住，问说因江朝年埋怨江凤塘货物买贵，恐防吃亏，彼此口角争殴，江凤塘夺刀戳伤江朝年左胯等处倒地，因江朝年在地辱骂，说要报复杀害，江凤塘气忿，复用刀连戳伤江朝年肚腹等处的话，江朝年伤重，当就身死。小的就把江凤塘扭住，投保报验的，求究办。是实。

据见证王见成供：河南商城县人，向在州属贩卖桃子营生，在朱其发饭店住宿。光绪十六年五月初九日傍晚，这到案的涡阳县人江凤塘，合已死的江朝年也来投宿朱其发店内，他们合伙贩卖杂货生理。那夜二更时候，小的听得里面有人吵闹，起身查看，适朱其发也拿灯出来，相邀同往，见江凤塘合江朝年在院争闹，江凤塘已把江朝年戳伤倒地，还在那里用刀乱戳。小的合朱其发赶拢喝住，问说因江朝年埋怨江凤塘货物买贵，恐防吃亏，彼此口角争殴，江凤塘夺刀戳伤江朝年左胯等处倒地，因江朝年在地辱骂，说要报复杀害，江凤塘气忿，复用刀连戳伤江朝年肚腹等处的话，江朝年伤重，当就身死。朱其发就把江凤塘扭住，投保报验的。小的委系救阻不及。

是实。

据凶犯江凤塘即赵凤塘供:年四十七岁,涡阳县人。小的自幼随母改嫁赵海文家抚养长大,改从赵姓,并没兄弟妻子。已死江朝年只身没属,是小的本宗无服族兄。他合小的合伙贩卖杂货生理,素好没嫌。光绪十六年四月二十六日,小的与江朝年在家动身,到五月初九傍晚走到六安州城外投宿朱其发饭店。小的到店后当就进城贩货,留江朝年在店看守。黄昏后,小的携带货物回店。那夜二更时候,江朝年把货物逐件看过,内有辫带一包价值过昂,江朝年埋怨小的买贵,恐防吃亏,小的不服分辩,江朝年斥骂,小的回骂,江朝年拿起桌上小刀向小的砍戳,小的闪避,跑出院外。江朝年持刀追赶,小的转身夺刀过手,致刀尖划伤江朝年下唇吻、咽喉下、食气嗓等处。江朝年举拳扑殴,小的用刀砍伤他左肩甲。江朝年赶拢,揪住小的发辫往下揿按。小的挣扎不脱,又用刀砍伤他左胯,松手倒地。江朝年卧地辱骂,并说日后定要报复杀害,小的一时气忿,顿起杀机,用刀连戳伤江朝年左乳、心坎、右肋、肚腹等处,是店主朱其发同歇客王见成赶来喝住,向小的问明情由,江朝年伤重,当就身死。朱其发把小的扭住,投保报验的。委非预谋致死,也没起衅别故及在场帮殴的人。凶刀已蒙起案。是实。各等供。

据此,将犯收禁,录供详批审解。刘宗海旋即卸事,卑职到任准交。据报,该犯江凤塘于光绪十六年十月初二日在监患病,验报饬医,至十一月初二日治痊。遵提覆讯,除各供同前不叙外,讯据凶犯江凤塘供云云同前。等供。据此,该署六安直隶州知州许以增审看得云云同后院看至,储库备拨。等情。解司勘转到臣,提犯亲讯无异。

该臣审看得六安州客民江凤塘故杀江朝年身死一案。缘江凤塘即赵凤塘籍隶涡阳县,自幼随母改嫁赵姓抚养长大,改从赵姓。已死江朝年只身无属,系该犯本宗无服族兄,与江凤塘合伙贩卖杂货生理,素好无嫌。光绪十六年四月二十六日,江凤塘与江朝年在家起身,至五月初九日傍晚行抵该州城外投宿朱其发饭店。江凤塘到店后当即进城贩货,留江朝年在店看守。黄昏后,江凤塘携带货物回店。是夜二更时分,江朝年将货物逐件看过,内有辫带一包价值过昂,江朝年埋怨江凤塘买贵,恐防吃亏,江凤塘不服分辩,江朝年斥骂,江凤塘回詈,江朝年携取桌上小刀向江凤塘砍戳,江凤塘闪避,跑出院外,江朝年持刀追赶,江凤塘转身夺刀过手,致刃尖划伤江朝年下唇吻、咽喉下、食气嗓等处。江朝年举拳扑殴,江凤塘用刀砍伤其左肩甲。江朝年赶拢,揪住江凤塘发辫往下揿按,江凤塘挣扎不脱,又用刀砍伤其左胯,松手倒地。江朝年卧地辱骂,并称日后定要报复杀害,江凤塘一时气忿,顿起杀机,用刀连戳伤江朝年左乳、心坎、右肋、肚腹等处,经店主朱其发与歇客王见成赶至喝住,问明情由。江朝年伤重,当即殒命。朱其发将犯扭获投保,报经该前州刘宗海验讯通详,批饬审解。

刘宗海旋即卸事，该署州到任准交。据报，该犯江凤塘在监患病，验报医痊。兹据该署州覆讯，议拟解司，勘转前来。臣提犯亲讯，据供前情不讳，诘非预谋致死，亦无起衅别故及在场帮殴之人，研鞫不移，案无遁饰。查律载："同姓服尽亲属相殴至死，以凡论。"又："故杀者，斩监候。"各等语。此案江凤塘因与江朝年合伙贩货，被江朝年埋怨货物买贵，起衅争殴，夺刀砍伤江朝年倒地，因其卧地辱骂，该犯一时气忿，辄复用刀连戳伤江朝年身死，实属故杀，自应按律问拟。查已死江朝年系该犯本宗无服族兄，应照律以凡人论。江凤塘即赵凤塘应如州司所拟，合依"故杀者，斩监候"律，拟斩监候，秋后处决，照例刺字。见证王见成讯系救阻不及，应与登时将犯扭获讯无不合之店主朱其发，均毋庸议。无干省释。尸棺经州关属领埋。凶刀案结储库备拨。除揭移部科外，理合恭疏具题，伏乞皇上圣鉴，敕下法司核覆施行。再，此案审限云云。

光绪十八年四月二十二日准。部照覆。

故杀

为详报事。据署按察使丁峻详，据六安直隶州知州刘宗海详称：光绪十五年六月初一日，卑前代理州朱大绅任内，据地保翁发报，据真人庙主持僧自修投称：五月二十八日早，伊听闻门外人声嘈杂，赶出查看，见路旁有一人受伤倒地，一人在前慌忙跑走，衣裤粘有血迹，经伊上前扭获，询名陈中醴，称系河南沈邱县人，受伤之郭小色是同乡素识。因郭小色有同居孀妇韩氏自愿改嫁，曾托其代为嫁卖与六安州人周应才为妻，得受身价洋七十元，郭小色嫌少，疑其吞用，口角争闹，经周应才劝散。今早路遇郭小色，提及前事，斥其不应如此多心，郭小色回詈，致相争闹。郭小色拔刀向砍，伊夺刀致伤郭小色顶心等处倒地，郭小色卧地辱骂，又用刀砍伤其咽喉，登时殒命。等语。往查属实，合将凶犯并起获凶刀一把一并解乞验究。等情。并据僧自修同报，各到州。据经朱大绅查该处距城七十里，随带刑仵押犯诣验。据仵作许进验报：已死郭小色，问年三十二岁。仰面，致命：顶心有刃伤二处，均斜长一寸二分，宽三分；偏左相连左额角有刃伤一处，斜长二寸二分，宽三分；囟门有刃伤一处，斜长一寸二分，宽三分；额颅有刃伤二处，上一处斜长一寸，下一处横长二寸八分，俱宽三分，均深抵骨，骨损。不致命：左腮颊有刃伤一处，斜长一寸四分，宽三分；右腮颊有刃伤一处，斜长一寸一分，宽三分；左颔颏相连下唇吻有刃伤一处，斜长一寸五分，宽三分，均深抵骨，骨不损；右颔颏有刃伤一处，斜长一寸，宽三分，深抵骨，骨损。致命：咽喉有刃伤一处，横长三寸八分，宽四分，深透内，食气嗓俱断。不致命：左手腕有刃伤一处，斜长九分，宽三分；左臁肕有刃伤一处，斜长一寸四分，宽三分，深抵骨，骨损。合面，不致命：右手食指连中指有刃伤一处，横长一寸二分，骨断。以上各伤俱皮卷血污。余无故。实是受伤身死。报毕，亲验无异，饬取凶刀比对尸伤相符，填格取结，尸令棺殓，凶刀带回储库。正在提讯间，据尸妻郭曹氏以伊夫郭小色被陈中醴砍伤身死，呈请究办等情前来。随传集人证，提犯逐加研讯。

据地保翁发供与报词同。

据案证僧自修供：向在州属望江湾地方真人庙内住持，供奉香火。光绪十五年五月二十八日早上，听闻门外人声嘈杂，赶出查看，见路旁有一人受伤倒地，一人在前慌忙跑走，衣裤粘有血迹，僧人连忙上前把他扭获，询名陈中醴，说是河南沈邱县人，受伤的郭小色是他同乡素识。因郭小色有同居孀妇韩氏要想改嫁，曾托他代为嫁卖与六安州人周应才为妻，得受身价洋七十元，郭小色嫌少，疑他吞用，口角争闹，经周应才劝散。今早路过那里，彼此撞遇，提起前事，斥骂郭小色不该如此多心，郭小色回骂，拔刀向砍，他夺刀致伤郭小色顶心等处倒地，郭小色卧地辱骂，又用刀把他砍伤身死的话，僧人就投保，把陈中醴连起获凶刀一并送案报验的。是实。

据尸妻郭曹氏供：河南沈邱县人，已死郭小色是丈夫，合这到案的同乡陈中醴邻居素识，并没嫌隙。韩氏前夫孙添元在日合丈夫同屋居住，交好最密。光绪十一年，孙添元身故，所有丧葬费用同韩氏日用一切都是丈夫随时借给。韩氏夫故后，常说没人倚靠，难以苦度，向丈夫合小妇愁叹。丈夫知道他意在改嫁，叫小妇往向劝解，许以随后托人择配。十五年正月二十六日，陈中醴来小妇家闲坐，丈夫就向陈中醴告说韩氏孤苦难度，并没子女，欲行改嫁，托陈中醴代为留意。陈中醴想起有素识的周应才正想娶妻，曾经托他媒说，向丈夫合韩氏告知，韩氏应允，言明日后所得身价钱文统归丈夫收受，扣还借款。陈中醴就往向周应才说合。四月初五日，韩氏乘坐陈中醴船只，由丈夫伴送，前往成婚。后来丈夫回归，说韩氏身价钱少，疑被陈中醴吞用，彼此口角争闹，经周应才劝散的话，向小妇告知。五月二十二日，丈夫有事外出，许久不见回来，小妇到处查访，听人传说丈夫在州境望江湾地方被陈中醴杀害，经真人庙僧人把陈中醴扭获投保报验，小妇就赴案呈报的，求究办。是实。

据应讯人韩氏供：河南沈邱县人，这到案的周应才是后夫，于本年四月过门成婚。前夫孙添元在日，合已死同乡郭小色同屋居住，交好最密。光绪十一年，前夫身故，并无子女，穷苦难度，所有丧葬费用同小妇日用一切都是郭小色随时借给。小妇想起夫亡家贫，没人倚靠，难以苦度，屡向郭小色夫妻愁叹。郭小色知道小妇意在改嫁，叫他妻子郭曹氏来向小妇解劝，应许随后托人择配。十五年正月二十六日，陈中醴来郭小色家闲坐，就向陈中醴告说小妇孤苦难度，要想改嫁，托陈中醴代为留意，陈中醴说他有素识的周应才正想娶妻，曾经托他媒说，向郭小色合小妇告知。小妇意愿再醮,也就应允,言明日后所得身价钱文统归郭小色收受,扣还借款。陈中醴就往向周应才说合。四月初五日,郭小色伴送小妇乘坐陈中醴船只,同到周应才家择日成婚。经陈中醴写立婚书并担保字据,交给周应才收执。周应才把身价洋钱七十元付交陈中醴收存。经陈中醴扣除往来盘费饭食洋十元,余洋六十元转给郭小色收受,郭小色嫌少,疑被陈中醴吞用,彼此口角争闹,经周应才劝散。后来陈中醴怎样把郭小色砍伤身死,小妇不知道。是实。

据应讯人周应才供:六安州人,这韩氏是妻子,甫于本年四月过门成婚,小的前因没有娶妻,曾托素识的陈中醴代为留意,原是有的。光绪十五年三月,陈中醴来向小的告说他有亲戚韩氏夫故家贫,自愿改嫁,劝小的买娶,他可作媒担保,小的信以为真,应允承娶,议定身价洋七十元。四月初五日,陈中醴合已死的郭小色把韩氏送到小的家,择日成婚。经陈中醴写立婚书并担保字据,交给小的收执。小的把身价洋钱照数交付陈中醴收存,陈中醴扣除往来盘费饭食洋十元,余六十元转交郭小色收受,郭小色嫌少,疑被陈中醴吞用,彼此口角争闹,经小的劝散。后来陈中醴怎样把郭小色砍伤身死,小的不知道。是实。

据凶犯陈中醴供:年二十八岁,河南沈邱县人,父亲陈道明,母亲孙氏,现年都五十六岁,并没弟兄,娶妻秦氏,没生子女,驾船度日。合已死同乡郭小色邻居素识,并没嫌隙。韩氏前夫孙添元在日,合郭小色同屋居住。后来孙添元于光绪十一年身故,所有丧葬费用同韩氏日用一切都是郭小色随时借给,小的都知道的。十五年正月二十六日,小的到郭小色家闲坐,郭小色同小的告说,韩氏孤苦难度,并没子女,要想改嫁,托小的代为留意。小的想起前有素识的周应才正要娶妻,曾托小的为他媒说,就向郭小色合韩氏告知,韩氏应允,言明日后所得身价钱文统归郭小色收受,扣还借款。小的就往向周应才说合,捏称韩氏是小的亲戚,可以做媒担保,周应才允为承娶,议定身价洋七十元。四月初五,郭小色伴送韩氏乘坐小的船只同到周应才家,择日成婚。经小的写立婚书并担保字据,交给周应才收执。周应才把身价照数付交小的收存,小的就在身价内扣除往来盘费饭食洋十元,余洋六十元点交郭小色手收。郭小色嫌少,说小的吞用,彼此口角争闹,经周应才劝散,各自回籍。那年五月二十八日早,小的外出探亲,路过州属望江湾地方,适郭小色走至,彼此撞遇,小的提起前事,斥骂郭小色不该如此多心,赖小的吞没身价,郭小色不服回骂,拔出身带尖刀向小的砍扎,小的闪侧,夺刀过手,戳伤郭小色左腮颊、左右颔颏。郭小色举拳扑殴,小的用刀砍伤他左手腕,右手食指、中指,郭小色举脚踢来,小的用刀戳伤他左臁肕。郭小色撞头拼命,小的用刀乱砍,致伤郭小色顶心偏左相连额角、囟门、额颅,喊痛倒地。郭小色卧地混骂,辱及小的祖先,小的一时气忿,起意把他致死,复赶拢用刀砍伤郭小色咽喉，当时身死。小的正想逃跑，被真人庙主持僧人赶出撞见，盘出前情，就把小的扭获投保报案的。委非蓄意谋害，也没起衅别故及在场帮殴的人。凶刀已蒙起案。是实。各等供。

据此，将犯收禁，录供通详，奉批审解。朱大绅旋即卸事，卑职到任准交。据报，该犯陈中醴于光绪十五年十月二十八日在监患病，验报饬医，至十一月二十八日治痊。遵提讯覆，除各供同前不叙外，讯据凶犯陈中醴供云云同前。等供。据此，该六安直隶州知州刘宗海审看得云云同后院看至，储库备拨。等情。解司，前司核，恐案情未确，札委署怀宁县范葆廉审办，该县因另有查办事件，禀司改委安庆府联元审照原拟，解司提讯，犯供翻异，札委怀宁县吴云涛审明，仍照原拟解司，勘转到臣，提犯亲讯无异。

该臣审看得六安州客民陈中醴故杀郭小色身死一案。缘陈中醴籍隶河南沈邱县，驾船度日，与已死郭小色邻居素识无嫌。韩氏前夫孙添元在日，与郭小色同居交好最密。孙添元于光绪十一年身故，所有丧葬之费以及韩氏日用所需均赖郭小色随时借给。韩氏夫故后屡以夫亡家贫，无人倚靠，难以苦守，向郭小色夫妇愁叹。郭小色知其意在改嫁，即令其妻郭曹氏往向劝解，许以随后托人择配。光绪十五年正月二十六日，陈中醴至郭小色家闲坐，郭小色向陈中醴告称韩氏孤苦难度，并无子女，欲行改嫁，央陈中醴代为留意。陈中醴忆及前有素识之周应才正想娶妻，曾嘱伊为其媒说，当向郭小色与韩氏告知，韩氏意愿再醮，亦即应允，言明日后所得身价钱文统归郭小色收受，扣还借款。陈中醴随向周应才说合，捏称韩氏是其亲戚，伊可作媒担保，周应才信以为真，允为承娶，议定身价洋七十元。四月初五日，郭小色伴送韩氏乘坐陈中醴船只，偕抵周应才家，择日成婚，并经陈中醴写立婚书及担保字据，交给周应才收执。周应才将身价照数付交陈中醴收存，陈中醴即在身价内扣除往返盘费饭食洋十元，余洋六十元点交郭小色手收，郭小色嫌少，疑被陈中醴吞用，彼此口角争闹，经周应才劝散，各自回籍。是年五月二十八日早，陈中醴外出探亲，路过该州属望江湾地方，适郭小色走至，彼此撞遇，陈中醴提起前事，斥骂郭小色不应如此多心，赖伊吞没身价，郭小色不服回詈，拨出身带尖刀向陈中醴砍扎，陈中醴闪侧夺刀过手，戳伤郭小色左右腮颊、左右颔颏。郭小色举拳扑殴，陈中醴用刀砍伤其左手腕，右手食指、中指。郭小色举脚向踢，陈中醴用刀戳伤其左臁肕。郭小色撞头拼命，陈中醴用刀乱砍，致伤郭小色顶心偏左相连额角、囟门、额颅，喊痛倒地。郭小色卧地混骂，辱及陈中醴祖先，陈中醴一时气忿，顿起杀机，复赶拢用刀砍伤郭刀小色咽喉，登时殒命。经该处真人庙主持僧自修闻喊赶出查看，盘出前情，将陈中醴扭获，并起获凶刀，投保报经该前代理州朱大绅诣验讯详，批饬审解。朱大绅旋即卸事，该州刘宗海到任准交。据报，该犯陈中醴在监患病，验报医痊。兹据该州将犯覆讯，议拟解司委审,勘转前来。臣提犯亲讯,据供前情不讳,诘非蓄意谋害,亦无起衅别故及在场帮殴之人,究鞫不移,案无遁饰。查律载:“故杀者,斩监候。”等语。此案陈中醴先因郭小色疑其吞用韩氏身价钱文,口角争吵,嗣经彼此路遇,提及前事,斥骂争殴,夺刀砍戳,致伤郭小色顶心等处倒地,复因郭小色卧地辱骂,该犯忿起杀机,用刀砍伤郭小色咽喉,登时身死,实属故杀,自应按例问拟。陈中醴应如州司及委审所拟,合依“故杀者,斩监候”律,拟斩监候,秋后处决,照例刺字。韩氏讯因家贫,自愿改嫁,应与凭媒买娶之周应才,及救阻不及之僧自修,均毋庸议。韩氏仍给后夫领回完聚。郭小色所得韩氏身价洋钱身死勿征。无干经州省释。尸棺饬属领埋。凶刀验明发回,案结储库备拨。除揭移部科外,理合恭疏具题,伏乞皇上圣鉴,敕下法司核覆施行。再,此案审限云云。

光绪十八年四月二十二日准。部照覆。

擅杀调奸未成罪人并将在旁劝阻之人故杀灭口

为报验事。据署按察使丁峻详,准徽宁道移,据调署广德直隶州知州阎炜详称:光绪十五年正月十五日,卑前署州文翰任内,据地保戴公和报,据保民张祖荣、汪玉英先后投称:伊等于本月十五日赴田工作,见田边沟内及附近的河边各有男尸一具,赤身露体,查看两尸,头面有伤,不知被何人殴死。等语。往看属实,遍查无人认识,合报验缉。等情。并据地主张祖荣、汪玉英同报,各到州。据经文翰饬差严缉,一面会营带领刑仵驰诣该处,勘得张祖荣等田亩坐落州属王宅堡地方,该处有古沟一道,量阔六尺,自沟埂至底深五尺,探试沟中水深二三寸不等,已死无名男子尸身仰卧沟内,赤身无衣,腰项均有麻绳捆缚,尸旁遗有蓝布单被一床,沟埂并无血迹。勘毕,饬将尸移平地,解去麻绳,如法相验。据仵作王丙南验报:已死无名男子,约年二十余岁。仰面,致命:偏左有刃伤一处,斜长八分,宽一分,深抵骨,骨不损。不致命:左眉有铁器伤一处,斜长九分,宽四分,深抵骨,骨不损;右眉有刃伤一处,斜长一寸,宽二分,深抵骨,骨不损。以上各伤,均皮卷血污。余无故。委系受伤身死。又勘得该处附近有小河一道,河宽二丈余,探试水深二尺余寸,已死无名男尸仰卧河内,赤身无衣,上身有麻绳捆缚,河岸并无血迹。勘毕,饬将尸身捞放平地,解去麻绳,如法相验。据仵作王丙南验报:已死无名男子,约年三十余岁。仰面,致命:偏左有铁器伤一处,斜长一寸八分,宽四分,深抵骨,骨不损。不致命:左眼胞有刃伤一处,斜长八分,宽二分;左额颏有刃伤一处,斜长八分,宽四分,深均透内。以上各伤均经水浸,并无血污。两耳窍并十指甲缝、十趾甲缝均无泥沙,两手心、两脚心均绉白。余无故。委系受伤身死。报毕，逐一亲验无异，当场分别填格取结，尸令棺殓。麻绳被条带回储库，一面示召尸属认领。嗣于二月二十九日，据河南光山县民孙大海呈称：伊在浙江长兴县虹星桥地方开设药店生理，有堂弟孙大元于上年十二月初一日携带银洋十六元，并随身衣服，与同乡李翰香在店起程回籍，因许久尚未到家，四处访查，杳无踪迹。二月二十四日，有素识之同乡杨三秃孜来店闲坐，见其脚穿布鞋系孙大元平日所穿，当向杨三秃孜查问，称因行路损湿，系向陈天幅之妻陈朱氏借换，伊心怀疑虑，复听人传说州属王宅堡地方有无名男尸两具，被人殴死，详加察访，确系孙大元、李翰香尸身，往找陈天幅，业已逃逸，显被杀害，合将布鞋呈验，报乞缉究。等情。即经勒差严缉，一面照例通详，文翰旋即卸事，何庆钊到任准交，勒据差役于十五年九月三十日获犯陈天幅、刘全美二名，并起获蓝布小袄、灰布背心、印花洋布被面各一件，一并呈解到案，随传集一干人证，提犯逐加研讯。

据地保戴公和供与报词同。

据地主张祖荣、汪玉英同供：广德州人，光绪十五年正月十五日，小的们赴田工作，见田边沟内及附近河面各有男尸一具，赤身露体，查看两尸头面有伤，不知被何人殴死，遍查无人认识，小的们就投保报案的。是实。

据尸兄孙大海供：河南光山县人，向在浙江长兴县虹星桥地方开设药店生理，已死孙大元是堂弟，现年二十六岁，向在小的店内帮工。光绪十四年十二月初一日，孙大元携带洋钱十六元并随身衣服，合已死的同乡李翰香一同由浙起程回籍，后因许久没有到家，四处访查，杳无踪迹。十五年二月二十四日，有素识的同乡杨三秃孜来店闲坐，见他脚穿布鞋是孙大元平日所穿，当向杨三秃孜查问，说因连日行路，把鞋子损湿，后向陈天幅的妻子陈朱氏借换的话，小的心里疑惑，又听人传说州属王宅堡地方有无名男尸两具，被人殴死，小的细加察访，确是孙大元、李翰香尸身，往找陈天幅，业已逃逸，显被杀害，小的就赴案呈报的。今蒙获犯，求究办。是实。

据尸兄监生李翰学供：河南光山县人，已死李翰香是堂弟，现年三十三岁，向在浙江长兴县生理。光绪十四年十二月初一日，李翰香合已死的同乡孙大元一同由浙起程回籍，后因许久没有到家，四处查访，杳无踪迹。现在听人传说州属王宅堡地方有男尸两具，是李翰香、孙大元尸身，被陈天幅杀害，业经孙大元的堂兄孙大海赴案呈报。今蒙获犯，求究办。是实。

据案证杨三秃孜供：河南光山县人，向在浙江长兴县虹星桥地方生理。光绪十五年正月初八日，小的因连日行路，把鞋子损湿，走到广德州地方就向素识的陈天幅探望，借换鞋子，适陈天幅外出不在家，向陈天幅的妻子陈朱氏借得布鞋一双走回。到二月二十四日，小的前往孙大海药店闲坐，孙大海说小的脚穿鞋子认得是他堂弟孙大元平日所穿,向小的查问来由,小的告述前情,孙大海就把鞋子留下,另拿旧鞋换给小的,各散。别的事不知道。是实。

据应讯陈朱氏供:河南光山县人,这到案的陈天幅是丈夫,与已死孙大元、李翰香都是同乡,素识没嫌。光绪十四年十二月初五日,孙大元、李翰香来小妇家探望,因连日下雪,就在小妇家住宿。初七日定更时候,李翰香邀同丈夫有事外出,孙大元在家,四顾没人,乘间走进小妇房内用言调戏,并向小妇拉衣求奸,小妇当就喊骂,用力挣脱,适丈夫同李翰香回来,小妇哭诉前情,丈夫拿取门旁铁锄进房喊拿,孙大元夺门要逃,丈夫用锄背殴伤孙大元左眉,孙大元扑拢夺锄,丈夫又用锄刃连殴伤孙大元偏左、右眉,喊痛倒地。李翰香赶进拦阻,丈夫斥他多管,李翰香不服扑殴,丈夫顺用锄刃殴伤李翰香左眼胞、左额颏倒地。李翰香在地辱骂,并说日后伤痊要替孙大元伸冤,不肯干休,丈夫气忿赶拢,就用锄背殴伤李翰香偏左,登时身死。那时孙大元也就因伤毙命。小妇在旁哭泣,没有帮同下手。适已获的刘全美走来,见向查问,丈夫告知情由,并邀刘全美帮同弃尸,刘全美不允,丈夫就说,如不帮抬,将来破案,定要扳害,刘全美勉强允从,丈夫就把孙大元、李翰香身上血衣脱下,见孙大元兜[肚]内有洋钱十六元,取给刘全美收受,嘱勿声张,又用麻绳把两尸捆缚,先后同刘全美抬往僻处丢弃,丈夫回归,把脱下血衣烧毁,其余孙大元遗下衣服、布鞋,交小妇收藏。十五年正月初八日,丈夫外出,有素识的杨三秃孜来向小妇家探望,说因连日行路,把鞋子损湿,要向丈夫借换旧鞋,小妇就把孙大元遗下布鞋借给穿去,致被孙大海认出指控的。是实。

据从犯刘全美供:年四十六岁,河南光山县人,父母都故,并没兄弟妻子,小的向在广德州地方种田度日,合现获的陈天幅,并已死的孙大元、李翰香都是同乡认识。光绪十四年十二月初七日,小的知道孙大元合李翰香由浙起程回籍,一路同行,因连日下雪,就在陈天幅家住歇。那夜更余时候,小的携带家信想托孙大元们带回,走到陈天幅家,见孙大元、李翰香二人都在陈天幅的妻子陈朱氏房内受伤身死,小的当向陈天幅查问,说他合李翰香有事外出,孙大元在家四顾没人,走进他妻子陈朱氏房内用言调戏,并拉衣求奸,他妻子喊骂,用力挣脱,适他合李翰香由外回归,妻子哭诉前情,他拿取门旁铁锄进房喊拿,孙大元夺门要逃,他用锄背殴伤孙大元左眉,孙大元扑拢夺锄,他又用锄刃殴伤孙大元偏左、右眉倒地,过一会就死了。李翰香赶进拦阻,他斥骂多管,顺用锄刃殴伤李翰香左眼胞、左额颏倒地,李翰香在地辱骂,并说日后伤痊,要替孙大元伸冤,不肯干休,他一时气忿,复用锄背殴伤李翰香偏左登时身死的话,央小的帮同弃尸,小的不允,陈天幅就说如不帮抬,将来破案,定要扳害,小的无奈允从。陈天幅就把李大元、李翰香身上血衣脱下,见孙大元兜肚内有洋钱十六元，取给小的收受，嘱勿声张，陈天幅又用麻绳把两尸捆缚，合小的先后抬到王宅堡地方沟河丢弃。各散。后闻有素识的杨三秃孜向陈天幅借换鞋只，致把孙大元遗下布鞋借给穿去，被尸亲孙大海认出指控，把小的拿获解案的。小的实止事后听从帮同抬尸，并没在场帮殴的事。所得洋钱已经花用。是实。

据凶犯陈天幅供：年三十二岁，河南光山县人，父亲已故，母亲杨氏，现年五十九岁，并没兄弟，娶妻朱氏，没生子女。小的向在广德州地方种田度日，合已死孙大元、李翰香都是同乡，素识没嫌。光绪十四年十二月初五日，孙大元、李翰香由浙起程回籍，一路同行，因连日下雪，就在小的家住歇。初七日定更时候，李翰香邀同小的有事外出，孙大元在家没去，停了一会，小的合李翰香转回，推开大门，听得妻子在房喊骂，小的连忙进内，妻子就把孙大元走进房内，用言调戏，并拉衣求奸的话，向小的哭诉，小的生气，拿取门旁铁锄进房喊拿，孙大元夺门要逃，小的就用锄背殴伤孙大元左眉，孙大元扑拢夺锄，小的又用锄刃连殴伤他偏左、右眉，喊痛倒地。李翰香赶进拦阻，小的斥他多管，李翰香不服扑殴，小的闪侧，顺用锄刃殴伤李翰香左眼胞、左额颏倒地，李翰香在地辱骂，并说日后伤痊，要替孙大元伸冤，不肯干休，小的一时气忿，起意致死灭口，就赶拢用锄背狠殴一下，致伤他偏左，登时身死。孙大元也就因伤毙命。那时妻子在旁哭泣，没有帮同下手。适已获的刘全美走来，看见孙大元们尸身，向小的查问，小的不能隐瞒，告知情由，并央刘全美帮同弃尸，刘全美不允，小的就说，如不帮抬，将来破案，定要扳害，刘全美允从。小的把孙大元、李翰香身上血衣脱下，见孙大元兜肚内有洋钱十六元，因恐刘全美事后向人告知，当把洋钱取给刘全美收受，嘱勿声张，又用麻绳把两尸捆缚，并用蓝布单被包在孙大元身上，合刘全美先后抬到州属王宅堡地方沟河丢弃。各散。小的回家后，把脱下血衣烧毁，其余孙大元遗下衣物、布鞋交妻子收藏。十五年正月初八日，小的外出，有素识的杨三秃孜来小的家探望，说因连日行路把鞋子损湿，要向小的借换旧鞋，小的妻子就把孙大元遗下布鞋借给穿去，致被孙大海认出指控，把小的拿获解案的。委非图财谋命，也没起衅别故及在场帮殴并另有帮同抬弃的人。孙大元遗下衣物，已蒙起案。凶器铁锄当时撩弃。是实。各等供。

据此，饬传尸亲孙大海到案，将起获衣物认明给领，将犯收禁，录供通详，奉批审解。据报，该犯刘全美在监患病，提禁取保，医治不效，于十五年十一月二十一日在保病故，当经讯明保人，并无凌虐情弊，验具图结通报。何庆钊旋即卸事，卑职到任准交。据报，该犯陈天幅于十六年四月初二日在监患病，验报饬医，至五月初二日治痊。遵提现犯覆讯，除各供同前不叙外，讯据凶犯陈天幅供云云同前。等供。据此，该调署广德直隶州知州阎炜审看得云云同后院看至，无干省释。等情。由道解司核，恐案情未确,札委安庆府联元审照原拟解司,勘转到臣,提犯亲讯无异。

该臣审看得广德州客民陈天幅殴伤调奸伊妻陈朱氏未成之孙大元身死，并将在旁劝阻之李翰香故杀灭口,弃尸不失,该犯刘全美于取供后提禁取保病故一案。缘陈天幅、刘全美均籍隶河南光山县,向在该州地方种田度日,与已死孙大元、李翰香均系同乡,素识无嫌。孙大元、李翰香俱在浙江长兴县生理。光绪十四年十二月初一日,孙大元与李翰香自浙起程回籍,一路同行,初五日行至广德州地方,因连日下雪,即在陈天幅家住歇。初七日定更时分,李翰香邀同陈天幅有事外出,孙大元未经同往,见陈天幅之妻陈朱氏在房独坐,四顾无人,乘间走入陈朱氏房内用言调戏,并向陈朱氏拉衣求奸,陈朱氏当即喊骂,用力挣脱,适陈天幅与李翰香外回,陈朱氏哭诉前情,陈天幅生气,携取门旁铁锄进房喊拿,孙大元夺门欲逃,陈天幅即用锄背殴伤孙大元左眉,孙大元扑拢夺锄,陈天幅又用锄刃连殴伤孙大元偏左、右眉,喊痛倒地。李翰香赶进拦阻,陈天幅斥其多管,李翰香不服扑殴,陈天幅闪侧,顺用锄刃殴伤李翰香左眼胞、左额颏倒地,李翰香在地辱骂,声称日后伤痊,欲为孙大元伸冤,不肯干休,陈天幅一时气忿,起意致死灭口,赶拢用锄背狠殴一下,致伤其偏左,登时殒命。孙大元亦即因伤身死。维时陈朱氏在旁哭泣,并未帮殴。适已获病故之孙全美走至,见向陈天幅查问,陈天幅不能隐瞒,告知情由,并央刘全美帮同弃尸,刘前美不允,陈天幅即以如不帮抬,将来破案,定要扳害之言向吓,刘全美被逼勉从。陈天幅随将孙大元、李翰香身上血衣脱下,见孙大元兜肚内有洋钱十六元,因恐刘全美事后向人告知,当将洋钱取给刘全美收受,嘱勿声张,并用麻绳将各尸身分别捆缚,与刘全美先后抬至该州属王宅堡地方沟河丢弃。各散。陈天幅回归,将脱下血衣烧毁,其余孙大元所遗衣物、布鞋交其妻子陈朱氏收藏。十五年正月初八日,陈天幅外出,杨三秃孜前赴陈天幅家探望,称因连日行路把鞋子损湿,欲向陈天幅借换旧鞋,陈朱氏即将孙大元遗下布鞋借给穿去,旋经地主张祖荣等查见尸身,投保报经该前署州文翰勘验详缉,嗣杨三秃子①在孙大元堂兄孙大海药店闲坐,见其脚穿布鞋认系孙大元平日所穿,问明情由,赴州指控,文翰未及获犯卸事,何庆钊抵任获犯讯供,详批审解。据报该犯刘全美在监患病,提禁取保病故,当经何庆钊验讯保人,并无凌虐情弊,绘具图结,详批核如正案拟办。何庆钊旋即卸事,该署州阎炜到任。据报,该犯陈天幅在监患病,验报医痊,提犯覆讯,议拟由道解司委审,勘转前来,臣提犯亲讯,据供[前]情不讳,诘无图财谋害重情,亦无起衅别故,及在场帮殴并另有帮同抬弃之人,究鞫不移,案无遁饰。查律载:“本夫杀死图奸未成罪人,无论登时、事后,俱照擅杀律,拟绞监候。”又例载:“故杀者,斩监候。”又例载:“故杀人案内凶犯起意弃尸,其听从抬弃之人,无论在场有无伤人,俱照弃尸为从律,杖一百,徒三年。不失尸者减一等。”各等语。此案陈天幅因孙大元调奸伊妻陈朱氏未成，致伤孙大元身死，复因李翰香赶进劝阻，卧地辱骂，称欲为孙大元伸冤，辄即顿起杀机，将其致死灭口，实属故杀。陈天幅除擅杀孙大元罪止拟绞轻罪不议外，应如州道司及委审所拟，合依“故杀者，斩监候”律，拟斩监候，秋后处决。该犯事犯虽在光绪十五年三月十六日恭逢恩诏以前，惟系故杀拟斩，应不准其援免，仍照例刺字。刘全美事后听从帮抬，弃尸不失，亦如所拟，合依“殴故杀人案内，凶犯起意弃尸，其听从抬弃之人，无论在场有无伤人，俱照弃尸为从律，杖一百，徒三年。不失尸者，减一等”例，拟杖九十，徒二年半，业已在监病故，应毋庸议。陈天幅所得孙大元随身洋钱、衣服，已获给主认领，未获照例倍追给领。孙大元调奸陈朱氏未成，本干例议，业已被殴身死，应与刘全美在监病故，讯无凌虐之保人，及讯不知情之杨三秃孜，并讯未帮殴之陈朱氏，均毋庸议。凶器铁锄供弃免追。各尸棺经州饬属领埋。无干省释。除揭移部科外，理合恭疏具题，伏乞皇上圣鉴，敕下法司核覆施行。再，此案审限云云。

校勘记：

①杨三秃子：即“杨三秃孜”。

共殴致毙二命

为报验事。据升授甘肃布政使、安徽按察使张岳年详，据凤阳府知府赵舒翘转，据署凤台县知县桑隽详称：光绪十四年七月初六日，卑前县觉罗锡光任内，据地保王亮报，据保民王德远、王金广投称：本月初二日下午，伊等族人王永汰手携旱烟袋在集看戏，因吸烟时误将烟袋头烙伤村邻廖绍思右手指，廖绍思不依争吵，经人劝散。初三日傍晚，伊王德远之子王万运与伊王金广之兄王金连同在王永汰门首闲谈，适廖绍思与其族人廖绍儒由田工转回，路经该处，廖绍思提及前事，斥骂王永汰不应将其烙伤，王永汰回詈，王万运拢劝，廖绍思疑护扑殴，王万运顺取木棍殴伤廖绍思左腿等处，后被廖绍思拔刀戳伤右乳倒地，并被石块垫伤左臂，王金连亦被廖绍儒夺枪戳伤肚腹倒地。经邻人卢大元路过喝散，报知伊等往看，问明情由。讵王万运伤重，当即殒命。王金连延至初五日早因伤身死。等语。往查属实，理合报乞验缉。等情。并据尸父王德远、尸弟王金广同报，并据凶犯廖绍思自行赴案投首，各到县。据经锡光提验凶犯廖绍思右手二指有烙伤一点，左腿、右腿肚、左肩甲各有木器伤一处，注单饬医，一面带领刑仵驰诣相验。据仵作黄箴验报：已死王金连，问年三十二岁。仰面，不致命：左颌颏有石块伤一处，皮破血出，不成分寸。致命：肚腹有刃伤一处，围圆五分，深透内，皮卷血污。余无故。委系受伤身死。又据验报：已死王万运，问年四十九岁。仰面，致命：右乳有刃伤一处，斜长六分，宽三分，深由骨缝透内，皮卷血污。合面，不致命：左臀有石块垫伤一处，参差不齐，青紫色；左腿有刃划伤一处，皮微破，血出。余无故。委系受伤身死。报毕，逐一亲验无异，伤起凶器禾枪、小刀无获，无凭比对尸伤，当场填格取结，尸令棺殓，随将诣验情形先行通禀锡光及代理县孟乃安，均未及讯详先后卸事，卑职抵任准交，提验廖绍思伤已平复，随提集尸亲、犯证人等，逐加研讯。

据地保王亮供与报词同。

据尸父王德远供：已死王万运是儿子。据尸弟王金广供：已死王金连是哥子，与这到案的廖绍思并在逃的廖绍儒邻村居住，素识没嫌。光绪十四年七月初二日下午，族人王永汰手拿旱烟袋在集看戏，因吸烟时误把烟袋头烙伤廖绍思右手二指，廖绍思不依，互相争吵，经人劝散，小的是晓得的。初三日傍晚，小的王德远的儿子王万运同小的王金广的哥子王金连都在王永汰门口闲谈，适廖绍思同他族人廖绍儒从田工转回，路过那里，廖绍思怎样提起前事，与王永汰互骂争殴，王万运拢劝，廖绍思疑护扑殴，王万运顺取木棍殴伤廖绍思左腿等处，后被廖绍思拔刀戳伤右乳倒地，并被石块垫伤左臀，王金连又怎样被廖绍儒拾石掷伤左颔颏，夺枪戳伤肚腹倒地，小的们先不晓得，是邻人卢大元路过喝散，报知小的们赶去查看，问明情由。不料王万运伤重，当就身死，王金连也到初五日早因伤身死，小的们就投保报验，廖绍思也就赴案投首的，求究伸。是实。

据见证卢大元供：已死王万运、王金连并这廖绍思们都是庄邻认识。光绪十四年七月初三日傍晚，小的路过王永汰门口，见廖绍思和王永汰在那里争吵，廖绍思斥骂王永汰不该把烟袋头烙伤他手指，王永汰回骂，廖绍思赶拢殴打，王万运上前劝阻，廖绍思疑护，转向王万运扑殴，王万运闪避，顺拿门前木棍殴伤廖绍思左腿、右腿肚。廖绍思扑向夺棍，王万运又殴伤他左肩甲，廖绍思拔出身带小刀格落王万运木棍，顺势划伤王万运左腿，王万运撞头拼命，廖绍思用刀戳伤王万运右乳，喊痛倒地，并被石块垫伤左臀。廖绍思弃刀逃走，王金连手拿禾枪追赶，廖绍儒拦护，拾石掷伤王金连左颔颏，王金连举枪向廖绍儒扑戳，廖绍儒闪侧，夺枪过手，戳伤王金连肚腹倒地。小的连忙喝住，就向尸亲王德远、王金广告知往看，问明情由。不料王万运伤重，当就身死，王金连也到初五日早因伤身死，他们就投保报验的。小的实系救阻不及。是实。

据起衅人王永汰供：已死王万运、王金连都是族人，与这到案的廖绍思并在逃的廖绍儒邻村居住，素识无嫌。光绪十四年七月初二日下午，小的手拿旱烟袋在集看戏，廖绍思也在那里，小的因吸烟时误把烟袋头烙伤廖绍思右手二指，廖绍思不依，互相争吵，经人劝散。初三日傍晚，族人王万运、王金连都在小的门口闲谈，适廖绍思同他族人廖绍儒从田工转回，路过那里，廖绍思瞥见，提起前事，斥骂小的不该把他烙伤，小的回骂，廖绍思赶拢殴打，王万运上前劝阻，廖绍思疑护，转向王万运扑殴，王万运闪避，就拿门前木棍殴伤廖绍思左腿、右腿肚，廖绍思扑向夺棍，王万运又殴伤他左肩甲，廖绍思拔出身带小刀格落王万运木棍，顺势划伤王万运左腿，王万运撞头拼命，廖绍思用刀戳伤王万运右乳，喊痛倒地，并被石块垫伤左臂。廖绍思弃刀逃走，王金连拿取门前禾枪追赶，廖绍儒拦护，拾石掷伤王金连左颔颏，王金连举枪向廖绍儒扑戳，廖绍儒闪侧夺枪过手，戳伤王金连肚腹倒地，那时小的在旁喝阻不住，是邻人卢大元路过喝散的。不料王万运伤重，当就身死，王金连也到初五日早因伤身死，尸父王德远、尸弟王金广就投保报验的。是实。

据凶犯廖绍思供：年三十三岁，凤台县人，父母俱故，弟兄三人，小的第二，娶妻生有两女，和已死王万运并王永汰邻村居住，素识没嫌。光绪十四年七月初二日下午，集上酬神演戏，王永汰手拿旱烟袋在集看戏，小的也在那里，因王永汰吸烟时把烟台头烙伤小的右手二指，小的不依，互相争吵，经人劝散。初三日傍晚，小的同在逃的族人廖绍儒从田工转回，路过王永汰门口，见王万运并他族人王金连都在王永汰门口闲谈，小的提起前事，斥骂王永汰不该把他烙伤，王永汰回骂，小的赶拢殴打，王万运上前劝阻，小的疑护，转向王万运扑殴，王万运闪避，就拿门前木棍殴伤小的左腿、右腿肚，小的扑向夺棍，王万运又殴伤小的左肩甲，小的拔出身带小刀格落王万运木棍，顺势划伤他左腿，王万运撞头拼命，小的用刀吓戳，适伤他右乳，喊痛倒地，并被石块垫伤左臂。小的害怕，当就弃刀逃走。后来王金连怎样拿枪追赶，被廖绍儒夺枪戳伤肚腹倒地，那时小的已经走远，没有看得清楚，是邻人卢大元路过喝散的。不料王万运伤重，当就身死，王金连也到初五日早因伤身死。尸亲投保报验，小的赴案投首的。委非预谋纠殴有心欲杀，也没起衅别故及另有在场帮殴的人。凶刀当时撩弃。廖绍儒现逃何处，不知道。是实。各等供。

据此，将犯收禁，详奉批行缉审①。据报，该犯廖绍思于十四年十一月十二日在监患病，验报饬医，至十二月十二日治痊。又据报，王永汰在保患病，给属领回，医治无效，至十五年二月初六日在家病故，即经讯验通报。兹查逸犯廖绍儒弋获无期，现犯未便久羁，遵提覆讯，除各供同前不叙外，讯据凶犯廖绍思供云云同前。等供。据此，该凤台县知县桑隽审看得云云同后院看至，并免缉拿。等情。由府解司提讯，犯供游移，札委安庆府审系畏罪图翻，仍照原拟解司，勘转到臣，提犯亲讯无异。

该臣审看得凤台县民廖绍思、廖绍儒各自殴伤王万运、王金连身死一案。缘廖绍思籍隶该县，与已死王万运并昔存今故之王永汰邻村居住，素识无嫌。光绪十四年七月初二日下午，该处集上酬神演戏，王永汰手携旱烟袋在集看戏，廖绍思亦在该处观看，因王永汰吸烟误将烟袋头烙伤廖绍思右手二指，廖绍思不依，互相争吵，经人劝散。初三日傍晚，王万运与族人王金连同在王永汰门首闲谈，适廖绍思与其族人廖绍儒由田工转回，路经该处，廖绍思瞥见，提及前事，斥骂王永汰不应将其烙伤，王永汰回詈，廖绍思赶拢殴打，王万运上前劝阻，廖绍思疑护，转向王万运扑殴，王万运闪避，顺拿门前木棍殴伤廖绍思左腿、右腿肚，廖绍思扑向夺棍，王万运又殴伤其左肩甲，廖绍思拔出身带小刀格落王万运木棍，顺势划伤王万运左腿，王万运撞头拼命，廖绍思用刀吓戳，适伤王万运右乳，喊痛倒地，并被石块垫伤左臀。廖绍思畏惧，弃刀逃走，王金连手持禾枪追赶，廖绍儒拦护，拾石掷伤王金连左颔颏，王金连举枪向廖绍儒扑戳，廖绍儒闪侧夺枪过手，戳伤王金连肚腹倒地，经邻人卢大元路过喝散，报知王德远、王金广赶往查看，问明前情。讵王万运伤重，当即殒命，王金连亦于初五日早因伤身死。王德远等投保报县，并据该犯廖绍思自行投首，经该前县觉罗锡光诣验伤缉，未及讯详，与代理县孟乃安先后卸事。该县抵任，讯供通详，批饬缉审。据报，该犯廖绍思在监患病，验报医痊。王永汰于取保后在家病故，验讯通报。兹据该县以逸犯弋获无期，先就现犯覆讯，议拟由府解司委审，勘转前来。臣提犯亲讯，据供前情不讳，诘非预谋纠殴有心欲杀，亦无起衅别故及另有在场帮殴之人，严鞫不移，案无遁饰。查律载："斗殴杀人者，不问手足、他物、金刃，并绞监候。"等语。此案廖绍思因先被王万运族人王永汰吸烟烙伤手指，见向斥骂争殴，王万运从旁劝阻，该犯疑护扑殴，用刀戳伤王万运身死。该犯族人廖绍儒亦因王金连持枪追赶拢向拦护，夺枪戳伤王金连身死，系属各毙各命，自应各科各罪。该犯廖绍思虽据自行投首，惟无因可免，仍应按律问拟。廖绍思应如县府司所拟，合依"斗殴杀人者，不问手足、他物、金刃，并绞监候"律，拟绞监候，秋后处决。该犯事犯到官在光绪十五年三月十六日恭逢恩诏以前，核其情罪系在准免之列，应请准予援免，后再有犯，加等治罪，仍饬追埋葬银二十两给付尸属具领，以资营葬。王万运用木棍殴伤廖绍思左腿等处，本干律议，业已受伤身死，应与救阻不及之卢大元，均毋庸议。王永汰肇衅酿命罪有应得，业已病故，应毋庸议。各尸棺分别饬埋。凶器供弃免追。无干经县省释。逸犯廖绍儒斗殴杀人，事在赦前，应准援免，并免缉拿。除揭移部科外，理合恭疏具题，伏乞皇上圣鉴，敕下法司核覆施行。再，此案审限云云。

光绪十七年七月二十九日准。部照覆。

校勘记：

①批行缉审：据文意，当为"批饬缉审"。

卷六崇 人 命

共殴致伤身死

为报验事。据按察司①嵩崑详，据调署徽州府事太平府知府王汝砺转，据署婺源县知县赖同宴详称：光绪十五年六月十二日，卑前兼理县吴以敬任内，据约保吴贤养报，据保民程润生投称：伊父程福元有田坐落村前地方，与庄邻汪连辛田亩毗连。本年五月间，伊父因田内缺水，窃放汪连辛田水灌入自己田内，经汪连辛查知不依，投鸣保邻，处罚了事。本月初九日午后，伊父赴田工作，路遇汪连辛并其子汪汶祥提及前事，伊父斥骂汪连辛不应鸣众议罚，致相争闹，伊父先被汪连辛棍伤右肩甲等处，后被汪汶祥夺刀砍伤右臁肕等处倒地。经邻人戴妙兴路见喝住，报伊往看，问明情由。讵伊父伤重，移时殒命。等语。往查属实，理合报验。等情。并据尸子程润生同报，各到县。据经吴以敬饬差缉凶，一面带领刑仵驰诣相验。据仵作王林验报：已死程福元，问年五十三岁。仰面，致命：左额角有铁器伤一处，斜长一寸，宽二分，深抵骨，骨不损。不致命：右眼胞相连右眉丛有刃伤一处，斜长一寸二分，宽一分，深抵骨，骨不损，皮破血污，眼珠流出；右肩甲有木器伤一处，斜长一寸二分，宽三分，左胳膊有木器伤一处，斜长一寸，宽二分，俱红色；左手心有刃划伤一处，横长四分，宽一分，深抵骨，骨不损，皮破血污；左右两膝各有刃划伤一处，俱斜长四分，宽二分，深一分，皮破血污；左臁肕有木器伤一处，斜长一寸，宽二分，红色；右臁肕有刃伤一处，斜长六分，宽三分，深抵骨，骨损，皮卷血污。余无故。实系受伤身死。报毕，吴以敬亲验无异，饬取凶器镰刀、树棍比对尸伤相符，填格取结，尸令棺殓。饬据差役于是月十四日拿获凶犯汪汶祥并汪连辛到案，提验汪汶祥肚腹、汪连辛胸膛各有木器伤一处，俱红肿，分别给药医治，一面勒集尸亲、人证，提犯研讯。

据地保吴贤养供与报词同。

据尸子程润生供：婺源县人，已死程福元是父亲，合汪连辛邻庄居住，素识没嫌。小的家有田坐落村前地方，合汪连辛田亩毗连，汪连辛田在上，小的田在下，向来田内取水，都照乡约公议，彼此轮流车灌。光绪十五年五月里，小的父亲因田内缺水，偷放汪连辛田水灌入自己田内，被汪连辛查知不依，投鸣保邻，照约议罚了事。六月初九日午后，父亲赴田工作，怎样路遇汪连辛父子提起前事，父亲斥骂汪连辛不该鸣众议罚，致相争闹，父亲先被汪连辛棍伤右肩甲等处，后被汪连辛的儿子汪汶祥夺刀砍伤右臁肕等处倒地。小的先不晓得，是邻人戴妙兴路见喝住，报知小的往看，问明情由，不料父亲伤重，过了一会身死，小的就投保报验的，求究办。是实。

据见证戴妙兴供：婺源县人，合已死程福元并这汪连辛、汪汶祥都是邻居认识。程福元有田坐落村前地方，与汪连辛田亩毗连，向来他们田内取水都照乡约公议，彼此轮流车灌。光绪十五年五月里，程福元因田内缺水，偷放汪连辛田水，被汪连辛查知不依，投鸣保邻，照约议罚了事，小的是知道的。六月初九日午后，小的趁圩回归，路见程福元合汪连辛在那里吵闹，程福元拾起地上树棍殴伤汪连辛胸膛，汪连辛不依，夺过树棍连殴伤程福元右肩甲、左胳膊，程福元举脚向踢，汪连辛用棍殴伤程福元左臁肕，弃棍逃跑，程福元拔出身带镰刀，从后追赶，汪连辛的儿子汪汶祥上前拦阻，程福元斤骂[②]帮护，转向汪汶祥扑砍，汪汶祥闪侧夺刀过手，划伤程福元左手心，程福元湾身[③]拾棍，汪汶祥乘势用刀背殴伤程福元左额角，程福元拾起树棍殴伤汪汶祥肚腹，汪汶祥用刀格落程福元手内树棍，扎伤程福元右眼胞接连右眉丛，刀尖钩出右眼珠，程福元负痛举脚乱踢，汪汶祥用刀砍伤程福元右臁肕，带划伤左右膝倒地。小的连忙赶拢喝住，问说因程福元提起放水的事，斥骂汪连辛不该鸣众议罚，争闹起衅的，小的就去报知程福元的儿子程润生往看，问明情由，不料程福元伤重，过了一会身死，尸亲就投保报验的。小的委系劝阻不及。是实。

据犯人汪连辛供：年四十四岁，婺源县人，这汪汶祥是儿子，合已死程福元邻庄居住，素识没嫌。小的家有田坐落村前地方，合程福元的田亩毗连，小的田在上，程福元田在下，向来田内取水都照乡约公议，彼此轮流车灌。光绪十五年五月里，程福元因他田内缺水，偷放小的田水灌入自己田内，经小的查知不依，投鸣保邻，照约议罚了事。六月初九日午后，小的合儿子汪汶祥赴田工作，路遇程福元提起前事，斥骂小的不该鸣众议罚，小的分辩，程福元拾取地上树棍殴伤小的胸膛，小的不依，夺过树棍连殴伤他右肩甲、左胳膊两下，程福元举脚向踢，小的用棍殴伤他左臁肕，弃棍逃跑，程福元拔出身带镰刀，从后追赶，儿子汪汶祥上前拦阻，怎样夺刀，把程福元砍伤倒地，小的已经走远，没有看见，是邻人戴妙兴路见喝住的。不料程福元伤重，过了一会身死，尸亲投保报验，小的害怕躲避，今被获案的。委非预谋纠殴，也没起衅别故及另有在场帮殴的人。小的伤已平复[④]。是实。

据凶犯汪汶祥供:年二十三岁,婺源县人,父亲汪连辛,母亲吴氏,兄弟二人,小的居长,并没妻子。合已死程福元邻庄居住,素识没嫌。小的家有田坐落村前地方,合程福元田亩毗连,小的田在上,程福元田在下,向来田内取水都照乡约公议,彼此轮流车灌。光绪十五年五月里,程福元因他田内缺水,偷放小的田水灌入自己田内,经父亲查知不依,投鸣保邻,照约议罚了事。六月初九日午后,父亲合小的赴田工作,路遇程福元,提起前事,斥骂父亲不该鸣众议罚,父亲分辩,程福元拾取地上树棍殴伤父亲胸膛,父亲不依,夺过树棍连殴伤程福元右肩甲、左胳膊两下,程福元举脚向踢,父亲用棍殴伤程福元左臁肕,弃棍逃跑,程福元拔出身带镰刀,从后追赶,小的上前拦阻,程福元斥骂帮护,转向小的扑砍,小的闪侧夺刀过手,划伤程福元左手心,程福元湾身[5]拾棍,小的乘势用刀背殴伤程福元左额角,程福元拾起树棍殴伤小的肚腹,小的用刀格落程福元手内树棍,扎伤程福元右眼胞接连右眉丛,刀尖钩出右眼珠,程福元负痛举脚乱踢,小的用刀吓砍,适伤他右臁肕,并带划伤左右膝倒地。经邻人戴妙兴路见喝住,报知程福元的儿子程润生往看,问明情由,不料程福元伤重,过了一会身死,尸亲投保报验。小的害怕躲避,今被获案的。委非预谋纠殴有心欲杀,也没起衅别故及另有在场帮殴的人。凶器镰刀已蒙起获。小的伤已平复。是实。各等供。

据此,将犯收禁,录供通详,奉批审解。吴以敬未及审解卸事,卑职到任准交。据报,该犯汪汶祥于光绪十五年九月十六日在监患病,验报饬医,至十月十六日治痊覆验,该犯伤已平复。遵提覆讯,除汪连辛供与前审相同不叙外,讯据凶犯汪汶祥供云云同前。等供。据此,该署婺源县知县赖同宴审看得云云同前后院看至,以杜后衅。等情。由府解司核,恐案情未确,札委安庆府联元审无别故,仍照原拟解司,勘转到臣。

该臣审勘得婺源县民汪汶祥等共殴致伤程福元身死一案。缘汪汶祥、汪连辛均籍隶该县,汪汶祥系汪连辛之子,与已死程福元邻庄居住,素识无嫌。汪连辛有田坐落村前地方,与程福元田亩毗连,汪连辛田在上,程福元田在下,向来田内取水都照乡约公议,彼此轮流车灌。光绪十五年五月里,程福元因田内乏水,窃放汪连辛田水灌荫己田,经汪连辛查知不依,投鸣保邻,照约议罚了事。六月初九日午后,汪连辛同子汪汶祥赴田工作,路遇程福元提及前事,斥骂汪连辛不该鸣众议罚,汪连辛分辩,程福元拾取地上树棍殴伤汪连辛胸膛,汪连辛不依,夺过树棍连殴伤程福元右肩甲、左胳膊两下,程福元举脚向踢,汪连辛用棍殴伤程福元左臁肕,弃棍逃跑,程福元拔出身带镰刀从后追赶,汪汶祥上前拦阻,程福元斥骂帮护,转向汪汶祥扑砍,汪汶祥闪侧夺刀过手,划伤程福元左手心,程福元湾身[6]拾棍,汪汶祥乘势用刀背殴伤程福元左额角，程福元拾起树棍殴伤汪汶祥肚腹，汪汶祥用刀格落树棍，扎伤程福元右眼胞接连右眉丛，刀尖钩出右眼珠，程福元负痛举脚乱踢，汪汶祥用刀吓砍，适伤其右臁肕，并带划伤左右膝倒地。经邻人戴妙兴路见喝住，报知程福元之子程润生往看，问明情由。讵程福元伤重，移时殒命。程润生投保报经该前兼理县吴以敬诣验获犯讯供，详批审解。吴以敬卸事，该县赖同宴到任准交。据报，该犯汪汶祥在监患病，验报医痊覆讯，议拟由府解司委审，勘转前来。臣提犯亲讯，据供前情不讳，诘非预谋纠殴有心欲杀，亦无起衅别故及另有在场帮殴之人，究鞫不移，案无遁饰。查律载："共殴人致死，下手致命、伤重者，绞监候。余人杖一百。"等语。此案汪汶祥因其父汪连辛先被程福元窃放田水，鸣众议罚，嗣经路遇，斥骂起衅争闹，彼此互殴，该犯拦阻被斥，夺刀致伤程福元身死。查已死程福元先被汪连辛棍伤左胳膊等处，伤甚轻微，不致戕生，惟后被汪汶祥刃伤右臁肕骨损即行倒地为重，应以汪汶祥当其重罪，程福元虽系窃放田水罪人，惟业已投保议罚了事，自应仍按共殴本律问拟。汪汶祥与汪连辛系属父子一家共犯，惟侵损于人，应以凡人首从论。汪汶祥应如县府司及委审所拟，合依"共殴人致死，下手致命、伤重者，绞监候"律，拟绞监候，秋后处决。汪连辛棍伤程福元左胳膊等处，亦应按律问拟。汪连辛亦如所拟，合依"共殴余人杖一百"律，拟杖一百。该犯事犯到官在光绪十六年三月二十日恭逢恩诏以前，所得杖罪应请宽免。程福元窃放汪连辛田水，复先后殴伤汪连辛父子平复，本有应得之罪，业被殴伤身死，应与劝阻不及之戴妙兴，均无庸议。尸棺饬埋。凶器刀棍验明发回，案结储库备拨。该处田亩应令遵照乡约公议，照旧轮流取水灌溉，不准私自窃放，以杜后衅。除揭移部科外，理合恭疏具题，伏乞皇上圣鉴，敕下法司核覆施行。再，此案审限云云。

光绪十七年十二月初七日准。部照覆。

校勘记：

①按察司：清代省级行政机构，长官为按察使，嵩崑时任安徽按察使。

②斤骂：斤字误，当为"斥"。

③湾身：同"弯身"。

④己平复：己字误，当为"已"。

⑤同③。

⑥同③。

共殴毙命

为报验事。据按察使张岳年详，据凤阳府知府赵舒翘转，据寿州知州曾道唯详称：光绪十五年正月三十日，据地保赵春报，据民妇芮祝氏投称：伊夫芮凤成与方继周素识无嫌，光绪十四年春间，伊夫因乏饭米，向方继周借谷三石，言明秋后归还，至期方继周索讨未偿。本年正月初四日，方继周分居胞弟方继堂来家向伊夫索讨前借谷石，伊夫因谷系方继周借给，斥其不应索讨，彼此争骂，伊夫执棍向方继堂扑殴，方继堂携取门旁木叉柄格落伊夫木棍，连殴伤伊夫右手背、右胳肘，伊夫举脚向踢，又被方继堂殴伤伊夫左膝，伊夫扑向夺叉，方继堂又殴伤伊夫左眉丛，转身逃跑。伊夫拾取地上木棍，与伊赶出门外追殴，适方继周趋至拢护，伊夫用棍向殴，被方继周夺棍殴伤伊夫右臁肕倒地。经邻人杨德礼、梁华春劝散，扶回医治。讵伊夫伤重，医治不效，延至二十三日殒命。等语。往查属实，方继堂业已逃避，合将方继周带案，报乞验究。等情。并据尸妻芮祝氏呈同前由，各到州。据此，随带刑仵亲诣相验。据仵作谢廉验报：已死芮凤成，问年五十六岁。不致命：左眉丛有木器伤一处，青紫色，不成分寸。不致命：左膝有木器伤一处，皮微破，不成分寸。不致命：右臁肕有木器伤一处，斜长七分，宽五分，皮破，按捺骨断。合面，不致命：右胳肘有木器伤一处，斜长五分，宽一分，皮破血出。不致命：右手背有木器伤一处，斜长四分，宽一分，皮破血出。余无故。委系受伤身死。报毕，亲验无异，饬取凶器木叉柄、木棍比对尸伤相符，当场填格取结，尸令棺殓，凶器带回储库。随提研讯。

据地保赵春供与报词同。

据尸妻芮祝氏供：已死芮凤成是丈夫，合方继周邻庄居住，素识没嫌。光绪十四年春间，丈夫因乏饭米，向方继周借谷三石，言明秋后归还，到期方继周索讨没给。十五年正月初四日，方继周分居胞弟方继堂走到小妇家里向丈夫索讨前借谷石，丈夫就说谷是继周借给，不应由他索讨，方继堂斥骂图赖，丈夫不服回骂，并用木棍向方继堂扑殴，方继堂闪侧，顺拿门旁木叉柄格落丈夫木棍，连殴伤丈夫右手背、右胳肘，丈夫举脚向踢，方继堂又殴伤丈夫左膝，丈夫扑向夺叉，方继堂又殴伤丈夫左眉丛，转身逃跑。丈夫拾取地上木棍，同小妇赶出门外追殴，适方继周走来看见，上前拢护，丈夫举棍转向方继周殴打，方继周夺棍回殴，致伤丈夫右臁肕倒地，是邻人梁华春们劝散。小妇人把丈夫扶进医治，不料丈夫伤重，医治没效，至二十三日身死了，求究抵。是实。

据见证梁华春、杨德礼同供：小的们合已死芮凤成并这到案的方继周、在逃的方继堂都是邻居。光绪十五年正月初四日,小的们听得人声吵嚷,连忙出看,见方继堂从芮凤成家里跑出,芮凤成手拿木棍同他妻子芮祝氏从后赶殴,适方继堂分居胞兄方继周走到,上前拢护,芮凤成举棍向殴,方继周夺棍回殴,致伤芮凤成右臁肕倒地。小的们上前劝散,问说是方继堂因向芮凤成索讨欠谷起衅的,方继周们当就逃逸,芮祝氏把芮凤成扶进医治。不料芮凤成伤重,到二十三日就身死了。小的们委系劝阻不及。是实。

据凶犯方继周供:寿州人,年四十二岁,父母都故,家有妻子,庄农度日。合已死的芮凤成邻村[①]居住,素识没嫌。光绪十四年春间,芮凤成因没饭米,向小的借谷三石,言明秋后归还,到期小的向他索讨没还。十五年正月初四日,小的到分居胞弟方继堂家拜年,兄弟因新年无钱使用,向小的挪借钱文,小的因无现钱,就说上年芮凤成借谷三石没还,叫兄弟代向芮凤成讨还,可以变钱应用,兄弟应允,当即走出,许久没回,小的前去查看,走到芮凤成家门首,见兄弟跑出,芮凤成手拿木棍与他妻子芮祝氏从后赶殴,小的恐怕兄弟受亏,上前拢护,芮凤成举棍转向小的殴打,小的闪避,夺过木棍回殴,适伤芮凤成右臁肕倒地,是梁华春、杨德礼赶来劝散。据兄弟告知,他用木叉柄殴伤芮凤成右胳肘等处的话,不料芮凤成伤重,医治没效,到二十三日身死。尸亲投保,把小的拿获送案的。并非有心欲杀,也没起衅别故及另有在场帮殴的人。兄弟方继堂现逃何处,不知道。是实。各等供。

据此,将犯收禁,录供通详,奉批缉审。据报,该犯方继周于光绪十五年四月二十八日在监患病,验报饬医,至五月二十八日治痊。比缉逸犯方继堂无获,遵提覆讯,除各供同前不叙外,讯据凶犯方继周供云云同前。等供。据此,该署寿州知州曾道唯审看得云云同后院看至,并免缉拿。等情。由府审照原拟,解司勘转到臣,提犯亲讯无异。

该臣审看得寿州民方继周共殴致伤芮凤成身死一案。缘方继周籍隶该州,与已死芮凤成邻庄居住,素识没嫌。光绪十四年春间,芮凤成因乏饭米,向方继周借谷三石,言明秋后归还,至期方继周向索未偿。十五年正月初四日,方继周至分居胞弟方继堂家贺年,方继堂因新年无钱使用,向方继周借贷钱文,方继周因无现钱,即以上年芮凤成借谷未还,嘱方继堂代为讨取,可以变钱应用,方继堂应允,当向芮凤成索讨。芮凤成声言谷系方继周借给,不应由方继堂索讨,方继堂斥骂图赖,芮凤成不服回詈,并用木棍向方继堂扑殴,方继堂闪侧,顺拿门旁木叉柄格落芮凤成木棍,连殴伤芮凤成右手背、右胳肘,芮凤成举脚向踢,方继堂又殴伤芮凤成左膝,芮凤成扑向夺叉,方继堂又殴伤芮凤成左眉丛,转身逃跑。芮凤成拾取地上木棍,同妻芮祝氏赶出门外追殴,适方继周趋至瞥见,恐方继堂受亏,上前拢护,芮凤成举棍转向方继周殴打,方继周闪避,夺过木棍回殴,致伤芮凤成右臁肕倒地,经梁华春、杨德礼等闻闹趋至劝散。芮祝氏将芮凤成扶回医治,讵芮凤成伤重,医治无效,延至二十三日殒命。尸亲投保获犯,报经该州验讯通详,批饬缉审。该犯方继周在监患病,验报医痊。据该州覆讯,议拟由府审,照原拟解司,勘转到臣,提犯亲讯,据供前情不讳,诘非有心欲杀,亦无起衅别故及另有在场帮殴之人,究鞫不移,案无遁饰。查律载:"共殴人致死,下手伤重者,绞监候。"等语。此案方继周因分居胞弟方继堂往向芮凤成索讨借欠谷石无偿,起衅争闹共殴,致伤芮凤成越十九日身死。查芮凤成先被方继堂殴伤右手背、右胳肘等处,伤甚轻微,且受伤后尚能持棍追赶,不致戕生,惟后被方继周夺棍殴伤右臁肕倒地,重至骨损,其为此伤致死无疑,应以方继周拟抵。方继周应如州府司所拟,合依"共殴人致死,下手伤重者,绞监候"律,拟绞监候,秋后处决。该犯事犯到官均在光绪十五年三月十六日恭逢恩诏以前,核其情罪,系在条款准免之列,应请准予援免,后再有犯,加等治罪,仍追埋葬银二十两给付尸属具领,以资营葬。芮凤成所欠方继周稻谷,身死勿征。梁华春、杨德礼劝阻不及,芮祝氏仅止在场并未殴人成伤,均无庸议。无干释省。②尸棺饬埋。逸犯方继堂殴伤芮凤成罪止拟杖,事在赦前,应予援免,并免缉拿。除揭移部科外,理合恭疏具题,伏乞皇上圣鉴,敕下法司核覆施行。再,此案审限云云。

光绪十七年五月二十一日准。部照覆。

校勘记:

①邻村:据上下文当为"邻庄"。

②无干释省:据文意,当为"无干省释"。

回民纠殴酿命

为详报事。据署按察使丁峻详,据署颍州府①知府王汝砺转,据亳州知州宗能征详称:光绪十七年九月初十日,卑前署州王懋勋任内,访闻州属明王台地方有武生杨鸿庆客店窝顿流娼情事,即经饬差查逐,旋据该差周景等禀称:役等协同地保洪连前往杨鸿庆客店,查有客民朱捷三带同流娼赵美姐、茧娃姐二人投寓住歇,当向驱逐。因时已傍晚,勒令次早出境,不准逗留。是夜更余时分,高凤先、牛殿魁等闻知找往,称欲吸食花烟,令赵美姐等开盘,赵美姐答以奉官禁逐,不敢接待,婉言回覆,高凤先等不依混骂,适回民古钰堂与其弟古小五由该处经过,问知前情,即向村斥其非,高凤先等气忿一并辱骂,经地保劝散。讵古钰堂回家后被骂不甘,起意纠殴泄忿,遂邀同方大麻、李建斌等各持器械前往寻殴,路遇高凤先等走至,提及前事,大声嚷骂，高凤先等回詈，彼此口角，互相殴打，古钰堂等各将高凤先等殴伤，臧三麻赶拢劝阻，亦被殴伤倒地，经杨本祥等路见喝住。役等赶往查拿，犯已逃逸，报请缉究。等情。到州。据经王懋勋饬差严缉，一面驰诣查验，高凤先偏左、左右胳膊、左胳肘、左膝，臧三麻囟门、左胳膊、左胳肘、左膝，梁兴即梁驴右胳膊、右腋职、右臂膊，牛殿魁囟门、左手背、左后肋，穆连生左胳膊、左腿肚，均各有金刃、木器伤一处，均用药敷护，未便揭视，分别注单饬医。讯据各供均与差禀相同，并据州学访闻会拿，饬查高凤先等伤俱平复，惟臧三麻受伤较重。旋于九月二十五日，据地保洪连报，据客民臧甫轩投称：伊堂弟臧三麻前被方大麻等殴伤，已蒙验明饬医，讵臧三麻伤重，医治无效，延至二十四日殒命。等语。往查属实，合报验究。等情。复经王懋勋带领刑仵亲诣相验，据仵作张仁验报：已死臧三麻，问年十七岁。仰面，致命：囟门有刃伤一处，斜长一寸二分，宽二分。不致命：左胳膊有刃伤一处，斜长一寸，宽一分；左膝有刃伤一处，斜长二寸五分，宽三分。以上各伤均深抵骨，骨损。合面，不致命：左胳肘有刃伤一处，斜长一寸，宽一分，深抵骨，骨不损。余无故。实系受伤身死。报毕，亲验无异，饬取凶器无获，无凭比对尸伤，当场填格取结，尸令棺殓。勒据该差协同州学门斗先后将武生杨鸿庆、古钰堂提解到案研讯，供词狡展。查明该武生杨鸿庆、古钰堂入学各年分，详请斥革，并因古钰堂胞兄武举古福堂不将其弟古小五交案，请将该武举暂行斥革，并提到案，传同尸亲、保证人等，逐加研讯。

据地保洪连、差役周景等同供，与先后报词同。

据尸兄臧甫轩供：河南商丘县人，已死臧三麻是堂弟，他只身没属，向在亳州帮工度日。光绪十七年九月初十日，杨鸿庆客店有客民朱捷三带同流娼赵美姐、茧娃姐二人在那里住歇，当蒙州主访闻，饬差驱逐。因时已傍晚，勒令次早出境，不准逗留。是夜更余时候，高凤先们闻知找往，说要吸食花烟，叫赵美姐们开盘，赵美姐说是奉官禁逐，不敢接待，好言回覆，高凤先们不依混骂，适古钰堂们从那里走过，问知前情，就向高凤先们村斥，高凤先们气忿，一并辱骂，经地保劝散。古钰堂回家后被骂不甘，起意纠殴泄忿，遂邀同方大麻、李建斌们各拿刀械前往寻殴，路遇高凤先们走至，提起前事，大声嚷骂，高凤先们回骂，互相殴打，古钰堂们各把高凤先们殴伤，堂弟赶拢劝阻，也被方大麻用刀砍伤囟门等处倒地。经杨本祥们路见喝住，报知小的往看，问明情由，报蒙验伤饬医。不料堂弟伤重，医治没效，到二十四日身死，小的投保报验的，求究办。是实。

据见证杨本祥、邓必建同供：都是亳州人，合已死的臧三麻并这到案的高凤先、古钰堂们都相认识。光绪十七年九月初十日，杨鸿庆客店有客民朱捷三带同流娼赵美姐、茧娃姐二人在那里住歇，当蒙州主访闻，饬差驱逐，因时已傍晚，勒令次早出境，不准逗留。那夜更余时候，高凤先、牛殿魁闻知找往，说要吸食花烟，叫赵美姐们开盘，赵美姐说是奉官禁逐，不敢接待，好言回覆，高凤先们不依混骂，适古钰堂与他兄弟古小五从那里经过，问知前情，就向高凤先们村斥，高凤先们气忿，一并辱骂，经地保劝散，小的们都晓得的。后来小的们赴田巡逻，看见古钰堂合他胞弟古小五并已获的李建斌，在逃的方大麻、马玉贵、穆荣合高凤先们在那里争殴，古钰堂用刀砍伤高凤先偏左，并戳伤左右胳膊，高凤先举脚向踢，古钰堂又用刀砍伤高凤先左膝、左胳肘，牛殿魁也被古小五用刀砍伤囟门、左手背、左后肋，梁兴、臧三麻赶拢拦劝，方大麻斥骂帮护，用刀砍伤臧三麻囟门、左胳膊、左胳肘、左膝等处，梁兴也被马玉贵、穆荣各用刀扎伤右胳膊、右腋胑、右臂膊等处。那时有卖花生的穆连生在旁观看，不知被何人殴伤他左胳膊，穆连生不依，用脚乱踢，被李建斌用木棍殴伤左腿肚，小的们合地保洪连连忙上前喝住，问明情由，古钰堂们当时逃跑，洪连就合差役周景们，报蒙验明饬医。不料臧三麻伤重，医治没效，到二十四日身死，又经尸兄臧甫轩投保报验的。小的们委系救阻不及。是实。

据暂革武举古福堂供：亳州回民，古钰堂是第三胞弟，在逃的古小五是第五胞弟，合已死臧三麻并高凤先们都是邻村居住，素识没嫌。光绪十七年九月初十日，杨鸿庆客店有客民朱捷三带同流娼赵美姐、茧娃姐二人在那里住歇，当蒙州主访闻，饬差驱逐，因时已傍晚，勒令次早出境，不准逗留。那夜更余时候，高凤先、牛殿魁闻知找往，说要吸食花烟，叫赵美姐们开盘，赵美姐说已奉官禁逐，不敢接待，好言回覆，高凤先们不依混骂，适胞弟古钰堂们从那里走过，问知前情，就向高凤先们村斥，高凤先们气忿，一并辱骂，经地保劝散。后来古钰堂们被骂不甘，起意纠殴泄忿，就邀同方大麻们，各拿刀械前往寻殴，路遇高凤先们走至，提起前事，大声辱骂，高凤先们回骂，互相殴打，古钰堂们各把高凤先们殴伤，臧三麻也被方大麻用刀砍伤倒地，是杨本祥们路见喝住，向革举告知才晓得的。不料臧三麻伤重，医治没效，到二十四日身死，尸亲投保报验，革举因胞弟们先已逃避，查找无着，蒙把功名详革，现经革举把三弟古钰堂扭获送案，五弟古小五逃往何处，不知道。委没恃符庇纵的事。是实。

据受伤人穆连生供：亳州人，向卖花生度日。光绪十七年九月初十日二更时候，小的在街上卖花生，看见古钰堂纠集多人合高凤先们在那里争闹，小的在旁观看，不知被何人殴伤小的左胳膊，小的不依，举脚乱踢，又被李建斌用木棍殴伤左腿肚，小的连忙走开，告知差保，报蒙验明饬医。现在小的伤已平复，别的事不知道。是实。

据受伤人梁兴即梁驴供：亳州人，这获案的古钰堂并在逃的古小五们都是邻村居住，素识没嫌。光绪十七年九月初十日，杨鸿庆客店有客民朱捷三带同流娼赵美姐、茧娃姐二人在那里住歇，当蒙州主访闻，饬差驱逐，因时已傍晚，勒令次早出境，不准逗留。那夜更余时候，高凤先、牛殿魁闻知找往，说要吸食花烟，叫赵美姐们开盘，赵美姐说已奉官禁逐，不敢接待，好言回覆，高凤先们不依混骂，适古钰堂们从那里走过，问知前情，就向高凤先们村斥，高凤先们气忿，一并辱骂，经地保劝散。后来古钰堂纠同他胞弟古小五，并已获的李建斌，在逃的方大麻、马玉贵、穆荣各拿刀械前来寻殴，彼此撞遇，互相殴打，古钰堂用刀把高凤先砍伤，古小五也用刀把牛殿魁砍伤。那时小的合臧三麻上前拦劝，方大麻斥骂帮护，用刀砍伤臧三麻囟门、左胳膊、左胳肘、左膝等处，小的也被马玉贵、穆荣各用刀扎伤右胳膊、右腋肷、右膊臂。还有那卖花生的穆连生在旁观看，不知被何人殴伤左胳膊，穆连生用脚乱踢，被李建斌用木棍殴伤左腿肚。经地保洪连合杨本祥们赶来喝劝，问明情由，古钰堂们都各逃跑，地保就同差役报蒙验明饬医，不料臧三麻伤重，医治没效，到二十四日身死，又经尸兄臧甫轩投保报验。小的委止劝解被殴，并没帮殴的事，各伤现已平复。是实。

据肇衅人高凤先、牛殿魁同供：都是亳州人，合这获案的古钰堂并在逃的古小五们，都是邻村居住，素识没嫌。光绪十七年九月初十日，杨鸿庆客店有客民朱捷三带同流娼赵美姐、茧娃姐二人在那里住歇，小的闻知找往，说要吸食花烟，叫娼妇赵美姐们开盘，赵美姐说已奉官禁逐，不敢接待，好言回覆，小的不依混骂，适古钰堂合他胞弟古小五从那里走过，问知前情，就向小的们村斥，小的们一并辱骂，经地保洪连劝散。后来古钰堂们纠邀李建斌，并在逃的方大麻、马玉贵、穆荣，各拿刀棍前来寻殴，古钰堂们大声辱骂，小的们回骂，互相殴打，小的高凤先赶拢扑殴，被古钰堂又用刀砍伤偏左，并戳伤左右胳膊，小的高凤先举脚向踢，古钰堂又用刀砍伤小的左膝、左胳肘，小的牛殿魁也被古小五用刀砍伤囟门、左手背、左后肋，那时梁兴、臧三麻也各被方大麻们殴伤。经地保洪连同杨本祥们喝住，问明情由，古钰堂们都各跑走，地保就同差役报蒙验明饬医。不料臧三麻伤重，医治没效，到二十四日身死，又经尸兄臧甫轩投保报验的。现在小的们伤都平复。是实。

据已革武生杨洪庆供：亳州回民。革生于光绪十二年岁试取进武学生员，向在明王台地方开设客店生理，店中事务统归店伙张帼冻管理，革生并不与闻。光绪十七年九月初十日，有客民朱捷三带同流娼赵美姐们到店投寓，张帼冻还没问明来历，就蒙访闻，饬差驱逐，勒令次早出境，不准逗留。更余时候，高凤先们闻知找往，说要吃食花烟，叫赵美姐们开盘，赵美姐说已奉官禁逐，不敢接待，好言回覆，高凤先们不依混骂，适古钰堂兄弟从那里走过，问知前情，并向高凤先们村斥，高凤先们气忿，一并辱骂，经地保洪连劝散。后来古钰堂们被骂不甘，纠邀李建斌并在逃的方大麻、马玉贵、穆荣，各拿刀棍前往寻殴，各把高凤先们殴伤，革生先不知道，随后回家才晓得的。流娼赵美姐们委系店伙计张帼冻偶然容留，革生并不知情，也没窝顿经久的事。是实。

据窝娼人张帼冻供：河南太康县人，向在杨鸿庆客店帮伙，店中事务，统归小的管理，杨鸿庆并不与闻。光绪十七年九月初十日午后，有客民朱捷三带同流娼赵美姐、茧娃姐二人到店投寓，小的误认家眷，还没问明来历，当蒙州主访闻，饬差驱逐，因时已傍晚，勒令次早出境，不准逗留。更余时候，高凤先、牛殿魁闻知找来，说要吸食花烟，叫赵美姐们开盘，赵美姐说已奉官禁逐，不敢接待，好言回覆，高凤先们不依混骂，适古钰堂合他胞弟古小五从那里走过，问知前情，并向高凤先们村斥，高凤先们气忿，一并辱骂，经地保洪连劝散。后来古钰堂怎样纠邀李建斌、方大麻们前往寻殴，砍伤臧三麻们多人，小的并没在场。流娼赵美姐们委系偶然容留，店主杨鸿庆并没知情窝顿的事，求详察。是实。

据宿娼人朱捷三供：涡阳县人，向在宿州濉溪口开店生理，这赵美姐因去年逃荒，带同媳妇茧娃姐到濉溪口地方租屋寄住，后因穷苦卖奸度日，小的常去奸宿，陆续给过钱物，不记确数。光绪十七年九月上，赵美姐探知小的要到亳州买货，向小的商允，带媳同去。就于那月初十日，同到亳州明王台地方，就在杨鸿庆客店投寓住歇，当蒙州主访闻，饬差驱逐，因时已傍晚，勒令次早出境，不准逗留。更余时候，高凤先、牛殿魁闻知找来，说要吸食花烟，叫赵美姐们开盘，赵美姐说已奉官禁逐，不敢接待，好言回覆，高凤先们不依混骂，适古钰堂同他胞弟古小五从那里走过，问知前情，并向高凤先们村斥，高凤先们气忿，一并辱骂，经地保劝散。后来古钰堂们怎样因被骂不甘，纠殴泄忿，致砍伤高凤先们多人，小的并没在场，都不知道。是实。

据流娼赵美姐供：年三十八岁，山东郓城县人，丈夫赵继成，生有一子，这茧娃姐是媳妇，小妇因去年逃荒，带同媳妇到宿州濉溪口地方租屋寄住，后因穷苦难度，起意卖奸，就纵令媳妇随同接客，朱捷三常来奸宿，陆续给过钱物，不记确数。十七年九月初上，小妇探知朱捷三要到亳州买货，向他商允，带媳同去。即于那月初十日同到明王台地方，就在杨鸿庆客店投寓住歇，当蒙州主访闻，饬差驱逐，因时已傍晚，勒令次早出境，不准逗留。更余时候，高凤先、牛殿魁闻知找来，说要吸食花烟，叫小妇们开盘，小妇说已奉官禁逐，不敢接待，好言回覆，高凤先们不依混骂，适古钰堂同弟古小五从那里走过，问知前情，并向高凤先们村斥，高凤先们气忿，一并辱骂，经地保劝散。后来古钰堂们怎样被骂不甘，起意纠殴泄忿，砍伤高凤先们多人，小妇都不知道。小妇合店主杨鸿庆并张帼冻都不认识，他们并没包庇窝顿的事。是实。

据流娼茧娃姐供：年十六岁，这赵美姐是婆母，余与赵美姐供同。

据犯人已革武生古钰堂供：年二十七岁，亳州回民，父故母存，弟兄五人，大哥古福堂，在逃的古小五是五胞弟，革生第三，娶妻杨氏，没生子女。革生于光绪九年岁试，考入州学武生，合这高凤先、牛殿魁、梁兴即梁驴、穆连生并已死的臧三麻都是邻村居住，素识没嫌。光绪十七年九月初十日更余时分，革生合胞弟古小五从杨鸿庆客店门口经过，见高凤先、牛殿魁在那里吵闹，当向店伙计张帼冻问知，说是高凤先们因有流娼赵美姐们在店住歇，说要吸食花烟，叫赵美姐们开盘，赵美姐说已奉官禁逐，不敢接待，好言回覆，高凤先们不依混骂的话，革生就向高凤先们村斥，高凤先们气忿，一并辱骂，经地保洪连劝散。革生们回家后被骂不甘，起意纠殴泄忿，随纠邀现获的李建斌，并在逃的方大麻、马玉贵、穆荣，就是那夜二更时候，各拿刀棍，一共六人，前往寻殴，路遇高凤先们走至，提起前事，大声嚷骂，高凤先们回骂，互相殴打，高凤先赶拢扑殴，革生用刀砍伤高凤先偏左，并戳伤他左右胳膊，高凤先举脚向踢，革生又用刀砍伤他左膝，牛殿魁也被古小五用刀砍伤囟门、左手背、左后肋，那时梁兴、臧三麻上前拦劝，方大麻斥骂帮护，用刀砍伤臧三麻囟门、左胳膊、左胳肘、左膝等处，梁兴也被马玉贵、穆荣各用刀扎伤右胳膊、右腋胑、右臂膊等处，还有那卖花生的穆连生在旁观看，不知被何人殴伤他左胳膊，穆连生用脚乱踢，被李建斌用木棍殴伤他左腿肚，经地保洪连合杨本祥们喝住，问明情由，革生们都各跑走。旋蒙学官访闻饬斗，会同州差协拿，革生害怕，逃往各处躲避，后闻臧三麻伤重医治没效，到二十四日身死，尸兄臧甫轩投保报验，革生被哥子古福堂扭获送案的。革生委止砍伤高凤先偏左等处，并没起衅别故及另有在场帮殴的人，逃后也没另犯不法及知情容留人家。方大麻们现逃何处，不知道。刀已撩弃。是实。各等供。

据此，将犯收禁。据报，该犯古钰堂带病进监，医治无效，延至十二月三十日在监病故。等情。报经卑职亲诣验明，实系因病身死，提讯刑禁人等，并无凌虐情弊，绘具图结附卷，尸令棺殓。勒差于十八年十一月初三日续获李建斌一名到案，随提研讯。

据犯人李建斌供：年四十四岁，亳州回民，父亲李克山，于同治七年病故，母亲杨氏，现年七十五岁，并没弟兄妻子，小贸度日，合这穆连生、高凤先们并已死臧三麻都素识没嫌。光绪十七年九月初十日更余时候，已获病故的古钰堂来向小的告说，高凤先、牛殿魁因杨鸿客庆店住有流娼赵美姐们，[②]说要吸食花烟，叫赵美姐开盘，赵美姐说已奉官禁逐，不敢接待，好言回覆，高凤先们不依混骂，他合胞弟古小五路过那里，问知前情，并向高凤先们村斥，高凤先们气忿，一并辱骂，经地保劝散。他回家后被骂不甘，起意纠殴泄忿，叫小的同去寻殴，小的允从。古钰堂又纠邀在逃的方大麻、马玉贵、穆荣并古小五同去，即于二更时候，各拿刀棍，一共六人，走到那里，提起前事，大声嚷骂，高凤先们回骂，互相殴打，高凤先赶拢扑殴，古钰堂用刀砍伤高凤先偏左，并戳伤他左右胳膊，高凤先举脚向踢，古钰堂又用刀砍伤他左膝、左胳肘，牛殿魁也被古小五用刀砍伤囟门、左手背、左后肋，那时梁兴、臧三麻上前拦劝，方大麻斥骂帮护，用刀砍伤臧三麻囟门、左胳膊、左胳肘、左膝等处，梁兴也被马玉贵、穆荣各用刀扎伤右胳膊、右腋胑、右臂膊等处，还有那卖花生的穆连生在旁观看，不知被何人殴伤他左胳膊，穆连生用脚乱踢，小的就用木棍殴伤左腿肚，经地保洪连合杨本祥们喝住，问明情由，小的当就跑走。后闻臧三麻伤重，医治没效，到二十四日身死，尸兄臧甫轩投保报验，小的害怕，逃往各处躲避，今被拿获到案的。小的委止听纠同往，用棍殴伤穆连生左腿肚一下，此外并没另有在场帮殴的人，逃后也没另犯不法及知情容留人家。木棍当时撩弃。方大麻们现逃何处，不知道。小的实系亲老丁单，是实。等供。

据此，将犯收禁，录供通详，奉批覆讯。饬据犯母李杨氏以伊现年七十五岁，仅生李建斌一子，别无次丁，李建斌平日孝顺，并无触犯及游荡忘亲情事，呈请留养等情前来。随集地邻犯族人等质讯。

据地保洪德供：前充州属明王台地保洪连已故，小的蒙谕接充，这李建斌是在保内居住，因听从已获病故的古钰堂纠殴，用木棍殴伤穆连生左腿肚平复犯案，他父亲李克山早故，母亲杨氏现年七十五岁，只生李建斌一子，并没次丁，李建斌平日孝养他母亲，并没违忤触犯及游荡忘亲的事，愿具结。是实。

据族邻李克和、李瑞麟、王广仁、李景龙同供：这获案的李建斌是小的们族邻，因听从云云与地保供同。

据犯母李杨氏供：年七十五岁，丈夫李克山，已于同治七年病故，李建斌是小妇亲生儿子，因听从已获病故的古钰堂纠殴，用木棍殴伤穆连生左腿肚平复犯案。小妇只生李建斌一子，家没次丁，也没弟兄子侄出继他人，全靠儿子一人养赡。儿子平日孝顺，并没违忤触犯及游荡忘亲的事，愿具结。是实。各等供。

据此，取具留养各结，由州加粘印结，并绘具古钰堂在监病故图结，将犯覆讯，议拟同犯族地邻人等解府，该府核，恐案情未确，先后委审，由府加结，审拟解经前司提讯，犯供翻异，两次委审解司。本署司提犯亲讯，供与原审无异。

核[③]本署司审看得亳州回民已革武生古钰堂纠殴高凤先等，致听纠之逸犯方大麻砍伤臧三麻身死，该古钰堂于取供后在监狱病故，并续获李建斌，讯系母老丁单，照例查办留养一案。缘古钰堂、李建斌均系该州回民。古钰堂于光绪九年岁试，取入州学武生，与已死臧三麻并高凤先等均系邻村居住，素识无嫌。赵美姐籍隶山东郓城县，因原籍岁歉，于上年携媳茧娃姐逃荒，寄居该州濉溪口地方，嗣因贫苦难度，起意与媳卖奸，有在该处贸易之涡阳县人朱捷三常往奸宿，先后给过钱物，不记确数。光绪十七年九月初间，赵美姐探知朱捷三欲往亳州买货，商允偕媳同往。是月初十日，行抵该州明王台地方，即在武生杨鸿庆客店投寓住歇，杨鸿庆于店内事务并不与闻，统归帮伙张帼冻经理，张帼冻误认朱捷三所带眷属，并未问明来历，旋经该前署州王懋勋访闻，饬差驱逐，因时已傍晚，勒令次早出境，不准逗留。更余时分，高凤先、牛殿魁闻知找往，声称欲食花烟，令赵美姐等开盘，赵美姐答以奉官禁逐，不敢接待，婉言回覆，高凤先等不依混骂，适古钰堂同弟古小五从该处经过，问知前情，即向高凤先等村斥其非，高凤先等气忿，一并辱骂，经地保劝散。古钰堂等回家后被骂不甘，起意纠殴泄忿，遂纠邀李建斌，并在逃之方大麻、马玉贵、穆荣，共六人，各持刀棍前往寻殴，路遇高凤先等走至，提及前事，大声辱骂，高凤先等回詈，互相争殴，高凤先赶拢扑殴，古钰堂用刀砍伤高凤先偏左，并戳伤其左右胳膊，高凤先举脚向踢，古钰堂又用刀砍伤其左膝、左胳肘，牛殿魁亦被古小五用刀砍伤囟门、左手背、左后肋。维时，梁兴、臧三麻上前拦劝，方大麻斥骂帮护，用刀砍伤臧三麻囟门、左胳膊、左胳肘、左膝等处，梁兴亦被马玉贵、穆荣各用刀扎伤右胳膊、右腋胑、右臂膊等处，并有卖花生之穆连生在旁观看，不知被何人殴伤其左胳膊，穆连生用脚乱踢，被李建斌用木棍殴伤其左腿肚，经地保洪连同杨本祥等趋至喝住，问明情由，报验饬医，即经州学访闻，会同该州饬差严拿。饬查高凤先等伤均平复，讵臧三麻伤重，医治无效，延至二十四日殒命，尸亲投保报验，勒据差斗缉获武生古钰堂移州讯办，并提武生杨鸿庆到案，讯供狡展，将各该武生先行详革，因勒提古小五抗不交案，将该武举古福堂衣领详请暂革，提同尸亲犯证质讯。旋据古钰堂供认起意纠殴泄忿，砍伤高凤先偏左、左膝等处不讳，将犯收禁。据报，古钰堂带病进监病故，经该前州验讯，填格取结，一面勒差续获李建斌到案，讯供通详，奉批审解。并据该犯李建斌供明母老丁单，家无以次成丁，该犯平日亦无违忤触犯及游荡忘亲情事，传集犯族地邻人等讯取供结，核与留养之例相符。该犯李建斌覆讯，议拟解府核，恐案情未确，先后委审，照拟加结解司。本署司提犯亲讯，据供前情不讳，诘无起衅别故及另有在场帮殴之人，逃后亦无另犯不法别案及知情容留人家，究鞫不移，案无遁饰。查律载："回民纠伙共殴，但有一人执持器械者，不分首从，发云、贵、两广极边烟瘴充军。"又："妇女自行起意为娼卖奸者，照军民相奸例，枷号一个月，杖一百。宿娼之人同拟枷杖。"又："无籍之徒，窝顿流娼，如系偶然存留为日无几，枷号三个月，杖一百。"各等语。此案古钰堂因被高凤先等辱骂不甘，起意纠邀李建斌等，各持刀械，将高凤先、穆连生殴伤平复，致听纠之逸犯方大麻殴伤臧三麻身死。该犯等均系回民，结伙已在三人以上，自应按律问拟。古钰堂、李建斌均应如该州府及委审所拟，合依"回民结伙共殴，但有一人执持器械者，不分首从，发云、贵、两广极边烟瘴充军"例,拟发云、贵、两广极边烟瘴充军,仍照名例,以足四千里为限。据供,已死臧三麻系逸犯方大麻扎伤毙命,犯系先后拿获,隔别严讯,供出一辙,且据当场被殴之高凤先等到案供证明确,无虞避就,应请先决从罪,无庸监候待质。古钰堂业已在监病故,应无庸议。李建斌据供母老丁单,业经该府州讯取供结,核与留养之例相符,应请照例枷号四十日,满日折责发落,准其存留养亲。张帼冻容留流娼赵美姐等,讯系甫经投寓,并无窝顿经久情事,亦未得受赵美姐等财物,张帼冻亦应如所拟,合依"无籍之徒窝顿流娼,如系偶然存留,为日无几,枷号三个月,杖一百"例,拟枷号三个月,杖一百。赵美姐起意卖奸,朱捷三常与奸宿,赵美姐除纵媳与人通奸轻罪不议外,应与朱捷三均合依"妇女自行起意为娼卖奸者,照军民相奸例,枷号一个月,杖一百。宿娼之人同拟枷杖"例,各拟枷号一个月,杖一百。朱捷三与张帼冻均俟枷号满日,分别折责发落。赵美姐系犯奸之妇,杖决枷赎,追银册报,其先后所得朱捷三钱物,讯无确数,免其著追。茧娃姐听从为娼,迫于姑命,业已罪坐其姑,应免置议。赵美姐、茧娃姐、朱捷三分别递籍交保管束。高凤先、牛殿魁因闻赵美姐等投寓客店,往向吸食花烟,致与古钰堂口角争殴,并在逃之方大麻扎伤臧三麻身死,实属肇衅酿命,均请照"不应重杖八十"律,各拟杖八十,折责发落。已革武生杨鸿庆,与店伙张国冻[④],存留流娼,未能先事觉察,致滋事端,虽未知情容留,亦有不合,应照"不应轻"律,笞四十,惟系因人连累,行止无亏,武生衣顶应请开复,所得笞罪,照例纳赎册报。暂革武举古福堂,讯未在场帮殴,亦无窝庇流娼情事,其弟古小五实系外逃不知去向,并非恃符庇纵,抗不交案,前革武举,应请随案开复。梁兴讯止在场拦劝,穆连生讯系路遇观看,均非听纠帮殴,应与救阻不及之杨本祥等,并古钰堂在监病故,讯无凌虐情弊之刑禁人等,均无庸议。无干经州省释。尸棺分别关属领埋。凶器刀棍供弃免追。逸犯方大麻等,饬缉获日另结。古钰堂带病进监病故,故管狱官例无处分。流娼赵美姐等甫经入境,即经该州王懋勋访问[⑤],饬差驱逐,失察职名,请免开送。其失察武生滋事酿命之州学教官,即经访获,州移讯办,并请邀免议处。理合详候核咨。再,此案审限云云,至全限届满,合并声明。等情。到本部院。据此,除饬勒缉逸犯方大麻等务获究报并分咨外,相应咨达。计咨送图结各一套,留养印结一套,送部。

光绪二十一年七月初四日准。部照覆。

校勘记:

①颖州府:颖字误,当为"颍"。

②高凤先、牛殿魁因杨鸿客庆店住有流娼赵美姐们:据文意,当为"高凤先、牛殿魁因杨鸿庆客店住有流娼赵美姐们"。

③核：误，当为“该”。

④张国冻：人名前后不一致，据上下文当为“张帼冻”。

⑤访问：问字误，当为“闻”。

斗杀

为详报事。查接管卷内，据按察使张岳年详，据属颍州府①知府彭禄转，据涡阳县知县邹钟俊详称：光绪十四年七月二十五日，据地保邓大任报，据保民王宗平投称：伊次子王骚虎与王要同姓不宗，邻居素识。本月二十四日晌午，王骚虎赴地工作，因值天热口渴，顺便在王要地内摘食西瓜，经王要之妻唐氏瞥见斥阻，彼此争吵，经邻劝散。傍晚时分，王要赶集回家，经伊妻子唐氏告知，往向理论，即在伊门首叫骂，王骚虎带刀赶出回詈，被王要夺刀戳伤右乳倒地，旋即殒命。伊长子王群柱出向救护，亦被王要用刀划伤左肋，有邻人陈忠等目证。等语。投身往查属实，理合将凶犯王要同起获凶刀一并送案，报叩验究。等情。并据尸父王宗平报同前由，各到县。据此，随带刑仵押犯驰诣该处，勘得王宗平住屋一所，庄东箭许有王要瓜地一片，秧藤翻乱，已死王骚虎尸身仰卧门前地上。勘毕，饬将尸移平地，对众如法相验。据仵作李锐喝报：已死王骚虎，问年二十二岁。验得，仰面，致命：右乳头有刃伤一处，斜长一寸八分，宽三分，深透内，皮卷血污。余无故。实系受伤身死。报毕，亲验无异，饬取凶刀比对尸伤相符，填格取结，尸令棺殓。又验得，王群柱左肋有刃划伤一处，用药敷护，注单饬医。随讯。

据地保邓大任供与报词同。

据邻证陈忠、王占鳌同供：小的们与王宗平、王要都是邻居，已死王骚虎和王要同姓不宗，村邻没嫌。光绪十四年七月二十四日晌午，王骚虎在地工作，因一时天热口渴，顺便在王要地内摘食西瓜，经王要的妻子唐氏看见斥阻，彼此争吵。那时王要外出赶集，是小的们劝散的。傍晚时候，小的们听得王要合王骚虎在门首叫骂，赶去查看，见王要已把王骚虎右乳戳伤倒地，王骚虎的哥子王群柱向王要夺刀，也被王要划伤左肋，小的们连忙喝住，同向王骚虎扶救。不料王骚虎伤重，当就身死。尸父王宗平把王要扭获，投保报验的。今蒙验讯，小的们委系救阻不及。是实。

据尸父王宗平供：王群柱是长子，已死王骚虎是次子，合这到案的王要同姓不宗，村邻没嫌。光绪十四年七月二十四日晌午，次子在地工作，因一时天热口渴，顺便在王要地内摘食西瓜，经王要的妻子唐氏看见斥阻，彼此争吵。那时王要外出赶集，经邻人陈忠们劝散。傍晚时候，王要来小的门首叫骂，次子顺拿小刀赶出回詈，长子王群柱连忙赶去,不料王要已夺刀戳伤次子右乳倒地,长子就向王要夺刀,也被王要划伤左肋,仍是陈忠们赶来喝住,同向次子扶救,不料次子伤重,当就身死。小的把王要扭获,投保报验的。今蒙验讯,求究伸。是实。

据王群柱供:王宗平是父亲,已死王骚虎是兄弟,合这到案的王要同姓不宗,村邻没嫌。光绪十四年七月二十四日晌午,兄弟在地工作,因一时天热口渴,顺便在王要地内摘食西瓜,经王要的妻子唐氏看见斥阻,彼此争吵,那时王要外出赶集,经邻人陈忠们劝散。傍晚时候,王要来小的门首叫骂,兄弟王骚虎顺拿小刀赶出回骂,小的连忙赶去,不料王要已夺刀戳伤兄弟右乳倒地,小的就向王要夺刀,也被王要划伤左肋,仍是邻人陈忠们赶来喝住,同向兄弟扶救,不料兄弟伤重,当即身死。父亲把王要扭获,投保报验的。今蒙验讯,求究办就是。

据凶犯王要供:年三十二岁,涡阳县人,父亲已故,母亲孙氏,现年六十四岁,兄弟二人,小的居长,娶妻唐氏,没生子女。小的种地度日,合已死王骚虎同姓不宗,同村居住,素没嫌隙。光绪十四年七月二十四日傍晚,小的赶集回家,当据妻子告知,晌午时候,王骚虎在小的地内摘食西瓜,看见斥阻,彼此争吵,经邻人劝散的话,小的生气,往向理论,就到王骚虎门首叫骂,王骚虎赶出回骂,并持刀向小的扑扎,小的闪侧,夺刀吓戳,适伤王骚虎右乳,喊痛倒地。王骚虎的哥子王群柱赶向夺刀,也被小的划伤左肋,经邻人陈忠们赶拢喝住,同向王骚虎扶救,不料王骚虎伤重,当就身死。尸父王宗平把小的扭获,投保送案的。今蒙提审,小的实因被王骚虎摘食地内西瓜,理论争殴,夺刀吓戳,适伤王骚虎身死,并划伤王群柱左肋。并非有心欲杀,也没起衅别故及在场帮殴的人。凶刀已蒙起案,求恩典。是实。各等供。

据此,将犯收禁,录供通详,奉批审解。据报,该犯王要于十四年十一月二十二日在监患病,至十一月二十二日治痊。饬查王群柱伤已平复,遵提覆讯,除各供同前不叙外,讯据凶犯王要供云云同前。等供。据此,该署涡阳县知县邹钟俊审看得云云同后院看至。等情。由府解司核,恐案情未确,札委安庆府联元审无别故,仍照原拟解司,勘转详解到前抚臣陈,提犯亲讯,未及核办,移交到臣,覆核无异。

该臣核看得涡阳县民人王要夺刀戳伤同姓不宗之王骚虎身死,并伤王群柱平复一案。缘王要籍隶该县,种地度日,与已死王骚虎同姓不宗,村邻无嫌。光绪十四年七月二十四日晌午,王骚虎在地工作,因一时天热口渴,顺便在王要地内摘食西瓜,经王要之妻唐氏瞥见斥阻,彼此争吵,其时王要外出赶集,经邻人陈忠等劝散。傍晚时分,王要回家,其妻唐氏告知前情,王要生气,往向理论,即在王骚虎门首叫骂,王骚虎赶出回骂,并持刀向扎,王要闪侧,夺刀吓戳,适伤王骚虎右乳,喊疼倒地。王骚虎之兄王群柱赶向夺刀,亦被王要划伤左肋,陈忠等趋至喝住,讵王骚虎伤重,旋即殒命。尸亲获犯,投保报县诣验,讯供通详,批饬审解。据报,该犯王要在监患病,验报医痊覆讯,议拟由府解司,经司核,恐案情未确,札委安庆府审明解覆,勘转到前抚臣陈,提讯无异,未及核办,移交前来。臣覆核此案,既经前抚臣提犯亲讯,据供前情不讳,诘非有心欲杀,亦无起衅别故及在场帮殴之人,究鞫不移,案无遁饰。查律载:"斗殴杀人者,不问手足、他物、金刃,并绞监候。"等语。此案王要因王骚虎摘食地内西瓜,往向喊骂,夺刀戳伤王骚虎身死,并伤王群柱平复,自应按律问拟。王要除划伤王群柱平复轻罪不议外,应如县府司及委员所拟,合依"斗殴杀人者,不问手足、他物、金刃,并绞监候"律,拟绞监候。该犯事犯到官在光绪十五年三月十六日恭逢恩诏以前,核其情罪,不在不准援免之例,应请准予援免,后再有犯,加一等治罪,仍照例追埋葬银二十两给付尸亲具领,以资营葬。王骚虎擅食王要地内西瓜,本干律议,业已被殴身死,应与救阻不及之陈忠等,伤已平复之王群柱,均毋庸议。无干经县省释。尸棺饬埋。凶器小刀随招解验,案结发回,储库备拨。除揭移部科外,理合恭疏具题,伏乞皇上圣鉴,敕下法司核覆施行。再,此案审限云云,至全限届满,合并陈明。

校勘记:

①颖州府:颖字误,当为"颍"。

殴死辞歇雇工

题为报验事。查接管卷内,据按察使张岳年详,据署广德直隶州知州文翰转,据署建平县知县杨沛霖详称:光绪十四年五月初六日,据客保王应州报,据客民赵世珍投称:伊胞弟赵世发先在监生陈鹤鸣即陈顺山家帮工,后因事辞覆。四月二十八日,赵世发途遇陈鹤鸣,向索旧欠工钱,彼此口角,伊弟扭住陈鹤鸣胸襟殴打,被陈鹤鸣用脚踢伤伊弟小腹左,伊弟仍不放手,复被陈鹤鸣踢伤小腹右,松手倒地。经陈万顺[①]路过劝歇,伊闻报往看,问明情由,抬回医治。讵伊弟伤重,延至五月初四日夜殒命。等语。往查属实,当将凶犯监生陈鹤鸣拿获,合报验究。等情。并据尸兄赵世珍同报,各到县。据此,随带刑仵押犯驰诣尸所,如法相验。据仵作印祥验报:已死赵世发,问年四十九岁。仰面,致命:小腹左有踢伤一处,斜长二寸,宽一寸二分,青色;小腹右有踢伤一处,斜长二寸五分,宽一寸五分,青黯色。均按捺微硬。余无故。委系踢伤身死。报毕,亲验无异,饬取凶鞋比对尸伤相符,当场填格取结,尸令棺殓。当将陈鹤鸣监生详革,随传尸亲、保证人等,提犯研讯。

据客保王应州供与报词同。

据尸兄赵世珍供：湖北兴国州人，寄居案下佣工度日，已死的赵世发是小的兄弟，合这到案的同乡陈鹤鸣即陈顺山素好没嫌。光绪十三年正月间，兄弟在陈鹤鸣家帮工种地、看山，每月工钱一千文。后来，陈鹤鸣因兄弟吸食洋烟，把他辞覆，尚欠兄弟工钱一千文，屡讨没给，小的是知道的。十四年四月二十八日下午时候，兄弟怎样在鸦山地方途遇陈鹤鸣，向索旧欠工钱，彼此口角，兄弟扭住陈鹤鸣胸襟殴打，被陈鹤鸣用脚踢伤兄弟小腹左边，兄弟仍不放手，又被陈鹤鸣踢伤兄弟小腹右边，松手倒地，是程万顺路过劝歇，并通知小的往看，问明情由，把兄弟抬回医治。不料兄弟伤重，到五月初四日夜就身死了，小的投保获犯报验的，求究伸。是实。

据见证程万顺供：湖北兴国州人，寄居案下，外科医业营生，合这到案的同乡陈鹤鸣即陈顺山并已死的赵世发都是邻居。光绪十四年四月二十八日下午时候，小的路过鸦山地方，看见赵世发扭住陈鹤鸣胸衣殴打，陈鹤鸣用脚踢伤他小腹左边，赵世发仍不放手，陈鹤鸣又用脚踢伤他小腹右边，松手倒地。小的连忙上前劝歇，问因赵世发路遇陈鹤鸣索讨旧欠工钱起衅的，小的就报知赵世发哥子赵世珍往看，问明情由，抬回医治。不料赵世发伤重，到五月初四日夜就身死了，尸兄赵世珍投保获犯报验的。小的委系劝阻不及。是实。

据凶犯革监陈鹤鸣即陈顺山供：年五十九岁，湖北兴国州人。同治六年，来案下寄住，垦种荒田度日。父母俱故，并没兄弟妻子。革监先于同治十二年间由建平县寄籍，在皖南茶引局报捐监生，捐名陈鹤鸣，领有实收还没换领执照，合这已死寄住案下的同乡赵世发邻村居住，素好没嫌。光绪十三年正月间，革监雇赵世发在家帮工种地、看山，每月工钱一千文，平日尔我相称，并没主仆名分。革监后因赵世发吸食洋烟，把他辞覆，尚欠工钱一千文，屡讨没付是有的。光绪十四年四月二十八日下午时候，革监到鸦山地方查看竹山，途遇赵世发，向革监索讨旧欠工钱，革监没钱央缓，赵世发斥骂图赖，革监回骂，赵世发赶拢，扭住革监胸襟殴打，革监挣不脱身，用脚向踢，致伤赵世发小腹左边，赵世发仍不放手，革监情急，又用脚踢伤他小腹右边，松手倒地，是医生程万顺路过，赶拢劝歇，通知赵世发哥子赵世珍赶来查看，问明情由，抬回医治。不料赵世发伤重，到五月初四日夜就身死了，尸兄赵世珍把革监获住，投保报验革审的。并非有心欲杀，也没起衅别故及在场帮殴的人。凶鞋已蒙起获。捐监实收，已经缴案。是实。各等供。

据此，将犯收禁，录供通详，奉批审解。据报，该犯陈鹤鸣于光绪十四年九月初七日在监患病，验报饬医，至十月初七日医痊。遵提覆讯，除各供同前不叙外，讯据凶犯革监陈鹤鸣即陈顺山供云云同前。等供。据此，该署建平县知县杨沛霖审看得云云同后院看至。等情。由州解司核,恐案情未确,委据安庆府联元审无别故,仍照原拟解司,勘转到前抚臣陈,提犯亲讯,未及核题,移交到臣。

该臣核看得建平县寄籍革监陈鹤鸣踢伤赵世发身死一案。缘陈鹤鸣即陈顺山籍隶湖北兴国州,寄住该县,垦种荒田度日。该犯先于同治十二年间由建平县寄籍,在皖南茶引局报捐监生,捐名陈鹤鸣,领有实收未换执照,与已死寄住该县之兴国州人赵世发邻村居住,素好无嫌。光绪十三年正月间,陈鹤鸣雇赵世发在家帮工种地、看山,每月工钱一千文,平日尔我相称,并无主仆名分。嗣陈鹤鸣因赵世发吸食洋烟,将其辞覆,尚欠赵世发工钱一千文,屡讨未给。光绪十四年四月二十八日下午时分,陈鹤鸣赴鸦山地方查看竹山,途遇赵世发,向索旧欠工钱,陈鹤鸣无钱央缓,赵世发斥骂图赖,陈鹤鸣回詈,赵世发赶拢,扭住陈鹤鸣胸襟殴打,陈鹤鸣挣不脱身,用脚向踢,致伤赵世发小腹左,赵世发仍不放手,陈鹤鸣情急,复用脚吓踢,适伤赵世发小腹右,松手倒地,经医生程万顺路遇,趋至劝歇,报知赵世发之兄赵世珍往看,问明情由,抬回医治。讵赵世发伤重,延至五月初四日夜殒命,尸兄赵世珍投保获犯,报验讯供,将陈鹤鸣监生详革,一面录供通详,批饬审解。据报,该犯陈鹤鸣在监患病,验报医痊覆讯,议拟由州解司委审,勘转到前抚臣陈,提犯亲讯,未及核题,移交前来。臣覆核此案,既经前抚臣提犯亲讯,据供前情不讳,诘非有心欲杀,亦无起衅别故及在场帮殴之人,究鞫不移,案无遁饰。查律载:“斗殴杀人者,不问手足、他物、金刃,并绞监候。”等语。此案陈鹤鸣因赵世发向索旧欠工钱,彼此口角,该犯因被扭殴,挣扎不脱,用脚踢伤赵世发小腹左右越六日身死,自应按律问拟。已死赵世发,与陈鹤鸣平日尔我相称,并无主仆名分,且殴死已在辞歇以后,应依凡人科断。陈鹤鸣即陈顺山应如县州司及委员所拟,合依“斗殴杀人者,不问手足、他物、金刃,并绞监候”律,拟绞监候,秋后处决。该犯事犯到官在光绪十五年三月十六日恭逢恩诏以前,核其情罪,系在条款准免之列,应请准予援免,后再有犯,加等治罪,仍追埋葬银二十两给付尸属具领,以资营葬。程万顺劝阻不及,应毋庸议。赵世发先向陈鹤鸣扭殴,本就不合,业已被踢身死,亦毋庸议。陈鹤鸣所欠赵世发工钱,照数追给尸兄赵世珍具领。无干省释。尸棺饬埋。凶鞋随招解验,案给销毁[②]。陈鹤鸣呈缴捐监实收,并未领部监执照,业经另详咨销。除揭移部科外,理合恭疏具题,伏乞皇上圣鉴,敕下法司核覆施行。再,此案审限云云。

校勘记:

①陈万顺:人名前后不一致,据上下文当为“程万顺”。

②案给销毁:给字误,当为“结”。

酒后致伤妇女身死

为报验事。查接管卷内,据案察使[①]嵩崑详,据署太平府知府史久常转,据署当涂县知县华椿详称:光绪十三年正月二十一日,据地保田庆报,据保民芮统兴投称:本月二十日午后,有邻人杨玉朱来至伊家闲谈,适伊有客在家留饭,并邀杨玉朱陪客同饮,饭后客散,杨玉朱因饮酒过多,称欲点火吸烟,携取纸煤走进厨房,央令伊妻芮杜氏点火不允,顺取削竹尖刀戳伤伊妻项颈倒地,伊女小六子在旁哭喊,经伊闻声赶进查看,问明情由。讵伊妻伤重,旋即殒命。等语。往看属实,当将杨玉朱获住,理合送案,报请验究。等情。并据尸夫芮统兴同报,各到县。据此,随带刑仵押犯前诣相验。据仵作黄升验报:已死芮杜氏,问年三十七岁。合面,【不】致命:项颈左穿透项颈右有刃伤一处,进刃处斜长一寸,宽二分,出刃处宽长均不及分,深透内,食气嗓损破,皮卷血污。余无故。委系受伤身死。报毕,亲验无异,饬起凶刀比对尸伤相符,填格取结,尸令棺殓。凶刀带回储库。随传尸亲人等,提犯研讯。

据地保田庆供与报词同。

据尸夫芮统兴供:当涂县人,已死芮杜氏是妻子,合这杨玉朱是邻居,素识没嫌。光绪十三年正月二十日午后,杨玉朱来到小的家闲谈,适小的有客在家留饭,就邀杨玉朱陪客同饮,饭后客散,杨玉朱因饮酒过多,说要点火吸烟,就拿取纸煤走进厨房点火,小的自往门外去了,后闻女儿小六子在厨房哭喊,小的连忙赶进查看,那是[②]妻子已被杨玉朱戳伤倒地,问说是杨玉朱走到厨房,央小的妻子点火不允,杨玉朱就替女儿小六子拿刀削竹,妻子劝他不要乱削,杨玉朱说要妻子点火,如不肯点,就要用刀戳来,妻子混骂,杨玉朱回骂,妻子赶拢扑殴,杨玉朱用刀抵戳,因一时酒气上涌,站立不稳,身向前扑,致刀尖戳伤妻子项颈倒地的话,不料妻子伤重,当就身死。小的就投保把杨玉朱获住,送案报验的,求伸究[③]。是实。

据尸女小六子供:年十六岁,已死芮杜氏是母亲,合这杨玉朱是邻居,素识没嫌。光绪十三年正月二十日午后,杨玉朱来到小女家合父亲闲谈,适父亲因有客在家留饭,就邀杨玉朱陪客同饮,饭后客散,杨玉朱饮酒过多,手拿纸煤走进厨房,说要点火吸烟,见母亲坐在灶下,就叫母亲替他点火,母亲不理,杨玉朱放下纸煤,接过小女手内尖刀,转替小女代削竹枝,因他酒醉,把竹乱削,母亲劝他不要乱削,杨玉朱说要母亲点火,母亲就说他灌醉黄汤,谁与点火,杨玉朱回说如不肯点,就要用刀戳来,母亲不服混骂,杨玉朱回骂,母亲站起身来扑向杨玉朱殴打,杨玉朱用刀抵戳,那晓杨玉朱酒气上涌,站立不稳,身向前扑,致刀尖戳伤母亲项颈倒地,小女大声哭喊，父亲闻声赶进，问明情由，不料母亲伤重，当就身死。父亲就投保把杨玉朱获住，送案报验的，求救伸[④]。是实。

据凶犯杨玉朱供：年三十七岁，当涂县人，父故母存，并没弟兄，娶妻生子，合已死芮杜氏邻村居住，素识没嫌。光绪十三年正月二十日午后，小的到芮杜氏家合他丈夫芮统兴闲谈，适芮统兴有客在家留饭，就邀小的陪客同饮，饭后客散，小的因饮酒过多，吃得大醉，想要点火吸烟，可以解酒，就拿取纸煤走进厨房点火，芮杜氏坐在灶下，看他女儿小六子拿刀削竹，小的就央芮杜氏点火，芮杜氏不理，小的放下纸煤，接过他女儿手内尖刀代削竹枝，因酒醉把竹乱削，芮杜氏劝小的不要乱削，小的要他点火，芮杜氏就说小的灌醉黄汤，谁与点火，小的回说，如不肯点，就要用刀戳来，芮杜氏不服混骂，小的回骂，芮杜氏站起身来扑向小的殴打，小的用刀抵戳，那晓酒气上涌，站立不稳，身向前扑，致刀尖戳上芮杜氏项颈倒地，他女儿大声哭喊，芮统兴闻声赶来查看，问明情由，不料芮杜氏伤重，当就身死，芮统兴就投保把小的扭获送案报验的。委非有心欲杀，也没起衅别故。是实。各等供。

据此，将犯收禁，录供通详，奉批审解。嗣据该县覆讯，议拟由府解司核，恐案情未确，札委怀宁县范葆廉审讯，该县因另有查办事件，禀请改委安庆府联元讯审，因犯供翻异，发回覆审，该县华椿业已卸事，金耀奎到任准交，审照原拟，由府解司提讯，犯供游移，札委署怀宁县陈兆庆审照原拟解司。据报，该犯杨玉朱在寄禁怀宁县监患病，医治无效，延至光绪十六年二月初五日病故，即经禀府札委候补知县方维浚验系因病身死，刑禁人等讯无凌虐情弊，绘具图结，详批核入正案拟办。行据该县覆讯，议拟由府具详前来。

该本司核看得当涂县民杨玉朱戳伤芮杜氏身死，旋于解审后在监病故一案。缘杨玉朱籍隶该县，与已死芮杜氏邻村居住，素识无嫌。光绪十三年正月二十日午后，杨玉朱前赴芮杜氏家与其夫芮统兴闲谈，适芮统兴有客在家留饭，并邀杨玉朱陪客同饮，饭后客散，杨玉朱因饮酒过多，已入醉乡，意欲点火吸烟解酒，即携取纸煤走往厨房点火，见芮杜氏坐在灶下，看其女小六子持刀削竹，杨玉朱即央芮杜氏点火，芮杜氏不理，杨玉朱放下纸煤，接过小六子手内尖刀代削竹枝，因酒醉将竹乱削，芮杜氏劝其不可乱削，杨玉朱央其点火，芮杜氏即以灌醉黄汤，谁与点火之言回答，杨玉朱声称，如不肯点，当即用刀戳来，芮杜氏不服混骂，杨玉朱回詈，芮杜氏站起身来扑向杨玉柱殴打，杨玉柱用刀抵戳，不期酒气上涌，站立不稳，身向前扑，致刀尖戳伤芮杜氏项颈倒地。经小六子哭喊，芮统兴闻声趋进查看，问明情由，讵芮杜氏伤重，旋即殒命，尸亲投保获犯，验讯详批审解。嗣据该县覆讯，议拟由府解司委审翻供，发回覆讯，仍照原拟，由府详解到司。据报，该犯杨玉朱在监患病病故，禀府委验，实系因病身死，刑禁人等讯无凌虐情弊，绘具图结，议拟详由安庆府核明，转详前来，应即拟结。查律载："斗殴杀人者，不问手足、他物、金刃，并绞监候。"等语。此案杨玉朱因酒醉吸烟，央令芮杜氏点火不允，起衅争殴，该犯用刀抵戳，致酒气上涌，站立不稳，刀尖戳伤芮杜氏身死，自应按律问拟。杨玉朱应如县府及委审所拟，合依"斗殴杀人者，不问手足、他物、金刃，并绞监候"律，拟绞监候。该犯事犯到官在光绪十五年三月十六日恭逢恩诏以前，系斗殴拟绞，在条款准免之列，应请准予援免，业已在监病故，应毋庸议。应追埋葬银两，身死勿征。该犯在监病故，刑禁人等讯无凌虐情弊，亦毋庸议。各尸棺分别饬属领埋。凶刀发回，储库备拨。所有监毙绞犯一名，管狱官职名系怀宁县典史陈嘉谟，相应开报，详候核咨。再，此案犯已病故，请免扣限，合并声明。等情。到沈部院，未及核办移交本护抚准。据此，本护抚覆核无异，除分咨外，相应咨呈，计咨送图结一套。

光绪十七年七月二十九日准。部照覆。

校勘记：

①案察使：同"按察使"。

②那是：据文意，当为"那时"。

③伸究：据文意，当为"究伸"。

④求救伸：据文意，当为"求究伸"。

殴伤无服族人身死

为详报事。据署按察使丁峻详，据署颍州府①知府王汝砺转，据署太和县知县袁学昌详称：光绪十九年正月十七日，据地保岳玉洁报，据保民岳殿威投称：伊子岳金标于光绪十六年间因与族人岳殿祥口角有嫌，唆使族女王岳氏出向讹索吵闹，经族人岳邦治等不依，随与岳殿祥涉讼，适王岳氏自行失足落水淹死，伊子复唆使岳张氏捏称岳殿祥强奸王岳氏不从，谋害灭迹等情京控，旋即畏罪逃避。十八年十二月二十七日夜，因日久事冷，由外潜回，持械寻殴，致伤岳邦治跌地，岳金进拢护被扎，用棍殴伤伊子左右臁肕等处，喊痛倒地。经族人岳金相等趋至喝住，信伊回归问明，当报验讯饬医。讵伊子伤重，医治无效，延至十九年正月十六日因伤身死。等语。往查属实，犯已逃逸，合报验缉。等情。并据尸父岳殿威同报，各到县。据此，查此案先于光绪十八年十二月二十八日据民人岳邦治呈称：伊族人岳金标因案逃避，奉拿未获。本月二十七日夜，正值伊与岳金进巡更守夜，二更时分，撞遇岳金标携带绳鞭、小刀走至，经伊瞥见，赶向捉拿，岳金标用绳鞭连殴伤伊左臂膊、右腿肚跌地，岳金进拢护，岳金标拔刀向扎，岳金进闪避，顺用巡夜木棍殴伤岳金标右脚腕，并将岳金标手内小刀格落在地，岳金标举脚乱踢，岳金进复用木棍连殴伤岳金标左右肷肋，喊痛倒地，经族人岳金相等趋至喝住，呈乞验究。等情。并据岳殿威将岳金标并小刀、绳鞭送案请验。随提岳金标讯，据供称伊与岳金进之父岳殿祥口角有嫌，唆使族女王岳氏出头向岳殿祥讹索，假称岳殿祥借欠洋蚨数十元未还，故意羞辱，许俟得钱分给度岁，王岳氏应允，即向岳殿祥讹索吵闹，经族人岳邦治等赶向王岳氏不依，王岳氏将伊主唆各情据实告知，岳殿祥随投地保带同王岳氏进城欲控，伊恳王岳氏到案[②]，吐出实情，先令岳张氏以强奸、捆殴各情在县具控，后闻王岳氏因下雪回家，在途自行失足落水淹死，复唆使岳张氏以岳殿祥谋害灭迹各情，写就呈词，并写岳常名字作抱，赴府道各衙门控，奉批县差传岳常到案讯明，并未作抱，申请押发。伊又冒顶岳常名字作抱，赴抚台衙门续控，批由怀宁县押发递解到舒城县地方，乘间脱逃，复起意唆使岳张氏逼令次子岳永治与伊一同进京，在都察院衙门具控，将岳永治咨解回安，伊恐审出挟嫌唆诬实情，畏罪逃避，现因日久事冷，由外潜回，起意往寻岳邦治等殴打泄忿。本月二十七日夜二更时分，携带绳鞭、小刀走到村外，正值岳邦与岳金进巡夜撞遇，岳邦治瞥见，赶拢捉拿，伊用绳鞭连殴伤岳邦治左臂膊、右腿肚跌地，岳金进拢护，伊拔刀向扎，岳金进闪避，顺用木棍殴伤伊右脚腕，并将伊手内小刀格落在地，伊举脚乱踢，岳金进复用棍连殴伤伊左右肷肋，喊痛倒地，经族人岳金相等赶至喝住。等语。饬检道审抄发京控原看，核与供情相符，提验岳邦治左臂膊、右腿肚，岳金标右脚腕、左右肷肋，各有伤一处，分别饬医，一面差提岳金进未到。各在案。据报前情，随带刑仵驰诣相验。据仵作任凤均验报：已死岳金标，问年三十六岁。仰面，不致命：左肷肋有木器伤一处，斜长一寸一分，宽一寸，皮破骨损；右肷肋有木器伤一处，斜长二寸一分，宽一寸二分，皮破骨断；右脚腕有木器伤一处，斜长一寸五分，宽四分，业已结痂，按捺骨损。余无故。实系因伤身死。报毕，亲验无异，饬起凶器木棍无获，无凭比对尸伤，当场填格取结，尸令棺殓。勒差于十九年五月二十日缉获凶犯岳金进到案，饬查岳邦治伤已平复，随传集尸亲、人证，提犯研讯。

据地保岳玉洁供与报词同。

据尸弟岳福供：太和县人，已死岳金标是胞兄。光绪十六年间，胞兄怎样合族人岳殿祥口角有嫌，主唆族女王岳氏向岳殿祥讹索吵闹涉讼，适王岳氏自行失足落水淹死，复唆使岳张氏捏词，逼令次子进京诬控，旋即畏罪逃避，因日久事冷，由外潜回，又怎样起意持械寻殴，致伤岳邦治跌地，岳金进拢护被扎，用棍殴伤胞兄左右肷肋,喊痛倒地,是族人岳金相们赶至喝住,小的合父亲岳殿威同出贸易,数年未回,都没晓得,现经族人信知,同父亲赶回,报蒙验讯,经胞兄供出才知道的。不料胞兄伤重,医治没效,延至十九年正月十六日因伤身死,父亲就投保报验的。今蒙获犯,父亲因患病不能到案,求究办。是实。

据见证岳金相、岳兰、岳朝臣、岳朝栋同供:小的们合这岳金进们并已死的岳金标都是族人。光绪十八年十二月二十七日夜二更时候,听见村外争闹,小的们先后赶去查看,只见岳邦治已被岳金标用绳鞭殴伤跌地,岳金进拢护,岳金标拔刀向扎,岳金进闪避,顺用手拿巡夜木棍,殴伤岳金标右脚腕,并把岳金标手内小刀格落在地,岳金标举脚乱踢,岳金进又用棍殴伤岳金标左右臁肋,喊痛倒地,小的们赶拢喝住,问说是岳金标前次唆使岳张氏捏词京控,畏罪逃避,后因日久事冷,由外潜回,起意往寻岳邦治等殴打泄忿,被岳金进拢护殴伤起衅的。小的就去信知岳金标的父亲岳殿威回归问明,报蒙验讯饬医。不料岳金标伤重,医治没效,到十九年正月十六日因伤身死,岳殿威就投保报验的。小的们委系救阻不及。是实。

据监生岳殿祥供:太和县人,已死岳金标是无服族侄,这获案的岳金进是长子。光绪十六年十二月里,岳金标因合监生口角有嫌,唆使族女王岳氏向监生讹索吵闹,经族人岳邦治们赶向王岳氏不依,王岳氏把岳金标主唆各情据实告知,监生就投保带同王岳氏进城,要想告状。岳金标闻知,先叫岳张氏以强奸、捆殴各情在县具控。那月二十三日,天忽下雪,王岳氏回家过年,独自动身走到原墙集西南渡口,失足落水淹死,经王岳氏的丈夫王治平邀同王岳氏的兄弟岳常前往看明报验,岳金标复唆令岳张氏以监生谋害灭迹等情,写就呈词,并写岳常名字作抱,到府道各衙门控,奉批县差传岳常到案讯明,并未作抱,岳金标又冒顶岳常名字作抱,到府台衙门控,奉押发解到舒城县地方,岳金标乘间脱逃,就起意唆使岳张氏逼令次子岳永治合岳金标一同到京,在都察院衙门控准,将岳永治咨解回安,发道讯明唆诬情由,蒙把监生合岳邦治们省释,访拿岳金标究办。十八年十二月二十七日夜,儿子合岳邦治巡更守夜。二更时分,怎样撞遇岳金标携带绳鞭、小刀前来寻殴,致伤岳邦治跌地,儿子又怎样拢护被扎,用棍殴伤岳金标左右臁肋,喊痛倒地。经族人岳金相们赶去喝住,监生先没晓得,后才知道的。不料岳金标伤重,医治没效,到十九年正月十六日因伤身死,尸父岳殿威就投保报验的。是实。

据受伤人岳邦治供:太和县人,合已死岳金标同族无服。光绪十六年十二月里,岳金标因合这获案的族人岳金进的父亲岳殿祥口角有嫌,唆使族女王岳氏向岳殿祥讹索吵闹,经小的同族众们向王岳氏不依,王岳氏把岳金标主唆各情据实告知,岳殿祥就带同王岳氏进城要合岳金标涉讼。那月二十三日,天忽下雪,王岳氏回家过年,独自走到原墙集西南渡口,失足落水淹死,经王岳氏的丈夫王治平们报县验明。岳金标又唆使王岳氏的母亲岳张氏迭次捏情上控京控, 解回由道审明唆诬情由,把小的合岳殿祥们释回,访拿岳金标究办。十八年十二月二十七日夜,正值小的合岳金进巡更守夜。二更时分,岳金标携带绳鞭、小刀走到撞遇,小的看见,赶向捉拿,被岳金标用绳鞭连殴伤小的左臂膊、右腿肚跌地,岳金进拢护,岳金标拔刀相扎,岳金进闪避,顺用巡夜木棍殴伤岳金标右脚腕,并把岳金标手内小刀格落在地,岳金标举脚乱踢,岳金进又用棍殴伤岳金标左右臁肕,喊痛倒地。经族人岳金相们赶来喝住,报县验明饬医,小的伤痕当就医好。不料岳金标伤重,医治没效,到十九年正月十六日因伤身死,尸父岳殿威就投保报验的。是实。

据凶犯岳金进供:年三十岁,太和县人,父亲岳殿祥,母亲崔氏,弟兄三人,小的居长,娶妻生子,合已死岳金标同族无服。光绪十六年十二月里,岳金标因合父亲口角有嫌,唆使族女王岳氏找向父亲讹索吵闹,经族人岳邦治们赶向王岳氏不依,王岳氏把岳金标主唆各情据实告知,父亲投保,带同王岳氏进城告状,岳金标闻知,先叫岳张氏以强奸、捆殴各情在县具控。那月二十三日,天忽下雪,王岳氏要想回家过年,独自动身走到原墙集西南渡口,失足落水淹死,经王岳氏的丈夫王治平邀同王岳氏的兄弟岳常前往看明报验,岳金标复唆使岳张氏以父亲谋害灭迹等情,写就呈词,并写岳常名字作抱,到府道各衙门控,蒙批县差传岳常到案讯明,没有作抱,岳金标又冒顶岳常名字作抱,到府台衙门控,奉押发解到舒城县地方,岳金标乘间脱逃,复起意唆使岳张氏逼他次子岳永治合岳金标一同到京,在都察院衙门控准,把岳永治咨解回安,发道审明唆诬情由,把小的父亲并岳邦治们省释,访拿岳金标究办。十八年十二月二十七日夜,正值小的合岳邦治巡更守夜。二更时分,岳金标携带绳鞭、小刀走至撞遇,岳邦治看见,赶向捉拿,岳金标用绳鞭连殴伤岳邦治左臂膊、右腿肚跌地,小的拢护,岳金标拔刀向扎,小的闪避,顺用巡夜木棍殴伤岳金标右脚腕,并把岳金标手内小刀格落在地,岳金标举脚乱踢,小的又用棍连殴伤岳金标左右臁肕,喊痛倒地,经族人岳金相们赶到喝住,报县验明饬医,岳邦治当就医好。不料岳金标伤重,医治没效,到十九年正月十六日因伤身死,尸父岳殿威投保报验,小的害怕,逃往各处躲避,今被拿获到案的。委非有心欲杀,也没起衅别故及在场帮殴的人,逃后也没另犯不法并知情容留人家。凶器木棍当时撩弃。是实。各等供。

据此,将犯收禁,录供通详,奉批审解。据报,该犯岳金进于光绪十九年七月十七日在监患病,验报饬医,至八月十七日治痊。遵提覆讯,除各供同前不叙外,讯据凶犯岳金进供云云同前。等供。据此,该署太和县知县袁学昌审看得云云同后院看至,销毁储库。等情。由府解司核,恐案情未确,札委安庆府联元未及审解卸事,署府边保樫审照原拟，解司提讯，犯供狡展，札委署怀宁县黄国城审讯，仍照原拟解司，勘转到臣，提犯亲讯无异。

该臣审看得太和县民岳金进殴伤无服族人岳金标身死一案。缘岳金进籍隶该县，与已死岳金标同族无服。光绪十六年十二月间，岳金标因与岳金进之父岳殿祥口角有嫌，唆使族女王岳氏向岳殿祥讹索吵闹，经族人岳邦治等赶向王岳氏不依，王岳氏将岳金标主唆各情据实告知，岳殿祥随投保带同王岳氏进城欲控，岳金标闻知，先令岳张氏以强奸、捆殴各情在县具控。是月二十三日天忽下雪，王岳氏意欲回家度岁，独自动身，行至原墙集西南渡口，失足落水淹死，经王岳氏之夫王治平邀同妻弟岳常前往看明报验。岳金标复唆令岳张氏以岳殿祥谋害灭迹等情，写就呈词，并写岳常名字作抱，赴府道各衙门控，奉批县差传岳常到案讯明，并未作抱，县请押发，岳金标又冒顶岳常名字作抱，赴臣衙门续控，批由怀宁县押发，解至舒城县地方，岳金标乘间脱逃，复起意唆使岳张氏逼令次子岳永治与岳金标一同赴京，在都察院衙门具控，咨解回安，札道审明唆诬情由，将案议拟详咨。十八年十二月间，岳金标因日久事凉，由外潜回，起意往寻岳邦治等殴打泄忿。是月二十七日夜，正值岳邦治与岳金进巡更守夜。二更时分，岳金标携带绳鞭、小刀，走至撞遇，岳邦治瞥见，赶向捉拿，岳金标用绳鞭连殴伤岳邦治左臂膊、右腿肚跌地，岳金进拢护，岳金标拔刀向扎，岳金进闪避，顺用巡夜木棍殴伤岳金标右脚腕，并将岳金标手内小刀格落在地，岳金标举脚乱踢，岳金进复用棍连殴伤岳金标左右臁肕，喊痛倒地。经族人岳金相等趋至喝住，报县验明饬医，岳邦治旋即伤痊。讵岳金标伤重，医治无效，延至十九年正月十六日因伤殒命，尸父岳殿威投保报县诣验，获犯讯详，批饬审解。据报，该犯岳金进在监患病，验报医痊，将犯覆讯，议拟由府解司委审，勘转到臣，提犯亲讯，据供前情不讳，诘非有心欲杀，亦无起衅别故及在场帮殴的人，究鞫不移，案无遁饰。查律载："同姓服尽亲属相殴至死，以凡论。"又："斗殴杀人者，不问手足、他物、金刃，并绞监候。"各等[语]。此案岳金进因岳金标持械群殴致伤岳邦治跌地，该犯拢护被扎，用棍殴伤岳金标越月十九日身死，[自]应按律问拟。查岳金标主唆岳张氏京控，系属有罪之人，该犯岳金进为岳殿祥之子，即有应捕之责，惟岳金标为该犯无服族人，按亲属无擅杀之文，因照同治十年通行以凡斗论，岳金进合依"同姓服尽亲属相殴致死，以凡论"，"斗殴杀人者，不问手足、他物、金刃，并绞监候"律，拟绞监候。该犯恭逢光绪二十年八月十六日恩诏，事犯到官均在二十年正月初一日以前，核其情罪，系在准免之列，应请准予援免，后再有犯，加一等治罪，仍照例追埋葬银二十两给付尸属具领，以资营葬。该犯逃后，讯无另犯不法及知情容留人家，应与伤经平复之岳邦治并救助不及之岳金相等，均毋庸议。岳金标主唆诬告，并寻殴岳邦治成伤,本干律议,业已被殴身死,亦毋庸议。岳张氏京控一案,已先由道审拟详咨。无干省释。尸棺饬埋。凶器木棍供弃免追。绳鞭、小刀分别销毁储库。除揭移部科外,理合恭疏具题,伏乞皇上圣鉴,敕下法司核覆施行。再,此案审限云云。

光绪二十二年三月初四日准。部照覆。

校勘记:

①颖州府:颖字误,当为"颍"。

②伊恳王岳氏到案:据文意,当为"伊恐王岳氏到案"。

殴伤无服族兄并犯父误伤其弟各身死

为禀报事。查接管卷内,据按察使张岳年详,据署颖州府①知府彭禄转,据代理阜阳县知县秦霖详称:光绪十四年七月初十日,据地保郑祥报,据保民许广善投称:本月初八日,伊堂兄许广生因无服族兄许广学与其父许汶块欲将自己宅基地出卖管业,许广生不允,并向斥骂,许广生被许广学用刀扎伤肚腹倒地,许士块在旁拉劝,亦被许汶块误伤额颅,经邻人郑效言趋至喝住,问明情由,将许广生抬回医治,讵许广生伤重,医治无效,延至初十日早殒命。等语。往查属实,当将许广学获住,理合报验。等情。并据尸弟许广善报同前由,各到县。据此,随带刑件押犯前诣该处。据仵作陈立验报:已死许广生,问年四十岁。致命:肚腹有刃伤一处,斜长一寸三分,宽二分,深透内,肠出,皮卷血污。余无故。实系受伤身死。报毕,亲验无异,饬起凶刀比对尸伤相符,当场填格取结,尸令棺殓。又验得许士块额颅有碰伤一处,用药包护,注单饬医。随讯。

据地保郑祥供与报词同。

据邻证郑效言供:合已死许广生并这获案的许广学都是街邻。光绪十四年七月初八日,小的听闻许广学合许广生口角吵嚷,赶往查看,见许广生已被许广学用刀扎伤肚腹倒地,许士块也被许广学的父亲许汶块碰伤额颅,小的连忙喝住,问说因许广学要把自己宅基卖与许广生管业,许广生不允,并斥他不顾体面,彼此互骂起衅的。当与尸亲许广善一同把许广生抬回医治,不料许广生伤重,医治没效,到初十日早身死,许广善投保,把许广学扭获报验的。小的委系救阻不及。是实。

据尸弟许广善供:已死许广生是小的堂兄,合这获案的许广学是无服族兄,素好没嫌。光绪十四年七月初八日,许广生在许广学院门口闲坐,许广学就向许广生告说因贫难度,已合他父亲许汶块商议,要把自己宅基卖与许广生管业,许广生答说没钱置产，并斥他荡卖祖业，不顾体面，许广学分辩，许广生不服混骂，许广学回骂，许广生举拳扑殴，致被许广学用刀扎伤肚腹倒地，许汶块手拿铜水烟袋赶拢喝劝不住，用手架格，致水烟袋误伤许士块额颅，经街邻郑效言趋至喝住，问明情由，同把许广生抬回医治，不料许广生伤重，医治没效，到初十日早身死，小的投保，把许广学扭获报验的。是实。

据许士块供：许汶块是小的无服族兄，他双目俱瞽。光绪十四年七月初八日，许广学怎样合他父亲商议，要把自己宅基卖与许广生管业，许广生不允，并斥他荡卖祖业，不顾体面的话，彼此口角争殴，小的先不晓得，后因闻闹赶到，上前拉劝，适许汶块手拿铜水烟袋赶拢喝劝不住，用手架格，致水烟袋误伤小的额颅，那晓许广生已被许广学用刀扎伤肚腹倒地，经街邻郑效言趋至喝住，问明情由。不料许广生伤重，到初十日早身死，尸亲许广善就投保获犯报验的。是实。

据许汶块供：许广学是小的儿子，许士块是小的无服族弟，已死许广生是无服族侄。小的双目俱瞽。光绪十四年七月初八日，许广生在小的家门口闲坐，儿子许广学就向许广生告说，因贫难度，已合小的商议，要把自己宅基卖与许广生管业，许广生不允，并斥骂儿子荡卖祖业，不顾体面的话，彼此口角争闹，许广生举拳扑殴，儿子拿取桌上的小刀吓扎，适伤许广生肚腹倒地。那时，小的手拿铜水烟袋在家吸烟，因闻闹赶到喝劝不住，用手架格，致水烟袋误伤在旁拉劝的许士块额颅，经街邻郑效言趋至喝住，问明情由，把许广生抬回医治。不料许广生伤重，医治没效，到初十日早身死，尸亲许广善就投保获犯报验的。是实。

据凶犯许广学供：年三十五岁，阜阳县人，这到案的许汶块是父亲，母亲已故，兄弟三人，小的居长，娶妻来氏，生有子女，已死许广生是无服族兄，同街居住，素睦没嫌。光绪十四年七月初八日，许广生在小的门口闲坐，小的就向许广生告说，因贫难度，已合父亲商议，要把自己宅基卖与许广生管业，许广生答说没钱置产，并斥小的荡卖祖业，不顾体面，小的分辩，许广生不服混骂，小的回骂，许广生举拳扑向小的殴打，小的闪侧，拿取桌上小刀吓扎，不期许广生扑拢势猛，小的收手不及，致伤许广生肚腹倒地。那时，父亲手拿铜水烟袋赶拢喝劝不住，用手架格，致水烟袋误伤在旁拉劝的许士块额颅，经街邻郑效言趋至喝住，问明情由，把许广生抬回医治。不料许广生伤重，医治没效，到初十日早身死，尸弟许广善投保，把小的拿获送案的。并非有心欲杀，亦无起衅别故及另有在场帮殴的人。凶刀已蒙起获。是实。各等供。

据此，将犯收禁，录供通详，奉批审解。据报，该犯许广学于光绪十四年十月初十日在监患病，验报饬医，至十一月初十日治痊。查验许士块伤经平复，遵提覆讯，除各供同前不叙外，讯据凶犯许广学供云云同前。各等供。据此，该阜阳县知县秦霖核看得云云同后院看至。等情。议拟由府解司核，恐案情未确，札委安庆府知府联元审无别故，仍照原拟解司，勘转到前抚臣陈，提犯亲讯，未及核办，移交到臣，覆核无异。

该臣核看得阜阳县民许广学扎伤无服族兄许广生身死，并犯父许汶块误伤无服族弟许士块平复一案。缘许广学籍隶该县，已死许广生系许广学无服族兄，同街居住，素睦无嫌，许汶块系许广学之父，双目俱瞽，许士块系许汶块无服族弟。光绪十四年七月初八日，许广生在许广学门首闲坐，许广学当向许广生告称因贫难度，已与其父许汶块商议，欲将自己宅基出卖与许广生管业，许广生答无钱置产，并斥其荡卖祖业，不顾体面，许广学分辩，许广生不服混骂，许广学回詈，许广生举拳扑殴，许广学闪侧，顺取桌上小刀吓扎，不期许广生扑拢势猛，许广学收手不及，致伤许广生肚腹倒地。时许汶块手携铜水烟袋在家吸烟，因闻闹赶至喝劝不住，用手架格，致水烟袋误伤在旁拉劝之许士块额颅，经街邻郑效言趋至喝住，问明情由，将许广生抬回医治。讵许广生伤重，医治无效，延至初十日早殒命，尸亲投保获犯，报经该县诣验，讯供详批审解。据报，该犯许广学在监患病，验报医痊覆讯，议拟由府解司委审，勘转到前府臣陈，提犯亲讯，未及核办，移交前来。臣覆核此案，既经前府臣提犯亲讯，据供前情不讳，诘非有心欲杀，亦无起衅别故及另有在场帮殴之人，严鞫不移，案无遁饰。查律载："同姓服尽亲属相殴至死，以凡论。"又："斗殴杀人者，不问手足、他物、金刃，并绞监候。"各等语。此案许广学因欲将宅基出卖与无服族兄许广生管业，许广生不允，并向斥骂，口角争殴，致该犯用刀扎伤许广生越二日身死，自应按律问拟。许广学应如县府司所拟，合依"同姓服尽亲属相殴至死，以凡论"，"斗殴杀人者，不问手足、他物、金刃，并绞监候"律，拟绞监候，秋后处决。该犯事犯到官在光绪十五年三月十六日恭逢恩诏以前，核其情罪不在条款不准援免之列，应准援免，后再有犯，加一等治罪，仍追埋葬银二十两给付尸亲收领，以资营葬。许汶块误伤许士块额颅平复，本有应得之罪，惟双目俱瞽，以成笃疾，事在恩诏以前，并免收赎。郑效言劝阻不及，许士块伤经平复，均毋庸议。无干经县省释。尸棺饬埋。凶刀随招解验，案结发回储库备拨。除揭移部科外，理合恭疏具题，伏乞皇上圣鉴，敕下法司核覆施行。再，此案审限云云，至全限届满，合并陈明。

校勘记：

①颖州府：颖字误，当为"颍"。

斗杀后移尸不失

为委审事。据署按察使丁峻详,据安庆府知府联元详称:查接管案卷内,奉臬司委审,太和县民邱广玉扎伤刘存仁身死一案,先因犯供参差,饬传要证李长庆等外出山东等省贸易未回,曾经两次详奉咨部,展限在案。兹于光绪二十年九月二十九日,据太和县袁学昌将要证李长庆等传案解省,奉发到府,饬即提犯研讯确情,按拟解办等因。前署府边保樫未及审解卸事,卑府回任接准移交。遵查太和县卷,内开:光绪十七年七月十四日,该署县袁学昌任内,据地保冯中道禀,据保民刘成国、刘传国报称:伊等胞侄刘存仁于上年十二月间借用庄邻邱广玉铜钱十六千三百文,屡索无偿。本年二月十一日,邱广玉复向胞侄催讨前欠,胞侄无钱央缓,邱广玉不依,斥骂疲赖,并称如不还钱,定欲剥衣作抵,彼此挟扭,经邻人李长庆等劝令还钱了事。本月初三日,胞侄在王国贞茶馆吃茶,遇见邱广玉走至,提及前事,胞侄斥骂邱广玉薄情,邱广玉回詈,致相争闹,胞侄被邱广玉用铁头禾枪扎伤心坎接连肚腹等处,并踢伤小腹倒地。时族人刘庆同在茶馆吃茶,与王国贞一同喝住,经王国贞向伊等报知往看,讵胞侄已经毙命,邱广玉正在移尸,将胞侄尸身拖至后院墙外,伊等与王国贞赶向喊拿,邱广玉当即逃逸。等语。往查属实,合将凶器禾枪缴验,报乞验究。等情。并据尸叔刘成国等报同前由,各到县。旋据该犯邱广玉自行赴案投首前来,随带刑仵押犯驰诣相验,勘得该处砖桥集地方有王国贞茶馆一所,后院有矮墙一座,业已坍塌,仅存基址,高约一尺二三寸,已死刘存仁尸身仰卧墙外地上。勘毕,饬据仵作陈西凤验报:已死刘存仁,问年三十岁。仰面,致命:胸膛右有铁器伤一处,斜长一寸四分,宽四分,深由骨缝透内;心坎接连肚腹有铁器伤一处,斜长一寸一分,宽三分,深透内,均皮卷血污;小腹有踢伤一处,围圆二寸,血瘾,青色,按捺坚硬。余无故。委系受伤身死。报毕,袁学昌亲验无异,饬取凶器铁头禾枪比对尸伤相符,当场填格取结,尸令棺殓。凶器带回储库,详奉批饬确审。嗣因该犯邱广玉供词参差,饬传要证刘庆等外贸未回,循例详咨展限。即据尸亲刘成国等以邱观象主谋杀害顶凶蒙蔽等词,在府道司院各衙门先后上控,又经饬传未到,刘成国等复又添彻情节,赴京呈控,咨解回皖,发府审办,饬传要证李长庆等均各外出,关传需时,又经详咨展限,各在卷。兹奉前因,随督同局员核明奉发各件,提及犯证,逐一研讯。

据地保冯中道供与报词同。

据尸叔刘成国、刘传国同供:太和县人,已死刘存仁是小的们胞侄,合这投案的邱广玉庄邻居住，素识没嫌。光绪十六年十二月里，侄子借用邱广玉铜钱十六千三百文，屡讨没还。十七年二月十一日，邱广玉复向侄子催讨前欠，侄子没钱央缓，邱广玉不依，斥骂疲赖，并说如不还钱，定要剥衣作抵，彼此揪扭，经邻人李长庆们劝令还钱了事。七月初三日，侄子在王国贞茶馆吃茶，遇见邱广玉走来，提起前事，侄子斥骂邱广玉薄情，邱广玉回骂，致相争闹。侄子被邱广玉用铁头禾枪扎伤心坎接连肚腹等处，并用脚踢伤小腹倒地。那时族人刘庆同在茶馆吃茶，合王国贞一同喝住，经王国贞去向小的们报知往看，侄子已经身死，邱广玉正在那里移尸，把侄子尸身拖到后院墙外，小的们合王国贞赶向喊拿，邱广玉当就逃跑，小的们就投保报验的。今邱广玉已经投案，求究办。是实。

据要证李长庆、刘庆、王国贞同供：太和县人，合已死刘存仁并这投案的邱广玉都相认识。光绪十六年十二月里，刘存仁借用邱广玉铜钱十六千三百文，屡讨没还，小的们都知道的。十七年二月十一日，小的李长庆、刘庆路过刘存仁门口，见邱广玉复向刘存仁催讨前欠，刘存仁还钱央缓①，邱广玉不依，斥骂疲赖，并说如不还钱，定要剥衣作抵，彼此揪扭，是小的李长庆、刘庆二人劝令刘存仁还钱了事。七月初三日，刘存仁在小的王国贞茶馆吃茶，适邱广玉走来，进内坐歇，刘存仁提起前事，斥骂邱广玉薄情，邱广玉回骂，刘存仁生气，举拳向邱广玉殴打，邱广玉闪侧，用手拿铁头禾枪扎伤刘存仁胸膛右，刘成仁站起，拿取板凳抵格，邱广玉夺住板凳，用脚踢伤刘存仁小腹，刘存仁喊痛松手，扑拢拼命，邱广玉又用铁枪扎伤刘存仁心坎接连肚腹倒地。那时小的刘庆同在茶馆吃茶，合小的王国贞一同喝住，小的刘庆当因有事走回，小的王国贞就向刘存仁的叔子刘成国们报知往看，刘存仁已经身死，邱广玉正在移尸，把刘存仁尸身拖到后院墙外，小的王国贞合刘成国们赶向喊拿，邱广玉当就逃跑，刘成国们就投保报验的。小的们先各外出山东等省贸易，没有到案候讯，今才回家就遵传解质的。小的们委系救阻不及。是实。

据凶犯邱广玉供：太和县人，年六十四岁，父母都故，并没弟兄，娶妻生子，务农度日，合已死刘存仁庄邻居住，素识没嫌。光绪十六年十二月里，刘存仁借用小的铜钱十六千三百文，屡讨没还。十七年二月十一日，小的复向刘存仁催讨前欠，刘存仁没钱央缓，小的不依，斥骂疲赖，并说如不还钱，定要剥衣作抵，彼此揪扭，经邻人李长庆们劝令刘存仁还钱了事。七月初三日，小的背负禾枪田工转回，路过王国贞茶馆门口，进内坐歇，是刘存仁先在那里吃茶，刘存仁看见，提起前事，斥骂小的薄情，小的回骂，刘存仁生气，举拳向小的殴打，小的闪侧，用手拿铁头禾枪扎伤刘存仁胸膛右，刘存仁站起，拿取板凳抵格，小的夺住板凳，用脚踢伤刘存仁小腹，刘存仁喊痛松手，扑拢拼命，小的用枪吓扎，适伤刘存仁心坎接连肚腹倒地。经王国贞合同在茶馆吃茶的刘庆一同喝住，刘庆当时走去，王国贞往向刘存仁的叔子刘成国们报知。不料刘存仁伤重，过了一会身死，小的害怕，四顾没人，起意移尸灭迹，正在那里把刘存仁尸身拖到后院墙外，那晓王国贞合刘成国们走来赶向喊拿，小的当就逃跑，随赴案投首的。委非有心欲杀，也没起衅别顾及在场帮殴的人。凶器禾枪已蒙起案。是实。各等供。

据此，将犯收禁，录供通详，奉批审解，将犯覆讯，议拟解司提讯，犯供翻异，发回覆审，复经该府联元提犯审明，供与前审相同，诘因畏罪图翻，并无别故，仍照原拟解覆。本署司亲提研讯，供与原审无异，正在勘转间，据报，该犯邱广玉在安庆府监染寒热病症，医治无效，于光绪二十一年三月初二日在监病故，饬委署怀宁县知县黄国城验系因病身死，刑禁人等讯无凌虐情弊，饬取图结，详批核入正案办理。嗣据该署府曾树椿绘具图结，呈送到司。当因声叙未协，发回另换。兹据换送图结前来。

本署司核看得太和县民邱广玉扎伤刘存仁身死移尸不失，该犯于解审后在监病故一案。缘邱广玉籍历该县，务农度日，与已死刘存仁庄邻居住，素识无嫌。光绪十六年十二月间，刘存仁借用邱广玉铜钱十六千三百文，屡索无偿。十七年二月十一日，邱广玉向刘存仁催讨前欠，刘存仁无钱央缓，邱广玉不依，斥骂疲赖，并称如不还钱，定欲剥衣作抵，彼此揪扭，经邻人李长庆等劝令刘存仁还钱了事。七月初三日，刘存仁在王国贞茶馆喝茶，时邱广玉田工转回，路经该处，进内坐歇，刘存仁瞥见，提及前事，斥骂邱广玉薄情，邱广玉回詈，刘存仁生气，举拳向邱广玉殴打，邱广玉闪侧，用手携铁头禾枪扎伤刘存仁胸膛右，刘存仁站起，携取板凳抵格，邱广玉夺住板凳，用脚踢伤刘存仁小腹，刘存仁喊痛松手，扑拢拼命。邱广玉用枪吓扎，适伤刘存仁心坎接连肚腹倒地。经王国贞与同在茶馆之刘庆一同喝住，刘庆当时走去，王国贞报知刘存仁之叔刘成国等往看，讵刘存仁伤重，业经殒命。邱广玉畏惧，四顾无人，起意移尸灭迹，将尸身拖至后院墙外，刘成国走至，赶向喊拿，邱广玉当即逃逸，尸亲投保报县。该犯邱广玉赴案投首，验讯详报。嗣因犯供参差，要证刘庆等外贸未回，循例详咨展限。旋据尸亲刘成国等先后赴府、赴省上控，并复添砌情节赴京呈控，咨解回皖，行提人卷来省，札发安庆府审办。行据该县提到要证李长庆等解省，饬发讯明，议拟解司提讯，犯供翻异，发回覆审，供与前审相同，仍照原拟解覆。本署司提犯亲讯无异，正在勘转间，据报该犯邱广玉在安庆府监患病病故，饬委署怀宁县验讯通详，批饬核入正案办理。嗣因图结声叙未协，发回另换呈送到司。本署司复查[②]此案，既据该犯邱广玉供认前情不讳，现在犯已病故，无犯可审，应即拟结。查律载："斗殴杀人者，不问手足、他物、金刃，并绞监候。"等语。此案邱广玉因向刘存仁索还借欠钱文，曾经口角揪扭，嗣复撞遇，提及前事，刘存仁斥骂薄情，起衅争殴，该犯用铁头禾枪扎伤刘存仁身死，虽据自首，无因可免，仍应按律问拟。邱广玉除移尸不失轻罪不议外，应如该府所拟，合依“斗殴杀人者，不问手足、他物、金刃，并绞监候”律，拟绞监候，业已在监病故，应毋庸议。见证李长庆等救阻不及，应与该犯在监病故讯无凌辱之刑禁人等，均毋庸议。各尸棺分别饬属领埋。凶器禾枪案结储库备拨。所有监毙绞犯一名，管狱官职名系安庆府照磨沈锦，相应随案开送。理合详候核咨。等情。到院。据此，本部院覆核无异，除分咨外，相应咨达。计咨送图结一套，送刑部。

校勘记：

①还钱央缓：据文意，当为“没钱央缓”。

②复查：复字误，当为“覆”。

卷七儒 人 命

黑夜疑贼致伤身死

为报验事。据按察使嵩崑详,据颍州府[①]知府凤林转,据署颍上县[②]知县彭燦垣详称:光绪十四年七月初二日,卑前县王朝俊任内,据地保汤利民报,据保民谢学友投称:伊堂兄谢学成于六月二十七日夜赴地看守庄稼,次早未回,连日找寻无踪。本月初一日,传闻大河湾内浮有一尸,伊即赶往查看,适邻人高绪先至该处帮同捞起,认系谢学成尸身,胸膛等处有伤,并经高绪向伊告知,族人高寅道曾于前月二十七日夜在秫地疑贼戳伤一人落河,料被高寅道殴毙。等语。往查属实,当将高寅道拿获送案,报乞验究。等情。并据尸堂弟谢学友同报,各到县。据经王朝俊带领刑仵押犯驰诣相验,据仵作薛坤验报:已死谢学成,问年五十六岁。仰面,致命:胸膛有刃伤一处,斜长四分,宽三分;左乳有刃伤一处,斜长九分,宽四分。不致命:左肋有刃伤一处,斜长八分,宽四分。以上各伤,均深由骨缝透内,皮卷血污。肚腹发胀,十指甲缝无泥沙,两手心、两脚心绉白。余无故。实系受伤后落水身死。报毕,亲验无异,饬起凶器尖刀比对尸伤相符,当场填格取结,尸令棺殓。凶刀带回储库。随传集尸亲人等,提犯逐加研讯。

据地保汤利民供与报词同。

据尸堂弟谢学友供:颍上县[③]人,已死谢学成是堂兄,种地度日,合高寅道素不认识。光绪十四年六月二十七日夜,谢学成赴地看守庄稼,次早不见回来,连日找寻没踪。七月初一日,小的听说大河湾内浮有死尸,赶去查看,适邻人高绪先在那里帮同捞起,认得是谢学成尸身,胸膛等处有伤,并经高绪向小的告说,他族人高寅道曾于前月二十七日夜在秫地疑贼戳伤一人落河的话,堂兄谢学成料被高寅道殴毙,小的就投保把高寅道拿获赴案报验的,求究伸。是实。

据应讯高绪供:这到案的高寅道是无服族人,种地度日,合已死谢学成素不认识。光绪十四年六月二十八日早上,高寅道来向小的告知,他于昨晚三更时候在沿河地内看守秫稻,因见有一人蹲在河边,他疑是窃贼,拔出身带尖刀戳伤那人三下滚跌落河的话，小的就合高寅道同到那里，并没踪迹，想已浮水逃走。到七月初一日，听说大河湾内浮有死尸，小的赶去查看，那谢学成的堂弟谢学友也到那里帮同捞起，谢学友认得是谢学成尸身，胸膛有伤，小的当把那夜高寅道在秫地戳伤一人落河的话向谢学友告知，这谢学成料被高寅道殴毙，谢学友就投保获犯报验的。是实。

据凶犯高寅道供：年二十三岁，凤台县人，父亲高斌，母亲陈氏，弟兄三人，小的第二，并没妻子，小的寄居案下地方种地度日，合已死谢学成素不认识。光绪十四年六月二十七日夜，小的因沿河地内秫稻常被窃贼偷割，携带防身尖刀赴地看守。三更时候，听得秫叶声响，潜往巡查，见有一人蹲在河边，小的疑是窃贼，就拔出身带尖刀戳伤那人一下，那人站起喊骂，举拳扑殴，小的怕他拒捕，又用刀连戳那人两下，滚跌落河。小的害怕，当就跑回。到第二日早上，向族人高绪告知前情，同到那里查看，并没踪迹，想已浮水逃走。后来听说大河湾内浮有死尸，经高绪同尸亲谢学友捞起，认得是谢学成尸身，胸膛等处有伤，就投保把小的拿获送案的。委非有心致死，也没起衅别故及在场帮殴的人。凶刀已蒙起案。至当日戳伤那人何处部位，实因黑暗中没有看得清楚。不敢混供。是实。各等供。

据此，将犯收禁，录供通详，奉批审解。王朝俊旋即卸事，卑职到任准交。据报，该犯高寅道于十四年十一月十七日在监患病，验报饬医，至十二月十七日治痊。遵提覆讯，除各供同前不叙外，讯据凶犯高寅道供云云同前。等供。据此，该署颍上县④知县彭燦垣审看得云云同后院看至，案结储库备拨。等情。解府提讯，犯供游移，札委代理阜阳县秦霖审照原拟，由府解司，前司核，恐案情未确，札委安庆府联元审明，仍照原拟解司提讯，犯供狡展，札委怀宁县范葆廉覆审，仍照原拟解司，勘转到臣，提犯亲讯无异。

该臣审看得颍上县⑤客民高寅道黑夜疑贼戳伤谢学成身死一案。缘高寅道籍隶凤台县，寄居颍上县⑥地方种地度日，与已死谢学成素不认识。光绪十四年六月二十七日夜，高寅道因沿河地内秫稻常被窃贼偷割，携带防身尖刀赴地看守，适谢学成亦赴自己地内看守庄稼。三更时分，路过高寅道秫地，高寅道听闻秫叶声响，潜往巡查，黑暗中见有一人蹲在河边，高寅道疑系窃贼，即拔出身带尖刀戳伤谢学成一下，谢学成站起喊骂，举拳扑殴，高寅道恐其拒捕，复用刀连戳谢学成二下，谢学成滚跌落河。高寅道因时在黑夜，未及看明戳伤部位，当即转回。次早，向其族人高绪告知前情，同往河边查看，并无踪迹，谅已凫水逃逸。谢学成堂弟谢学友亦因其兄许久不回，连日找寻无着。七月初一日，听闻该县属大河湾内浮有死尸，即经谢学友与高绪先后往看，帮同捞起，认系谢学成尸身，胸膛等处有伤，料被高寅道疑贼致毙，谢学友投保获犯，报经该前县王朝俊验讯，详批审解。王朝俊旋即卸事，彭燦垣到任准交,该犯高寅道在监患病,验报医痊。兹据该县覆讯,议拟由府解司委审,勘转前来。臣提犯亲讯,据供前情不讳,诘非有心欲杀,亦无起衅别故及在场帮殴之人,究鞫不移,案无遁饰。查例载:"疑贼致毙人命之案,讯系因伤身死,仍照斗杀本律定拟。"又律载:"斗殴杀人者,不问手足、他物、金刃,并绞监候。"各等语。此案高寅道夤夜赴地看守秫稻,因谢学成路过该处,该犯听闻秫叶声响,致黑暗中疑贼,用刀戳伤谢学成滚跌落河身死。查原验已死谢学成致命胸膛、左乳各伤,均深至透内,其为因伤身死无疑,自应按律问拟。高寅道应如县府司及委审所拟,合依"疑贼致毙人命之案,讯系因伤身死,仍照斗杀本律定拟","斗殴杀人者,不问手足、他物、金刃,并绞监候"律,拟绞监候。该犯事犯到官在光绪十五年三月十六日恭逢恩诏以前,核其情罪不在不准援免之列,应请准予援免,后再有犯,加等治罪。无干由县省释。尸棺饬埋。凶刀验明发回,案结储库备拨。除揭移部科外,理合恭疏具题,伏乞皇上圣鉴,敕下法司核覆施行。再,此案审限云云。

光绪十七年十月十五日准。部照覆。

校勘记:

①颖州府:颖字误,当为"颍"。

②颖上县:颖字误,当为"颍"。

③同②。

④同②。

⑤同②。

⑥同②。

黑夜疑贼致伤身死

题为详报事。据按察使张岳年详,据安庆府知府联元转,据署望江县知县黄筠年详称:光绪十四年五月二十日,卑前署县吕耀轸任内,据地保张汝成报,据民人王炽昌投称:本月十七日夜二更时分,伊叔王克猷因在何德礼门前地上出恭,被陈有沅疑系偷草贼人,用竹扁担殴伤左肩甲。伊叔拾起扁担,向陈有沅不依辱骂,并向还殴。陈有沅执住扁担,两相拉夺,经何德礼之妻何张氏出向喝阻,陈有沅将手松放,致扁担头撞伤伊叔心坎倒地,并垫伤左后肋。何张氏报伊往看,问明情由,扶回医治。讵伊叔伤重,医治无效,延至十九日早殒命。等语。往查属实,犯已获住,合报验究。等情。并据尸侄王炽昌报同前由,各到县。据经吕耀轸押犯带领刑仵驰诣尸所,如法相验。据仵作周宏德验报:已死王克猷,问年五十八岁。仰面,不致命:左肩甲有竹器伤一处,斜长一寸五分,宽二分,红色,有血癊。致命:心坎有竹器伤一处,斜围二寸八分,青色,有血癊。合面,不致命:左后肋有石块垫伤一处,围圆二寸,参差不齐,紫赤色,有血癊。余无故。委系受伤身死。报毕,亲验无异,饬起凶器竹扁担比对尸伤相符,填格取结,尸令棺殓。凶器带回储库。随讯。

据地保张汝成供与报词同。

据尸侄王炽昌供:已死王克猷是胞叔,合何德礼并这到案的陈有沅都是庄邻。何德礼住屋门前堆放稻草,曾经被人偷窃,因失赃不多,没有报案,小的是知道的。光绪十四年五月十七日夜二更时候,胞叔怎样到何德礼家门前地上出恭,被何德礼亲戚陈有沅疑是偷草贼人,用竹扁担殴伤胞叔左肩甲,胞叔拾起地上扁担向陈有沅不依辱骂,并向还殴。陈有沅执住扁担不放,两相拉夺,何德礼的妻子何张氏出向喝阻,陈有沅把手松放,致扁担头撞伤胞叔心坎倒地,石块垫伤左后肋,小的先没知道,是何张氏报知小的往看,问明情由,扶回医治。不料胞叔伤重,医治没效,到十九日早身死,小的投报[①]获犯报验的,求究办。是实。

据见证何张氏供:何德礼是丈夫,已死王克猷合小妇是邻居,这到案的陈有沅是小妇儿女亲家。小妇住屋门前堆放稻草,曾经被人偷窃,因失赃不多,没有报案。光绪十四年五月十七日,丈夫到泉塘寺帮人插秧,因怕被人再来偷草,托陈有沅代为照管。那夜二更时候,小妇听得门外吵闹,点灯开门出看,见王克猷同陈有沅拉夺扁担,小妇喝阻。陈有沅把手松放,那晓王克猷没有防备,致扁担头撞伤王克猷心坎,仰跌倒地,石块垫伤左后肋。陈有沅赶忙上前扶救,并向小妇告知,他到小妇门前查看,见有一人蹲在地上出恭,他因月色昏暗看不清楚,疑是偷草贼人,用竹扁担殴打一下,后来认是王克猷,当向赔礼,王克猷不依辱骂,彼此拉夺扁担的话,小妇就通知王克猷的侄子王炽昌赶来问明,把王克猷扶回医治。不料王克猷伤重,到十九日早身死,尸侄王炽昌赴案报验的。今蒙提讯,小妇委系救阻不及。是实。

据凶犯陈有沅供:年三十二岁,望江县人,父母俱存,弟兄三人,小的居长,娶妻生有子女,种田度日。合已死王克猷同庄居住,素识没嫌。小的合何德礼是儿女姻亲。何德礼住屋门前堆放稻草,曾经被人偷窃,因失赃不多,没有报案。光绪十四年五月十七日,何德礼到泉塘寺帮人插秧,因怕被人再来偷草,托小的代为照管,小的应允。那夜二更时候,小的顺拿竹扁担前去查看,见有一人蹲在何德礼门前地上,那时月色昏暗,小的看不清楚,疑是贼人又来偷草,就用竹扁担打他左肩甲一下,那人起身,喊说在此出恭,为何殴打。小的认是王克猷,方知疑贼误殴,当把扁担丢放地上,向王克猷赔礼求饶。王克猷拾起地上扁担,向小的不依辱骂,并向还殴。小的回骂,拿住扁担不放,两相拉夺。何德礼的妻子何张氏拿油灯开门走出，见相喝阻，小的把手松放，那晓王克猷没有防备，致扁担头撞伤王克猷心坎，仰跌倒地，石块垫伤左后肋，小的赶忙扶救，并向何张氏告知情由，通知王克猷的侄子王炽昌赶来问明，把王克猷扶回医治。不料王克猷伤重，到十九日早身死，王炽昌投保把小的获住送案的。委非有心致死，也没起衅别故及在场帮殴的人。竹扁担已蒙起获。是实。各等供。

据此，将犯收禁，录供通详，奉批审解。据报，该犯陈有沅于光绪十四年八月二十九日在监患病，验报饬医，至九月二十九日治痊。吕耀轸未及审解卸事，卑职到任准交，遵提覆讯，除尸亲、保证各供同前不叙外，讯据凶犯陈有沅供云云同前。是实。等供。据此，该署望江县知县黄筠年审看得云云同后院看至，案结发回销毁。等情。由府解司，勘转到臣，提犯亲讯无异。

该臣审看得望江县民陈有沅疑贼致伤王克猷身死一案。缘陈有沅籍隶该县，种田度日，与已死王克猷同庄居住，素识无嫌。何德礼、陈有沅系儿女姻亲。何德礼住屋门前堆有稻草，曾经被窃，因失赃无多，未经报案。光绪十四年五月十七日，何德礼往泉塘寺帮人插秧，因恐被人再来窃取稻草，托陈有沅代为照管，陈有沅应允。是夜二更时分，陈有沅携带竹扁担前往查看，适王克猷蹲在何德礼门前地上出恭。维时月色昏暗，陈有沅看不清楚，疑系贼人又来窃草，即用竹扁担殴伤王克猷左肩甲。王克猷起身，声言在此出恭，因何殴打。陈有沅认系王克猷，始知疑贼误殴，当将扁担丢放地上，向王克猷赔礼求饶。王克猷拾起地上扁担，向陈有沅不依辱骂，并向还殴，陈有沅回詈，执住扁担不放，正在两相拉夺，何德礼之妻何张氏闻闹持灯开门出见，当向喝阻，陈有沅将手松放，王克猷不及防备，致扁担头撞伤王克猷心坎，仰跌倒地，石块垫伤左后肋。陈有沅赶忙扶救，并向何张氏告知前情，通知王炽昌趋至问明，将王克猷扶回医治。讵王克猷伤重，延至十九日早殒命。尸侄王炽昌投保获犯，报经该前署县吕耀轸验讯通详，批饬审解。据报，该犯陈有沅在监患病，验报医痊。吕耀轸未及审解卸事，黄筠年到任准交覆讯，议拟由府解司，勘转前来。臣提犯亲讯，据供前情不讳，诘非有心欲杀，亦无起衅别故及在场帮殴之人，研鞫不移，案无遁饰。查例载："疑贼致毙人命之案，讯系因伤身死，仍照谋故斗杀各本律例定拟。"又律载："斗殴杀人者，不问手足、他物、金刃，并绞监候。"各等语。此案陈有沅因见王克猷昏夜蹲在何德礼门前地上出恭，疑系窃贼，用竹扁担殴伤王克猷左肩甲，王克猷拾担向殴，彼此互相拉夺，致撞伤王克猷心坎，越二日身死，自应按照斗杀本律问拟。陈有沅应如县府司所拟，合依"斗殴杀人者，不问手足、他物、金刃，并绞监候"律，拟绞监候。该犯事犯到官在光绪十五年三月十六日恭逢恩诏以前，核其情罪，不在条款不准援免之列，应请准予援免，后再有犯，加一等治罪，仍追埋葬银二十两给付尸亲具领，以资营葬。见证何张氏讯系救阻不及，应毋庸议。何德礼家被窃稻草失赃无几，免其查缉。尸棺经县饬属领埋。凶器竹扁担随招解验，案结发回销毁。除揭移部科外，理合恭疏具题，伏乞皇上圣鉴，敕下法司核覆施行。再，此案审限云云。

校勘记：

①投报：据文意，当为“投保”。

殴伤后乘便携取财物

题为报验事。据按察使张岳年详，据徽州府知府春岫转，据婺源县知县吴鹗详称：光绪十年十二月十九日，据地保詹秉和禀，据孀妇宋汪氏投称：伊长子宋瑞祥与村邻曹馨素识无嫌。本月十六日早，伊子身带布袋，内装洋一元、钱三百文，肩挑酒桶，赴小秋口地方买酒，路过径子岭路亭，适曹馨先在亭口拦卧，伊子酒桶误碰曹馨额颅，口角争殴，伊子被曹馨拾石掷伤额颅，仰跌倒地，并在石块上磕伤脑后、擦伤左臀等处，并将布袋、洋钱乘便携去，经邻人汪金祥通知伊次子宋裕祥同往查看，问明情由，抬回医治。讵伊子伤重，延至十八日殒命。等语。往查属实，合报验缉。等情。并据尸母宋汪氏同报，各到县。据此，当即饬差严缉，一面带领刑仵驰诣相验。据仵作王安验报：已死宋瑞祥，问年三十二岁。仰面，致命：额颅石块伤一处，斜长一寸二分，宽四分。合面，致命：脑后石块伤一处，斜长一寸八分，宽七分，均皮破血结，按捺骨微损。不致命：左胳肘擦伤一处，斜长一寸，宽八分；左臀擦伤一处，斜长一寸五分，宽九分，均皮微破。余无故。委系受伤身死。报毕，亲验无异，当场填格取结，尸令棺殓。又勘得径子岭地方有路亭一座，亭内地有血迹。勘毕绘图，同格结附卷。勒据差役于光绪十一年二月初五日获犯曹馨到案，随传集尸亲人等，逐加研讯。

据地保詹秉和供与报词同。

据尸弟宋裕祥供：已死的宋瑞祥是哥子，合这到案的曹馨邻村居住，素识没嫌。光绪十年十二月十六日早，哥子宋瑞祥肩挑酒桶，身带布袋一只，内装洋一元、钱三百文、苞芦三颗，往小秋口地方买酒。走过径子岭路亭，适曹馨先在路亭口睡卧，哥子怎样把酒桶误碰他额颅，曹馨惊起不依，把酒桶推倒，哥子混骂，曹馨回骂，哥子举拳扑殴，被曹馨拾石块掷伤额颅，仰跌倒地，并在石块上磕伤脑后，擦伤左胳肘等处，并把哥子身带布袋、钱洋，乘便拿去，小的先不知道，是邻人汪金祥通知小的一同赶去查看，并向哥子问明情由，抬回医治。不料哥子伤重，到十八日就身死了，小的投保报验的，求究伸。是实。

据尸母宋汪氏供与次子宋裕祥供同。

据案证汪金祥供：婺源县人，饭店生理。合已死宋瑞祥并这到案的曹罄邻村认识。曹罄积欠小的饭账原是有的。光绪十年十二月十六日，曹罄拿洋一元来还饭账，小的因他穷苦忽来还账，问他洋从何来，曹罄言语含糊，小的更加疑心，再三盘问，曹罄不能隐瞒，就说他今日早上在径子岭路亭口睡卧，宋瑞祥肩挑酒桶走到那里，把他碰醒。他惊起不依，当把酒桶推倒，宋瑞祥混骂，他也回骂。宋瑞祥举拳扑殴，他闪开拾石掷伤宋瑞祥额颅，仰跌倒地，并在石块上碰伤脑后、擦伤左臂等处。他正要逃跑，见宋瑞祥随身带有布袋一只，乘便拿走，解开查看，内有洋一元、钱三百文、苞芦三颗，当把布袋丢弃的话，嘱勿声张。小的怕受连累，把洋交还曹罄，当就走避。小的通知尸弟宋裕祥一面赶往查看，并向宋瑞祥问明情由，抬回医治。不料宋瑞祥伤重，到十八日就身死了，尸亲投保报验。小的就出外赴江西省贸易，今才回家，遵传投讯的。所供是实。

据犯人曹罄供：三十八岁，婺源县人，父母都故，并没弟兄妻子，求乞度日。合已死宋瑞祥邻村居住，素识没嫌。光绪十年十二月十六日早，小的在径子岭路亭口地上睡熟，适宋瑞祥肩挑酒桶走到那里，酒桶碰了小的额颅一下，小的惊起不依，把宋瑞祥酒桶推倒。宋瑞祥生气混骂，并斥小的不该当路拦卧，小的回骂，宋瑞祥举拳扑殴，小的闪开，顺拾地上石块吓掷，适伤宋瑞祥额颅，仰跌倒地，并在石块上磕伤脑后，擦伤左臂、左胳肘。小的正要逃跑，见宋瑞祥随身带有布袋一只，乘便拿走，解开查看是洋一元、钱三百文、苞芦三颗，当把布袋丢弃，洋蚨一元往还汪金祥饭账。汪金祥因小的穷苦，忽去还账，问说洋从何来，小的言语含糊，汪金祥盘问再三，小的不能隐瞒，就把前情告知，央勿声张。汪金祥怕受连累，把洋交还小的，当即逃避。后来，汪金祥通知尸弟宋裕祥同往查看，问明情由，把宋瑞祥抬回医治。那晓宋瑞祥伤重，到那月十八日就身死了，尸亲投保报验，把小的获案的。委没有心欲杀，也没起衅别故及预谋杀害的事。钱洋早已化用。石块当时撩弃。小的向来求乞，委实赤贫。是实。各等供。

据此，将犯收禁，录供通详，奉批审解。据报，该犯曹罄于十一年四月二十四日在监患病，验详饬医，至五月二十四日治痊。遵提覆讯，除各供同前不叙外，讯据犯人曹罄供云云同前。等供。据此，该婺源县知县吴鹗审看得云云同后院看至，供弃免追。等情。解府提讯，犯供翻异，札委歙县刘家序审照原拟，解府提讯，供仍不符，饬委绩溪县欧阳霭审无别故，仍照原拟由府解司核，恐案情未确，札委署怀宁县范葆廉审讯，该县因另有查办事件，禀司改委安庆府联元审讯，因犯供狡展，由司饬提要证汪金祥到案质讯，饬据该县以要证汪金祥先期赴江西省贸易，关传需时，由司详咨展限。兹催据该县将要证汪金祥传解到司，札委安庆府提同质明，仍照原拟解司，勘转到臣，提犯亲讯无异。

该臣审看得婺源县民曹罄用石掷伤宋瑞祥身死，并乘便携取随身钱物一案。缘曹罄籍隶该县，求乞度日，与已死宋瑞祥邻村居住，素识无嫌。光绪十年十二月十六日早，曹罄在径子岭路亭口拦卧，适宋瑞祥携带布袋一只，内盛钱洋、苞芦，肩挑酒桶，赴小秋口地方买酒。经过该处路亭，因酒桶误碰曹罄额颅一下，曹罄惊起不依，将宋瑞祥酒桶推倒，宋瑞祥生气混骂，并斥其不应当路拦卧。曹罄回骂，宋瑞祥举拳扑殴，曹罄闪避，顺拾地上石块吓掷，适伤宋瑞祥额颅，仰跌倒地，并在石块上磕伤脑后、擦伤左胳肘等处。曹罄正欲逃逸，见宋瑞祥随身带有布袋，乘便携走解开，查看内系洋蚨一元、钱三百文、苞芦三颗，当将布袋丢弃，洋蚨一元往还汪金祥饭账。汪金祥知其贫苦，忽来还账，诘其洋从何来，曹罄言语支吾，汪金祥愈加心疑，再三盘问，曹罄不能隐瞒，告知前情，央勿声张。汪金祥恐受连累，将洋交还，曹罄当即逃避。汪金祥报知尸弟宋裕祥一同赶往查看，问明情由，抬回医治。讵宋瑞祥伤重，医治无效，延至是月十八日殒命，投保报经该县诣验，获犯讯详，批饬审解。该犯曹罄在监患病，验报医痊覆讯，议拟解府委审，解司发委覆讯，犯供狡展，查传要证外贸，详咨展限。催提汪金祥到案，审照原拟解司，勘转前来，臣提犯亲讯，据供前情不讳，诘非有心欲杀，亦无起衅别故及预谋杀害情事，研鞫不移，案无遁饰。查律载："斗殴杀人者，不问手足、他物、金刃，并绞监候。"又例载："因他事杀人，后见有随身银钱，乘便取去者，将所得之财倍追给主，仍依本律科断。"各等语。此案曹罄因被宋瑞祥误碰起衅争殴，拾石掷伤宋瑞祥越二日身死，并将宋瑞祥随身钱物乘便携取。查该犯携取财物系在殴伤宋瑞祥倒地之后，初无图财之心，虽旁无见证，惟宋瑞祥生前曾向伊弟及汪金祥告知，供词确凿，无虞避就，自应仍依斗杀本律问拟。曹罄应如县府司及委审所拟，合依"斗殴杀人者，不问手足、他物、金刃，并绞监候"律，拟绞监候，秋后处决。所取钱洋，照例倍追给领。该犯事犯到官在光绪十五年三月十六日恭逢恩诏以前，核其情罪系在条款准免之列，应请援免，后再有犯，加等治罪。据供实系赤贫，仍饬追一半埋葬银一十两给付尸属具领，以资营葬。汪金祥事后盘出情由，将洋交还，通知尸弟报案，并无不合，亦毋庸议。无干经县省释。尸棺饬埋。凶器石块供弃免追。除揭移部科外，理合恭疏具题，伏乞皇上圣鉴，敕下法司核覆施行。再，此案审限云云。

光绪十七年五月二十一日准。部照覆。

纠殴毙命案内原谋于未经到官以前畏罪自尽照例减等拟流

为报验事。查接管卷内,据按察使张岳年详,据凤阳府知府赵舒翘转,据署灵璧县知县郑葆清详称:光绪十三年八月十三日,据地保卓占本报,据保民马计礼投称:伊于同治十三年间凭中价买共祖堂侄媳马申氏地三亩三分。本月初十日,马申氏孀媳马勾氏[向]伊赎地,伊子马同德不允,致相口角争殴,经人劝散。十一日早,伊子赴地工作,马勾氏邀其母家胞弟勾庭贞等找至地内,与伊子理论争殴。伊子先被马勾氏扎伤右太阳穴等处,后被勾庭贞用铁枪头扎伤左后肋等处,移时殒命。嘱为查报。又据马申氏投称:伊媳马勾氏因赎地起衅,被马同德掌殴不甘,于十一日早邀同勾庭贞等往向马同德理论,共殴致伤马同德身死。讵伊媳畏罪情急,当夜吞服烟土,毒发身死。各等语。分别往查属实,将凶犯勾庭贞捕获送案,报乞验究。等情。并据尸父马计礼、尸姑马申氏分词呈报,各到县。据此,随带刑仵驰诣该处,勘得马计礼住屋附近有地一块,已死马同德尸身仰卧地上,饬将尸移平地,如法相验。据仵作何得验报:已死马同德,问年三十二岁。仰面,致命:右太阳穴有刃伤一处,斜长五分,宽一分,深一分;右眼胞有刃伤一处,斜长七分,宽一分,深一分。合面,不致命:左臂膊有刃伤一处,斜长一寸一分,宽一分,深一分。致命:脊背有刃伤一处,斜长七分,宽二分,深三分。不致命:左后肋有刃伤一处,斜长一寸一分,宽二分,深由骨缝透内。以上各伤,均皮卷血污。余无故。实系受伤身死。报毕,亲验无异,饬取凶器无获,无凭比对尸伤。又勘得马申氏住屋一间,已死马勾氏尸身仰卧屋内地上,饬将尸移平地,如法相验。据仵作何得验报:已死马勾氏,问年三十岁。仰面,不致命:左腮颊有掌伤一片,青色;唇吻青色;口合内有血沫流出;胸膛、肚腹并合面十指甲俱青色。用银针探入咽喉良久,取出作青黑色,皂角水擦洗不去。余无故。实系吞服烟土毒发身死。报毕,亲验无异,当场分别填格,尸令棺殓,取具各结附卷。随传集尸亲、保证人等,提犯研讯。

据地保卓占本供与报词同。

据邻证李天才、陈尚礼同供:小的们合已死马同德、马勾氏都是邻居。光绪十三年八月初十日,马勾氏因向马同德家赎地不允争闹,被马同德用掌殴伤马勾氏左腮颊,经人劝散,小的们是知道的。到十一日早,小的们都赴地工作,瞥见马同德在那里扭住马勾氏撞头拼命,勾庭贞赶拢,接过马勾氏手内铁枪头向马同德扎了两下,马同德喊痛倒地。那时还有勾庭见在场,并没动手。小的们连忙赶去喝散,通知马同德的父亲马计礼走来,问说是因马勾氏被马同德殴辱不甘,邀他兄弟向马同德理斥，马同德回骂，马勾氏扑殴，马同德用铁枪头向扎，先被马勾氏夺获枪头扎伤马同德左臂膊、右太阳穴并划伤右眼胞，马同德撞头拼命，才被勾庭贞赶拢扎伤的。不料马同德伤重，没一会身死了。马勾氏也怕到官问罪，当夜在家服毒自尽。各尸亲投保获犯报验的。小的们实是喝阻不及。是实。

据尸父马计礼供：案下人，已死马同德是儿子，这马申氏是小的共祖堂侄媳。已死马勾氏是马申氏已故儿子马树宣的妻子，与小的家素好没嫌。同治十三年间，小的凭中价买马申氏地三亩三分，议明日后原价回赎。光绪十三年八月初十日，马勾氏来向小的家赎地，儿子不允回赎，彼此争闹。马勾氏被儿子用掌殴伤他左腮颊，经劝各散。十一日早，儿子赴地工作，马勾氏因被儿子殴辱不甘，邀他母家胞弟勾庭贞、堂兄勾庭见同到地内，找向儿子理斥。儿子不服回骂，马勾氏扑殴，儿子用铁枪头向扎，被马勾氏夺过枪头，扎伤子儿[①]左臂膊、右太阳穴并划伤右眼胞。儿子撞头拼命，又被勾庭贞接过马勾氏手内铁枪头扎伤儿子脊背、左后肋倒地。是邻人李天才们见向喝散，通知小的赶去，向儿子问明前情。不料儿子伤重，没一会身死了。后来马勾氏也怕到官问罪，就于那夜在家服毒自尽。小的就投保获犯报验的，求究伸。是实。

据尸姑马申氏供：案下人，丈夫马同玉，儿子马树宣，先后病故，已死马勾氏是孀媳，马同德是共祖夫堂弟，这马计礼是夫堂叔，勾庭贞是马勾氏母家胞弟。小妇合马计礼家素好没嫌。同治十三年间，小妇把已地三亩三分凭中卖于马计礼为业，说明日后原价回赎。光绪十三年八月初十日，媳妇去向马计礼家赎地，马同德不允回赎，彼此争闹，媳妇被马同德用掌殴伤左腮颊，经劝各散。后来媳妇被殴不甘，于十一日早说去邀人与马同德评理，小妇拦阻不住，过了一会，媳妇回来告说，他已邀同勾庭贞、勾庭见找见同德理斥，马同德不服回骂，致被他合勾庭贞先后扎伤马同德右太阳穴、左后肋等处，移时身死，并说他将来到官定要问罪，不如死了干净的话，向小妇愁叹。小妇没法，用言劝慰，那知媳妇愁叹不已，走进卧房把家存烟土吞服，到了半夜毒发身死。小妇也就投保报验的。媳妇实系畏罪自尽，并没别故。是实。

据犯人勾庭贞供：年二十九岁，灵璧县人，父故母存，并没弟兄，娶妻张氏，生有二女，种地度日，合已死马同德素识没嫌。已死马勾氏是小的胞姊，嫁与马申氏的儿子已故马树宣为妻。光绪十三年八月十一日早，胞姊回来向小的告说他家前有已地三亩三分，卖与本房马计礼家管业，那时说明日后原价回赎。八月初十日，胞姊去向马计礼家赎地，马计礼的儿子马同德不允回赎，彼此争闹，胞姊被马同德用掌殴伤左腮颊，经劝各散。胞姊被殴不甘，要邀小的同去还殴泄忿的话，小的应允。胞姊又邀在逃的堂兄勾庭见，一阵走去，路过马同德在地工作，胞姊上前理斥，马同德不服回骂,胞姊就向扑殴,马同德拾起地上掘草铁枪头抵戳,被胞姊夺过铁枪头扎伤马同德左臂膊、右太阳穴,并划伤右眼胞。马同德扭住胞姊撞头拼命,小的赶拢,接过胞姊手内铁枪头扎伤马同德脊背、左后肋,松手倒地。经李天才们赶来喝住,那时勾庭见在旁并没动手,就合小的们各自跑散。后闻马同德因伤身死,胞姊也畏罪服毒自尽,小的被地保扭获带案报验的。并非预谋纠殴有心欲杀,也没起衅别故及另有在场帮殴的人。铁枪头当时撩弃。勾庭见现逃何处,不知道。是实。各等供。

据此,将犯收禁,录供通详,奉批缉审。据报,该犯勾庭贞于十三年十一月十八日在监患病,验报饬医,至十二月十八日治痊,逸犯弋获无期,遵提现犯覆讯,除各供同前不叙外,讯据犯人勾庭贞供云云同前。等供。据此,该署灵璧县知县郑葆清审看得云云同后院看至,饬缉获日另结。等情。解府提讯,犯供翻异,札委署凤阳县朱文蔚审照原拟,由府解司核,恐案情未确,札委署安庆府联元审无别故,仍照原拟解司提讯,犯供游移,札委署怀宁县陈兆庆审系畏罪图翻,仍照原拟解司,勘转到前抚臣陈,提犯亲讯,未及核办,移交到臣,覆核无异。

该臣核看得灵璧县民勾庭贞听从马勾氏纠殴致伤马同德身死并马勾氏畏罪自尽一案。缘勾庭贞籍隶该县,种地度日,与已死马同德素识无嫌。马勾氏系勾庭贞胞姊,嫁与马申氏之子已故马如宣[②]为妻。马同德系马树宣从堂叔,服属小功。同治十三年间,马同德之父马计礼凭中价买马申氏地三亩三分,议明日后原价回赎。光绪十三年八月初十日,马勾氏前向马计礼赎地,马同德不允,彼此争闹。马勾氏被马同德掌殴左腮颊成伤,经劝各散。马勾氏被殴不甘,即于十一日早回向母家胞弟勾庭贞及在逃之堂兄勾庭见告知前情,邀往还殴泄忿,勾庭贞等应允。同行路遇马同德在地工作,马勾氏上前理斥,马同德不服回詈,马勾氏即向扑殴,马同德拾起地上掘草铁枪头抵戳,被马勾氏夺获铁枪头扎伤马同德左臂膊、右太阳穴并划伤右眼胞。马同德扭住马勾氏撞头拼命,勾庭贞赶拢,接过马勾氏手内铁枪头扎伤马同德脊背、左后肋,松手倒地。经李天才等趋至喝住。维时,勾庭见在旁并未动手,当与勾庭贞各自跑散。李天才等告知马同德之父马计礼赶往问明情由。讵马同德伤重,移时殒命。马勾氏回向其姑马申氏告知前情,并以马同德因伤身死,将来到官定要问罪,不如早死干净之言,向马申氏愁叹,马申氏用言劝慰。讵马勾氏畏罪情急,即于是夜乘间潜服家存烟土,毒发殒命。尸父马计礼、尸姑马申氏均各投保,将勾庭贞获送报经该县,诣验讯供,详批缉审。该犯勾庭贞在监患病,验报医痊。据该县以逸犯弋获无期,先就现犯覆讯,议拟由府解司委审,勘转到前抚臣陈,提讯无异,未及核办,移交前来。臣覆核此案,既经前抚臣提犯亲讯,据供前情不讳,诘非预谋纠殴有心欲杀,亦无起衅别故及另有在场帮殴之人,究鞫不移,案无遁饰。查律载:"共殴人致死，下手致命伤重者，绞监候。”又例载：“共殴案内下手应拟绞抵人犯，果于未经到官之前，遇有原谋实因本案畏罪自尽者，准其抵命，将下手应绞之人减等拟流。”各等语。此案勾庭贞因其胞姊马勾氏向马同德赎地起衅，被殴不甘，听纠还殴泄忿，致与马勾氏共殴，致伤马同德身死。查马同德身受各伤，先被马勾氏扎伤左臂膊等处，伤不甚重，尚能扭殴，惟后被该犯扎伤左后肋一处，深至透内，即行倒地为重，应以该犯拟抵。惟案内原谋马勾氏已于未经到官之前畏罪自尽，自应照例准其抵命，将该犯减等问拟。勾庭贞应如县府司所拟，合依“共殴案内下手应拟绞抵人犯，果于未经到官之前，遇有原谋实因本案畏罪自杀者，准其抵命，将下手应绞之人减等拟流”例，拟杖一百，流三千里。该犯事犯到官在光绪十五年三月十六日恭逢恩诏以前，核其情罪，系在条款准免之列，应请准予援免，后再有犯，加等治罪，仍追埋葬银二十两给付尸属具领，以资营葬。马勾氏因向马同德赎地不允，口角被殴，辄敢起意纠同勾庭贞等还殴泄忿，致勾庭贞扎伤马同德身死，该氏系属原谋共殴，除按服制殴夫小功堂叔罪止杖徒不议外，应仍照“原谋杖一百，流三千里”律，拟杖一百，流三千里，业已畏罪自尽，应与马同德掌殴该氏成伤及劝阻不及之李天才等，均毋庸议。马勾氏吞烟毒发身死，业据马申氏供明，实系畏罪自尽，并无别故，亦毋庸议。马申氏卖与马计礼地亩，饬照原议回赎，以杜后衅。无干省释。各尸棺由县分别饬埋。凶器铁枪头供弃免追。逸犯勾庭见系属案内余人，罪止满杖，恭逢恩诏，应予免缉。除揭移部科外，理合恭疏具题，伏乞皇上圣鉴，敕下法司核覆施行。再，此案审限云云。

光绪十六年十二月十八日准。部照覆。

校勘记：

①子儿：倒文，当为“儿子”。

②马如宣：人名前后不一致，据上下文当为“马树宣”。

因斗误毙拉劝之人

题为报验事。据署按察使丁峻详，据凤阳府知府曾树椿转，据凤台县知县李师沆详称：光绪十八年八月二十五日，据地保金福报，据民妇杨沈氏投称：本月二十三日，伊夫杨士方出外赶集，路过庄邻李玉封门首，见无服族人杨泮修因前买油饼分两不足，欲令李玉封添补，李玉封不允，互相争闹。李玉封携取门前木扁担举向杨泮修殴打，杨泮修闪避，伊夫赶拢拉劝，致被李玉封误伤偏右倒地。经邻人穆一路见喝住，报伊往看，问明情由，抬回医治。讵伊夫伤重，延至次日殒命。等语。往查属实，犯已逃逸,合报验缉。等情。并据尸妻杨沈氏同报,各到县。据此,随即饬差严缉,一面带领刑仵驰诣相验。据仵作黄箴验报:已死杨士方,问年四十七岁。仰面,致命:偏右有木器伤一处,斜长一寸六分,宽八分,青紫色,按捺骨损。余无故。委系受伤身死。报毕,亲验无异,饬取凶器木扁担无获,无凭比对尸伤,当场填格取结,尸令棺殓。勒差于九月初八日缉获凶犯李玉封到案,提验该犯,额颅有石伤一处,业已结痂,将次脱落。随传集尸亲、人证,提犯研讯。

据地保金福供与报词同。

据尸妻杨沈氏供:凤台县人,已死杨士方是丈夫,合这获案的李玉封庄邻居住,素识没嫌。光绪十八年八月二十三日,丈夫出外赶集,路过李玉封油坊门口,见无服族人杨泮修因前买油饼分两不足,要叫李玉封添补,李玉封不允,两相争闹。李玉封携取门旁木扁担举向杨泮修殴打,杨泮修闪避,丈夫赶拢拉劝,被李玉封误伤丈夫偏右倒地。经邻人穆一路见喝住,问明情由,抬回医治。不料丈夫伤重,到第二日身死,小妇就投保报验的。今蒙获犯,求究伸。是实。

据见证穆一供:凤台县人,合已死杨士方并这获案的李玉封都是庄邻认识。光绪十八年八月二十三日,小的路过李玉封油坊门口,见杨士方的无服族人杨泮修在那里合李玉封争闹,杨泮修说前买油饼分两不足,要叫李玉封添补,李玉封不允分辩,杨泮修生气混骂,李玉封回骂。杨泮修拾取地上石块掷伤李玉封额颅,李玉封顺拿门旁木扁担,举向杨泮修殴打,杨泮修闪避,适杨士方走来赶拢拉劝,李玉封一时收手不及,致木扁担误伤杨士方偏右倒地。小的连忙上前喝住,报知杨士方的妻子杨沈氏往看,问明情由,抬回医治。不料杨士方伤重,到第二日身死,杨沈氏就投保报验的。小的委系救阻不及。是实。

据肇衅人杨泮修供:凤台县人,已死杨士方是无服族人,合这获案的李玉封庄邻居住,素识没嫌。光绪十八年八月二十一日,小的在李玉封油坊买得油饼三十五块,当时挑回过秤,每块短少一二两不等。二十三日,小的往李玉封告说前买油饼分两不足,要他照数添补,李玉封不允分辩,小的生气混骂,李玉封回骂。小的拾取地上石块掷伤李玉封额颅,李玉封顺拿门前木扁担举向小的殴打,小的闪避,适杨士方走来赶拢拉劝,致被李玉封误伤偏右倒地。经邻人穆一路见喝住,报知杨士方的妻子杨沈氏往看,问明情由,抬回医治。不料杨士方伤重,到第二日身死,杨沈氏就投保报验的。是实。

据凶犯李玉封供:凤台县人,年二十七岁,父亲已于同治八年病故,母亲蔡氏,现年六十一岁,并没弟兄,娶妻王氏,生有子女,年都幼小。小的开设油坊生理,合已死杨士方并这到案的杨泮修都是庄邻居住,素识没嫌。光绪十八年八月二十一日,杨泮修在小的油坊买得油饼三十五块，当时过秤挑回。二十三日，杨泮修来向小的告说，他前买油饼分两不足，每块短少一二两不等，要叫小的照数添补，小的不允分辩，杨泮修生气混骂，小的回骂。杨泮修拾取地上石块掷伤小的额颅，小的顺拿门旁木扁担举向杨泮修殴打，杨泮修闪避，适杨士方走来赶拢拉劝，小的一时收手不及，致误殴伤杨士方偏右倒地。经邻人穆一路见喝住，小的当就逃跑。不料杨士方伤重，到第二日身死，尸亲投保报验，今被拿获到案的。并没有心欲杀，也没起衅别故，逃后并没另犯不法及知情容留人家。木扁担早经撩弃。小的额颅一伤已经平复。是实。各等供。

据此，将犯收禁，录供通详，奉批审解。据报，该犯李玉封于光绪十九年正月二十八日在监患病，验报饬医，至二月二十八治痊。遵提覆讯，除各供同前不叙外，讯据凶犯李玉封供云云同前。等供。据此，该凤台县知县李师沆审勘得云云同后院看至，免追。等情。由府解司核，恐案情未确，札委安庆府联元审照原拟解司，勘转到臣，提犯亲讯无异。

该臣审看得凤台县民人李玉封误伤杨士方身死一案。缘李玉封籍隶该县，开设油坊生理，与已死杨士方并杨泮修庄邻居住，素识无嫌。光绪十八年八月二十一日，杨泮修在李玉封油坊买得油饼三十五块，当时过秤挑回。二十三日，杨泮修往向李玉封告称以前买油饼分两不足，每块短少一二两不等，欲令李玉封照数添补，李玉封不允分辩，杨泮修生气混骂，李玉封回骂，杨泮修拾取地上石块掷伤李玉封额颅，李玉封顺携门旁木扁担举向杨泮修殴打，杨泮修闪避，适杨士方走到赶拢拉劝，李玉封一时收手不及，致误伤杨士方偏右倒地。经邻人穆一路见喝住，报知杨士方之妻杨沈氏往看，问明情由，抬回医治。讵杨士方伤重，延至次日殒命。杨沈氏投保，报经该县诣验，获犯讯详，批饬审解。据报，该犯李玉封在监患病，验报医痊。兹据该县将犯覆讯，议拟由府解司委审，勘转前来，臣提犯亲讯，据供前情不讳，诘非有心欲杀，亦无起衅别故，究鞫不移，案无遁饰。查律载："因斗殴而误杀旁人者，以斗杀论。"又："斗殴杀人者，不问手足、他物、金刃，并绞监候。"各等语。此案李玉封因杨泮修向其价买油饼，争论分两不足，欲令添补不允，互骂争殴，杨士方见向拉劝，正值该犯携取木扁担举向杨泮修殴打，不期误伤杨士方身死，自应案律问拟。李玉封应如县府司所拟，合依"因斗殴而误杀旁人者，以斗杀论"，"斗殴杀人者，不问手足、他物、金刃，并绞监候"律，拟绞监候，秋后处决。据供伊母守节已逾二十年，家无次丁，是否属实，应俟秋审时查明，取结办理。该犯逃后，讯无另犯不法及知情容留人家，应与救阻不及之见证穆一，均无庸议。杨泮修用石掷伤李玉封封额颅平复，按律罪止拟笞，惟系肇衅酿命，应请酌照"不应重"律，拟杖八十，折责发落。无干经县省释。尸棺饬埋。凶器木扁担供弃免追。除揭移部科外，理合恭疏具题，伏乞皇上圣鉴，敕下法司核覆施行。再，此案审限云云。

光绪二十一年四月初五日准。部照覆。

因斗误伤其母身死

为报验事。据按察使张岳年详，据前署颍州府①知府彭禄转，据霍邱县知县屈承福详称：光绪十四年十月十三日，据地保刘明报，据保民董仁投称：伊与邻人甘锦成俱佃种董光前田地，素好无嫌。本月初上，田主董光前挑塘筑埂，用牛践踏，将牛交伊喂养，伊因屋小牵往甘锦成家拴系。初六日早，伊至甘锦成家拾取牛粪，甘锦成斥阻，彼此争殴。甘锦成顺取铁尖扁担向伊扑戳，伊闪侧，适伊母董房氏闻闹，从伊背后撞拢拉劝，致被甘锦成戳伤偏右倒地。经邻人孙兆奎劝住，问明情由，扶回医治。讵伊母伤重，延至十一日殒命。等语。往查属实，合报验缉。等情。并据尸子董仁同报，各到县。据此，随即饬差严缉，一面带领刑仵驰诣相验。据仵作戴春验报：已死董房氏，问年六十八岁。仰面，致命：偏右有铁器伤一处，斜长一寸，宽二分，深抵骨，骨损，皮卷血污。余无故。实系受伤身死。报毕，亲验无异，饬取凶器铁尖扁担比对尸伤相符，当场填格取结，尸令棺殓。凶器带回储库。饬据差保于十月二十四日获犯甘锦成禀讯前来，随集尸亲人等，逐加研讯。

据地保刘明供与报词同。

据尸子董仁供：年四十二岁，霍邱县人，已死董房氏是母亲，小的合邻人甘锦成都佃种董光前田地，素好没嫌。光绪十四年十月初上，田主董光前挑塘筑埂，因土松浮，用牛践踏，把牛交小的喂养，小的因房屋窄小，牵往甘锦成屋内拴系。那月初六日早，小的到甘锦成家拾取牛粪，甘锦成说牛牵他家，不应小的拾粪，当向斥阻。小的不依混骂，甘锦成回骂，小的用拳扑殴，甘锦成就拿铁尖扁担向小的扑戳，小的闪侧，适母亲董房氏闻闹，从小的背后撞拢拉劝，甘锦成收手不及，致担尖误伤母亲偏右倒地。经邻人孙兆奎赶来劝住，问明情由，同小的把母亲扶回医治。那晓母亲伤重，到十一日就身死了，小的投保报验的，求究伸。是实。

据邻证孙兆奎供：霍邱县人，合这甘锦成、董仁都是邻居。光绪十四年十月初六日早，小的走过甘锦成门口，看见董仁用拳向甘锦成扑打，甘锦成就拿铁尖扁担向董仁戳去，董仁闪侧，适董仁的母亲董房氏从董仁背后撞拢拉劝，甘锦成收手不及，致担尖误伤董房氏偏右倒地。小的连忙上前劝住，问说是因争拾牛粪起衅的，小的就同董仁把董房氏扶回医治，那晓董房氏伤重，到十一日就身死了，尸子董仁投保报验获犯的。小的委系救阻不及。是实。

据犯人甘锦成供：年二十一岁，霍邱县人，父亲甘启文，母亲已故，并没弟兄，娶妻徐氏，生有一子，务农度日。合已死董房氏并他儿子董仁都佃种董光前的田地，素好没嫌。光绪十四年十月初上，田主董光前在庄上挑塘筑埂，因土松浮，用牛践踏，把牛交董仁喂养。董仁因房屋窄小，牵到小的屋内拴系。那月初六日早，董仁来小的家拾取牛粪，小的说牛拴在我家，不应他来检粪，当向斥阻，董仁不依混骂，小的回骂，董仁赶拢用拳扑打，小的就拿铁尖扁担向他吓戳。董仁闪侧，那晓董仁的母亲董房氏闻闹，从董仁背后撞拢拉劝，小的收手不及，致担尖误戳伤董房氏偏右倒地。经邻人孙兆奎赶来劝住，问明事由，帮同把董房氏扶回医治，不料董房氏伤重，到十一日就身死了。尸子董仁投保报验差拿小的送案的。并非有心欲杀，也没起衅别故。凶器铁尖扁担已蒙起获。是实。各等供。

据此，将犯收禁，详批审解。据报，该犯甘锦成于十五年二月初四日在监患病，验报饬医，至三月初四日治痊。遵提覆讯，除各供同前不叙外，讯据犯人甘锦成供云云同前。是实。等供。据此，该霍邱县知县屈承福审看得县民甘锦成云云同后院看至，案结发回，储库备拨。等情。由府解司核，恐案情未确，委据安庆府审照原拟解司，勘转到臣，提犯亲讯无异。

该臣审勘得霍邱县民人甘锦成因与董仁斗殴误伤董房氏身死一案。缘甘锦成籍隶该县，务农度日，与已死董房氏并其子董仁俱承种董光前田地，素好无嫌。光绪十四年十月初间，田主董光前在该庄挑塘筑埂，因土松浮，用牛践踏，牛交董仁喂养，董仁因房屋窄小，牵往甘锦成屋内拴系。是月初六日早，董仁至甘锦成家检拾牛粪，甘锦成以牛牵伊屋，不应董仁检粪，当向斥阻。董仁不依混骂，甘锦成回詈，董仁赶拢用拳扑殴，甘锦成顺拾铁尖扁担向董仁吓戳，董仁闪侧，适董仁之母董房氏闻闹，从董仁背后撞拢拉劝，甘锦成收手不及，致担尖误戳伤董房氏偏右倒地。经邻人孙兆奎赶至劝住，问明情由，帮同将董房氏扶回医治。讵董房氏伤重，延至十一日殒命。尸子董仁投保报验，获犯讯详，批饬审解。据报，该犯甘锦成在监患病，验报医痊，遵提覆讯，议拟由府解司委审，勘转前来，臣提犯亲讯，据供前情不讳，诘非有心欲杀亦无起衅别故，严鞫不移，案无遁饰。查例载："斗殴而误杀其人之母一命，依斗杀本律科罪。"又律载："斗殴杀人者，不问手足、他物、金刃，并绞候。"各等语。此案甘锦成因董仁检拾伊家牛粪斥阻争殴，该犯拾取铁尖扁担向董仁吓戳，致误伤董仁之母董房氏越五日身死，实属因斗误杀，自应按律问拟。甘锦成应如县府司所拟，合依"斗殴而误杀其人之母一命，依斗杀本律科罪"，"斗殴杀人者，不问手足、他物、金刃，并绞监候"律，拟绞监候，秋后处决。该犯事犯到官系在光绪十五年三月十六日恭逢恩诏以前，核其情罪，系在条款准免之列，应请援免，后再有犯，加等治罪，仍追埋葬银二十两给付尸属具领，以资营葬。董仁因与甘锦成争检牛粪，致母被误伤身死，本干例议，事在赦前，应与救阻不及之孙兆奎，均毋庸议。无干经县省释。尸棺饬埋。凶器铁尖木担随招解验，案结发回，储库备拨。除揭移部科外，理合恭疏具题，伏乞皇上圣鉴，敕下法司核覆施行。再，此案审限云云。

光绪十六年十二月十八日准。部照覆。

校勘记：

①颖州府：颖字误，当为"颍"。

追殴失跌震动鸟枪火机致伤身死

题为报验事。据按察使嵩崑详，据凤阳府知府赵舒翘转，据署灵璧县知县胡寿祺详称：光绪十四年七月十三日，据地保庄邦报，据保民张若宣投称：伊堂兄张若桐前在村邻刘达家帮工，欠给工钱四百交，屡讨未付。本月十一日午后，伊胞侄张恒月与张若桐趁圩转回，路过刘达门首，见刘达与其堂弟刘会从屋内走出，称欲赴山巡逻，张若桐复向索讨前欠，口角争闹。刘会从旁劝阻，并斥伊侄多管闲事，伊侄不依，拾取地上木棍向殴。刘会闪避逃走，伊侄持棍赶殴，追至村前山上，适刘达胞弟刘道背负装就鸟枪在山捕雀，见向拦阻。伊侄斥护，举棍向刘道扑殴，刘道转身逃跑，伊侄从后追赶，刘道逃下山磡，被地上石子绊脚，失跌扑地。不期背上鸟枪碰着山磡石块，震动火机砂子向后炸发，正值伊侄下磡，适伤左手腕、胸膛倒地。经邻人高绍申路见喝劝，报伊往看，问明情由。讵伊侄伤重，移时殒命。等语。往查属实，犯已逃逸，合报验缉。等情。并据尸叔张若宣同报，各到县。据此，随即饬差严缉，一面带领刑仵驰诣相验。据仵作何德验报：已死张恒月，问年二十二岁。仰面，不致命：左手腕有砂子伤一处，围圆三分，深三分，子在内。致命：胸膛有砂子伤二处，各围圆四分，深二分，子透内，以上均焦黑色。余无故。实系枪伤身死。报毕，亲验无异，填格取结，尸令棺殓。饬起鸟枪，验系报官编号，带回储库。勒差于八月二十一日拿获凶犯刘道一名到案，随传集人证，提犯研讯。

据地保庄邦供与报词同。

据尸叔张若宣供：灵璧县人，已死张恒月是胞侄，合这获案的刘道邻村居住，素识没嫌。小的堂兄张若桐前在刘道胞兄刘达家帮工，欠给工钱四百文，屡讨没付。光绪十四年七月十一日午后，张恒月同张若桐趁圩转回，路过刘达门口，见刘达合他堂弟刘会从屋内走出，说要赴山巡逻。张若桐复向刘达索讨前欠，刘达央缓，张若桐斥骂疲赖，张恒月也帮同指斥，刘会从旁劝阻，并斥张恒月多管闲事。张恒月不依，拾取地上木棍向刘会殴打，刘会闪避跑走，张恒月拿棍赶殴，追到村前山上，适刘达胞弟刘道背负装就鸟枪在山捕雀，见向拦阻。张恒月斥护，举棍向刘道扑殴。刘道转身逃跑，张恒月从后追赶，刘道逃下山磡，被地上石子绊脚失跌扑地，那晓背上鸟枪碰着山磡石块，震动火机砂子向后炸发，正值张恒月下磡，适伤他左手腕、胸膛倒地。经邻人高绍申路见喝劝，报知小的往看，问明情由。不料张恒月伤重，过了一会身死，小的就投保报验的。今蒙获犯，求究办。是实。

据见证高绍申供：灵璧县人，合已死张恒月并这获案的刘道都是邻村素识。光绪十四年七月十一日午后，小的路过刘道村前山边，见刘道背负鸟枪往前逃跑，张恒月手拿木棍从后追赶，刘道逃下山磡，被地上石子绊脚失跌扑地，那晓刘道背上鸟枪装有子药，碰着山磡石块，震动火机砂子向后炸发，适伤张恒月左手腕、胸膛倒地。小的连忙赶拢喝劝，问说因张恒月堂叔张若桐向刘道胞兄刘达索讨前欠工钱，口角争闹，刘会劝阻被殴跑走，张恒月追赶，刘道拦阻斥护追殴起衅的，小的就去报知尸叔张若宣往看，问明情由。不料张恒月伤重，过了一会身死，张若宣投保报验的。小的委系救阻不及。是实。

据刘会供：灵璧县人，这获案的刘道是堂弟，合已死张恒月邻村居住，素识没嫌。张恒月的堂叔张若桐前在小的堂兄刘达家帮工，欠给工钱四百文没付，小的是知道的。光绪十四年七月十一日午后，小的合堂兄刘达走出门口，正要赴山巡逻，适张恒月合张若桐路过那里。张若桐看见，向堂兄索讨前欠。堂兄没钱央缓，张若桐斥骂疲赖，张恒月也帮同指斥，小的从旁劝阻，并斥张恒月多管闲事。张恒月不依，拾取地上木棍向小的殴打，小的闪避逃跑。张恒月拿棍赶殴，追到村前山上，刘达胞弟刘道背负鸟枪在山捕雀，见向拦阻，怎样被张恒月斥护追殴，失跌震动枪上火机砂子炸发，致伤张恒月倒地，那时小的已经逃远，没有看得清楚，后闻张恒月伤重身死，尸叔张若宣投保报验的。小的并没帮殴的事。是实。

据刘达供：灵璧县人，这获案的刘道是胞弟，合已死张恒月邻村居住，素识没嫌。光绪十四年四月初间，小的雇张恒月的堂叔张若桐在家帮工，辞歇后欠给工钱四百文，屡经张若桐索讨没付。七月十一日午后，小的同堂弟刘会走出门口，正要赴山巡逻，适张恒月合张若桐路过那里。张若桐看见，复向小的索讨前欠，小的没钱央缓。张若桐斥骂疲赖，张恒月也帮同指斥，刘会从旁劝阻，并斥张恒月多管闲事。张恒月不依，拾取地上木棍向刘会殴打，刘会闪避逃跑，张恒月拿棍赶殴，怎样追到村前山上，被背负鸟枪在山捕雀的胞弟刘道见向拦阻，张恒月斥护追殴，失跌震动枪上火机砂子炸发，致伤张恒月倒地，那时小的合张若桐都因怕事走散，并没看见。后闻张恒月伤重身死，尸叔张若宣投保报验的。是实。

据张若桐供：灵璧县人，已死张恒月是堂侄，合这获案的刘道邻村居住，素识没嫌。光绪十四年四月初间，小的在刘道胞兄刘达家帮工，辞歇后欠给工钱四百文，屡讨没付。七月十一日午后，小的合张恒月趁圩转回，路过刘达门口，见刘达合他堂弟刘会从屋内走出，说要赴山巡逻，小的复向刘达索讨前欠，刘达没钱央缓。小的斥骂疲赖，张恒月也帮同指斥，刘会从旁劝阻，并斥张恒月多管闲事。张恒月不依，拾取地上木棍向刘会殴打，刘会闪避逃跑。张恒月拿棍赶殴，怎样追到村前山上，被背负鸟枪在山捕雀的刘道见向拦阻，张恒月斥护追殴，失跌震动枪上火机砂子炸发，致伤张恒月倒地，那时小的合刘送都因怕事走散，并没看见。后闻张恒月伤重身死，尸叔张若宣投保报验的。是实。

据凶犯刘道供：灵璧县人，年三十四岁，父亲已故，母亲徐氏，现年七十九岁，弟兄二人，哥子刘达，小的娶妻赵氏，生有一子，种田度日，合已死张恒月邻村居住，素识没嫌。光绪十四年四月初间，哥子刘达雇张恒月堂叔张若桐在家帮工，辞歇后欠给工钱四百文，屡经张若桐索讨没付。七月十一日午后，小的背负装就鸟枪在山捕雀，见张恒月手拿木棍，赶向小的堂兄刘会殴打，刘会跑走，追到那里，小的上前拦阻。张恒月斥护，举棍向小的扑殴，小的转身逃跑，张恒月从后追赶，小的逃下山磡，被地上石子绊脚失跌扑地，致背上鸟枪碰着山磡石块，震动火机砂子向后炸发，正值张恒月下磡，适伤他左手腕、胸膛倒地。经邻人高绍申路见喝劝，问明情由，小的才晓得因张若桐向小的哥子索讨工钱央缓不允，斥骂疲赖，张恒月帮同指斥，刘会在旁劝阻，并斥张恒月多管，张恒月不依，拿取木棍追赶到山的。小的害怕逃避，后闻张恒月伤重身死，尸亲投保报验，今被拿获到案的。委没预谋纠殴有心施放，也没起衅别故及在场帮殴的人，逃后也没另犯不法及知情容留人家。鸟枪已蒙起案。是实。各等供。

据此，将犯收禁，录供通详，奉批审解。据报，该犯刘道于光绪十五年二月十四日在监患病，验详饬医，至三月十四日治痊。并据地保、邻佑、尸亲人等呈报，刘达在家病故。等情。即经讯取切实，供结附卷，遵提覆讯，除各供同前不叙外，讯据凶犯刘道供云云同前。等供。据此，该署灵璧县知县胡寿祺审勘得云云同后院看至，邀免开送。等情。解府提讯，犯供未确，先后札委凤阳县熊祖贻[①]，定远县刘庆光、郑葆清审照原拟，由府解司提讯，犯供翻异，札委安庆府联元讯，据刘道供称，刘会被追情急，喝令伊开枪轰伤张恒月身死，而刘会供无喝令情事，核与原详互异，申请行提要证高绍申等质讯。嗣据该县查传高绍申等均外出山东等省贸易未回，详咨展限在案。兹于光绪十九年二月二十日，催据该县将要证高绍申等传解到省，饬发安庆府提同质讯。据高绍申供称，当日刘会被张恒月追殴，刘会只顾向前逃跑，并未与刘道交言，刘道自行上前拦阻，亦被追殴失跌震动枪上火机，适伤张恒月身死，刘会并无喝令放枪情事，委系刘道混供，不敢附同捏饰。质之刘道，始据供认张恒月实系伊自行失跌致伤身死，与刘会无涉，前因畏罪捏供，今蒙质讯，不敢狡赖，取具甘结附卷，仍照原拟，解司勘转到臣，提犯亲讯无异。

该臣审看得灵璧县民刘道因被张恒月追殴失跌震动鸟枪火机致伤张恒月身死一案。缘刘道籍隶该县，种田度日，与已死张恒月邻村居住，素识无嫌。光绪十四年四月初间，刘道胞兄刘达雇张恒月堂叔张若桐在家帮工，辞歇后欠给工钱四百文，屡经张若桐索讨未付。七月十一日午后，张恒月与张若桐趁圩转回，路过刘达门首，见刘达与其堂弟刘会走出门外，称欲赴山巡逻，张若桐复向刘达索讨前欠工钱，刘达无钱央缓。张若桐斥骂疲赖，张恒月亦帮同指斥，刘会从旁劝阻，并斥张恒月多管闲事。张恒月不依，拾取地上木棍向刘会殴打，刘会闪避跑走。张恒月持棍赶殴，追到村前山上，适刘道背负装就鸟枪在山捕雀，见向拦阻，张恒月斥护，举棍向刘道扑殴。刘道转身逃跑，张恒月从后追赶，刘道逃下山磡，被地上石子绊脚，失跌扑地，致背上鸟枪碰着山磡石块，震动火机砂子向后炸发，正值张恒月下磡，适伤其左手腕、胸膛倒地。经邻人高绍申路见喝劝，报知尸叔张若宣往看，问明情由。讵张恒月伤重，移时殒命，尸亲投保报验，获犯讯供，详批审解。据报，该犯刘道在监患病，验详医痊。并据地邻人等赴县呈报，刘达在家病故。讯取供结附卷，将犯覆讯，议拟由府解司，先后委审，因犯供翻异，要证外出，详咨展限。兹据该县传到要证解省，饬发讯明，由司勘转前来，臣提犯亲讯，据供前情不讳，诘非预谋纠殴有心施放，亦无起衅别故及在场帮殴之人，究鞫不移，案无遁饰。查律载："斗殴杀人者，不问手足、他物、金刃，并绞监候。"等语。此案刘道因其堂兄刘会被张恒月持棍追殴，正值该犯在山捕雀，见向拦阻，被斥扑殴，该犯负枪逃跑，致被石绊跌倒地，震动枪上火机，适伤从后追赶之张恒月身死。枪发出于不虞，并非有心施放，自应仍按斗杀本律问拟。刘道应如该县府司及委审所拟，合依"斗殴杀人者，不问手足、他物、金刃，并绞监候"律，拟绞监候。事犯到官在光绪十五年三月十六日恩诏以前，核其情罪，系在准免之列，应请准予援免，后再有犯，加一等治罪，仍追埋葬银二十两给付尸属具领，以资营葬。据供该犯有母年逾七旬，胞兄刘达已故，家无次丁，核与留养之例相符，惟业经遇赦援免，毋庸查办。张若桐索欠酿命，亦如所拟，应酌照"不应重杖八十"律，拟杖八十，事在赦前，并予援免。刘会劝阻被殴，当时即行逃跑，并无帮殴情事，应与救阻不及之高绍申，并在家病故之刘达，均毋庸议。刘达所欠张若桐工钱，身死勿征。凶器鸟枪验明发回，储库备拨。无干由县省释。尸棺饬埋。此案起获鸟枪业经验明，委系报官编号有案，失察职名，邀免开送。除揭移部科外，理合恭疏具题，伏乞皇上圣鉴，敕下法司核覆施行。再，此案审限云云。

准。部照覆。

校勘记：

①熊祖贻：当为“熊祖诒”，江苏青浦人，光绪丁丑(1877)进士，历任凤阳县知县、滁州直隶州知州等职。

疯病杀人

题为报验事。据升授甘肃布政使、安徽按察使张岳年详，据池州府知府夏允升转，据青阳县知县华椿详称：光绪十四年九月二十四日，据乡约罗金选报，据民人罗永进投称：伊在县属童埠地方开设饭店生理。本月二十三日傍晚时候，有庐江县人刘小胖孜来至伊店投宿。是夜三更时分，刘小胖子①忽然在房叫喊，走出堂屋跳舞，顺取断板凳打毁店内桌凳什物。伊惊起出向拦阻，被其殴伤左腿。刘小胖孜打开店门往外跑走，伊知系发疯，不敢追赶。讵刘小胖孜跑至街口凉亭，用手携断板凳将在亭坐歇之陈得之乱殴，致伤偏左、囟门等处倒地。经其女汪陈氏喊救，伊与街邻杨正祥等先后趋至，将刘小胖孜捉住，并向汪陈氏等告知情由。讵陈得之伤重，移时殒命。等语。往查属实，合将刘小胖孜送案，叩乞验究。等情。并据罗永进、汪陈氏先后报同前由，各到县。据此，随带刑仵押犯前诣该处，勘得童埠下街有罗永进饭店一所，店内桌凳什物均有打毁痕迹，又勘得街口有凉亭一座，相距罗永进饭店约半里许，已死陈得之尸身仰卧亭外路傍地上。勘毕，饬将尸移平地，如法相验。据仵作刘贵验报：已死陈得之，问年五十一岁。仰面，致命：偏左有木器伤一处，斜长一寸，宽三分；偏右有木器伤一处，斜长一寸二分，宽二分；囟门有木器伤一处，直长一寸一分，宽三分；右太阳穴有木器伤一处，斜长五分，宽二分。不致命：右眉有木器伤一处，横长一寸二分，宽三分；右眉丛有木器伤一处，斜长一寸，宽二分。合面，致命：脑后有木器伤一处，横长一寸一分，宽三分；右耳根有木器伤一处，横长八分，宽二分；右胳肘下有木器伤一处，斜长一寸一分，宽二分；右手背有木器伤一处，斜长六分，宽二分。以上各伤均深二分，按捺骨俱不损，皮破血出。余无故。委系受伤身死。报毕，亲验无异，饬起凶器断板凳比对尸伤相符，当场填格取结，尸令棺殓。又验得罗永进左腿有木器伤两处，注单饬医。讯据尸亲、保邻人等，各供均与报词相同。提验该犯刘小胖孜，目瞪口呆，语无伦次，不能取供，饬医诊视,六脉洪大,委系患疯属实。将犯带回监禁,拨医调治。详奉批饬,医痊审解。嗣于十一月二十四日,据报该犯刘小胖孜神气渐清,疯病痊愈,随提同人证,逐加研讯。

据乡约罗金选供与报词同。

据尸女汪陈氏供:年二十岁,桐城县人,这已死陈得之是父亲。光绪十四年九月二十三日,父亲带同小妇来青阳县探亲,走到童埠地方时已二更,找寻饭店不着,没处投宿,就在路旁凉亭里坐歇。那夜三更时候,忽来一人手拿断板凳走进亭内跳舞,父亲喝问何人,那人就用断板凳拢向父亲乱殴,父亲闪避不及,致被殴伤偏左、囟门等处倒地。小妇连忙喊救,这街邻杨正祥们赶来,把他获住,听他说话颠倒,好像疯子,后来这罗永进赶到,告说那人在他店内投宿,夜间发疯逃出的话。不料父亲伤重,没一会就死了,求伸冤。是实。

据街邻杨正祥、陈南山、杜行舟同供:小的们都在童埠地方居住,合已死桐城县人陈得之并这刘小胖孜都没认识。光绪十四年九月二十三日夜三更时候,小的们都已睡歇,听得外面凉亭里有人喊救,小的们连忙起来走出查看,见这刘小胖孜手拿断板凳把陈得之打倒在地。小的们上前把他捉住,听他说话颠倒,好像疯子。据汪陈氏告说,他同父亲陈得之来案下探亲,走到这里因夜深没处投宿,就在凉亭里坐歇,随后忽来一人走进亭内跳舞,把他父亲殴伤的话,罗永进也就赶到,向小的们告知这人在他饭店投宿、发疯逃出情由。不料陈得之伤重,没一会就死了。罗永进投约报案,汪陈氏也赴案报验的。小的们实系救阻不及。是实。

据罗永进供:小的在童埠地方开设饭店生理。光绪十四年九月二十三日傍晚时候,有这先不认识随后问知名姓的庐江县人刘小胖孜来到小的店内投宿。那夜三更时候,听得刘小胖孜在房喊叫,小的连忙出来查看,见刘小胖孜已在堂屋跳舞,手拿断板凳把小的店内桌凳什物都打坏了。小的上前拦阻,被他殴伤左腿,刘小胖孜打开店门,往外跑走。小的晓得他系发疯,不敢追赶,后来听得街口有人喊救,小的赶到凉亭里,这刘小胖孜已把那在亭坐歇的陈得之打倒在地,是陈得之的女儿汪陈氏喊同街邻杨正祥们把他捉住。小的当向杨正祥们告知发疯逃出情由,并据汪陈氏告说他同父亲来案下探亲,走到这里,因夜深没处投宿,就在凉亭里坐歇,随后忽来一人,走进亭内跳舞,把他父亲殴伤的话。不料陈得之伤重,没一会就死了。小的把刘小胖孜投约送案的。是实。

据凶犯刘小胖孜供:年四十三岁,庐江县人,父亲已故,母亲邵氏,现年七十二岁,并没弟兄妻子。小的向在石埭县地方帮工度日,合已死桐城县人陈得之素不认识。光绪十四年三月里,小的在家忽患疯病,不知人事,房族邻佑因小的并不闹事,没有报官锁锢,后来把疯病医好,仍到石埭地方帮工。十四年九月二十三日,小的因有事回家，路过县属童埠地方，因天色已晚，就在罗永进饭店投宿。那夜三更时候，小的忽觉心里烦躁，自己晓得疯病复发起来，叫喊走出堂屋跳舞，越发糊涂，怎样把罗永进店内桌凳什物打坏，并殴伤罗永进左腿，跑出街口凉亭里，又怎样用断板凳把在亭坐歇的陈得之殴伤偏左等处身死，街邻杨正祥们把小的捉住捆送到案，又怎样进监医治，那时小的神昏颠倒，都没晓得，是病好后向禁卒们问明情由才知道的。今蒙提讯，小的实因疯发无知，把陈得之殴伤身死，并没别故，也没装饰假捏的事。凶器断板凳闻已起获。是实。各等供。

据此，将犯迁禁，录供通详，奉批审解。饬查店主罗永进伤已平复，遵提覆鞫，除各供同前不叙外，讯据凶犯刘小胖孜供云云同前。等供。据此，该青阳县知县华椿审勘得云云同后院看至，销毁。等情。由府解司核，恐案情未确，札委安庆府审照原拟解司，勘转到臣，提犯亲讯无异。

该臣审看得青阳县客民刘小胖孜因疯致伤陈得之身死一案。缘刘小胖孜籍隶庐江县，向在石埭县地方帮工度日，与已死桐城县人陈得之素不认识。光绪十四年三月间，刘小胖孜在家陡患疯病，不省人事，房族邻佑因其并不滋事，未经报官锁锢，嗣经医治痊愈，仍赴石埭地方帮工。十四年九月二十三日，刘小胖孜因事回家，路经该县童埠地方，因天色已晚，即在罗永进饭店投宿。是夜三更时分，刘小胖孜疯病复发，大声喊叫，走出堂屋跳舞，顺取断板凳打毁该店桌凳什物，店主罗永进惊起出向拦阻，被其殴伤左腿。刘小胖孜手携断板凳打开店门，跑至街口凉亭，适陈得之带同其女汪陈氏来至该县探亲，行抵该处，因夜深不及投宿，即在凉亭内坐歇。刘小胖孜闯进亭内仍前跳舞，陈得之喝问何人，刘小胖孜即用手携断板凳向陈得之乱殴，陈得之闪避不及，致被殴伤偏左、囟门等处倒地。经陈得之之女汪陈氏喊救，街邻杨正祥等闻喊出看，帮同将刘小胖孜捉住。其时罗永进亦即踵至，告知发疯逃出情由。讵陈得之伤重，移时殒命。罗永进将犯投约送案，并据尸女汪陈氏报经该县诣验提讯，刘小胖孜目瞪口呆，语无伦次，不能取供，拨医调治，讯取尸亲人等各供，详批医痊审解。据报，该犯神气渐清，疯病痊愈，饬查罗永进伤亦平复，讯供详批审解。兹据该县覆讯，议拟由府解司委审，勘转前来，臣提犯亲讯，据供前情不讳，诘因疯发无知致伤陈得之身死，并无装饰、捏报情弊。取具尸亲保邻人等，切结附卷，案无遁饰。查例载："疯病杀人之案，到案时验系疯迷，迨覆审时供吐明晰者，讯取尸亲切实甘结，叙详咨部，方准拟以斗杀。"又律载："斗殴杀人者，不问手足、他物、金刃，并绞监候。"各等语。此案刘小胖孜因疯复发，黉夜跑至街口凉亭跳舞，至将在亭坐歇之陈得之殴伤身死。该犯到案时，既经验明确有患疯情状，覆审时又经讯取明晰供词，并据尸亲保邻人等各具，切实甘结，其为因疯杀人无疑，自应按斗杀本律问拟。

刘小胖孜应如县府司及委审所拟，合依“斗殴杀人者，不问手足、他物、金刃，并绞监候”律，拟绞监候，秋后处决。该犯事犯到官在光绪十五年三月十六日恭逢恩诏以前，核其情罪，系在准免之列，应请准予援免，惟系疯病杀人之犯，照例监禁数年，如果疯病不复举发，再行释放，仍饬追埋葬银二十两给付尸属具领，以资营葬。该犯前次陡患疯病，原籍族邻人等并不报官锁锢，致令在外杀人，本有应得之罪，事在赦前，请免移提责惩。杨正祥等救阻不及，罗永进伤经平复，均毋庸议。无干经县省释。尸棺饬属领埋。凶器断板凳随招解验，案结发回销毁。除将印甘结揭送部科查核外，理合恭疏具题，伏乞皇上圣鉴，敕下法司核覆施行。再，此案审限云云。

光绪十七年七月二十九日准。部照覆。

校勘记：

①刘小胖子：即“刘小胖孜”。

疯病杀人

为报验事。据署按察使丁峻详，据池州府知府文明转，据铜陵县知县姚鹏翥详称：光绪十九年八月初七日，据地保丁步衢报，据桐城县民妇汪郎氏投称：伊夫汪松柏向在县属和悦洲地方挑水度日，与李炳南素不认识。本月初六日早，伊夫赴街买物，适李炳南手持柴斧在街跳舞，彼此撞遇，李炳南即用柴斧扑向伊夫乱砍，伊夫走避不及，致被砍伤顶心等处倒地。经街邻吴成礼趋至喝住，将李炳南捉获，报伊往看，并向告知李炳南患疯情由。讵伊夫伤重，旋即殒命。等语。往查属实，合将李炳南送案，报乞验究。等情。并据尸妻汪郎氏同报，各到县。据此，随带刑仵押犯亲诣相验。据仵作刘魁验报：已死汪松柏，问年五十六岁。仰面，致命：顶心有刃伤一处，斜长二寸一分，宽一分；偏右有刃伤一处，斜长一寸五分，宽一分，均深抵骨，骨损。额颅有刃伤一处，斜长一寸五分，宽一分，深抵骨，骨不损。余无故。实系受伤身死。报毕，亲验无异，饬取凶器柴斧比对尸伤相符，当场填格取结，尸令棺殓。凶刀带回储库。提验该犯李炳南，目瞪口呆，语无伦次，不能取供，饬医诊视，六脉洪大，痰气凝滞，患疯属实，将犯锁锢监禁，详奉批饬，医痊审解。旋于十月二十日，据报该犯李炳南神气渐清，疯病业已痊愈前来，随传集尸亲、人证，提犯研讯。

据地保丁步衢供与报词同。

据尸妻汪郎氏供：桐城县人，已死汪松柏是丈夫，向在县属和悦洲地方挑水度日，合这到案的李炳南素不认识。光绪十九年八月初六日早，丈夫上街买物，适李炳南手拿柴斧在街跳舞，彼此撞见，李炳南就用柴斧扑向丈夫乱砍，丈夫走避不及，致被砍伤顶心等处倒地。经街邻吴成礼们赶拢喝住，把李炳南捉获，报知小妇往看，并向告知李炳南是患疯病的话。不料丈夫伤重，过了一会身死，小妇就投【报】保，把李炳南送案报验的。丈夫委被李炳南因疯砍伤身死，愿具结，求究办。是实。

据见证吴成礼、徐正亨同供：铜陵县人，合这到案的山西介休县人李炳南都是街邻素识，合已死汪松柏向不认识。李炳南向在县属和悦洲地方开设皮货店生理。光绪十九年七月里，李炳南因连年亏本，无力支撑，心里愁急，忽患疯癫病症，时发时愈。小的们合他店伙马维池因他并不滋事，没有报官锁锢。八月初六日早，小的们听得街上有人喊叫，连忙走出查看，见李炳南手拿柴斧在街跳舞，汪松柏迎面走来，李炳南就用柴斧扑向汪松柏乱砍，汪松柏走避不及，致被砍伤顶心等处倒地。小的们知道他是疯病复发，就合马维池一同赶拢喝住，把李炳南捉获，报知汪松柏的妻子汪郎氏往看，问明情由。不料汪松柏伤重，过了一会身死。汪郎氏就投【报】保，把李炳南送案报验的。小的们委系救阻不及，愿具结。是实。

据应讯马维池供：山西介休县人，合这到案的李炳南是同乡。李炳南向在县属和悦洲地方开设皮货店生理，雇用小的在他店内帮伙。光绪十九年七月里，李炳南因连年亏本，无力支撑，心里愁急，忽患疯癫病症，时发时愈。小的合地保邻佑因他并不滋事，没有报官锁锢。八月初六日早，小的还在床上，听得李炳南拔开店门往外跑走，连忙起身走出查看，那晓李炳南疯病复发，手拿柴斧已把汪松柏砍伤倒地。小的合街邻吴成礼们一同赶拢喝住，把李炳南捉获，报知汪松柏妻子汪郎氏往看，问明情由。不料汪松柏伤重，过了一会身死。汪郎氏就投【报】保，把李炳南送案报验的，愿具结。是实。

据凶犯李炳南供：年四十五岁，山西介休县人，父亲李三捷，现年六十九岁，母亲晋氏，现年六十九岁，并没弟兄，娶妻王氏，生有一女。小的向在县属和悦洲地方开设皮货店生理，合已死汪松柏素不认识。光绪十九年七月里，小的连年亏本，无力支撑，心里愁急，忽患疯癫病症，时发时愈。店伙马维池合地保邻佑因小的并不滋事，没有报官锁锢。八月初六日早，小的疯病复发，一时糊涂，怎样拾取地上柴斧，拔开店门走出门外在街跳舞，见汪松柏迎面走来，小的就用柴斧向他乱砍，致伤汪松柏顶心等处倒地，经邻佑吴成礼们把小的捉获送案，那时小的神魂颠倒，并没晓得。今蒙医痊提讯，小的实因疯发无知，砍伤汪松柏身死，并没起衅别故及装点假捏的事。凶器柴斧已蒙起获。是实。各等供。

据此，将犯迁禁，录供通详，奉批审解，遵提覆讯，除各供同前不叙外，讯据凶犯李炳南供云云同前。等供。据此,该铜陵县知县姚鹏翕审看得云云同后院看至。备拨。等情。由府解司核,恐案情未确,札委署安庆府边保桎审无别故,仍照原拟解司,勘转到臣,提犯亲讯无异。

该臣审看得桐陵县[1]客民李炳南因疯砍伤汪松柏身死一案。缘李炳南籍隶山西介休县,向在该县和悦洲地方开设皮货店生理,与已死汪松柏素不认识。光绪十九年七月间,李炳南因连年亏本,无力支撑,心中愁急,忽患疯癫病症,时发时愈。店伙马维池及保邻人等因其并不滋事,未经报官锁锢。八月初六日早,李炳南疯病复发,拾取地上柴斧,拨开店门走出门外在街跳舞,适汪松柏赴街买物,彼此撞过[2],李炳南即用柴斧扑向汪松柏乱砍,汪松柏走避不及,致被砍伤顶心等处倒地。经邻佑吴成礼等与马维池趋至喝住,将李炳南捉获,报知汪松柏之妻汪郎氏往看,并向告知患疯情由。讵汪松柏伤重,旋即殒命。汪郎氏投保,将李炳南送案报验。提验该犯,李炳南目瞪口呆,语无伦次,不能取供,详报饬医。据报,该犯神气渐清,疯病痊愈,讯取尸亲人等供结,详批审解。兹据该县将犯覆讯,议拟由府解司委审,勘转前来。臣提犯亲讯,据供前情不讳,诘无起衅别故,亦无装饰、假捏情事,究鞫不移,案无遁饰。查例载:“疯病杀人之案,到案时验系疯迷,迨覆审时供吐明晰者,即讯取尸亲切实甘结,拟以斗杀。”又律载:“斗殴杀人者,不问手足、他物、金刃,并绞监候。”各等语。此案李炳南因疯病复发,手携柴斧在街跳舞,致将汪松柏砍伤身死,该犯到案时验系疯迷,覆审时供吐明晰,取具尸亲保邻人等切实甘结,其为因疯杀人无疑,自应按律问拟。李炳南应如该县府司及委审所拟,合依“斗殴杀人者,不问手足、他物、金刃,并绞监候”律,拟绞监候。该犯恭逢光绪二十年八月十六日恩诏,事犯到官均在是年正月初一日以前,核其情罪,系在准免之列,应请准予援免,惟系疯病杀人之犯,仍应照例监禁五年,如果疯病不复举发,再行取结释放,后再有犯,加一等治罪,仍追埋葬银二十两给付尸属具领,以资营葬。店伙马维池等当时不即报官锁锢,又不小心防范,以致杀死人命,本有应得之罪,事在赦前,并请援免。丁步衢仍革役。无干省释。尸棺饬埋。凶器柴斧案结发回,储库备拨。除将印甘结揭送部科查核外,理合恭疏具题,伏乞皇上圣鉴,敕下法司核覆施行。再,此案审限云云。

光绪二十二年正月二十八日准。部照覆。

校勘记:

①桐陵县:桐字误,当为“铜”。

②彼此撞过:据文意,当为“彼此撞遇”。

因斗误伤其怀抱幼子身死

为报验事。据署按察使丁峻详,据署六安直隶州知州屈承福转,据英山县知县尹允照详称:光绪十九年七月十八日,据地保傅万和报,据民妇张段氏投称:伊夫叔张正兴与伊夫张何意先年伙开鱼行,曾向胡永青借钱十五千文,屡讨无偿。本月初九日,胡永青复向催索前欠,时张正兴与伊夫均各外出,仅伊怀抱一岁幼儿张绳佑在店,当向胡永青告知情由,并称无钱央缓,胡永青不依斥骂争闹,胡永青顺用手掌迎面向伊殴打,伊往后闪避,不期胡永青收手不及,误伤伊子张绳佑左耳窍接连左腮颊,哭喊不止,经行伙苏广发喝住。各散。讵伊子伤重,延至十六日殒命。等语。往查属实,犯已逃逸,合报验缉。等情。并据尸母张段氏同报,各到县。据此,随即饬差严缉,一面带领刑仵亲诣相验。据仵作陈镜验报:已死幼孩张绳佑,问年一岁。仰面,致命左耳窍接连不致命左腮颊有掌伤一处,斜围二寸九分,紫赤色,微肿,坚硬,有血瘢。余无故。实系受伤身死。报毕,亲验无异,当场填格取结,尸令棺殓。详奉批饬缉拿,旋于二十年三月初一日勒据差役缉获凶犯胡永青到案,随传集尸亲、人证,提犯研讯。

据地保傅万和供与报词同。

据尸母张段氏供:英山县人,已死幼孩张绳佑是儿子,今年止有一岁,合这获案的胡永青邻村居住,素识没嫌。上年丈夫张何意合夫叔张正兴伙开鱼行,曾向胡永青借钱十五千文,屡讨没还。光绪十九年七月初九日,胡永青又来催讨前欠,那时丈夫合夫叔都各外出,止有小妇怀抱幼子张绳佑在店,当向胡永青告知情由,并说没钱央缓。胡永青不依,说是有意躲赖,小妇分辩,斥骂胡永青不该逞强逼讨,胡永青回骂,顺用手掌迎面向小妇殴打,小妇往后闪避,那晓胡永青收手不及,误伤儿子左耳窍接连左腮颊,哭喊不止,经行伙苏广发喝住。各散。不料儿子伤重,到十六日身死,小妇就投保报验的。今蒙获犯,求究伸。是实。

据见证苏广发供:英山县人,向在张正兴、张何意伙开鱼行内帮工。上年张何意们向村邻胡永青借钱十五千文,屡讨没还,小的是知道的。光绪十九年七月初九日,胡永青又来催讨前欠,那时张何意们都各外出,止有张何意的妻子张段氏怀抱幼子张绳佑在店。张段氏当向胡永青告知情由,并说没钱央缓,胡永青不依,说是有意躲赖,张段氏分辩,斥骂胡永青不该逞强逼讨,胡永青回骂,顺用手掌迎面向张段氏殴打,张段氏往后闪避,胡永青收手不及,误伤张绳佑左耳窍接连左腮颊,哭喊不止,经小的上前喝住。各散。不料张绳佑伤重,到十六日身死,张段氏就投保报验的。小的委系救阻不及。是实。

据张正兴供：英山县人，已死幼孩张绳佑是小的侄孙，合这获案的胡永青邻村居住，素识没嫌。上年小的合侄儿张何意伙开鱼行，曾向胡永青借钱十五千文，经胡永青屡讨没还。光绪十九年七月初九日，胡永青又来催讨前欠。那时小的合侄儿都各外出，止有侄媳张段氏怀抱幼子张绳佑在店，怎样向胡永清央缓不依，胡永青又怎样用手掌殴伤张绳佑左耳窍接连左腮颊，是行伙苏广发喝住。各散。不料张绳佑伤重，到十六日身死，张段氏就投保报验的。小的现才回家，求究伸。是实。

据凶犯胡永青供：年三十七岁，英山县人，父亲已故，母亲彭氏，现年七十六岁，并没兄弟妻子，合张段氏邻村居住，素识没嫌。张段氏的丈夫张何意合他叔子张正兴先年伙开鱼行，曾向小的借钱十五千文，屡讨没还。光绪十九年七月初九日，小的又往催讨前欠，那时张正兴、张何意都各外出，止有张段氏手抱幼子张绳佑在店，就向小的告知情由，并说没钱央缓，小的不依，说他有意躲赖，张段氏分辩，斥骂小的不该逞强逼讨，小的回骂，顺用手掌迎面向张段氏殴打，张段氏往后闪避，小的一时收手不及，误伤张绳佑左耳窍接连左腮颊，经他行伙黄广发上前喝住，小的当就逃跑。后闻张绳佑伤重，到十六日身死，尸亲投保报验，小的害怕，逃往各处躲避，今被拿获解案的。委非有心欲杀，也没起衅别故，逃后也没另犯不法及知情容留人家。是实。各等供。

据此，将犯收禁，录供通详，奉批审解。据报，该犯胡永青于光绪二十年六月十二日在监患病，验报饬医，至七月十二日治痊。遵提覆讯，除各供同前不叙外，讯据凶犯胡永青供云云同前。等供。据此，该英山县知县尹允照审看得云云同后院看至，无干省释。等情。由州解司核，恐案情未确，札委署怀宁县知县黄国城审照原拟，解经臬司勘转到臣，提讯犯供无异。

该臣审看得英山县民胡永青因与张段氏争殴误伤其幼子张绳佑身死一案。缘胡永青籍隶该县，与张段氏邻村居住，素识无嫌。张段氏之夫张何意与其叔张正兴先年合伙开设鱼行，曾向胡永青借钱十五千文，屡索无偿。光绪十九年七月初九日，胡永青复往催索前欠，时值张正兴、张何意均各外出，仅止张段氏怀抱幼子张绳佑在店，当向告知情由，并称无钱央缓，胡永青不依，斥其有意躲赖，张段氏分辩，并以胡永青不应逞强逼讨，随口混骂，胡永青回詈，顺用手掌迎面向张段氏殴打，张段氏往后闪避，胡永青一时收手不及，不期误伤张绳佑左耳窍接连左腮颊，经苏广发上前喝住。各散。讵张绳佑伤重，延至十六日殒命，张段氏投保报经该县尹允照诣验，获犯讯详，批饬审解。据报，该犯胡永青在监患病，验报医痊。兹据该县覆讯，议拟由州解司委审，勘转前来，臣提犯亲讯，据供前情不讳，诘非有心欲杀，亦无起衅别故，究鞫不移，案无遁饰。查例载："凡斗殴而误杀其人之子，仍依斗杀本律科罪。"又律载："斗殴杀人者，不问手足、他物、金刃，并绞监候。"各等语。此案胡永青因向张段氏索欠,央缓不依,起衅争殴,而误伤其怀抱幼子张绳佑越七日身死,自应按律问拟。胡永青应如县州司及委审所拟,合依"斗殴而误杀其人之子,仍依斗杀本律科罪例","斗殴杀人者,不问手足、他物、金刃,并绞监候"律,拟绞监候。该犯恭逢光绪二十年八月十六日恩诏,事犯在二十年正月初一日以前,核其情罪系在准免之列,应请准予援免,后再有犯,加一等治罪,仍追葬埋银二十两给付尸属具领,以资营葬。该犯逃后讯无另犯不法及知情容留人家,应与讯系救阻不及之见证苏广发,均毋庸议。张正兴借欠胡永青钱文,由县照追给领。尸棺饬埋。无干省释。除揭移部科外,理合恭疏具题,伏乞皇上圣鉴,敕下法司核覆施行。再,此案审限云云。

光绪二十二年二月初六日准。部照覆。

救亲情切殴伤身死

为报验事。查接管卷内,据按察使嵩崑详,据凤阳府知府赵舒翘转,据代理寿州知州宗能征详称:光绪十五年十二月三十日,据地保张升、黄印等报,据坊民黄吉中投称:伊父黄本太赊欠邻人龙占鳌布钱四百文,屡讨未偿。本月二十日傍晚时分,龙占鳌复向伊父索讨前欠,伊父无钱央缓,龙占鳌不依混骂,伊父回詈,彼此揪扭,伊父将龙占鳌推跌在地,骑压身上,用手搯住龙占鳌咽喉不放,适龙占鳌之子龙二田工转回,见向拉劝,伊父仍不放手,被龙二顺取门旁木棍殴伤伊父偏左,松手倒地,经庄邻李彦修劝散。讵伊父伤重,延至二十二日殒命。等语。往查属实,当将龙二扭获送案,合报验究。等情。并据尸子黄吉中同报,各到州。据此,随带刑仵押犯亲诣相验。据仵作谢廉验报:已死黄本太,问年五十九岁。仰面,致命:偏左有木器伤一处,斜长八分,阔三分,深抵骨,骨损,皮破血污。余无故。实系受伤身死。报毕,亲验无异,饬取凶器木棍无获,无从比对尸伤,当场填格取结,尸令棺殓。随传集尸亲、人证,提犯研讯。

据地保张升、黄印供与报词同。

据尸子黄吉中供:寿州人,已死黄本太是父亲,合这龙二同庄居住,素识没嫌。光绪十四年十月间,父亲赊欠龙二的父亲龙占鳌布钱四百文,屡讨没还。十五年十二月二十日傍晚时候,龙占鳌来到小的家向父亲索讨前欠,父亲没钱央缓,龙占鳌不依混骂,父亲回骂,互相揪扭,父亲把龙占鳌推跌在地,骑压他身上,用手搯住龙占鳌咽喉不放,龙占鳌挣扎喊救,适龙二从田工转回,路过那里,上前拉劝。父亲仍不放手,龙二顺取门旁木棍殴伤父亲偏左,松手倒地,经庄邻李彦修赶拢劝散。不料父亲伤重,到二十二日就身死了,小的投保把龙二扭获报验的,求究伸。是实。

据见证李彦修供:寿州人,合已死黄本太并这龙二都是庄邻认识。光绪十四年十月间,黄本太赊欠龙二的父亲龙占鳌布钱四百文,经龙占鳌屡讨没还,小的是知道的。十五年十二月二十日傍晚时候,小的路过黄本太家门首,听得里面有人吵闹,进内查看,见黄本太把龙占鳌推跌在地,骑压身上,用手搭住龙占鳌咽喉不放,龙占鳌挣扎喊救,适龙二从田工转回,走到那里,上前拉劝,黄本太仍不放手,龙占鳌被搭气闭,喊不出声,面色改变,龙二顺取门旁木棍殴伤黄本太偏左,松手倒地。小的连忙赶拢劝散,问说因龙占鳌向黄本太索讨前欠,央缓不依,斥骂起衅的。不料黄本太伤重,到二十二日身死,尸子黄吉中投保,把龙二扭获报验的。小的委系救阻不及。是实。

据犯父龙占鳌供:寿州人,年五十二岁,贩布度日。这到案的龙二是小的儿子,合已死黄本太同庄居住,素识没嫌。光绪十四年十月间,黄本太赊欠小的布钱四百文,屡讨没还。十五年十二月二十日傍晚时候,小的走到黄本太家,复向讨索前欠,黄本太没钱央缓,小的不依混骂,黄本太回骂,互相揪扭,黄本太把小的推跌在地,骑压身上,用手搭住小的咽喉不放,小的挣扎喊救,适小的儿子从田工转回,走到那里,上前拉劝。黄本太仍不放手,那时小的被搭气闭,喊不出声,面色改变,儿子情急,顺取门旁木棍殴伤黄本太偏左,松手倒地。经庄邻李彦修赶拢劝散。不料黄本太伤重,到二十二日身死,尸子黄吉中就投保把儿子获案报验的。是实。

据凶犯龙二供:年十八岁,寿州人,父亲龙占鳌,母亲陈氏,兄弟二人,哥子龙顺海,小的居幼,并没妻子。合已死黄本太同庄居住,素识没嫌。光绪十四年十月间,黄本太赊欠小的父亲布钱四百文,经父亲屡讨没还。十五年十二月二十日傍晚时候,父亲走到黄本太家,复向讨索前欠,黄本太没钱央缓,父亲不依混骂,黄本太回骂,互相揪扭,黄本太把父亲推跌在地,骑压身上,用手搭住父亲咽喉不放,父亲挣扎喊救,适小的从田工转回,走到那里,上前拉劝,黄本太仍不放手,那时父亲被搭气闭,喊不出声,面色改变,小的恐被搭死,一时情急,顺取门旁木棍吓殴,适伤黄本太偏左,松手倒地,经庄邻李彦修赶拢劝散。不料黄本太伤重,到二十二日身死,尸子黄吉中投保,把小的扭获送案的。并非有心欲杀,也没起衅别故。凶器木棍当时撩弃。是实。各等供。

据此,将犯收禁,录供通详,奉批审解。据报,该犯龙二于光绪十六年闰二月十二日在监患病,验报饬医,至三月十二日治痊。遵提覆讯,除各供同前不叙外,讯据凶犯龙二供云云同前。等供。据此,该代理寿州知州宗能征审看得云云同后院看至,供弃免追。等情。由府解司核,恐案情未确,札委安庆府联元审无别故,仍照原拟解司,勘转到前抚臣沈,提犯亲讯无异,未及核题,移交到臣。

该臣核看得寿州民人龙二因救亲情切殴伤黄本太身死一案。缘龙二籍隶该州，与已死黄本太同庄居住，素识无嫌。光绪十四年十月间，黄本太赊欠龙二之父龙占鳌布钱四百文，经龙占鳌屡讨未偿。十五年十二月二十日傍晚时分，龙占鳌前往黄本太家，复向讨索前欠，黄本太无钱央缓，龙占鳌不依混骂，黄本太回詈，互相揪扭，黄本太将龙占鳌推跌在地，骑压身上，用手搭住龙占鳌咽喉不放，龙占鳌挣扎喊救，适龙二从田工转回，走至该处，上前拉劝。黄本太仍不放手，龙占鳌被搭气闭，喊不出声，面色改变，龙二瞥见恐被搭死，一时情急，顺取门旁木棍吓殴，适伤黄本太偏左，松手倒地。经庄邻李彦修赶至劝散。讵黄本太伤重，延至二十二日殒命，尸子黄吉中投保获犯报验，讯供通详，批饬审解。该犯在监患病，验报医痊。行据该州覆讯，议拟由府解司委审，勘转到前抚臣沈，提讯无异，未及核题，移交前来。臣覆核此案，既经前抚臣沈提犯亲讯，据供前情不讳，诘非有心欲杀，亦无起衅别故，究鞫不移，案无遁饰。查律载："斗殴杀人者，不问手足、他物、金刃，并绞监候。"又例载："人命案内如有父母被人殴打，实系事在危急，其子救护情切，因而殴死者，于疏内声明，分别减等，援例两请，候旨定夺。"各等语。此案龙二因伊父龙占鳌被黄本太推跌在地，骑压身上，用手搭住咽喉不放，上前拉劝，旋见伊父被搭面色改变，喊不出声，该犯情切救护，拾棍殴伤黄本太越二日身死，自应按律问拟。龙二应如州府司及委审所拟，合依"斗殴杀人者，不问手足、他物、金刃，并绞监候"律，拟绞监候。衅由救父情切，死出不虞。犯父虽未受伤，惟咽喉被搭气闭，喊不出声，面色改变，实系事在危急，核与两请之例相符，相应援例声明，请旨定夺。黄本太所欠布钱，身死勿征。李彦修讯系救阻不及，应毋庸议。尸棺由州饬埋。凶器木棍供弃免追。除揭移部科外，理合恭疏具题，伏乞皇上圣鉴，敕下法司核覆施行。再，此案获犯系在封印期内，应以光绪十六年正月二十一日开印之日起限承审云云。

光绪十七年十二月十九日，接准部覆。光绪十七年十月十七日题，十九日奉旨："龙二准其减等，援赦杖徒。余依议。钦此。"

赌赛泅水互相戏逐致被淹身死

为报验事。据按察使嵩崑详查接管卷内，据颍州府[①]知府凤林转，据颍上县[②]杨德霖详称：光绪十二年七月十八日，卑前署县陈慎容任内，据地保李家如报，据保民李长会投称：本月十七日上午时分，伊子李荣孜与邻人胡小麻孜出外闲逛，走至村外塘边，适邻人柴印在该处塘边牧放牛只。伊子看见，欲与柴印下塘赌赛泅水，并称能将两脚缚住泅入水底，将其捉住、擒上水面方算本事，柴印答以何难，随各脱去衣裤，携取编鞋草绳，各自缚住两脚，跳落塘内，互相比试。柴印入水后潜由水底闪至对岸塘边起身上坡，伊子一同落水，许久不起，胡小麻孜料其误入深处，即与柴印大声喊叫。时伊在附近田工，闻声趋至，胡小麻孜告知前情，当将伊子捞起，业已被淹殒命。等语。往查属实，合报验缉。等情。并据尸父李长会同报，各到县。据经陈慎容饬差严缉，一面带领刑仵前诣该处，勘得潘家茔迤西半里许，有水塘一道，量长二丈七尺，宽八尺，深五尺五寸。已死李荣孜尸身仰卧塘边地上，草绳业已解去。饬据仵作薛坤验报：已死李荣孜，问年十六岁。仰面：面色发变，口鼻内有水沫流出。不致命：两脚踝有绳痕一道，血瘾，紫赤色；两手心、两脚心绉白；肚腹膨肠[3]，拍着响。余无故。实系被淹身死。报毕，亲验无异，饬取草绳比对缚痕相符，当场填格取结，尸令棺殓，草绳带回储库，详奉批饬缉参。陈慎容未及获犯，因病出缺，代理县余锡麟亦未获犯卸事，卑职到任准交，照案勒缉，旋于光绪十三年四月十一日缉获凶犯柴印到案，随传集尸亲、人证，提犯研讯。

据地保李家如供与报词同。

据尸父李长会供：颖上县[4]人，已死李荣孜是儿子，合这到案的柴印邻屋居住，素识没嫌，他合儿子时常玩耍。光绪十二年七月十七日上午时候，小的在村外田工，有人听闻喊叫，[5]小的赶往查看，见邻人胡小麻孜上前来向小的告说，儿子合柴印赌赛泅水，并说能把两脚缚住泅入水底，把他捉住、擒上水面方算本事，柴印答说何难，就各脱去衣裤，拿取编鞋草绳，各自缚住双脚，跳落塘内。柴印入水后潜从水底闪到对岸塘边起身上坡，儿子一同落水，许久不见起来，料他误入深处，连忙喊叫的话，小的当合胡小麻孜一同下塘把儿子捞起，不料已经淹死了，小的就投保报验的。今蒙获犯，求究办。是实。

据见证胡小麻孜供：颖上县[6]人，合已死李荣孜并这到案的柴印都是邻居。光绪十二年七月十七日上午时候，小的同李荣孜出外闲逛，走到村外塘边，见柴印先在那里牧放牛只，手拿草绳坐地编鞋。李荣孜说要和柴印下塘赌赛泅水，并说能把两脚缚住泅入水底，将其捉住、擒上水面方算本事，柴印答说何难，就各脱去衣裤，拿取编鞋草绳，各自缚住两脚，跳落塘内，互相比试。柴印入水后潜从水底闪到对岸塘边起身上坡，李荣孜一同落水，许久不见起来。小的料他误入深处，就合柴印大声喊叫。那时李荣孜的父亲李长会在附近田工，闻声赶到，小的告知前情，当合李长会一同把李荣孜捞起，不料已经淹死了，委系捞救不及。是实。

据凶犯柴印供：颖上县[7]人，年二十四岁，父亲柴学海，母亲李氏，兄弟三人，小的居长，并没妻子，种田度日。合已死李荣孜邻屋居住，素识没嫌，他合小的时常玩耍。光绪十二年七月十七日上午时候，小的在村外塘边牧放牛只，携带草绳坐地编鞋。适李荣孜合邻人胡小麻孜走来闲逛。李荣孜看见，要合小的下塘赌赛泅水，并说能把两脚缚住泅入水底，将他捉住、擒上水面方算本事，小的答说何难，就各脱去衣裤，拿取编鞋草绳，各自缚住双脚，跳落塘内，互相比试。小的入水后潜从水底闪到对岸塘边起身上坡，李荣孜一同落水，许久不见起来，胡小麻孜料他误入深处，就合小的大声喊叫。那时李荣孜的父亲李长会在附近田工，听闻赶来，胡小麻孜告知前情，就合李长会一同把李荣孜捞起，不料已经淹死了。小的把牛牵回，害怕逃避，今被获案的。委非有心欲杀，也没口角争殴及起衅别故，逃后也没另犯不法及知情容留人家。是实。各等供。

据此，将犯收禁，录供通详，奉批审解。据报，该犯柴印于光绪十三年六月初一日在监患病，验报饬医，至七月初一治痊。遵提覆讯，除各供同前不叙外，讯据凶犯柴印供云云同前至。等供。据此，该署颍上县[8]知县杨德霖审看得云云同后院看至，案结销毁。等情。解府提讯，犯供游移，札委署阜阳县刘承祖审照原拟，解府提讯，犯供狡展，札委署亳州李祖福未及审解卸事，移交陈晋审照原拟，由府解司核，恐案情未确，札委署怀宁县陈兆庆审讯，该县因另有查办事件，禀请改委安庆府联元审照原拟，解司提讯，犯供翻异，将犯发回确审。嗣据该署县蔡光裕审明，仍照原拟解府提讯，犯供参差，札委署阜阳县吴乃斌未及审解卸事，移交萧先镐审无别故，仍照原拟由府解司，勘转到臣，提犯亲讯无异。

该臣审看得颍上县[9]民柴印因戏致李荣孜落塘被淹身死一案。缘柴印籍隶该县，务农度日，与已死李荣孜邻屋居住，素识无嫌，彼此时常玩耍。光绪十二年七月十七日上午时候，柴印在村外塘边牧放牛只，携带草绳坐地编鞋，适李荣孜偕邻人胡小麻孜出外闲逛，走至该处塘边，李荣孜看见，欲与柴印下塘赌赛泅水，并称能把两脚缚住泅入水底，将其捉住、擒上水面方算本事，柴印答以何难，随各脱去衣裤，携取编鞋草绳各自缚住双脚，跳落塘内，互相比试。柴印入水后潜由水底闪至对岸塘边起身上坡，李荣孜一同落水，许久不见起来，胡小麻孜料其误入深处，即与柴印大声喊叫。时李荣孜之父李长会在附近田工，闻声趋至，胡小麻孜告知前情，当将李荣孜捞起，业已被淹殒命。柴印将牛牵回，畏惧逃避。李长会投保报验，该前署县陈慎容诣验详报，旋即因病出缺，代理县余锡麟亦未获犯卸事，该县抵任准交，获犯讯供，详批审解。据报，该犯柴印在监患病，验报医痊。兹据该县覆讯，议拟解府委审，由府解司，发回讯明解府委审解司，勘转前来。臣提犯亲讯，据供前情不讳，诘非有心欲杀，亦无口角争殴及起衅别故，究鞫不移，案无遁饰。查律载："因戏杀人者，以斗杀论。"又："斗殴杀人者，不问手足、他物、金刃，并绞监候。"各等语。此案柴印因与李荣孜赌赛泅水，用绳缚住两脚，泅入水底，互相戏逐，致李荣孜被淹身死，实属戏杀。柴印应如县府司及委属所拟,合依"因戏杀人者以斗杀论","斗殴杀人者,不问手足、他物、金刃,并绞监候"律,拟绞监候。该犯事犯到官在光绪十五年三月十六日恭逢恩诏以前,核其情罪系在条款准免之例,应请准予援免,后再有犯,加等治罪,仍于该犯名下追埋葬银二十两给付尸属具领,以资营葬。该犯逃后,讯无另犯不法及知情容留人家,应与捞救不及之见证胡小麻孜,均毋庸议。无干经县省释。尸棺饬属领埋。草绳案结销毁。除揭移部科外,理合恭疏具题,伏乞皇上圣鉴,敕下法司核覆施行。再,此案审限云云。

光绪十八年六月十三日准。部照覆。

校勘记:

①颖州府:颖字误,当为"颍"。

②颖上县:颖字误,当为"颍"。

③肚腹膨肠:肠字误,当为"胀"。

④同②。

⑤有人听闻喊叫:据文意,当为"听闻有人喊叫"。

⑥同②。

⑦同②。

⑧同②。

⑨同②。

卷八门 人 命

颍属[1]凶徒结伙持械伤人

为详报事。据按察使嵩崑详，据颍州府知府凤林转，据署太和县知县陆延龄详称：光绪十四年二月二十二日，卑前署县王万甡任内，据地保王玉三报，据保民徐秉璋[2]投称：本月初间，有邻人朱二猪向伊无服族人徐增盛价买秫秫七升，欠钱三十六文，约俟日内归还。二十一日，徐增盛路遇朱二猪向索前欠，彼此口角互骂争闹，经王同然劝散。次日，朱二猪被骂不甘，心怀忿恨，纠邀朱玉成等各带鸟枪、木棍，往向寻殴。徐增盛闻知，亦邀同徐大庆等分拿刀枪出向抵御。适伊父徐金山由田工作转回，行至该处，正值朱玉成开放鸟枪，至砂子误伤伊父右太阳穴倒地。徐摸、徐大庆亦各用刀枪致伤朱二猪左右腿，经王同然等路见，赶拢喝住，报伊往看，问明情由。讵伊父伤重，移时殒命。等语。往查属实，当将朱二猪、徐增盛拿获，并拾获鸟枪二根，一并送案，报乞验究。等情。并据尸子徐秉章同报，各到县。据经王万甡饬差缉犯，一面带领刑仵押犯驰诣相验。据仵作陈栖凤验报：已死徐金山，问年四十六岁。仰面，致命：右太阳穴有砂子伤一处，围圆三分，深透内，子不出，皮肉焦黑色。余无故。委系鸟枪轰伤身死。报毕，亲验无异，填格取结，尸令棺殓。饬验朱二猪右腿有刃伤及砂子伤各一处，左腿有刃伤一处，均用药敷盖，未便揭验，填单饬医，鸟枪带回储库。随传集尸亲、人证，提犯研讯。

据地保王玉三供与报词同。

据尸子徐秉章供：太和县人，已死徐金山是父亲，合这到案的朱二猪并无服族人徐增盛都素识没嫌。光绪十四年二月初上，朱二猪向徐增盛买得秫秫七升，除付过价钱外，还欠钱三十六文，约俟日内归还，小的是知道的。那月二十一日，徐增盛怎样路遇朱二猪索讨前欠，彼此口角互骂争闹，经王同然劝散。第二日朱二猪又怎样心怀不甘，纠邀朱玉成们各带鸟枪、木棍往向徐增盛寻殴，徐增盛也邀同徐大庆们出向抵御，适父亲从田工转回，走到那里，正值朱玉成点放鸟枪，致被砂子轰伤父亲右太阳穴倒地。徐摸、徐大庆也各用刀枪致伤朱二猪左右腿，是王同然们路见喝住,报知小的往看,问明情由。不料父亲伤重,过了一会身死,小的就投保,把朱二猪、徐增盛获案报验的,求究伸。是实。

据见证王同然、吴同昌、洪学章同供:太和县人,合这朱二猪、徐增盛并已死的徐金山都邻居素识。光绪十四年二月初上,朱二猪向徐增盛买得秫秫七升,除付过价钱外,还欠钱三十六文,约俟日内归还,小的们都晓得的。那月二十一日,徐增盛路遇朱二猪索讨前欠,朱二猪斥他不该当街索欠,徐增盛不服混骂,朱二猪回骂,彼此争闹,经小的王同然劝散。二十二日中午时候,小的们路过徐增盛门口,见朱二猪带同他族人朱玉成、朱应科、朱应得、朱正宇、朱洪兴、朱玉风、朱大肚与徐增盛、徐大庆、徐二庆、徐金昭、徐桂林、徐金豹、徐摸、徐敬、徐骚虎各带鸟枪、刀棍,互骂争殴。朱二猪持棍向徐增盛殴打,徐增盛闪避,徐摸赶拢,用刀扎伤朱二猪左右腿跑逃,朱玉成手拿鸟枪从后追赶,适徐增盛无服族人徐金山从田工转回,走到那里,正值朱玉成点放鸟枪,致砂子轰伤徐金山右太阳穴倒地。那时朱二猪向徐大庆喊骂,也被徐大庆放枪轰伤朱二猪右腿。小的们连忙上前喝住,问说因朱二猪被骂不甘,心怀忿恨,纠邀朱玉成们前往寻殴起衅的,小的们就去报知徐金山的儿子徐秉章往看,问明情由。不料,徐金山伤重,过了一会身死,徐秉章就投保把朱二猪、徐增盛获案报验的。小的们委系救阻不及。是实。

据犯人徐增盛供:年四十一岁,太和县人,父母都故,并没弟兄,娶妻高氏,生有二子,合这朱二猪素识。光绪十四年二月初上,朱二猪向小的买得秫秫七升,除付过价钱外,还欠钱三十六文,朱二猪约俟日内归还。那月二十一日,小的路遇朱二猪,索讨前欠,朱二猪斥小的不该当街索欠,小的不服混骂,朱二猪回骂,彼此争闹,经王同然劝散。第二日中午时候,朱二猪心怀不甘,纠邀在逃的朱玉成、朱应科、朱应得、朱正宇、朱洪兴、朱玉风、朱大肚一共八人,分拿鸟枪、木棍来向小的寻殴。小的在家闻知,也邀同在逃的无服族人徐大庆、徐二庆、徐金昭、徐桂林、徐金豹、徐摸、徐敬、徐骚虎们,各带鸟枪、刀棍出向抵御。朱二猪持棍向小的殴打,小的闪避,徐摸赶拢,用刀扎伤朱二猪左右腿跑逃,朱玉成手拿鸟枪从后追赶,适小的无服族人徐金山从田工转回,走到那里,正值朱玉成点放鸟枪,致砂子轰伤徐金山右太阳穴倒地。那时朱二猪向徐大庆喊骂,也被徐大庆放枪轰伤朱二猪右腿,经王同然、吴同昌、洪学章路见,赶拢喝住,当各走散。后闻徐金山伤重身死,尸子徐秉章投保,把小的合朱二猪获案的,委非预谋械斗,也没起衅别故及另有在场帮殴的人。鸟枪是朱玉成、徐大庆撩弃的,已蒙起获。朱玉成们现逃何处,不知道。是实。

据犯人朱二猪供:年二十一岁,太和县人。父亲朱洪昌,现年五十四岁,母亲胡氏,现年五十九岁,并没弟兄,娶妻范氏,生有一子。合这徐增盛并已死徐金山都素识没嫌。光绪十四年二月初上,小的向徐增盛买得秫秫七升,除付过价钱外还欠钱三十六文,约俟日内归还。那月二十一日,徐增盛路遇小的索讨前欠,小的斥他不该当街索欠,徐增盛不服混骂,小的回骂,彼此争闹,经王同然劝散。小的回家后被骂不甘,心怀忿恨,起意纠殴泄忿,就于第二日中午时候纠邀在逃的无服族人朱玉成、朱应科、朱应得、朱正宇、朱洪兴、朱玉风、朱大肚一共八人,分拿鸟枪、木棍往向徐增盛寻殴。徐增盛闻知,也邀同在逃的徐大庆、徐二庆、徐金昭、徐桂林、徐金豹、徐摸、徐骚虎们,各带鸟枪、刀棍出向抵御。小的持棍向徐增盛殴打,徐增盛闪避,徐摸赶拢,用刀扎伤小的左右腿跑逃,朱玉成手拿鸟枪从后追赶,适徐增盛无服族人徐金山从田工转回,走到那里,正值朱玉成点放鸟枪,致砂子轰伤徐金山右太阳穴倒地。那时小的向徐大庆喊骂,彼徐大庆放枪轰伤小的右腿。经王同然、吴同昌、洪学章路见,赶拢喝住,当各走散。后闻徐金山伤重身死,尸子徐秉章投保把小的合徐增盛获案的。委非预谋械斗,也没起衅别故及另有在场帮殴的人。鸟枪是朱玉成、徐大庆撩弃的,已蒙起获。小的伤已平复。朱玉成们现逃何处,不知道。是实。各等供。

据此,将犯收禁,录供通详,奉批缉审。据报,该犯徐增盛于光绪十四年四月二十二日在监患病,验报饬医,至五月二十二日治痊。王万甡未及详解卸事,卑职到任准交,提讯犯供翻异,饬传要证吴同昌等先期赴两湖贸易,循例详请咨展。嗣于十六年闰二月初四日催传人证到案,提同质讯,供与原审无异。查逸犯朱玉成等弋获无期,先就现犯覆讯,议拟由府解司核,恐案情未确,札委安庆府联元审明,仍照原拟解司,提犯亲讯无异。

该本司审看得太和县民朱二猪与徐增盛纠众互殴致听纠之朱玉成放枪误伤徐金山身死一案。缘朱二猪、徐增盛均籍隶该县,彼此素识无嫌。光绪十四年二月初间,朱二猪向徐增盛价买秫秫七升,除付过钱外,尚欠钱三十六文,约俟日内归还。是月二十一日,徐增盛路遇朱二猪向索前欠,朱二猪斥其不应当街索欠,徐增盛不服混骂,朱二猪回詈,彼此争闹,经王同然劝散。朱二猪回家后被骂不甘,心怀忿恨,起意纠殴泄忿,随于次日中午时分纠邀在逃之无服族人朱玉成、朱应科、朱应得、朱正宇、朱洪兴、朱玉风、朱大肚一共八人,分携鸟枪、木棍往向徐增盛寻殴。徐增盛闻知,亦邀同在逃之无服族人徐大庆、徐二庆、徐金昭、徐桂林、徐金豹、徐摸、徐敬、徐骚虎等,各带鸟枪、刀棍,出向抵御。朱二猪持棍向徐增盛殴打,徐增盛闪避,徐摸赶拢,用力扎伤朱二猪左右腿跑逃,朱玉成手携鸟枪从后追赶,适徐增盛无服族人徐金山由田工转回,行至该处,正值朱玉成点放鸟枪,致砂子轰伤徐金山右太阳穴倒地。维时朱二猪向徐大庆喊骂,亦被徐大庆放枪轰伤右腿。经王同然、吴同昌、洪学章等路过,赶拢喝散,报知徐金山之子徐秉章往看,询明前情。讵徐金山伤重,移时殒命。尸子徐秉章投保获犯朱二猪、徐增盛，并起获鸟枪二根，报经该前署县王万甡验讯通详，奉批缉审。该犯徐增盛在监患病，验报医痊。王万甡未及详解卸事，陆延龄到任准交，提讯犯供翻异，饬传要证吴同昌等先期赴两湖贸易，循例详咨展限。兹据该县以逸犯弋获无期，勒传人证到案，提犯审明，议拟由府解司委审，详解前来。本司提犯亲讯，据各供悉前情不讳，诘非预谋械斗，亦无起衅别故及另有在场帮殴之人，研鞫不移，案无遁饰。查例载："颖州府[③]属凶徒结伙三人以上，但有一人执持器械伤人，不分首从，实发云、贵、两广极边烟瘴充军。"等语。此案朱二猪因徐增盛向索前欠买秫钱文斥骂争闹，旋因被骂不甘，起意纠殴泄忿，致听纠之朱玉成放枪误将经过之徐金山轰伤身死。该犯朱二猪亦被徐摸、徐大庆各用刀枪致伤平复。查已死徐金山并非朱二猪所欲谋殴之人，按照原谋罪止拟徒，惟均系颖属[④]凶徒，结伙已在三人以上，且各持有器械，自应按例从重问拟。朱二猪、徐增盛应如县府及委审所拟，均合依"颖州府[⑤]属凶徒结伙三人以上，但有一人执持器械伤人，不分首从，实发云、贵、两广极边烟瘴充军"例，拟发云、贵、两广极边烟瘴充军，仍以足四千里为限。据供已死之徐金山系被在逃之朱玉成放枪误伤所致，业经隔别研讯，供出一辙，且有王同然等指证确凿，无虞避就，毋庸监候待质。该犯等事犯到官虽在光绪十五年三月十六日恭逢恩诏以前，惟系颖属[⑥]凶徒，不在准免之列，应不准其援免，仍各照例刺字，定地发配。王同然、吴同昌、洪学章等讯系救阻不及，应毋庸议。朱二猪所欠秫秫钱文，照追给领。无干经县省释。尸棺饬埋。逸犯朱玉成等，饬缉获日另结。起获鸟枪随招解验，案结发回，储库备拨。所有失察职名请免开送。此案凶犯尚未弋获，仍饬照例开参，理合详候核咨。再，此案审限云云，至合并声明。等情。到院。据此，本部院覆核无异，除饬勒缉逃凶朱玉成等务获究报，并饬取应议职名另参。暨分咨外，相应咨达。

光绪十七年七月二十九日准。部照覆。

校勘记：

①颖属：颖字误，当为"颍"。

②徐秉璋：人名前后不一致，据上下文当为"徐秉章"。

③颖州府：颖字误，当为"颍"。

④同①。

⑤同③。

⑥同①。

听从主使致伤身死埋尸不失

为详报事。据按察使嵩崑详，据署太平府知府史久常转，据署繁昌县知县周辛炳详称：光绪十六年五月十二日，据地保徐勤有报，据丐妇程宣氏投称：伊夫程川运原籍湖北黄梅县，携伊同子出外求乞。本月初一日傍晚，行至县境，商允先不认识之丐头勾敖等留住王姓祠堂。因值连日阴雨，不能出门，伊家三人饭食均系勾敖借给。初六日天晴，勾敖等先出求乞，伊夫将伊母子搬往张姓祠旁空屋棲止，伊携子出外求乞，伊夫在屋等候。勾敖等午后转回，查知伊夫搬走，即与勾畲赶向伊夫逼还饭钱，口角争殴，被勾敖等殴伤伊夫偏右等处倒地，有章得治劝证。经伊回归救治，讵伊夫伤重，延至次早殒命。等语。往看，尸被勾敖等抬埋，现将勾畲扭获，盘出埋尸地方，带案叩乞验究。等情。并据尸妻程宣氏报同前由，各到县。据此，随带刑件押犯驰诣埋尸处所，勘得该山并无居民，有新掩浮土一堆，据勾畲指称，程川运尸身即在此处掩埋。饬将浮土刨开，起出尸身，令程宣氏认明，舁放平地，如法相验。据仵作朱升验报：已死程川运，问年四十五岁。仰面，面色发变，致命：偏右有木器伤一处，斜长一寸五分，宽六分，按捺骨不损。不致命：右胑脥有擦伤一处，去油皮；右肋有木器伤接连两处，均斜长一寸三分，宽六分，紫黑色，按捺骨损。合面，致命：脑后有木器伤一处，斜长一寸八分，宽八分；右耳根有木器伤一处，斜长一寸五分，宽六分。不致命：右手背有木器伤一处，斜长一寸六分，宽七分。致命：右脊膂有木器伤一处，斜长一寸六分，宽七分。以上各伤，按捺骨俱不损。余无故。实系受伤身死。报毕，亲验无异，饬起凶器无获，无凭比对尸伤，当场填格取结，尸令棺殓，随讯。

据尸妻程宣氏供：湖北黄梅县人，已死程川运是丈夫，生有一子尚幼。丈夫合到案的勾畲、在逃的勾敖先不认识，也没嫌隙。光绪十六年间，丈夫因原籍岁荒，穷苦难度，带同小妇母子外出求乞。五月初一日傍晚时候，走到繁昌县境内王姓祠堂门首，见勾敖、勾畲先在屋里住歇，丈夫就向勾敖借宿，并因人地生疏，央恳收留入伙，勾敖应允，一同歇下。适值连日阴雨，不能出门，小妇合家三人饭食都是勾敖借给，说定天晴讨得钱米算还。初六日早天晴，勾敖、勾畲先出求乞，丈夫说道女眷同居不便，就乘空带同小妇母子搬到张姓祠旁空屋住下，叫小妇携子就近乞食，丈夫在屋守候。午后小妇母子求乞转回，只见丈夫殴伤倒地，章得治在旁扶救。小妇当向查问，丈夫说是勾敖们赶来逼讨饭钱，口角起衅，被勾敖、勾畲用棍殴伤，经章得治喝住的，至勾畲殴打丈夫，是否勾敖喝令，小妇没有细问明白。小妇当扶丈夫睡下，不料丈夫伤重，到了初七日黎明身死。小妇出去投保，那晓勾敖们竟来移尸掩埋。小妇同保回屋，不见尸身，四处找寻，后把勾畚拿获，盘出埋尸地方，报案请验的，求究办勒缉。是实。

据见证章得治供：繁昌县人，合这现获的和州人勾畚、在逃的勾敖一向认得，已死的湖北黄梅县人程川运素不认识。光绪十六年五月初六日午后，小的路过本族祠堂门口，望见勾敖、勾畚合程川运在屋里打架，程川运受伤倒地。小的连忙进去喝住，勾敖、勾畚携棍逃走。小的上前扶救，适程川运的妻子程宣氏们回来，同向程川运查问，程川运说是勾敖们赶去逼讨饭钱，口角起衅，被勾敖、勾畚用棍殴伤的，至勾畚殴打程川运是否勾敖喝令，没有细问明白，小的也就走回。后来程川运怎样因伤身死，又被勾敖们抬尸掩埋，是程宣氏投保扭获勾畚报验才知道的。小的委系救阻不及。是实。

据凶犯勾畚供：和州人，年四十五岁，父亲早故，母亲郑氏，现年七十四岁，并没弟兄妻子，向来在外游荡，现在繁昌县境内求乞度日，投拜在逃同姓不宗的丐头勾敖为师，遇事听他约束，同住王姓祠堂破屋。合已死湖北黄梅县人程川运先不认识，也没嫌隙。光绪十六年五月初一日傍晚时候，程川运带同妻子程宣氏们走来借歇，说由原籍黄梅县出来求乞，人地生疏，商恳勾敖收留入伙，勾敖允许留住。适值连日阴雨，程川运们不能出门乞讨，合家三人饭食都是勾敖借给，说定天晴讨得钱米算还。初六日天晴，小的同勾敖一早出门求乞，午候转回，查知程川运已把家眷搬走，勾敖说伊心不甘服，要寻程川运算讨饭钱，叫小的同去，一路查找，走到张姓祠旁，见程川运一人在屋住歇。勾敖就斥说程川运背地逃走，意在图赖饭钱，当向逼讨，程川运分辩央缓，勾敖不依辱骂，程川运回骂，勾敖顺拿门旁柴棍殴伤程川运偏右、右手背，程川运弯身拾石，勾敖闪到身后，用柴棍连殴伤程川运右脊膂、脑后、右耳根。程川运拾石起身，把棍碰落地上，勾敖从后面趁势揪住程川运项颈，喝令小的拾棍重打，小的不肯，勾敖说道如不帮打，回去定不答应，小的害怕听从，就拾起柴棍连殴程川运右肋两下，程川运侧跌倒地，擦伤右胐脉，经过路的章得治看见喝阻，小的就携棍同勾敖跑回。次日黎明，闻程川运已经身死，勾敖虑及报官问罪，起意埋尸灭迹，叫小的同往，把尸身抬到山地用浮土掩。各散。不料程宣氏投保拿获小的，盘出埋尸地方，送案报验的。小的实系听从勾敖主使，殴伤程川运身死，帮同埋尸灭迹，并没有心欲杀，也没起衅别故及另有在场帮殴的人。柴棍已经撩弃。勾敖现逃何处，不知道。是实。各等供。

据此，将犯收禁，录供通详，批饬缉审。据报，该犯勾畚于光绪十六年八月初四日在监患病，验报饬医，至九月初四日医痊。查逸犯勾敖弋获无期，覆审拟议解府提讯，犯供游移，札委当涂县审照原拟，由府解司核，恐案情未确，札委安庆府联元审明，仍照原拟解司。

该本司审看得繁昌县丐伙勾畜听从逸犯丐头勾敖主使殴伤程川运身死埋尸不失一案。缘勾畜籍隶和州,游荡至该县境内求乞度日,投拜在逃同姓不宗之丐头勾敖为师,遇事听其约束,同住王姓祠堂破屋。与已死湖北黄梅县人程川运先未认识,亦无嫌隙。程川运因原籍岁欠穷苦,带同妻子出外乞食,于光绪十六年五月初一日傍晚时分行抵该处,向勾敖借宿,并以人地生疏,商恳收留入伙,勾敖允许留住。适值连日阴雨,程川运等不能出门乞讨,合家三人饭食均系勾敖借给,约俟天晴讨得钱米算还。初六日早天气晴霁,勾敖带同勾畜先出求乞。程川运因女眷同住不便,即将妻子乘空带走至附近张姓祠堂旁空屋栖止,令程宣氏携子就近行乞,自在屋内守候。中午时分,勾敖求乞转回,查知程川运挈眷搬移,勾敖心怀不甘,欲寻程川运算还饭钱,令勾畜同往找觅,寻至张姓祠旁,见程川运一人在屋住歇,勾敖即斥程川运背地逃走,意在图赖饭钱,当向逼讨。程川运分辩央缓,勾敖不依辱骂,程川运回詈。勾敖顺取门旁柴棍殴伤程川运偏右、右手背。程川运湾身[①]拾石,勾敖闪至身后,用柴棍连殴伤程川运右脊膂、脑后、右耳根。程川运拾石起身,将棍砸落地上。勾敖从后面趁势揪住程川运项颈,喝令勾畜拾棍重打,勾畜不肯动手,勾敖即称如不帮打,回去定不答应,勾畜畏惧听从,拾起柴棍连殴程川运右肋两下,程川运侧跌倒地,擦伤右胐脉。经章得治过路瞥见,赶进喝住,勾敖、勾畜携棍跑走。惟时程宣氏携子求乞转回,同向程川运问明索讨饭钱起衅争殴情由,扶卧救治。讵程川运伤重,延至初七日黎明殒命。程宣氏往投地保,勾敖等闻程川运已死,虑及报官问罪,起意埋尸灭迹,当令勾畜同往,将尸身抬至山地,用浮土掩埋而逸。程宣氏同保回屋,不见尸身,四处找寻,获犯勾畜,问出埋尸地方,赴县报验讯详,奉批缉审。据报,该犯勾畜在监患病,验报医痊。兹据该县以逸犯勾敖弋获无期,覆讯议拟由府解司,发委讯明,详解前来。本司提犯亲讯,据供前情不讳,诘止听从喝令殴打,并非有心欲杀,亦无起衅别故及另有在场帮殴之人,研究不移,案无遁饰。查律载:“威力制缚人拷打致死者,绞监候。若以威力主使人殴打致死者,以主使之人为首,下手之人为从论,减主使一等。”等语。此案勾畜因逸犯勾敖向程川运逼讨饭钱,起衅争殴,该犯听从勾敖主使,殴伤程川运身死,查程川运先被勾敖所殴各伤,尚能争殴不致戕生,后被该犯殴伤右肋重至骨损倒地,其为死于此伤无疑。惟勾畜投拜勾敖为师,遇事听其约束,勾敖喝令殴打并用言恐吓,该犯畏惧勉从,系属迫于威力主使,非同谋共殴可比,自应按例问拟。勾畜除听从埋尸不失轻罪不议外,应如县府及委审所拟,合依“威力主使人殴打致死者,以主使之人为首,下手之人为从论,减主使一等”律,应于“威力制缚人拷打致死者,绞监候”律上减一等,拟杖一百,流三千里。惟称听从勾敖主使殴打系该犯一面之词,尸妻证佐无从指实,应请照例监禁,俟缉获逸犯勾敖到案,质明办理。据供母老丁单，犯系游荡忘亲，应不准其查办。章得治讯系救阻不及，应毋庸议。程川运欠借饭钱，身死勿征。无干经县省释。尸棺饬埋。凶器柴棍共弃[②]免追。理合详候合咨。再，此案审限云云，至合并声明。等情。到院。据此，本部院覆核无异，除饬勒缉逸犯勾敖务获究报并分咨外，相应咨达。

光绪十八年四月初九日准。部照覆。

校勘记：

①湾身：同“弯身”。

②共弃：共字误，当为“供”。

黑夜守田疑兽放铳误伤路过田畔之人身死

为报验事。据按察使嵩崑详，据宁国府知府李成鳌转，据泾县知县包宗经详称：光绪十六年九月二十八日，据地保唐稻黄报，据保民徐发真投称：客民郑林仔被在田管稻之倪升柴黑夜疑兽施放竹铳误伤，前经禀蒙验明饬医，郑林仔住伊饭店，医治无效，延至九月二十八日因伤殒命，投身查报。等语。往查属实，合报验究。等情。并据民人徐发真同报，各到县。据此，查此案先于十六年七月二十二日据客民郑林仔喊禀，以伊籍隶贵池县，向在泾县佣工度日，只身无属，本月十九日夜五更时分，伊往江北割稻，路过倪升柴田旁，经倪升柴喝问，伊因耳聋致未答应，不料倪升柴疑兽食稻，施放竹铳，轰伤伊左肩甲，叩请验究。等情。当经提案验讯属实，拨医调治，并将倪升柴看管在案。据报前情，随带刑仵押犯诣验。据仵作徐菊验报：已死郑林仔，问年四十三岁。仰面，不致命：左肩甲有铳子伤接连三点二点，各围圆四分，伤口结痂，一点伤口溃烂，黑色，子在内未出。余无故。委系竹铳轰伤身死。报毕，亲验无异，填格取结，尸令棺殓，随传人证，提犯研讯。

据地保唐稻黄供与报词同。

据应讯徐发真供：合肥县人，向在泾县开设饭店生理。光绪十六年七月二十二日，已死客民郑林仔到小的店内，告说伊于本月十九日夜往江北割稻，路过倪升柴田旁，经倪升柴喝问，伊因耳聋没应，被倪升柴误认野兽施放竹铳，轰伤左肩甲，喊蒙验讯，拨医调治，暂住小的店内就医。不料郑林仔疮口溃烂，医治没效，到九月二十八日身死，小的就投保报验的。是实。

据见证刘齐公供：合肥县人，向在泾县种田度日。已死贵池县人郑林仔也在泾县佣工，合小的素识。光绪十六年七月十九日夜，小的在田里看守禾稻，五更时分听得铳声，并倪升柴田旁有人喊叫，赶去查看，认系郑林仔被铳子轰伤左肩甲卧地，当向查问，据倪升柴告说，伊在田管稻，因听闻田稻声响，望见黑影，暗中看不清楚，喝问不应，心疑野兽食稻，放铳误伤郑林仔。郑林仔说他往江北割稻，路过倪升柴田旁，因患耳聋听不见倪升柴喝问，致被倪升柴放铳轰伤的话。小的就帮同把郑林仔抬到案下，控蒙验讯，拨医调治。不料郑林仔伤口溃烂没效，到九月二十八日身死，是徐发真投保报验的。小的委系救护不及。是实。

据犯人倪升柴供：年三十四岁，太湖县人，家有父母。小的同兄弟倪波涛向在泾县种田度日，合已死贵池县人郑林仔素识没嫌。光绪十六年七月十九日，小的因山田稻熟，每被野兽践食，就是那夜身带防夜竹铳装就子药独自一人往田看守。五更时候，忽听得田稻声响，起身查看，望见黑影，那夜并无月色，田中禾稻长茂，暗中看不清楚，小的高声喝问，并没答应，心疑野兽又来食稻，就把竹铳点放，听闻喊声才知误伤了人，赶去查看，认系素识的郑林仔，已被铳子中伤左肩甲倒地。经这刘齐公赶来查问，小的告明情由，郑林仔说是伊往江北割稻，路过小的田旁，因患耳聋，当时小的喝问并没听见，致被小的放铳轰伤的。小的就同刘齐公把郑林仔抬送案下，验讯饬医，住在徐发真饭店调治。不料郑林仔伤口溃烂，医治没效，到九月二十八日身死，徐发真就投保报验的。并非无故施放有心欲杀，也没另有起衅别故以及挟嫌争闹的事。竹铳当时撩弃。是实。各等供。

据此，将犯收禁，详批审解。据报，该犯于十六年十月二十五日在监患病，验报饬医，至十一月二十五日治痊覆讯，议拟解府核，恐案情未确，扎委①宣城县陈兆庆审，拟解府提讯，犯供游移，复委南陵县张源溱审无别故，仍照原拟解府，审拟解司。

该本司审看得泾县客民倪升柴黑夜在田看守田稻，疑兽施放竹铳致伤郑林仔身死一案。缘倪升柴籍隶太湖县，向在该县种田度日，与已死贵池县人郑林仔素识无嫌。光绪十六年七月十九日，倪升柴因山田稻熟屡被野兽践食，即于是夜身带防夜竹铳装就子药独自一人往田看守。五更时分，该犯忽闻田稻声响，起身查看，适郑林仔因赴江北割稻，路过该犯田畔。该犯望见黑影，因是夜并无月色，田中禾稻长茂，暗中看不清楚，高声喝问，郑林仔向患耳聋，致未答应，该犯心疑野兽复来食稻，即将竹铳点放，不期轰伤郑林仔左肩甲，喊痛倒地。该犯闻喊始知伤人，赶往查看，时附近管田之刘齐公亦闻声趋至，问明情由，同将郑林仔抬送到县，控经该县验讯明确，将犯管押，拨医调治。讵郑林仔伤口溃烂，延至九月二十八日殒命，复经该县验讯通详，奉批审解。据报，该犯倪升柴在监患病，验报医痊覆讯，拟解由府委审，解司提犯亲讯，据供前情不讳，诘非无故施放有心欲杀，亦无起衅别故及另有挟嫌争斗情事，研鞫不移，案无遁饰。查例载："竹铳在深山旷野施放误伤人因而致死者，杖一百，徒三年，仍追埋葬银十两。”等语。此案倪升柴黑夜看守田稻疑兽施放竹铳，致伤郑林仔左肩甲越日身死。查该犯疑兽放铳地在深山旷野，自应按律问拟。倪升柴应如县府及委审所拟，合依“竹铳在深山旷野施放误伤人因而致死者，杖一百，徒三年”例，拟杖一百，徒三年，仍追埋葬银十两以资营葬。刘齐公救护不及，应毋庸议。竹铳供弃免追。无干经县省释。尸棺饬埋。理合详候核咨。再，此案审限云云，至合并声明。等情。到院。据此，本部院覆核无异，除分咨外，相应咨达。

光绪十八年八月二十日准。部照覆。

校勘记：

①扎委：扎字误，当为“札”。

看视洋枪不知枪内装有子药误拨枪机登时炸发致伤过路之人身死比例量减问拟

为报验事。据署按察使松峻[①]详，据泗州直隶州知州文翰转，据署盱眙县知县周凤梧详称：光绪十七年七月十六日，卑前代理县柳培宗任内，据地保顾开文报，据保民张在高投称：伊父张得六与村邻翁汶雨素识没嫌，本日午后伊父出外赶集，路过邻人叶绪同家门前，适翁汶雨在内看视洋枪，不知如何误拨枪机，登时炸发，致被枪子打伤伊父右眉丛穿透右太阳穴倒地。经邻人胡三等趋救，报伊往看，问明情由，抬回医治。讵伊父伤重，移时殒命。等语。往查属实，当将翁汶雨扭住，并起获洋枪一杆送案，报请验究。等情。并据尸子张在高同报，各到县。据经柳培宗带领刑仵押犯驰诣相验，先勘得张得六身死处所系在叶绪同门前，该处为往来赶集大道。饬据仵作金庆验报：已死张得六，问年五十七岁。仰面，【不】致命：右眉丛有枪子伤一处，围圆四分，深由太阳穴透出，焦黑色，有血污。余无故。委系枪伤身死。报毕，亲验无异，饬取枪子无获，无凭比对伤痕，当场填格取结，尸令棺殓。洋枪储库。随传集尸亲、人证，提犯研讯。

据地保顾开文供与报词同。

据尸子张在高供：盱眙县人，已死张得六是父亲，合到案的翁汶雨邻村居住，素识没嫌。光绪十七年七月十六日午后，父亲出外赶集，路过邻人叶绪同门前，适翁汶雨在内看视洋枪，不知怎样误拨枪机，登时炸发，致被枪子打伤父亲右眉丛穿透右太阳穴倒地，是邻人胡三们赶往救阻，报知小的往看，问明情由，抬回医治。不料父亲伤重,过了一会身死,小的就投保把翁汶雨扭获,连同洋枪一并送案报验的,求究办。是实。

据见证胡三、王忠亭供:盱眙县人,合已死张得六并这到案的翁汶雨都是村邻认识。光绪十七年七月十六日午候,小的们听得邻人叶绪同家有人开放洋枪,人声喧闹,赶去查看,见张得六已被枪子打伤右眉丛穿透右太阳穴倒地。小的们连忙走拢救阻,问说是庄邻杨开元有旧洋枪一杆,因年久锈坏,托叶绪同带到集上代为修整,翁汶雨走来取枪看视,不知枪内装有子药,误拨枪机,登时炸发,正值张得六路过叶绪同门前,致被打伤的。小的们就去报知张得六的儿子张在高往看,问明情由,抬回医治。不料张得六伤重,过了一会身死,张在高就投保把翁汶雨扭获,连同洋枪一并送案报验的。小的们委系救阻不及。是实。

据应讯叶绪同供:盱眙县人,合已死张得六并这到案的翁汶雨、杨开元都是村邻。光绪十七年七月十六日早上,杨开元手拿防夜旧洋枪一杆,来向小的告说这洋枪年久没用,机器锈坏,他因田工事忙,托小的带到集上代为修整,小的应允,杨开元当就走回。午候翁汶雨来到小的家闲坐,见桌上摆有洋枪,当向小的查问,小的就把杨开元托修的话告知。翁汶雨拿取过手,反复看视,不知枪内装有子药,误拨枪机,登时炸发,正值张得六从小的门前路过,翁汶雨猝不及防,适伤张得六右眉丛穿透右太阳穴倒地。小的合翁汶雨喊同邻人胡三们连忙赶拢救阻,报知张得六的儿子张在高往看,问明情由,抬回医治。不料张得六伤重,过了一会身死。张在高就投保把翁汶雨扭获,连同洋枪一并送到报验的。是实。

据杨开元供:盱眙县人,合已死张得六并这到案的翁汶雨都是庄邻。光绪十七年七月十六日早上,小的有家存防夜旧洋枪一杆,年久没用,机器锈坏,自己因田工事忙无暇赶集,拿到庄邻叶绪同家内,托他带到集上代为修整,小的当就走回。后来翁汶雨怎样到叶绪同家闲坐,取枪看视,不知枪内装有子药,误拨枪机,登时炸发,正值张得六从叶绪同门前路过,翁汶雨猝不及防,致伤张得六右眉丛穿透右太阳穴倒地,小的当时并没晓得,后才知道的。不料张得六伤重,过了一会身死,尸亲投保把翁汶雨扭获,连同小的洋枪一并送案报验的。至洋枪内装有子药,实因多年没用,一时忘记,当时没有向叶绪同告知,从前也没报官请验,求恩典。是实。

据犯人翁汶雨供:盱眙县人,年三十六岁,父故母存,弟兄二人,小的居幼,余没别属,合已死张得六邻村居住,素识没嫌。光绪十七年七月十六日午候,小的走到邻人叶绪同家闲坐,见桌上摆有旧洋枪一杆,当向叶绪同查问,叶绪同说是庄邻杨开元家为防夜所用,因年久锈坏,托他带到集上代为修整。小的拿取过手,反复看视,不知枪内装有子药,误拨枪机,登时炸发,正值张得六路过叶绪同门前,小的猝不及防，适伤张得六右眉丛穿透右太阳穴倒地。小的连忙弃枪，合叶绪同喊同邻人胡三们赶来救阻[②]，报知张得六的儿子张在高往看，问明情由，抬回医治。不料张得六伤重，过了一会身死，张在高投保，把小的扭获，连同洋枪一并送案报验的。委非有心施放，也没争斗的事。是实。各等供。

据此，将犯收禁。柳培宗未及详报卸事，卑职到任准交，提犯讯供通详，奉批审解。据报，该犯翁汶雨于光绪十七年十一月初三日在监患病，验详饬医，至十二月初三日治愈。遵提覆讯，议拟由州解司。

该本司审勘得盱眙县民翁汶雨因看洋枪误伤张得六身死一案。缘翁汶雨籍隶该县，与已死张得六邻村居住，素识无嫌。光绪十七年七月十六日午候，翁汶雨前赴邻人叶绪同家闲坐，见桌上摆有旧洋枪一杆，当向叶绪同查问，叶绪同称系庄邻杨开元家存防夜之物，因年久锈坏，托其携赴集上代为修整。翁汶雨携取过手，反复看视，不知枪内装有子药，误拨枪机，登时炸发，正值张得六路过叶绪同门前，翁汶雨猝不及防，适伤张得六右眉丛穿透右太阳穴倒地。经邻人胡三等趋救，报知张得六之子张在高往看，问明情由，抬回医治。讵张得六伤重，移时殒命。尸亲投保，将翁汶雨扭获送县，报经该前代理县柳培宗诣验，讯悉前情，未及详报卸事，该县抵任准交，提犯讯供通详，批饬审解。据报，该犯翁汶雨在监患病，验详医痊，遵提覆讯，议拟由州解司。本司提犯亲讯，据供前情不讳，诘非有心施放，亦无争斗情事，严究不移，案无遁饰。查律载："鸟枪向有人居止宅舍施放误伤人因而致死者，杖一百，流三千里，追征埋葬银一十两。"又："断罪无正条，援引他律比附加减定拟。"各等语。此案翁汶雨因在叶绪同家内看视洋枪，不知枪内装有子药，误拨火机，致伤路过门前之张得六身死。遍查律例，并无恰合专条。查该处系往来大道，核与"向有人居止宅施放枪铳"之例相符，惟该犯究系携取观看，枪发出于不虞，与实在有心施放者不同，自应比例酌减问拟。翁汶雨应如该县州所拟，合依"鸟枪向有人居止宅舍施放误伤人因而致死者，杖一百，流三千里"例上量减一等，拟杖一百，徒三年，定地发配，折责充徒，期满递籍管束，仍追埋葬银一十两给付尸属具领，以资营葬。杨开元私藏洋枪，虽据供系为防夜而设，第未禀官请验，究有不合。查定章："私藏洋枪系照私藏鸟枪例科罪。"杨开元亦如所拟，合依"私藏鸟枪，杖九十，枷号一个月"例，拟杖九十，枷号一个月，满日折责发落。叶绪同因杨开元托修洋枪并不妥为收藏，致翁汶雨携取观看，触动火机酿成人命，殊难辞咎。叶绪同应照"不应重杖八十"律，拟杖八十，折责发落。见证胡三等讯系救阻不及，应毋庸议。无干经县省释。尸棺饬属领埋。起获洋枪，案结储库备拨。失察职名，邀免开报。理合详候核咨。再，此案审限云云，至合并声明。等情。到院。据此，本部院覆核无异，除分咨外，相应咨达。

光绪十八年十二月二十八日准。部照覆。

校勘记：

①松峻：当为“丁峻”，江西南昌人，历任凤阳县知县、安徽署按察使、浙江按察使等职。

②救阻：据文意，当为“救助”。

推跌致伤身死

为报验事。据按察使嵩崑详，据宁国府知府王汝砺转，据宣城县知县陈兆庆详称：光绪十六年十二月初八日，据地保夏启礼报，据客民钱裕投称：伊家有山地一块，栽种松秧，禁止樵采。本月初六日下午，伊兄钱庆赴山巡逻，见有村邻樊金贵在山检柴，恐有踏坏松秧，当向斥阻。彼此互骂争闹，伊兄赶上山塝将樊金贵拉走，樊金贵用力挣扎，往后推搡，伊兄站立不稳，失跌下塝，致被树桩磕伤左太阳穴，擦伤左胳膊，经邻人刘海立路见，赶拢扶起，报伊往看，问明情由，抬回医治。讵伊兄伤重，延至初七日殒命。等语。往查属实，将犯扭获，合报验究。等情。并据尸弟钱裕报同前由，各到县。据此，随带刑仵押犯驰诣该处，勘得钱庆山场坐落县属小麦团地方，种有松秧数十株。该处砌有石塝一道，高约二尺有余，塝下有伐剩树桩一棵，量高五寸，围圆九分。勘毕，饬将尸移平地，如法相验。据仵作鲁正验报：已死钱庆，问年二十三岁。仰面，致命：左太阳穴有木桩磕伤一处，斜长一寸九分，宽三分，深抵骨，骨损，皮破血污。不致命：左胳膊有擦伤一处，皮微破，有血瘢。余无故。实系受伤身死。报毕，亲验无异，填格取结，尸令棺殓，随讯。

据地保夏起礼[①]供与报词同。

据尸弟钱裕供：已死钱庆是哥子，合这到案的樊金贵邻村居住，素识没嫌。小的家有山地一块栽种松秧，禁止樵采。光绪十六年十二月初六日下午，哥子赴山巡逻，见樊金贵在山检柴，怕他踏坏松秧，当向斥阻。彼此互骂争闹，哥子赶上山塝把樊金贵拉走，樊金贵用力挣扎，往后推搡，哥子站立不稳，失跌下塝，致被树桩磕伤左太阳穴并擦伤左胳膊，是邻人刘海立路见，赶拢扶起，报知小的往看，问明情由，抬回医治。不料哥子伤重，到初七日身死，小的就投保获犯报验的，求究抵。是实。

据见证刘海立供：合已死钱庆并这到案的樊金贵都是邻居认识。光绪十六年十二月初六日下午，小的路过钱庆家山地，见樊金贵在山上检柴，钱庆说他栽种松秧恐被踏坏，向他斥阻，樊金贵不服分辩，彼此争骂，钱庆赶上山塝把樊金贵拉走，樊金贵用力挣扎，往后推搡，钱庆站立不稳，失跌下㘭，致被树桩磕伤左太阳穴，并擦伤左胳膊。小的连忙赶拢，把他扶起，报知钱裕赶往查看，问明情由，抬回医治。不料钱庆伤重，到初七日身死，钱裕就投保获犯报验的。小的委系救阻不及。是实。

据凶犯樊金贵供：年二十二岁，湖北随州人，父母都故，弟兄二人，小的居长，娶妻生子，向在县属地方种田度日。合已死钱庆邻村居住，素识没嫌。光绪十六年十二月初六日下午，小的到钱庆家山上检拾枯柴，钱庆瞥见，说他栽种松秧恐防踏坏，当向小的斥阻，小的不服分辩，彼此争骂。钱庆赶上山㘭把小的拉走，小的用力挣扎，往后推搡，钱庆站立不稳，失跌下㘭，致被树桩磕伤左太阳穴，并擦伤左胳膊。经邻人刘海立路见赶拢，把钱庆扶起，问明情由，小的当就跑回。不料钱庆伤重，到初七日身死，尸亲投保把小的扭获送案报验的。委非有心欲杀，也没起衅别故。是实。各等供。

据此，将犯收禁，录供通详，奉批审解。据报，该犯樊金贵于光绪十七年三月二十日在监患病，验报饬医，至四月二十日治痊。遵提覆讯，除各供同前不叙外，讯据凶犯樊金贵供云云同前。等供。据此，该宣城县知县陈兆庆审看得云云同后院看至，饬属领埋。等情。由府解司核，恐案情未确，札委安庆府联元审照原拟解司，勘转到臣，提犯亲讯无异。

该臣审看得宣城县客民樊金贵推跌致伤钱庆身死一案。缘樊金贵籍隶湖北随州，寄居该县地方耕种度日。与已死钱庆邻村居住，素识无嫌。钱庆有山地一坵栽种松秧，禁止樵采。光绪十六年十二月初六日下午，樊金贵在钱庆山上检拾枯柴，钱庆赴山巡逻瞥见，恐被踏坏松秧，当向斥阻，樊金贵不服分辩，彼此争骂。钱庆赶上山㘭将樊金贵拉走，樊金贵用力挣扎，往后推搡，钱庆站立不稳，失跌下㘭，致被树桩磕伤左太阳穴，并擦伤左胳膊，经庄邻刘海立路见，趋至扶起，报知尸亲往看，问明情由，抬回医治。讵钱庆伤重，延至次日殒命。尸亲投保获犯，报经该县验讯，详批审解。该犯樊金贵在监患病，验报医痊。兹据该县覆讯，议拟由府解司核，恐案情未确，札委安庆府审照原拟解司，勘转前来。臣提犯亲讯，据供前情不讳，诘非有心欲杀，亦无起衅别故，严究不移，案无遁饰。查律载："斗殴杀人者，不问手足、他物、金刃，并绞监候。"等语。此案樊金贵因在钱庆山上检柴被斥，钱庆将其拉走，该犯用力挣扎，往后推搡，致钱庆失跌下㘭，磕伤身死，自应按律问拟。樊金贵应如县府司及委审所拟，合依"斗殴杀人者，不问手足、他物、金刃，并绞监候"律，拟绞监候，秋后处决。见证刘海立讯系救阻不及，应毋庸议。尸棺饬属领埋。除揭移部科外，理合恭疏具题，伏乞皇上圣鉴，敕下法司核覆施行。再，此案审限云云。

光绪十八年十二月二十八日准。部照覆。

校勘记：

①夏起礼：人名前后不一致，据上下文当为"夏启礼"。

兵丁逢操在空地放枪不期枪子中伤潜住砲楼内之乞丐身死

为详解事。据按察使嵩崑详，据署安庆府知府王汝砺详称：光绪十七年十月十七日，奉宪谕饬以怀宁县在乡搜掘蝗子紧要，饬即提审该县民妇韩邵氏呈报伊子被练军亲兵欧汰放枪轰伤身死一案，即据怀宁县于十月十八日将人犯卷宗申解前来，随查县卷，内开：光绪十七年十月初六日，据地保徐明友报，据民妇韩邵氏投称：伊因家贫携子求乞，无处安身，暂居白花亭后砲楼。十月初五日下午，练军亲兵欧汰演枪打靶，致枪子穿破楼墙打伤伊子韩贵儿偏右，由脑后穿出倒地。经伊声喊，欧汰等往看，延医调治。讵伊子伤重，至晚殒命，属即报验。等语。往查属实，合报验究。等情。并据尸母韩邵氏同报，各到县。据经该县吴云涛亲带刑仵诣验，勘得白花亭后旷地有坐北朝南砲楼一座，内放砲位，向无人居，墙上有枪子打穿形迹，已死韩贵儿尸身仰卧楼上。饬将尸移平地，如法相验。据仵作吴太验报：已死韩贵儿，问年十二岁。仰面，致命：偏右穿透。合面，致命：脑后有枪子伤一处，进口、出口均围圆二寸一分，焦黑色。余无故。实系受枪子伤身死。报毕，亲验无异，填格取结，尸令棺殓，并准省城练军前营将该兵丁欧汰送县，讯据供认因操练洋枪开枪，子弹穿透楼墙，致伤韩贵儿身死等情不讳，先行通禀在案。查卷毕，随即传集尸母人等，提犯研讯。

据地保徐明友供与报词同。

据尸母韩邵氏供：怀宁县人，丈夫韩星祥在外帮工，已死韩贵儿是小妇儿子。儿子合这到案的欧汰向不认识。小妇因家道穷苦，求乞度日，无处安身，就带了儿子瞒着人在白花亭后砲楼暂住。十月初五日下午，小妇听闻枪响，看见枪子穿破楼墙中伤儿子偏右，从脑后穿出，儿子喊痛倒地。小妇喊叫，欧汰们赶来查问，才晓得他们营里演枪打靶，欧汰开枪打伤的。不料儿子伤重，医治没效，到晚身死，小妇就投保报验的，求究伸。是实。

据犯人欧汰供：年四十八岁，江苏铜山县人，在省城练军前营充当兵丁，合已死韩贵儿向不认识。小的营里规矩，每逢二五八日期在白花亭空地演枪打靶，那里有砲楼一间，向来没人居住，小的是晓得的。光绪十七年十月初五日又逢操期，小的合同伴都到那里空地打靶，是哨官薛老爷看操并插号旗示众前望没人，小的就开放头枪，不知韩邵氏的儿子韩贵儿何时偷住在空砲楼上，枪子怎样打穿楼墙把韩贵儿打伤偏右，子从脑后穿出，那时并不觉察，因闻先不认识后知姓名的韩邵氏在楼上喊叫，薛哨官们同小的闻声往看，方才知道，急忙延医调治。不料韩贵儿伤重没效，到晚身死。韩邵氏投保报验，营官就把小的送县到案的。小的实因在无人空地操演放枪，不料枪子轰伤偷住空楼的韩贵儿身死，委系照顾不及，心想不到，求恩典。是实。各等供。

据此，将犯迁禁，录供通详，奉批审解，除各供同前不叙外，讯据犯人欧汰供云云同前。等供。据此，该署安庆府知府王汝砺审看得云云同后院看至，尸棺饬埋。等情。审拟解司，勘转到臣，提犯亲讯无异。

该臣审看得省城练军兵丁欧汰逢操放枪不期致伤韩贵儿身死一案。缘欧汰籍隶江苏铜山县，与已死韩贵儿素不认识。欧汰在安省练军前营充当兵丁，该营每逢二五八日期兵丁在白花亭空地演枪打靶。该处有砲楼一间，向无人居，韩贵儿之母韩邵氏因贫求乞，无处安身，携子潜在该楼暂住，欧汰并不知悉。光绪十七年十月初五日又逢操期，欧汰与同伴兵丁均赴白花亭空地打靶，由哨官薛鸿顺看操，并插号旗示众前望无人，欧汰即开放头枪，时韩贵儿适在砲楼，不期枪子打穿楼墙，中伤韩贵儿偏右，自脑后穿出，欧汰初未觉察，韩邵氏在楼上声喊，经薛鸿顺与欧汰闻声趋视，延医调治。讵韩贵儿伤重无效，至晚殒命，投保报经怀宁县吴云涛诣验，并经该营将欧汰送县讯供通禀，因该县赴乡搜掘蝗蝻，当即饬委安庆府提审，经该府行提人卷讯供通详，奉批饬拟解。兹据提犯覆讯，议拟解司，勘转前来。臣提犯亲讯，据供前情不讳，诘因在空地操演放枪不期杀人，研鞫不移，案无遁饰。查律载："过失杀人者，准斗杀罪，依律收赎，给付其家。"又："斗殴杀人者，不问手足、他物、金刃，并绞。"各等语。此案欧汰因逢操期在无人空地演放洋枪，不期枪子飞入砲楼，中伤韩贵儿身死。查欧汰因操放枪并无害人之心，楼内储砲，素非住人之所。韩贵儿偕母潜自进内暂住，殊非该犯意料所及，今枪子飞入砲楼击伤韩贵儿殒命，实属耳目所不及，思虑所不到，核与初无害人之心偶致杀人之律注相符，自应照过失杀人问拟。欧汰合依"过失杀人者准斗杀罪"，"斗殴杀人者，不问手足、他物、金刃，并绞"律，拟绞，依律收赎，追取赎银十二两四钱二分给付尸亲具领，以资营葬。哨官薛鸿顺于操演兵丁，讯系插旗示众并无不合，应毋庸议。尸棺饬埋。除揭移部科外，理合恭疏具题，伏乞皇上圣鉴，敕下法司核覆施行。再，此案审限云云。

光绪十六年[1]五月十二日准。部照覆。

校勘记：

①光绪十六年：时间误，具体时间无法确定。

因案被控抗提殴差成废

为详报事。据署按察使丁峻详,据徽州府知府春岫转,据署祁门县知县石成之详称:光绪十九年三月十三日,卑前署县汪令任内,据职员倪伟松、倪人墅,生员倪人严,监生倪伟陵呈称:职等保内向有柏竹坑、杭家坑、藜伊坑[①]等山场数处,于咸丰年间公禁开种,禀县有案。本年春间,被汪祭郎、叶淮川、郑辉泰、倪炳南、叶能等在于柏竹坑等处违禁栽种苞芦,公叩加禁。等情。到县。据经汪令查卷属实,批准仍前禁止,一面饬差押拔,不遵,复经签差查提。去后,旋于五月二十二日,据县差翟森、谢辉、黄根禀称:役等奉票往提叶能、郑辉泰、倪炳南,不服拘唤,将役等用棍殴伤。等情。据经饬验,翟森右胳肘[②]、右肩甲、左臁肕,谢辉左腿肚、右胳膊、左膝,黄根左腿肚、右膝,各有木器伤一处,均用药敷护,未便揭视,分别注单饬医。正改差饬拿间,即据叶能遣抱叶培孜以伊妻叶吕氏被倪伟松等殴伤后服毒毙命等情具控,复经带领刑仵前诣相验。据仵作王清验报:已死叶吕氏,问年五十二岁。仰面:面色黑黯;两眼胞闭;口开舌缩;用银针探入咽喉良久,取出作黑色,皂角水洗擦不去;两手微握。余无故。实系服毒身死。报毕,亲验无异,当场填格取结,尸令棺殓。嗣于六月十三日,据叶能以伊妻叶吕氏实因伊殴差犯罪,畏累愁急,服毒自尽,倪伟松等委无殴打情事,现已追悔无及,自行投首前来,提讯供与呈词相同,当将叶能收禁。汪令旋即卸事,卑职抵任准交,随提汪祭郎、叶淮川暨一干人证到案,提犯研讯。

据地保郑金林供:光绪十九年春上,汪祭郎、叶淮川、郑辉泰、倪炳南并这到案的叶能在保内柏竹坑等处公禁山场栽种苞芦,经倪伟松们不依,呈蒙汪前县批准禁止,饬差押拔,因汪祭郎们没有遵依,复蒙饬差提讯。五月二十二日,公差翟森、谢辉、黄根持票往传,叶能们不服拘唤,被叶能拾棍连殴伤翟森左胳肘等处,谢辉、黄根也各被郑辉泰、倪炳南殴伤左腿肚等处,小的闻知,连忙走去喝散,翟森们就回县请验的。次早,叶能的妻子叶吕氏因叶能殴差犯案,畏累愁急,自行服毒身死,并没别故。是实。

据县差翟森、谢辉、黄根同供:小的们充当案下差役。光绪十九年四月里,小的们蒙汪前县票饬,前往柏竹坑等处山场押令汪祭郎、叶淮川、郑辉泰、倪炳南并这到案的叶能,把违禁私种苞芦拔毁,他们都不遵依,小的们只得回县禀覆,又蒙票饬提讯。五月二十二日,小的们持票往提,适合叶能、郑辉泰、倪炳南撞遇,小的翟森拉住叶能带走,叶能扭脱,顺拾地上柴棍连殴伤小的翟森左胳肘、右肩甲、左臁肕,那时郑辉泰、倪炳南也各用棍殴伤小的谢辉、黄根左腿肚等处。经地保郑金林赶来喝散,小的们就回县请验的。现在小的谢辉、黄根伤都平复，小的翟森左臁肕一伤骨已损折，不能行走。是实。

据汪祭郎、叶淮川同供：都是祁门县人。小的们保内有柏竹坑、杭家坑、梨伊坑等山场数处，旧禁开种。光绪十九年春上，小的们商同郑辉泰、倪炳南并这到案的叶能在柏竹坑等处栽种苞芦，后被职员倪伟松们查知，抄呈旧案赴县请禁，饬差押拔苞芦，小的们合郑辉泰们都没遵依，原是有的。五月二十二日，县差翟森、谢辉、黄根奉票提人，怎样把叶能带走扭脱，被叶能、郑辉泰、倪炳南们各用棍殴伤，经地保郑金林赶来喝散，小的们都没在场看见。所种苞芦现已遵谕拔毁。是实。

据犯人叶能供：祁门县人，年五十七岁，父母都故，并没兄弟，已死叶吕氏是妻子，种地度日。小的保内有柏竹坑、杭家坑、梨伊坑等山场数处，向来禁止开种。光绪十九年春上，小的商同这到案的汪祭郎、叶淮川并在逃的郑辉泰、倪炳南在柏竹坑等处栽种苞芦，后被职员倪伟松们查知，抄呈旧案赴县请禁，饬差押拔苞芦，小的合汪祭郎们都没遵依。五月二十二日，县差翟森、谢辉、黄根持票下乡提人，适合小的与郑辉泰、倪炳南撞遇，翟森拉住小的要走，小的恐怕到官问罪，狠力扭脱，顺拾地上柴棍连殴伤翟森左胳肘、右肩甲、左臁肕，那时郑辉泰、倪炳南也各用棍殴伤谢辉、黄根左腿肚等处。地保郑金林赶来喝散，小的回家向妻子叶吕氏告知，不料妻子畏累愁急，把小的治病吸剩的烟膏私自吞服，次早毒发身死，小的就叫儿子叶培孜用小的名字捏告妻子是被倪伟松们殴伤后服毒自尽的，当蒙汪前县验明，妻子实是服毒身死，小的后来自知控告不实，追悔无及，就自行投案呈明的。倪伟松们并没殴打的事，此外也没别故及另有在场帮殴的人。所种苞芦业已拔毁。木棍当时撩弃。郑辉泰们现逃何处，不知道。是实。各等供。

据此，将犯迁禁，录供通详，奉批缉审。据报，该犯叶能于光绪十九年八月十六日在监患病，验报饬医，至九月十六日治痊。查验该差谢辉、黄根伤均平复，惟翟森左臁肕一伤骨至损折，不能行走，业已成废。饬缉郑辉泰等弋获无期，遵提现犯覆讯，议拟由府解司，前司核，恐案情未确，札委安庆府联元审讯，该府未及审解卸事，署府边保樫到任审照原拟，详解提讯，犯供参差，札委署怀宁县黄国城审明，仍照原拟解司，本署司提犯亲讯，供与县府及委审相同。

该本署司审看得祁门县民人叶能因在禁山开种苞芦被控抗提毁差翟森成废，并其妻叶吕氏畏累愁急服毒自尽一案。缘叶能籍隶该县，务农度日。该保有柏竹坑、杭家坑、梨伊坑等山场数处，于咸丰年间公禁开种，呈县有案。光绪十九年春间，叶能商同到案之汪祭郎、叶淮川并在逃之郑辉泰、倪炳南在柏竹坑等处开种苞芦，经职员倪伟松等查知，即以柏竹坑等处原系公禁山场，呈请申禁，经该前县汪令批准，饬差押拔所种苞芦。叶能与汪祭郎等均各抗违不遵，复经饬差提讯。五月二十二日，该差翟森、谢辉、黄根持票往提，适与叶能、郑辉泰、倪炳南撞遇，翟森拉住叶能带走，叶能虑恐到官问罪，狠力扭脱，顺拾地上柴棍连殴伤翟森左胳肘、右肩甲、左臁肕，维时郑辉泰、倪炳南亦各用棍殴伤谢辉、黄根左腿肚等处，经地保郑金林趋至喝散。叶能回家，向其妻叶吕氏告知前情，讵叶吕氏畏累愁急，即将家存治病烟膏潜行吞服，次早毒发毙命，叶能即令其子叶培孜作抱，捏控叶吕氏系被倪伟松等殴伤后自尽，经该前署县汪令验明，叶吕氏实系服毒身死，叶能自知控告不实，追悔无及，自行投案呈明。汪令卸事，该署县抵任准交，提集犯证讯供，详批缉审。据报，该犯叶能在监患病，验详医痊。查验该差谢辉、黄根伤均平复，惟翟森左臁肕一伤业已成废，饬缉郑辉泰等弋获无期，先就现犯覆讯，议拟由府解司委审，详解前来。本署司提犯亲讯，据供前情不讳，诘无另有别故及在场帮殴之人，究鞫不移，案无遁饰。查律载："官司差人勾摄公事，抗拒不服，殴差至内损以上者，加二等。"又："折人肢者，杖一百，徒三年。"各等语。此案叶能因在禁山开种苞芦，被倪伟松等呈控差提，辄敢恃强抗拒，不服拘唤，用棍殴伤差役翟森成废，自应按律加等问拟。叶能除诬告人命一经验明即行赴县呈首轻罪不议外，应如县府及委审所拟，合依"官司差人勾摄公事，抗拒不服，殴差至内损以上者，加二等"律，于折人肢满徒罪上加二等，拟杖一百，流二千五百里，定地发配，折责安置。汪祭郎、叶淮川于公禁山场辄行私自开种，实属故违禁令，应请照违令律各笞五十，折责发落。叶吕氏吞烟自尽，讯系畏累所致，倪伟松等并无殴打情事，均毋庸议。尸棺由县饬埋。逸犯郑辉泰等，饬缉获日另结。理合详候核咨。再，此案审限云云，合并声明。等情。到本部院。据此，除饬勒缉逸犯郑辉泰等务获究报并分咨外，相应咨达。

校勘记：

①藜伊坑：地名前后不一致，据上下文当为"梨伊坑"。

②右胳肘：据上下文当为"左胳肘"。

误将期亲胞叔咬伤旋因伤口溃烂身死

为报验事。据署按察使丁峻详，据署庐州府知府范葆廉转，据合肥县知县屈承福详称：光绪十九年七月十三日，据地保郑珍报，据民妇宋陈氏投称：六月二十九日，伊在门前晒谷，因被胞侄宋方成家鸡只践食谷子，经伊看见将鸡赶逐，并向宋方成斥骂索赔，宋方成不允，口角争闹，经劝各散。傍晚时分，伊夫宋导田工转回，查知前情，赶向宋方成不依，宋方成用言分辩，伊夫生气，举拳殴打，致伊夫左手第二指碰触宋方成牙尖流血，伊夫负痛，愈加气忿，扑向拼命，并将宋方成两手连身抱住不放，宋方成挣扎不脱，再三求饶，伊夫仍不放手，顺势将左胳膊掀按宋方成口鼻，使其不得出气。宋方成被掀按气闷，放声喊救，致被开口误将伊夫左胳膊咬伤，经夫兄宋标趋至劝散，问明情由，当经伊夫赴案禀蒙验伤饬医。讵伊夫伤口溃烂，医治无效，延至本月十二日殒命。等语。往查属实，理合报验。等情。并据尸妻宋陈氏同报，各到县。据此，查此案先据县民宋导赴县具禀，伊被胞侄宋方成咬伤左胳膊，叩乞验究。等情。当经验明伤痕，注单饬医，差提宋方成未到。据报前情，随带刑件亲诣相验。据仵作彭骏验报：已死宋导，问年四十一岁。仰面，不致命：左胳膊有齿咬伤痕两道，左手第二指有齿伤一处，均溃烂，有脓血。余无故。实系受伤后溃烂身死。报毕，亲验无异，当场填格取结，尸令棺殓。勒差于八月二十日获犯宋方成到案，随传集尸亲、人证，提犯逐加研讯。

据地保郑珍供与报词同。

据尸妻宋陈氏供：合肥县人，已死宋导是丈夫，这获案的宋方成是胞侄，分居各度，素睦没嫌。光绪十九年六月二十九日，小妇在门前晒谷，因被胞侄宋方成家鸡只践食谷子，经小妇看见，把鸡赶逐，并向宋方成斥骂索赔，宋方成不允，口角争闹，经劝各散。傍晚时候，丈夫田工转回，查知前情，赶向宋方成不依，宋方成用言分辩，丈夫生气，斥他逞强顶撞，举拳殴打，致丈夫左手第二指触碰宋方成牙尖流血，丈夫负痛，愈加气忿，扑向拼命，并把宋方成两手连身抱住，揪扭不放，宋方成挣扎不脱，再三求饶，丈夫仍不放手，顺势把左胳膊狠力掀按宋方成口鼻，使他不得出气，宋方成被按气闷，放声喊救，致被开口误把丈夫左胳膊咬伤，经夫兄宋标赶到劝散，问明情由，丈夫就赴案禀蒙验伤饬医。不料丈夫伤口溃烂，医治没效，到七月十二日身死，小妇就投保报验的，求究办。是实。

据见证宋标供：合肥县人，已死宋导是胞弟，这获案的宋方成是胞侄，彼此分居各度，素睦无嫌。光绪十九年六月二十九日傍晚时候，小的工作回归，见宋导合宋方成在那里吵闹，宋导举拳向宋方成殴打，宋方成闪避，致宋导左手第二指触碰宋方成牙尖流血，宋导扑向拼命，并把宋方成两手连身抱住，揪扭不放，宋方成挣扎不脱，再三求饶，宋导仍不放手，顺势把左胳膊狠力掀按宋方成口鼻，宋方成被按气闷，放声喊救，致开口误把宋导左胳膊咬伤，小的连忙上前劝散，问说因宋导的妻子宋陈氏在门前晒谷，被宋方成家鸡只践食，见向斥骂索赔，口角走散。后来宋导外回，赶向不依，宋方成分辩起衅的，宋导就赴案禀蒙验伤饬医。不料宋导伤口溃烂，医治没效，到七月十二日身死，尸妻宋陈氏就投保报验的，委系救阻不及。是实。

据凶犯宋方成供:年三十一岁,合肥县人,父亲已故,母亲张氏,现年六十一岁,并没弟兄,娶妻生有两子,年都幼小,种地度日。已死宋导是期服胞叔,分居各度,小的素没违犯。光绪十九年六月二十九日,婶母宋陈氏在门前晒谷,被小的家鸡只践食谷子,婶母看见把鸡赶逐,并向小的斥骂索赔,小的不允,口角争闹,经劝各散。傍晚时候,胞叔宋导外回,查知前情,赶向小的不依,小的用言分辩,胞叔生气,斥骂小的逞强顶撞,就举拳向小的打来,小的闪避,致胞叔左手第二指碰触小的牙尖流血,胞叔负痛,愈加气忿,扑向拼命,并把小的两手连身抱住,揪扭不放,小的挣扎不脱,再三求饶,胞叔仍不放手,顺势把左胳膊狠力揿按小的口鼻,不得出气,小的被按气闷,一时情急,放声喊救,不期开口误把胞叔左胳膊咬伤,经胞叔宋标上前劝散,问明情由,禀蒙验伤饬医。不料胞叔伤口溃烂,医治没效,到七月十二日身死。婶母投保报验差拿,小的逃往各处躲避,今被拿获到案的。委非有心干犯,也没起衅别故,逃后并没另犯不法及知情容留人家。是实。各等供。

据此,将犯收禁,录供通详,奉批审解。据报,该犯宋方成于光绪十九年九月十九日在监患病,验详饬医,至十月十九日治痊。遵提覆讯,除各供同前不叙外,讯据凶犯宋方成供云云同前。等供。据此,该合肥县知县屈承福审看得云云同后院看至,饬属领埋。等情。解府提讯,犯供游移,札委庐江县侯原洲审照原拟,由府解司核,恐案情未确,札委署怀宁县章维藩未及审解,旋即卸事,该署县黄国城到任审无别故,仍照原拟解司提讯,犯供狡展,札委署安庆府边保樫审系畏罪图翻,照拟解司,勘转到臣,提犯亲讯无异。

该臣审看得合肥县民人宋方成误将期亲胞叔宋导咬伤,旋因伤口溃烂身死一案。缘宋方成籍隶该县,庄农度日,已死宋导系该犯期亲胞叔,分居各爨,素无违犯。光绪十九年六月二十九日,宋导之妻宋陈氏在门前晒谷,因见宋方成家鸡只践食谷子,当向赶逐,并向宋方成斥骂索赔,宋方成不允,口角争闹,经劝各散。傍晚时分,宋导田工转回,查知前情,赶向宋方成不依,宋方成用言分辩,宋导生气,斥其逞强顶撞,举拳向宋方成殴打,宋方成闪避,致宋导左手第二指碰触宋方成牙尖流血,宋导负痛,愈加气忿,扑向拼命,并将宋方成两手连身抱住,揪扭不放,宋方成挣扎不脱,再三求饶,宋导仍不放手,顺势将左胳膊狠力揿按宋方成口鼻,使其不得出气,宋方成被按气闷,一时情急,放声喊救,不期开口误将宋导左胳膊咬伤,经宋标趋至劝散,宋导赴县禀验饬医。讵宋导伤口溃烂,医治无效,延至七月十二日殒命,尸亲投保报验,获犯讯供,详批审解。据报,该犯宋方成在监患病,验报医痊。兹据该县覆讯,议拟由府解司,先后委审,勘转到臣,亲提研鞫,据供前情不讳,诘非有心干犯,亦无起衅别故,究鞫不移,案无遁饰。查律载:"侄殴叔至死者,斩。"又例载:"殴死本宗期功尊长罪干斩决之案，若系情轻，该督抚按律定拟，于案内将并非有心干犯各情节分析叙明，核其所犯实可矜悯者，夹签声明，恭候钦定。”各等语。此案宋方成因鸡只践食胞叔宋导摊晒谷子，经宋导之妻宋陈氏见向赶逐，斥骂索赔，口角争闹，嗣经宋导查知不依，该犯分辩，宋导斥其顶撞，举拳向殴，致将手指碰触该犯牙尖流血，宋导负痛，愈加气忿，将该犯抱住，揪扭不放，该犯挣不脱身，再三求饶，宋导复顺势将左胳膊掀按该犯口鼻，使其不得出气，该犯被按气闷，放声喊救，不期开口误将期亲胞叔宋导左胳膊咬伤，越十三日溃烂身死，自应按例问拟。宋方成应如县府司及委审所拟，合依“侄殴叔至死者，斩”律，拟斩立决。该犯讯系被按情急，无心适伤，并非有心干犯，核其情节可悯，相应照例夹签声明，恭候钦定。该犯恭逢光绪二十年八月十六日恩诏，事犯到官均在二十年正月初一日以前，核其情罪，系在不准援减之列，应不准其援减。该犯逃后讯无另犯不法及知情容留人家，应与救阻不及之见证宋标，均毋庸议。无干省释。尸棺由县饬埋。除将绘图揭送部科查核外，理合恭疏具题，伏乞皇上圣鉴，敕下法司核覆施行。再，此案审限云云。

光绪二十二年正月二十八日准。部照覆。

救亲情切致伤期亲婶母身死

为报验事。据按察使崑嵩详，据泗州直隶州知州方瑞兰转，据署天长县知县杨德霖详称：光绪十五年八月初六日，前署县李蔚任内，据地保戴文报，据保民刘发顺投称：七月二十八日，伊母刘富氏因胞伯刘绍书家鸡只践食田稻，将鸡赶逐打死，伊胞伯不依，斥骂争闹，殴伤伊母左胳肘等处，伊母撞头拚命，胞母[①]站立不稳，仰跌倒地，伊母骑压身上，搯住胞伯咽喉，拾石欲殴，适胞伯之子刘光真田工转回，赶拢救护，劝令伊母放手不允，致被刘光真拾取木棍致伤伊母右手腕倒地。时伊在田工作，经邻人陈金和等路见劝阻，报伊赶回，问明情由，扶回医治。讵伊母伤重，延至本月初五日殒命。等语。往查属实，犯已逃逸，合报验缉。等情。并据尸子刘发顺同报，各到县。据经李蔚饬差严缉，一面带领刑仵前诣相验。据仵作王恺验报：已死刘富氏，问年六十五岁。合面，不致命：左胳肘相连左手腕有木器伤一处，斜长二寸五分，宽八分，微青色；右手腕有木器伤一处，斜长一寸二分，宽七分，皮破血污，按捺骨断；右脚踝近上有木器伤一处，斜长一寸，宽八分，青色，有血荫，按捺骨微损。余无故。实系受伤身死。报毕，亲验无异，饬取凶器木棍比对尸伤相符，填格取结，尸令棺殓。勒据差役于光绪十六年正月二十六日缉获凶犯刘光真到案，随传集尸亲、人证，提犯研讯。

据地保戴文供与报词同。

据尸子刘发顺供:天长县人,已死刘富氏是小的母亲,合这到案的刘光真是母亲期服胞侄,分居各炊,素睦没嫌。刘光真是胞伯刘绍书的儿子。光绪十五年七月二十八日,母亲因胞伯刘绍书家鸡只走入小的田内啄食田稻,把鸡赶逐打死,胞伯看见不依,斥骂争闹,殴伤母亲左胳肘等处,母亲撞头拼命,往前推搡,胞伯站立不稳,仰跌倒地。母亲骑压胞伯身上,左手搭住咽喉,右手拾起石块要打,适刘光真田工转回,赶拢救护,劝令母亲放手不允,被刘光真拾取地上木棍抵格,致伤母亲右手腕倒地。那时小的在田工作,经邻人陈金和们路见劝阻,报知小的赶回,问明情由,扶回医治。不料母亲伤重,到八月初五日身死,小的就投保报验的,求究伸。是实。

据见证陈金和、周玉福同供:都是天长县人,合已死刘富氏并这到案的刘光真都是庄邻素识。光绪十五年七月二十八日,小的们趁墟转回,路见刘富氏合刘光真的父亲刘绍书在那里争闹。刘富氏用木棍殴伤刘绍书右脚踝,刘绍书就用手拿拐杖殴伤刘富氏左胳肘相连左手腕,刘富氏持棍扑殴,刘绍书举杖格落刘富氏木棍,殴伤刘富氏右脚踝,刘富氏撞头拼命,往前推搡,刘绍书站立不住,仰跌倒地,并把拐杖丢弃。刘富氏顺势骑压刘绍书身上,刘绍书喊救,刘富氏左手搭住刘绍书咽喉,右手拾起石块要打,刘绍书挣扎不脱,适刘光真从田工回来,见他父亲被搭脸色改变,赶拢救护,并劝刘富氏放手不允,刘光真拾起地上木棍向前抵格,致伤刘富氏右手腕,松手倒地。小的们连忙赶向劝阻,问说因刘绍书家鸡只啄食刘富氏田稻,刘富氏把鸡打死斥骂争殴起衅的,小的们就去报知刘富氏的儿子刘发顺赶回,问明情由,扶回医治,不料刘富氏伤重,到八月初五身死。小的们委系救阻不及。是实。

据犯父刘绍书供:年八十四岁,天长县人,这到案的刘光真是小的儿子,已死刘富氏是胞弟妇,分居各炊,素睦无嫌。光绪十五年七月二十八日,小的家鸡只走入刘富氏田内啄食田稻,被刘富氏赶逐,把鸡打死,小的看见不依,当向斥骂,刘富氏回骂,并用木棍殴伤小的右脚踝,小的用手拿拐杖殴伤刘富氏左胳肘相连左手腕,刘富氏持棍扑殴,小的举杖格落刘富氏木棍,殴伤他右脚踝,刘富氏撞头拼命,往前推搡,小的站立不稳,仰跌倒地,并把拐杖丢弃。刘富氏骑压小的身上,小的喊救,刘富氏左手搭住咽喉,右手拾起石块要打,小的挣扎不脱,适儿子刘光真从田工回来,赶拢救护,并劝刘富氏放手不允,儿子就拾取地上木棍向前抵格,致伤刘富氏右手腕,松手倒地。经邻人陈金和们路见劝阻,报知刘富氏的儿子刘发顺赶回,问明情由,扶回医治,小的拾起拐杖合儿子一同回家。不料刘富氏伤重,到八月初五日身死,侄子刘发顺就投保报验的。小的所受伤痕现已平复。是实。

据凶犯刘光真供:年四十五岁,天长县人,父亲刘绍书,现年八十四岁,母亲已故，并没弟兄，娶妻只生三女，没有儿子，耕种度日。已死刘富氏是小的期服婶母，分居各炊，素睦没嫌。光绪十五年七月二十八日，小的从田工转回，看见父亲合婶母在那里争闹，父亲已被婶母推跌倒地，骑压身上。父亲喊救，婶母左手搯住咽喉，右手拾起石块要打，父亲挣扎不脱，小的连忙赶拢救护，并劝婶母放手不允，那时小的见父亲被搯脸色改变，又恐婶母掷石殴打，一时情急，拾取地上木棍向前抵格，原想格落婶母手里石块，不期用力过猛，适伤婶母右手腕，松手倒地。经邻人陈金和们路见劝阻，问明情由，才知道因小的家鸡只啄食婶母田稻，被婶母打死，父亲斥骂，被婶母殴伤右脚踝，父亲用拐杖殴伤婶母左胳肘相连左手腕、右脚踝，婶母撞头拼命，致被推跌倒地的，小的当把父亲扶回家内。后闻婶母伤重，到八月初五日身死，堂弟刘发顺投保报验的，小的害怕，逃往各处躲避，今被获案的。委非有心干犯，也没起衅别故及在场帮殴的人。凶器木棍已蒙起案。是实。各等供。

据此，将犯收禁，录供通详，奉批审解。据报，该犯刘光真于光绪十六年二月初八日在监患病，验报饬医，至闰二月初八日治痊。李蔚未及审解卸事，卑职抵任准交，遵即提犯研讯，除各供均与原审相同不复究叙外，讯据凶犯刘光真供云云同前。等供。据此，该署天长县知县杨德霖审看得云云同后院看至，储库备拨。等情。解州提讯，犯供参差，札委盱眙县易华俊审，拟解司核，恐案情未确，饬委安庆府联元提讯该犯刘光真，据供伊祖母赵陈氏带孕改醮刘广为妻，生伊父刘绍书，后刘广续娶妻王氏为妻，生子刘金书，业经族人刘发绪等劝伊父归宗赵姓，改名赵绍书，与刘富氏并无服制。等语。核与县详互异，禀司行提要证刘发绪等质讯，嗣据该县查传刘发绪等均外出广东省贸易，关传需时，详咨展限在案。兹于光绪十七年十月初十日催据该县将要证刘发绪传解到省，饬发署安庆府王汝砺提同质审，据刘发绪供称，刘光真祖母陈氏自幼嫁与已故之刘广为妻，生子刘绍书即刘光真之父，嗣陈氏病故，刘广续娶王氏生子刘金书即刘富氏丈夫，系刘光真胞叔，从未听闻刘陈氏带孕改嫁，亦未见有赵绍书其人。伊等族众并无劝令刘绍书归宗之事，委系刘光真混供，不敢扶同控饰。质之刘光真，供因怕办重罪随口捏说，今蒙质讯，刘富氏实系期服胞婶，不敢狡赖，取具甘结附卷，仍照原拟解司，勘转到臣，提犯亲讯无异。

该臣审看得天长县民刘光真救亲情切致伤期亲婶母刘富氏身死一案。缘刘光真籍隶该县，与已死胞婶刘富氏服属期亲，分居各炊，素睦无嫌。光绪十五年七月二十八日，刘光真家鸡只践食刘富氏田稻，经刘富氏瞥见，将鸡赶逐打死，刘光真之父刘绍书当向不依斥骂，刘富氏回詈，并用木棍殴伤刘绍书右脚踝，刘绍书用手携拐杖殴伤刘富氏左胳肘相连左手腕，刘富氏持棍扑殴，刘绍书举杖格落刘富氏木棍，殴伤刘富氏右脚踝，刘富氏撞头拼命，往前推搡，刘绍书站立不稳，仰跌倒地，并将拐杖丢弃。刘富氏顺势骑压刘绍书身上,刘绍书喊救,刘富氏左手格住刘绍书咽喉,右手拾起石块欲殴,刘绍书挣扎不脱,适刘光真田工转回,赶拢救护,并劝刘富氏放手不允,刘光真见伊父被搭,脸色改变,又恐刘富氏掷石殴打,一时情急,拾取地上木棍向前抵格,冀图格落石块,不期用力过猛,适伤刘富氏右手腕,松手倒地。经邻人陈金和等路见劝阻,报知刘富氏之子刘发顺赶回,问明情由,扶回医治。讵刘富氏伤重,延至八月初五日殒命,刘发顺投保,报经该前署县李蔚诣验,获犯讯供,详批审解。据报,该犯刘光真在监患病,验报医痊。李蔚旋即卸事,该县抵任准交覆讯,议拟由州解司,饬委安庆府联元审,因犯供狡展,行提要证外出,详咨展限。兹据传到要证刘发绪解省质讯,由司勘转前来,臣提犯亲讯,据供前情不讳,诘非有心干犯,亦无起衅别故及在场帮殴之人,究鞫不移,案无遁饰。查律载:"侄殴叔母死者,斩。"又:"父为人所殴,子孙即时救护而还殴致死者,依常律"。注云:"父母被有服亲属殴打止宜解救,不得还殴,若有还殴者仍依服制科罪。"又例载:"殴死本宗期功尊长罪干斩决之案,若系情轻,该督抚按律定拟,将并非有心干犯情节分晰叙明,核其所犯情节实可矜悯者,夹签声明,恭候钦定。"又律载:"斗殴破伤人骨者,杖一百。"又:"兄殴弟妻减凡人一等。"各等语。此案刘光真因其父刘绍书被婶母刘富氏推跌倒地,骑压身上,搭住咽喉,并拾石欲殴,该犯情急救护,用棍抵格,适伤刘富氏越七日身死。查已死刘富氏系该犯刘光真胞婶,服属期亲,自应按律问拟。刘光真应如县州司及委审所拟,合依"侄殴叔母死者,斩"律,拟斩立决。据供亲老丁单,应不准其留养,惟该犯情切救父,伤由抵格,并非有心干犯,核其情节实可矜悯,相应照例序明,夹签声请,恭候钦定。刘绍书殴伤弟妇刘富氏右脚踝等处,重至骨损,亦应按律问拟。刘绍书亦如所拟,合依"兄殴弟妻减凡人一等"律,于破骨伤杖一百律上减一等,拟杖九十,年逾八十,照律收续[②]。惟该犯到官在光绪十六年三月二十二日恩诏以前,所得杖罪应准援免,并免收赎。刘富氏棍殴夫兄刘绍书右脚踝平复,本干律拟,业已受伤身死,应与救阻不及之见证陈金和等,均毋庸议。无干省释。尸棺饬埋。凶器木棍验明发回,案结储库备拨。除揭移部科外,理合恭疏具题,伏乞皇上圣鉴,敕下法司核覆施行。再,此案审限云云。

光绪十九年正月二十三日准。部照覆。

校勘记:

①胞母:据上下文当为"胞伯"。

②收续:续字误,当为"赎"。

殴杀小功堂弟及弟妻一家二命

为报验事。据升授甘肃布政使、安徽按察使张岳年详，据颍州府[①]知府凤林转，据代理阜阳县知县秦霖详称：光绪十五年二月初二日，据地保马明报，据保民杨兴魁投称：伊父杨怀于本月初一日早前往伊堂伯杨绪家欲分已故叔祖遗地不允争吵，伊父被杨续用刀扎伤心坎等处倒地，伊母杨方氏赶至，执住小刀拉夺，失手亦被扎伤咽喉右倒地，经邻人杨兴成劝住，报伊赶回，问明情由。讵伊父母伤重，俱各当时殒命。等语。往查属实，当将凶犯扭获，查起凶刀无获，报乞验究。等情。并据尸子杨兴魁同报，各到县。据此，随带刑仵押犯亲诣尸所，如法相验。据仵作陈立验报：已死杨怀，问年五十四岁。仰面，不致命：左腮颊有刃伤一处，斜长八分，阔二分，深抵骨，骨损。致命：心坎刃伤一处，斜长五分，阔二分，深由骨缝透内。不致命：左肋刃划伤一处，斜长八分，阔二分，深透内。又验得：杨方氏，问年四十八岁。仰面，致命：咽喉右刃伤一处，斜长七分，阔二分，深透内，食气颡[②]俱破。以上二尸各伤均皮卷血污。余无故。实系受伤身死。报毕，亲验无异，杨方氏下身据尸子结求免验，饬取凶刀无获，无凭比对尸伤，当场分别填格，尸令官殓[③]，取具各结附卷，随提犯集证，逐加研讯。

据地保马明供与报词同。

据见证杨兴成供：合已死杨怀、杨方氏并这杨绪都是同族。杨怀是杨绪小功服弟，彼此邻居，素睦没嫌。光绪十五年二月初一日早，小的听闻杨绪家吵闹，过去查看，杨怀已被杨绪扎伤倒地。杨怀的妻子杨方氏赶拢，执住小刀狠力拉夺，杨绪松手，刀尖顺势戳伤杨方氏咽喉右倒地。小的连忙劝住，问说是杨怀因向杨绪要分已过[④]堂叔遗地不允，起衅争殴，被杨绪用小刀扎伤右腮颊[⑤]，杨怀扑拢夺刀，又被杨绪扎伤心坎并带划伤左肋倒地的。小的通知尸子杨兴魁赶回，问明情由，那晓杨怀夫妇伤重，当就身死了，杨兴魁就投保报验的。小的实系劝阻不及。是实。

据尸子杨兴魁供：已死杨怀是父亲，杨方氏是母亲，这杨绪是父亲共曾祖的小功服兄，合父亲邻居，素睦没嫌。光绪十五年二月初一日早，父亲怎样到杨绪家要分已故堂叔祖遗地不允，起衅争闹，被杨绪用刀扎伤心坎等处倒地，小的母亲杨方氏赶到，执住小刀拉夺，失手也被扎伤咽喉右倒地。那时小的在地工作，先没晓得，是邻人杨兴成劝住，通知小的赶回，问明情由，那晓父母伤重，都各当时身死。小的投保，把杨绪获住送案报验的，求究办。是实。

据犯人杨绪供：年五十四岁，阜阳县人，父母都故，并没弟兄，娶妻司氏，生有子女，务农度日。合已死小功堂弟杨怀并他妻子杨方氏邻居，素睦没嫌。光绪初年间，小的因共曾祖的堂叔身故，没后出钱四千文棺殓殡葬，堂叔所遗园地三亩是小的管业耕种，完粮祭扫，历久相安。光绪十五年二月初一早，杨怀到小的家商量要把堂叔遗地分半耕种，小的没允，杨怀混骂，小的回骂，杨怀举拳打来，小的闪侧，顺拿桌上小刀扎伤他左腮颊，杨怀扑拢夺刀，小的用刀吓戳，适伤他心坎并带划伤左肋倒地。杨怀的妻子杨方氏闻闹赶到，执住小的手内小刀狠力拉夺，小的松手，那知杨方氏手势过猛，致刀尖戳伤他咽喉右倒地。是邻人杨兴成趋至劝住，通知尸子杨兴魁赶回，问明情由。不料杨怀、杨方氏伤重，都各身死。尸子杨兴魁投保报验，把小的获案的。都没有心欲杀，也没起衅别故并在场帮殴的人。凶器小刀当时丢弃。是实。各等供。

据此，将犯收禁，详批审解。该犯杨绪于光绪十五年四月十一日在监患病，验报饬医，至五月十一日治愈。遵提覆讯，除各供同前不叙外，讯据犯人杨绪供云云同前。等供。据此，该代理阜阳县知县秦霖审看得云云同后院看至，以杜后衅。等情。由府解司核，恐案情未确，扎委[⑥]据安庆府审无别故，仍照原拟解司，勘转到臣，提犯亲讯无异。

该臣审看得阜阳县民杨绪戳伤小功堂弟杨怀夫妇各身死一案。缘杨绪籍隶该县，庄农度日，与已死小功服弟杨怀并其妻杨方氏邻居，素睦无嫌。光绪初年间，杨绪因共曾祖堂叔身故无嗣，出钱四千文棺殓殡葬，其堂叔所遗园地三亩经杨绪管业耕种，完粮祭扫，历久相安。光绪十五年二月初一日早，杨怀往杨绪家商议欲将前项遗地分半耕种，杨绪不允，杨怀混骂，杨绪回詈，杨怀举拳向殴，杨绪闪侧，顺取桌上小刀扎伤杨怀左腮颊，杨怀扑拢夺刀，杨绪用刀吓戳，适伤其心坎并带划伤其左肋倒地。杨怀之妻杨方氏闻闹赶至，执住杨绪手内小刀狠力拉夺，杨绪松手，不期杨方氏手势过猛，致刀尖戳伤杨方氏喉咙右倒地。经邻人杨兴成赶至劝住，报知尸子杨兴魁赶回，询悉情由。讵杨怀、杨方氏均各伤重，移时殒命。尸子杨兴魁投保获犯报验，讯供通详，批饬审解。该犯在监患病，验报医痊覆讯，议拟由府解司委审，勘转前来。臣提犯亲讯，据供前情不讳，诘非有心欲杀，亦无起衅别故及在场帮殴之人，究鞫不移，案无遁饰。查律载："本宗尊长殴小功卑幼至死者，绞。"又："兄殴弟妻至死者，依凡论。"又："斗殴杀人者，不问手足、他物、金刃，并[绞]监候。"各等语。此案杨绪因杨怀向其索分已故堂叔遗地不允，起衅争殴，用刀戳伤杨怀心坎等处倒地，复被杨方氏执住小刀狠力拉夺，该犯松手，一时势猛，致刀尖戳伤杨方氏咽喉右倒地，均各身死。查已死杨怀系该犯共曾祖堂弟，服属小功，杨方氏系该犯功服弟妻，应同凡论，例无殴死小功堂弟及弟妻一家二命作何治罪明文，惟殴死本宗小功堂弟按律罪应拟绞，其殴死小功堂弟之妻罪亦应绞，二罪相等，从一科断。杨绪一犯应如县府司所拟，合依“兄殴弟妻至死者，依凡论”，“斗殴杀人者，不问手足、他物、金刃，并绞监候”律，拟绞监候，秋后处决。事犯到官虽在光绪十五年三月十六日恭逢恩诏以前，惟究系一家二命，情节较重，未便即予援免，应俟秋审时酌入缓决办理。杨兴成救阻不及，应毋庸议。凶刀供弃免追。无干经县省释。各尸棺饬埋。杨绪承种已故堂叔遗地，讯系当时出钱棺殓，现又完粮祭扫，断令永远管业，以杜后衅。除揭移部科外，理合恭疏具题，伏乞皇上圣鉴，敕下法司核覆施行。再，此案审限云云。

光绪十七年七月二十九日准。部照覆。

校勘记：

①颖州府：颖字误，当为“颍”。

②食气颡：颡字误，当为“嗓”。

③官殓：官字误，当为“棺”。

④已过：据文意，当为“已故”。

⑤右腮频：据上下文当为“左腮颊”。

⑥扎委：扎字误，当为“札”。

殴胞弟至死

为报验事。查接管卷内，据按察使张岳年详，据署颖州府①知府彭禄转，据代理阜阳县知县秦霖详称：光绪十三年八月十七日，卑前署县刘承祖任内，据地保孙德报，据保民张牙虎投称：八月十五日晚，伊出外探亲，伊父张蛊因时值中秋，自行买酒独酌，旋即饮入醉乡，忆及债户，无钱归还，恐要丢脸，即以如来索讨，定与拼命之言大声喊骂。伊伯张矜赶向喝阻，斥骂争殴。伊父被张矜用刀扎伤咽喉等处倒地，经雇工戴润先等闻闹趋至喝住。讵伊父伤重，移时殒命。伊闻信赶回查明。等语。往查属实，犯已逃逸，合报验缉。等情。并据尸子张牙虎同报，各到县。据经刘承祖饬差缉犯，一面带领刑仵诣验，饬将尸移平地，如法相验。据仵作陈立喝报：已死张蛊，问年四十三岁。验得仰面，致命：偏右相连额角有刃划伤一处，斜长二寸八分，宽二分，深不及分。致命：咽喉有刃伤一处，斜长一寸八分，宽二分，深透内，食气颡②俱破。致命：心坎相连右肋有刃伤一处，斜长一寸六分，宽二分，深至骨，骨不损。以上各伤，均皮卷血污。余无故。实系受伤身死。报毕，刘承祖亲验无异，起获凶刀比对尸伤相符，填格取结，尸令棺殓，详批缉参。旋因初参限满，照例详参，刘承祖未及获犯卸事，卑职到任准交，勒差于光绪十四年七月初一日将该犯张矜拿获到案，提验左肩甲、脊背两处伤均平复,随传同尸子、人证,逐加研讯。

据地保孙德供与报词同。

据尸子张牙虎供:已死张蛊是父亲,这张矜是胞伯,合父亲分居各度,向来和睦没嫌。光绪十三年八月十五日晚,父亲因时值中秋,自己买酒在家独酌,后来酒醉,想起债户,没钱归还,恐要丢脸,就说如来索讨,定与拼命的话,大声喊骂。胞伯赶向喝阻,斥骂争殴,父亲被胞伯用刀扎伤咽喉等处身死。那时小的在妻父家过节,先没晓得,是雇工戴润先同邻佑赵孜们信知赶回查明,投保报验的,求究伸。是实。

据邻佑赵孜、许菜兴同供:已死张蛊合这张矜是同胞兄弟,向来和睦没嫌。光绪十三年八月十五日晚,小的们听得张蛊雇工戴润先喊说张蛊合他哥子争殴的话,连忙赶去查看,见张蛊已被张矜扎伤咽喉等处倒地,小的们合戴润先喝住,问明情由,把张蛊扶救,不料张蛊伤重,不多一会就死了。那时张蛊儿子张牙虎在他妻父家过节,是小的们同戴润先信知赶回看明,投保报验的。今蒙获犯传讯,小的们委系救阻不及。是实。

据见证戴润先供:在已死张蛊家帮工,张蛊合这张矜是同胞兄弟,向来和睦没嫌。光绪十三年八月十五日晚,张蛊因时值中秋,自己买酒在家独酌,后来喝醉了酒,胡言乱道,想起债户,没钱归还,恐要丢脸,就说如来索讨,定与拼命的话,大声喊骂。张矜听闻,怕他酒醉闹事,赶向喝阻。张蛊斥骂多管,张矜回骂,张蛊举拳殴伤张矜左肩甲、脊背两下,张矜顺拿桌上小刀抵戳,致伤张蛊心坎带伤右肋。张蛊拔出身带小刀回扎,张矜闪侧,用刀格落他手内刀子,致划伤张蛊偏右相连额角。张蛊扑拢夺刀,被张矜用刀戳伤咽喉倒地。小的闻闹,连忙喊同赵孜们赶来喝住,问明情由,把张蛊扶救。不料张蛊伤重,不多一会就死了。张蛊的儿子张牙虎在他妻父家里过节,小的同赵孜们信知赶回查明,投保报验的。今蒙获犯质讯,小的委系救阻不及。是实。

据凶犯张矜供:年四十八岁,阜阳县人,父母都故,弟兄二人,小的居长,娶妻生子,种地度日。已死张蛊是胞弟,分居各度,素睦没嫌。光绪十三年八月十五日晚,兄弟因时值中秋,自己买酒在家独酌,后来喝醉了酒,胡言乱道,想起债户,没钱归还,恐要丢脸,就说如来索讨,定与拼命的话,大声喊骂。小的听见,怕他酒醉闹事,赶向喝阻。兄弟斥骂小的多管,小的回骂。兄弟举拳殴伤小的左肩甲、脊背两下,小的顺便拿起桌上小刀抵戳,致伤兄弟心坎带伤右肋,兄弟拔出身带小刀回扎,小的闪侧,用刀格落他手内刀子,致划伤兄弟偏右相连额角。兄弟扑拢夺刀,小的持刀吓扎,不期兄弟扑拢势猛,一时收手不及,适伤兄弟咽喉,喊痛倒地。经雇工戴润先喊同邻佑赵孜们赶到喝住,问明情由,同向兄弟扶救。不料兄弟伤重,不多一会就死了。小的逃往各处躲避，侄子张牙虎投保报验差拿小的到案的。委没有心致死，也没起衅别故及在场帮殴的人，逃后也没另犯不法并知情容留人家。凶刀已蒙起获。小的所受伤痕业已平复。是实。各等供。

据此，将犯收禁，详批审解。据报，该犯张矜于光绪十四年十月初一日在监患病，验报饬医，至十一月初一日治愈。遵提覆讯，议拟由府解司核，恐案情未确，札委安庆府审照原拟，详解前来。

该本司审看得阜阳县民张矜扎伤胞弟张蛊身死一案。缘张矜籍隶该县，已死张蛊系张矜胞弟，分居各炊，素睦无嫌。光绪十三年八月十五日晚，张蛊因时值中秋，自行沽酒在家独酌，旋即饮入醉乡，胡言乱道，忆及债户，无钱归还，恐要丢脸，即以如来索讨，定与拼命之言大声喊骂。张矜听闻，恐其酒醉滋事，赶向喝阻，张蛊斥骂多管，张矜回詈。张蛊举拳殴伤张矜左肩甲、脊背两下，张矜顺取桌上小刀抵戳，致伤张蛊心坎带伤右肋，张蛊拔出身带小刀回扎，张矜闪侧，用刀格落张蛊手内刀子，致划伤张蛊偏右相连额角。张蛊扑拢夺刀，张矜持刀吓扎，不期张蛊扑拢势猛，一时收手不及，适伤其咽喉，喊痛倒地。经张蛊雇工戴润先喊同邻佑赵孜等趋至喝住，问明情由，同向张蛊扶救。讵张蛊伤重，移时殒命，尸子张牙虎投保，报经该前署县刘承祖诣验详参，刘承祖未及获犯卸事，该代理县秦霖到任，获犯讯供通详，奉批审解。据报，该犯在监患病，验报医痊覆讯，议拟由府解司核，恐案情未确，札委安庆府审照原拟，详解前来。本司提犯亲讯，据供前情不讳，诘非有心致死，亦无起衅别故，及在场帮殴之人，究鞫不移，案无遁饰。查例载："殴期亲弟致死者，照本律满徒加一等，杖一百，流二千里。"等语。此案张矜因胞弟张蛊虑及债户案索欠，乘醉喊骂，恐其滋事，喝阻争殴，用刀致伤张蛊身死。查已死张蛊系该犯张矜胞弟，服属期亲，自应按例问拟。张矜应如县府所拟，合依"殴期亲弟致死者，照本律满徒加一等，杖一百，流二千里"例，拟杖一百，流二千里。该犯事犯到官，在光绪十五年三月十六日恭逢恩诏以前，核其情罪不在不准援免之列，应请准予援免，后再有犯，加一等治罪。张蛊拳殴伤胞兄，本干律议，业已受伤身死，应与救阻不及之邻佑赵孜等均毋庸议。该犯逃后讯无另犯不法及知情容留之人，亦毋庸议。无干经县省释。尸棺饬埋。凶器小刀随招解验，案结发回，储库备拨。理合详候核咨。再，此案审限云云，至合并声明。等情。到陈前院，未及核办移交本部院准。据此，本部院覆核无异，除分咨外，相应咨达。

校勘记：

①颖州府：颖字误，当为"颍"。

②食气颡:颡字误,当为“嗓”。

活埋胞侄身死

为详报事。据按察使张岳年详,准安庐滁和道丁峻移,据署滁州直隶州知州朱炳麟详称:光绪十四年五月十七日,据差保禀获活埋岳广生身死案内之首犯岳炳衔一名到案。卷查光绪十年三月初三日,卑前州阎炜任内,据地保潘志报,据盛岳氏投称:伊胞兄岳广生向不安分,将家产花尽,屡向族中讹索,经胞叔岳炳衔训斥不悛。本年二月间,胞兄又向族人岳小二家索讹滋事,被胞叔岳炳衔商同岳小二等将伊胞兄捆缚挖坑活埋身死。经伊回家查知,找见尸身,正要报验,岳炳衔将伊拦阻,允许棺殓改葬,遂令岳小二等将伊兄尸身抬回棺殓。等语。往查属实,合报验究。等情。并据民妇盛岳氏同报,各到州。据经阎炜带同刑仵前诣该处,勘得土名藕塘窝地内有新挖土坑一穴,量坑深三尺三寸,长六尺七寸,宽二尺二寸。据尸妹盛岳氏指称,即系伊兄岳广生被埋处所。又勘得该坑西北半里许有岳姓坐北朝南房屋三间,岳广生尸棺停放中间堂屋,饬即揭开棺盖,将尸移放平地。据仵作夏元验报:已死岳广生,问年四十一岁。仰面:囟门相连额颅粘有泥土,两眼睛突出,上下唇吻连两腮颊耳根及合面发际有布带扎伤,周围横痕一道,坚硬,紫黑色,口开,有血沫流出,两手腕并两脚腕连脚踝各有绳缚伤痕。余无故。委系活埋气闭身死。报毕,亲验无异,饬起凶带无存,据尸妹盛岳氏缴出原捆麻绳比对手脚伤痕相符,当场填格取结,尸令棺殓,麻绳带回储库。饬拘凶犯无获,先将验讯情形填格,录供通详,奉批缉参。嗣因初二参限满,犯无弋获,先后开具承接缉各职名,详参在案。据禀前情,随传尸亲人等集讯。

据地保潘志供:这到案的岳炳衔是小的帮差拿获的。岳小二、岳小三、丘炳屯,小的打听明白,都在逃病故了,小的可以具结。岳龙生一名求宽限,同差缉获送案。余供与报词同。

据尸妹盛岳氏供:嫁与金椒县[①]人盛大为妻,已死岳广生是同胞哥子,别没亲属。这到案的岳炳衔是期亲叔子,早已分居。哥子素不安分,把自己家产花用净尽,常向族人借钱闹事,叔子屡次训斥,哥子反把叔子辱骂,小妇是知道的。光绪十年二月里,哥子怎样又向无服族人岳小二们借钱不肯,把岳小二家土墙推倒,并说要把他家房屋烧毁,岳小二们向叔子告诉,叔子起意邀允岳小二、岳小三、岳炳屯、岳龙生们同把哥子活埋身死,小妇先没知道,后来回家探望,不见哥子查问,叔子说话支吾,疑心打听,才晓得活埋的事。小妇寻到坑边,刨开泥土,见哥子尸身仰卧坑内,口上有布带，手脚都用绳捆缚，正要报验，叔子赶来拦阻，应承棺殓改葬，小妇佯许免报，叔子就叫岳小二们把哥子尸身抬回，解去绳带，用衣棺殓，小妇就投保报验，他们都各逃走。今蒙拿住叔子，那岳小二、岳小三、岳炳屯现已查明都各在逃病故了，还求缉拿岳龙生到案，替哥子伸究。是实。

据犯人岳炳衍供：滁州人，年六十六岁，父母都故，娶妻生子，弟兄三人，早已分居，已死胞侄岳广生是胞兄岳炳祥的儿子，这盛岳氏是岳广生胞妹，出嫁盛姓。胞侄别没亲属，素不安分，把自己家产花用尽净，常向族中吵闹讹索，小的屡次训斥，不肯改过，反把小的辱骂。光绪十年二月里，胞侄又向无服族人岳小二索诈不遂，把岳小二家土墙推倒，并说要把岳小二家房屋烧毁，岳小二邀同前被胞侄讹诈过的族人岳龙生、岳小三、岳炳屯们走来，向小的告诉。小的因胞侄屡次滋事，恐怕将来闯祸受累，一时气忿，起意把他活埋致死，就叫岳小二们帮助，岳小二、岳小三、岳炳屯、岳龙生都因受累，当各允从。就是那月十六日夜，一共五人同到胞侄家内，一齐上前把胞侄按倒地上，用布带缠住他的嘴，用绳捆缚他的手脚，抬到藕塘窝地方放下，挖开泥土把胞侄抛入坑内，用土掩埋，料已气闭身死，大家走散。后来尸妹盛岳氏回家查问，小的含糊答应，被盛岳氏打听明白，找到尸身正要报案，小的害怕，赶去拦阻，应承棺殓改葬，盛岳氏应许免报。小的就叫岳小二们把胞侄尸身抬回，解去绳带，用衣棺殓。那晓盛岳氏投保报验，小的与岳小二们逃往各处躲避，今始回家就被差保拿获。委没图占财产别项情事，也没另有同谋加功的人，逃后并没另犯不法。岳小二、岳小三、岳炳屯都已在逃病故，岳龙生现逃何处，不知道。是实。各等供。

据此，将犯收禁。饬查岳小二、岳小三、岳炳屯实已先后在逃病故，取具保邻人等，并无捏饰甘结，录供通详，奉批缉审。查逸犯弋获无期，先就现犯覆讯，议拟解道，审照原拟，由道解司。旋据署怀宁县陈兆庆申报，该犯岳炳衍在监染患伤寒病症，医治无效，延至十五年六月初八日病故，禀经安庆府札委候补知县张奎汉验明，实系因病身死，刑禁人等并无凌虐情弊，详奉批饬覆讯。兹据该县等覆讯，议拟绘具图结，详由安庆府核转前来。

该本司核看得滁州民人岳炳衍活埋胞侄岳广生身死，该犯岳炳衍于解审后在省监病故一案。缘岳炳衍籍隶该州，已死岳广生系岳炳衍胞兄岳炳祥之子，为岳炳衍胞侄，与岳炳衍分居各爨。岳广生有妹岳氏出嫁盛姓，余无别属。岳广生素不安分，将家产荡卖罄尽，屡向族中吵闹讹索，经岳炳衍训斥不悛，反向辱骂。光绪十年二月间，岳广生又向无服族人岳小二讹索不遂，将岳小二家土墙推到，并声言要将岳小二家房屋烧毁，岳小二邀同曾被岳广生讹索之岳龙生、岳小三、岳炳屯等往向岳炳衍告诉。岳炳衍因岳广生屡次滋事，恐将来酿祸受累，一时忿激，起意将岳广生活埋致死，随邀岳小二等帮助，岳小二等亦各因受累允从。即于二月十六日夜，一共五人同至岳广生家内，一齐上前将岳广生按倒地上，用布带缠闭其口，用绳捆其手足，抬至藕塘窝地方，挖开泥土，将岳广生抛入坑内，用土掩埋，料岳广生已死而散。嗣经尸妹盛岳氏回家查问，岳炳衍含糊答应，被盛岳氏探听明白，找见尸身，正拟报验，岳炳衍害怕拦阻，允许棺殓改葬，盛岳氏佯许免报，岳炳衍遂令岳小二等将尸抬回，解去绳带，用衣棺殓。盛岳氏投保报州诣验，该犯岳炳衍等当各逃逸，嗣因犯无弋获，开具初二参承接缉各职名详参在案。旋据差保缉获该犯岳炳衍到案，并查明为从之岳小二、岳小三、岳炳屯均已先后在逃病故，取结讯详，奉批缉审。据该州以逸犯岳龙生弋获无期，先就现犯覆讯，议拟解道，审照原拟，由道解司。正提审间，据署怀宁县申报，该犯岳炳衍在监患病病故，禀府委验讯明刑禁人等，并无凌虐情弊，详奉批饬覆讯。兹据该县等覆讯，议拟绘具图结详府，核转前来。本司覆核此案，既经州道研讯明确，据供前情不讳，诘无图占财产别项情事，亦无另有同谋加功之人，究鞫不移，案无遁饰。查律载："尊长谋杀卑幼已杀者，依故杀法。"又："期亲叔殴杀侄故杀者，杖一百，流二千里。"各等语。此案岳炳衍因胞侄岳广生屡向族中讹索，并将该犯辱骂，虑及酿祸受累，起意将其活埋致死，情殊凶残。查岳广生讹索犯尊，虽系有罪之人，惟并未罪犯应死，亦非实在积惯匪徒，且与因玷辱祖宗忿激致毙者不同，自应仍依本律问拟。岳炳衍应如州道所拟，合依"期亲叔故杀侄者，杖一百，流二千里"律，拟杖一百，流二千里。该犯事犯到官在光绪十五年三月十六日恭逢恩诏以前，核其情罪在条款准免之列，应准援免，业已在监病故，应与在逃病故之从犯岳小二、岳小三、岳炳屯并讯无凌虐情弊之刑禁人等，均毋庸议。岳广生屡次讹索犯尊，本干例议，业被活埋身死，亦毋庸议。在逃之岳龙生事犯虽在恩诏以前，惟与岳广生同族无服，致死应同凡论，谋杀凡人从而加功不在准免之列，仍应照案缉拿，获日另结。麻绳案结销毁。所有监毙流犯一名之管狱官系怀宁县典史陈嘉谟，相应开报附参。理合详候核咨。再，此案犯已病故，请免扣限，合并声明。等情。到院。据此，本部院覆核无异，除饬勒缉逸犯岳龙生务获究报并分咨外，相应咨达。计咨送图结一套，送刑部。

光绪十六年十月二十二日准。部照覆。

校勘记：

①金椒县：金字误，当为"全"。

卷九禀 服 制

因见妹夫夫妻不和邀饮劝戒反被辱骂不休起意故杀身死并尸妻畏累服毒自尽

为报验事。据按察使嵩崑详,据泗州直隶州知州方瑞兰转,据五河县知县张德瑜详称:光绪十五年十月二十六日,卑前县李蓴华任内,据地保李长有报,据民妇蒋邓氏投称:伊子蒋仪才向卖烧饼生理,因利息微薄,不敷食用,曾向妻兄陈克举家借钱接济,后因陈克举不允借给,伊子迁怒伊媳蒋陈氏,时与吵闹。本月二十六日,陈克举路遇伊子,邀往饮酒,彼此口角走散。伊子用柴块追殴陈克举,被陈克举夺获柴块拉跌倒地,连殴伤伊子脊背等处,拖至河滩揿溺殒命。经陈克举大妹夫李德经路见拉劝,问明情由,报伊往看。等语。往查属实,查拿陈克举先已逃避,理合报验缉究。等情。并据尸母蒋邓氏禀同前由,各到县。据经李蓴华带领刑仵驰诣该处,勘得南桥河边有小路一条,河水量深三尺,已死蒋仪才尸身扑卧河滩上,头面浸在水内。勘毕,饬将尸移平地,如法相验。据仵作吴春验报:已死蒋仪才,问年二十二岁。仰面:面色紫赤,鼻孔内有沙泥。不致命:右肩甲有木器伤一处,斜长二寸二分,宽一寸,紫红色;又有手指抓伤一处,斜长一寸二分,宽二分,微红色。合面,致命:脊背有木器伤两处,一处斜长一寸九分,宽九分,紫黯色,按捺骨损,一处宽长各六分,紫红色。余无故。实系受伤后被溺身死。报华,亲验无异,饬取柴块无获,无从比对尸伤,当场填格取结,尸令棺殓。正饬差查缉间,复据地保李长有带同蒋邓氏报称蒋仪才之妻蒋陈氏于本月二十八日在家私吞烟土,毒发身死。等语。又经李蓴华亲诣尸所,饬仵验报:已死蒋陈氏,问年二十四岁。仰面:面色发青,两眼胞闭,口微开,用银针探入咽喉,以纸密封良久,取出作青黑色,用皂角水擦洗不去。合面:十指甲青色。余无故。实系吞服烟土毒发身死。报毕,亲验无异,填格取结,尸令棺殓,勒差于光绪十六年二月二十八日缉获陈克举到案,随传集尸亲、人证,提犯研讯。

据地保李长有供与报词同。

据尸母蒋邓氏供:五河县人,丈夫早故,已死蒋仪才是儿子,蒋陈氏是媳妇,这到案的陈克举是媳妇第二哥子,合儿子素好没嫌。儿子向租邵师道房屋居住,做卖烧饼生理,因利息微薄,难以糊口,曾向陈克举家借钱接济,后来陈克举不肯借给,儿子迁怒媳妇,时常合他吵闹,后经邵师道劝歇。光绪十五年十月二十五日,陈克举到小妇家探望,适儿子外出,媳妇就向陈克举哭诉前情,陈克举劝慰走回。二十六日,陈克举路遇儿子,把儿子邀去吃酒,彼此口角走散。儿子用柴块追打陈克举,被陈克举夺过柴块拉跌倒地,连打伤脊背等处,拖到河滩揿溺身死。经李德经路见拉开,问明情由,报知小妇往看,投保报验的。小妇想起那日媳妇向陈克举哭诉后陈克举就邀儿子吃酒起衅,疑是媳妇主唆,当向媳妇不依,并说如不交出凶手,一并送官究治的话,媳妇听闻哭泣。二十八日,小妇到县催案,不料媳妇私吞家存治病烟土,毒发叫喊,经邵师道听见查明,报知小妇赶回,灌救无及,就身死了,小妇投保报验的。今蒙把陈克举获案,求究办。是实。

据见证李德经供:五河县人,这到案的陈克举是妻兄,已死蒋仪才是妻妹夫,他们素好没嫌。蒋仪才做卖烧饼生理,因利息微薄,难以糊口,常向陈克举家借钱接济,小的是晓得的。光绪十五年十月二十六日,小的路过南桥河地方,看见蒋仪才合陈克举在那里打架,陈克举把蒋仪才拉跌倒地,用柴块连打伤蒋仪才脊背等处,蒋仪才在地辱骂,陈克举丢弃柴块,揪住蒋仪才发辫并衣领拖到河滩,把蒋仪才头面揿入水内。小的连忙上前把陈克举拉开,蒋仪才已气闭身死,问说因蒋仪才夫妇不睦,陈克举邀请蒋仪才喝酒劝戒被斥,彼此口角起衅争殴,一时忿激致死的。小的就通知尸母蒋邓氏看明,投保报验的。小的委系救阻不及。至蒋陈氏如何服毒自尽,小的并没知道。是实。

据要证职员邵师道供:五河县人,合这陈克举邻居素识,已死蒋仪才向租职员家房屋居住,做卖烧饼生理,因利息微薄,难以糊口,合他妻子蒋陈氏时常吵闹,屡经职员劝歇。光绪十五年十月二十六日,陈克举如何路遇蒋仪才,邀去吃酒,彼此口角起衅,把蒋仪才殴溺身死,职员先没晓得,是陈克举大妹夫李德经前来报知尸母蒋邓氏往看报验,职员才知道的。后来蒋邓氏因凶手陈克举逃避,疑他媳妇蒋陈氏前有主唆的事,就要蒋陈氏交出凶手,蒋陈氏愁急,曾向职员哭诉,并说凶手无获,日后到官定要拖累,不如一死干净的话,职员再三劝慰。二十八日,蒋陈氏[①]赴县催案,不料蒋陈氏愁急莫释,偷取家存治病烟土吞服,毒发叫喊,经职员听见查明,报知蒋邓氏赶回,灌救无及,就身死了,蒋邓氏投保报验的。职员先因出外到江苏省贸易,不及投审,今蒙传讯,蒋陈氏实因畏累自尽,并没别故。是实。

据凶犯陈克举供:年三十三岁,五河县人,父亲已故,母亲马氏,哥子陈克先,娶妻王氏,生有子女,开店生理。已死蒋陈氏是妹子,嫁与已死蒋仪才为妻,亲戚素好,并没嫌隙。蒋仪才向租邵师道房屋居住,做卖烧饼生理,因利息微薄,难以糊口,常向小的家借钱接济,小的先已应酬多次,后因无力回绝,蒋仪才就迁怒妹子,时常向他吵闹,后经邵师道劝歇。光绪十五年十月二十五日,小的走到蒋仪才家探望,适蒋仪才外出,妹子就向小的哭诉前情,小的再三劝慰走回。二十六日,小的路遇蒋仪才,请他到酒店吃酒,当把夫妇总要和睦的话向蒋仪才劝戒,那晓蒋仪才酒已吃醉,斥说小的多管闲事,随口混骂起来,小的不服回骂,经店伙们劝散。大家走出,小的仍从原路转回,蒋仪才一路跟随喊骂,走到南桥河地方,蒋仪才骂不住口,并赶上小的,拾取滩上柴块向小的殴打,小的闪侧,夺过柴块打伤蒋仪才右肩甲并手指带伤一处,蒋仪才撞头拼命,小的扭住他胸襟往后一拉,蒋仪才因酒醉站立不稳,扑跌倒地,在地辱骂,小的用柴块连打伤蒋仪才脊背等处,蒋仪才愈加肆骂,并辱及小的祖先。小的一时气忿,顿起杀机,丢弃柴块,一手揪住蒋仪才发辫,一手揪住衣领,拖到河滩把他头面揿入水内,经小的大妹夫李德经路见,赶来把小的拉开,蒋仪才已气闭身死。李德经向小的问明情由,小的就逃往各处躲避,后闻妹子蒋陈氏畏累服毒自尽,今被拿获到案的。并非预谋致死,也没起衅别故及在场帮殴的人。是实。各等供。

据此,将犯收禁,录供通详,奉批审解。李萼华未及审解卸事,卑职到任准交。据报,该犯陈克举于光绪十六年二月二十四日在监患病,验报饬医,至五月二十四治痊。遵提覆讯,除各供同前不叙外,讯据凶犯陈克举供云云同前。等供。据此,该五河县知县张德瑜审看得云云同系院看至,无干省释。等情。由州解司,前司核,恐案情未确,札委安庆府联元审,因犯供游移,非提要证邵师道质讯难以定案,饬查邵师道远赴江苏贸易,关传需时,由司详请咨展。兹据该县将要证邵师道传案解司,饬委署安庆府王汝砺质讯明确,仍照原拟解司,勘转到臣,提犯亲讯无异。

该臣审看得五河县民人陈克举与蒋仪才口角争殴,临时起意故杀蒋仪才身死,并蒋陈氏畏累服毒自尽一案。缘陈克举籍隶该县,已死蒋陈氏系陈克举之妹,嫁与已死蒋仪才为妻,亲戚素好,并无嫌隙。蒋仪才向租邵师道房屋居住,做卖烧饼生理,因利息微薄,不敷食用,屡向陈克举借钱接济,陈克举先已应酬多次,旋因无力回绝,蒋仪才即迁怒其妻陈氏,时向吵闹,屡经房主邵师道劝歇。光绪十五年十月二十五日,陈克举走至蒋仪才家探望,适蒋仪才外出,蒋陈氏即向陈克举哭诉前情,陈克举再三劝慰走回。二十六日,陈克举路遇蒋仪才,邀往酒店沽饮,即以夫妻总须和睦之言向蒋仪才劝戒,讵蒋仪才饮入醉乡,斥说陈克举多管闲事,随口混骂,陈克举不服回詈,经劝走出店门,陈克举仍由原路回归,蒋仪才跟随喊骂,行至南桥河地方,蒋仪才骂不住口,并赶上陈克举,拾取地上柴块向陈克举殴打,陈克举闪侧,夺获柴块殴伤蒋仪才右肩甲并手指带伤一处，蒋仪才撞头拼命，陈克举扭住蒋仪才胸襟往后一拉，蒋仪才因酒醉站立不稳，扑跌倒地，在地辱骂，陈克举用柴块连殴伤蒋仪才脊背等处。蒋仪才愈加肆骂，并辱及陈克举祖先。陈克举一时气忿，顿起杀机，丢弃柴块，一手揪住蒋仪才发辫，一手揪住衣领拖到河滩，把他头揿入水内。经陈克举之大妹夫李德经路见，赶来将陈克举拉开，蒋仪才业已气闭殒命。李德经向陈克举问明情由，陈克举当即逃避，李德华报知尸母蒋邓氏看明，投保报经该前县李萼华诣验饬缉。蒋邓氏因知陈克举邀伊儿子吃酒劝戒，口角起衅，疑系伊媳蒋陈氏主唆，当向蒋陈氏不依，并称如不交出凶犯，一并送官究治，蒋陈氏愁急，即以凶犯无获，将来到官必受拖累，不如一死干净之言向房主邵师道哭说，邵师道再三劝慰。讵蒋陈氏愁急莫释，潜取家存治病烟土私自吞服，经救无及，毒发殒命，报经县验无异，获犯陈克举讯供，详批审解。李萼华未及覆审卸事，接署县张德瑜到任准交。该犯陈克举在监患病，验报医痊覆讯，议拟由州解司委审，因犯供游移，非提要证邵师道质讯难以定案。饬查邵师道远赴江苏省贸易，关传需时，由司详咨展限。兹据该县将要证邵师道传案解司，委讯明确，照拟解司，勘转前来。臣提犯亲讯，据供前情不讳，诘非预谋致死，亦无起衅别故及在场帮殴之人，研鞫不移，案无遁饰。查律载："故杀人者，斩监候。"等语。此案陈克举因蒋仪才夫妇不睦，邀其饮酒劝戒，被斥争殴，复因蒋仪才辱骂不休，该犯一时忿恨，起意将蒋仪才揿溺身死，实属故杀，自应按律问拟。陈克举应如县州司及委审所拟，合依"故杀人者，斩监候"律，拟斩监候，秋后处决，仍先照例刺字。蒋陈氏服毒自尽，讯因畏累所致，其姑蒋邓氏并无逼迫情事，应与救阻不及之李德经并无干之邵师道，均毋庸议。蒋仪才前向陈克举借用钱文并无确数，身死弗征。各尸棺经县分别饬埋。无干省释。除揭移部科处，理合恭疏具题，伏乞皇上圣鉴，敕下法司核覆施行。再，此案审限云云。

光绪十九年正月二十三日准。部照覆。

校勘记：

①蒋陈氏：据上下文当为"蒋邓氏"。

夫与妾共殴其妻身死

为报验事。据按察使嵩崑详，据泗州直隶州知州李祖福转，据盱眙县知县易华俊详称：光绪十五年二月初一日，卑前署县黄国城任内，据地保陈玉林报，据堡民汪起投称：伊胞姊孙汪氏嫁与武生孙修章为妻，本年正月二十九日下午时候，伊姊因失手打破小菜碟两个，经翁父孙殿见向斥骂，伊姊出言顶撞，适孙修章外回喝阻不理，用拳殴伤伊姊左臂膊、右后肋，孙修章之妾孙王氏拢劝，伊姊疑护，互相争殴，被孙王氏夺棍殴伤伊姊右胳膊、右臂膊两下，弃棍逃跑，伊姊追赶，复被孙修章拦阻，用脚踢伤右后肋接连右腰眼倒地，经邻人李万等趋至劝住。讵伊姊伤重，延至次日殒命。等语。往查属实，孙修章、孙王氏均已逃避，合报验究。等情。并据汪起、孙殿同报，各到县。据经黄国城饬差查缉，一面带领刑仵前诣相验。据仵作金庆验报：已死孙汪氏，问年三十六岁。仰面，不致命：右胳膊有木器伤一处，斜长一寸六分，宽四分，紫红色。合面，不致死：左臂膊有拳伤一处，围圆二寸四分，微肿，青红色，有血瘾；右臂膊有木器伤一处，斜长一寸二分，宽四分，紫红色。致命：右后肋接连右腰眼有脚踢伤一处，斜长一寸六分，宽八分，按捺坚硬，青红色，有血瘾。不致命：右后肋有拳伤一处，围圆二寸三分，微肿，青红色，有血瘾。余无故。实系受伤身死。报毕，亲验无异，饬起凶器木棍、棉鞋比对尸伤相符，当场填格取结，尸令棺殓。鞋棍带回储库。勒差于二月二十五日获犯孙修章、孙王氏到案，当经查明武生孙修章入学年分，先行详请斥革衣顶，一面传集人证，提犯研讯。

据地保陈玉林供与报词同。

据尸弟汪起供：盱眙县人，已死孙汪氏是胞姊，自幼嫁与孙修章为妻，平日夫妇和睦，这孙王氏是孙修章的妾妇，合胞姊素好没嫌。光绪十五年正月二十九日，胞姊怎样失手打破小菜碟子两个，经翁父孙殿看见，斥骂胞姊太不小心，胞姊出言顶撞，适孙修章外回喝阻不理，用拳殴伤胞姊左臂膊、右后肋，孙王氏拢劝，胞姊疑护，拿取门旁木棍向殴，被孙王氏夺棍殴伤胞姊右胳膊、右臂膊两下，弃棍逃跑，胞姊追赶，孙修章拦阻，胞姊弯身拾棍，致被孙修章用脚踢伤右后肋接连右腰眼倒地。经邻人李万们赶拢劝住，报知小的往看，问明情由。不料胞姊伤重，到第二日身死了，小的就投保报验的。是实。

据见证李万、戴兆鹏同供：小的们合孙修章是邻居。已死孙汪氏是孙修章妻子，孙王氏是孙修章妾妇。光绪十五年正月二十九日下午时候，小的们听得孙修章家吵闹，赶往查看，见孙修章的父亲孙殿从内走出，孙修章把他妻子孙汪氏用拳殴伤左臂膊、右后肋，孙汪氏扑向拼命，扭住孙修章胸衣不放，孙王氏赶拢拉劝，孙汪氏疑护，就放手拿取门旁木棍向孙王氏殴打，孙王氏闪侧夺棍过手，殴伤孙汪氏右胳膊、右臂膊两下，弃棍逃跑，孙汪氏追赶，孙修章拦阻，孙汪氏不依，转身拾棍，孙修章走至孙汪氏身后用脚踢伤孙汪氏右后肋接连右腰眼倒地，小的们连忙上前劝住，问说因孙汪氏失手打破小菜碟子，经孙殿斥骂顶撞，孙修章外回喝阻不理起衅的，小的们就去报知孙汪氏胞弟汪起往看，问明情由。不料孙汪氏伤重，到第二日身死了。小的们委系劝阻不及。是实。

据应讯孙殿供：盱眙县人，年五十八岁，这孙修章是小的儿子，已死孙汪氏是媳妇，他素性悍泼，屡训不改。小的因孙汪氏过门多年，没有生育，价买孙王氏与儿子为妾，合媳妇素好没嫌。光绪十五年正月二十九日下午时候，媳妇因收拾盘碗，失手打破小菜碟子两个，小的看见，说他太不小心，媳妇出言顶撞，小的生气斥骂倔强，媳妇不服回骂。适儿子外回，向他喝阻不理，小的当就走出。后来儿子怎样把媳妇殴伤倒地，孙王氏又怎样把媳妇殴伤，小的都没在场看见，是随后回来才知道的。不料媳妇伤重，到第二日身死了，小的就投保报验的。是实。

据孙王氏供：盱眙县人，年三十一岁。已死孙汪氏是主妇，这孙修章是家主。小妇于光绪十年上嫁卖与孙修章为妾，合主妇孙汪氏素好没嫌。光绪十五年正月二十九日下午时候，孙汪氏因收拾盘碗，失手打破小菜碟子两个，经老家主孙殿看见，说他太不小心，孙汪氏出言顶撞，老家主生气斥骂倔强，孙汪氏不服回骂。适家主孙修章外回，向他喝阻不理，老家主当就走出，家主气忿，举拳要打，孙汪氏愈加辱骂，家主赶拢用拳殴伤他左臂膊、右后肋，孙汪氏扑向拼命，并扭住家主胸衣不放，小妇上前拉劝，孙汪氏疑护，就放手拿取门旁木棍向小妇殴打，小妇闪侧夺棍过手，殴伤他右胳膊、右臂膊两下，弃棍逃跑，孙汪氏追赶，后来家主怎样拦阻不住，把孙汪氏踢伤右后肋接连右腰眼倒地，那时小妇已经走远，没有看得清楚。不料孙汪氏伤重，到第二日身死了。尸亲投保报验，小妇害怕，逃往各处躲避，今被获案的。委没起衅别故，也没在场帮殴的人。是实。

据凶犯孙修章供：年三十五岁，盱眙县人，父亲孙殿，母亲已故，并没兄弟。已死孙汪氏是妻子，他素性悍泼，屡训不改。父亲因革生娶妻多年，没有生育，价买这孙王氏与革生为妾，合妻子素好没嫌。革生于光绪六年岁考，蒙前学院孙取入县学武生。十五年正月二十九日下午时候，妻子因收拾盘碗失手打破小菜碟子两个，父亲看见说他太不小心，妻子出言顶撞，父亲生气斥骂倔强，妻子不服回骂。适革生外回，向他喝阻不理，父亲当就走出。革生气忿，举拳要打，妻子愈加辱骂，革生赶拢，用拳殴伤他左臂膊、右后肋，妻子扑向拼命，并扭住革生胸衣不放，孙王氏上前拉劝，妻子疑护，就放手拿取门旁木棍向孙王氏殴打，孙王氏闪侧夺棍过手，殴伤妻子右胳膊、右臂膊两下，弃棍逃跑，妻子追赶，革生拦阻，妻子不依，弯身拾棍，革生走到妻子身后用脚吓踢，适伤他右后肋接连右腰眼倒地，经邻人李万们赶来劝住，报知尸弟汪起往看，问明情由。不料妻子伤重，到第二日身死了。革生害怕，逃往各处躲避，今被获案的。委非有心欲杀，也没起衅别故及另有在场帮殴的人。是实。各等供。

据此，将犯收禁，孙王氏保领，录供通详，奉批审解。据报，该犯孙修章于光绪十五年五月二十三日在监患病，验报饬医，至六月二十三日治痊。黄国城未及审解卸事，卑职抵任准交，遵提覆讯，除各供同前不叙外，讯据凶犯孙修章供云云同前。等供。据此，该盱眙县知县易华俊审看得云云同后院看至，案结分别储库销毁。等情。由州解司核，恐案情未确，委据安庆府审照原拟，由司勘转到臣，提犯亲讯无异。

该臣审看得盱眙县已革武生孙修章与其妾孙王氏殴伤其妻孙汪氏身死一案。缘孙修章、孙王氏均籍隶该县，孙修章于光绪六年经前学院孙岁试，取入盱眙县学武生，已死孙江氏系孙修章之妻，素性悍泼，屡训不悛。孙修章之父孙殿因孙修章久娶乏嗣，价买王氏与孙修章为妾，与孙汪氏素好无嫌。十五年正月二十九日下午时分，孙汪氏因收拾盘碗失手打破小菜碟子两个，经孙殿看见，斥其太不小心，孙汪氏出言顶撞，孙殿生气斥骂倔强，孙汪氏不服回骂。适孙修章外回，向其喝阻不理，孙殿当即走出。孙修章气忿，举拳欲打，孙汪氏愈加辱骂，孙修章赶拦，用拳殴伤孙汪氏左臂膊、右后肋，孙汪氏扑向拼命，并扭住孙修章胸衣不放，孙王氏上前拉劝，孙汪氏疑护，即放手携取门旁木棍向孙王氏殴打，孙王氏闪侧夺棍过手，殴伤孙汪氏右胳膊、右臂膊两下，弃棍逃跑。孙汪氏追赶，孙修章拦阻，孙汪氏不依，弯身拾棍，孙修章走至孙汪氏身后用脚吓踢，适伤其右后肋接连右腰眼倒地，经邻人李万等赶至劝住，报知汪起往看，问明情由。讵孙汪氏伤重，延至次日殒命。尸亲投保报经该前署县黄国城诣验，获犯详革衣顶，讯供详批审解。该犯孙修章在监患病，验报医痊。黄国城未及审解卸事，该县到任准交。兹据该县覆讯，议拟由州解司委审，勘转前来。臣提犯亲讯，据供前情不讳，诘非有心欲杀，亦无起衅别故及另有在场帮殴之人，研鞫不移，案无遁饰。查律载："夫殴妻至死者，绞监候。"又："妾殴正妻者，加妻殴夫罪一等。"又："妻殴夫者，杖一百。"各等语。此案已革武生孙修章因其妻打破菜碟，经其父孙殿斥骂顶撞，该犯喝阻不理，致与其妾孙王氏先后殴伤孙汪氏越日身死。查孙汪氏先被孙王氏棍伤右胳膊、右臂膊两处，色止红肿，伤非致命，亦非损折，且受伤后尚能追赶，不致戕生，惟后被该犯孙修章用脚踢伤右后肋接连右腰眼，即行倒地为重，应以该犯拟抵，虽据供因其妻不服伊父管教起衅，惟事前未据亲告，自应仍按殴妻至死本律问拟。孙修章应如县州司所拟，合依"夫殴妻至死者，绞监候"律，拟绞监候。事犯到官在光绪十五年三月十六日恭逢恩诏以前，核其情罪系在准免之列，应请准其援免，后再有犯，加等治罪。死者系属犯妻，毋庸追埋。所革武生衣顶，应不准其开复。孙王氏以妾殴正妻，亦应按律问拟。孙王氏亦如所拟，合依"妾殴正妻者，加妻殴夫罪一等"律，应于妻殴夫杖一百罪上加一等，拟杖六十、徒一年，事在赦前，应请援免，并免收赎。孙汪氏詈骂夫翁，本干律拟，业已被殴身死，应毋庸议。孙殿以理训斥，并无不合，应与劝阻不及之见证李万等，均无庸议。无干经县省释。尸棺饬埋。凶器木棍、棉鞋验明发回，分别储库销毁。除揭移部科外，理合恭疏具题，伏乞云云。

殴妻至死弃尸不失

为报验事。据署按察使松峻①详，据泗州直隶州知州文翰转，据署盱眙县知县周凤梧详称：光绪十七年七月十八日，卑前代理县柳培宗任内，据地保姚秀山报，据江苏宝应县民郑洪投称：伊女郑氏嫁与村邻吴孜之子吴万成为妻，过门一年，夫妻素相和睦。本月十六日傍晚时候，吴孜因口渴令伊女煮茶不允，吴孜斥骂懒惰，伊女不服出言顶撞，吴孜生气，手携拐杖赶向殴打，伊女用手架格，大声哭骂。适吴万成自外回归，见向斥阻，伊女愈加辱骂，致相争闹，伊女被吴万成夺刀戳伤咽喉，并割伤右手倒地。经宋吴氏赶拢救阻，吴孜报伊往看，问明情由。讵伊女伤重，移时殒命，后被吴万成将伊女尸身丢弃塘内。等语。往查属实，合报验究。等情。并据尸父郑洪同报，各到县。据经柳培宗饬差严缉，一面带领刑仵驰诣相验，勘得吴万成门口有水塘一口，探量水深四五尺及七八尺不等，已死吴郑氏尸身捞放塘边地上。勘毕，饬据仵作金庆验报：已死吴郑氏，问年十九岁。仰面，致命：咽喉有刃伤一处，斜长四分，宽一分，深透内，食气嗓未断，皮卷血污。不致命：右手有刃划伤一处，斜长一寸二分，宽一分，皮破血出；两耳窍、鼻窍及十指甲均无泥沙。余无故。委系受伤身死。报毕，亲验无异，饬起凶器剪刀无获，无凭比对伤痕，当场填格取结，尸令棺殓。柳培宗未及获犯卸事，卑职抵任准交，勒差于八月二十二日缉获吴万成到案，随传集尸亲、人证，提犯研讯。

据地保姚秀山供与报词同。

据尸父郑洪供：江苏宝应县人，寄居案下地方，种田度日。已死吴郑氏是女儿，嫁与村邻吴孜的儿子吴万成为妻，过门一年，夫妻向来和睦。女儿素性悍泼，屡经小的训斥不改。光绪十七年七月十六日傍晚时候，吴孜因口渴叫女儿煮茶不理，吴孜斥骂懒惰，女儿不服出言顶撞，吴孜生气，手拿拐杖赶向殴打，女儿用手架格，大声哭骂。适女婿吴万成从外回归，见向斥阻，女儿愈加辱骂，致相争闹，女儿被吴万成夺刀戳伤咽喉并划伤右手倒地。经宋吴氏赶拢救阻，吴孜报知小的往看，问明情由。不料女儿伤重，过了一会身死，又被吴万成弃尸塘内，小的就投保报验的。是实。

据见证宋吴氏供：盱眙县人，已死吴郑氏是弟媳，他素性悍泼，屡经兄弟吴万成训诫不改。光绪十七年七月十六日傍晚时候，父亲因口渴叫弟妇煮茶不理，父亲斥骂懒惰，弟妇不服，出言顶撞。父亲生气，手拿拐杖赶向殴打，弟妇用手格架，大声哭骂，适兄弟从外回归，见向斥阻，弟妇愈加辱骂，并携取桌上剪刀转向兄弟拼命，兄弟夺过剪刀戳伤弟妇咽喉，并刀尖割伤右手，喊痛倒地。小妇连忙赶拢劝阻，并经父亲往向郑洪告知。不料弟妇伤重，过了一会身死，兄弟害怕，乘父亲不在家中，独自起意把尸背到门口丢弃塘内，后经郑洪赶来查看，问明情由，那时已把弟妇尸身捞放塘边，郑洪就投保报验的。小妇委系救阻不及。是实。

据犯父吴孜供：年七十二岁，盱眙县人，这到案的吴万成是儿子，已死吴郑氏是媳妇，过门一年，媳妇素性悍泼，屡经小的合儿子训诫不改。光绪十七年七月十六日傍晚时候，小的因口渴叫媳妇煮茶不理，小的斥骂懒惰，媳妇不服，出言顶撞。小的生气，手拿拐杖赶向媳妇殴打，媳妇用手架格，大声哭骂，适儿子从外回归，见向斥阻，媳妇愈加辱骂，并携取桌上剪刀转向儿子拼命，儿子夺过剪刀戳伤媳妇咽喉，并刀尖割伤他右手，喊痛倒地。经女儿宋吴氏连忙赶拢劝阻，小的就去向媳妇的父亲郑洪告知，不料媳妇伤重，过了一会身死。儿子害怕，乘小的不在家中，独自起意把尸背到门口丢弃塘内，后经郑洪赶来查看，问明情由，那时已把媳妇尸身捞放塘边，郑洪就投保报验的。是实。

据凶犯吴万成供：年二十八岁，盱眙县人，父亲吴孜，现年七十二岁，母亲已故，并没弟兄，已死吴郑氏妻子，过门一年，夫妻都相和睦。妻子素性悍泼，屡经小的训诫不改。光绪十七年七月十六日傍晚时候，小的外出回归，见父亲手拿拐杖赶向妻子殴打，妻子用手架格，大声哭骂，小的当向斥阻。父亲说因口渴叫妻子煮茶不理，斥他懒惰，妻子不服顶撞，父亲生气赶殴的话，小的听闻不依，妻子愈加辱骂，并携取桌上剪刀转向小的拼命，小的闪侧夺过剪刀，举向吓戳，适伤妻子咽喉，并刀尖割伤他右手，喊痛倒地。经出嫁胞姊宋吴氏连忙赶拢劝阻，父亲就去向郑洪告知。不料妻子伤重，过了一会身死。小的害怕，乘父亲不在家中，独自起意把妻子尸身背到门口丢弃塘内逃跑，后经郑洪赶来查看，问明情由，投保报验。小的逃往各处躲避，今被获案的。委非有心欲杀，也没起衅别故及在场帮殴并帮同弃尸的人，逃后也没另犯不法及知情容留人家。凶器剪刀当时抛弃。是实。各等供。

据此，将犯收禁，录供通详，奉批审解。据报，该犯吴万成于光绪十七年十一月二十日在监患病，验报饬医，至十二月二十日治痊。遵提覆讯，除各供同前不叙外，讯据凶犯吴万成供云云同前。等供。据此，该盱眙县知县周凤梧审看得云云同后院看至，供弃免追。等情。由州解司，前司核，恐案情未确，札委安庆府联元审无别故，仍照原拟解司，勘转到臣，提犯亲讯无异。

该臣审看得盱眙县民吴万成致伤伊妻吴郑氏身死弃尸不失一案。缘吴万成籍隶该县,已死吴郑氏系吴万成之妻,过门一年,夫妻均相和睦。吴郑氏素性悍泼,屡经吴万成与其父吴孜训诫不悛。光绪十七年七月十六日傍晚时候,吴孜因口渴令吴郑氏煮茶不允,吴孜斥骂懒惰,吴郑氏不服,出言顶撞,吴孜生气,手携拐杖赶向吴郑氏殴打,吴郑氏用手架格,大声哭骂,适吴万成自外回归,见向斥阻,吴郑氏愈加辱骂,并携取桌上剪刀转向吴万成拼命,吴万成闪侧,夺过剪刀举向吓戳,适伤吴郑氏咽喉,并刀尖划伤其右手,喊痛倒地。经其出嫁胞姊宋吴氏赶拢劝救,并经其父吴孜往向郑洪报知。讵吴郑氏伤重,移时殒命。吴万成畏惧,乘吴孜外出不家,独自起意将吴郑氏尸身背至门口丢弃塘内而逸。次日经尸父郑洪赶至查看,问明情由,投保报经该前代理县柳培宗诣验,未及获犯卸事,该县抵任准交,勒差获犯吴万成到案,讯供详批审解。据报,该犯吴万成在监患病,验详医痊。兹据该县覆讯,议拟由州解司,勘转前来,臣提犯亲讯,据供前情不讳,诘非有心欲杀,亦无起衅别故及在场帮殴并帮同弃尸之人,严究不移,案无遁饰。查律载:“夫殴妻至死者,绞监候。”等语。此案吴万成因其父吴孜嘱令伊妻郑氏煮茶不允,出言顶撞,该犯见向斥阻,夺刀致伤郑氏身死。查郑氏骂詈其翁,当时并未首告,自应仍按本律问拟。吴万成除弃尸不失轻罪不议外,应如县州司所拟,合依“夫殴妻至死者,绞监候”律,拟绞监候,秋后处决。据供母老丁单,②是否属实,俟秋审时查明办理。吴郑氏骂詈夫翁,本干律拟,业已被殴身死,应与救阻不及之见证宋吴氏,均毋庸议。无干经县省释。尸棺饬埋。凶器剪刀供弃免追。除揭移部科外,理合恭疏具题,伏乞皇上圣鉴,敕下法司核覆施行。再,此案审限云云。

光绪十九年七月二十五日准。部照覆。

校勘记:

①松峻:当为“丁峻”,江西南昌人,历任凤阳县知县、安徽署按察使、浙江按察使等职。

②据供母老丁单:据文意,当为“据供父老丁单”。

顶撞妻父致令气忿自尽

为详报事。据升授甘肃布政使、安徽按察使张岳年详,据署徽州府知府王汝砺转,据婺源县知县吴鹗详称:光绪十四年七月初八日,据民妇何舒氏遣抱,赵荣禀称:氏夫何元年老无子,将伊所生第四女招赘赵荣为婿,被氏夫族弟何发丁图谋夫产,于前月二十九日将氏夫邀至伊家两时之久,忽将氏夫送回,已口不能言,须臾毙命，复纠多人拥抢，反诬氏婿赵荣毒毙，叩乞验究。等情。到县。即经该县吴鹗提讯，供词含混，将赵荣管押，传据何发丁、何思来等联名呈称：伊族人何元因借给邻妇兴立姐雨伞一把，被其婿赵荣查知，埋怨顶撞，何元气忿服毒。二十九日早上，赵荣扶何元回家，经过伊等门首，何元告知前情，经伊等一同扶回，旋即身死。伊等与何舒氏本欲报案，因赵荣再三央求，许为从丰棺殓，何舒氏应允，旋即息事。讵有劣生程穆洪赶至，反向伊等勒索葬费不遂，捏作禀词诬告伊等谋产毒毙等情前来，饬拿生员程穆洪业已逃匿。该处地保悬缺，当即带同刑仵亲诣该处，勘得渔潭村内何生祠中停有尸棺一具，据尸妻何舒氏指系伊夫何元尸棺，饬将尸棺抬出祠外，揭去棺盖，将尸舁于平地，如法相验。据仵作王林验报：已死何元，问年七十一岁。仰面：面色紫黑；唇吻翻裂，有干血粘结；十指甲青黑；肚腹胀；遍身青黑；用银针探入咽喉良久，取出黑色，用皂角水洗擦不去。余无故。委系服毒身死。报毕，亲验无异，当场填格取结，尸令棺殓，银针带回封储，提集保邻、犯证人等，逐一研讯。

据族人何发丁、何思来同供：小的们族人何元剃头营生，光绪七年把他第四女儿招赘江西人做漆匠的赵荣为婿，翁婿同在祠坑口地方合开漆匠、剃头店度日，离家有五六里路。光绪十四年六月二十九日早上，赵荣扶何元回家，路过小的们门口，何元向小的们告说，本月二十六日天雨，有邻妇兴立姐路过，向伊借去雨伞一把，女婿查知埋怨，伊斥他无理，反被出言顶撞，伊气忿不过，现已吞服旧存毒虱信土药丸的话，呕吐不止，十分狼狈。小的们看得情形不好，大家帮扶回家，不料何元回家后旋即身死了。小的们就要令尸妻何舒氏报案，因赵荣向何舒氏再三恳求，许为从丰棺殓，何舒氏应允，小的们也就息事，那知赵荣的亲家生员程穆洪闻信赶到，反要小的们出钱埋葬，小的们不允，程穆洪就捏称何元系被小的们谋产毒毙等情，做就呈词，唆使何舒氏诬告。何舒氏不肯，他就硬逼赵荣做了抱告，把呈词到案呈递。今蒙提讯，何元实被赵荣出言顶撞气忿服毒自尽的，小的们并没谋产的事。是实。

据房东王程氏供：何元合他女婿赵荣租小妇房屋，合开漆匠、剃头店生理。据邻证吴少安供：小的也租王程氏房屋，开箍桶店生理。又据同供：何元合赵荣是翁婿，向没嫌隙。光绪十四年六月十六日[①]，有邻妇兴立姐路过何元店门口遇雨，向何元借去雨伞一把。二十八日赵荣查知，埋怨何元不应滥借，何元骂他无理，赵荣出言顶撞，吵闹起来。小妇们过去查看，何元说他年老没用，被人欺侮，不如早死的话，向小妇们告诉，经小妇们劝慰，他就进房睡了。那夜三更时候，赵荣来喊小妇们，说何元在床呕吐，叫小妇们起来帮同查看。小妇们就向何元查问，据说因被赵荣顶撞气忿，业已吞服旧存毒虱信土药丸的话，小妇们连忙帮同赵荣用药灌救。到了次早，赵荣就扶何元回家，后来何元怎样毒发身死，程穆洪又怎样唆使诬告，小妇们都不知道。

今蒙传讯,所供是实。

据何舒氏供:年六十六岁,已死何元是丈夫,并没儿子,只有四个女儿。光绪七年,丈夫凭媒把第四女儿招赘赵荣为婿,丈夫合赵荣同在祠坑口地方租王程氏房屋,合开剃头、漆匠铺生理,同居没嫌。光绪十四年六月二十六日,怎样有邻妇兴立姐路过丈夫店门首,因遇雨向丈夫借去雨伞一把,二十八日赵荣查知,向丈夫埋怨,丈夫斥骂,反被顶撞,丈夫气忿,吞服信土药丸夜间毒发,赵荣喊同王程氏、吴少安们灌救,小妇在家先没知道。二十九日早晨,女婿赵荣同这族人何发丁们扶丈夫回家,丈夫向小妇告知前情,不料丈夫到家旋即身死,小妇就要合何发丁们报案,因赵荣向小妇再三恳求,许为从丰棺殓,小妇因丈夫究属自行服毒身死,赵荣不过出言顶撞,也就应允息事。后来程穆洪闻言走来,向何发丁们索要葬费钱文不允,程穆洪就叫小妇诬告何发丁们谋产把丈夫毒毙,小妇不允,程穆洪做就呈词,列了小妇名字,逼令赵荣作抱,赴案递词了。今蒙传訊[②],丈夫何元实被女婿赵荣出言顶撞抱忿服毒自尽的,委没别情。何发丁们并没谋产的事。是实。

据犯人赵荣供:年三十六岁,江西进贤县人,父母都故,并没弟兄,向在婺源县漆匠营生。光绪七年,入赘已死的何元家为婿。何元剃头手艺,合小的同在祠坑口地方合开剃头、漆匠铺生理,素睦没嫌。光绪十四年六月二十六日下午,小的在外工作,有邻妇兴立姐路过遇雨,向岳父借去雨伞一把,小的先没知道。二十八日黄昏时候,小的找寻雨伞不见,岳父说是邻妇兴立姐借去,小的就说雨伞自己要用,不应滥借别人的话,向岳父埋怨。岳父斥骂小的无理,小的出言顶撞,吵闹起来,经房东王程氏们走来解劝,岳父就说年老没用,被人欺侮,不如早死的话,向王程氏们告诉,王程氏用言劝慰走散。不料岳父气忿莫释,不知何时拿取旧存毒虱信土药丸自行吞服。那夜三更时候,岳父毒发呕吐,小的听闻,起来进房查看,喊同店邻王程氏、吴少安,问知服毒情由,用药灌救。第二日早上,小的因店中没人照应,就把岳父扶送回家,路过岳父族人何发丁门口,经岳父告知前情,何发丁们帮同扶送回家,灌救没效,当即身死。岳母何舒氏合何发丁们就要报案,小的再三哀求,许为从丰棺殓,岳母们也就应允息事。七月初三日,有小的亲家程穆洪闻信赶到,向何发丁们索要葬费不允,就叫岳母出头告状,捏称岳父被何发丁们毒毙,岳母不允,程穆洪做就呈词,叫小的作抱递呈,小的无奈,只好到案递词,蒙把小的管押验讯的。小的实止出言顶撞,致岳父何元气忿服毒身死,并没起衅别故,也没用强殴打的事。至小的在县递呈,实被程穆洪逼吓免从[③],并非有心听从诬告,程穆洪现逃何处,不知道。是实。各等供。

据此,将犯收禁,录供通详,并请将程穆洪生员衣顶斥革,奉批缉审。据报,该犯赵荣于十四年十月初二日在监患病，验详饬医，至十一月初二日治痊。据报，尸妻何舒氏在家病故，饬拿革生程穆洪无获，随提现犯赵荣覆讯，议拟解府核，恐案情未确，札委歙县吴以敬实无别故，照拟由府解司委审，解勘无异，请免究叙。

该本司审看得婺源县客民赵荣因事顶撞妻父何元致令气忿服毒自尽，并在逃之革生程穆洪教唆诬告逼令赵荣列抱递词一案。缘赵荣籍隶江西进贤县，向在该县漆匠当生。光绪十四年六月二十六日下午，赵荣出外佣工，有邻妇兴立姐路过何元店门首遇雨，向何元借去雨伞一把。二十八日黄昏时分，赵荣回店找寻雨伞不见，何元向其告知系邻妇兴立姐借去，赵荣即以雨伞自己要用，不应滥借别人之言向何元埋怨，何元斥骂无理，赵荣出言顶撞，经房东王程氏、店邻吴少安趋至解劝。何元当以年老无用，被人欺侮，不如早死之言向王程氏等告诉，经王程氏等用言劝慰而散。讵何元气忿莫释，即乘间吞服旧存毒虱信土药丸，三更时分毒发呕吐，赵荣听闻，进房查看，喊经店邻吴少安等讯悉服毒情由，用药灌救。次早，赵荣因店中乏人照应，将何元扶送回家，路过何元之族人何发丁等门首，何元即向何发丁等告知前情，经何发丁等帮同扶送回家，灌救无效，旋即殒命。尸妻何舒氏与何发丁等欲行报案，赵荣向何舒氏再三恳求，许为从丰棺殓，何舒氏因何元究系自行服毒身死，赵荣不过出言顶撞，亦即隐忍不报。嗣有赵荣之姻亲革生程穆洪闻信赶至，起意向何发丁等索诈葬费不遂，唆使尸妻何舒氏诬告何发丁等谋产毒毙，何舒氏不允，程穆洪自作呈词，逼令赵荣作抱赴县递词，经该县查讯，供情含混，将赵荣管押，传据何发丁等据实呈明，即经该县诣验，讯供通详，并请将程穆洪生员衣顶斥革，奉批缉审。该犯赵荣在监患病，验报医痊。据报，尸妻何舒氏在家病故，饬拿革生程穆洪无获，将现犯赵荣覆讯，议拟解府核，恐案情未确，札委歙县吴以敬审无别故，照拟由府解司提讯，犯供游移，札委安庆府联元审明，仍照原拟详解前来。本司亲提研讯，据供前情不讳，诘无起衅别故，亦无用强殴打情事，赵荣列抱呈递呈词讯被在逃之革生程穆洪逼吓勉从，并非有心听从诬告，且到案即行据实供明，似未便科以“诬告人死罪未决，为从满徒”之罪，自应仍按逼迫尊长致死本律问拟。查律载：“卑幼因事逼迫期亲尊长致死者，绞。大功以下递减一等。”等语。此案赵荣因何元借给邻妇兴立姐雨伞，向其埋怨，起衅争论，出言顶撞，致何元气忿服毒身死。查已死何元系该犯妻父，服属缌麻，虽讯无威逼情状，究由顶撞所致，自应按律问拟。赵荣除被逼列抱诬告到案供明轻罪不议外，应如县府及委员所拟，于“卑幼因事逼迫期亲尊长致死绞”罪上递减三等，拟杖九十，徒二年半。该犯事犯到官在光绪十五年三月十六日恭逢恩诏以前，核其情罪，系不在不准援免之列，应请准予援免，后再有犯，加等治罪。该犯与何元系同居共财，并先经从丰棺殓，应免追埋葬银两。族人何发丁等并尸妻何舒氏既知何元系被赵荣顶撞服毒自尽，辄因赵荣恳求隐匿不报，本有不合，惟何舒氏业已病故，何发丁事在赦前，概请免议。何发丁等讯无谋产事情，应与劝救不及之王程氏等，均毋庸议。邻妇兴立姐借去雨伞业经送还。无干经县省释。尸棺饬属领埋。在逃革生程穆洪主唆诬告，虽不在恩诏不准[援]免之列，惟因讹诈不遂，胆敢自做呈词主唆诬控，迹近讼棍，仍应缉拿到案究明。此外，有无教唆情事，再行分别办理。相应详请鉴核分咨。再，此案审限云云，至合并声明。等情。到院。据此，本部院覆核无异，除饬勒缉革生程穆洪获办并分咨外，相应咨达。

光绪十六年十一月十九日准。部照覆。

校勘记：

①六月十六日：据上下当为“六月二十六日”。

②传訉：訉字误，当为“讯”。

③逼吓免从：免字误，当为“勉”。

殴伤小功堂侄身死

为报验事。据署按察使丁峻详，据署宁国府知府王汝砺转，据宣城县知县陈兆庆详称：光绪十六年八月二十日，据地保蒋得宝报，据客民刘德兴投称：本月十七日夜，伊父刘扬保因窃取堂叔刘振云地内棉花，被刘振云撞见，丢弃走回。十八日午候，伊父路遇刘振云，提及前事，斥说伊父不应行窃，将伊父拉走，称欲往投房族理论，伊父不允，互相争殴，伊父被刘振云用脚踢伤肾囊左倒地，并被石块垫伤右后肋，经族人刘东九等路见喝住，报伊往看，问明情由，抬回医治。讵伊父伤重，医治无效，即于是夜殒命。等语。往查属实，当将刘振云扭获，报乞验究。等情。并据尸子刘德兴同报，各到县。据此，随带刑仵押犯驰诣相验。据仵作鲁政验报：已死刘扬保，问年四十五岁。仰面，致命：肾囊左有鞋头踢伤一处，围圆三寸，紫赤色，浮肿，坚硬，按捺左肾子碎。合面，不致命：右后肋有石块垫伤一处，参差不齐，微红色。余无故。委系受伤身死。报毕，亲验无异，饬取凶鞋无获，无从比对伤痕，当场填格取结，尸令棺殓。随传集尸亲、人证，提犯研讯。

据地保蒋得宝供与报词同。

据尸子刘德兴供：湖北天门县人，寄住宣城县地方种地度日。已死刘扬保是父亲，合这到案的堂叔祖刘振云素睦没嫌。光绪十六年八月十七日夜，父亲偷窃刘振云地内棉花，被刘振云撞见，丢弃走回，小的是知道的。十八日午候，父亲怎样路遇刘振云，提起前事，诉说[①]父亲不该行窃，把父亲拉走，说要往投房族理论。父亲不肯，相互争殴，父亲被刘振云用脚踢伤肾囊左倒地，并被石块垫伤右后肋，是族人刘东九们路见喝住，报知小的往看，问明情由，抬回医治。不料父亲伤重，医治没效，就是那夜身死，小的就投保把刘振云扭获报验的，求究办。是实。

据见证刘东九、刘声唤供：小的们是湖北天门县人，寄住宣城县地方种地度日，合已死刘扬保并这刘振云都是同族无服。刘扬保是刘振云小功堂侄，素好没嫌。光绪十六年八月十七日夜二更时候，小的们都在自己地内看守棉花，听闻刘振云喊叫有贼，连忙赶去帮拿，月光下见有刘扬保往前逃跑。小的们当向刘振云查问，据说是刘扬保偷摘他地内棉花一包，被他惊起看见喊骂，刘扬保把花丢弃，慌乱逃走的话，刘振云就把花包拿回。各散。十八日午候，小的们路见刘扬保合刘振云在那里争闹，刘振云斥说刘扬保不该行窃，把他拉走，说要往投房族理论。刘扬保不肯同走，并向刘振云辱骂，刘振云回骂。刘扬保用力挣脱，举拳扑向刘振云殴打，刘振云闪侧用脚回踢，适伤刘扬保肾囊左仰跌倒地，并被石块垫伤右后肋。小的们赶拢喝住，报知刘扬保的儿子刘德兴往看，问明情由，抬回医治。不料刘扬保伤重，医治没效，就是那夜身死。尸子刘德兴投保，把刘振云扭获送案报验的。小的们委系劝阻不及。是实。

据凶犯刘振云供：年三十二岁，湖北天门县人，父母都故，弟兄五人，小的第五，并没妻子。小的寄住宣城县地方种地度日，合已死小功堂侄刘扬保素睦没嫌。光绪十六年八月十七日夜二更时候，小的在自己地内看守棉花，听闻摘花声响，惊起查看，月光下见刘扬保在小的地内偷摘棉花一包，正要拿走。小的当向指名喊骂，刘扬保把花丢弃，慌忙逃跑。经族人刘东九们闻喊赶来查问，小的告知情由，把花包拿回。各散。十八日午候，小的赴地工作，路遇刘扬保，提起前事，小的斥他不该行窃，把他拉走，说要往投房族理论。刘扬保不肯同走，并向小的辱骂，小的回骂。刘扬保用力挣脱，举拳扑向小的殴打，小的闪侧用脚吓踢，适伤刘扬保肾囊左仰跌倒地，并被石块垫伤右后肋。是族人刘东九们路见喝住，报知刘扬保的儿子刘德兴往看，问明情由，抬回医治。不料刘扬保伤重，医治没效，就是那夜身死。尸子刘德兴投保，把小的扭获送案报验的。委非有心欲杀，也没起衅别故及在场帮殴的人。凶鞋当时撩弃。是实。各等供。

据此，将犯收禁，饬取宗谱，查已死刘扬保、刘振云系共曾祖小功叔侄，绘图附卷，录供通详，奉批审解。据报，该犯刘振云于光绪十六年十一月十九日在监患病，验报饬医，至十二月十九日治痊。将犯覆讯，议拟由府解司。本署司提犯亲讯，供与县府审供相同，请免究叙。

该本署司审看得宣城县客民刘振云踢伤小功堂侄刘扬保身死一案。缘刘振云籍隶湖北天门县,寄住宣城县地方种地度日,与已死小功堂侄刘扬保素睦无嫌。光绪十六年八月十七日夜二更时候,刘扬保在刘振云地内偷窃棉花一包,被刘振云听闻,惊起瞥见,指名喊骂,刘扬保弃赃逃跑。经族人刘东九等闻喊赶至查问,刘振云告知前情,当将花包携回。各散。十八日午候,刘振云赴地工作,路遇刘扬保,提及前事,刘振云斥说刘扬保不应行窃,将其拉走,称欲往投房族理论。刘扬保不允同走,并向刘振云辱骂,刘振云回詈。刘扬保用力挣脱,举拳扑向刘振云殴打,刘振云闪侧用脚吓踢,适伤刘扬保肾囊左仰跌倒地,并被石块垫伤右后肋。经族人刘东九等路见喝住,报知刘扬保之子刘德兴往看,问明情由,抬回医治。讵刘扬保伤重,医治无效,即于是夜殒命。尸子刘德兴投保获犯,报经该县验讯通详,批饬审解。据报,该犯刘振云在监患病,验报医痊,将犯覆讯,议拟由府解司。本署司提犯亲讯,据供前情不讳,诘非有心欲杀,亦无起衅别故及在场帮殴之人,究鞫不移,案无遁饰。查例载:"因窃亲属财物,被尊长杀伤者,依服制杀伤本律问拟,不得照凡人擅杀科断。"又律载:"殴杀小功堂侄者,杖一百,流三千里。"各等语。此案刘振云因刘扬保偷窃地内棉花,见向斥骂,将其拉走,称欲往投房族理论,起衅争殴,用脚踢伤刘扬保身死。查刘扬保系该犯小功堂侄,自应仍按服制本律问拟。刘振云应如该县府所拟,合依"殴杀小功堂侄者,杖一百,流三千里"律,拟杖一百,流三千里,定地发配,折责安置,仍照例断给财产一半养赡。刘扬保窃摘刘振云地内棉花,本有不合,业被殴身死,应与劝阻不及之见证刘东九等,均毋庸议。凶鞋供弃免追。尸棺饬埋。理合详候核咨。再,此案审限云云,至合并声明。等情。到院。据此,本部院覆核无异,除分咨外,相应咨达。

光绪十八年三月十二日准。部照覆。

校勘记:

①诉说:诉字误,当为"斥"。

因疯致伤堂妹夫身死

为报验事。据按察使嵩崑详,准徽宁池太广道移,据广德直隶州知州何庆钊详称:光绪十七年四月十七日,卑前署州阎炜公出期内,据地保曾秉公报,据客民吴科投称:伊族弟吴纯寄居宣邑,曾患疯病,时发时愈。本月间,吴纯与张盛甫至州有事,顺赴伊家探望。至十四日,吴纯等起身回家,伊恐吴纯路上疯发滋事,当请伊兄吴朝伴送。是日傍晚，行至州属昝铺地方会遇素识之乐荣发，邀留至家晚饭，夜间同房睡歇。讵五更时分，吴纯疯病复发，持锹殴伤张盛甫顶心等处倒地，并殴伤乐荣发右膝等处。经乐荣发等将吴纯捆住，扶起张盛甫送至伊家医治。讵张盛甫伤重，延至十五日夜殒命。已信知尸父张绍明赶至查看，问明情由，嘱即报验。等语。往查属实，合将张纯送案，呈请究验。等情。并据吴科、张绍明同报，各到州。据经代行署州判杨善滋带领刑仵押犯诣验。据仵作王丙南验报：已死张盛甫，问年二十八岁。仰面，致命：顶心相连囟门有铁锹伤一处，斜长二寸九分，宽三分，深抵骨，骨损，皮缩血污。致命：脊背有铁锹伤二处，各斜长四分，宽二分，皮微破。不致命：左臀有铁锹伤一处，斜长六分，宽二分，深三分，皮缩血污。余无故。委系因伤身死。报毕，亲验无异，饬取凶器铁锹比对尸伤相符，当场填格取结，尸令棺殓，铁锹带回存库。又验得乐荣发右膝、左脚踝各有铁锹伤一处，注单饬医。提讯保证尸亲人等，各供均与报词相同。提验该犯吴纯，目瞪口呆，语无伦次，不能取供，饬医诊视，六脉洪大，委系患疯属实，将犯带回监禁，拨医调治。阎炜公回，复验无异，未及讯详卸事，卑职回任准交，详奉批饬医痊审解。嗣于六月初十日据报吴纯神气渐清，疯病痊愈，随提同尸亲、人证，逐加研讯。

据地保曾秉公供与报词同。

据尸父张绍明供：年五十一岁，河南光山县人，在宣城县地方种地度日。已死张盛甫是小的的儿子，这到案的吴纯是儿子妻堂兄，和儿子素好没嫌。吴纯从前曾患疯病，忽发忽好。他父亲吴兴选因他并没滋事，没有报官锁锢，后来就把疯病医好，小的是知道的。光绪十七年四月里，儿子合吴纯到广德州有事，顺赴吴科家探望，怎样因动身回家，有吴朝伴送，行至乐荣发家留饭住宿，夜里三人同房睡歇，五更时候吴纯疯病复发，把儿子殴伤倒地，这些事小的先不知道，是吴科、吴朝们写信通知才晓得的。小的赶去看视，不料儿子已经死了，就同吴科投保，把吴纯送案报验的。今蒙传讯，吴纯委因疯发把儿子殴伤身死，并没装捏别故，愿具结。是实。

据应讯人吴科供：河南光山县人，在广德州地方种地度日。这到案的吴纯是小的族弟，同他父亲吴兴选在宣城县居住。吴纯从前曾患疯病，时发时愈。吴兴选因他并未滋事，没有报官锁锢，小的是知道的。光绪十七年四月间，吴纯合张盛甫到州有事，顺来小的家探望。到了十四日，吴纯们动身回家，小的怕他路上疯发滋事，找了哥子吴朝伴送。那日傍晚，怎样行过州属昝铺地方，会遇素识的乐荣发邀留到家晚饭，夜间吴纯们三人同房睡歇，五更时候吴纯疯病复发，拾取墙边铁楸在房跳舞，殴伤张盛甫顶心等处倒地，并殴伤乐荣发左膝[①]等处，经乐荣发们将吴纯捆住，这些事小的都先不知道，是哥子们把张盛甫送到小的家医治，小的查问方晓得的。不料张盛甫伤重,到十五日夜身死了,先经小的同哥子信知尸父张绍明赶至,告明情由,投保把吴纯送案报验的。是实。

据受伤人乐荣发供:湖北孝感县人,在广德州属咎铺地方种地度日,合这到案的吴纯、已死的张盛甫都是认识。张盛甫合吴纯亲戚素好,向没嫌隙,小的是知道的。光绪十七年四月十四日傍晚,吴纯、张盛甫、吴朝从小的家经过,小的会遇邀留到家晚饭,因天气已晚,就在小的家住宿,吴纯们三人同房睡歇。五更时候,听得吴朝在房喊救,小的连忙走去查看,见吴纯手拿铁锹把张盛甫殴伤倒地,小的上前夺锹,也被吴纯殴伤右膝、左脚踝,小的闪侧把锹夺获,合吴朝把吴纯捆住,扶起张盛甫,问说因吴纯疯发,拿锹跳舞,伊走起夺锹致被吴纯举锹殴伤的话,当同吴朝把张盛甫抬到吴科家医治,到十五日夜因伤身死。吴朝们信知尸父张绍明赶来查看,告明情由,投保把犯送案报验的。是实。

据见证吴朝供:河南光山县人,在广德地方种地度日。这到案的吴纯是小的族弟,合已死张盛甫亲戚素好没嫌。吴纯曾患疯病是不错的。光绪十七年四月里,吴纯合张盛甫到州有事,顺来兄弟吴科家探望。到了十四日,吴纯们动身回家,兄弟恐吴纯路上疯发滋事,找小的伴送。是日傍晚,行至州属咎铺地方遇见素识的乐荣发,邀留到他家晚饭,因天色已晚,就在乐荣发家住宿。小的合吴纯、张盛甫同房睡歇。五更时候,吴纯疯病复发,起身喊叫,拾取墙边铁锹在房跳舞。小的合张盛甫惊醒起身,张盛甫上前夺锹,吴纯举锹向张盛甫乱殴,连殴伤张盛甫顶心等处倒地,小的害怕喊叫,乐荣发闻声赶到,上前夺锹,也被吴纯殴伤右膝等处,经乐荣发夺获铁锹,合小的把吴纯捆住,扶起张盛甫抬到兄弟吴科家医治,连忙写信到宣城县,报知张绍明赶来查看。不料张盛甫伤重,医治没效,已先于十五日夜因伤身死了。张绍明就合兄弟吴科投保,把犯送案报验的。小的委系救阻不及。是实。

据凶犯吴纯供:年三十三岁,河南光山县人,父亲吴兴选,母亲魏氏,弟兄四个,小的居长,没有娶妻,向在宣城县种地度日。已死张盛甫是小的堂妹夫,合小的同庄居住,素好没嫌。小的从前患有疯病,时发时好,发时不知人事,父亲合邻佑们因小的并不闹事,没有报官锁锢,后来就把疯病医好了。光绪十七年四月里,小的合张盛甫到州里有事,顺到族人吴科家探望。到了十四日,小的合张盛甫动身回家,吴科恐小的路上疯发滋事,就叫吴朝伴送。那日傍晚,走过州属咎铺地方,遇见素识的乐荣发邀留到他家晚饭,因天色已晚,就在他家住宿。小的合张盛甫、吴朝一房睡歇。五更时候,小的忽觉心里烦躁,自己晓得疯病要发,起来喊叫,越发糊涂,怎样拾取铁锹跳舞,把张盛甫殴伤顶心等处越日身死,并殴伤乐荣发右膝等处,吴朝们把小的捆住,投保送案,又怎样进监医治,那时小的神昏颠倒,都没晓得,是病好后向禁卒们问明情由，才知道的。今蒙提讯，小的实因疯发无知，把张盛甫殴伤身死，并没别故，也没装假捏饰的事。凶器铁锹闻已起获。是实。各等供。

据此，将犯迁禁，录供通详，奉批审解。据报，该犯吴纯于十七年六月十三日在监患病，验报饬医，至七月十三日治痊。饬查乐荣发伤已平复，遵提覆讯，除各供同前不叙外，讯据凶犯吴纯供云云同前。等供。据此，该广德直隶州知州何庆钊审看得云云同后院看至，储库备拨。等情。解道移司核，恐案情未确，札委署安庆府王汝砺审照原拟解司，勘转到臣，提犯亲讯无异。

该臣审看得广德州客民吴纯因疯殴伤张盛甫身死一案。缘吴纯籍隶河南光山县，在宣城地方种地度日，已死张盛甫系吴纯堂妹夫，同庄居住，素好无嫌。吴纯常患疯病，时发时愈，发时不省人事，其父吴兴选与邻佑人等因其并不滋事，未经报官锁锢，旋即医治痊愈。光绪十七年四月间，吴纯与张盛甫往广德州有事，顺至族人吴科家探望。是月十四日，吴纯自广德州起身回宣，吴科恐吴纯路上疯发滋事，即请胞兄吴朝伴送。是日傍晚，行过州属昝铺地方，会遇素识之乐荣发邀留至家晚饭，因天色已晚，即在乐荣发家住宿。张盛甫、吴朝与吴纯同房睡歇。讵五更时分吴纯疯病复发，起身喊叫，并拾取墙边铁锹在房跳舞，张盛甫等惊起赶拢夺锹，吴纯举锹向张盛甫乱殴，张盛甫闪侧避不及，致被吴纯连殴伤顶心等处倒地，吴朝畏惧喊救，乐荣发闻声趋视，上前夺锹，亦被吴纯殴伤右膝等处。乐荣发夺获铁锹，同吴朝将吴纯捆住，扶起张盛甫抬送吴科家医治。讵张盛甫伤重，延至十五日夜殒命，经吴朝等信知尸父张绍明赶至查看，问明情由，投保将犯送案报验，适该署州阎炜公出，经代行署州判杨善滋诣验提讯，吴纯目瞪口呆，语无伦次，不能取供。阎炜公回覆验无异，未及通详卸事，该州抵任准交，饬将吴纯疯病治痊，提集讯供，详批审解。据报，该犯吴纯在监患病，验报医痊。兹据该州以饬查乐荣发伤已平复覆讯，议拟解道，移司委审，勘转前来，臣提犯亲讯，据供前情不讳，诘无起衅别故及装疯捏饰情弊，取具尸亲切结附卷，究诘不移，案无遁饰。查例载："疯病杀人之案到案时，验系疯迷，覆讯时供吐明晰者，即讯取尸亲切结，拟以斗杀。"又律载："斗殴杀人者，不问手足、他物、金刃，并绞监候。"又例载："疯病之人，其亲属邻佑人等容隐不报，不行看守，致杀他人者，照知人谋害他人不即阻当首报律，杖一百。"各等语。此案吴纯因疯病复发，黄夜在乐荣发家持锹跳舞，致殴伤张盛甫越日身死，并将乐荣发殴伤平复，到案时验系疯迷，医痊覆讯，供吐明晰，经该州取有尸父供结，自应按律问拟。吴纯除殴伤乐荣发轻罪不议外，应如州道司及委审所拟，合依"斗殴杀人者，不问手足、他物、金刃，并绞监候"律，拟绞监候，秋后处决。犯父吴兴选及邻佑人等于该犯患疯时容隐不报，致令在外杀人，吴兴选并邻佑人等均合依“疯病之人，亲属邻佑人等容隐不报，致杀他人者，照知人谋害不即阻挡首报律，杖一百”例，拟杖一百，饬州移知宣城县传案，分别折责发落。乐荣发伤已平复，应与救阻不及之吴朝，均毋庸议。无干省释。尸棺饬埋。凶器铁锹验明发回，储库备拨。除揭移部科外，理合恭疏具题，伏乞皇上圣鉴，敕下法司核覆施行。再，此案审限云云。

光绪十九年二月初三日准。部照覆。

校勘记：

①左膝：据上下文当为“右膝”。

剜瞎小功堂弟两目成笃

为报验事。据按察使嵩崑详，准徽宁道移，据署广德直隶州知州阎炜详称：光绪十五年六月二十八日，卑前署州文翰任内，据地保易本钜报，据客民李自朝投称：伊胞兄李自奎因堂婶李孙氏于同治年间夫故改嫁，所得身嫁洋钱系堂兄李自龙收用。本月二十六日，伊兄往向李自龙索分不允，口角争闹，被李自龙喝同亲戚郑兴荣将伊兄捆缚，并令郑兴荣往投地保，欲行送官。伊兄在地辱骂，并称到官亦无大罪，将来定欲将李自龙父子杀害，李自龙气忿，独自用刀将伊兄两眼剜瞎。有邻人罗公太见证。等语。往看属实，李自龙业已逃避，理合验报。等情。并据李自朝同报，各到州。据经文翰饬仵验明，李自奎两眼珠剜出，血凝结，注单饬医，差拿李自龙等未获卸事，前州何庆钊到任，勒差于九月十八日将李自龙、郑兴荣缉获到案，传验李自奎双目俱瞽，已成笃疾，随集一干人证，提犯研讯。

据地保易本钜供与报词同。

据李自朝供：湖北枣阳县人，这李自奎是哥子，李自龙是堂兄。光绪十五年六月二十六日，哥子因堂婶李孙氏于同治年间夫故改嫁，所得身价洋钱是李自龙收用，哥子往向李自龙索分不允，口角争闹，被李自龙喝同亲戚郑兴荣把哥子两手足捆缚，并叫郑兴荣往投地保，说要送官。哥子在地辱骂，并说到官也无大罪，将来定要把李自龙父子杀害，李自龙气忿，独自用刀把哥子两眼剜瞎，是邻人罗公太赶拢喝住，报知小的往看，问明情由，小的就投保报验的，求究办。是实。

据邻证罗公太供：小的合李自龙、李自奎都是邻居。光绪十五年六月二十六日，小的听闻李自龙家吵闹，连忙赶去查看，见李自奎两手足被绳捆缚，在地叫喊，李自龙把李自奎两眼珠剜出，小的上前喝住，问说因李自奎向李自龙索分从前他婶母李孙氏改嫁身价洋钱,他亲戚郑兴荣在旁劝阻,李自奎不服混骂,并向李自龙拼闹,李自龙喝令郑兴荣把李自奎揪按倒地,用绳捆缚两手足,并叫郑兴荣往投地保,说要送官,李自奎在地辱骂,并说到官也无大罪,将来定要把李自龙父子杀害,李自龙气忿起衅的。小的当就报知李自奎兄弟李自朝往看,问明情由,投保报验的。小的委系救阻不及。是实。

据李自奎供:湖北枣阳县人,这李自龙是共曾祖堂兄,合小的素好没嫌。同治年间,小的叔子李大本身故,婶母李孙氏无力敛葬,经堂兄李自龙借钱代为料理,后来婶母改嫁与张法忍为妻,得受身价洋九十元,都被李自龙收用,那时小的因在原籍,没有知道,上年携眷来到案下居住,查知前情,就向李自龙索分。李自龙说已开销叔子丧葬费用,丝毫无存。小的不信,彼此口角走散。光绪十五年六月二十六日,小的复向李自龙索分前项洋钱,适亲戚郑兴荣先在那里,斥说小的不该硬讨,小的不服混骂,并向李自龙拼闹,李自龙就喝令郑兴荣把小的揪按倒地,用绳捆缚两手足,并叫郑兴荣往投地保,说要送官究治。小的在地辱骂,并说到官也无大罪,将来定要把李自龙父子杀害。李自龙气忿,就拿取小刀把小的两眼珠剜出,小的负痛喊叫,经邻人罗公太赶来喝住,报知小的兄弟李自朝前来,问明情由投保报验的,求究办。是实。

据郑兴荣供:年三十九岁,湖北枣阳县人,寄居案下,种田度日,合李自龙、李自奎都是亲戚。同治年间,李自龙堂叔李大本身故,他妻子李孙氏无力殓葬,经李自龙措钱[①]代为料理。后来李孙氏因家贫难度,凭媒改嫁与张姓为妻,得受身价洋九十元,全数归还李自龙前垫丧费,丝毫无存,小的是晓得的。光绪十五年六月二十六日,小的往李自龙家探望,见李自奎来向李自龙索分前项身价洋钱,小的当向劝阻,说他不该硬讨,李自奎不服混骂,并向李自龙拼闹。李自龙喝令小的帮同捆送,小的应允,就合李自龙把李自奎揪按倒地,用绳捆缚他两手足。李自龙叫小的往投地保,说要送官究治,小的当就走出。后来李自龙怎样把李自奎两眼珠剜出,小的没有在场看见,今被获案的。委没起衅别故,也没帮同剜瞎眼睛的事。是实。

据凶犯李自龙供:年四十七岁,湖北枣阳县人,父母都故,并没弟兄,娶妻生有一子,寄居案下,种田度日。这李自奎是共曾祖堂弟,合小的素好没嫌。同治年间,堂叔李大本身故,婶母李孙氏无力殓葬,经小的借钱代为料理。后来婶母因家贫难度,凭媒改嫁与张法忍为妻,得受身价洋九十元,全数归还小的前垫丧费,并没余剩。上年李自奎从原籍来到案下寄住,查知前情,就向小的索分,小的说已开销堂叔丧葬费用,丝毫无存。李自奎不信,彼此口角走散。光绪十五年六月二十六日,李自奎复向小的强讨,适亲戚郑兴荣先来小的家探望,见向理劝,说他不该硬讨,李自奎不服混骂，并向小的拼闹，小的就喝令郑兴荣把李自奎揿按倒地，用绳捆缚他两手足，并叫郑兴荣往投地保，说要送官究治。李自奎在地辱骂，并说到官也无大罪，将来定要把小的父子杀害。小的一时气忿，独自起意把他两眼剜瞎，使成笃疾，不能行凶，就拿小刀把李自奎两眼珠剜出。那时郑兴荣并没在场。李自奎负痛喊救，经邻人罗公太闻喊赶来喝住，报知李自奎兄弟李自朝赶到，问明情由，投保报验。小的害怕逃避，今被差役拿获送案的。委没起衅别故及在场帮剜的人，逃后也没另犯不法的事。小刀当时撩弃。是实。各等供。

据此，将犯分别管押收禁，录供通详，奉批审解。据报，该犯李自龙于光绪十五年十一月十七日在监患病，验报饬医，至十二月十七日治痊。何庆钊未及审解卸事，阎炜抵任准交覆讯，议拟解道核，恐案情未确，札委芜湖县王焕熙审照原拟，解道移司。

该本司核看得广德州客民李自龙剜瞎小功堂弟李自奎两目成笃一案。缘李自龙、郑兴荣均籍隶湖北枣阳县，寄居该州地方种田度日。李自龙与共曾祖堂弟李自奎素好无嫌。同治年间，李自龙堂叔李大本身故，其妻李孙氏无力殓埋，经李自龙借钱代为料理，嗣李孙氏因家贫不能孀守，凭媒改嫁与张法忍为妻，得受身价洋九十元，全数归还李自龙前垫丧费，并无余剩。嗣李自奎由原籍来至该州寄住，查知前情，即向李自龙索分，李自龙答以开销故叔丧葬费用丝毫无存。李自奎不信，彼此口角各散。光绪十五年六月二十六日，李自奎复向李自龙强索，适其亲戚郑兴荣先往李自龙家探望，见向理劝，斥其不应硬索，李自奎不服混骂，并向李自龙拼闹，李自奎[②]即喝令郑兴荣将李自奎揿按倒地，用绳捆缚其两手足，并令郑兴荣往投地保，称欲送官究治。李自龙[③]在地辱骂，并言到官亦无大罪，将来定欲将李自龙父子杀害，李自龙一时气忿，独自起意将其两目剜瞎，使成笃疾，不能行凶，即取小刀将李自奎两眼珠剜出。维时郑兴荣并不在场。李自奎负痛喊救，经邻人罗公太闻喊赶至喝住，报知李自奎兄弟李自朝趋至，问明情由，投保报经该前署州文翰验讯饬医，差拿李自龙等未获卸事。何庆钊到任获犯，讯供详批审解。该犯李自龙在监患病，验报医痊，未及审解卸事。阎炜抵任准交覆讯，议拟解道委审，解经徽宁道提犯亲讯，据各供悉前情不讳，诘无起衅别故及在场帮剜之人，究鞫不移，案无遁饰。查例载："凶徒因事忿争剜瞎人眼睛者，发近边充军。"又律载："本宗尊长殴卑幼至折伤以上，小功卑幼减凡斗伤二等。"又律注："殴至笃疾仍给付财产一半养赡。"各等语。此案李自龙因李自奎强索堂婶李孙氏改嫁身卖洋钱不服拼闹，喝令郑兴荣将其捆缚欲行送官，复因李自奎在地辱骂，并有将其父子杀害之言，独自起意剜瞎李自奎两眼成笃，实属不法。查李自奎系李自龙共曾祖堂弟，服属小功，自应按律问拟。李自龙应如州道所拟,合依"本宗尊长殴卑幼至折伤以上,小功卑幼减凡斗伤二等"律,于"凶徒因事忿争剜瞎人眼睛[者],发近边充军"例上减二等,拟杖九十,徒二年半。郑兴荣讯止帮同捆缚,旋即往投地保,其于李自龙剜瞎李自奎眼睛并未在场,亦应按律问拟。郑兴荣亦如所拟,应照"不应重杖八十"律,拟杖八十。该犯等事犯到官均在光绪十六年三月二十二日恭逢恩诏以前,核其情罪不在不准减免之列,李自龙所得徒罪应减为杖一百,折责发落,郑兴荣所得杖罪应请宽免,仍于李自龙名下照律断付财产一半给李自奎养赡。李自龙所得李孙氏身卖洋钱讯已开销,李大本丧葬费用无存,应免追究。无干省释。理合详候核咨。再,此案审限云云,至合并声明。等情。到院。据此,本部院覆核无异,除分咨外,相应咨达。计咨送宗图一纸。

光绪十七年六月二十九日准。部照覆。

校勘记:

①措钱:据文意,当为"借钱"。

②李自奎:据上下文,当为"李自龙"。

③李自龙:据上下文,当为"李自奎"。

殴伤小功服侄毙命并其子迫于父命听从下手照例减等拟流

为报验事。据按察使员凤林详,据凤阳府知府曾树椿转,据怀远县知县黄树棻详称:光绪十九年二月十三日,据地保陈永兆报,据保民程德山投称:伊祖遗场地栽种柳树,向与出继胞弟程德辛公共管业。本年正月二十一日傍晚,伊子程成易在场砍伐柳枝,程德辛同其子程小虎见向斥阻,伊子不服混骂,致向争闹。伊子被程德辛喝令程小虎拾取地上柳棍殴伤左右脊背倒地,经族邻程德仪路见喝住,报伊往看,问明情由,扶回医治。讵伊子伤重,延至本月十二日殒命。等语。往查属实,犯已逃逸,合报验缉。等情。并据尸父程德山同报,各到县。据此,随即饬差严缉,一面带领刑仵前诣相验。据仵作乔福验报:已死程成易,问年三十二岁。合面,致命:脊背左有木器伤一处,斜长一寸二分,宽三分,血瘀,红色,微肿;脊背右有木器伤一处,斜长二寸五分,宽六分,血瘀,青色,按奈坚硬。余无故。实系受伤身死。报毕,亲验无异,饬取凶器柳棍无获,无凭比对尸伤,当场填格取结,尸令棺殓。勒差于三月十八日缉获凶犯程德辛、程小虎到案,随传集尸亲、人证,提犯研讯。

据地保陈永兆供与报词同。

据尸父程德山供:怀远县人,已死程成易是儿子,合这获案的程德辛是小功服侄。程小虎是程德辛的儿子,邻庄居住,素好没嫌。小的庄前有祖遗场地一块,栽种柳树,向合程德辛公共管业。光绪十九年正月二十一日傍晚,儿子怎样在场砍伐柳枝被程德辛和他儿子程小虎看见斥阻,儿子不服混骂,程德辛回骂,致相争闹,儿子被程德辛喝令程小虎拾取地上柳棍殴伤左右脊背,小的先没晓得,是族邻程德仪路见喝住,报知小的往看,问明情由,扶回医治。不料儿子伤重,到二月十二日身死,小的就投保报验的,求究办。是实。

据见证程德仪供:怀远县人,合已死程成易并这获案的程德辛、程小虎都是同族邻居。程成易庄前有祖遗场地一块,栽种柳树,向合程德辛公共管业,小的是晓得的。光绪十九年正月二十一日傍晚,小的路过场边,见程成易合程德辛在那里吵闹,程德辛喝令他儿子程小虎殴打,程小虎不敢动手,程德辛气忿,斥骂程小虎违拗,要合程小虎不依,程小虎随拾取地上柳棍殴伤程成易脊背左一下,程成易转身扭住程小虎发辨往前拉走,程小虎挣扎不脱,程德辛赶拢,接过程小虎手内柳棍殴伤程成易脊背右,喊痛放手倒地。小的连忙上前喝住,问说因程成易砍伐公场柳枝,程德辛们斥阻不服混骂争殴起衅的。小的就去报知程成易的父亲程德山往看,问明情由,扶回医治。不料程成易伤重,到二月十二日身死,程德山就投保报验的。小的委系救阻不及。是实。

据犯人程小虎供:怀远县人,年二十二岁,这到案的程德辛是父亲,家有母亲,弟兄三人,小的第二,并没妻子,种田度日,合已死小功服兄程成易邻庄居住,素好没嫌。小的庄前有祖遗场地一块,栽种柳树,向合程成易公共管业。光绪十九年正月二十一日傍晚,程成易在场砍伐柳枝,小的合父亲看见,当向斥阻,程成易不服混骂,父亲生气回骂,并喝令小的殴打,小的不敢动手,父亲愈加气忿,斥骂小的违拗,要合小的不依,小的无奈勉从,随拾取地上柳棍殴伤程成易脊背左一下,程成易转身扭住小的发辫往前拉走,小的挣扎不脱,父亲赶拢,接过小的手内柳棍,殴伤程成易脊背右一下,喊痛放手倒地。经族邻程德仪路见喝住,报知程成易的父亲程德山往看,问明情由,扶回医治。不料程成易伤重,到二月十二日身死,程德山投保报验。小的合父亲害怕,逃往各处躲避,今被拿获到案的。委非有心欲杀,也没起衅别故及另有在场帮殴的人。凶器柳棍当时撩弃。是实。

据犯人程德辛供:怀远县人,年四十九岁,父母都故,弟兄四人,小的第三,娶妻生有三子,种田度日,这获案的程小虎是第二个儿子。小的自幼出继胞叔程凤池为嗣,合已死堂侄程成易降服小功,邻庄居住,素好没嫌。小的庄前有祖遗场地一块,栽种柳树,向合程成易公共管业。光绪十九年正月二十一日傍晚,程成易在场砍伐柳枝,小的合儿子看见,当向斥阻,程成易不服混骂,小的生气回骂,并喝令儿子殴打，儿子不敢动手，小的愈加气忿，斥骂儿子违拗，要合儿子不依，儿子随拾取地上柳棍殴伤程成易脊背左一下，程成易转身扭住儿子发辫往前拉走，儿子挣扎不脱，小的赶拢，接过儿子手内柳棍殴伤程成易脊背右，喊痛放手倒地。经族邻程德仪路见喝住，报知程成易的父亲程德山往看，问明情由，扶回医治。不料程成易伤重，到二月十二日身死，程德山投保报验，小的合儿子害怕，逃往各处躲避，今被拿获到案的。委非有心欲杀，也没起衅别故及另有在场帮殴的人。凶器柳棍当时撩弃。是实。各等供。

据此，将犯收禁，绘图填格，录供通详，奉批审解。据报，该犯程德辛于光绪十九年六月十三日在监患病，验详伪医，至七月十三日治痊。遵提覆讯，议拟由府解司，前署司核，恐案情未确，札委安庆府联元审照原拟，详解前来。本司提犯亲讯，供与县府及委审相同。

该本司审看得怀远县民程德辛喝令其子程小虎殴伤小功服侄程成易身死一案。缘程德辛、程小虎系属父子，均籍隶该县，务农度日。程德辛自幼出继胞叔程凤池为嗣，与已死堂侄程成易降服小功，邻庄居住，素睦无嫌。程德辛庄前有祖遗场地一块，栽种柳树，向与程成易公共管业。光绪十九年正月二十一日傍晚，程成易在场砍伐柳枝，程德辛与其子程小虎见向斥阻，程成易不服混骂，程德辛生气回詈，并喝令程小虎殴打，程小虎不敢动手，程德辛愈加气忿，斥骂程小虎违拗，欲与不依。程小虎无奈勉从，随拾取地上柳棍殴伤程成易脊背左一下，程成易转身扭住程小虎发辫往前拉走，程小虎挣扎不脱，程德辛赶拢，接过程小虎手内柳棍殴伤程成易脊背右，喊痛放手倒地。经族邻程德仪路见喝住，报知程成易之父程德山往看，问明情由，扶回医治。讵程成易伤重，延至二月十二日殒命。程德山投保报经该县诣验，获犯讯供通详，奉批审解。据报，该犯程德辛在监患病，验详医痊。兹据该县将犯覆讯，议拟由府解司委审，详解前来。本司提犯亲讯，据各供悉前情不讳，诘非有心欲杀，亦无起衅别故及另有在场帮殴之人，究鞫不移，案无遁饰。查律载："殴杀同堂小功侄者，杖一百，流三千里。"又例载："听从下手殴本宗小功兄至死者，除主使之尊长仍按服制以为首科断外，下手之犯审系迫于尊长威吓勉从下手，邂逅至死者，照威力主使律为从减等拟流。"各等语。此案程德辛因见小功服侄程成易砍伐公场柳枝斥阻，不服互骂争闹，喝令其子程小虎拾取柳棍殴伤程成易脊背左，该犯复因程小虎被扭不放，用棍殴伤程成易脊背右，越二十一日身死。原验已死程成易脊背左一伤仅止红肿，不足致死，惟后被该犯程德辛棍伤脊背右即行倒地为重，应按照服制以程德辛为首科断。程德辛应如县府及委审所拟，合依"殴杀同堂小功侄者，杖一百，流三千里"律，拟杖一百，流三千里，仍断给财产一半养赡。程小虎听从其父程德辛喝令用棍殴伤小功服兄程成易致死，讯系迫于父命勉从下手，亦应按律问拟。陈小虎[①]亦如所拟，合依"听从下手殴本宗小功兄至死，审系迫于尊长威吓勉从下手，邂逅至死者，照威力主使律为从减等拟流"例，拟杖一百，流三千里，与程德辛分别等地发配，折责安置。见证程德仪讯系救阻不及，应毋庸议。该处场上柳树仍饬照旧公共管业，不准私自砍伐，以杜衅端。无干省释。尸棺饬埋。凶器柳棍供弃免追。理合详候核咨。再，此案审限云云，至合并声明。定情[②]。到院。据此，本部院覆核无异，除分咨外，相应咨达。

光绪二十年十一月二十一日准。部照覆。

校勘记：

①陈小虎：据上下文当为"程小虎"。

②定情：据文意，当为"等情"。

殴伤小功服弟身死

题为报验事。据按察使张岳年详，据安庆府知府联元转，据署宿松县知县刘云燦详称：光绪十四年六月二十六日，卑前署县熊道南任内，据地保陈有善报，据保民郑炳珍投称：本月二十四日傍晚时分，伊家耕牛践食堂侄郑应周田禾，伊子郑方周坐在郑衍富门前凳上乘凉，郑应周看见，往向索赔，伊子不允，彼此口角互骂，伊子即取板凳向殴，被郑应周用手抵格，致板凳碰伤伊子右眉倒地，经郑衍富劝住，报伊往看问明，抬回医治。讵伊子伤重，延至次日殒命。犯已逃逸。等语。往查属实，合报验缉。等情。并据尸父郑炳珍同报，各到县。据经熊道南饬差严缉，一面带领刑仵诣验。据仵作何全验报：已死郑方周，问年四十五岁。仰面，不致命：右眉有木器伤一处，斜长七分，宽六分，深抵骨，骨损，皮开血污。余无故。实系受伤身死。报毕，亲验无异，饬起凶器板凳比对尸伤相符，当场填格取结，尸令棺殓。提讯地保、尸亲、见证人等，均与报词同。板凳带回储库。绘具宗图，录供通详，奉批饬缉。勒据差役于是年十月十八日缉获郑应周禀讯前来，随提尸亲、保证人等，逐加研讯。

据地保陈有善供与报词同。

据尸父郑炳珍供：已死郑方周是儿子，这到案的郑应周是儿子共曾祖的哥子，素睦没嫌。光绪十四年六月二十四日傍晚时候，小的家耕牛怎样吃坏了郑应周田禾，郑应周走向儿子索赔，儿子没允，彼此口角争骂，儿子用乘凉板凳向郑应周殴打，郑应周用手抵格，致板凳碰伤儿子右眉倒地，经郑衍富劝住，那时因小的在自己家里,没有看见,是郑衍富报知小的赶去查看,问明情由,抬回医治。不料儿子伤重,到第二日身死,小的就投保报验的。今蒙缉获郑应周到案,求究伸。是实。

据见证郑衍富供:合已死郑方周并这到案的郑应周都是同族无服,郑应周是郑方周共曾祖的哥子。光绪十四年六月二十四日傍晚时候,郑方周坐在小的门前凳上乘凉,郑应周走来说郑方周家耕牛吃坏了他的田禾,向郑方周索赔,郑方周没允,彼此口角争骂,郑方周就拿乘凉板凳向郑应周殴打,郑应周用手抵格,致板凳碰伤郑方周右眉倒地,小的连忙上前劝住,郑应周当就逃走。小的报知郑方周的父亲郑炳珍赶往问明情由,抬回医治。不料郑方周伤重,第二日身死,郑炳珍就投保报蒙获犯的。小的实系救阻不及。是实。

据凶犯郑应周供:年四十六岁,宿松县人,父母都故,并没弟兄,娶妻生子,已死郑方周是小的共曾祖的堂弟,素睦没嫌。光绪十四年六月二十四日傍晚时候,小的因郑方周家耕牛吃坏了小的田禾,看见郑方周坐在郑衍富门前凳上乘凉,往向索赔,郑方周没允,彼此口角争骂,郑方周就拿乘凉板凳向小的殴打,小的用手抵格,不料格回势猛,致板凳碰伤郑方周右眉倒地,是郑衍富赶拢劝住,小的当就逃走。后闻郑方周因伤身死,郑炳珍投保报验差拿,小的害怕,逃往各处躲避,今被获案的。并非有心欲杀,也没起衅别故,逃后也没另犯不法及知情容留人家。凶器板凳已蒙起获,是实。各等供。

据此,将犯收禁,录供通详,奉批审解。熊道南旋即卸事,卑职到任接准移交。据报,该犯郑应周于光绪十五年二月初四日在监患病,验报饬医,至三月初四日治痊。遵提覆讯,除各供同前不叙外,讯据凶犯郑应周供云云同前。等供。据此,该署宿松县知县刘云燦审看得云云同后院看至,储库。等情。由府解司,勘转到臣,提犯亲讯无异。

该臣审看得宿松县民郑应周致伤小功服弟郑方周身死一案。缘郑应周籍隶该县,已死郑方周系该犯共曾祖堂弟,服属小功,素睦无嫌。光绪十四年六月二十四日傍晚时分,郑方周家耕牛践食郑应周田禾,适郑方周坐在郑衍富门前凳上乘凉,郑应周看见,往向索赔,郑方周不允,彼此口角互骂,郑方周即取乘凉板凳向郑应周殴打,郑应周用手抵格,不期格回势猛,致板凳碰伤郑方周右眉倒地,经郑衍富上前劝住,郑应周当即逃逸。郑衍富报知尸父郑炳珍赶往问明情由,抬回医治,讵郑方周伤重,延至次日殒命,投保报经该前署县熊道南诣验,绘具宗图,详批饬缉,旋经获犯讯详,批饬审解。熊道南卸事,刘云燦抵任准交。据报,该犯郑应周在监患病,验报医痊,将犯覆讯,议拟由府解司,勘转前来。臣提犯亲讯,据供前情不讳,诘非有心欲杀,亦无起衅别故,研鞫不移,案无遁饰。查律载:“本宗尊长殴小功卑幼至死者,绞监候。”等语。此案郑应周因小功服弟郑方周家耕牛践食田禾索赔不允,口角争闹,郑方周举凳向殴,该犯用手抵格,致板凳碰伤郑方周右眉身死,自应按律问拟。郑应周应如县府司所拟,合依“本宗尊长殴小功卑幼至死者,绞监候”律,拟绞监候,秋后处决。该犯事犯到官在光绪十五年三月十六日恭逢恩诏以前,系在准免之列,应请准予援免,后再有犯,加等治罪。该犯与郑方周并未同居共财,仍应追埋葬银二十两给付尸亲具领,以资营葬。该犯逃后讯无另犯不法及知情容留人家,应与劝阻不及之郑衍富,均毋庸议。郑方周殴詈犯尊,本干律拟,业已被伤身死,亦毋庸议。无干省释。尸棺饬埋。凶器板凳案结发回储库。除揭移部科外,理合恭疏具题,伏乞皇上圣鉴,敕下法司核覆施行。再,此案审限云云。

光绪十六年十二月十八日准。部照覆。

殴伤缌麻服婶致令气忿自尽

为报验事。据升授甘肃布政使、安徽按察使张岳年详,据颍州府[①]知府凤林转,据代理阜阳县知县秦霖详称:光绪十四年九月初八日,据地保罗会礼报,据保民李新明投称:本月初五日,伊缌麻服侄李逢前赴伊家索讨前欠赌输钱文,因伊外出未遇,经伊妻李申氏斥骂,互相争闹,致被李逢殴伤伊妻两手腕、额颅,经邻人李华山等喝劝。各散。讵伊妻受伤后气忿莫释,即于是夜在房自缢殒命。等语。往查属实,犯已逃逸,合报验缉。等情。并据尸夫李新明同报,各到县。据此,随即饬差缉犯,一面带领刑仵前诣该处,勘得李新明朝南住屋一所,已死李申氏尸身仰队房内地上。据尸夫李新明指称,伊妻申氏系在此间房内梁上用布带自缢身死。等语。查验梁上灰尘滚乱,自梁至地量高六尺。勘毕,将尸移平地,如法相验。据仵作陈建验报:已死李申氏,问年二十二岁。仰面,致命:额颅有刃伤一处,斜长三分,宽二分,深抵骨,骨不损,皮卷血污;两眼胞闭;口微开;舌出齿二分。致命:咽喉下有布带缢痕一道,斜长九寸,宽六分,深一分,由两耳根后斜入发际,八字不交,血癊,紫红色。不致命:左手腕有木器伤一处,斜长八分,宽四分;右手腕有木器伤一处,斜长一寸一分,宽四分,俱青红色,坚硬。余无故。实系受伤自缢身死。报毕,亲验无异,饬取布带同凶器镰刀分别比对缢痕、尸伤相符,当场填格取结,尸令棺殓。镰刀带回储库。勒据差役于光绪十四年十一月二十五日拿获犯人李逢到案,随提同尸亲人等,逐加研讯。

据地保罗会礼供与报词同。

据邻证李华山、范文德同供:小的们合李新明、李逢都是邻居。光绪十四年九月初五日,小的们听得李新明家吵闹,赶忙过去查看,见李逢合李新明的妻子李申氏在那里争殴,李申氏拾取柴棍向李逢殴打,李逢夺过柴棍殴伤李申氏左手腕,李申氏顺拿镰刀扑扎，李逢用柴棍格落李申氏手内刀子，顺势殴伤李申氏右手腕，弃棍要逃，李申氏赶拢，撞头拼命，李逢拾起镰刀戳伤李申氏额颅，小的们上前喝住，问说是因李逢向李新明索讨赌输钱文，李申氏斥骂起衅的。后来李申氏气忿莫释，就是那夜自缢身死，他丈夫李新明就投保报验的。是实。

据尸夫李新明供：已死李申氏是妻子，这李逢是小的缌麻服侄。光绪十四年八月初五日，小的合族人李万现先后走到李逢家闲谈，因彼此没事，李万现起意押宝赌博，输赢记账，大家允许。就在李逢家内用钱做宝，轮流猜压，赌完算账，李万现没有输赢，小的输欠李逢钱十五千文，约迟日措钱[2]归还。各散。后来李逢常向小的索讨没还。九月初五日，李逢又到小的家索讨，那时小的有事外出，妻子李申氏怎样向李逢斥骂争闹，被李逢用柴棍殴伤两手腕，并拾刀戳伤额颅，小的没有看见。到晚回来，妻子告知情由，并说被李逢殴打欺侮，不如早死的话向小的哭诉，小的用言劝慰。不料妻子气忿莫释，就是那夜乘小的熟睡，在房里梁上用布带自缢，小的起来惊见，赶忙解救无及，业已气绝身死，就投保报验的，求究伸。是实。

据犯人李逢供：年二十六岁，阜阳县人，父亲已故，母亲沈氏，现年七十一岁，并没弟兄妻子，务农度日。已死李申氏是小的缌麻服叔李新明的妻子，合小的同村居住，素好没嫌。光绪十四年八月初五日，堂叔李新明合族人李万现先后走到小的家闲谈，因彼此没事，李万现起意压宝赌博，输钱记账，小的同李新明允从。就在小的家内用钱做宝，轮流猜压，赌毕结账，李万现没有输赢，李新明输欠小的钱十五千文，约俟借钱归还。各散。后来小的屡向李新明索讨没还。九月初五日，小的又到李新明家催讨，适李新明外出，婶母李申氏斥骂小的不该引诱他丈夫赌博，小的不服分辩，李申氏拾取地上柴棍向小的殴打，小的闪避，夺过柴棍殴伤李申氏左手腕，李申氏顺拿镰刀扑扎，小的用柴棍格落李申氏手内刀子，顺势殴伤他右手腕，弃棍要逃，李申氏赶拢，撞头拼命，小的情急，拾起镰刀戳伤李申氏额颅。经邻人李华山们赶到喝住，小的当就走回。不料李申氏气忿莫释，就是那夜乘间自缢身死，经他丈夫投保报验差拿，小的害怕，逃往各处躲避，今被拿获解案的。委没起衅别故，也没在场帮殴及另有同赌的人，逃后也没另犯不法及知情容留人家。柴棍当时撩弃，镰刀已蒙起获。是实。各等供。

据此，将犯收禁，录供详批审解。据报，该犯李逢于光绪十五年三月二十五日在监患病，验报饬医，至四月二十五日治痊。遵提覆讯，议拟由府解司核，恐案情未确，札委安庆府联元审无别故，仍照原拟解司，本司提犯亲讯，供与县府及委审相同，请免究叙。

该本司审看得阜阳县民李逢殴伤缌麻服婶李申氏致令气忿自缢身死一案。缘李逢籍隶该县，种田度日，与已死缌麻服叔李新明之妻李申氏同村居住，素好无嫌。光绪十四年八月初五日，李新明与其族人李万现先后走至李逢家闲谈，因彼此无事，李万现起意压宝赌钱，输赢记账，李逢允从。即在该犯家内用钱做宝，轮流猜压，赌毕结账，李万现未有输赢，李新明输欠李逢钱十五千文，约俟迟日归还，嗣经李逢屡讨无偿。九月初五日，李逢又赴李新明家催讨前欠，适李新明外出，李新明之妻李申氏斥骂李逢不应引诱其夫赌博，李逢不服分辩，李申氏拾取柴棍向李逢殴打，李逢闪避，夺过柴棍殴伤李申氏左手腕，李申氏顺拿镰刀扑扎，李逢用柴棍格落李申氏手内刀子，顺势殴伤李申氏右手腕，弃棍欲逃，李申氏赶拢，撞头拼命，李逢情急，拾起镰刀戳伤李申氏额颅。经邻人李华山等赶至喝散。是晚李新明外回，李申氏告知情由，并称被李逢殴打欺侮，不如早死之言向李新明哭诉，经李新明用言劝慰。讵李申氏气忿莫释，即于是夜乘间在房内梁上用带自缢，李新明醒起惊见，解救无及，业已气绝殒命，投保报验获犯，讯供通详，批饬审解。该犯李逢在监患病，验报医痊。行据该县覆讯，议拟由府解司核，恐案情未确，札委安庆府联元审照原拟，详解前来。本司提犯亲讯，据供前情不讳，诘无起衅别故，及在场帮殴并另有同赌之人，究鞫不移，案无遁饰。查例载："逼迫尊长致令自尽之案，若殴有致命重伤，缌麻服卑幼照凡人加一等发边远充军。"等语。此案李逢因向缌麻服叔李新明索讨赌输钱文未遇，被李新明之妻李申氏斥骂争闹，殴伤李申氏两手腕、额颅等处，致令李申氏气忿自缢身死。查已死李申氏系该犯缌麻服婶，原验致命额颅一伤深至抵骨，系属致命重伤，自应按例问拟。李逢应如县府及委审所拟，除犯赌轻罪不议外，合依"逼迫尊长致令自尽之案，若殴有致命重伤，缌麻服卑幼照凡人加一等发边远充军"例，拟发边远充军。该犯事犯在光绪十五年三月十六日恭逢恩诏以前，核其情罪系在条款准免之列，应请准予援免，仍依律追埋葬银两给属具领，以资营葬。李新明与未到案之李万现同犯赌博，罪止枷杖，事在赦前，应与失察赌博之地保罗会礼均免置议。李万现并免缉拿。地保罗会礼仍革役。李新明输欠李逢钱文免其追缴，犯系用钱赌博，并无赌具，无从查起。所有失察赌博职名，事在恩诏以前，应请宽免。无干经县省释。尸棺饬埋。凶器镰刀随招解验，缢带案结烧毁。理合详候核咨。再，此案审限云云，至合并声明。等情。到院。据此，本部院覆核无异，相应咨达。

光绪十六年十一月十九日准。部照覆。

校勘记：

①颖州府：颖字误，当为"颍"。

②措钱：据文意，当为"借钱"。

卷十道 服 制

殴妻至死

题为报验事。查接管卷内,据按察使张岳年详,据署颍州府[①]知府彭禄转,据亳州知州陈晋详称:光绪十四年五月初六日,前署州李祖福任内,据地保钟文报,据民妇孙吴氏投称:伊女孙氏自幼嫁与怀汰为妻,向来和睦。本月初四日下午时分,怀汰因令伊女洗衣,伊女以天色将晚,存俟明日再洗,怀汰不允,斥骂偷懒,伊女出言顶撞,致相争闹,伊女被怀汰用木棍殴伤偏左接连左太阳穴等处倒地,经族邻怀凤鸣赶至喝住,报伊往看,问明情由。讵伊女伤重,移时殒命。等语。往查属实,犯已逃逸,合报验缉。等情。亦据尸母孙吴氏同报,各到州。据经李祖福选差严缉,一面带领刑仵驰诣该处。据仵作张仁验报:已死怀孙氏,问年三十一岁。致命:偏左相连左太阳穴有木器伤一处,斜长三寸五分,宽六分,青暗色,浮肿,按捺坚硬,骨损。不致命:左胳膊有木器伤一处,斜长二寸,宽四分,青肿,按捺坚硬,骨不损;胸背以下据尸母供称无伤,结求免验。实系受伤身死。报毕,亲验无异,起获凶器木棍比对尸伤相符,填格取结,尸令棺殓,凶器木棍带回储库,遵章通禀。勒差于光绪十四年五月二十日缉获该犯怀汰到案,李祖福未及提讯卸事,卑职到任准交,随[传]集保邻、尸亲人等,到案提犯,逐一研讯。

据地保钟文供与报词同。

据尸母孙吴氏供:已死怀孙氏是女儿,自幼嫁与怀汰为妻,向来和睦。光绪十四年五月初四日下午时候,怀汰怎样叫女儿洗衣斥骂偷懒,女儿出言顶撞,致被怀汰用棍殴伤倒地,小妇先没晓得,是怀凤鸣报知,赶去问明情由。不料女儿伤重,没一会就死了,小妇就投保报验获犯的,求究伸。是实。

据见证怀凤鸣供:合这怀汰是族邻,已死怀孙氏是怀汰妻子,向来和睦。光绪十四年五月初四日下午时候,小的听得怀汰合他妻子争闹,赶去查看,见怀汰拿着木棍把怀孙氏打倒在地,小的连忙喝住,问说是怀汰因叫怀孙氏洗衣,怀孙氏说天色将晚明日再洗,怀汰斥骂偷懒,怀孙氏顶撞,怀汰气忿,用棍殴伤怀孙氏左胳膊,怀孙氏扑拢拼命,又被怀汰殴伤偏左接连左太阳穴倒地的。小的就报知怀孙氏的母亲孙吴氏往看,问明情由。不料怀孙氏伤重,没一会就死了,尸亲就投保报验获犯的。小的委系救阻不及。是实。

据犯人怀汰供:年二十七岁,亳州人,父母都故,并没弟兄,种地度日。已死怀孙氏是妻子,向来和睦,生有一女。光绪十四年五月初四日下午时候,小的叫妻子洗衣,妻子说天色将晚,存俟明日再洗,小的不允,斥骂偷懒,妻子出言顶撞,小的气忿,顺拿门旁木棍殴伤妻子左胳膊,妻子扑拢,撞头拼命,小的用棍吓殴,适伤他偏左接连左太阳穴,喊痛倒地。经族邻怀凤鸣赶来喝住,报知妻母孙吴氏往看,问明情由。不料妻子伤重,没一会就死了。小的害怕逃避,后被拿获解案的。委没有心致死,也没起衅别故及在场帮殴的人。凶器木棍已蒙起获。是实。各等供。

据此,将犯收禁,录供通详,奉批审解。据报,该犯于十四年八月二十九日在监患病,验报饬医,至九月二十九日治痊。遵提覆讯,除各供同前不叙外,讯据犯人怀汰供云云同前。等供。据此,该亳州知州陈晋审看得云云同后院看至,案结销毁。等情。解府提讯,犯供游移,饬委代理阜阳县秦霖审照原拟,由府解司核,恐案情未确,札委安庆府联元审明,仍照原拟解司,勘转到前抚臣陈提讯,犯供无异,未及核题,移交到臣。

该臣核看得亳州民人怀汰殴伤其妻怀孙氏身死一案。缘怀汰籍隶该州,怀孙氏系怀汰之妻,过门多年,素相和睦。光绪十四年五月初四日下午时分,怀汰令怀孙氏洗衣,怀孙氏答以天色将晚,存俟明日再洗,怀汰不允,斥骂偷懒,怀孙氏出言顶撞,怀汰气忿,顺取门旁木棍殴伤怀孙氏左胳膊,怀孙氏扑拢,撞头拼命,怀汰用木棍吓殴,适伤怀孙氏偏左接连左太阳穴,喊痛倒地。经怀凤鸣赶至喝住,报知怀孙氏之母孙吴氏往看,问明情由。讵怀孙氏伤重,移时殒命。尸母孙吴氏投保,报经该前州李祖福诣验获犯,未及讯详卸事,该州到任准交,讯供通详,批饬审解。据报,该犯在监患病,验报医痊,提犯覆讯,议拟解府提讯,犯供游移,饬委代理阜阳县秦霖审照原拟,由府解司核,恐案情未确,札委安庆府联元审明解司,勘转到前抚臣陈,提讯无异,未及核题卸事,移交前来。臣覆核此案,既经前抚陈提犯亲讯,据供前情不讳,诘非有心欲杀,亦无起衅别故及在场帮殴之人,究鞫不移,案无遁饰。查律载:“夫殴妻至死者,绞监候。”等语。此案怀汰因其妻怀孙氏不为洗衣,斥骂偷懒,怀孙氏出言顶撞,顺用木棍殴伤怀孙氏身死,自应按律问拟。怀汰应如州府司及委员所拟,合依“夫殴妻至死者,绞”律,拟绞监候,秋后处决。该犯事犯到官在光绪十五年三月十六日恭逢恩昭以前,核其情罪不在不准援免之列,应请准予援免,后再有犯,加等治罪。怀孙氏因被其夫斥骂,出言顶撞,本干律拟,业已被殴身死,应与讯系救阻不及之见证怀凤鸣，均毋庸议。无干省释。尸棺饬埋。凶器木棍案结销毁。除揭移部科外，理合恭疏具题，伏乞皇上圣鉴，敕下法司核覆施行。再，此案审限云云。

校勘记：

①颖州府：颖字误，当为“颍”。

殴伤小功服婶身死讯系有心干犯

为委审事。据按察使员凤林详，据安庆府知府联元详称：光绪十九年十二月十八日，奉宪札开，准刑部咨安徽司案呈所有前事等因，相应抄单行文该抚可也。计抄单一纸，内开：刑科抄出安徽巡抚沈题前事等因，光绪十八年十二月十八日题，十九年三月二十一日奉旨：“三法司核议具奏。钦此。”该臣等会同督察院、大理寺会看得定远县民赵永道殴伤小功服婶赵戴氏身死一案。缘赵永道籍隶该县，务农度日，与已死共曾祖堂婶赵戴氏素睦无嫌。赵永道庄前有水沟一道，旁又有水塘一口，本与赵戴氏两家公用，后因赵戴氏恃尊将水沟占为己业，不许赵永道放水，赵永道亦未与之较量。光绪十八年五月初三日，赵戴氏赴田巡逻，适赵永道手携铁锹在田工作，赵永道因田禾受旱，需水灌溉，见塘水已涸，沟内蓄水尚多，即用铁锹将沟挖开放水入塘，赵戴氏瞥见，斥骂赵永道不应偷放沟水，赵永道不服分辩，赵戴氏生气，拾取地上禾枪赶向赵永道殴打，赵永道闪避，顺手拿铁锹抵格，致伤赵戴氏胸膛，赵戴氏举枪扑向拼命，赵永道又用铁锹殴伤赵戴氏右乳、右肋，赵戴氏赶拢，扭住赵永道衣襟往前拉走，称欲送官究办，赵永道畏惧，用力挣扎不脱，一时情急，举锹吓殴，适伤赵戴氏左胳膊，喊痛倒地。经族邻赵步高趋至喝劝，时赵戴氏之子赵永林出外趁圩，经赵步高报知，赶回查看，问明情由，抬回医治。讵赵戴氏伤重，移时殒命。赵永林投保获犯报验，讯详拟解，据供前情不讳，诘无起衅别故及在场帮殴之人，将赵永道依律拟斩立决，照例刺字等因具题前来。查律载：“卑幼殴本宗小功尊属死者，斩。”又例载：“殴死期功尊长罪干斩决之案，若与尊长互斗，系有心干犯，殴打致毙者，于案内将有心干犯之处详细叙明。”又：“卑幼殴死本宗尊长尊属之案，于叙案后专用实属有心干犯勘语。”又：“卑幼殴死期功尊长之案，务令承审各员严究确情，按律定拟，仍将是否有心干犯之处于疏内声明，不准稍涉含混。”各等语。此案赵永道因挖放沟水被堂婶赵戴氏看见斥骂，起衅争殴，用铁锹将其殴伤身死，该抚以赵戴氏系该犯共曾祖堂婶，服属小功，将赵永道依“卑幼殴本宗小功尊属死者，斩”律，拟斩立决等因具题。臣等查卑幼殴死功服尊属之案，总须将是否有心干犯之处于供勘内详细叙明，不准稍涉含混，今赵永道因被小功堂婶赵戴氏斥骂赶殴，辄用铁锹将其殴伤身死，该抚将赵永道依律拟以斩决，并未将实属有心干犯之处详细声叙，核与定例不符，臣部未便率覆，应令该抚讯取确供，照例声叙具题，到日再议。等因。光绪十九年九月初八日题，初十日奉旨："部驳甚是。依议。钦此。"等因。行令提犯覆审，并奉发人卷到府。奉此，随即督同局员遵照指驳，提犯研讯。

据凶犯赵永道供：定远县人，年三十七岁，父亲已故，母亲闻氏，并没弟兄，娶妻李氏，生有四子，务农度日，合已死共曾祖堂婶赵戴氏素睦没嫌。小的庄前有水沟一道，沟旁又有水塘一口，向合赵戴氏两家公用，后因赵戴氏恃尊把水沟霸做已业，不许小的放水，小的也没合他较量。光绪十八年五月初三日，小的手拿铁锹赴田工作，因田禾受旱，要水灌溉，见塘水已干，沟内蓄水还多，就用铁锹把沟挖开，放水入塘，适赵戴氏巡逻走至看见，斥骂小的不该偷放沟水，小的不服分辩，赵戴氏生气，拾取地上禾枪赶向小的殴打，小的闪避，就用手拿铁锹抵格，致伤赵戴氏胸膛，赵戴氏举枪扑向拼命，小的又用铁锹殴伤他右乳、右肋，赵戴氏赶拢，扭住小的衣襟往前拉走，说要送官究办，小的害怕，用力挣扎不脱，一时情急，举锹吓殴，适伤赵戴氏左胳膊，喊痛倒地。经族邻赵步高赶来喝劝，小的当就逃跑。不料赵戴氏伤重，过了一会身死，赵永林投保把小的扭获送案报验的。前蒙提审，业已供明，今蒙覆讯，委系有心干犯，并没起衅别故及在场帮殴的人。铁锹已蒙起案。是实。等供。

据此，将犯迁禁，该安庆府知府联元委审看得云云同后院看至，以杜衅端。等情。解司勘转到臣，提犯亲讯无异。该臣审看得部驳定远县民赵永道殴伤小功服婶赵戴氏身死一案。缘赵永道籍隶该县，务农度日，与已死共曾祖堂婶赵戴氏服属小功，素睦无嫌。赵永道庄前有水沟一道，旁又有水塘一口，本与赵戴氏两家公用，后因赵戴氏恃尊将水沟占为已业，不许赵永道放水，赵永道亦未与之较量。光绪十八年五月初三日，赵戴氏赴田巡逻，适赵永道手携铁锹在田工作，赵永道因田禾受旱，需水灌溉，见塘水已涸，沟内蓄水尚多，即用铁锹将沟挖开，放水入塘，赵戴氏瞥见，斥骂赵永道不应偷放水沟，赵永道不服分辩，赵戴氏生气，拾取地上禾枪赶向赵永道殴打，赵永道闪避，顺用手拿铁锹抵格，致伤赵戴氏胸膛，赵戴氏举枪扑向拼命，赵永道又用铁锹殴伤赵戴氏右乳、右肋，赵戴氏赶拢，扭住赵永道衣襟往前拉走，称欲送官究办，赵永道畏惧，用力挣扎不脱，一时情急，举锹吓殴，适伤赵戴氏左胳膊，喊痛倒地，经族邻赵步高趋至喝劝，时赵戴氏之子赵永林出外趁圩，经赵步高报知，赶回查看，问明情由，抬回医治。讵赵戴氏伤重，移时殒命。赵永林投保获犯，报验讯详，将该犯赵永道审依"卑幼殴本宗小功尊属死者，斩"律，拟斩立决。解经审转勘，题兹准刑部以此案未将实属有心干犯之处详细声叙，驳令讯取确供，照例声叙。等因。题奉谕旨,行令发委安庆府覆审,议拟由府解司,勘转前来。臣提犯亲讯,据供前情不讳,诘系有心干犯,并无起衅别故及在场帮殴之人,究鞫不移,案无遁饰。查律载:“卑幼殴本宗小功尊属死者,斩。”等语。此案赵永道因挖放沟水,被小功服婶赵戴氏看见,斥骂起衅争殴,该犯辄用铁锹殴伤赵戴氏身死,实属有心干犯,自应遵驳声叙,仍照原拟问拟。赵永道应如委审所拟,合依“卑幼殴本宗小功尊属死者,斩”律,拟斩立决,照例刺字。赵戴氏霸占公用水沟,本有不合,业已被殴身死,应与救阻不及之见证赵步高,均毋庸议。尸棺饬埋。该处水沟既系公产,饬由该房族勘明,仍令照旧公用,以杜衅端。除揭移部科外,理合恭疏具题,伏乞皇上圣鉴,敕下法司核覆施行。再,此案审限云云,委审限一个月云云。又司院分限各十日云云。

光绪二十年九月二十三日准。部照覆。

谋杀夫兄之妻

为报验事。据署按察使安卢滁和道[①]丁峻详,据颍州府[②]知府曹炜转,据阜阳县知县刘承祖详称:光绪十三年二月初十日,据地保张德报,据民妇朱李氏投称:伊于本月初九日闻伊母李王氏因病身死,前往母家视殓,见伊母咽喉等处有伤,伊父李信才外出贸易,忆及伊母曾与婶母李陈氏口角有嫌,当向查问,李陈氏言语支吾,显被谋害毙命,伊即信知伊父赶回。讵李陈氏逃避无踪。等语。往查属实,合报验缉。等情。并拟尸女朱李氏同报[③],各到县。据此,随即饬差严缉,一面带领刑仵驰诣相验。据仵作陈建验报:已死李王氏,问年五十一岁。仰面,不致命:右腮颊有擦伤一片,皮微破,血污。致命:咽喉上有手指掐伤一处,横长三寸五分,宽五分,右边有大指痕一处,左边有中二指痕相连二处,均血癊,紫红色。脐肚以下据尸亲结求免验。余无故。实系掐伤身死。报毕,亲验无异,当场填格取结,尸令棺殓。勒差于七月初二日拿获犯妇李陈氏到案,随传集尸亲人等,提犯研讯。

据地保张德供与报词同。

据尸女朱李氏供:已死李王氏是母亲,这李陈氏是婶母,李信才是父亲。婶母因夫故子幼,合母亲同居过度,向不和睦,时常合母亲吵闹,原是有的。光绪十三年二月初二日,父亲因婶母儿子李池年已长大,要带他出外贸易,适值母亲卧病在床,父亲托婶母照管家务,并服侍母亲。后来婶母怎样失手把母亲药碗打碎,母亲斥骂,并说病好等父亲回来要把婶母赶出另住,婶母又怎样起意谋害,把母亲掐伤咽喉身死,小妇先没晓得,是初九日报说母亲病死赶回视殓,见母亲咽喉等处有伤,就向婶母查问,婶母言语支吾,料被谋死,小妇就信知父亲回来。那时婶母已经逃避,小妇就投保报案的,求究办。是实。

据尸夫李信才供:已死李王氏是小的妻子,这李陈氏是已故胞弟李永昌的妻子,他有一子名唤李池。李陈氏因夫故子幼,和小的同居过度,他和妻子向不和睦,平日时常吵闹,原是有的。光绪十三年二月初二日,小的因侄子李池年已长大,要带他出外贸易,适值妻子卧病在床,小的托李陈氏照管家务并妻子医药的事,小的也就出门去了。后来李陈氏怎样失手把妻子药碗打碎,妻子听闻斥骂,并说病好等小的回来要把他赶出另住,李陈氏又怎样起意谋害,把妻子掐伤咽喉身死,小的先没知道,是女儿朱李氏看出伤痕,查问情由,信知小的赶回。那时李陈氏已逃避,女儿就投保报验的,求究办。是实。

据犯妇李陈氏供:年四十八岁,阜阳县人,公婆俱故,丈夫李永昌已故,生子李池,这李信才是夫兄,已死李王氏是夫兄李信才的妻子,合小妇同居过度,向不和睦,时常吵闹,原是有的。光绪十三年二月初二日,夫兄李信才因小妇儿子李池年已长大,要带他出外贸易,适值李王氏卧病在床,李信才叫小妇照管家务并李王氏医药的事,小妇先不答应,后因李信才再三央说,只好应允。李信才就是那日带同小妇儿子出门去了。到初八日午后,小妇把李王氏汤药煎好,因一时失手,误把药碗打碎,李王氏在床听闻,斥骂小妇不怀好意,有心糟蹋,并说病好等他丈夫回来定要把小妇赶出另住,小妇分辩,李王氏愈加生气,嚷骂不休,小妇想起屡次受他欺凌,心怀忿恨,起意把他谋害泄忿。就是那夜三更时候,走近床前,见李王氏仰卧床上,已经睡熟,小妇悄悄上床骑压李王氏身上,就用右手狠力掐住他咽喉,并用两膝跪压他两手。李王氏惊醒挣扎,致擦伤右腮颊,不多一会,李王氏就不能动弹,登时气闭身死。小妇害怕,连忙替他穿好衣服,盖住棉被,装作病死模样。后来他女儿朱李氏赶回视殓,看出伤痕,就向小妇盘问,小妇言语支吾,朱李氏就信知他父亲回来,小妇当就逃避,今被获案的。委没起衅别故及另有同谋加功的人,逃后也没知情容留人家。是实。各等供。

据此,将犯收禁,录供通详,奉批审解。兹据该县提犯覆审,议拟由府解司。据报,该犯妇李陈氏沿途患病,自愿前进,到省后寄禁省监,医治无效,于光绪十五年二月二十日病故,即经前升司札委署怀密县陈兆庆验系因病身死,提讯刑禁人等,并无凌虐情弊,详批核入正案拟办。行据该县覆讯,议拟绘具图结,由安庆府具详前来。

该本署司核看得阜阳县犯妇李陈氏谋杀夫兄妻李王氏身死,该犯妇于解审后在监病故一案。缘李陈氏籍隶该县,系李信才已故胞弟李永昌之妻,生子李池,已死李王氏系其夫兄李信才之妻,平日同居共炊,妯娌向不和睦,时常口角争吵。光绪十三年二月初二日,李信才因其侄李池年已长大,欲带其出外贸易。适值李王氏卧病在床,李信才即令李陈氏照应家务并李王氏医药等事,李陈氏先不答应,后因李信才再三央说,亦即应允。李信才即于是日出门而去。初八日午后,李陈氏将李王氏汤药煎好,因一时失手,误将药碗打碎,李王氏在床听闻,斥骂李陈氏不怀好意,有心糟蹋,并称病痊后俟伊夫回来,定欲将其赶出另住。李陈氏分辩,李王氏愈加生气,嚷骂不休,李陈氏忆起屡次受其欺凌,心怀忿恨,起意将其谋害泄忿,即于是夜三更时分,走近床前,见李王氏仰卧床上,已经睡熟,李陈氏悄悄上床骑压李王氏身上,即用右手狠力搯住其咽喉,并用两膝跪压其两手。李王氏惊醒挣扎,致擦伤右腮颊,李王氏旋即不能动弹,登时气闭殒命。李陈氏畏惧,将尸穿好衣服,盖住棉被,装作病死模样。朱李氏闻信赶回视殓,看出尸伤,即向李陈氏盘问,李陈氏言语支吾,信知李信才回家,李陈氏当即逃避。朱李氏投保报验获犯,讯供详批审解。旋据该县将犯妇覆讯,议拟由府解司。据报,该犯妇李陈氏在省监病故,即经前升司札委署怀宁县陈兆庆验讯详批,核入正案拟办。行据该县绘具图结,由安庆府具详到司,应即拟结。查律载:“谋杀人造意者,斩监候。”等语。此案李陈氏因误将李王氏药碗失手跌地打碎,被李王氏辱骂不休,声言病痊欲行赶逐,该犯妇忆及屡被欺凌,忿恨难堪,起意将李王氏搯伤身死,实属谋杀,自应按律问拟。查已死李王氏系李陈氏夫兄之妻,至死应同凡论,李陈氏应如该县府所拟,合依“谋杀人造意者,斩监候”律,拟斩监候,业已在监病故,应与讯无凌虐之刑禁人等,均毋庸议。无干经县省释。各尸棺饬属领埋。犯系带病进监身故,管狱官例无处分,合将送到图结详请核咨。再,此案犯已病故,请免扣限,合并声明。等情。到院。据此,本部院覆核无异,除分咨外,相应咨达。

光绪十七年二月初二日准。部照覆。

校勘记:

①安卢滁和道:卢字误,当为“庐”。

②颖州府:颖字误,当为“颍”。

③拟尸女朱李氏同报:据文意,当为“据尸女朱李氏同报”。

妻与夫口角致夫气忿自尽

为报验事。据署按察使、安庐滁和道丁峻详,据颖州府[1]知府凤林转,据署阜阳县知县吴乃斌详称:光绪十二年四月二十四日,卑前署县陈晋任内,据地保唐金善报，据客民李成投称：伊与同乡万学申伙做裁缝手艺，本月二十四日，万学申因其妻张氏做袜短小，训斥不服，口角争吵，经伊同邻人孙和等赶向劝解。讵万学申气忿莫释，即于是日午间私自吞服洋烟，经张氏瞥见，喊同灌救无效，旋即毒发殒命。等语。往查属实，合将犯妇张氏扭获送案，报乞验究。等情。并据李成同报，各到县。据经陈晋带领刑仵前诣相验，据仵作陈立验报：已死万学申，问年三十七岁。仰面：面色青，两眼胞闭，上下唇吻青色，两手散，右手大指、食指俱有烟膏粘结。合面：十指甲俱青色，用银针探入咽喉、谷道，以纸密封良久，取出均青黑色，用皂角水擦洗不去。余无故。实系吞服烟毒身死。报毕，亲验无异，填格取结，尸令棺殓。随传集人证，提犯逐加研讯。

据地保唐金善供与报词同。

据原报李成供：湖北兴国州人，合已死蕲水县人万学申寄居案下，伙做裁缝手艺。这万张氏是万学申的妻子，平日夫妻和睦。光绪十二年四月二十日[②]早，万学申因万张氏做袜短小，不能穿用，当向训斥，万张氏不服，出言顶撞，口角争吵，是小的合邻人孙和并万学申的徒弟岳自林一同劝住。万学申就说娶妻不贤，难以成家，不愿做人的话，向小的并孙和们愁叹，小的合孙和们用言劝慰。各散。不料，万学申气忿莫释，就是那日午间私自进房吞服洋烟，经万张氏走进瞥见，喊同小的合孙和们用药灌救没效，到午后毒发身死，小的投保报验的。是实。

据尸徒岳自林供：湖北黄安县人，余与李成供同。

据邻证孙和供：案下人，合已死万学申是邻居，他向做裁缝手艺，这万张氏是万学申的妻子，平日夫妻和睦，小的是晓得的。光绪十二年四月二十四日早，小的听闻万学申家吵闹，连忙过去查问，万学申说因他妻子万张氏做袜短小，不能穿用，当向训斥，万张氏不服，出言顶撞，起衅争闹，小的就合万学申的同伙李成并他徒弟岳自林一同劝住，万学申说娶妻不贤，难以成家，不愿做人的话，向小的并李成们愁叹，小的合李成们用言劝慰。各散。不料，万学申气忿莫释，就是那日午间私自进房吞服洋烟，经万张氏走进瞥见，喊同小的合李成们用药灌救没效，到午后毒发身死，李成就投保报验的。小的实系灌救不及。是实。

据犯妇万张氏供：年二十四岁，案下人，已死万学申是丈夫，原籍湖北蕲水县，寄居案下，裁缝手艺，合丈夫平日和睦。光绪十二年四月二十四日，因小妇做袜短小，不能穿用，向小妇训斥，小妇不服，出言顶撞，口角争吵，经邻人孙和同李成、徒弟岳自林劝住。丈夫就说娶妻不贤，难以成家，不愿做人的话，向孙和们愁叹，孙和们用言劝慰。各散。不料丈夫气忿莫释，就是那日午间私自进房吞服洋烟，经小妇走进瞥见，喊同孙和们用药灌救没效，到午后毒发身死。李成投保报验，把小妇送案的，委没起衅别故及另有逼迫的事。烟土是丈夫治病用剩的。是实。各等供。

据此，将犯收禁，录供通详，奉批审解。据报，该犯妇万张氏于光绪十二年五月初五日在监患病，验报饬医，至六月初五日治痊。随提覆讯，议拟由府解司核，恐案情未确，札委安庆府审办提讯，犯供翻异，申请发回覆讯，饬传要证李成等均各先期回籍，出外贸易，循例详咨展限。卑前署县陈晋并接署县刘承祖暨代理县秦霖节次关传未到，先后卸事，卑职到任准交，勒差于光绪十五年十一月二十六日将孙和、李成传案，随提该犯妇逐加质讯，除孙和等各供均与前同不叙外，讯据犯妇万张氏供云云同前。等供。据此，该署阜阳县知县吴乃斌审看得云云同后院看至，关属领埋。等情。由府解司，勘转到臣，提犯亲讯无异。

该臣审看得阜阳县民妇万张氏因与其夫万学申口角致万学申气忿服毒身死一案。缘万张氏籍隶该县，嫁与寄居该县之湖北蕲水县人万学申为妻。万学申向做裁缝手艺，与万张氏平日夫妻和睦。光绪十二年四月二十四日早，万学申因万张氏做袜矩小[③]，不能穿用，向万张氏训斥，万张氏不服，出言顶撞，口角争吵，经邻人孙和与李成等劝住。万学申即以娶妻不贤，难以成家，不愿为人之言，向孙和等愁叹，孙和等用言劝慰。各散。讵万学申气忿莫释，即于是日午间私自进房吞服洋烟，经万张氏走进瞥见，喊同孙和等用药灌救不效，旋即毒发殒命。李成投保，将该犯妇送案报经该前署县陈晋验讯，详批审解。据报，该犯妇万张氏在监患病，验报医痊覆讯，议拟由府解司委审，翻供发回覆审，差传要证李成等均各先期外出，循例详咨展限。兹据传到孙和等提同质明，仍照原拟解司，勘转到臣，提犯亲讯，据供前情不讳，诘无起衅别故及另有逼迫情事，研鞫不移，案无遁饰。查例载："妻妾衅起口角，事涉细微并无逼迫情状，其夫轻生自尽者，照子孙违犯教令致父母轻生自尽例，拟绞监候。"等语。此案万张氏因做袜短小，被其夫万学申训斥不服顶撞，口角争吵，致万学申气忿服毒身死，自应按例问拟。万张氏应如县府司所拟，合依"妻妾起衅口角，其夫轻生自尽者，照子孙违犯教令致父母轻生自尽[例]，拟绞监候"例，拟绞监候。事犯在光绪十五年三月十六日恭逢恩诏以前，核其情罪不在不准援免之列，应请准予援免，后再有犯，加一等治罪。孙和等讯系灌救不及，应毋庸议。案经质明，未到免传。无干经县省释。尸棺饬属领埋。除揭移部科外，理合恭疏具题，伏乞皇上圣鉴，敕下法司核覆施行。再，此案审限云云。

光绪十七年八月十三日准。部照覆。

校勘记：

①颖州府：颖字误，当为"颍"。

②四月二十日：据上下文当为“四月二十四日”。

③做袜矩小：据文意，当为“做袜短小”。

故杀缌麻服兄

题为禀报事。据升授甘肃布政使、安徽按察使张岳年详，据颍州府[①]知府凤林转，据署涡阳县知县邹钟俊详称：光绪十四年七月初六日，据地保刘永汶报，据保民刘成投称：伊父刘发真与族叔刘萌真隔墙居住，先无嫌隙。本年四月间，刘萌真因盖造房屋，将伊家屋檐茅草割去数寸，伊父见向不依，经族邻刘瑞塘等处令刘萌真赔修了事，伊父终不满意，屡与刘萌真借事争吵，又经刘瑞塘等劝住。本月初五日夜，伊父携带尖刀赴地看守秫稻，适刘萌真亦在自己秫地守夜，不知如何起衅争闹，致伊父被刘萌真砍伤身死，查看伊父咽喉等处有伤，并于地上拾获尖刀一把、铁枪一根，投身查报。等语。往查属实，当将刘萌真获住，连凶器刀枪一并送案，禀乞验究。等情。并据尸子刘成同报，各到县。据此，随带刑仵押犯驰诣该处，勘得小刘庄地方有刘发真家秫地一块，与刘萌真秫地毗连，已死刘发真尸身仰卧地上，旁有血迹一片。勘毕，饬将尸移平地。据仵作李锐验报：已死刘发真，问年五十二岁。仰面，不致命：右腮颊有刃伤一处，斜长四分，宽一分，深抵骨，骨损。致命：咽喉有刃伤一处，斜长三寸四分，宽四分，深至食气颡[②]，俱断。致命：右肋有枪戳伤一处，斜长一寸一分，宽一分，深透内。合面，致命：右耳根有刃伤一处，斜长七分，宽二分，深抵骨，骨不损。以上各伤均皮卷血污。余无故。实系受伤身死。报毕，亲验无异，饬取尖刀铁枪比对尸伤相符，当场填格取结，尸令棺殓，随讯。

据地保刘永汶供与报词同。

据邻佑孙成吴、赵凤同供：小的们合已死刘发真并这到案的刘萌真都是邻居。据刘瑞塘供：小的是刘姓户尊。又据同供：刘发真合刘萌真是共高祖弟兄，隔墙居住，向来和睦。光绪十四年四月里，刘萌真因盖造房屋把刘发真屋檐茅草割去数寸，刘发真看见不依，是小的们处令刘萌真赔修了事。刘发真终不满意，屡合刘萌真借事吵闹，并要到官控告，又经小的们劝止，原是有的。七月初五日夜，刘发真怎样赴地看守秫稻，又合刘萌真斥骂争闹，致被刘萌真砍伤身死，小的们先不知道，是初六日早上刘发真的儿子刘成查问刘萌真言语支吾，来向小的们告知，就投保把刘萌真扭住报案验究的。是实。

据尸子刘成供：已死刘发真是父亲，这到案的刘萌真是父亲缌麻服弟，间壁邻居，先没嫌隙。光绪十四年四月里，刘萌真盖造房屋，把小的家屋檐茅草割去数寸，父亲看见投鸣房族，向他不依，是刘瑞塘们处令刘萌真赔修了事。父亲终不满意，屡向刘萌真借事吵闹，并要到官控告，又经刘瑞塘们劝阻，小的是知道的。那年七月初五日夜，父亲携带尖刀赴地看守秫稻，怎样又合刘萌真斥骂争闹，致被刘萌真砍伤身死，小的先没看见。到了第二日早上，查见父亲尸身，晓得刘萌真那夜也在地看守秫稻，往向查问，刘萌真言语支吾，小的随投保把他获住报案请验的，求究抵。是实。

据凶犯刘萌真供：涡阳县人，年四十七岁，父亲已故，母亲李氏，弟兄三人，小的居长，并没妻子，庄农度日。已死刘萌真是小的缌麻服兄，间壁邻居，先没嫌隙。光绪十四年四月里，小的盖造房屋，因刘发真家草屋茅檐碍事，把他屋茅檐草割去数寸，刘发真看见，投明房族，向小的不依，是刘瑞塘们处令小的赔修了事。那知刘发真还不满意，屡合小的借事吵闹，并要到县控告，又是刘瑞塘们劝止。那年七月初五日夜定更时候，小的因地上秫稻成熟，怕人偷窃，拿了防夜铁抢在地看守，适刘发真携带尖刀也到他的秫地巡夜，彼此遇见，刘发真就向小的斥骂，小的回骂。刘发真持刀赶向扑扎，小的闪避，用枪格落他手里尖刀，趁势戳伤刘发真右肋，仰跌倒地。小的弃枪要走，刘发真在地混骂，辱及小的父母，并说日后伤痊定要报复杀害。小的气忿，顿起杀机，转身拾取地上尖刀赶拢，连扎伤刘发真右腮颊、右耳根、咽喉，登时气绝身死。小的把刀丢弃，逃回家里。到了次日早上，这尸子刘成来向小的查问，小的言语支吾，是刘成投保把小的获住报验的。委系逞忿故杀，并非蓄意谋害，也没起衅别故及另有在场帮殴的人。凶器尖刀、铁枪都蒙起获。是实。各等供。

据此，将犯收禁，绘具宗图，详奉批饬审解。据报，该犯刘萌真于光绪十四年十月初八日在监患病，验报饬医，至十一月初八日治痊。遵提覆讯，除各供同前不叙外，讯据凶犯刘萌真供云云同前。等供。据此，该署涡阳县知县邹钟俊审看得云云同后院看至，备拨。等情。解府提讯，犯供翻异，札委代理阜阳县秦霖审照原拟解府，前署府彭禄未及审解卸事，移交凤林审，拟解司核，恐案情未确，札委安庆府联元审无别故，仍照原拟解司，勘转到臣，提犯亲讯无异。

该臣审看得涡阳县民刘萌真故杀缌麻服兄刘发真身死一案。缘刘萌真籍隶该县，庄农度日，已死刘发真系刘萌真缌麻服兄，比屋邻居，先无嫌隙。光绪十四年四月间，刘萌真盖造房屋，因刘发真家草屋茅檐碍事，将刘发真屋檐茅草割去数寸，刘发真瞥见，投明房族，向刘萌真不依，经刘瑞塘等处令刘萌真赔修了事。刘发真尚未满意，屡向刘萌真借事吵闹，并欲赴县控告，又经刘瑞塘等劝止。是年七月初五日夜定更时分，刘萌真因秫熟恐人偷窃，携带防夜铁枪在地看守，适刘发真亦携尖刀赴自己秫地守夜，彼此撞遇，刘发真即向刘萌真斥骂，刘萌真回詈。刘发真持刀赶向扑扎，刘萌真闪避，用枪格落刘发真手内尖刀，趁势戳伤刘发真右肋，仰跌倒地。刘萌真弃枪欲走，刘发真在地混骂，辱及刘萌真父母，并声言日后伤痊定要报复杀害。刘萌真一时气忿，顿起杀机，转身拾取地上尖刀赶拢，连扎伤刘发真右腮颊、右耳根、咽喉，登时气绝殒命。刘萌真将刀丢弃，逃回家内。次早尸子刘成查见尸身，向刘萌真查问，言语支吾，经刘成投保获犯，报经该县诣验讯详，批饬审解。该犯刘萌真在监患病，验报医痊。据该县覆讯，议拟由府委审，解司核，恐案情未确，札委安庆府审照原拟解司，勘转前来，臣提犯亲讯，据供前情不讳，诘非蓄意谋害，亦无起衅别故及另有在场帮殴之人，研鞫不移，案无遁饰。查律载："卑幼殴本宗缌麻兄死者，斩。"注云："不言故杀害者，亦止于斩。"等语。此案刘萌真因刘发真挟伊割去屋詹[③]茅草之嫌，屡向寻衅吵闹，嗣在地撞遇互骂争殴，该犯用枪戳伤其右肋倒地，旋因刘发真卧地辱骂，并有伤痊报复之言，该犯忿起杀机，拾刀扎伤其咽喉等处，立时殒命，实属故杀。查已死刘发真系该犯刘萌真缌麻服兄，自应按律问拟。刘萌真应如县府司及委审所拟，合依"卑幼殴本宗缌麻兄死者，斩"律，拟斩监候，秋后处决。该犯事犯到官虽在光绪十五年三月十六日恭逢恩诏以前，惟故杀缌麻服兄在不准援免之列，应不准其援免，仍照例刺字。刘发真屡向刘萌真寻衅滋闹，本有不合，业已受伤身死，应与在场调处之族邻刘瑞塘等，均毋庸议。无干经县省释。尸棺饬属领埋。凶器尖刀、铁枪案结发回，储库备拨。除揭移部科外，理合恭疏具题，伏乞皇上圣鉴，敕下法司核覆施行。再，此案审限云云。

光绪十七年六月二十五日准。部照覆。

校勘记：

①颖州府：颖字误，当为"颍"。

②食气颡：颡字误，当为"嗓"。

③屋詹：同"屋檐"。

扎伤小功兄身死

为报验事。据署按察使安庐滁和道丁峻详，据颖州府[①]知府凤林转，据亳州知州陈晋详称：光绪十六年六月二十四日，据地保李希报，据民人周继德投称：伊胞兄周继昌与共曾祖小功堂弟周继尚素睦无嫌。本月二十四日早，周继尚在自己门前地基内开挖粪坑，伊兄瞥见，因其逼近伊家走道，秽气难闻，往向理阻，周继尚不服分辩起衅争闹，伊兄被周继尚用杆孜枪扎伤肚腹倒地，经族邻周广有等趋至喝散。讵伊兄伤重，当时殒命。等语。往查属实，合报验缉。等情。并据尸弟周继德同报，各到州。据此,随即饬差严缉,一面带领刑仵驰诣相验。据仵作张仁验报:已死周继昌,问年六十三岁。仰面,致命:肚腹有刃伤一处,斜长八分,宽二分,深透内,肠出,皮卷血污。余无故。实系受伤身死。报毕,亲验无异,饬取凶器杆孜枪比对尸伤相符,填格取结,尸令棺殓,凶器带回储库。勒据差役于七月十六日获犯周继尚一名解案,随传集尸亲、人证,提犯研讯。

据地保李希供与报词同。

据尸弟周继德供:亳州人,已死周继昌是哥子,合这到案的周继尚是共曾祖堂弟,分居各炊,素睦没嫌。光绪十六年六月二十四日早上,周继尚在自己门前地基内开挖粪坑,哥子看见,因他逼近小的家走道,秽气难闻,往向理阻。那时小的在家煮饭,听得哥子合周继尚在门外吵闹,赶出查看,见哥子手拿木棍向周继尚追赶,周继尚逃进屋内拿取杆孜枪出向抵御,扎伤哥子肚腹倒地,是族邻周广有们赶至,喊同小的连忙上前喝散。不料哥子伤重,当是身死[②],小的就投保报验的,求究办。是实。

据见证周广有、周广荣同供:亳州人,合已死周继昌并这到案的周继尚都是族邻。周继昌是周继尚共曾祖堂兄,素睦无嫌。光绪十六年六月二十四日早上,小的们路过周继尚家门前,见周继昌手拿木棍向周继尚追赶,周继尚逃进屋内拿取杆孜枪出向抵御,周继昌举棍扑殴,周继尚闪侧,用枪扎伤周继昌肚腹倒地,小的们连忙喊同周继昌胞弟周继德上前喝散,问说因周继尚在自己门前地基内开挖粪坑,周继昌见向理阻,周继尚不服分辩斥骂起衅的。不料周继昌伤重,当时身死,尸弟周继德就投保报验的。小的们委系救阻不及。是实。

据凶犯周继尚供:年五十七岁,亳州人,父母都故,并没弟兄,娶妻生子。已死周继昌是共曾祖堂兄,分居各炊,素睦没嫌。光绪十六年六月二十四日早上,小的在自己门前地基内开挖粪坑,周继昌走来说是逼近他家走道,秽气难闻,向小的理阻,小的不服分辨。周继昌斥骂,小的回骂。周继昌拾起地上木棍向小的殴打,小的转身逃跑。周继昌拿棍追赶,小的逃进屋内,躲避不及,一时情急,顺拿门旁防夜杆孜枪出向周继昌抵御,周继昌举棍扑殴,小的闪侧,用枪吓扎,适伤周继昌肚腹倒地。经族邻周广有们喊同他胞弟周继德赶到喝散,问明情由。不料周继昌伤重,当时身死。尸亲投保报验,小的害怕,逃往各处躲避,今被获案的。委没起衅别故,逃后也没另犯不法并知情容留人家。凶器杆孜枪已蒙起案。是实。各等供。

据此,将犯收禁,录供通详,奉批审解。据报,该犯周继尚于光绪十六年八月初十日在监患病,验报饬医,至九月初十日治痊。遵提覆讯,除各供同前不叙外,讯据凶犯周继尚供云云同前。等供。据此,该亳州知州陈晋审看得云云同后院看至,储库备拨。

等情。解府经府提讯，犯供游移，札委阜阳县萧先镐审明，仍照原拟由府解司核，恐案情未确，札委怀宁县吴云涛审无别故，仍照原拟解司提讯，犯供翻异，札委安庆府联元审系畏罪狡翻，仍照原拟解司，勘转到臣，提犯亲讯无异。

该臣审看得亳州民人周继尚扎伤小功堂兄周继昌身死一案。缘周继尚籍该州，已死周继昌系其共曾祖堂兄，服属小功，分居各炊，素睦无嫌。光绪十六年六月二十四日早，周继尚在自己祖遗门前基地内开挖粪坑，周继昌瞥见，因其逼近伊家走道，秽气难闻，往向周继尚理阻，周继尚不服分辩，周继昌斥骂，周继尚回詈。周继昌拾起地上木棍向周继尚殴打，周继尚转身逃跑，周继昌持棍追赶，周继尚逃进屋内，躲避不及，一时情急，顺取门旁防夜杆孜枪出向周继昌抵御，周继昌举棍扑殴，周继尚闪侧，用枪吓扎，适伤周继昌肚腹倒地。经族邻周广有等路过看见，喊同周继昌胞弟周继德趋至喝散，问明情由。讵周继昌伤重，当时殒命。尸弟周继德投保，报经该州诣验，获犯讯供，详批审解。据报，该犯周继尚在监患病，验报医痊。兹据该州覆讯，议拟由府解司委审，勘转前来，臣提犯亲讯，据供前情不讳，诘无起衅别故，研鞫不移，案无遁饰。查律载："卑幼殴本宗小功兄死者，斩。"等语。此案周继尚因在自己祖遗基地内开挖粪坑，经小功堂兄周继昌见向斥阻，起衅争殴，周继昌拾棍追殴，该犯持枪抵御，致扎伤周继昌身死，核其持械抵格，情同互斗，实属有心干犯，自应按律问拟。周继尚应如州府司及委审所拟，合依"卑幼殴本宗小功兄死者，斩"律，拟斩立决，照例刺字，留禁省监。该犯逃后讯无另犯不法并知情容留人家，应与救阻不及之见证周广有等，均毋庸议。该处地基业经该州断令照旧管业，不准再行开挖粪坑，以杜衅端。无干省释。尸棺经州饬属领埋。凶器杆孜枪验明发回，案结储库备拨。除揭移部科外，理合恭疏具题，伏乞皇上圣鉴，敕下法司核覆施行。再，此案审限云云。

光绪十八年三月初三日准。部照覆。

校勘记：

①颖州府：颖字误，当为"颍"。

②当是身死：据文意，当为"当时身死"。

因斗拦劝致伤小功服弟身死

为报验事。据按察使张岳年详，据署泗州直隶州知州李祖福详：光绪十四年六月十三日，卑前州方瑞兰任内，据地保韩茂隆报，据保民韩士辛投称：伊无服族侄韩利前因外贸，有荒地一块托伊代为垦种，不议租息。光绪十四年，韩利由外回归，将地收回自种,旋于六月十二日向伊索讨地租未允,口角争吵,经岳得贵劝令给钱。各散。傍晚时分,伊子韩贞回家闻知,气忿往向韩利理论,彼此争殴,韩贞先被韩利夺担殴伤左胳膊等处,后被堂侄韩学用铁镢头齿戳伤额颅倒地。有韩征见证,报伊赶往问明,抬回医治。讵伊子伤重,延至十三日殒命。等语。往查属实,犯俱获住,报送验究。等情。并据尸父韩士辛同报,各到州。据此,适方瑞兰先期晋省公出,经代行吏目将犯点禁,循例牒请五河县易华俊带领刑仵前诣相验。据仵作潘俊验报:已死韩贞,问年四十五岁。仰面,致命:额颅有刃伤二处,斜长七八分不等,各宽二分,深抵骨,骨损,皮卷血污。不致命:左胳膊有木器伤一处,斜长八分,宽一分;左腿有木器伤一处,斜长五分,宽一分。合面,不致命:右臂膊有木器伤一处,斜长七分,宽一分。均紫红色,有血癃,按捺骨不损。余无故。实系受伤身死。报毕,易华俊亲验无异,查起凶器铁镢头比对尸伤相符,填格取结,尸令棺殓。申由方瑞兰公回查卷,传集尸亲、保证,提犯逐加研讯。

据地保韩茂隆供与报词同。

据尸父韩士辛供:已死韩贞是儿子,合这堂侄韩学、族侄韩利素睦无嫌。韩利先年外贸,有荒地一块托小的代为垦种,不议租息。光绪十四年,韩利外归,把地收回自种。六月十二日,韩利来向小的索讨地租,小的说他原是荒地,已经代为垦熟,没允给租,韩利不依,彼此争吵,经邻人岳得贵们走来问明,劝处小的许给韩利租钱六千文未付。各散。傍晚时候,儿子回家闻知气忿,就拿了木扁担[①],说去向韩利讲理,小的止他不住。没多一会,族人韩征通知小的说儿子被韩学们打伤,小的赶去,问说儿子先合韩利争殴,致被用担殴伤左胳膊、左腿、右臂膊,韩利弃担逃跑,儿子拾担追赶,韩学拦劝,儿子斥护,复被韩学用铁镢头格落木扁担,致镢齿戳伤儿子额颅倒地。小的就把儿子抬回医治,不料他伤重,到次日身死了。小的投保获犯报验的,求究伸。是实。

据见证韩征供:合已死韩贞并这韩利、韩学都是族人。光绪十四年六月十二日傍晚时候,小的在家听闻韩利合韩贞在外吵嚷,赶往查看,见韩贞用木扁担向韩利扑殴,韩利闪侧,夺担回殴,致伤韩贞左胳膊、左腿、右臂膊,弃担逃跑,韩贞拾担追赶,适韩学手拿铁镢头路见拦劝,韩贞斥骂帮护,举担向殴,被韩学用铁镢头格落木扁担,致镢齿戳伤韩贞额颅,喊痛倒地。小的连忙赶上劝住,通知韩贞的父亲韩士辛走来问明,小的才晓得是韩利讨要韩贞家垦种地租起衅争殴的,当把韩贞帮同抬回医治,不料他伤重到次日身死了,尸亲投保获犯报验的。小的委系劝阻不及。是实。

据犯人韩利供:年二十四岁,泗州人,父母都故,并没弟兄妻子,种地度日。已死韩贞是小的无服族兄,素好没嫌。小的先年外贸,有荒地一块托韩贞的父亲韩士辛代为垦种，不收租息。光绪十四年，小的外归，把地收回自种。后于六月十二日去向韩士辛讨取积年地租，韩士辛说小的原是荒地，经他代为垦熟，不允给租，小的不依，彼此争吵，经邻人岳得贵们走来问明，劝处韩士辛许给小的租钱六千文未付。各散。傍晚时候，小的正在门外乘凉，韩贞拿着木扁担走来，说小的不该索讨荒地租钱，小的分辩，韩贞混骂，小的回骂。韩贞就用木扁担打来，小的闪侧夺扁担过手，乘势连殴伤韩贞左胳膊并左腿，韩贞赶拢夺担，小的又用木扁担殴伤韩贞右臂膊，弃担逃跑。韩贞拾担赶来，适韩学手拿铁镢头路见拦劝，小的当时跑远了，后来韩贞怎样被韩学殴伤倒地，小的没有看见。不料韩贞伤重，到十三日身死，尸父韩士辛投保，把小的获案报验的。委非预谋纠殴，也没起衅别故及另有在场殴帮的人。是实。

据凶犯韩学供：年四十五岁，泗州人，父母都故，弟兄三人，娶妻戴氏，生有子女，种地度日。已死韩贞是小的共曾祖堂弟，素好没嫌。光绪十四年六月十二日傍晚时候，小的拿着扒粪铁镢头田工回归，走到无服族弟韩利门首，见韩贞手拿木扁担向韩利赶殴，小的上前拦劝，韩贞斥骂帮护，并用木担向小的扑殴，小的就用铁镢头格落韩贞手内木担，致镢头齿带戳伤韩贞额颅，喊痛倒地，经族人韩征赶劝，通知韩贞的父亲韩士辛前来问明，把韩贞抬回医治，小的也闻知是韩利讨要韩贞家垦种地租起衅争殴，致伤韩贞左胳膊、左腿、右臂膊，韩利弃担逃跑，韩贞才拾担追赶的。不料韩贞伤重，到十三日身死，尸亲投保把小的获案报验的。委非预谋纠殴有心致死，也没起衅别故及另有在场帮殴的人。凶器铁镢头已蒙起获。是实。各等供。

据此，将犯收禁，录供通详，奉批审解。方瑞兰旋即卸事，卑职抵任，接准移交。据报，该犯韩学于光绪十四年十月初五日在监患病，验详饬医，至十一月初五日治痊。遵提覆讯，除该犯韩利供词同前不叙外，讯据凶犯韩学供云云同前。是实。等供。据此，该署泗州直隶州知州李祖福审看得云云同后院看至，储库备拨。等情。议拟由州解司核，恐案情未确，饬委怀宁县覆审，该县因另有查办事件，禀请改委安庆府审照原拟解司，勘转到臣，提犯亲讯无异。

该臣审看得泗州民韩学因堂弟韩贞与无服族弟韩利争殴拦劝致伤韩贞身死一案。缘韩学、韩利均籍隶该州，种地度日，已死韩贞系韩学小功堂弟、韩利无服族兄，俱素睦无嫌。韩利先因外贸，有荒地一块托韩贞之父韩士辛代为垦种，未议租息。光绪十四年，韩利外归，将地收回自种。旋于六月十二日往向韩士辛索讨积年地租，韩士辛以原系荒地，已为垦熟，不允给租，韩利不依，彼此争吵，经邻人岳得贵等走至问明，劝令韩士辛许给韩利租钱六千文未付。各散。傍晚时分，韩贞外回，闻知气忿，即携木扁担赶向韩利理论，韩士辛阻止不听。维时韩利正在门外乘凉，韩贞看见，斥其不应索讨荒地租钱，韩利分辩，韩贞混骂，韩利回詈，韩贞举担向殴，韩利闪侧，夺担过手，乘势连殴伤韩贞左胳膊并左腿，韩贞赶拢夺担，韩利又用本担[2]殴伤韩贞右臂膊，弃担逃跑。韩贞拾担追赶，适韩学手携扒粪铁镢头路过，见向拦劝，韩贞斥骂帮护，并举担向韩学扑殴，韩学即用铁镢头格落韩贞手内木担，致铁镢头齿带戳伤韩贞额颅，喊痛倒地。经韩征趋至劝住，通知韩士辛前往问明，抬回医治。讵韩贞伤重，延至十三日殒命。尸父韩士辛投保获犯报验，该前州方瑞兰公出，经代行吏目牒请五河县易华俊诣验填格，申经方瑞兰公回讯详，批饬审解，旋即卸事，该署州李祖福到任准交。据报，该犯韩学在监患病，验报医痊。兹据该署州覆讯，议拟解司委审，勘转前来，臣提犯亲讯，据供前情不讳，诘非预谋纠殴有心欲杀，亦无起衅别故及另有在场帮殴之人，案无遁饰。查律载："本宗尊长殴小功卑幼至死者，绞监候。"又："同姓服尽亲属相殴，卑幼犯尊长加凡斗一等。"又："他物殴人成伤者，笞四十。"各等语。此案韩学因韩利向韩贞家索讨地租起衅争斗，该犯拦劝被斥，致伤韩贞额颅，越日身死。查已死韩贞先被韩利殴伤左胳膊等处，伤不甚重，尚能追殴，不致戕生，惟后被该犯用铁镢头戳伤致命额颅，即时倒地为重，应以该犯拟抵。已死韩贞系该犯韩学共曾祖堂弟，服属小功，自应按律问拟。韩学应如州司所拟，合依"本宗尊长殴小功卑幼至死者，绞监候"律，拟绞监候，秋后处决。韩利担殴韩贞左胳膊等处成伤，该犯系韩贞无服族弟，亦应如拟。韩利合依"同姓服尽亲属相殴，卑幼犯尊长加凡斗一等"，于"他物殴人成伤者，笞四十"律上加一等，笞拟五十[3]。该犯韩学、韩利事犯到官，均在光绪十五年三月十六日恭逢恩诏以前，核其情罪系在条款准免之列，均应准其援免，后再有犯，加等治罪。该犯韩学与韩贞并非同居共财，仍应追埋葬银二十两给付尸属具领，以资营葬。韩征劝阻不及，应毋庸议。无干省释。地租身死勿征。尸棺由县饬埋。凶器铁镢头随招解验，案结发回，储库备拨。除揭移部科外，理合恭疏具题，伏乞皇上圣鉴，敕下法司核覆施行。再，此案审限云云。

校勘记：

①木扁拒：拒字误，当为"担"。

②本担：本字误，当为"木"。

③笞拟五十：据文意，当为"拟笞五十"。

活埋无服族侄孙身死

为委审事。据按察使嵩崑详，据安庆府知府联元详称：案查卑前府成善任内，奉前司札，奉前抚宪吴行承准，军机大臣字寄，光绪十一年七月十二日奉上谕："有人奏安徽霍山县土豪黄邦盗葬祖茔，率众将黄军次子活埋毙命，该县白毓崑延不结案，纵役赵行等持票婪索，将黄军长子黄梁拷逼致死，该县令贿和私了等语。事关纵役殃民，贿和枉命，如果属实，亟应从严参办。吴元柄不日到任，即著确切查明，据实具奏，勿稍徇隐。原片著抄给阅看，将此谕令知之。钦此。"遵旨抄片寄信前来，合亟恭录抄片札饬，札到即便钦遵，刻日遴委明幹之员驰往霍山县，查照原奏逐款严密查明，据实禀覆核办，毋稍徇隐率延，切切。计抄片内开：再闻安徽霍山县土豪黄邦盗葬祖茔经官断结后，于光绪七年八月忽率众将黄军次子活埋毙命，业经定案，复又翻供，冀延旦夕，遂发县覆审，县令白毓崑故延不结，宪催罔应。本年三月忽纵蠹役赵行等四十余人持票下乡滋扰婪索不遂，将黄军之长子文童黄梁私刑拷逼，手足肩背血肉淋漓，因而致死，反作为自缢。该令白毓崑虑干参处，乃浼乡绅张宗向黄军贿和私了，且传案二十余人守候四月之久，从未坐堂一讯，似此玩延重案，纵役殃民，加以贿和枉命，实不足以为民父母。臣既有风闻，理应据实指参，请饬安徽巡抚确查究办，以重民命而儆官邪，是否有当，谨附片具奏请旨。等因。遵经由司札委候补知州钱文骥前往霍山县查明知县白毓崑被参各情，先行详请覆奏，钦奉谕旨："白毓崑著即撤任，留省听候查办。钦此。"钦遵由司委提人卷至省，饬发卑前府成善审办，遵查霍山县原卷，内开：光绪七年九月初二日，该前县李应泰任内，据职员黄军呈报：伊次子黄常于八月三十日被黄邦挟盗葬公山不遂，讼嫌活埋毙命该处，地保悬缺未充，报叩验究。等情。当经李应泰卷查，光绪五年正月二十九日，据民人黄荣以黄幅等阻葬凶殴等情具控，经该县验明黄荣头上擦伤一片，饬差传讯，旋据贡生黄幅、职员黄军等以违禁盗葬埋迁捏控等情诉请质究，即经集证讯明，黄邦兄弟与黄军有六房公共西冲下湾老坟山一处，向听各房安葬。同治六年间，黄幅因添葬过多恐伤龙脉，将其毗连该处己业山场二处一并捐作护坟公山，凭族议立禁约，栽蓄荫树，永禁添葬。光绪五年正月十四日，黄邦因母棺未葬，商同其兄黄荣私将母棺抬赴议禁山地盗葬，经黄军等查知，投明族众，欲与黄邦评理。黄幅检出嘉庆年间承买该山后经捐作公山契据，凭中看明，经族长黄仔等理斥迁葬，黄邦理屈应允。黄军即率同子侄黄常等催令黄邦弟兄将棺起出，抬赴祖坟旁安放。各散。黄邦因此挟嫌，耸令其兄黄荣赴县装伤捏控，黄荣复以前情赴六安州暨臬司衙门具控，批经李应泰勘明，黄荣等母棺盗葬处所实在黄幅凭族议禁公山界内，提讯黄幅等供无凶殴情事，念其谊关一本，将黄荣等从宽责惩，详销完案。据报前情，随即饬差拿犯，一面带领刑仵驰诣该处，勘得黄幅等公共坟山一片，坐落县属西冲下湾地方。据尸亲黄军指称，伊子黄常被埋在黄邦等前起母棺空圹内，当饬刨开泥土查看，尸身穿有衣裤，发辫缠绕项颈，麻绳捆缚手足。勘毕，将舁尸放平地，[①]解去麻绳发辫，如法相验。饬据仵作黄俊验报:已死黄常,问年二十八岁。仰面,致命:顶心有木器伤一处,斜圆五分,紫赤色;两眼胞开;两眼睛突,有血水流出。致命:咽喉有发辫勒痕一道,宽二分,深一分,周围长八寸四分。不致命:右肩甲有木器伤一处,斜长二寸五分,宽六分;左胳膊有木器伤一处,斜长四寸一分,宽六分;两手腕各有绳痕一道,每道长一寸六分,宽三分,俱紫赤色;两脚腕各有绳痕一道,均长一寸九分,宽三分,紫赤色。合面:发际有木器伤一处,斜长二寸二分,宽六分,紫赤色;谷道突出。余无故。实系受伤后被埋气闭身死。报毕,李应泰亲验无异,饬取凶器木棍无获,无从比对伤痕,填格取结,尸令棺殓。勒差于七年九月十六日获犯黄邦到案,讯据供认起意活埋黄常致死,逼令其侄黄扬帮同捆埋等情不讳。饬查黄荣已先于七年七月初六日在家病故,讯取保邻人等供结附卷,录供详批。勒缉逸犯黄扬无获,将黄邦审依故杀律,拟斩监候,由州解奉前臬司提讯,犯供狡展,饬委卑前升府沈容经[2]确讯,供仍翻异,申请将犯发回,传证质审,因要证黄裕等外出湖北省贸易,一时难以到案,经接署县李璜详咨展限。李璜旋即卸事,该县白毓崑到任,于十一年三月十七日传到见证黄裕、黄永,提同该犯黄邦讯供各执,屡传尸亲黄军不到,经白毓崑改差陈山催传,嗣访闻黄军长子黄梁自缢身死,有牵涉差役情事,即经饬差确查。随据黄军呈报:四月二十一日县差协保同至伊家传审,值伊探亲外出,长子黄梁患疯甫痊,出见县差惊走,被石绊跌倒地,擦伤左指甲、左膝盖,经该差等帮同扶起问明,进内躺卧。次早伊子疯病复发,开门跑出,查找无着。嗣伊回家,四出访查,于二十七日经邻人李立告知,查见伊子在黑坳山树上自缢身死,伊即前往认明,抬回棺殓,理合据实呈明,并据黄军之戚张宗以黄梁素有疯迷,现系自缢,劝令黄军不必兴讼遗累,结求免究。白毓崑查讯差役陈山因病未能亲往,转倩帮役程汰、方仪下乡协保同至黄军家传讯,因黄军外出,在彼守候,忽见一人走出惊跑,被石绊跌倒地,擦伤左指甲等处。该差程汰等上前扶起,询系黄军之子,当令往找黄军回家,并以黄军再不赴案,伊等定要受比,惟有将其带案代质之言向说。经该家属与地保邱大告知黄梁素有疯病,程汰等遂不复言。时已天晚,即各住歇。次早,黄梁疯病复发,开门跑出,经该家属查寻不见,程汰等恐生别故,先行回县,并嘱地保邱大俟黄军回家带案,并无藉差吓诈情事,质之尸父黄军、尸戚张宗,各供相同,惟因在场眼见之地保邱大未到,恐系串饰私和,谕候传到地保覆讯。白毓崑旋即调帘卸事,代理县吴近智到任,照案催传未到在卷,奉饬前因,随提一干人证,督同局员,逐加研讯。

据地保邱大供:霍山县人,光绪十一年充当千罗后坂地保。已死黄梁是保民黄军的长子,向有疯病,时发时愈,因他从没闹事,未及报官锁锢。光绪五年,黄军同他族人黄邦[3]在合族议禁公山盗葬母棺,投鸣族众,理斥起迁,控县究结完案。七年八月间，黄军的次子黄常被黄邦活埋毙命，报县验明，获犯审办，因黄邦解省翻供，发回质审，小的都知道的。十一年四月二十一日，县差程汰、方仪下乡协同小的催传黄军赴案备质，因黄军探亲外出，暂在他家守候，后见黄梁从内走出，见差惊跑，被石绊跌倒地，擦伤左指甲、左膝盖。程汰们帮同扶起，闻知是黄军的儿子，就叫他往找黄军回家，并说黄军再不投案，他们定要受比，惟有把他带案代质的话。当经小的合黄军的家属向程汰们告知，黄梁向有疯病，不懂公事，程汰们就没啧声。时值天晚，当各住歇。第二日早上听说黄梁疯病又发，开门跑走，经他家属找寻无着，程汰们恐生事端，也就起身回县，嘱令小的俟黄军回家带案。各散。随后，黄军回来，查知黄梁已在黑坳山树上自缢身死，黄军因系疯发自缢，与人无干，不愿兴讼，适蒙县主访闻差查，随据实呈报，并求免究的。程汰们委没藉差吓诈的事。至黄邦的哥子黄荣委于光绪七年七月初六日在家病故，愿具结。是实。

据尸亲职员黄军供：霍山县人。这黄邦是无服族叔，已死黄常、黄梁都是职员儿子。黄梁居长，向患疯病，时发时愈，因他从没闹事，没有报官锁锢。职员合黄邦有六房公共老坟山一座，坐落西冲下湾地方，向听各房安葬。同治六年间，经昔存今故的族人黄幅因添葬过多，恐伤龙脉，把他毗连那里的已业山场二处一并捐作护坟公山，邀同六房族人公议立约，栽蓄荫树，永禁添葬。光绪五年正月里，黄邦合他哥子黄荣私把母棺抬到议禁公山盗葬，职员住在附近，先行查知，随即投鸣族众，合黄邦兄弟们评理，黄幅检出嘉庆年间承买那山后经捐作公山契据，凭众看明，经族长黄仔们理斥起迁，黄邦理屈应允。职员就带同子侄黄常们催捉黄邦弟兄上山把棺起出，抬到他祖坟旁安放。各散。那晓黄邦因此挟恨，耸令他哥子黄荣装伤捏控黄幅合职员阻葬凶殴，职员们闻知，据实呈诉。黄荣又赴州、赴省上控，蒙李前县勘讯明确，把黄荣责惩，详销完案。七年八月三十日，黄邦合他侄子黄扬在田工作，次子黄常走过，怎样提及前事，向黄邦耻笑，致被黄邦殴伤，喝令黄扬帮同捆缚手足，抬往空圹内活埋，职员先不晓得，是黄永跑来告知，邀同黄裕赶往救阻，不料黄常业已气闭死了，当就报验获犯黄邦讯供解省，黄邦供词翻异，发回传同见证黄裕质讯，因黄邦供仍狡执，县差程汰、方仪于十一年四月二十一日下乡协保催传职员赴案备质，适值职员探亲外出，暂在家内守候。不料职员的长子黄梁由内走出，撞见县差惊走，被石绊跌倒地，擦伤左指甲、左膝盖。程汰们赶拢，扶起问是职员的儿子，就叫他往找职员回家，并说再不到案他们定要受比，惟有把他带案的话。当经家属合地保邱大告知长子向有疯病，不懂公事，程汰们就没讲话。那晓长子疯病复发，次早开门跑出，家属查找没着。程汰们先行回县，并嘱地保俟职员回家带案。随后职员回家，问知前情，四出查找，到了二十七日，经邻人李立告知他见长子黄梁已在黑坳山树上自缢身死。职员前往认明,抬回棺殓,蒙本县访闻差查,这表弟张宗向职员劝说,长子黄梁本是疯迷自缢,与人无干,不必兴讼贻累,职员就同张宗到县据实呈报,结求免究的。今蒙提审,次子黄常实被黄邦挟嫌合他侄子黄扬活埋身死,长子黄梁委因疯迷自缢,县差程汰们并没藉差吓诈,职员合张宗也没受贿私和的事。是实。

据监生黄裕供:黄军是胞兄,已死黄梁、黄常是胞侄,余与黄军供同。

据见证从九品衔黄永供:霍山县人,已死黄常、黄梁是黄军的儿子,合这到案的黄邦都与职员同族无服。光绪五年正月里,黄邦合他哥子黄荣私将母棺盗葬议禁公山,经黄军父子们查知,投鸣族众,理斥起迁,黄邦因此心怀不甘,耸他哥子黄荣装伤捏控,经县讯明责释,职员是知道的。七年八月三十日,黄邦怎样因黄常向他笑耻[4],触起前嫌,把黄常殴伤,令他胞侄黄扬帮同捆缚手足,抬往前起母棺空圹内活埋毙命,职员路过那里,见向拦劝,被黄邦斥骂多管,并用铁锄赶殴。职员知他平素凶横,连忙逃回,找着黄常的叔子黄裕同往帮救,那知黄常已气闭身死,就信知黄军报验获犯讯办的。后来黄军的长子黄梁如何疯迷自缢,职员没有看见。今蒙提省委审,黄常实被黄邦殴伤逼令他侄子黄扬捆缚手脚帮抬活埋身死,职员委系救阻不及。至黄邦的哥子黄荣,委于光绪七年七月初六日在家病故,愿具结。是实。

据职员张宗供:霍山县人,这黄军是职员中表兄弟,已死黄梁是黄军长子,向有疯病,时发时愈,职员是知道的。黄军因合黄邦控案未结,光绪十一年四月二十一日县差程汰们协同地保邱大往传黄军备质,因值黄军探亲外出,暂在他家守候。黄梁由内走出,看见程汰们惊跑,被石绊跌倒地,擦伤左指甲、左膝盖,程汰们赶拢扶起,问是黄军的儿子,叫他往找黄军回家,并说再不到案,他们定要受比,惟有把黄梁带案代质的话,当经家属合地保邱大告知黄梁向有疯病,不懂公事,程汰们就没啧声。不料黄梁疯病复发,次早开门跑出,经他家属查找无着,程汰们随先行回县,并叫地保俟黄军回家带案。后来黄军回家,查询黄梁不见,到了二十七日,经李立看见黄梁在黑坳山树上自缢身死,报知黄军前往认明,抬回棺殓。蒙本县访闻差查,黄军赴县呈报,职员晓得黄梁实系疯迷自缢,程汰们并没藉差吓诈的事,劝令黄军不必兴讼拖累,黄军就赴县结求免究,职员随同画押,蒙本县查讯,谕令暂回,候传到地保邱大覆审,致没结案的。今蒙提审,黄梁委系因疯自缢,与差没[5]程汰们无干,职员合黄军并没有贿和的事。是实。

据应讯李立供:黄军是邻居,他长子黄梁向患疯病,时发时愈,因他从没闹事,未经报官锁禁。光绪十一年四月二十一日,县差程汰们怎样协同地保邱大到黄军家传讯,黄梁撞见惊走跌伤,小的先不知道,后闻黄梁疯病复发,跑走无踪,小的也代留心找寻。二十七日,小的从黑坳山经过,看见树上有人自缢,认系黄梁,就去找他父亲黄军往看,抬回棺殓的。别的事不知道。是实。

据差役陈山供:充当霍山县头役。程汰、方仪供:充当霍山县散役。又据同供:光绪十一年四月二十一日,小的陈山奉本官票传黄邦活埋黄常身死案内尸亲黄军来案质讯,小的因病不能前往,转央小的程汰、方仪,就于那日代他下乡,协同地保邱大前往,查知黄军探亲外出,暂在他家等候。不多一会,见有一人从内走出,看见小的们惊跑,被石绊跌倒地,擦伤左指甲、左膝盖,小的们连忙赶拢扶起,问是黄军的长子黄梁,小的们就叫他往找黄军回家,并说再不到案定要重比,惟有把他带案代质的话,经他家属合地保邱大告知,黄梁向有疯病,不懂公事,小的们就没啧声。时已天晚,随各住歇。不料黄梁疯病复发,忽于次早开门跑出,他家属查找没着,小的们怕有别故,先行回县,就叫地保俟黄军回家带案。后因黄梁自缢身死,经本官访闻差查,黄军同这张宗来县呈明,黄梁实因疯迷自尽,与小的们无干,结求免究。因地保邱大没到,致没结案的。小的陈山委系因病没有前往,并非托故不行,小的程汰、方仪也没藉差吓诈的事。是实。

据凶犯黄邦供:年六十七岁,霍山县人,父母都故,弟兄六人,小的行三,娶妻生有子女。那到案后在家病故的黄荣是第二哥子,在逃的黄扬是胞侄,都合小的同居共炊,种田度日。已死的黄常是无服侄孙,先没嫌隙。小的合黄军有六房公共老坟山一处,坐落西冲下湾地方,向听各房安葬。同治六年间,有昔存今故的族人黄幅因怕添葬过多伤碍龙脉,自把毗连那里的己业山场二处一并捐作护坟公山,凭族议明立约,栽蓄荫树,封禁添葬,小的是知道的。光绪五年正月十四日,小的因母棺没葬,觅地为难,见那议禁山地空圹,又离坟不远,随合二哥商定,把母棺抬往盗葬。不料就被黄军父子们查知,投鸣族众,合小的评理。黄幅检出嘉庆年间承买该山后经捐作公山契据,凭众查看,族长黄仔们斥说事关合族公议,不能紊乱,叫小的迁让,小的理屈应允。黄军就带领他子侄黄常们催逼小的弟兄上山把棺起出,抬放坟旁,用草遮盖。各散。后来小的因母棺暴露,心怀不甘,怂恿二哥告官拖累,二哥就以黄幅、黄军们阻葬凶殴等情自行装伤控县,黄幅们也就具诉,二哥又赴州、赴省具控,蒙李前县勘讯明确,把二哥责惩,详销完案。七年八月三十日,小的同侄子黄扬携带铁锄在田工作,黄常从田边经过,提及前事,并以上控无益的话向小的耻笑,小的触起前嫌,就用锄柄殴伤黄常右肩甲、左胳膊,黄常不依,撞头拼命,小的又用锄柄戳伤黄常发际、顶心倒地。黄常在地辱骂,并说伤好告官处治,将小的革族出族。小的愈加气忿,起意把他致死,喝令侄子黄扬用绳捆缚,侄子不肯动手,小的吓说若不帮助,定要一并处死,侄子才取床绳帮同小的把黄常两手两脚一并捆缚,黄常大声喊救,小的怕人听闻,把他发辫紧绕项颈,黄常喊不出声,小的逼令侄子把黄常抬到前起母棺空圹内丢下，被族人黄永路见，赶来劝阻，小的斥他多管，举锄赶殴，黄永害怕跑走，侄子黄扬也乘空脱逃。小的恐怕黄永邀人来救，忙用铁锄爬土掩盖，回家躲避，后经尸父黄军报验差拿，小的到案讯明解省，小的畏罪翻供，发回覆讯的。今蒙提审，小的实因挟嫌起意逼令侄子黄扬把黄常捆缚活埋身死，并没起衅别故及另有在场帮同抬埋的人，逃后也没另犯不法及知情容留人家。凶器锄当时撩弃，侄子黄扬现逃何处，不知道。至二哥黄荣委于光绪七年七月初六日在家病故，愿具结。是实。各等供。

据此，当经成善录供通详覆讯，议拟由司解奉前抚宪提讯，犯供复翻，发府确审，因人证先已回籍，禀司发回六安州，并委霍邱县知县屈承福会同该州朱大绅就近传证质明，仍照原拟解司核，恐案情未确，饬由卑府审明，正在详解间，据报该犯黄邦在怀宁县监患病医治无效，于十六年十月二十九日病故，札委候补知县吕耀轸验讯刑禁人等，并无凌虐情弊，绘具图结，详批核入正案，议拟由司核转到院。

该本部院核看得霍山县民黄邦活埋无服族侄孙黄常身死，该犯于讯供解省后在监病故，及尸兄黄梁疯发自缢，县差程汰等讯无藉差吓诈一案。缘黄邦籍隶霍山县，庄农度日，与其胞兄黄荣并胞侄黄扬同居共炊。已死黄常系黄军次子，黄梁系黄军长子，俱系黄邦无服族侄孙，先无嫌隙。黄梁素患疯病，时发时愈，因其并未滋事，未经报官锁锢。黄邦兄弟与黄军等有六房公共老坟山一处，坐落该县属西冲下湾地方，向听各房安葬。同治六年间，经昔存今故之黄幅因添葬过多恐伤龙脉，将其毗连该处己业山场二处一并捐作护坟公山，凭族议明立约，栽蓄荫树，永禁添葬。光绪五年正月间，黄邦因母棺未葬，觅地为难，商同其兄黄荣私将母棺抬赴议禁山地盗葬，经黄军等查知，投鸣族众，欲与黄邦评理，黄幅检出嘉庆年间承买该山后经捐作公山契据，凭众查看，经族长黄仔等理斥起迁，黄邦应允，黄军即率同子侄黄常等催令黄邦兄弟将棺起出，抬赴祖坟旁安放。各散。黄邦因此与黄军父子有隙，屡以母棺暴露，心不甘服，怂恿其兄捏控拖累，黄荣亦以黄军等薄情，迁怒族众，遂以黄幅等阻葬凶殴各情装伤赴县并赴六安州暨臬司衙门具控，批饬该前县李应泰勘明，黄荣等母棺盗葬处所实在黄幅凭族议禁公山界内，提讯黄幅等供无殴伤情事，因其谊关一本，将黄荣等从宽责惩，详销完案。黄荣于省释后旋即在家病故。光绪七年八月三十日，黄邦携带铁锄与侄黄扬在田工作，适黄常路过撞见，提及前事，并以上控无益之言向黄邦耻笑，黄邦触起前嫌，即用铁柄殴伤黄常右肩甲、左胳膊，黄常不依，撞头拼命，黄邦又用锄柄戳伤黄常顶心、发际倒地。黄常在地混骂，称欲告官处治，并将黄邦革逐出族。黄邦愈加气忿，起意将黄常活埋致死，喝令其侄黄扬用绳捆缚，黄扬不肯动手，黄邦用言吓逼，黄扬无奈，携取麻绳赶拢，帮同黄邦将黄常手足捆缚，黄常大声喊救,黄邦虑人听闻,将黄常发辫紧绕项颈,黄常喊不出声。黄邦逼令黄扬将黄常抬赴前起母棺空圹内停放,经族人黄永路见,赶往劝阻,黄邦斥其多管,并举锄赶殴,黄永畏凶逃跑,黄扬亦乘间走脱,黄邦独自用锄爬土掩埋而逸。黄永往向黄常之叔黄裕并其父黄军告知往救,黄常已气闭殒命,报经该前县李应泰诣验,获犯黄邦讯供,详批缉审。勒拿逸犯黄扬无获,先就现犯覆审,议拟解经前司提讯。该犯黄邦供情狡展,饬委安庆府沈镕经确讯,供仍翻异,发回该县传证质审,因要证黄裕等外出,经接署县李璜详咨展限,旋即卸事,该县白毓崑到任,勒差于十一年三月间传到黄裕、黄永,提同该犯黄邦,讯供各执,屡传黄军不到,经该县改差陈山催传,因病不能亲往,转倩帮役程汰、方仪下乡,协同地保于四月二十一日前往代传,值黄军探亲外出,黄军长子黄梁患疯甫痊,走出门外,见县差惊跑,被石绊跌倒地,擦伤左指甲、左膝盖,经程汰等帮同扶起,询系黄军之子,即令往找黄军回家,并以黄军再不赴案伊等定要受比,惟有将其带案代质之言向说。当经该家属与地保邱大告知,黄梁系有疯病,程汰等遂不复言。时已天晚,即各住歇。次早黄梁疯病复发,开门跑走,经家属查找无着,程汰等恐生别故,先行回县,并嘱地保邱大俟黄军回家即行带案。嗣黄军回家访查,经其邻人李立告知,于二十七日寻见黄梁在黑坳山树上自缢身死,抬回棺殓。即经该县白毓崑访闻差查,黄军赴县呈报,并据其戚张宗以黄梁素患疯迷现系自缢,劝令黄军不必兴讼贻累,结求免究。白毓崑据呈查讯,供与词同,因在场眼见之地保邱大未到,恐系串饰私和,谕候传到地保覆讯,旋值调帘卸事,致未讯结。代理县吴近知[⑥]到任,正在传訊[⑦]间,经人奏参,钦奉谕旨交吴前部院查办,遵经饬据藩臬两司委查明确,会详奏请,将白毓崑撤任,一面委提人卷来省,饬发安庆府成善审拟由司解经前部院提讯,犯供翻异,发府覆审,因人证先已回籍,禀司发回六安州,并委霍邱县知县屈承福会同该州朱大绅就近传证质明,仍照原拟解司核,恐案情未确,饬由安庆府审明。正在详解间,据报该犯黄邦在怀宁县监患病,医治无效,于十六年十月二十九日病故,饬委候补知县吕耀轸验讯刑禁人等,并无凌虐情弊,绘具图结,详批核入正案,议拟由司核转。并据声明黄荣已先于光绪七年七月初六日在家病故,讯取保邻人等供结附卷等情前来。本部院覆核此案,既经由司委审明确,据供前情不讳,诘无另有起衅别故,此外亦无帮同抬埋之人,该犯黄邦委系畏罪翻供,并无别故。黄梁实因疯迷自缢,县差程汰等并无藉势吓诈尸亲,黄军亦无受贿私和情事,再三究诘,矢口不移。现在犯已病故,应即拟结。查律载:“故杀者,斩监候。”等语。此案黄邦因将母棺盗葬议禁公山,被黄军等查知,鸣族理斥起迁,该犯心怀不甘,怂恿其兄黄荣装伤捏控,经县审虚斥责详销。旋因路遇黄常出言耻笑,该犯触起前嫌,辄用锄柄殴伤黄常倒地,复因黄常卧地辱骂,并有告官处治革逐出族之言，起意喝令其侄黄扬帮同捆缚，将黄常活埋毙命，实属故杀。查黄常系该犯无服族侄孙，应同凡论。黄邦除商同黄荣盗葬捏控各轻罪不议外，应如该司等所拟，合依“故杀者，斩监候”律，拟斩监候，业已在监病故，应毋庸议。黄荣商同其弟黄邦将母棺盗葬议禁公山，复于族众斥迁以后辄又听从黄邦装伤捏控，殊有不合，业经该前县讯明责惩，旋即在家病故，亦毋庸议。县差陈山奉票查传尸亲，因病未能亲往，不即缴票禀请改差，辄倩帮役程汰等往传，亦属非是，程汰等既经查知黄军探亲外出，不即折回，辄向素有疯病之黄梁查问，虽黄梁死由疯发自缢，讯非该差等吓诈所致，究有应得之咎。陈山、程汰、方仪均如所拟，各照“不应重”律，杖八十。黄梁因疯自缢，业经委员访查明确，并据尸亲供吐明晰，并无别故，唯当时并未报官锁禁，又不自行看守，致令自缢身死，尸父黄军、邻人李立、地保邱大均合依“疯病之人亲属、邻佑人等容隐不报，不行看守，以致疯病之人自杀者，照不应重律杖八十”例，各拟杖八十。该犯等事犯在光绪十五年三月十六暨十六年三月二十二等日恭逢恩诏以前，所得杖罪均请援免。陈山、程汰、方仪、邱大仍各革役。张宗系黄军之戚，其劝令黄军不必兴讼，赴县结求免究，系恐累及无辜，并无贿和情事，应与究阻不及之见证黄永等，及黄邦在监病故讯无凌虐之刑禁人等，均毋庸议。该族坟山公议栽蓄荫树，永禁添葬，系为保护祖坟起见，应仍照旧禁止，不准再行添葬，以杜衅端。黄邦母棺另行择地安葬。取具各结附卷。各尸棺由县饬埋。凶器锄柄供弃免追。逸犯黄扬饬缉获日另结。前霍山县知县白毓崑已据委员切实密查，虽无纵役殃民贿和枉命情事，惟于该犯黄邦翻供发回后，既将见证传案并不提同质审，辄即改差往传尸亲，及至陈山雇倩帮役代传，该县亦毫无觉察，迨黄梁自缢身死，尸亲赴县呈报，又不据实详请委验，复藉口于地保邱大不到，以致延不讯详，责以办理错谬，实属咎无可辞，业已因另案参革，应毋庸议。所有监毙斩犯一名，管狱官职名系怀宁县典史陈嘉谟，相应随案附参。除恭折具奏并饬勒缉逸犯黄扬务获究报暨分咨外，相应咨达。

光绪十八年四月二十二日准。部照覆。

校勘记：

①将舁尸放平地：据文意，当为“将尸舁放平地”。

②沈容经：当为“沈镕经”，浙江乌程（今吴兴）人，同治进士，历任安徽太平府知府、安庆府知府等职。

③黄军同他族人黄邦：据文意，当为“黄军因他族人黄邦”。

④笑耻：倒文，当为“耻笑”。

⑤差没：没字误，当为“役”。

⑥吴近知:当为"吴近智",河南固始人,历任安徽霍山县令等职。

⑦传訉:訉字误,当为"讯"。

商议抢嫁功服弟妻未成致令自尽比例量减拟徒

题为委审事。据署按察使松峻[①]详,据安庆府知府联元详称:卑前署府王汝砺任内,奉委审阜阳县民李怀仪京控许德行等纠抢继母李李氏不从以致自缢身死等情一案,饬即提同犯证确讯详办。等因。并奉发卷宗到府,王汝砺未及讯详卸事,卑府抵任准交,遵查阜阳县知县萧先镐原卷,内开:光绪十七年二月初四日卑职公出期内,据地保张起报,据保民李坯投称:伊堂侄女李氏幼嫁李文为妻,夫故孀守。本月初二日,李文堂兄李汶虎私将伊侄女许嫁与许雨林为室。是夜初更时分,许雨林带人前往接娶,伊侄女哭泣不从,李汶虎与许雨林正在商议用强抢娶,适伊同邻人程封永等闻闹赶往查问,未及动手。伊侄女当向哭诉前情,许雨林乘间逃跑,伊将李汶虎扭交圩长许德行处理论。李汶虎自知理错,愿向伊侄女服礼息事。讵伊侄女气忿莫释,即于第二日早乘间自缢身死。等语。往查属实,许雨林业已逃逸,合将李汶虎带案,报叩验究。等情。并据尸堂叔李坯同报,各到县。据经代行典史饬差缉犯,正在禀请委验间,适卑职公回,随即带领刑仵驰诣该处,勘得南乡益镇集地方有李汶虎朝南住屋一所,进内北屋二间,系已死李李氏住房。据尸继子李怀仪指称,伊在外佣工,事后得信回家,见继母李氏尸身已经解放堂屋床上,查明伊继母系用床垫足在土墙木橛上用布带自缢身死。等语。查看土墙木橛系用柴棍钉在墙上,用以挂物,上面灰尘滚乱,旁有木床一张,量木橛长五寸,至地高六尺,床高一尺。勘毕,饬据仵作陈立验报:已死李李氏,问年四十岁。仰面:面色发变;两眼胞闭;口微开;舌抵齿不出;咽喉上有绳痕一道,斜长九寸,宽四分,深一分,青红色,有血瘾,由合面两耳后斜入发际,八字不交;两手微握,两大指垂下。余无故。实系自缢身死。报毕,亲验无异,饬起缢绳量长四尺五寸,比对绳痕相符,当场填格取结,尸令棺殓,缢绳带回储库。勒据该差于四月二十八日拿获许雨林到案,随传集尸亲、保邻人等,提同该犯李汶虎、许雨林逐加研鞫。据李汶虎供认:因伊堂弟妇李李氏夫故家贫,恐难终守,捏称李李氏自愿改嫁,私托伊姑母许李氏为媒,许嫁许雨林为妻,嗣因李李氏哭泣不从,与许雨林正在商议用强抢娶,适值邻人程封永等与尸堂叔李坯赶至查问,未及动手。许雨林则称李汶虎私将李李氏主婚改嫁,伊先不知情,后因带人前往接娶,李李氏哭闹不愿,与李汶虎商议强抢各等情不讳。经该县录供通详,奉批审解,遵提覆讯,议拟解经颍州府[②]提讯,犯供翻异,札委署太和县袁学昌讯照原拟解府,该府尚未审解，各在卷。查毕，随提现到人证，逐一研讯。

据地保张起供与报词同。

据尸继子李怀仪供：阜阳县人，已死李李氏是继母，这到案的李汶虎是本生父亲。光绪十七年二月初二日，父亲怎样因继母没有养赡，难以终守，捏称继母自愿改嫁，私托小的堂姑祖母许李氏为媒，把继母改嫁许雨林为妻，随后许雨林又怎样带人前往接娶，继母哭闹不从，到初三日早乘间自缢身死，那时小的在外佣工，先没晓得，事后得信赶回才知道的。至小的京控圩长许德行们纠抢继母等情一案，因许德行并未查拿许雨林送县，心疑袒庇，又怕父亲到官问罪，是以呈控的。现已另案供明，求恩典。是实。

据尸亲李坯、见证程封永同供：已死李李氏是小的李坯堂侄女，许嫁村邻李文为妻，成婚多年。李文病故无子，李李氏承继这到案的李汶虎的儿子李怀仪为嗣，矢志不嫁。光绪十七年二月初二日，李文虎③怎样私托他姑母许李氏作媒把李李氏改嫁与许雨林为妻，小的们先不晓得。到那日初更时候，小的们听闻李李氏家吵闹，合未到案的程自然赶往查看，见李文虎④合许雨林都在李李氏家内，李李氏当向小的李坯哭诉，说李汶虎劝他改嫁许雨林，因他不愿，想要用强抢娶，他实在没脸做人的话，小的们当各用言劝慰，许雨林乘空逃跑，小的李坯把李汶虎连夜带往圩长许德行处告知情由，求为处治。许德行就要投保，找获许雨林一同送县究治，李汶虎自知理错，再三求饶，并愿向李李氏服礼了事。小的合许德行因人未被抢，从宽应允。不料李李氏气忿莫释，到初三日早乘间自缢，小的们闻知，赶往解救，业已气绝身死，小的李坯就投保报验的。是实。

据应讯人监生许德行供：阜阳县人，充当本乡许家楼圩长，已死李李氏是已故村邻李文的妻子，守志不嫁，监生是知道的。光绪十七年二月初二日二更时候，李李氏母家堂叔李坯扭带这到案的李汶虎到监生家，说李汶虎私托他姑母许李氏作媒，把他堂弟妇李李氏嫁卖与许雨林为妻，许雨林带人接娶，李李氏哭闹不从，李汶虎合许雨林正在商量用强抢娶，适他合邻人程封永、程自然们赶往查看，李汶虎们未及动手，许雨林乘空逃跑，求监生把李汶虎作何处治的话，监生就要投保找获许雨林同李汶虎一并送县究治。李汶虎自知理错，再三向李坯合监生求饶，愿并⑤到李李氏处服礼了事。监生想人未抢去，从宽应允。不料李李氏气忿莫释，到初三日早乘间自缢身死，经李坯投保报验的。是实。

据写契人许海供：阜阳县人，年三十七岁。光绪十七年二月初二日上午，这到案素识的李汶虎来找小的，说他弟妇李李氏夫故守志，因没有养赡，难以终守，现托他姑母许李氏作媒，改嫁许雨林为妻，言明身价钱十千文，叫小的代写婚书，小的应允，同到许李氏家代他写好，李汶虎亲自画押，交给许雨林收执，小的当就走回。后来许雨林们怎样前往接娶，李李氏自愿守志，哭闹不从，李汶虎合许雨林商量用强抢娶，小的先不晓得，到初三日早听闻李李氏气忿莫释，自缢身死，尸亲李坯投保报验才知道的。是实。

据媒人许李氏供：阜阳县人，年七十四岁，已死李李氏是小妇母家已故堂侄李文的妻子，这到案的李汶虎是侄子。李李氏孀守无子，承继李汶虎的儿子李怀仪为嗣。光绪十七年正月间，小妇回母家拜年，李汶虎说起李李氏没有养赡，恐难终守，想要把他改嫁，托小妇代为留心娶主，并称李李氏自愿改嫁，小妇随口答应。二月初二日上午，小妇夫家堂侄许雨林合李汶虎先后来小妇家闲坐，许雨林说起家务没人照料，应要娶妻[⑥]，李汶虎听闻就托小妇为李李氏向许雨林媒说。小妇当向李汶虎盘问李李氏是否愿嫁，李汶虎回说实系李李氏自愿改嫁，小妇就向许雨林说合，言明身价钱十千文，等人过门给付，李汶虎回说不要财礼，他就往找素识的许海代写婚书，亲自画押，交给许雨林收执，约定当晚前去接人。各散。那知李李氏并没自愿改嫁的事，听闻李汶虎劝他嫁人，就哭闹不从，后来他堂叔李坯把李汶虎扭送圩长许德行家理论，许德行当欲投保把李汶虎、许雨林一并送县究治。李汶虎自知理错，再三向许德行们求饶，并愿向李李氏服礼了事。不料李李氏气忿莫释，到初三日早乘间自缢身死，李坯就投保报验的。小妇委没逼嫁的事，求恩典。是实。

据犯人许雨林供：阜阳县人，年四十九岁，父母都故，兄弟三人，小的居幼，并没娶妻，铁匠手艺。光绪十七年二月初二日上午，小的到婶母许李氏家闲坐，适他母家侄子李汶虎也来婶母家探望，小的说起家内没人照料，意要娶妻，李汶虎听知，就说他弟媳李李氏没有养赡，恐难终守，托婶母为李李氏向小的做媒，婶母当向李汶虎盘问李李氏是否愿嫁，李汶虎回称实系李李氏自愿改嫁，婶母就向小的说合，言明身价钱十千文，等人过门给付，李汶虎回说不要财礼，当就往找素识的许海代写婚书，李汶虎亲自画押，交给小的收执，约定当晚前往接人。各散。到起更时候，小的带同车夫杨大、许和孜们前往迎接，先到李汶虎家，李汶虎就叫杨大们在庄外守候，自合小的到李李氏家接娶，那知李李氏并没自愿改嫁的事，就向李汶虎哭闹不从，李汶虎正同小的商量用强抢娶，适值他邻佑程封永们合李李氏母家堂叔李坯先后赶到查问，小的合李汶虎不及动手。李李氏当以李汶虎带领小的前来劝嫁不从，说要用强抢娶，他实在没脸做人的话，向李坯哭诉，李坯用言劝慰。小的见事不成，乘空逃回。后来李坯把李汶虎扭送圩长许德行家理论，许德行当欲投保找获小的一并送县究治。李汶虎自知理错，再三向许德行们求饶，并愿向李李氏服礼了事。不料李李氏气忿莫释，到初三日早乘间自缢身死。李坯投保报验，小的害怕，逃往各处躲避，后蒙拿获到案的。前蒙县讯,已经供明,今蒙委审,小的委没纠众强抢的事,逃后也没另犯不法及知情容留人家,所许李汶虎钱文并没付给。是实。

据犯人李汶虎供:阜阳县人,年四十八岁,父母都故,弟兄四人,小的居二,娶妻史氏,生有子女,种地度日。已死李李氏是已故同祖堂弟李文的妻子,素好没嫌。李李氏孀守无子,承继小的儿子李怀仪为嗣。小的因李李氏家贫难度,想把他改嫁,因怕不允,未向告说。光绪十七年正月间,小的出嫁姑母许李氏回家拜年,小的和他商议,李李氏没有养赡,恐难终守,如有相当娶主,托他留心,并诓称李李氏也愿改嫁的话,许李氏随口答应。二月初二日上午,小的到许李氏家探望,适他堂侄许雨林也在他家闲坐,说起家内没人照料,意要娶妻,小的听知,当托许李氏代弟妇作媒,许李氏又向小的盘问李李氏是否愿嫁,小的仍捏称实系李李氏自愿改嫁,许李氏随向许雨林说合,言明身价钱十千文,等人过门付给,小的回说不受财礼,当就往找素识的许海代写婚书,小的亲自画押,交给许雨林收执,并约定当晚前去接人。各散。到起更时候,许雨林带同车夫杨大、许和孜们前来迎接,先到小的家内,小的叫杨大们在庄外守候,自合许雨林到李李氏家接娶,那知李李氏一闻劝令改嫁,就哭闹不从,小的正合许雨林商量用强抢娶,适值邻佑程封永们同李李氏母家堂叔李坯先后赶至查问,小的合许雨林不及动手。李李氏当以小的带领许雨林前来劝嫁不从,说要用强抢娶,他实在没脸做人的话,向李坯哭诉。许雨林见事不成,乘空逃跑,李坯用言劝慰,并把小的扭住,带往圩长许德行家,告知情由,求为处治。许德行当要投保找获许雨林连小的一并送县究治,小的自知理错,再三向许德行们求饶,并愿向李李氏服礼了事,许德行方才应允。不料李李氏气忿莫释,到初三日早乘间自缢身死,李坯投保报验,把小的送案的。前蒙县讯,已经供明,今蒙委审,小的委没谋产图财用强抢卖的事,许雨林所许钱文也没付给。是实。各等供。

据此,录供通详,奉批审解,遵提覆讯,除各供均与前审相同不叙外,讯据犯人许雨林供云云同前。据犯人李汶虎供云云同前。各等供。据此,该安庆府知府联元审看得云云同后院看至。李怀仪京控许德行一案,另详核办。等情。议拟解司详院核,恐情罪未洽,行司札委署怀宁县包宗经确讯,委拟详办,该县因另有查办事件,禀司该委署望江县龙赓言讯无别故,仍照原拟解司。据报,该犯李汶虎于十八年十月十九日在怀宁县监患病,经该县验报饬医,至十一月十九日治痊,由臬司嵩崑提犯讯明,勘转到臣。

该臣核看得阜阳县民李汶虎等强嫁堂弟妇李李氏不从致令气忿自缢身死一案。缘李汶虎、许雨林均籍隶阜阳县,已死李李氏系李汶虎已故同祖堂弟李文之妻,素睦无嫌。李汶虎之子李怀仪过继与李李氏为嗣。李李氏夫故孀守,李汶虎因其家贫,欲令改嫁,因恐不允,未向告知。光绪十七年正月间,李汶虎之姑母许李氏回家拜年,李汶虎当向商议,以李李氏家无养赡,料难终守,央托许李氏代为留心娶主,并诓称李李氏自愿改嫁,许李氏随口应允。二月初二日上午,李汶虎至许李氏家探望,惟时许李氏堂侄许雨林先至闲坐,谈及家中无人照料,意欲娶妻,李汶虎闻知即托许李氏媒说,许李氏复以李李氏是否愿嫁向李汶虎切实追问,李汶虎仍捏称实系李李氏情愿,许李氏随向许雨林说合,言明身价钱十千文,待人过门付给,李汶虎回说不受财礼,即往找素识之许海代写婚书,亲自画押,交给许雨林收执,约定当晚前往接人。各散。至起更时分,许雨林带同车夫杨大等往接,先至李汶虎家,李汶虎令车夫人等在庄外守候,自与许雨林至李李氏家接娶,李李氏一闻劝嫁,哭闹不从,李汶虎等商议正欲行强抢娶,适邻佑程封永等与李李氏之堂叔李坯先后趋至,查问情由,李汶虎等未敢动手。李李氏当以李汶虎带领许雨林前来劝嫁不从,称欲用强抢娶,伊实无颜做人之言向李坯哭诉。许雨林见事不谐,乘间逃逸。李坯用言劝慰,即将李汶虎扭住,带至圩长许德行处,告知前情,求为处治,许德行即欲投保找获许雨林一并送官究治,李汶虎自知理亏,再三向许德行等求饶,并愿赴李李氏处服礼息事,许德行等亦即应允。讵李李氏气忿莫释,即于初三日早自缢殒命。经李坯投保报经该县诣验,获犯讯详,批饬审解,经该县覆讯,议拟解经颍州府[7]提讯,犯供翻异,札委署太和县袁学昌讯照原拟解府,该府未及审解,即据尸继子李怀仪以许德行等抢孀毙命等情前赴步军统领衙门呈控,咨解到宁,行司委提人卷来省,札委前署安庆府王汝砺审办,未及讯详卸事,联元抵任准交,提犯讯供,详批审解,经该府覆讯,议拟解司详院核,恐情罪未洽,行司札委署怀宁县包宗经确讯妥拟详办,该县因另有查办事件,禀司改委署望江县龙赓言讯无别故,仍照原拟解司。据报,该犯在怀宁县监患病医痊,由臬司嵩崑提犯讯明,勘转到臣,臣覆核此案,即经司府及委员迭次研讯,据供前情不讳,诘无谋产图财用强抢卖情事,究鞫不移,案无遁饰。查例载:"孀妇自愿守志,夫家抢夺强嫁,若孀妇不甘失节,因而自尽者,功服杖一百,流二千五百里。娶主知情同抢,以为从论,减亲属罪一等。"又律载:"断罪无正条,援律比附加减定拟。"各等语。此案李汶虎因堂弟妇李李氏夫故家贫,恐难终守,私自主婚改嫁,迨李李氏哭闹不从,辄敢与娶主许雨林商议用强抢娶,以致李李氏不甘失节,自缢身死。查该犯李汶虎等当时虽有用强抢娶之言,惟因邻人程封永等趋至查问,未及动手,究与抢夺已成情稍有间,偏查[8]律例并无商议抢嫁大功弟妻未成致令自尽作何治罪明文,自应援律酌减问拟,李汶虎应如司府及委员所拟,于"孀妇自愿守志,夫家抢夺强嫁,若孀妇不甘失节,因而自尽者,功服杖一百,流二千五百里"例上量减一等,拟杖一百,徒三年。许雨林即知李李氏不愿改嫁,辄敢听从商议抢娶,即属为从，亦应按例酌减问拟。许雨林亦如所拟，合依"娶主知情同抢，以为从论，减亲属罪一等"例，于李汶虎满徒罪上减一等，拟杖九十，徒二年半，与李汶虎均定地发配，折责充徒。许李氏、许海于李李氏是否愿嫁并不切实查明，辄听一面之词，一为媒说，一写婚书，致酿人命，殊属不合。许李氏、许海应照"不应重"律，各拟杖八十，许李氏照例收赎，许海折责发落。许德行身充圩长，当李坯将李汶虎扭住处治，并不及时送究，遽因李汶虎自愿向李李氏服礼允免深究，办理殊为不善，许德行应酌照"不应轻"律笞四十，系监生照律纳赎，与许李氏均追银册报。李坯并不将李汶虎送县，辄即扭交许德行处治，亦有不合，姑念其侄女李李氏已死非命，从宽免究。该犯许雨林逃后，讯无另犯不法及知情容留之人，应与救阻不及之见证程封永，均毋庸议。许雨林允给李汶虎钱文系口许虚赃，并免著追。已死李李氏夫故守志，一闻该犯李汶虎劝嫁，即使捐躯明志，洵属节烈可嘉，相应照例随案附请旌表，以慰幽魂。无干省释。未到免提。尸棺饬属领埋。缢绳案结销毁。除李怀仪京控许德行一案由两江督臣另行咨解外，理合会同两江总督臣刘合词恭疏具题，伏乞皇上圣鉴，敕下法司核覆施行。再，此案审限云云。

光绪二十年二月十六日准。部照覆。

校勘记：

①松峻：当为"丁峻"，江西南昌人，历任凤阳县知县、安徽署按察使、浙江按察使等职。

②颖州府：颖字误，当为"颍"。

③李文虎：人名前后不一致，据上下文当为"李汶虎"。

④同③。

⑤愿并：倒文，当为"并愿"。

⑥应要娶妻：据文意，当为"想要娶妻"。

⑦同②。

⑧偏查：偏字误，当为"遍"。

卷十一毓　奸拐 抢夺妇女各案附

奸妇起意商同奸夫谋杀本夫

为报验事。据署按察使丁峻详，据徽州府知府春岫转，据黟县知县孙履材详称：光绪十九年十一月二十九日，据地保奚蔚报，据保民黄文投称：伊族叔黄宝庆与周光得邻居素识，黄宝庆之妻胡氏何时与周光得有奸，伊与黄宝庆均先不知情。本月初间，周光得在黄胡氏房内谈笑，经伊族叔黄宝庆撞见，盘出奸情，禁绝往来。因有关颜面，未经声张。本日早晨，伊族叔由外回家，见周光得与黄胡氏在床行奸，当即赶拢，将周光得扭住不放，互相推搡，伊族叔站立不稳，仰跌倒地，周光得一同带跌，乘势骑压身上，揿住左手。伊族叔被黄胡氏用刀砍扎头面等处多伤，登时殒命。时值伊前往探望，见族叔死在地上，找寻黄胡氏等，均已逃匿无踪。等语。往查属实，理合报验。等情。并据尸亲黄文同报，各到县。据此，随即饬差严缉，一面带同刑仵驰诣相验。据仵作汪梁验报：已死黄宝庆，问年五十五岁。仰面，致命：偏右有刃伤一处，斜长一寸二分，宽二分，深抵骨，骨不损；囟门有刃伤一处，斜长一寸，宽二分；额颅连左额角有刃伤一处，斜长二寸二分，宽三分，均深抵骨，骨不损；右太阳有刃伤一处，斜长八分，宽二分，深抵骨，骨不损。不致命：左眉连鼻梁有刃伤一处，斜长一寸五分，宽三分，深抵骨，骨损；右眉连右眼胞有刃伤一处，斜长八分，宽深均不及分；左腮颊、右腮颊各有刃伤六七处，均参差不齐，皮肉破碎，难量分寸，深俱抵骨，骨不损；左耳连耳轮有刃伤一处，斜长八分，宽二分，右耳连耳轮有刃伤二处，均斜长八分，宽二分以上，俱深抵骨，骨损；右耳垂有刃伤一处，斜长四分，宽深均不及分；鼻梁有刃伤一处，斜长七分，宽二分，深抵骨，骨损；鼻准有刃伤一处，斜长四分，宽二分，深一分；上唇吻有刃伤二处，均斜长一寸四分，宽深均三分；下唇吻有刃伤一处，斜长一寸二分，宽深均三分；上下牙齿均被刀砍折四个；左右口角各有刃伤一处，均斜长四分，宽深均二分；左颔颏有刃伤一处，斜长二寸四分，宽四分，深抵骨，骨损。致命：咽喉有刃划伤三处，上一处斜长一寸二分，中一处斜长一寸，下一处斜长八分，宽深均不及分。不致命：右手心有刃划伤一处，斜长五分，宽深均不及分。合面，不致命;发际左有刃伤一处,斜长一寸七分,宽二分,深抵骨,骨不损;右手背有刃伤一处,斜长八分,宽二分,深抵骨,骨不损。以上各伤均皮卷血污。余无故。实系受伤身死。报毕,亲验无异,饬取凶刀比对尸伤相符,当场填格取结,尸令棺殓,凶刀带回储库。勒差于十一月三十日缉获凶犯周光得、犯妇黄胡氏二名口到案,随传集尸亲、人证,提犯研讯。

据尸侄黄文供:黟县人,已死黄宝庆是族叔,这获案的黄胡氏是婶母,合这获案的周光得邻居素识,时常往来,黄胡氏见面不避。周光得何时合黄胡氏有奸,小的与族叔都先不知情。光绪十九年十一月初上,周光得在黄胡氏房内同坐谈笑,被族叔撞见,盘出奸情,禁绝往来,因有关脸面,没有声张,小的是晓得的。十一月二十九日早上,族叔由外回家,见周光得合黄胡氏在床行奸,当就赶拢,把周光得扭住不放,互相推搡,族叔站立不稳,仰跌倒地,周光得一同带跌,乘势骑压身上,揿住左手。族叔被黄胡氏用刀砍扎头面等处多伤,登时身死。小的前往探望,见族叔死在地上,找寻黄胡氏们都各逃匿无踪,小的就投保报验的,求究伸。是实。

据奸夫周光得供:黟县人,年二十五岁,父故母存,弟兄四人,小的居长,并没妻子,篾匠手艺。合已死黄宝庆邻居素识,时常往来,合他妻子黄胡氏见面不避。光绪十九年八月不记日期,小的到黄宝庆家闲逛,适黄宝庆外出,乘间向黄胡氏调戏成奸,以后遇便续旧,不记次数,给过黄胡氏洋钱一块,黄宝庆先不知情。那年十一月初上,小的走到黄胡氏家,见黄胡氏在房洗脚,小的进房同坐谈笑,被黄宝庆外回撞见,小的当就走避。二十八日黄昏后,小的探知黄宝庆没有在家,又到黄胡氏家续奸,黄胡氏就说奸情败露,以后不便往来,起意要把黄宝庆谋害,可作长久夫妻,并嘱小的帮同下手,小的恋奸情热,也就允从,约定得便行事。二十九日早上,小的正合黄胡氏在床行奸,黄宝庆由外回家,见向小的喝骂。小的下床要逃,黄宝庆赶拢,把小的扭住不放,小的狠力挣扎,互相推搡,黄宝庆站立不稳,仰跌倒地,小的一同带跌,趁势骑压黄宝庆身上,用膝盖把左手揿住,黄宝庆右手揪住小的衣襟仍不放手,小的喊救,黄胡氏拿取菜刀砍伤黄宝庆右手背,黄宝庆松手,转向夺刀,致刀尖划伤右手心。小的把黄宝庆右手捉住,黄胡氏用刀在黄宝庆头面等处乱砍多伤,当时致伤何处部位,小的没有看得清楚。黄宝庆卧地喘气,黄胡氏又用刀连划伤他咽喉,黄宝庆不能动弹,当时身死。小的合黄胡氏一同逃走。尸亲投保报验,小的害怕躲避,今被拿获到案的。委没起衅别故,也没另有同谋加功的人。是实。

据奸妇黄胡氏供:黟县人,年二十八岁,已死黄宝庆是丈夫,公婆早故,没生子女。丈夫合这获案的周光得邻居素识,时常往来,小妇见面不避。光绪十九年八月不记日期，周光得到小妇家闲逛，见丈夫外出，乘间向小妇调戏成奸，以后遇便续旧，不记次数，得过周光得洋钱一块，丈夫先不知情。那年十一月初上，周光得来到小妇家内，小妇在房洗脚，周光得进房同坐谈笑，被丈夫外回撞见，周光得当时走避，丈夫就向小妇盘出奸情，大加责打，禁绝往来，因有关脸面，没有声张。二十八日黄昏后，周光得探知丈夫没有在家，又到小妇家续奸，小妇就说奸情败露，以后不便往来，起意要把丈夫谋害，可作长久夫妻，并嘱周光得帮同下手，周光得允从，约定得便行事。二十九日早上，小妇正合周光得在床行奸，丈夫由外回家，见向周光得喝骂。周光得下床要逃，丈夫赶拢，把周光得扭住不放，周光得狠力挣扎，互相推搡，丈夫站立不稳，仰跌倒地，周光得一同带跌，趁势骑压丈夫身上，用膝盖把他左手揿住，丈夫右手揪住周光得衣襟仍不放手，周光得喊救，小妇就拿取菜刀砍伤丈夫右手背。丈夫松手，转向夺刀，致刀尖划伤他右手心。周光得把丈夫右手捉住，小妇用刀在丈夫头面等处乱砍多伤，当时致伤何处部位，没有记得清楚。丈夫卧地喘气，小妇又用刀连划伤他咽喉，丈夫不能动弹，当时身死。小妇合周光得一同逃走。经丈夫的族侄黄文投保报验，小妇害怕，逃往各处躲避，今被拿获到案的。委没起衅别故，也没另有同谋加功的人。凶刀已蒙起案。是实。各等供。

据此，将犯收禁，录供通详，奉批审解，将犯覆讯，议拟由府解司核，恐案情未确，委据署安庆府边保樫审照原拟，解经臬司勘转到本部院。正提讯间，据报该犯周光得寄禁安庆府监病故，饬委署怀宁县黄国城验讯详报，随提犯妇黄胡氏亲讯无异。

本部院审看得黟县犯妇黄胡氏因奸起意商同奸夫周光得谋杀本夫黄宝庆身死，并周光得于解勘后在监病故一案。缘黄胡氏、周光得均籍隶该县，黄胡氏系已死黄宝庆之妻，平日夫妻和睦。周光得篾匠手艺，与黄宝庆邻居素识，时相往来，黄胡氏习见不避。光绪十九年八月不记日期，周光得至黄宝庆家闲逛，因值黄宝庆外出，乘间向黄胡氏调戏成奸，以后遇便续旧，不记次数，给过黄胡氏洋银一元，黄宝庆先不知情。是年十一月初间，周光得复往黄胡氏家，见黄胡氏在房洗脚，周光得进房同坐谈笑，被黄宝庆外回撞见，周光得走避。黄宝庆当向黄胡氏盘出奸情，痛加责打，禁绝往来，因有关颜面，未经声张。是月二十八日黄昏后，周光得探知黄宝庆并未在家，复往黄胡氏家续奸，黄胡氏告以奸情败露，日后不便往来，起意欲将黄宝庆谋害，可作长久夫妻，并嘱周光得帮同下手，周光得恋奸情热，亦即允从，约定遇便行事。二十九日早晨，周光得正与黄胡氏在床行奸，适黄宝庆由外回归，见向喝骂，周光得下床欲逃，黄宝庆赶拢，将周光得扭住不放，周光得狠力挣扎,互相推搡,黄宝庆站立不稳,仰跌倒地,周光得一同带跌,乘势骑压黄宝庆身上,用膝盖揿住其左手,黄宝庆右手揪住周光得衣襟仍不放手,周光得喊救,黄胡氏携取菜刀砍伤黄宝庆右手背,黄宝庆松手,转向夺刀,致刀尖划伤右手心。周光得将黄宝庆右手捉住,黄胡氏用刀在黄宝庆头面等处乱砍多伤,黄宝庆卧地喘气,黄胡氏复用刀连划伤其咽喉,黄宝庆不能动弹,登时殒命。周光得与黄胡氏一同逃避。经黄宝庆族侄黄文往探,查悉情由,投保报经该县诣验,获犯讯供,详批审解。旋据该县将犯覆讯,议拟由府解司委审,勘转到本部院。正提讯间,据报该犯周光得寄禁安庆府监病故,批司委验,讯取图结,由司详送前来。本部院亲提研鞫,据供前情不讳,诘无起衅别故及另有同谋加功之人,究鞫不移,案无遁饰。查律载:“妻因奸同谋杀死亲夫者,凌迟处死,奸夫斩监候。”等语。此案黄胡氏因与周光得通奸,被本夫黄宝庆撞获,禁绝往来,辄即起意商同奸夫将本夫黄宝庆谋杀身死,实属淫凶不法,自应按律问拟。黄胡氏应如县府司所拟,合依“妻因奸同谋杀死亲夫者,凌迟处死”律,拟凌迟处死。周光得听从奸妇谋杀本夫黄宝庆身死,亦应按律问拟。周光得亦如所拟,合依“因奸同谋杀死亲夫者,奸夫斩监候”律,拟斩监候,业已在监病故,应与讯无凌虐情弊之刑禁人等,均毋庸议。该犯妇黄胡氏恭逢光绪二十年八月十六日恩诏,惟系因奸谋死亲夫,在不准援减之列,照例毋庸查办。黄胡氏所得洋银照追入官册报。尸棺分别饬属领埋。凶刀案结储库备拨。所有监毙斩犯一名管狱官,职名系安庆府照磨沈锦,相应开报附参。除恭折具奏并分咨外,相应咨达。为此合咨贵部,请烦查照核覆施行。再,此案情罪重大,应请改题为奏,合并咨明。计咨送图结一套。

光绪二十一年三月二十二日准。部照覆。

奸夫奸妇谋勒本夫身死

题为报验事。据署按察使丁峻详,据池州府知府文明转,据建德县知县黄国城详称:光绪十九年二月二十一日,据地保富祥报,据民妇柴查氏投称:伊随夫柴山由原籍望江县寄居县属地方,种田度日。本月二十日,伊夫出外觅工,至晚不回。次早,伊翁柴有由原籍前来探视,路经蚊子冲地方,见伊夫死在该处,咽喉等处有伤,向伊告知,同往看明,认系伊夫尸身,不知被何人谋害。等语。往看属实,理合报验。等情。并据民妇柴查氏同报,各到县。据此,随带刑仵驰诣相验,勘得县属蚊子冲地方有荒地一片,已死柴山尸身仰卧该处地上。饬据仵作路正验报:已死柴山,问年三十八岁。仰面,致命:顶心有木器碰伤一处,斜长一寸二分,宽三分,红肿;咽喉有搭伤一处，横长四寸三分，宽五分，紫红色，有血癊，左右具有指甲伤痕，参差不齐。又咽喉下有绳痕一道，平绕周匝，围长七寸五分，宽二分，深一分，红色，有血癊。不致命：左腋胑有擦伤一处，皮微破，红肿。致命：左肋有膝盖跪伤一处，皮肉青肿。合面，致命：脑后有木器碰伤一处，斜长一寸，宽三分，红肿；右腰眼有擦伤一处，参差不齐，难量分寸。余无故。委系被揢后勒伤身死。报毕，亲验无异，饬起麻绳无获，无凭比对尸伤，当场填格取结，尸令棺殓。正传讯间，据地保富祥具禀，伊与尸父柴有查明柴山系被富幅因与柴查氏通奸，商同谋勒毙命，移尸蚊子冲地方，叩请缉究。等情。并据尸父柴有呈同前由，勒差于二十四日缉获凶犯富幅、奸妇柴查氏并从犯俦孜三名到县，随传集尸亲、人证，提犯研讯。

据地保富祥供与报词同。

据尸父柴有供：望江县人，已死柴山是儿子，这获案的柴查氏是媳妇，他们寄居县属地方，种田度日，合这获案的富幅、俦孜都是邻居，素识没嫌。柴查氏何时合富幅有奸，小的合儿子都先不晓得。光绪十八年十一月不记日期，富幅在媳妇房内同坐谈笑，被儿子外回撞见，富幅当就逃跑，儿子就向媳妇盘出奸情，痛加责打，禁止以后不许往来，并说富幅如敢再来，定要把他一并处死，当向小的告知，因有关颜面，叫儿子不要控究。十九年二月二十一日早上，小的由原籍望江县动身，前来媳妇家探视，走到蚊子冲地方，看见儿子死在那里，咽喉等处有伤，小的当向媳妇报知，同往看明，投保报验。现在小的连日合地保四处访查，儿子是被富幅合媳妇通奸，商同谋勒身死弃尸灭迹的，往寻富幅逃匿无踪，媳妇柴查氏也不知去向，小的就合地保赴案呈报的。今蒙获犯，求究办。是实。

据从犯俦孜供：年十五岁，望江县人，父亲俦扬，母亲田氏，余没别属。这获案的富幅是表兄，小的向在他家帮工，合已死同乡柴山素识没嫌。光绪十九年二月二十日傍晚，富幅从外转回，向小的告说他合柴山的妻子柴查氏有奸，被柴山撞见，禁绝往来，现在柴山管束柴查氏严紧，时常把柴查氏打骂，并有再来一并处死的话，他恋奸情热，起意想把柴山谋害，可与柴查氏长久奸好，他已合柴查氏商允，约定今晚下手，恐怕柴山力大抵敌不过，邀小的同去相帮，小的先不应允，后被富幅再三吓逼，并说如不同去，日后破案定要扳害，小的无奈允从。那夜二更时候，富幅携带麻绳藏放身边，合小的走到柴查氏门口，见大门虚掩，富幅悄悄把门推开，柴查氏坐在堂屋等候，走出门外告知柴山已在房内睡熟，可以动手，就带富幅合小的一同进内，小的心里害怕，不敢进房，富幅叫小的在堂屋等候，他合柴查氏走进房内，不多一会，听闻柴山连声喊救，以后就没声响，富幅走出堂屋找见小的，说他已把柴山揢勒毙命，叫小的进房把尸抬弃。小的进去，见柴山死在地上，小的就合富幅同把尸身抬到蚊子冲荒地撩弃。各散。到第二日早晨,柴山的父亲柴有路过那里,看见尸身,报知柴查氏往看,报验后被查出实情,就把柴查氏、富幅合小的一并拿获送案的。小的委止听从同行事后帮同弃尸不失,并没下手加功,此外也没知情同谋的人。是实。

据奸夫富幅供:年二十五岁,望江县人,父故母存,弟兄二人,小的第二,并没妻子,寄住县属地方,种田度日。合已死同乡柴山邻居素识,时常往来,柴山的妻子柴查氏习见不避。光绪十七年三月初间,小的在山牧牛,适柴查氏也在那里牧放牛只,小的就合柴查氏在山地调戏成奸,以后遇便续旧,不记次数,并没给过钱物,柴山先不知情。十八年十一月不记日期,小的在柴查氏房内同坐谈笑,被柴山外回撞见,小的连忙逃跑,后来柴山向柴查氏盘出奸情,痛加责打,禁止以后不许往来,并有如敢再来定行一并处死的话。十九年二月二十日,小的路遇柴查氏,说他丈夫管束严紧,时常把他打骂,并劝小的以后不可再来。小的恋奸情热,起意商同柴查氏想把柴山谋害,可以长久奸好,柴查氏应允,约定当晚下手。小的回家后想起柴山力大,恐怕抵敌不过,就向在家帮工的表弟侉孜告知前情,邀他同往相帮,侉孜先不应允,后被小的再三吓逼,并说如不同去,日后破案定要扳害,侉孜也就允从。那夜二更时候,小的携带麻绳藏放身边,合侉孜走到柴查氏门口,见大门虚掩,小的悄悄把门推开,柴查氏坐在堂屋等候,走出门外告知他丈夫已在房睡熟,可以动手,就带小的合侉孜一同进内,侉孜说他心里害怕,不敢进房,小的叫他在堂屋等候。小的合柴查氏进房,见柴山仰卧床上,小的合柴查氏走近床前,登时上床,小的骑压柴山身上,一手搭住柴山咽喉,一手合柴查氏分按柴山左右两手,柴山惊醒喊救,小的用力按搭,致膝盖跪伤柴山左肋,柴山喊不出声,滚跌床下,致在地碰伤他顶心、脑后,擦伤他左腋胑、右腰眼等处。柴山卧地两脚乱蹬,小的下床取出身带麻绳走拢,缠绕柴山项颈,合柴查氏分执绳头狠力拉勒,柴山登时气绝身死。小的害怕,起意弃尸灭迹,当把勒绳解下,走出堂屋叫侉孜进房,帮同把尸抬到蚊子冲荒地撩弃。各散。到第二日早晨,柴山的父亲柴有路过那里,看见尸身,告知柴查氏往看,报验后被查出实情,就把柴查氏合小的并侉孜一并拿获送案的。小的实因与柴查氏通奸,起意商同谋勒本夫柴山身死,侉孜仅止听从同行,事后帮同抬尸,并没下手加功的事,此外并没起衅别故,也没知情同谋及帮同弃尸的人。勒绳当时撩弃。是实。

据奸妇柴查氏供:年二十七岁,望江县人,公公柴有,婆母早故,已死柴山是丈夫,成婚多年,没生子女,平时夫妻和睦。小妇随同丈夫寄居县属地方,种田度日,合这获案的富幅邻居素识,时常往来,小妇习见不避。光绪十七年三月初间,小妇在山牧牛，适富幅也在那里牧放牛只，富幅就合小妇在山地调戏成奸，以后遇便续旧，不记次数，并没给过钱物，丈夫先不知情。十八年十一月不记日期，富幅在小妇房内同坐谈笑，被丈夫外回撞见，富幅连忙逃跑，丈夫就向小妇盘问，小妇不能隐瞒，说出奸情，丈夫把小妇痛加责打，禁止以后不许往来，并有富幅如敢再来定行一并处死的话。十九年二月二十日，小妇赴地工作，路过富幅走来①，小妇就把丈夫管束严紧、时常打骂的话向他告说，并劝他以后不可再来。富幅恋奸情热，起意商同小妇想把丈夫谋害，可以长久奸好，小妇一时糊涂也就应允，约定今晚下手。那夜二更时候，丈夫在房睡熟，小妇把门虚掩，坐在堂屋等候，富幅推开大门，小妇走出门外，见富幅合他表弟侍孜都在门口，富幅说是邀来相帮，小妇告知丈夫已在房睡熟，可以动手，就带富幅合侍孜一同进内，侍孜说他心里害怕，不敢进房，富幅叫他在堂屋等候。小妇合富幅进房，见丈夫仰卧床上，富幅合小妇走近床前，登时上床，富幅骑压丈夫身上，一手搭住丈夫咽喉，一手合小妇分按丈夫左右两手，丈夫惊醒喊叫，富幅用力按搭，至膝盖跪伤丈夫左肋，丈夫喊不出声，滚跌床下，致在地碰伤顶心、脑后，擦伤左腋胑、右腰眼等处。丈夫卧地两脚乱蹬，富幅下床，取出身带麻绳走拢，缠绕丈夫项颈，合小妇分执绳头狠力拉勒，丈夫登时气绝身死。富幅害怕，说要弃尸灭迹，当把勒绳解下，走出堂屋叫侍孜进房帮同把尸抬往蚊子冲荒地撩弃。各散。到第二日早晨，公公柴有从原籍前来探视，路过那里，看见丈夫尸身，来向小妇告知，小妇假意往看，捏说丈夫于昨日外出觅工，到晚没回，不知被何人谋害身死，投明地保富祥一同报案请验，后来公公协同地保查出实情，就把小妇合富幅并侍孜一并拿获送案的。小妇实因与富幅通奸，听从奸夫富幅谋勒本夫柴山身死，侍孜仅止听从同行，事后帮同抬尸，并没下手加功的事，此外并没起衅别故，也没另有知情同谋的人。是实。各等供。

据此，将犯收禁，录供通详，奉批审解。据报，该犯富幅于光绪十九年三月二十一日在监患病，验报饬医，至四月二十一日治痊。遵提覆讯，除侍孜供词同前不叙外，讯据奸夫富幅供云云同前，据奸妇柴查氏供云云同前。各等供。据此，该建德县知县黄国城审看得云云同后院看至，供弃免追。等情。解府提讯，犯供游移，札委贵池县刘锟审照原拟，由府解司核，恐案情未确，札委署怀宁县章维藩审无别故，照拟解司提讯，犯供翻异，复委安庆府联元审系畏罪狡翻，仍照原拟解司，勘转到臣，提犯亲讯无异。

该臣审勘得建德县客民富幅因奸起意商同奸妇柴查氏谋勒本夫柴山身死，并侍孜同行并未加功，事后帮同弃尸不失一案。缘柴查氏、富幅、侍孜均籍隶望江县，寄居该县地方种田度日。已死柴山系柴查氏之夫，成婚多年，未生子女，平时夫妇和睦，富幅与柴山邻居素识，时相往来，柴查氏习见不避。光绪十七年三月初间，富幅在山牧牛，适柴查氏亦在该处牧放牛只，富幅随与柴查氏在山地调戏成奸，以后遇便续旧，不记次数，并未给过钱物，柴山先不知情。十八年十一月不记日期，富幅在柴查氏房内同坐谈笑，被柴山外回撞见，富幅逃跑，柴山当向柴查氏盘出奸情，痛加责打，禁止以后不许往来，声称富幅如敢再来定行一并处死。十九年二月二十日，柴查氏路遇富幅，告知伊夫管束严紧时常打骂，并劝富幅以后不可再来。富幅恋奸情热，起意商同柴查氏欲将柴山谋害，以图长久奸好，柴查氏应允，约定当晚下手。嗣富幅回家后忆及柴山力大，虑恐抵敌不过，即向在家帮工之表弟侉孜告知前情，邀令同往相帮，侉孜先未应允，后被富幅再三吓逼，并称如不同去，日后破案定要扳害，侉孜无奈允从。是夜二更时分，富幅携带麻绳藏放身边，邀同侉孜偕至柴查氏门首，见大门虚掩，富幅将门推开，柴查氏坐在堂屋等候，走出门外报知伊夫已在房睡熟，可以动手，即带富幅与侉孜一同进内，侉孜心生畏惧，不敢进房，富幅令其在堂屋等候。富幅与柴查氏进房，见柴山仰卧床上，富幅与柴查氏走近床前，登时上床，富幅骑压柴山身上，一手搯住柴山咽喉，一手与柴查氏分按柴山左右两手，柴山惊醒喊救，富幅用力按搯，至膝盖跪伤柴山左肋，柴山喊不出声，滚跌床下，致在地碰伤其顶心、脑后，擦伤其左腋胑、右腰眼等处。柴山卧地两脚乱蹬，富幅下床，取出身带麻绳走拢，缠绕柴山项颈，与柴查氏分执绳头狠力拉勒，柴山登时气绝殒命。富幅畏惧，起意弃尸灭迹，当将勒绳解下，走出堂屋喊令侉孜进房帮同将尸抬至蚊子冲荒地撩弃。各散。次早柴山之父柴有由原籍前来探视，路过该处，看见柴山尸身，即向柴查氏告知，柴查氏假意往看，赴县捏报，旋经柴有协同地保富祥查出实情，报经该县获犯讯供，详批审解。该犯富幅在监患病，验报医痊，兹据该县提犯覆讯，议拟由府解司，先后委审，勘转前来。臣提犯亲讯，据各供悉前情不讳，诘无起衅别故，亦无另有同谋加功及帮同弃尸之人，究鞫不移，案无遁饰。查律载："妻因奸同谋杀死亲夫者，凌迟处死。"又例载："奸夫起意杀死亲夫，奸夫拟斩立决。"又律载："谋杀人从而不加功者，杖一百，流三千里。"各等语。此案柴查氏因与富幅通奸，被本夫柴山撞见，禁绝往来，辄敢听从奸夫富幅起意谋勒本夫柴山身死，自应按律问拟。柴查氏应如县府司及委审所拟，合依"妻因奸同谋杀死亲夫者，凌迟处死"律，拟凌迟处死。富幅因被柴山禁绝往来，并有再来一并处死之言，辄即恋奸情热，起意商同奸妇柴查氏谋勒本夫柴山身死，事后弃尸不失，亦应按例问拟。富幅除起意弃尸不失轻罪不议外，亦如所拟，合依"奸夫起意杀死亲夫，奸夫拟斩立决"例，拟斩立决，先于左面刺凶犯二字。侉孜被逼勉从并未下手加功，事后听从富幅帮同弃尸不失，亦应按律问拟。俦孜除听从弃尸不失轻罪不议外，亦如所拟，合依"谋杀人从而不加功者，杖一百，流三千里"律，拟杖一百，流三千里。该犯年未及岁，照律收赎，追银册报。无干经县省释。尸棺饬埋。勒绳供弃免追。除揭移部科外，理合恭疏具题，伏乞皇上圣鉴，敕下法司核覆施行。再，此案审限云云。

光绪二十年六月初九日准。部照覆。

校勘记：

①路过富幅走来：据文意，当为"路遇富幅走来"。

奸夫奸妇谋杀本夫并支解尸身毁尸不失

为报验事。据按察使嵩崑详，据署宁国府知府王汝砺转，据南陵县知县张源溱详称：访闻县属北乡有因奸谋杀亲夫毁尸灭迹情事，当经饬差查拿。随于光绪十六年十月二十四日，据地保陈金茂报，据客民赵俦投称：伊胞兄赵仪带同妻子在南陵地方种田度日，伊受雇在附近共祖堂兄赵有家帮工。邻人穆洪邱与伊兄素识，时常往来，伊嫂赵石氏见面不避。穆洪邱何时与赵石氏通奸，伊与伊兄均先不知情，嗣经伊兄撞获，殴逐禁绝往来。讵于本月十五日夜，伊兄被穆洪邱恋奸情热，起意商同赵石氏并张周谋害身死，毁尸灭迹。经伊向侄女赵玉朱盘出情由，邀同赵有于二十一日夜五更时分在赵石氏房内将穆洪邱捉获格伤，与赵石氏一并捆住。等语。往查属实，扭获张周，起出赵仪残尸，合报勘验。等情。并据尸弟赵俦报同前由。正在诣验间，据报该犯穆洪邱于本月二十七日因伤殒命。等情。各到县。据此，随带刑件前诣该处，勘得长坦冲山下有石洞一个，口窄中阔，赵仪被毁尸身已由洞内检出，凑合成形。饬据仵作曹松验报：已死赵仪，问年四十六岁，量身长四尺五寸。仰面，致命：囟门有木器伤一处，围圆二寸一分，皮开血污，按擦[①]骨损；致命：咽喉有指掐痕一道，横长六寸，阔三分，红色，有血瘢。以上系生前伤。头颅砍落，两臂膊、两腿均砍断，胸膛至小腹连和，而后脊直砍开，两肋连合面、两后肋横砍开。以上各伤骨肉齐截，皮不卷缩，干白色，无血瘢，系死后砍伤。五藏腐烂。余无故。委系受伤后被掐气闭身死，复将尸身砍碎。报毕，亲验无异，饬起凶器木槌无获，无凭比对伤痕，起到铁斧比试痕迹相符。又勘得相隔里余有赵仪住屋一所，排连三间，中间堂屋地上仰卧穆洪邱尸身。勘毕，饬据仵作曹松验报：已死穆洪邱，问年四十六岁。仰面，致命：左耳窍有铁器伤一处，斜长九分，宽三分。不致命：左眉有铁器伤一处，斜长一寸，宽三分，均皮破血污，按擦骨损；两胳膊各有铁器伤一处，均斜长八分，宽三分，青色微肿，按捺骨不损。右手大指第一节有齿咬伤一处,伤口溃烂,有脓血。余无故。委系受伤身死。报毕,亲验无异,饬起铁尺无获,无凭比对尸伤,分别填格取结附卷,各尸饬令棺殓,随传尸亲、保证人等,提犯研讯。

据地保陈金茂供与报词同。

据尸弟赵传供:无为州人,已死赵仪是胞兄,向在南陵地方种田度日。这获案的赵石氏是嫂子,合已经格毙的穆洪邱邻居素识,时常往来,嫂子见面不避。穆洪邱何时合嫂子通奸,哥子先不知道,后来穆洪邱在嫂子房内谈笑,被哥子撞见赶逐殴打,禁绝往来。那时小的受雇在共祖堂兄赵有家帮工,是哥子告诉才知道的。光绪十六年十月二十一日,小的回家探望,不见哥子,当向嫂子查问,嫂子言语支吾,小的心怀疑虑,走出门口见侄女赵玉朱在那里玩耍,小的把他唤到空地,问他父亲现在何处,赵玉朱哭诉他父亲于十月十五日夜被穆洪邱并同乡张周同他母亲谋害身死,把尸身连夜背出,不知埋藏何处,并说以后穆洪邱常合他母亲在家同宿的话。小的听闻气忿,就赶向赵有告知,邀令帮同捉奸,究出尸身下落,要为哥子伸冤,赵有应允。就是那夜五更时候,小的手拿铁尺,合赵有同到哥子门口,赵有踢进后门,小的打入前门,穆洪邱从嫂子床上惊起,拿棍拒捕,小的急用铁尺格落他手内木棍,殴伤穆洪邱左右胳膊,穆洪邱扑向拉夺,小的又用铁尺连殴伤穆洪邱左眉、左耳窍倒地,就同嫂子一并捆住,投鸣地保,扭获张周到家,追问藏尸地方,并叫赵玉朱从旁抵质,穆洪邱们不能隐瞒,从实说出。小的带同张周从石洞内取出残尸,就蒙访闻差拿,小的同保赴案报验,后来穆洪邱也就因伤身死,报蒙一并验讯的。铁尺已经撩弃。赵有因病不能到案,求究办。是实。

据见证尸女赵玉朱供:年十二岁,无为州人,已死赵仪是父亲,这到案的赵石氏是母亲,那格毙的穆洪邱是邻居。他合父亲时常往来,母亲见面不避。光绪十六年七月间,穆洪邱合母亲在房谈笑被父亲撞见,用棍赶逐出门,并把母亲打了一顿,说道穆洪邱再来,定要把他杀死,以后穆洪邱不敢上门。到十月初十日,父亲外出没回,穆洪邱又来过几次,小女向合母亲隔房睡宿,穆洪邱同母亲讲什么话,小女没有听见。到了十五日父亲回家,已经睡歇,那夜二更时候,小女睡梦里听见父亲喊叫救命,小女惊起走到母亲房里,看见母亲合这到案的同乡张周骑压父亲身上,擒住手脚,穆洪邱右手搭住父亲咽喉,左手用木槌殴打父亲囟门,父亲当就身死。小女哭喊,母亲吓禁不许响声,小女害怕,不敢啧声。穆洪邱合张周就把父亲尸身背出门去了,从此穆洪邱常合母亲同睡。二十一日,小女在门口玩耍,撞见二叔赵传唤到空地,向小女查问父亲现在何处,小女就把情由哭诉,二叔听闻气忿走去。不料那夜五更时候,二叔就同堂叔赵有打进门来,二叔把穆洪邱手里木棍格落打倒在地,同母亲一并捆住，投鸣地保，扭获张周到家，二叔们追问父亲尸身藏在何处，叫小女从旁对质，穆洪邱们不能隐瞒，才把实情说出，二叔们寻到父亲尸身的。别的事不知道。是实。

据从犯张周供：年二十五岁，无为州人，父母都故，弟兄三人，小的居幼，余没别属，向在南陵地方剃头营生，合格伤身死的穆洪邱交好，已死的赵仪同乡素识。穆洪邱怎样合赵仪的妻子赵石氏通奸，小的先没晓得。光绪十六年十月十四日，穆洪邱走来向小的告说，他合赵石氏奸好，在房谈笑，被赵仪撞见，用棍打逐，并说再去定要杀死。他恋奸情热，起意商允赵石氏把赵仪谋死，好做长久夫妻，现在赵仪外出，等他回家就好动手。因赵仪力大，他合赵石氏两人恐不济事，邀小的同去相帮。小的先没答应，穆洪邱再三央恳，并许事成谢洋十元，小的贪利允从。十五日黄昏，穆洪邱又来向小的告说，赵仪已经回家，他合赵石氏约定今晚行事，邀小的同去。等了一会，二更人静，穆洪邱手拿木槌，同小的走到赵仪家后门口，门已开着，悄悄走进，赵石氏已在等候，领入房内，见赵仪在床上仰卧睡熟，穆洪邱就叫赵石氏合小的骑压赵仪身上，擒住两手脚，穆洪邱自用右手搯住赵仪咽喉。赵仪惊醒挣扎，手足不能动弹，用口咬伤穆洪邱右手大指，穆洪邱负痛松手，赵仪喊叫救命，穆洪邱又用力狠搯，并用左手木槌向赵仪囟门狠打一下，赵仪登时气绝身死。赵石氏女儿赵玉朱进来哭喊，赵石氏吓禁声张，赵玉朱就不敢啧声，穆洪邱起意埋尸灭迹，遂合小的把尸背到附近山洞，因洞口窄小，全尸放不进去，穆洪邱又起意割碎尸身，叫小的在洞口看尸等候，穆洪邱回家拿取铁斧转来，把赵仪尸头并左右胳膊、两腿用斧砍落，又把正身横直劈分四块，陆续丢入洞内，外用泥土封好洞口，各自走回。不料二十二日清早，赵俦们同了地保把小的扭到他家，看见穆洪邱身受重伤，合赵石氏都捆在那里，小的向穆洪邱私下查问，才晓得赵俦们捉奸，穆洪邱持棍拒捕，致被格伤的。赵俦们追问藏尸地方，并叫赵玉朱从旁抵质，穆洪邱合小的不能隐瞒，只得从实说出，赵俦们带了小的从石洞内取出残尸，就蒙访闻差查，赴案报验，穆洪邱也就因伤身死。并蒙研讯，委没预谋支解及另有同谋加功的人。小的合赵石氏并没通奸的事。穆洪邱口许谢洋还没付给，他的木槌当夜丢弃。是实。

据奸妇赵石氏供：年四十一岁，无为州人，翁姑早故，已死赵仪是丈夫，这到案的赵玉朱是女儿。赵俦是丈夫胞弟，受雇在堂兄赵有家帮工。小妇跟随丈夫来到南陵地方种田度日，与格伤身死的穆洪邱邻居认识，合丈夫时常往来，小妇见面不避。光绪十六年春间，穆洪邱来到小妇家闲坐，适丈夫外出，家里没人，穆洪邱就向小妇调戏成奸，以后遇便续旧，不记次数，并没给过钱物，丈夫先不知情。七月间，穆洪邱合小妇在房内谈笑，被丈夫外回撞见，就拿棍把穆洪邱打逐，说道再来定要杀死，并把小妇痛打一顿，禁绝往来。十月初十日，丈夫外出没回，穆洪邱又来续旧，小妇劝他不要再来，恐被丈夫撞见杀害，穆洪邱恋奸情热，起意把丈夫谋死，好做长久夫妻，小妇因被丈夫痛打怀恨，也就答应。穆洪邱说道丈夫力大难敌，他合同乡张周相好，可以邀令帮同下手。十五日丈夫回家，穆洪邱走来探听，正值小妇站在门外，约定当夜动手。黄昏后，丈夫因行路辛苦上床先睡，小妇看得丈夫睡熟，轻轻开了后门等候。二更时候，穆洪邱手拿木槌，合张周从后门进来，小妇领进房里，见丈夫仰卧酣睡，穆洪邱就叫小妇合张周骑压丈夫身上揿住两手脚，穆洪邱自用右手搯住丈夫咽喉，丈夫惊醒挣扎，手脚不能动弹，用口咬伤穆洪邱右手大指，穆洪邱负痛松手，丈夫喊叫救命，穆洪邱又用力狠搯，并用左手木槌向丈夫囟门狠打一下，丈夫登时气绝身死。那时女儿赵玉朱进来哭喊，小妇吓禁声张，女儿就不敢喷声。穆洪邱起意埋尸灭迹，遂合张周把丈夫尸身背出门去，小妇当就睡歇。以后穆洪邱常在小妇家奸宿，并向小妇告知，那夜把尸背到长坦冲山洞，因洞口窄小，他用斧劈碎丢入洞内，用泥封口的话。二十一日，夫弟赵俦来家探望，不见丈夫，向小妇查问，小妇含糊答应，赵俦也就走了。不料那夜五更时候，小妇合穆洪邱睡梦里惊醒，听得前后有人打进门来，正在惊慌，见赵俦们已到房里，穆洪邱连忙下床拿棍抵敌，赵俦用铁尺格落木棍，连殴伤穆洪邱左右胳膊，穆洪邱扑向拉夺，赵俦又用铁尺连殴伤穆洪邱左眉、左耳窍倒地，小妇正想逃走，被赵俦、赵有连穆洪邱一同捆住，投鸣地保，扭获张周，盘出藏尸处所，起出石洞内残尸，就蒙访问[②]差查，赵俦同保报案，穆洪邱也就因伤身死并蒙验讯的，委没另有同谋加功的人。小妇也没与张周通奸的事。是实。各等供。

据此，将犯收禁，录供通详，奉批审解。据报，该犯妇赵石氏于光绪十六年十一月十七日在监患病，验报饬医，至十二月十七日治痊。遵提覆讯，除各供同前不叙外，讯据从犯张周供云云同前，据奸妇赵石氏供云云同前。各等供。据此，该南陵县知县张原溱[③]审看得云云同后院看至，饬属领埋。等情。解府核，恐案情未确，札委宣城县陈兆庆审拟解经该府提讯，犯供翻异，札委泾县包宗经审系畏罪狡翻，仍照原拟解府，审拟解司提讯，犯供狡展，札委怀宁县吴云涛审讯，该县因另有查办事件，禀请改委安庆府联元审照原拟解司，勘转到臣，提犯亲讯无异。

该臣审看得南陵县犯妇赵石氏听从奸夫穆洪邱谋杀本夫赵仪毙命，毁尸不失，并穆洪邱奸所拒捕被赵俦格伤身死一案。缘赵石氏、张周均籍隶无为州，赵石氏系已死赵仪之妻，生女赵玉朱，随同其夫在该县境内种田度日，与格毙之穆洪邱邻居素识，时常往来，赵石氏习见不避。光绪十六年春间，穆洪邱至赵石氏家闲坐，适赵仪外出，家内无人，穆洪邱即向赵石氏调戏成奸，以后遇便续旧，不记次数，并未给过钱物，赵仪先不知情。是年七月间，穆洪邱与赵石氏在房谈笑，赵仪外回撞遇，持棍将穆洪邱殴逐，声称再来定行杀死，并将赵石氏痛打，禁绝往来。十月初十日，赵仪外出未回，穆洪邱复往续旧，赵石氏劝其不可再来，恐被其夫撞见杀害，穆洪邱恋奸情热，起意将赵仪谋死，图作长久夫妻。赵石氏因被夫痛打挟恨，亦即允从。穆洪邱虑及赵仪力大难制，随向素好之张周告述谋情，央其帮同下手，张周先未应允，穆洪邱再三央恳，并许给谢洋十元，张周贪利允从。十五日，赵仪回家，穆洪邱前来探听，适赵石氏站立门外，约定是晚动手。黄昏后，赵仪身倦先睡，赵石氏乘其睡熟，潜开后门等候。二更时分，穆洪邱携带木槌邀同张周由赵仪后门走进，赵石氏引入房内，见赵仪仰卧酣睡，穆洪邱即令赵石氏、张周骑压赵仪身上，按住手足，自用右手掐住赵仪咽喉，赵仪惊醒挣扎，手足不能动弹，用口咬伤穆洪邱右手大指，穆洪邱负痛松手，赵仪喊救，穆洪邱复用力狠掐，并举左手木槌向赵仪囟门狠殴一下，赵仪登时气绝殒命。赵玉朱闻喊进房，瞥见哭喊，赵石氏吓禁声张，赵玉朱不敢啧声。穆洪邱起意弃尸灭迹，随同张周将尸背至附近山洞，因洞小难放全尸，起意割碎尸身，令张周在彼守候，穆洪邱归家取斧转回，将赵仪尸头并左右胳膊、两腿用斧砍落，又将正身劈分四块，陆续弃入洞内，外用泥土封固，各自走回。从此穆洪邱常与赵石氏在家奸宿。先是尸弟赵俦受雇在堂兄赵有家帮工，二十一日赵俦由工所回家，不见赵仪，查问赵石氏，言语支吾，赵俦心疑走出，见赵玉朱在外玩耍，赵俦向其盘问，赵玉朱哭诉前情，赵俦询悉穆洪邱在赵石氏家奸宿，起意邀允堂兄赵有同往捉奸。即于是夜五更时分，赵俦携带铁尺与赵有偕抵赵石氏门首，赵有踢进后门，赵俦打入前门，穆洪邱从赵石氏床上惊起，持棍拒捕，赵俦急用铁尺格落木棍，连殴伤其左右胳膊，穆洪邱扑向拉夺，赵俦又用铁尺连殴伤其左眉、左耳窍倒地，遂与赵石氏一并捆住投保，扭获张周，盘出藏尸处所，向石洞内起获残尸，适该县访问[④]差拿，赴案报验，穆洪邱旋即因伤殒命，经该县分别勘验讯详，批饬审解。该犯妇赵石氏在监患病，验报医痊。兹据该县覆讯，议拟由府委审，解司审明，勘转前来。臣提犯亲讯，据供前情不讳，诘非生前预谋支解，亦无另有同谋及在场加功之人，研鞫不移，案无遁饰。查律载："妻因奸同谋杀死亲夫者，凌迟处死。"又例载："奸夫起意杀死亲夫者，奸夫拟斩立决。"又："杀死人命罪干斩绝之犯，如有将尸身支解，情节凶残者，加拟枭示。"又："因奸谋杀本夫之案，为从加功之人若系平人，照凡人谋杀加功律，拟绞监候。"又："本夫之兄弟及有服亲属皆许捉奸，如犯奸有据，奸夫逞凶拒捕，依罪人拒捕科断。"又律载："罪人持仗拒捕，其捕者格杀之无论。"各等语。此案赵石氏与穆洪邱通奸，被其夫赵仪撞遇痛责，该氏辄敢挟恨，听从奸夫起意谋杀亲夫赵仪身死，实属淫凶不法，自应按律问拟。赵石氏应如县府司及委审所拟，合依“妻因奸同谋杀死亲夫者，凌迟处死”律，拟凌迟处死。穆洪邱与赵石氏通奸，被本夫赵仪撞遇殴逐，禁绝往来，辄因恋奸情热，起意谋杀赵仪毙命，复将尸身支解，情节凶残，罪干斩枭，业因拒捕格伤身死，仍应照例戮尸枭示，以昭炯戒。张周贪图谢礼，听从奸夫穆洪邱谋杀本夫赵仪，该犯在场加功。查该犯与赵石氏并无通奸情事，系属平人，亦应按律问拟。张周除听从毁尸不失轻罪不议外，亦如所拟，合依“因奸谋杀本夫之案，为从加功之平人，照凡人谋杀加功律，拟绞监候”例，拟绞监候，秋后处决，先行照例刺字。赵侔因查知赵仪被奸夫穆洪邱等谋害身死，穆洪邱复与赵石氏奸宿，一时忿激，邀同堂兄赵有捉奸，因穆洪邱逞凶拒捕，用铁尺格伤穆洪邱殒命。查赵侔系赵仪胞弟，本有应捕之责，穆洪邱又系应死罪人，当场格斗致毙，应照“罪人持仗拒捕，其捕者格杀勿论”律，照律勿论。赵有亦系有服亲属，随同捉奸亦无不合，应与年幼无知之赵玉朱，均免置议。赵有并予免传。穆洪邱口许张周谢洋并未付给，系属虚赃，毋庸著追。木槌、铁尺供弃免追。无干经县省释。赵仪尸棺由县饬属领埋。除揭移部科外，理合恭疏题，伏乞皇上圣鉴，敕下法司核覆施行。再，此案审限云云。

光绪十八年十一月十一日准。部照覆。

校勘记：

①按擦：擦字误，当为“捺”。

②访问：问字误，当为“闻”。

③张原溱：当为“张源溱”，湖北钟祥人，历任安徽南陵县知县、涡阳县知县等职。

④同②。

因奸商同谋杀与奸妇私相苟合之奸夫照律以凡论

为报验事。据按察使嵩崑详，据安庆府知府联元转，据潜山县知县盛赞熙详称：光绪十六年五月十一日，据地保郝荣昌报，据保民张四顺投称：伊分居胞兄张三庆先与邻妇江王氏奸好，嗣江王氏夫故孀守，伊兄即将江王氏接回同居，认作夫妻，迨后江王氏复与邻村李慎通奸，经伊兄撞获，将江王氏责打，禁绝往来。本月初九日夜三更时分，伊听闻伊兄喊救，赶往查看，见伊兄仰卧地上，已经受伤身死，当向江王氏再三盘问，始知被李慎因恋奸情热起意商同谋杀伊兄毙命。等语。往查属实，合将李慎、江王氏一并扭获送案，报乞验究。等情。并据尸弟张四顺同报，各到县。据此，随带刑仵押犯驰诣该处，勘得张三庆朝南住屋二间，前间安设锅灶，后间卧房。已死张三庆尸身仰卧房内地上，地有血迹。勘毕，饬据仵作储箴验报：已死张三庆，问年四十六岁。仰面，不致命：左血盆有刃伤一处，斜长一寸二分，宽四分，深抵骨，骨不损。右䐐脉有刃伤一处，斜长六分，宽深均不及分。致命：右乳有刃划伤一处，横长八分，宽二分，深一分；心坎有刃伤一处，横长一寸四分，宽六分，深由骨缝透内；肚腹有刃伤一处，斜长一寸二分，宽五分，深透膜，肠出；肾囊左有刃伤一处，斜长八分，宽三分，深透内，两肾子全。以上各伤均皮卷血污。余无故。委系受伤身死。报毕，亲验无异，饬取凶刀比对伤痕相符，填格取结，尸令棺殓。随传尸亲、人证，提犯研讯。

据地保郝荣昌供与报词同。

据尸弟张四顺供：潜山县人，已死张三庆是哥子，分居各度，合这到案的李慎、江王氏都素识没嫌。哥子先合江王氏奸好，后因江王氏夫故孀守，哥子把他接回同居，认作夫妻，江王氏不知何时复与李慎通奸，经哥子撞获，把江王氏责打，禁绝往来，小的都知道的。光绪十六年五月初九日夜三更时候，小的听闻哥子在房喊救，连忙进房查看，见有一人慌忙逃走，哥子仰卧地上，已经受伤身死。小的就向江王氏再三盘问，才知道被李慎因恋奸情热起意商同把哥子谋杀的，小的就投保把李慎、江王氏扭获送案报验的，求究办。是实。

据犯妇江王氏供：年四十二岁，潜山县人，父母翁姑都故，丈夫江东海，没生子女。已死张三庆并这到案的李慎都合丈夫认识，时常往来，小妇见面不避。光绪十二年正月不记日期，张三庆乘间合小妇通奸，丈夫并不知情，后来丈夫病故，小妇孀守无依，张三庆就把小妇接到他家同居，彼此认作夫妻。十五年三月不记日期，李慎到张三庆家闲坐，见张三庆外出，就合小妇调戏成奸，以后遇便续旧，不记次数，张三庆与邻保们都不知情。十六年四月十五日，李慎正在小妇房内谈笑，适张三庆外回撞见，李慎逃跑，张三庆就向小妇盘出奸情，把小妇责打，并说李慎如果再来，定要把他杀死。小妇害怕，就把前情私向李慎告知，叫他不要再来。李慎恋奸情热，起意商同小妇把张三庆谋害，可以长久往来，小妇因常被张三庆打骂，也就应允，约俟得便下手。五月初九日傍晚，张三庆由外转回，因已酒醉上床睡卧，小妇把门虚掩，坐在厨房还没睡歇。那夜三更时候，李慎推门进内，小妇把张三庆酒醉的话悄悄向李慎告知，李慎说今晚就可以动手，随一同进房。李慎走近床边，见张三庆仰卧床上已经睡熟，李慎拿取床头旧衣递交小妇，把张三庆嘴脸遮盖，李慎拔出身带小刀连扎伤张三庆左血盆、心坎并带划伤右乳、右脉䐐[1]。张三庆滚跌下地，大声喊救，李慎赶拢，又用刀连扎伤他肚腹、肾囊左，张三庆不能动弹，登时气绝身死。经张三庆的胞弟张四顺闻声赶来，李慎当时跑走，张四顺随向小妇再三盘问，小妇不敢隐瞒，据实告知，张四顺就投保把小妇连李慎一并扭获送案的。小妇委止听从同谋加功，并没另有帮同下手的人。是实。

据凶犯李慎供：年五十岁，潜山县人，父亲李林，现年七十七岁，母亲已故，并没弟兄，娶妻金氏，生有二子，种田度日，合已死张三庆并这到案的江王氏及江王氏的丈夫江东海都是邻居素识，时常往来，江王氏见面不避。张三庆何时合江王氏奸好，小的先不知情，后来江东海病故，江王氏孀守无依，张三庆就把江王氏接回同居，认作夫妻，小的是知道的。光绪十五年三月不记日期，小的到张三庆家闲坐，见张三庆外出，就向江王氏调戏成奸，以后遇便续奸，不记次数，张三庆与邻保都不知情。十六年四月十五日，小的正在江王氏房内谈笑，适张三庆外回撞见，小的当就跑逃，后来江王氏向小的告说张三庆向他盘出奸情，把他责打，并说如果再来，要把小的杀死，叫小的不要再去。小的恋奸情热，起意商同江王氏把张三庆谋害，可以长久往来，江王氏应允，约俟得便下手。五月初九日三更时候，小的走到张三庆门首，见大门虚掩，小的推开进去，江王氏坐在厨房还没睡歇，就把张三庆酒醉已经睡熟的话悄悄向小的告说，小的说今晚就可动手，随合江王氏一同进房。小的走近床边，见张三庆仰卧床上已经睡熟，小的拿取床头旧衣递交江王氏叫他把张三庆嘴脸遮盖，小的拔出身带小刀，连扎伤张三庆左血盆、心坎并带划伤右乳、右胁脉。张三庆滚跌下地，大声喊救，小的赶拢，又用刀连扎伤他肚腹、肾囊左，张三庆不能动弹，登时气绝身死。经张三庆胞弟张四顺闻声赶来，小的当时跑走，张四顺就投保把小的连江王氏一并扭住送案的。小的委系因奸起意商同江王氏把张三庆谋杀身死，并没起衅别故，此外也没另有同谋加功的人。凶刀已蒙起案。是实。各等供。

据此，将犯分别收禁，录供通详，奉批审解。据报，该犯妇江王氏于光绪十六年七月初二日在监患病，验报饬医，至八月初二日治痊。遵提覆讯，除各供同前不叙外，讯据犯妇江王氏供云云同前，据凶犯李慎供云云同前。各等供。据此，该潜山县知县盛赞熙审看得云云同后院看至，储库备拨。等情。解府正在提讯间，据报该犯李慎带患痰喘病进监医治无效，于光绪十六年十二月十七日痰壅气闭病故，申请札委署怀宁县吴云涛验明，实系因病身死，提讯刑禁人等，并无凌虐情弊，绘具图结，详奉批饬核入正案拟办。旋据该府将该犯妇江王氏讯拟解司核，恐案情未确，札委署怀宁县吴云涛审照原拟解司，勘转到臣，提犯亲讯无异。

该臣审得潜山县民人李慎因与江王氏通奸谋杀张三庆身死，该犯李慎于解审后带病进监病故一案。缘已获病故之李慎，已获之江王氏均籍隶该县，李慎种田度日，与已死张三庆邻居素识。江王氏丈夫江东海在日，与张三庆、李慎时常往来，江王氏见面不避。光绪十二年正月不记日期，张三庆乘间与江王氏通奸，其夫江东海并不知情，旋因江东海病故，江王氏孀守无依，张三庆即将江王氏接回同居，彼此认作夫妻。十五年三月不记日期，李慎往张三庆家闲坐，见张三庆外出，遂向江王氏调戏成奸，以后遇便续奸，不记次数，张三庆与邻保人等均不知情。十六年四月十五日，李慎正在江王氏房内谈笑，适张三庆外回撞见，李慎当即跑逃，张三庆向江王氏盘出奸情，将江王氏责打，并称李慎如果再来，定行将其杀死，江王氏畏惧，私向李慎告知前情，嘱其不可再来，李慎恋奸情热，起意商同江王氏将张三庆谋害，可以长久往来，江王氏因被张三庆打骂亦即应允，约俟得便下手。五月初九日傍晚，张三庆由外转回，因饮入醉乡上床睡卧，江王氏将门虚掩，坐在厨房尚未睡歇。是夜三更时候，李慎走至门首，将门推开进内，江王氏即将张三庆酒醉睡卧之言悄悄向李慎告知，李慎答以今晚即可动手，随与江王氏一同进房。李慎走近床边，见张三庆仰卧床上已经睡熟，李慎携取床头旧衣递交江王氏，令其将张三庆嘴脸遮盖，李慎拔出身带小刀连扎伤张三庆左血盆、心坎并带划伤右乳、右肋䏲。张三庆滚跌下地，大声喊救。李慎赶拢，又用刀连扎伤他肚腹、肾囊左，张三庆不能动弹，登时气绝殒命。经张三庆胞弟张四顺闻声趋视，李慎即行逃逸，张四顺随向江王氏再三盘问，江王氏不能隐瞒，据实告知，即经投保，将李慎、江王氏一并扭获，报经该县验讯，详批审解。据报，该犯妇江王氏在监患病，验报医痊覆讯，议拟解府。该府正在提讯间，据报该犯李慎带病进监病故，申请委验讯明刑禁人等，并无凌虐情弊，绘具图结，详批核入正案拟办，旋即由府审拟解司委审，勘转前来。臣提犯亲讯，据供前情不讳，诘无起衅别故及另有同谋加功之人，究鞫不移，案无遁饰。查律载："谋杀人造意者，斩监候。从而加功者，绞监候。"等语。此案李慎因与张三庆苟合为妻之江王氏通奸，被张三庆撞获，禁绝往来，辄即起意商同江王氏谋杀张三庆身死。查张三庆与江王氏系私相苟合，并非明媒正娶，本无夫妻名分可言，自应按照凡人谋杀本律问拟。李慎除犯奸轻罪不议外，应如县府司及委审所拟，合依"谋杀人造意者，斩监候"律，拟斩监候，业已在监病故，应毋庸议。江王氏听从同谋下手加功，亦应按律问拟。江王氏除犯奸轻罪不议外，亦如所拟，合依"谋杀人从而加功者，绞监候"律，拟绞监候，秋后处决，犯系妇女，照例免刺。该犯李慎在监病故，刑禁人等讯无凌虐情弊，应与讯不知情之邻保人等，均毋庸议。无干经县省释。尸棺分别饬埋。凶刀验明发回，案结储库备拨。犯系带病进监病故，管狱官例无处分。除图结揭送部科查核外，理合恭疏具题，伏乞皇上圣鉴，敕下法司核覆施行。再，此案审限云云。

准。部照覆。

校勘记：

①脉胐：倒文，当为"胐脉"。

奸夫杀死本夫奸妇并不知情

为报验事。据按察使嵩崑详，据署滁州直隶州知州余适中转，据署来安县知县黄筠年详称：光绪十七年十月十五日，据地保林正方报，据民妇李王氏投称：伊夫李庭前雇江苏睢宁县人刘仪在家帮工，嗣因与伊有奸诱拐同逃，经伊夫查知，将其寻回，因刘仪不知去向，未经控究。本月十四日夜三更时分，伊在睡梦中听闻伊夫喊叫，登即起身赶往查看，灯光下见房内墙壁挖有一洞，刘仪手携尖刀站立伊夫床前，伊夫在床已被砍伤身死，咽喉等处有伤，伊当向刘仪哭喊不依，刘仪用刀吓禁声张，嘱伊同逃，伊扭住刘仪大声喊救，刘仪挣脱，即由墙洞逃逸。经族邻李衍等踵至，问明情由，追捕无踪。等语。往查属实，合报验缉。等情。并据该犯妇李王氏赴案投首，各到县。据此，随即饬差缉犯，一面带领刑仵驰诣相验，勘得李王氏家有朝西草屋三间，右边前后两间，前间系李庭卧房，后间系李王氏卧房，前间房内挖有墙洞一穴，已死李庭尸身仰卧房内床上，查验墙洞高宽均约一尺四五寸。饬据仵作张顺验报：已死李庭，问年四十六岁。仰面，致命：咽喉有刃伤一处，斜长四寸，宽八分，深透内，食气嗓俱断。不致命：右胳膊有刃伤一处，斜长二寸，宽二分，深抵骨，骨不损。均皮卷血污。余无故。实系受伤身死。报毕，亲验无异，饬取凶刀无获，无凭比对尸伤，填格取结，尸令棺殓。随传集保邻人等，提同该犯妇，隔别研讯。

据地保林正方供与报词同。

据族邻李衍、李贞猷同供：来安县人，合已死李庭都是同族邻居。光绪十七年三月里，李庭雇素识在逃的江苏睢宁县人刘仪在家帮工，彼此平等称呼，并没主仆名分，李庭的妻子李王氏见面不避。李王氏何时合刘仪通奸，小的们先不晓得，后因刘仪把李王氏诱拐同逃，经李庭查知，把李王氏寻回，问出奸情，痛加责打，李王氏悔过拒绝。李庭因找寻刘仪无着，也就没有控告，小的们才知道的。十月十四日夜三更时分，小的们都已睡熟，听闻李王氏大声喊救，小的们连忙起身过去查看，见李庭在床已经受伤身死，房内挖有墙洞一个，李王氏当向小的哭诉，说他丈夫睡在前间房内，被刘仪挖洞进内用刀杀害，他在后间房内闻喊赶到，把刘仪扭住喊救，刘仪挣脱逃跑的话，并央小的们往前追赶不及，李王氏痛夫情切，就投保报验赴案呈首的。是实。

据犯妇李王氏供：来安县人，年二十四岁，已死李庭是丈夫，平日素相和睦。光绪十七年三月里，丈夫雇素识在逃的江苏睢宁县人刘仪在家帮工，彼此平等称呼，并没主仆名分，小妇见面不避。六月不记日期，丈夫有事外出，刘仪乘间向小妇调戏成奸，后非一次，并没给过钱物，丈夫先不知情。到七月三十日，刘仪来向小妇商量，说丈夫趁圩没回，不如趁此合小妇同逃，可以长久奸好，小妇一时恋奸情热，也就应允，就是那日合刘仪一同逃走。后被丈夫查知，把小妇寻回，问出奸情，痛加责打，小妇悔过拒绝，丈夫因找寻刘仪无着，没有控告。十月十四日夜三更时候，小妇在后间房内睡歇，听闻丈夫在前间房内喊救，当就起身赶去查看，灯光下见房内墙壁挖穿一洞，刘仪手拿尖刀站立丈夫床前，丈夫在床已被砍伤身死，咽喉等处有伤。小妇当向刘仪哭喊不依，刘仪用刀吓禁声张，并说已把丈夫杀死，叫小妇同逃，小妇扭住刘仪大声喊救，刘仪挣脱，就从墙洞逃逸。经族邻李衍们闻喊赶到，小妇哭诉前情，央恳李衍们追拿没踪，小妇想替丈夫伸冤，就投保报验并赴案投首的，委没知情同谋的事。是实。各等供。

据此，当将该犯妇收禁，录供通详，奉批缉审。据报，该犯妇李王氏于光绪十八年二月二十日在监患病，验详饬医，至三月二十日治痊。查逸犯刘仪屡缉无获，遵提该犯妇覆加研讯。据犯妇李王氏供云云同前。等供。据此，该署来安县知县黄筠年审看得云云同后院看至，另详情参。等情。由州解司，前署司核，恐案情未确，札委署怀宁县包宗经审无别故，仍照原拟解司提讯，犯供翻异，札委安庆府联元审系畏罪狡翻，亦照原拟解司，勘转到臣，提犯亲讯无异。

该臣审看得来安县犯妇李王氏与逸犯刘仪通奸，致被刘仪砍伤本夫李庭身死，奸妇讯不知情一案。缘李王氏籍隶该县，已死李庭系李王氏之夫，平日夫妻和睦。光绪十七年三月间，李庭雇素识在逃之江苏睢宁县人刘仪在家帮工，彼此平等称呼，并无主仆名分，李王氏习见不避。六月不记日期，李庭有事外出，刘仪乘间向李王氏调戏成奸，后非一次，并未给过钱物，李庭先不知情。七月三十日，刘仪潜向李王氏商量，以李庭趁圩未回，不如趁此与伊同逃，可以长久奸好，李王氏一时恋奸情热，亦即应允，即于是日与刘仪一同逃走。李庭外回查知，当将李王氏寻回，问出奸情，痛加责打，李王氏悔过拒绝。李庭因找寻刘仪无着，未经控究。十月十四日夜三更时分，李王氏在后间房内睡歇，听闻李庭在前间房内喊叫，登即起身赶往查看，灯光下见房内墙壁挖有一洞，刘仪手携尖刀站立李庭床前，李庭在床已被砍伤身死，咽喉等处有伤。李王氏当向刘仪哭喊不依，刘仪用刀吓禁声张，并称已将李庭杀死，催令李王氏同逃。李王氏扭住刘仪大声喊救，刘仪挣脱，即由墙洞逃逸。经族邻李衍等闻喊踵至，李王氏哭诉前情，并央李衍等追拿无踪，李王氏欲为伊夫伸冤，投保报经该县验讯，详批缉审。据报，该犯妇李王氏在监患病，验详医痊。兹据该县以逸犯刘仪屡缉无获，将该犯妇覆讯，议拟由州解司委审，勘转前来。臣提犯亲讯，据供前情不讳，诘无知情同谋情事，究鞫不移，案无遁饰。查律载："奸夫自杀其夫，奸妇虽不知情，绞监候。"又例载："奸夫自杀其夫，奸妇虽不知情，而当时喊救与事后即行首告，将奸夫指拿到官，尚有不忍致死其夫之心者，仍照本律定拟，该督抚于疏内声明，法司核拟时夹签请旨。"各等语。此案李王氏先与逸犯刘仪通奸，和诱同逃，经本夫李庭查知寻回，该犯妇业已悔过拒绝，后被刘仪夤夜挖洞进内，将李庭杀伤身死，该犯妇并不知情，自应按律问拟。李王氏除与刘仪通奸并和诱同逃轻罪不议外，应如县州司及委审所拟，合依"奸夫自杀其夫，奸妇虽不知情，绞监候"律，拟绞监候。查该犯妇一见伊夫被杀，即将刘仪扭住喊救，事后复首告到官，虽指拿奸夫尚无就获，而其不忍致死其夫之心，实无二致，相应照例随案声明，听候部议。无干经县省释。尸棺饬埋。逸犯刘仪饬缉获日另结。承缉职名饬取另参。除揭移部科外，理合恭疏具题，伏乞皇上圣鉴，敕下法司核覆施行。再，此案审限云云。

光绪二十年二月十六日接准。部覆夹签：查例载："奸夫自杀其夫，奸妇虽不知情，而当时喊救与事后即行首告，尚有不忍致死其夫之心，仍照本律定拟，疏内声明，法司核拟时夹签请旨。"又："人命等案，正犯在逃未获，为从应斩绞监候人犯，按例拟罪，毋庸监候待质，如系应行减等人犯，即照所减之遣军流罪，按例限监禁待质，十年限满，正犯无获，照例分别发配。"各等语。此案李王氏与逸犯刘仪通奸，致本夫李庭被刘仪谋杀身死，该氏一见伊夫被杀，即将刘仪扭住喊救，刘仪挣脱逃逸，该氏当向族邻李衍等哭诉前情，复首告到官，求为伸冤，尚有不忍致死其夫之心，核与夹签之例相符，即据该抚于疏内声明，应照例夹签，请旨定夺，倘蒙圣恩准其减等，臣部行文该府，将该氏减为杖一百，流三千里。现在奸夫刘仪尚未弋获，恐有避就，仍将该氏照流罪人犯，监禁待质，俟限满再行办理。等因。光绪十九年十二月十五日题，十七日奉旨："[李]王氏于伊夫被杀后即将奸夫刘仪首告到官，尚有不忍致死其夫之心，著从宽免死，照例减等发落。余依议。钦此。"

奸妇奸夫谋杀本夫弃尸不失

为报验事。据署按察使丁峻详，据署宁国府知府杨综清转，据宁国县知县郑思贤详称:光绪二十年正月十二日,卑职公出期内,据地保丁永安报,据旌德县民王天雨投称:伊侄王玉携妻王左氏在县属地方开设杂货铺生理,雇同乡舒继在店帮伙,王左氏不知何时与舒继通奸,伊与王玉均先不知情。上年十一月间,伊侄被舒继因奸谋杀身死,弃尸屋后粪池内,经族邻王林等信知,伊即同往王左氏家搜获王玉尸身。等语。往查属实,当将奸妇王左氏、奸夫舒继一并获住,送请验究。等情。并据尸叔王天雨同报,各到县。据经代行典史沈福新押犯带领刑仵前诣相验,据仵作汪槐验报:已死王玉,问年二十二岁。仰面,致命左太阳穴、不致命左眉、左眼胞各有刃伤一处,均斜长一寸七分,宽三分,深抵骨,骨损;左眼珠破,左眉丛相连鼻梁有刃伤一处,斜长二寸一分,宽三分,深抵骨,骨损;左胳膊有刃伤接连二处,一处斜长一寸一分,一处斜长七分,均宽一分,深抵骨,骨不损。致命:肚腹有刃伤一处,斜长四分,宽一分,深透内;小腹有刃伤一处,斜长一寸二分,宽三分,深透内,肠出。不致命:左胯有刃伤接连二处,一处斜长六分,一处斜长一寸一分,均宽一分,深抵骨,骨不损。左腿有刃伤三处,均斜长八分,宽一分,深抵骨,骨不损;左膝有刃伤一处,斜长一寸七分,宽三分,深抵骨,骨损。合面:发辫割断无存。余无故。实系受伤身死。报毕,饬取凶器柴斧、尖刀比对尸伤相符,卑职公回覆验无异,填格取结,尸令棺殓,凶器刀、斧带回储库。随传集尸亲、人证,提犯逐加研讯。

据地保丁永安供与报词同。

据尸叔王天雨供:旌德县人,已死王玉是侄子,这王左氏是侄媳。侄子带同侄媳在县属地方开设杂货店生理,雇这同乡舒继在店帮伙。舒继何时合侄媳通奸,被侄子撞见责打,并把舒继撵走,后来舒继又怎样商同侄媳把侄子谋杀,弃尸屋后粪池内,小的先没晓得。到本年正月初上,经这族人王林们信知,小的就合王林们同到侄子家里,在屋后粪池内搜获侄子尸身,当向侄媳盘出奸情,投保获犯报验的,求究伸。是实。

据族邻王林、张锦同供:已死王玉合小的们是族邻,王玉向开杂货店生理,雇这舒继在店帮伙,后来舒继合王玉的妻子王左氏有奸,被王玉撞见,把王左氏责打,并把舒继撵走,小的们是晓得的。光绪十九年十一月里,舒继怎样起意商同王左氏把王玉谋杀身死,弃尸屋后粪池,小的们先没知道,后因往找王玉不见,向王左氏查问下落,王左氏言语支吾,小的们见他形色慌张,就信知他叔父王天雨赶来,邀同小的们到王左氏家屋后粪池内搜获王玉尸身,并向王左氏盘出奸情,经王天雨就投保获犯报验的。是实。

据奸夫舒继供:年二十四岁,旌德县人,父故母存,并没弟兄,娶妻生子,合已死王玉同乡素识,王玉带他妻子王左氏在县属地方开设杂货店生理,雇小的在店帮伙,王左氏见面不避。光绪十八年七月二十二日,王玉有事外出,小的乘间向王左氏调戏成奸,以后遇便续奸,不记次数,并没给过钱物,王玉先不知情。十九年十一月初上,小的在王左氏房内谈笑,适王玉外回撞见,小的当即逃避,王玉就向王左氏盘出奸情,大加责打,并把小的撵走,并说如再往来定行一并杀死。小的心怀忿恨,起意把王玉谋杀,可合王左氏长久奸好。那月十二日,探知王玉外出,往向王左氏告知谋情,叫他帮同下手,王左氏应允,约定当夜遇便行事,小的在空屋躲匿等候。二更时候,王玉酒醉回家,进房睡歇,王左氏等他睡熟,暗向小的告知,小的拿柴斧,王左氏拿尖刀,一同进房,小的见房内灯火未熄,王玉在床酣睡。小的走近床前,用手拿柴斧砍伤王玉左太阳穴,王玉惊醒喊叫,王左氏上前用刀连扎伤王玉左胳膊,王玉挣扎要起,小的复用斧连砍伤他左眉、左眼胞、左眉丛相连鼻梁,王玉两脚乱蹬,小的又用斧砍伤他左膝,王左氏也用刀乱戳伤他左腿、左胯、小腹、肚腹,登时气绝身死。小的复起意弃尸灭迹,随商同王左氏把王玉尸身抬到屋后粪池旁边,因怕发辫不能腐化,用刀割落烧毁,并把尸身撩入粪池内丢弃走回,并把刀、斧、衣被血迹擦洗收藏。小的从此常到王左氏家奸宿,后来王林们往找王玉不见,向王左氏查问下落,王左氏言语支吾,王林们信知王玉的叔子王天雨赶来,同到王左氏家搜获王玉尸身,向王左氏盘出前情,投保把小的合王左氏获住并送案的。委没起衅别故及另有同谋加功帮同抬弃的人。柴斧已蒙起获。是实。

据奸妇王左氏供:年二十二岁,旌德县人,翁姑早故,已死王玉是丈夫,生有一子,年才五岁。丈夫带同小妇在县属地方开设杂货店生理,雇这舒继在店帮伙,小妇合舒继见面不避。光绪十八年七月二十二日,丈夫有事外出,舒继就合小妇调戏成奸,以后遇便续奸,不记次数,并没得过钱物,丈夫先不知情。十九年十一月初上,舒继在小妇房内谈笑,适丈夫外回撞见,舒继当即逃避,丈夫就向小妇盘出奸情,把小妇大加责骂,并把舒继撵走,说道如再往来定行一并杀死。那月十二日,丈夫又复出外,舒继走来向小妇告说,他被丈夫撵走,心里怀恨,起意要把丈夫谋杀,可合小妇长久奸好,叫小妇帮同下手,小妇恋奸情热,也就允从,约定今夜遇便行事,舒继就在空屋躲匿等候。二更时候,丈夫酒醉回来,进房睡歇,小妇等他睡熟,走向舒继告知。舒继拿柴斧,小妇拿尖刀,一同进房,见房内灯火未熄,丈夫在床酣睡。舒继走近床前,用斧连砍伤丈夫左太阳穴,丈夫惊醒喊叫,小妇上前用刀连扎伤丈夫左胳膊,丈夫挣扎欲起,舒继复用斧连砍伤他左眉、左眼胞、左眉丛连鼻梁,丈夫两脚乱蹬,舒继又用斧砍伤他左膝,小妇也用刀连戳伤他左腿、左胯、小腹、肚腹,立时气绝身死。舒继起意弃尸灭迹,令小妇帮抬,小妇应允,就把丈夫尸身帮同抬到屋后粪池旁边。舒继又怕发辫不能腐化,用刀割落烧毁,并把尸身撩入粪池内丢弃走回,并把刀、斧、衣被血迹擦洗收藏，从此舒继常来小妇家奸宿。后被族邻王林们往找丈夫不见，向小妇查问下落，小妇言语支吾，王林们就信知夫叔王天雨赶来，同到小妇家里搜获丈夫尸身，当向小妇盘问，小妇不能隐瞒，告知前情，王天雨就投保把小妇合舒继获住一并送案的。委没起衅别故及另有同谋加功帮同抬弃的人。凶刀已蒙起获。是实。各等供。

据此，将犯收禁，录供通详，批饬审解。兹据该县将犯覆讯，议拟由府解司委审，勘转到院，提犯亲讯无异。

本部院审看得宁国县客民舒继因奸起意商同奸妇王左氏谋杀本夫王玉身死弃尸不失一案。缘舒继籍隶旌德县，寄居该县地方，与已死王玉同乡素识。王玉开设杂货店生理，雇舒继在店帮伙，王玉之妻王左氏寓居店内，与舒继习见不避。光绪十八年七月二十二日，王玉有事外出，舒继乘间向王左氏调戏成奸，以后遇便续旧，不记次数，并未给过钱物，王玉先不知情。十九年十一月初间，舒继在王左氏房内谈笑，适王玉外回撞见，舒继逃避，王玉即向王左氏盘出奸情，痛加责打，并将舒继撵逐出店，声称如再往来定行一并杀死。舒继因此心怀忿恨，起意将王玉谋害，可与王左氏长久奸好。是月十二日，舒继探知王玉外出，往向王左氏告知谋情并嘱帮同下手，王左氏恋奸情热，亦即允从，约定今夜遇便行事，舒继即在空房躲匿等候。二更时分，王玉酒醉回家，进房睡歇，王左氏俟其睡熟，潜向舒继告知，分执柴斧、尖刀一同入房，舒继见房内灯火未熄，王玉在床酣睡，随即走近床前，顺用手携柴斧砍伤王玉左太阳穴，王玉惊醒喊叫，王左氏上前用刀连扎伤王玉左胳膊，王玉挣扎欲起，舒继复用斧连砍伤其左眉、左眼胞、左眉丛相连鼻梁，王玉两脚乱蹬，舒继又用斧砍伤其左膝，王左氏亦用刀连戳伤其左腿、左胯、小腹、肚腹，登时殒命。舒继起意弃尸灭迹，随商同王左氏将王玉尸身抬至屋后粪池旁边，因恐发辫不能腐化，用刀割落烧毁，并将尸身撩入粪池内丢弃走回，并将刀、斧、衣被血迹擦洗收藏，从此舒继常在王左氏家奸宿。嗣族人王林等往找王玉不见，向王左氏查问下落，王左氏言语支吾，王林等见其形色慌张，信知尸叔王天雨同往王左氏家搜获王玉尸身，投保获犯，报经该县验讯，详批审解。旋据该县将犯覆讯，议拟由府解司委审，勘转前来。本部院提犯亲讯，据各供认前情不讳，诘无起衅别故及另有同谋加功抬弃之人，研鞫不移，案无遁饰。查律载：“妻因奸同谋杀死亲夫者，凌迟处死。”又律载：“奸夫起意杀死亲夫，拟斩立决。”各等语。此案王左氏因与舒继通奸，经本夫王玉撞获禁绝往来，辄即恋奸情热，听从奸夫将本夫谋杀身死，自应按律问拟。王左氏应如县府司所拟，除与舒继通奸并听从弃尸不失各轻罪不议外，合依“妻因奸同谋杀死亲夫者，凌迟处死”律，拟凌迟处死。

舒继因奸起意商同奸妇王左氏谋杀本夫王玉身死，亦应按例问拟。舒继亦如所拟，除与王左氏通奸并起意弃尸不失各轻罪不议外，合依“奸夫起意杀死亲夫，拟斩立决”例，拟斩立决，照例先行刺字，与王左氏均留禁省监。该犯等事犯到官虽在光绪二十年八月十六日恭逢恩诏以前，惟系因奸谋死亲夫，情节较重，毋庸查办。王玉遗有幼子，饬交尸属领回抚养。尸棺饬埋。凶器刀、斧案结储库备拨。除恭折具奏云云。

奸妇商同奸夫谋杀本夫从犯被逼同行并未加功

为报验事。据按察使嵩崑详，据颍州府[①]知府凤林转，据署太和县知县陆延龄详称：光绪十四年七月二十四日，据地保黄秉义报，据民妇程倪氏投称：本月二十三日夜，伊夫程利因天时炎热，移在堂屋睡宿，不知何时被何人杀死，弃尸门外地上，查无失物情形。等语。往查属实，合报验缉。等情。并据尸妻程倪氏同报，各到县。据此，随即饬差严缉，一面带领刑仵驰诣该处，勘得程倪氏朝南住屋三间，四无近邻。该屋中系堂屋，左右卧室。已死程利尸身仰卧堂屋门外，查验堂屋床上及门内外地上均有血迹。勘毕，饬将尸移平地，如法相验。据仵作任士华验报：已死程利，问年二十七岁。仰面，致命：咽喉相连项颈有绳痕一道，平绕交匝，周围长八寸九分，宽四分，深二分，紫赤色。不致命：左右腋胑各有刃伤一处，各斜长八分，宽四分，深由骨缝透内。不致命：左胳膊有刃伤二处，右胳膊有刃伤三处，各斜长八分，宽四分，深六分。致命：胸膛有刃伤一处，斜长八分，宽四分，深由骨缝透内。致命：肚腹有刃伤一连九处，各斜长九分，宽四分，深透内。不致命：右肋有刃伤一连三处，各斜长八分，宽四分，深由骨缝透内。合面，不致命：左手背有刃伤一处，斜长一寸五分，宽六分，深六分，抵骨，骨不损。不致命：左腿有刃伤一连二处，各斜长八分，宽四分，深五分。不致命：右腿有刃伤一连二处，各斜长八分，宽四分，深五分。以上各伤均皮卷血污。余无故。委系受伤身死。报毕，亲验无异，饬取凶刀、勒绳无获，无凭比对尸伤，当场填格取结，尸令棺殓。讯据地保、尸亲人等，各供均与报词相同。正在详报间，访查得程利系被程倪氏商同奸夫程宣谋杀身死，勒差于十月十六日将犯程宣、程明[②]、程倪氏一并获案，起出库枪头一把。并据地保黄秉义报，据尸亲郭灼章亦以前情具呈到县，随传集尸亲人等，提同各犯，逐加研讯。

据地保黄秉义供与报词同。

据尸亲郭灼章供：已死程利是外甥，合这程宣、程萌并在逃的程灦都是同族无服，邻村居住，往来没嫌。程宣何时合程利的妻子程倪氏有奸，小的先不晓得，后来听人传说才知道的。光绪十四年七月二十四日，小的听闻程利被人谋杀，程倪氏投保报验，小的也就各处访查，那程利实被程倪氏因奸起意商同奸夫程宣谋害身死，已蒙案下访明差获程宣们到案，小的随把前情具呈的，求究伸。是实。

据从犯程萌供：太和县人，年二十九岁，父母都在，并没弟兄，娶妻生有二女，种地度日，合已死的程利并这到案的程宣都是同族无服，邻村居住，往来没嫌。程宣何时合程利的妻子程倪氏有奸，小的先不晓得。光绪十四年七月二十三日黄昏时候，小的出外乘凉，走过族人程灦瓜地，听见程宣在那里合程灦暗地商量要谋杀程利，央他帮同下手的话，程灦已经应允。小的上前查问，程宣不能隐瞒，就说他合程利的妻子程倪氏有奸，那日在房续旧，被程利撞见喊拿，他就逃跑，程利复向程倪氏盘出奸情，禁绝往来，不能续旧。程倪氏来向他密商，要把程利致死，可以长久奸好，央恳小的一同帮助，小的先没应允，后经程宣用言吓逼，小的无奈勉从。就是那夜三更，程宣拿防夜库枪头，程灦带小刀，小的空手，同到程利家门口。程宣从窗缝里望见屋内点有灯亮，程倪氏还没睡歇，就扣动门环，程倪氏开门走出，见是程宣带了程灦同小的一共三人带有器械，程倪氏会意，就令一同进内，那时程利在堂屋床上赤身仰卧，已经睡熟，程灦走近床前，用刀扎伤程利胸膛一下，程利惊醒喊叫，小的害怕，并没帮同下手，当就先自逃回。后来他们怎样把程利致死，又把尸身抬放门口假装被人谋害，叫程倪氏赴案呈报，小的都不知道。今蒙访出实情，派差把小的合程宣，程倪氏一并获案的。委没起衅别故及另有同谋加功的人，逃后也没另犯不法并知情容留人家。小的合程倪氏并没奸情。程灦现逃何处，不知道。是实。

据凶犯程宣供：太和县人，年三十二岁，父母都在，弟兄二人，小的居长，娶妻生有子女，种地度日，合已死程利同族无服，邻村居住，往来没嫌，他妻子程倪氏见面不避。光绪十年不记月日，小的到程利家闲坐，因程利外出，屋内没人，就合程倪氏调戏成奸，以后遇便续奸，不记次数，也没给过钱物，程利先不知情。十四年四月里，小的在程倪氏房内续旧，适程利外回撞见喊拿，小的当就逃跑，后来程利复向程倪氏盘出奸情，痛加责打，禁绝往来，并说日后拿获，奸夫、奸妇一并处死，程倪氏把前情密向小的告知，起意把程利致死，可以长久奸好，小的恋奸情热也就允从，约定乘便下手。七月二十三日傍晚，小的路过程利门口，见程倪氏站立门前，当向小的告说今晚他丈夫在家睡歇，可以趁此下手，小的说俟邀人相帮方可动手，当各走散。小的想起在逃的族人程灦曾被程利诬窃勒赔有嫌，起意往邀帮助，黄昏时候走到程灦瓜地上，当把前情向他告知并邀相帮，程灦应允。那晓已被族人程明③路过听闻，上前查问，小的料难隐瞒，据实告知，央其帮助，程明④先没应允，后经小的用言吓逼，无奈勉从。就是那夜三更，小的拿防夜库枪头，程灦带小刀，程明[5]空手，同到程利家门口。小的从窗缝里望见屋内点有灯亮，程倪氏还没睡歇，就扣动门环，程倪氏开门走出，见是小的带了程灦、程明[6]，一共三人带有器械，程倪氏会意，就令一同进内。那时程利在堂屋床上赤身仰卧，已经睡熟，程灦走近床前，用刀扎伤程利胸膛一下，程利惊醒喊叫，程灦又用刀接连扎伤他肚腹、右肋、左右胳膊、左手背，程利喊痛滚跌下床，小的赶拢，用库枪头连扎伤程利左右腋胑、左右腿，程倪氏在旁见程利还能动弹，就拿出麻绳一条，缠绕程利项颈，递给小的分拿绳头狠力拉勒，程利登时气绝身死。程萌并没帮同下手，先自逃回。小的害怕，起意把尸身抬放门口，假装被人杀害，叫程倪氏到县报案，小的合程灦各自逃避。今蒙访出实情，派差把小的合程倪氏、程萌一并拿获带案的。委没起衅别故及另有同谋加功的人，逃后也没另犯不法并知情容留人家。凶器库枪头已蒙起获。程灦现逃何处，不知道。是实。

据犯妇程倪氏供：太和县人，年三十四岁，公婆都故，已死程利是丈夫，这到案的程宣是丈夫无服族人，邻村居住，往来没嫌，小妇见面不避。光绪十年不记月日，程宣到小妇家闲坐，因丈夫外出，屋内没人，就合小妇调戏成奸，以后遇便续奸，不记次数，也没给过钱物，丈夫先不知情。十四年四月里，程宣在小妇房内续旧，适丈夫外回撞见喊拿，程宣当就逃跑，丈夫随向小妇盘出奸情，痛加责打，禁绝往来，并说日后拿获，奸妇、奸夫一并处死。小妇害怕，密向程宣告知，起意把丈夫致死，可以长久奸好，程宣允从，约定乘便下手。七月二十三日傍晚，小妇站立自己门前，见程宣路过那里，当向程宣告说今晚丈夫在家睡歇，可以趁此下手，程宣说俟邀人相帮方可动手，当各走散。那晚丈夫因天时炎热，搬到堂屋床上独自睡歇，小妇在房坐着，还没睡歇。三更时候，听见门环响动，悄悄开门出看，见是程宣带了族人程灦、程萌，一共三人带有器械，小妇会意，就令一同进内。那时丈夫赤身仰卧床上，已经睡熟，程灦走近床前，用刀扎伤丈夫胸膛一下，丈夫惊醒喊叫，程灦又用刀接连扎伤丈夫肚腹、右肋、左右胳膊、左手背，丈夫喊痛滚跌下床，程宣赶拢，用库枪头连扎伤丈夫左右腋胑、左右腿，小妇在旁见丈夫还能动弹，就拿出麻绳一条，缠绕丈夫项颈，递给程宣分拿绳头狠力拉勒，丈夫登时气绝身死。程萌并没帮同下手，先自逃回。程宣害怕，起意把尸身抬放门口，假装被人杀害，叫小妇到县报案，程宣们各自逃避。到了第二日早上，小妇就说丈夫不知被何人杀害，投保报验。今蒙访出实情，派差把小妇合程宣、程萌一并拿获带案的。委没起衅别故及另有同谋加功的人，逃后也没另犯不法并知情容留人家。程灦、程萌合小妇都没奸情。麻绳当时撩弃。程灦现逃何处，不知道。是实。各等供。

据此，将犯收禁，录供通详，奉批缉审。据报，该犯程宣于光绪十四年十月二十六日在监患病，验报饬医，至十一月二十六日治痊。该犯妇程倪氏于十二月初二日在监产生一子，禀报月满。查逸犯弋获无期，遵提现犯覆讯，除各供同前不叙外，讯据凶犯程宣供云云同前。据犯妇程倪氏供云云同前。各等供。据此，该署太和县知县陆延龄审看得云云同后院看至，供弃免追。等情。解府提讯，犯供翻异，札委代理阜阳县秦霖审照原拟，解府提讯，供仍狡执，札委署颍上县[⑦]蔡光裕审无别故，仍照原拟解府提讯，犯供参差，札委霍邱县屈承福审照原拟，由府解司核，恐案情未确，札委署怀宁县陈兆庆审讯，该县未及审解，暨代理县汪锡麟先后卸事，接署县范葆廉审无别故，仍照原拟解司提讯，犯供游移，札委安庆府联元覆审，旋据司狱徐绍滨申报，犯人程萌前因带患痨弱病症进监，医治罔效，延至四月十一日病故，由司饬委署怀宁县范葆廉前赴司监验明，该犯程萌委系因病身死，研讯刑禁人等，并无凌虐情弊，绘具图结详报，并据委员联元将程倪氏、程宣二犯审照原拟解司，勘转到臣，提犯亲讯无异。

该臣审看得太和县犯妇程倪氏因奸商同奸夫程宣谋杀本夫程利身死，并程萌被逼同行并未加功，旋于解省后在监病故一案。缘程倪氏、程宣、程萌均籍隶该县，程倪氏系已死程利之妻，程宣、程萌与程利均系同族无服，邻村居住，往来无嫌，程宣与程倪氏习见不避。光绪十年不记月日，程宣至程利家闲坐，值程利外出家内无人，即与程倪氏调戏成奸，以后遇便续奸，不记次数，亦未给过钱物，程利先不知情。十四年四月间，程宣在程倪氏房内续旧，适程利外回撞见喊拿，程宣当即跑逃，程利随向程倪氏盘出奸情，痛加责打，禁绝往来，并称日后拿获，奸夫、奸妇一并处死。倪氏畏惧，密向程宣告知，起意将程利致死，可与长久奸好，程宣恋奸情热，亦即允从，约定乘便下手。七月二十三日傍晚，程倪氏站立门前，见程宣路过该处门首，当向告说今晚伊夫在家睡歇，可以趁此下手，程宣答俟邀人相帮方可动手，当各走散。程宣忆及族人程灏曾被程利诬窃勒赔有嫌，随即往邀帮助。黄昏时分，走至程灏瓜地上，当将前情向程灏告知并邀相帮，程灏应允。讵被族人程萌路过听闻，上前查问，程宣不能隐瞒，据实告知，央恳帮助，程萌先不应允，后被程宣用言吓逼，无奈勉从。即于是夜三更，程宣携防夜库枪头，程灏带小刀，程萌徒手，偕抵程利家门首，程宣从窗缝里窥见屋内点有灯亮，程倪氏尚未睡歇，即扣动门环，程倪氏闻声开门走出，见程宣等三人并带有器械，程倪氏会意，随令一同进内，见程利赤身仰卧堂屋床上，已经睡熟。程灏走近床前，用刀扎伤程利胸膛一下，程利惊醒喊叫，程灏又用刀接连扎伤其肚腹、右肋、左右胳膊、左手背，程利喊痛滚跌下床，程宣赶拢，用库枪头连扎伤程利左右腋胑、左右腿。程倪氏在旁见程利尚能动弹，即取出麻绳一条，缠绕程利项颈，递给程宣分执绳头，狠力拉勒，程利登时气绝殒命。维时程萌并未帮同下手，先行逃回。程宣畏罪，起意将尸身抬放门首，假作被人杀害，嘱令程倪氏赴县报案，程宣等当各逃避。次早，程倪氏即以伊夫不知被何人杀害等情投保，报经该县诣验，嗣经访明实情，获犯程倪氏、程宣、程萌，起获凶器一并带案。并据尸亲郭灼章查明前情，赴县具呈，讯供详批缉审。该犯程宣在监患病，犯妇程倪氏在监产生一子，先后验报医痊、月满。据该县以逸犯弋获无期，将现犯覆讯，议拟由府解司委审。据报，该犯程萌带病进监病故，由司委验讯明，刑禁人等并无凌虐情弊，绘具图结详报。旋据委员审明，仍照原拟由司详解前来，臣提犯亲讯，据各供悉前情不讳，诘无起衅别故及另有同谋加功之人，究鞫不移，案无遁饰。查律载："妻因奸同谋杀死亲夫者，凌迟处死。奸夫斩监候。"又："谋杀人从而不加功者，杖一百，流三千里。"各等语。此案程倪氏因与无服族人程宣通奸，被本夫程利撞见责打，禁绝往来，起意致死，辄商同奸夫程宣纠邀族人程灝等各用刀枪扎伤程利胸膛等处，该犯妇复因程利尚能动弹，又用麻绳绕其项颈，与程宣谋勒毙命，实属淫凶极恶，自应按律问拟。程倪氏除与伊夫无服族人通奸，并听从捏报命案各轻罪不议外，应如县府司及委审所拟，合依"妻因奸同谋杀死亲夫者，凌迟处死"律，拟凌迟处死，留禁省监。程宣与程倪氏通奸，先经程倪氏起意将程利致死，该犯约定乘便下手，后经程倪氏告知伊夫在家睡歇，可以下手，遂邀允程灝等帮助，将程利连扎多伤，复与奸妇程倪氏用绳拉勒致毙。查该犯与已死程利系同族无服，至死应同凡论，亦应按律问拟。程宣除奸同宗无服亲之妻并教令捏报命案各轻罪不议外，亦如所拟，合依"因奸同谋杀死亲夫者，奸夫斩监候"律，拟斩监候，秋后处决。程萌系被程宣吓逼同行，临时畏惧先逃，并未帮同下手。该犯与程倪氏讯无奸情，与程利亦系同族无服，至死应同凡论，亦应按律问拟。程萌亦如所拟，合依"谋杀人从而不加功者，杖一百，流三千里"律，拟杖一百，流三千里。该犯妇等事犯到官虽在光绪十五年二月初四、十七，三月十六等日恭逢恩诏以前，惟程倪氏、程宣系因奸同谋杀死本夫，均在不准援免之列，应不准其援免。程萌业已在监病故，应毋庸议。该犯妇等逃后，讯无另犯不法及知情容留之人，应与查明报案之尸亲郭灼章及并无扶同捏报之地保黄秉义，并程萌在监病故讯无凌虐之刑禁人等，均毋庸议。程倪氏在监产生之子，饬属领回抚养。尸棺饬埋。逸犯程灝饬缉获日另结。凶器库枪头业经验明，案结发回，储库备拨。麻绳供弃免追。犯系带病进监身故，管狱官例无处分。除揭移部科外，理合恭疏具题，伏乞皇上圣鉴，敕下法司核覆施行。再，此案审限云云。

光绪十七年九月十六日准。部照覆。

校勘记：

①颖州府：颖字误，当为"潁"。

②程明：人名前后不一致，据上下文当为"程萌"。

③同②。

④同②。

⑤同②。

⑥同②。

⑦颖上县：颖字误，当为"潁"。

奸妇起意商同奸夫谋杀知情典卖卖休妇女之人照律以凡论

为访闻事。据按察使嵩崑详，据凤阳县知府赵舒翘转，据宿州知州陆显勋详称：光绪十七年四月十一日，访闻西北乡有因奸谋命情事，饬差查拿。去后旋于二十二日据该役等将奸妇张郭氏、奸夫胡二在宿州、萧县交界地方缉获，起同凶器刺刀送案，禀讯前来。查验胡二身穿布袄尚有血迹，讯据供认张郭氏起意，胡二同谋加功，因奸谋杀张广林身死，埋尸灭迹各情不讳，随押犯带领刑仵亲诣该处，勘得张广林朝西住屋三间，南间卧房西墙砌有方窗一个，窗上插有秫秸一把，查验床前地上有血迹一片。勘毕，饬犯指出埋尸处所，刨去浮土，起出张广林尸身舁放平地。据仵作夏得验报：已死张广林，问年五十四岁。仰面，不致命：右肩甲有接连刃扎伤二处，俱斜长八分，宽三分，深抵骨，骨不损。致命：胸膛有刃扎伤一处，斜长九分，宽四分，深抵骨，骨不损；肚腹有刃扎伤一处，斜长九分，宽四分，深透内，肠出。合面，致命：脊背有刃扎伤一处，斜长八分，宽三分，深抵骨，骨不损。以上各伤均皮卷血污。余无故。实系受伤身死。报毕，亲验无异，饬取凶器刺刀比对右肩甲、脊背三伤相符，胸膛、肚腹二伤张郭氏称系伊用苗刀扎伤，刀弃无获，无从比对。当场填格取结，尸令棺殓。刺刀同胡二所穿血衣带回储库。查该处地保病故未充，随讯。

据邻佑黄恩臣供：合已死医生河南人张广林邻居素识，张郭氏本系刘添台的妻室，卖休与徐八，后经张广林向徐八典买为妻，[张]郭氏何时合胡二有奸，小的先不晓得，经张广林撞破奸情，把[张]郭氏殴打吵骂，小的才知道的。至张郭氏合胡二怎样把张广林谋杀身死，一同逃跑，小的住处与他家隔远，先也没有晓得，后因张广林、张郭氏都没见面，心疑往看，见他家空屋地上遗有血迹，才知道有谋命的事，正要报案，就蒙访闻获犯验讯，求究办。是实。

据从犯胡二供：年四十一岁，山东曹州府郓城县人，父母俱故，弟兄二人，胞弟胡何，并没妻子，寄住宿州，卖馍生理。合已死河南卫辉府人医生张广林素识往来。这获案的张郭氏本是刘添台的妻室，卖休与徐八，张广林又向徐八典买为妻，合小的见面不避。光绪十六年四月不记日期，小的到张郭氏家闲坐，适张广林出外治病，张郭氏一人在家，小的就合他调戏成奸，后非一次，张郭氏陆续贴给小的衣物、钱文，不记确数，张广林先不知情。九月间，小的往合张郭氏续奸，被张广林撞见扭打，小的挣脱逃跑，后闻张广林把张郭氏打骂，防范严紧，小的不敢再往。十七年三月二十日，张广林经人请去治病没回，张郭氏邀小的到他家续旧，告知张广林自撞破奸情后，时刻带刀防守，恐被抓获杀害，起意把张广林致死除患，可作长久夫妻，小的一时恋奸情热，当就应允，恐张广林力大难敌，约俟邀人帮同下手，并说定摇动窗上秫秸为号，当晚走回。二十五日，小的央恳素好在逃的王勾并胞弟胡何相帮，王勾们先没答应，后经小的说明只要他们看人防备，如小的合张郭氏能杀死张广林，无须他们动手，并应许事后酬谢，王勾们始各允从。就是那夜三更时候，小的携带刺刀，王勾们空手，同到张广林家门口，小的在窗外摇动秫秸，张郭氏悄悄开门出来，小的留胡何在门外看人，自合王勾跟张郭氏进屋，见张广林侧卧床上，向里睡熟。小的合张郭氏走拢床边，小的拔出身带刺刀连扎伤张广林脊背、右肩甲。张广林喊痛，翻身把刀夺住，张郭氏就从床上抽出苗刀连扎伤张广林胸膛、肚腹，张广林滚跌地上，当即身死。王勾在场并没动手，先已出门合胡何走散。张郭氏起意埋尸灭迹，商同小的在屋旁园地挖坑，把张广林尸身抬埋，当夜一同逃跑，后被访闻差拿，把小的合张郭氏拿获的。今蒙提审，小的实因恋奸情热，听从张郭氏把张广林谋杀身死，埋尸灭迹，委没起衅别故及另有知情同谋加功的人。凶器刺刀已蒙起案。王勾们现逃何处，不知道。是实。

据犯妇张郭氏供：年四十九岁，河南长葛县人，向在宿州寄住。小妇幼嫁丈夫刘添台，因贫卖休与徐八，后来徐八又典卖与已死医生张广林为妻，没生子女。张广林合这获案的胡二认识往来，小妇见面不避。光绪十六年四月里不记日期，胡二到小妇家闲坐，适张广林出外治病，小妇一人在家，胡二就合小妇调戏成奸，后非一次，小妇陆续贴给胡二衣物、钱文，不记确数，张广林先不知情。九月间，胡二正合小妇续奸，被张广林撞见扭打，胡二挣脱逃跑。张广林当把小妇打骂，禁绝往来，并时刻带刀防守，说道再被捉获定行杀死。十七年三月二十日，张广林经人请去治病没回，小妇就邀胡二到家续旧，告知前情，一时恋奸情热，恐被张广林捉获杀害，起意把他致死除患，可作长久夫妻，就与胡二商允，胡二因恐张广林力大难敌，约俟邀人帮同下手，说定摇动窗上所插秫秸为号，当晚走散。二十五日夜三更时候，张广林侧卧床上,向里睡熟,小妇听得窗上秫秸摇动声响,知是胡二们来了,就悄悄开门出去。胡二留胡何在门外看人,小妇就引胡二合在逃的王勾同进屋内,小妇和胡二走拢床边,胡二拔出身带刺刀,连扎伤张广林脊背、右肩甲。张广林喊痛,翻身把刀夺住,小妇就从床上抽出张广林防身苗刀,连扎伤张广林胸膛、肚腹,张广林滚跌地上,当即身死。王勾在场,并没动手,先已出门合胡何逃跑。小妇起意埋尸灭迹,商同胡二在屋旁园地挖坑,把张广林尸身抬埋,当夜一同逃走,后蒙访闻差拿,把小妇合胡二拿获的。小妇实因同胡二恋奸情热,起意把张广林商谋致死,私埋灭迹,委没起衅别故及另有知情同谋在场加功的人。苗刀在路撩弃。王勾们现逃何处,不知道。是实。各等供。

据此,将犯收禁,录供通详,奉批缉审。该犯妇张郭氏在监患病,验报饬医无效,于六月二十二日因病身故。禀府饬委灵璧县张奎汉前诣验明,该犯妇实系因病身死,讯据伴妇人等,供无凌虐情弊,详奉批饬,绘具图结,核入正案拟办。据报,该犯胡二于十七年六月二十五日在监患病,验报饬医,至七月二十五日治痊。查逸犯弋获无期,现犯未便久羁,遵提覆讯。据从犯胡二供云云同前。等供。据此,该宿州知州陆显勋审勘得云云同后院看至,随案附参。等情。由府司核,恐案情未确,札委署安庆府王汝砺审照原拟解司,勘转到臣,提犯亲讯无异。

该臣审看得宿州客民张郭氏因奸起意谋杀张广林身死埋尸不失,奸夫胡二同谋加功,并该氏于取供后在监病故一案。缘张郭氏、胡二分隶河南长葛、山东郓城等县,均在该州寄住。张郭氏幼嫁刘添台为妻,卖休与徐八,后经徐八转典卖与已死之河南卫辉府人张广林为室,未生子女。张广林在该州行医为业,与胡二认识往来,张郭氏习见不避。光绪十六年四月不记日期,胡二至张郭氏家闲坐,适张广林外出医病,张郭氏在家独处,胡二即与张郭氏调戏成奸,后非一次,张郭氏陆续帮给胡二衣物、钱文,并无确数,张广林先不知情。九月间,胡二正合张郭氏续奸,被张广林撞见扭殴,胡二挣脱逃走,张广林当将郭氏打骂,禁绝往来,并时刻带刀防守,声称再被捉获,定行杀死。十七年三月二十日,张广林经人延往治病未回,张郭氏复邀胡二至家续旧,告知张广林防范严紧,虑被捉获杀害,起意将张广林致死除患,可作长久夫妻。胡二恋奸情热,亦即应允,因恐张广林力大难制,约俟邀人帮同下手,并说定摇动窗上所插秫秸为号,当晚走回。二十五日,胡二央恳素好在逃之王勾并胞弟胡何相帮,王勾等先未答应,后经胡二说明只要看人防备,如胡二与张郭氏能致死张广林,无须王勾等动手,并许事后酬谢,王勾等始各允从。即于是夜三更时分,胡二携带刺刀,王勾等徒手,偕至张广林家门首,胡二摇动窗上秫秸,张郭氏悄悄开门。胡二留胡何在门外看人,自与王勾跟张郭氏潜入房内,见张广林侧卧床上，向里睡熟。胡二合张郭氏走拢床边，胡二拔出身带刺刀，连扎伤张广林脊背、右肩甲。张广林喊痛，翻身将刀夺住，张郭氏即从床上抽出张广林防身苗刀，连扎伤张广林胸膛、肚腹，张广林滚跌地上，当即殒命。王勾并未加功，先已出门与胡何走散。张郭氏起意埋尸灭迹，商同胡二在屋旁园地挖坑，将张广林尸身抬埋，当夜一同逃走。经该州访闻，饬缉获犯，验讯通详，批饬缉审。张郭氏在监病故，禀府札委灵璧县张奎汉验讯详批，核入正案拟办。该犯胡二在监患病，验报医痊。兹据该州以逸犯弋获无期，先就现犯覆讯，议拟由府解司核，恐案情未确，札委署安庆府王汝砺审照原拟解司，勘转前来。臣提犯亲讯，据供前情不讳，诘无起衅别故及另有知情同谋在场加功之人，研鞫不移，案无遁饰。查律载："谋杀人造意者，斩监候。从而加功者，绞监候。"等语。此案张郭氏因与胡二通奸，被张广林撞破责打，禁绝往来，并声言捉获杀害，该犯妇辄起意商谋将张广林致死埋尸灭迹。查张郭氏本系卖休之妇，张广林知情辗转典卖，既无夫妻名分，律应离异，有犯应同凡论，自应按照凡人谋杀本律问拟。张郭氏除与胡二通奸及埋尸不失各轻罪不议外，应如州府司及委审所拟，合依"谋杀人造意者，斩监候"律，拟斩监候，业于取供后在监病故，应毋庸议。胡二与张郭氏通奸，辄听从谋杀张广林身死，亦应按律问拟。胡二亦如所拟，合依"谋杀人从而加功者，绞监候"律，拟绞监候，秋后处决，照例刺字。该犯得受张郭氏衣物、钱文，讯无确数，请免著追。张广林知情典买卖休妇郭氏为妻，本干律议，业已身死，应与张郭氏在监病故讯无凌虐情弊之伴妇人等，均毋庸议。逸犯王勾等，饬缉获日另结。无干省释。各尸棺分别饬埋。苗刀供弃免追。起获刺刀案结发回，储库备拨。所有监毙拟斩犯妇一口之管狱职名，系宿州吏目祖文垚，相应随案附参。除将图结揭移部科查照外，理合恭疏具题，伏乞皇上圣鉴，敕下法司核覆施行。再，此案审限云云。

光绪十九年正月二十三日准。部照覆。

因奸谋杀本夫之父弃尸不失复逼令奸妇同逃援案陈明恭候钦定

为访闻事。据按察使嵩崑详，据颍州府[①]知府凤林转，据署霍邱县知县丁寿恺详称：访闻县属李家桥保地方有因奸谋命弃尸灭迹情事，当即饬差查拿。随于光绪十六年七月初四日，据地保赵学义报，据孀妇杨陈氏投称：伊分居夫堂弟杨玉山先因无子，过继伊幼子杨光醴为嗣，娶媳文氏，租住村邻郑修三房屋，种瓜度日。杨光醴常年出外佣工，郑修三何时与文氏通奸，伊与杨玉山均先不知情，嗣经杨玉山撞见斥逐，将文氏责骂，文氏从此悔过拒绝。杨玉山即向伊告知，并在瓜地内搭盖草屋，与文氏搬往居住。本月初一日，伊往杨玉山家探望，不见翁媳二人，四处查询，听闻县属李家桥保地方沟内有一无头男尸，赶往查看，认系杨玉山尸身，往寻郑修三，逃匿无踪，料被郑修三谋害，拐带文氏同逃，当将杨光醴赶回，复在附近空地内寻获尸头一颗，认明无讹。等语。往查属实，合报验缉。等情。并据尸堂嫂杨陈氏同尸子杨光醴先后报同前由，各到县。据此，复又加差严缉，一面带领刑仵驰诣该处，勘得县属李家桥保地方有堰沟一道，探量水深三五尺不等，相距杨玉山瓜地约箭许。已死杨玉山尸身仰卧沟边，头颅无存，身下垫有狗皮一张。查看沟内水草并无翻动，地无血迹。勘毕，饬将头颅凑合尸身比对，痕迹相符。随据仵作戴春验报：已死杨玉山，问年六十四岁。仰面，致命：咽喉连合面项颈有刃伤一处，围圆一尺，皮肉卷缩，骨凸，有血晕，头皮砍落。不致命：左手四指俱从中节砍落，仅存大指一个，皮肉卷缩，有血晕，系刀砍伤；左脚面有刃伤一处，斜长九寸，骨断堕落，有血晕。余无故。委系被杀身死。报毕，亲验无异，当场填格取结，尸令棺殓。勒据差役于七月二十二日缉获凶犯郑修三、奸妇杨文氏，并起获凶刀一把解县，随传尸亲人等，提犯逐一研讯。

据地保赵学义供与报词同。

据尸堂嫂杨陈氏供：寿州人，丈夫已故，生有三子，已死杨玉山是丈夫分居堂弟，向在霍邱地方种瓜度日。杨玉山先因无子，过继小妇第三子杨光醴为嗣，这获案的杨文氏是媳妇，跟他公公杨玉山租赁这获案的村邻郑修三房屋同住，合郑修三见面不避。儿子杨光醴常年出外帮工，郑修三何时与媳妇通奸，小妇与杨玉山先不知道，后来郑修三在媳妇房内谈笑，被杨玉山撞见斥逐，并把媳妇责骂，媳妇也就悔过，不敢再合郑修三往来，杨玉山就向小妇告知，并在瓜地内搭盖草屋，带同媳妇搬往居住。光绪十六年七月初一日，小妇走到杨玉山家探望，不见他翁媳二人，四处查问，听闻县属李家桥保堰沟内有一无头男尸，赶去查看，认是杨玉山尸身，往寻郑修三，不知去向，料被郑修三谋害，拐带媳妇同逃，当把儿子杨光醴赶回，复在那里附近空地内寻获尸头一颗，确是杨玉山头颅，小妇就带同儿子投保报验的，求究办。是实。

据尸子杨光醴供：已死杨玉山是嗣父，这到案的杨文氏是妻子，小的常年在外帮工，妻子跟随嗣父在霍邱地方种瓜度日。后来妻子怎样合郑修三通奸，被嗣父撞见斥逐，并嗣父怎样被郑修三谋害杀死，弃尸沟内，拐带妻子同逃，小的没有在家，都不知道，是母亲杨陈氏报知小的赶回，后在那里附近空地内寻获嗣父头颅，小的合母亲认明不错,就投保报验的,求究伸。是实。

据奸妇杨文氏供:太和县人,年十七岁。已死杨玉山是公公,杨陈氏是本生婆母,杨光醴是丈夫。小妇因丈夫出外帮工,跟随公公在霍邱地方种瓜度日,租得这到案的村邻郑修三房屋同住,小妇合他见面不避。光绪十六年二月不记日期,公公赴地工作,家内没人,郑修三就向小妇调戏成奸,以后遇便续旧,不记次数,并没给过钱物,公公先不知情。四月里,郑修三合小妇在房谈笑,被公公撞见斥骂,把郑修三赶逐逃走,随向小妇盘出奸情,并把小妇责打,小妇自知懊悔,不敢再合郑修三往来,公公就在自种瓜地内搭盖草屋,带同小妇搬往居住。以后郑修三常来门口探望,小妇看见总没与他讲话。六月二十七日,郑修三乘公公外出,走进小妇房内拉手求奸,小妇不允喊骂,郑修三走出,适遇公公外回看见,拿取门旁木棍赶向郑修三殴打,说道再来定要处死,郑修三当就逃跑。那夜,小妇在房先睡,公公因天气炎热,独自在门外地上铺垫狗皮睡卧乘凉。二更时候,小妇睡梦中听得公公喊叫,走出查看,见郑修三手拿扑刀,已把公公头颅砍落,小妇当向扭住哭喊不依,郑修三用刀吓禁,并把小妇关禁房内,小妇害怕,不敢啧声。后来郑修三怎样央同在逃的杨麻孜把公公尸身丢弃沟内,并把头颅埋葬空地,小妇都没看见。停了一会,郑修三走回,打开房门说要带小妇同逃,小妇哭泣不从,郑修三再三催逼,并说如不同走,一并致死灭口,小妇无奈,只得同行,连日从山僻小路慢慢行走,小妇一路啼哭,总想替公公伸冤。七月二十二日,走到寿州交界地方,见有公差数人路过那里,小妇当向哭诉前情,并指引公差把郑修三拿获,同小妇一并解案的。小妇委止与郑修三通奸,并没知情同谋的事,求详察。是实。

据凶犯郑修三供:寿州人,年四十四岁。父母都故,弟兄两人,小的居幼,余没别属,向在县属李家桥保地方种田度日。合已死杨玉山素识没嫌,杨玉山也在霍邱地方种瓜营生,他因嗣子杨光醴常年在外帮工,带同他媳妇杨文氏来租小的房屋同住,小的合杨文氏见面不避。光绪十六年二月不记日期,杨玉山赴地工作,家内没人,小的就向杨文氏调戏成奸,以后遇便续旧,不记次数,并没给过钱物,杨玉山先不知情。四月里,小的合杨文氏在屋谈笑,被杨玉山撞见斥骂赶逐,小的当即走避。杨玉山就在自种瓜地内搭盖草屋,带同杨文氏搬往居住。小的恋奸情热,常到他门口探望,杨文氏看见总没与小的讲话。六月二十七日,小的探知杨玉山外出,乘间走入杨文氏房内拉手求奸,杨文氏不允喊骂,小的走出,适遇杨玉山外回看见,拿取木棍赶向小的殴打,说道再来定要处死。小的当就逃回,想起杨文氏拒奸不从,都由杨玉山管教严紧所致,心怀忿恨,起意把杨玉山致死,拐带杨文氏同逃,可以做长久夫妻。就是那夜二更时候,小的携带防夜扑刀,走到杨玉山门口,见杨玉山在门外地上赤身躺卧，听他鼻息声响，知已睡熟。小的走近身边，先用刀砍伤他左脚面，杨玉山惊醒喊叫，挣扎不起，小的又用刀狠砍一下，把他左手四指一齐砍落，杨玉山负痛在地乱滚，小的又用刀狠力一砍，把他头颅砍落，登时身死。杨文氏在房听闻，赶出查看，扭住小的哭喊不依，小的用刀吓禁，并把杨文氏关禁房内，杨文氏就没啧声。小的恐怕有人走动，起意弃尸灭迹，正要动手，有素识在逃的杨麻孜闻喊走来查问，小的不敢隐瞒，据实告知，嘱勿声张，央他帮同抬尸。杨麻孜先不应允，后经小的再三央恳，许给钱文，杨麻孜始行允从，随合小的把杨玉山尸身连垫睡狗皮帮抬同弃沟内，又把头颅埋藏附近空地。杨麻孜先自逃回，小的回到杨文氏家，打开房门，叫杨文氏同逃，杨文氏哭泣不从，小的再三催逼，并说如不同走，一并致死灭口，杨文氏也就同行，连日从山僻小路慢慢行走，杨文氏一路啼哭，屡经小的劝阻不听。七月二十二日，走到寿州交界地方，见有公差数人路过那里，杨文氏就向哭诉前情，并指引公差把小的拿获，连杨文氏一并解案的。小的实止因奸起意谋杀杨玉山身死，杨文氏委没知情同谋，也没起衅别故及另有在场加功的人。凶刀已蒙起获。杨麻孜现逃何处，不知道。是实。各等供。

据此，将犯收禁，录供通详，奉批缉审。据报，该犯郑修三于光绪十六年十一月初三日在监患病，验报饬医，至十二月初三日治痊。查逸犯弋获无期，遵提现犯覆讯，除各供同前不叙外，讯据奸妇杨文氏供云云同前，据凶犯郑修三供云云同前。各等供。据此，该署霍邱县知县丁寿恺审看得云云同后院看至，缉获另结。等情。解府提讯，犯供游移，札委阜阳县萧先镐确审，仍照原拟由府解司核，恐案情未确，札委安庆府联元审无别故，仍照原拟解司，勘转到臣，提犯亲讯无异。

该臣审看得霍邱县客民郑修三因奸谋杀氏翁杨玉山身死弃尸不失，奸妇杨文氏讯未知情同谋，事后被逼同逃一案。缘郑修三、杨文氏分隶寿州、太和等州县，杨文氏系已死杨玉山嗣子杨光醴之妻，杨光醴常年在外佣工，杨文氏随同其翁杨玉山在该县地方种瓜度日，租赁郑修三房屋同住，杨文氏与郑修三习见不避。光绪十六年二月不记日期，郑修三见杨玉山赴地工作，家内无人，即向杨文氏调戏成奸，后非一次，并未给过钱物，杨玉山先不知情。是年四月间，郑修三与杨文氏在房谈笑，被杨玉山撞见斥骂赶逐，郑修三走避，杨玉山向杨文氏盘出奸情，痛加责打，杨文氏自知悔过，拒绝往来，随与杨玉山搬在瓜地内搭盖草屋居住。以后郑修三恋奸情热，常至杨文氏门口探望，希图遇便续旧，杨文氏始终不与交谈。六月二十七日，郑修三探知杨玉山外出，乘间走入杨文氏房内拉手求奸，杨文氏不允喊骂，郑修三走出，适遇杨玉山外回瞥见，携取木棍赶向郑修三殴打，声称再来定行处死。郑修三当即逃回，忆及杨文氏拒奸不从，总由杨玉山管教严密所致，心怀忿恨，起意将杨玉山致死，拐带杨文氏同逃。即于是夜二更时分，郑修三携带防夜扑刀，走至杨玉山门首，见杨玉山在地赤身躺卧，已经睡熟。郑修三走近身边，先用刀砍伤杨玉山左脚面，杨玉山惊醒喊叫，挣扎不起，郑修三用刀狠砍将其左手四指一齐砍落，杨玉山负痛在地乱滚，郑修三又用刀狠力一砍，把杨玉山头颅砍落，登时殒命。时杨文氏在房听闻，赶出查看，见杨玉山已被砍死，扭住郑修三哭喊不依，郑修三用刀吓禁，并把杨文氏关禁房内，杨文氏不敢啧声。郑修三虑恐有人经过，起意弃尸灭迹，正欲动手，有素识在逃之杨麻孜闻喊走至查问，郑修三不敢隐瞒，据实告知，嘱勿声张，央令帮同抬尸，杨麻孜先不应允，后经郑修三再三央恳，许给钱文，杨麻孜始行允从，随与郑修三将杨玉山尸身连垫睡狗皮帮抬同弃沟内，并将头颅埋藏附近空地。杨麻孜先自跑回，郑修三复至杨文氏家，打开房门，逼令杨文氏同逃，杨文氏哭泣不从，郑修三再三催逼，并称如不同走，一并致死灭口，杨文氏无奈勉从，一同逃逸。旋经该县访闻差查，并经尸堂嫂杨陈氏、尸子杨光醴认明尸身，寻获头颅，投保经该县诣验饬缉。七月二十二日，郑修三带同杨文氏行至寿州交界地方，见有差役数人经过该处，杨文氏当向哭诉前情，并指引该差等将郑修三拿获，连同杨文氏一并解案，讯供详批缉审。据报，该犯郑修三在监患病，验报医痊。兹据该县以逸犯杨麻孜弋获无期，先就现犯覆讯，议拟由府解司委审，勘转前来。臣提犯亲讯，据各供悉前情不讳，诘无起衅别故及另有在场加功之人，严究不移，案无遁饰。查律载："奸夫起意杀死亲夫，奸夫拟斩立决。"又："子犯奸，父母并未纵容被人谋杀者，拟绞立决。子孙之妇有犯与子孙同科。"又："断罪无正条，援引他律比附定拟。"各等语。此案郑修三先与杨文氏通奸，经氏翁杨玉山撞遇斥逐，拒绝往来，该犯辄因恋奸情热，起意将杨玉山谋杀身死，复将杨文氏拐带同逃，实属淫凶不法，遍查律例，并无因奸谋杀本夫之父作何治罪明文，自应比例问拟。郑修三除弃尸不失轻罪不议外，应如县府司所拟，合依"奸夫起意杀死亲夫，奸夫斩立决"例，拟斩立决。杨文氏虽讯无知情同谋，惟杨玉山之死究由该氏先与郑修三通奸所致，应仍按例问拟。查杨文氏系杨玉山嗣子之妻，有犯应与子孙同科。杨文氏亦如所拟，合依"子犯奸，父母并未纵容被人谋杀者，[拟]绞立决"例，拟绞立决。查该氏与郑修三通奸，业经悔过拒绝，迨郑修三谋杀杨玉山身死，该氏闻喊出看，即向哭喊不依，事后被拐同逃，出于吓逼勉从，并非甘心隐忍，旋经该差等路过，该氏见向哭诉，登即指引差役将犯拿获，是其尚有不忍致死其翁之心，较之恋奸忘旧者究属有间。检查嘉庆十八年四川民妇李庞氏与何思成通奸被本夫李文成之祖母李王氏撞见斥骂，经何思成将其致死灭口，李庞氏并未知情同谋，临时救护并于事后首告照例问拟绞决，经刑部以庞氏尚有不忍致死其祖姑之心，于疏内陈明，恭候钦定，奉旨准其减等发落在案。核与此案情事相同，相应援案陈明，恭候钦定。尸棺经县饬埋。凶刀验明发回，储库备拨。逸犯杨麻孜饬缉获日另结。除揭移部科外，理合恭疏具题，伏乞皇上圣鉴，敕下法司核覆施行。再，此案审限云云。

光绪十八年十一月十一日接准。部覆杨文氏改为绞候，奉旨："依议。钦此。"

校勘记：

①颖州府：颖字误，当为"颍"。

卷十二德　奸拐 抢夺妇女各案附

奸夫致伤纵奸本夫身死奸妇讯不知情

为访闻事。据署按察使童祥熊详，据池州府知府夏允升转，据署贵池县知县王鼎臣详称：光绪十四年二月十四日，访闻县属吴田铺地方有殴毙人命私埋灭迹情事，当经饬差密查。去后，嗣于十七日据地保汪政邦报，据怀宁县民刘朝投称：伊子刘升封携胡氏在县属地方种地营生，租赁同乡郑富草屋同住，伊媳胡氏何时与郑富有奸，伊子贪利纵容，伊先不知情，后经伊子告知，伊曾令其搬屋另居，伊子未经理会。本月十四日，伊接胡氏信知伊子因向郑富索取资助钱文不给，口角争闹，致被郑富殴伤身死，移尸掩埋，嘱伊报案。伊即赶往查问，胡氏正在做产，未及首告，并向伊哭诉前情，连日找寻伊子尸棺，今在附近山下寻获新坟一穴，料被郑富在此私埋。等语。往查属实，犯已逃匿，合报验缉。等情。并据尸父刘朝报同前由，各到县。据此，随带刑仵亲诣该处，勘得郑富草屋一所，讵该屋半里许[①]山下有坟冢一穴，土色尚新。勘毕，饬据尸亲刘朝指认，确系伊子刘升封坟冢，浮土扒开，露出尸棺，揭开棺盖破帐，将尸移放平地，如法相验。据仵作储森验报：已死刘升封，问年四十四岁。仰面，不致命：左肋有铁器伤一处，围圆三寸，血瘢，按捺骨断；左膝有木器伤一处，斜长一寸五分，宽五分，红色。合面，致命：脑后有磕伤一处，围圆三寸，血瘢。余无故。委系受伤身死。报毕，亲验无异，饬取凶器无获，无从比对尸伤，当场填格取结，尸仍棺殓。勒差于是年六月二十九日缉获凶犯郑富一名到案，随提同刘胡氏并尸亲人等，逐加研讯。

据地保汪政邦供与报词同。

据尸父刘朝供：怀宁县人，已死刘升封是儿子。光绪十二年九月里，儿子带同媳妇胡氏来到县属吴田铺地方种地，租赁这到案的同乡郑富草房一间，合郑富同屋居住，素好没嫌。媳妇何时与郑富有奸，儿子贪利纵容，小的先不知道，后来儿子向小的告知，小的曾叫他搬屋另住，儿子没有理会。十四年二月十四日，小的接到媳妇来信，说儿子于本月十三日因向郑富索要资助钱文没给，口角争闹，致被郑富殴伤身死，移尸抬埋，叫小的报案。小的赶往查问，那时媳妇正在做产，不及首告，并向小的哭诉前情，小的连日找寻儿子尸棺，后在附近山下寻着新坟一穴，料被郑富在此私埋，小的就投保报验的，求究办。是实。

据要证江盛丁供：怀宁县人，寄居县属地方，合已死刘升封并这到案的郑富都是同乡邻居。光绪十二年九月里，刘升封带他女人刘胡氏来到县属吴田铺地方种地，租赁郑富草房一间，合郑富同屋居住。刘胡氏何时与郑富通奸，刘升封贪利纵容，小的先不知道。后来丑声外扬，刘升封贪图资助，任凭郑富往来奸宿，彼此都没避忌，刘升封也没隐瞒，小的就晓得的。十四年二月十三日，小的路过郑富门口，听得里面吵闹，赶进查看，见刘升封手拿挑稻锚担向郑富殴戳，郑富就用铁锄柄抵格，致伤刘升封左膝，刘升封复用锚担扑向扎戳，郑富闪避，用锄殴伤刘升封左肋，仰跌倒地，并在石猪槽角上磕伤脑后。小的连忙上前劝住，刘胡氏方才从外回归，问说因刘升封向郑富要钱使用，郑富没钱回覆，彼此口角起衅的，刘胡氏就把刘升封扶睡床上，小的也就走回。后闻刘升封因伤身死，郑富就把刘升封尸身私自掩埋。刘胡氏又因做产，不及首告，叫刘升封的父亲刘朝赶往问明情由，找着刘升封坟冢投保报验的。小的委系救阻不及。是实。

据奸妇刘胡氏供：怀宁县人，年四十六岁，已死刘升封是丈夫，合这到案的同乡郑富素识没嫌。光绪十二年九月里，丈夫带同小妇来到县属吴田铺地方种地，租赁郑富草房一间，合郑富同屋居住，小妇见面不避。那年十一月不记日子，丈夫有事外出，郑富就合小妇调戏成奸，以后遇便续旧，不记次数，丈夫先不知情，后被看破，向小妇盘出奸情，要合郑富不依，郑富央求隐瞒，嘱勿声张，并许他随时给钱帮助，丈夫贪利应允。郑富陆续给过钱物，没记确数。丈夫任凭郑富往来奸宿，彼此都没避忌，邻佑江盛丁也都知道。十四年二月十三日傍晚时候，小妇从外讨饭回家，见丈夫已被郑富殴伤倒地，江盛丁在旁喝劝。小妇当向查问，说是郑富手拿铁锄从田工转回，丈夫看见，向郑富要钱使用，郑富没钱回覆，丈夫斥他薄情，郑富说丈夫不要脸面，丈夫生气，拿取挑稻锚担向戳，被郑富用铁锄殴伤丈夫左肋等处倒地的话，小妇连忙把丈夫扶睡床上，江盛丁当就走回。不料丈夫伤重，过一会就身死了。小妇哭向郑富不依，说要报官抵偿。郑富就说若去报官，定要把小妇扳做帮同打死，小妇害怕，不敢啧声。郑富就用破帐把丈夫尸身包裹，独自背负出门。小妇在家哭泣，想到天明到官首告，又值临盆做产，只得信知公公刘朝赶来，查问小妇，当向哭诉前情，并央恳公公速为报案，替丈夫伸冤。后来公公寻着丈夫坟冢，投保报验，并蒙访闻差拿到案。小妇当时委没在场，事后实因做产，没有报案。是实。

据凶犯郑富供：怀宁县人，年四十一岁，父母都故，弟兄四人，小的居长，并没妻子，向在县属地方种田度日，合已死同乡刘升封素识没嫌。光绪十二年九月里，刘升封带他女人刘胡氏来到县属吴田铺地方种地，租赁小的草房一间，合小的同屋居住，刘胡氏见面不避。那年十一月不记日子，刘升封有事外出，小的就合刘胡氏调戏成奸，以后遇便续旧，不记次数，刘升封先不知情，后被看破，向刘胡氏盘出奸情，要合小的不依，小的央求隐瞒，嘱勿声张，并许他随时给钱帮助，刘升封贪利应允。小的陆续给过钱物，没记确数。刘升封任凭小的往来奸宿，彼此都没避忌，邻佑江盛丁也都知道。十四年二月十三日傍晚时候，小的手拿铁锄从田工转回走到家里，刘升封看见，就向小的要钱使用，小的没钱回覆，刘升封斥骂小的薄情，小的说他不要脸面。刘升封生气，拿取挑稻锚担向小的殴戳，小的顺用铁锄柄抵格，致伤他左膝，刘升封复用锚担扑向小的扎戳，小的闪避，举锄吓殴，适伤刘升封左肋，仰跌倒地，并在石猪槽角上磕伤脑后，经江盛丁路见劝住。那时刘胡氏从外讨饭回来，问明情由，把刘升封扶睡床上，江盛丁当就走回。不料刘升封伤重，过一会就身死了。刘胡氏哭向小的不依，说要报官抵偿，小的就把若去报官定要扳做帮同打死的话向刘胡氏吓禁，刘胡氏害怕，不敢啧声。小的就用破帐把刘升封尸身包裹，独自背负出门，往附近山边放下，赶到街上买就棺木，央允住宿孤庙的不识姓名乞丐二人，诳称路毙尸骸，雇令帮同抬埋，就在那里山下掘土掩埋，小的当就逃跑。后闻刘升封的父亲刘朝投保报验，并蒙访问差拿，小的逃往各处躲避，今被拿获解案的。委没有心欲杀，也没起衅别故及在场帮殴并帮同移尸的人，逃后也没另犯不法及知情容留人家。凶器铁锄当时撩弃。是实。各等供。

据此，将犯收禁，录供通详，奉批审解。据报，该犯郑富于光绪十四年九月二十二日在监患病，验报饬医，至十月二十二日治痊。遵提覆讯，除各供同前不叙外，讯据凶犯郑富供云云同前。等供。据此，该署贵池县知县王鼎臣审勘得云云同后院看至，供弃免追。等情。解府提讯，犯供狡展，札委青阳县华椿审照原拟，由府解司，前司核，恐案情未确，札委安庆府联元审讯，该府提讯，犯供翻异，申请饬提要证江盛丁质讯，行据该县以江盛丁先期赴河南省贸易，详请容展。催据该县于光绪十八年闰六月十四日，将江盛丁传案解省，札发安庆府审照原讯供情按拟，解司勘讯，转详到臣，提犯亲讯无异。

该臣审看得贵池县客民郑富致伤纵奸本夫刘升封身死移尸不失，奸妇刘胡氏讯不知情一案。缘郑富籍隶怀宁县，寄居该县地方务农度日，与已死同乡刘升封素识无嫌。光绪十二年九月间，刘升封携妻子胡氏前赴该县吴田铺地方种田，租赁郑富草房一间，与郑富同屋居住，刘胡氏习见不避。是年十一月不记日期，刘升封因事外出，郑富即与刘胡氏调戏成奸，以后遇便续旧，不记次数。刘升封先不知情，后经窥破，向刘胡氏盘出奸情，欲与郑富不依。郑富央求隐瞒，嘱勿声张，并许随时给钱资助，刘升封贪利应允。郑富陆续给过钱物，不记确数。刘升封任凭郑富往来奸宿，彼此均无顾忌，丑声外扬，邻佑江盛丁亦均知情。十四年二月十三日傍晚时分，郑富手携铁锄由田工转回，适刘胡氏出外求乞，家止刘升封一人。刘升封瞥见，即向郑富索钱使用，郑富无钱回覆，刘升封斥骂薄情，郑富讥其无耻。刘升封生气，携取挑稻锚担向郑富殴戳，郑富顺用铁锄柄抵格，致伤刘升封左膝，刘升封复用锚担扑向郑富扎戳，郑富闪避，举锄吓殴，适伤刘升封左肋，仰跌倒地，并在石猪槽角上磕伤脑后，经江盛丁路见劝住。维时刘胡氏由外回归，问明情由，将刘升封扶睡床上，江盛丁当即走回。讵刘升封伤重，移时殒命。刘胡氏哭向郑富不依，称欲报官抵偿，郑富即以如去报官定行扳作帮同殴毙之言向刘胡氏吓禁，刘胡氏畏惧，不敢啧声。郑富即用破帐将刘升封尸身包裹，独自背负出门，往附近山边放下，赶至街上买就棺木，央允住宿孤庙之不识姓名乞丐二人，谎称路毙尸骸，雇令帮同抬埋，即在该处下山掘土掩埋[②]。郑富当即逃逸。刘胡氏在家哭泣，拟俟天明到官首告，旋因生产不能出门，遂信知尸父刘朝赶向查询，刘胡氏哭诉前情，央恳刘朝报案，为夫伸冤。刘朝寻获刘升封坟冢，投保报验，并先经该县访闻差查。据报诣验获犯讯供，详批审解。据报，该犯郑富在监患病，验报医痊。兹据该县覆讯，议拟由府解司委审，勘转前来。臣提犯亲讯，据供前情不讳，诘非有心欲杀，亦无起衅别故及在场帮殴并帮同移尸之人，究鞫不移，案无遁饰。查律载："斗殴杀人者，不问手足、他物、金刃，并绞监候。"又例载："本夫纵容妻与人通奸，审有确据，人所共知者，若奸夫自杀其夫，奸妇果不知情，仍依纵容本条科断。"又律载："纵容妻与人通奸，奸妇杖九十。"各等语。此案郑富因与刘胡氏通奸，本夫刘升封知情贪利纵容，嗣因索钱未允，起衅争殴，致伤本夫刘升封身死。查刘升封纵容伊妻与郑富通奸，业据邻佑江盛丁并其父刘朝供指明晰，即属审有确据，自应按照凡斗律问拟。郑富除与刘胡氏通奸并移尸不失各轻罪不议外，应如县府司及委审所拟，合依"斗殴杀人者，不问手足、他物、金刃，并绞监候"律，拟绞监候。刘胡氏于郑富殴伤纵奸本夫刘升封毙命，当时并未在场，事后因值生产不及首告，当即信知夫翁报官获犯，尚非有心隐忍，应仍依纵容本律科断。刘胡氏亦如所拟，合依"纵容妻与人通奸，奸妇杖九十"律，拟杖九十。查该犯等事犯到官均在光绪十五年二月初四、十七，三月十六等日恭逢恩诏以前，核其情罪俱在援免之列，应均准予援免，仍于郑富名下追取埋葬银二十两给属具领，以资营葬。刘升封纵容妻与人通奸，本干律拟，业已被殴身死，应与救阻不及之见证江盛丁、受雇掩埋之不识姓名乞丐，均毋庸议。郑富所给刘升封钱物讯无确数，业已身死，照律勿征。尸棺经县饬埋。凶器铁锄供弃免追。除揭移部科外，理合恭疏具题，伏乞皇上圣鉴，敕下法司核覆施行。再，此案审限云云。

光绪二十年三月初十日准。部照覆。

校勘记：

①讵该屋半里许：讵字误，当为“距”。

②即在该处下山掘土掩埋：据文意，当为“即在该处山下掘土掩埋”。

奸夫谋杀本夫奸妇并不知情事后喊拿照例夹签声请

为报验事。据按察使嵩崑详查接管卷内，据颖州府[1]知府凤林转，据亳州知州陈晋详称：光绪十六年三月初十日，据地保朱得报，据客民李金投称：伊无服族叔李大受雇在州属朱贞家看守祖坟，带妻王氏并幼女伲姐在坟旁搭盖草屋居住。本月初八日早，朱贞前赴扫墓，路过伊族叔门首，进内查看，见伊族叔尸身仰卧灶旁地上，业已受伤殒命，找寻王氏母女无踪。报伊往看，探闻王氏与同乡张猪有奸，料被张猪谋害诱拐同逃。等语。往查属实，合报验缉。等情。并据尸侄李金同报，各到州。据此，随即饬差严缉，一面带领刑仵驰诣该处，勘得十字河地方有李大草屋一所，距朱贞祖坟约箭许，平排两间，左首开设大门，内安厨灶，右系卧室，四无邻居。已死李大尸身仰卧灶旁地上，地有血迹。勘毕，饬据仵作张仁验报：已死李大，问生年五十岁。仰面，致命：左肋有刃伤一处，斜长一寸二分，宽三分，深透内，皮卷血污。余无故。委系受伤身死。报毕，亲验无异，饬起凶刀无获，无凭比对伤痕，填格取结，尸令棺殓。勒差于是月十七日缉获犯妇李王氏并幼女李伲姐到案提讯，李伲姐年幼无知，不能取供，传属领回抚养，随传集尸亲、人证，提同该犯妇研讯。

据地保朱得供与报词同。

据尸侄李金供：河南鹿邑县人，向在案下地方种田度日，已死李大是小的无服族叔，这到案的李王氏是族叔的妻子，平日夫妻和睦，生有一女。族叔受雇在州属朱贞家看守祖坟，带同王氏并幼女伲姐在坟旁搭盖草屋居住，王氏何时与在逃的同乡张猪有奸，小的先不知道。光绪十六年三月初八日早上，朱贞前往扫墓，路过族叔门首，进内查看，见族叔尸身仰卧灶旁地上，业已受伤身死，找寻王氏母女无踪，报知小的往看，投保报验。今小的随同差役们把李王氏获案，求究办。是实。

据监生朱贞供：亳州人，已死李大受雇在监生家看守祖坟，他带同妻子王氏并幼女伲姐在坟旁搭盖草房居住。王氏何时与在逃的同乡张猪有奸，监生先不知道。光绪十六年三月初八日早上，监生前往扫墓，过路李大门首，[2]进内查看，见李大尸身仰卧灶旁地上，找寻王氏母女没踪，监生就报知他族侄李金前往看明，投保报验。今蒙把王氏获案，求究办。是实。

据应讯人立田供：河南鹿邑县人，合这到案的李王氏并在逃的张猪都不认识。

小的摆卖面馍生理。光绪十六年三月十六日，张猪到小的摊上买馍，李王氏带同幼女随后赶来，喊说这张猪是谋杀他丈夫的凶犯，央恳小的帮他捉拿，张猪转身弃馍跑逃。李王氏就向小的哭诉说张猪合他有奸，因他丈夫李大在家碍眼，屡次要他同逃没允，不料张猪起意把丈夫谋害身死，并吓逼他同逃，一路隐忍，不敢啧声，今到这里就喊叫帮拿的话。那时张猪已经走远，小的正要报案，适公差们合尸亲李金赶到，把李王氏并他幼女倪姐扭获送案的。是实。

据犯妇李王氏供：年三十一岁，颍上县[3]人。已死李大是丈夫，平日和睦，这倪姐是女儿，年止六岁，丈夫原籍河南鹿邑县，受雇在州属朱贞家看守祖坟，就带同小妇合女儿在坟旁搭盖草屋居住，合在逃的同乡张猪素识往来，小妇见面不避。光绪十六年二月十二日，张猪来到小妇家探望，适丈夫外出，张猪就合小妇调戏成奸，后非一次，并没给过钱物，丈夫也不知情。后来张猪因恋奸情热，说丈夫在家碍眼，屡次叫小妇跟他逃走，小妇总没应允。三月初七日傍晚，张猪复来小妇家闲坐，丈夫留他吃饭，就合丈夫在厨房共饮。那夜初更时候，小妇因女儿要睡，就带同进房上床睡卧，停了一会听得丈夫喊叫，小妇赶忙起身走出查看，那时丈夫躺卧地上，已经受伤身死，张猪手拿尖刀站在旁边。小妇看见扭住张猪不依，大声哭喊，张猪用刀吓禁，逼令连夜同逃，并说如不同行，定要把小妇一并杀却[4]，小妇被逼无奈，只得假意应允，原想走到街市地方随时喊拿，好替丈夫伸冤，随带了女儿合张猪从小路逃走。十六日走到河南鹿邑县地方，看见街上人多，就向张猪捏说女儿腹饿，叫他上街买物充饥，张猪信以为真，就在这立田摊上买得面馍两个，小妇也带同女儿随后赶上，喊说这是谋杀我丈夫的凶犯，央恳立田帮同捉拿，张猪转身弃馍跑逃，小妇随向立田哭诉情由。那时立田正要报案，适公差们同李金赶来，就把小妇合女儿带案的。小妇委止与张猪通奸，事后被逼同逃，并没起衅别故，也没知情同谋及下手加功的事，逃后也没知情容留人家。张猪现逃何处，不知情。是实。各等供。

据此，将犯收禁，录供通详，奉批缉审。据报，该犯妇李王氏于光绪十六年四月二十八日在监患病，验报饬医，至五月二十八日治痊。查逸犯张猪弋获无期，现犯未便久羁，遵提覆讯。除各供同前不叙外，讯据犯妇李王氏供云云同前。等供。据此，该亳州知州陈晋审看得云云同后院看至，缉获另结。等情。解府提讯，犯供游移，札委阜阳县萧先镐审无别故，仍照原拟由府解司核，恐案情未确，札委安庆府联元审照原拟，解司勘转到臣，提犯亲讯无异。

该臣审看得亳州民妇李王氏因奸致本夫李大被奸夫张猪谋杀身死，该犯妇不知谋情事后被逼同逃一案。缘李王氏籍隶颍上县[5]，已死河南鹿邑县人李大系李王氏之夫，平日夫妻和睦，生有一女。李大受雇在该州属监生朱贞家看守祖坟，带同妻女在坟旁搭盖草屋居住，与在逃之同乡张猪素识往来，李王氏【习】见面不避。光绪十六年二月十二日，张猪至李大家探望，适李大外出，遂与李王氏调戏成奸，后非一次，并未给过钱物，李大亦并不知情。后因张猪恋奸情热，常以李大在家碍眼，屡次诱令李王氏同逃，李王氏总未应允。三月初七日傍晚，张猪复至李大家闲坐，李大留其吃饭，即在厨房彼此共饮。是夜初更时分，李王氏因其幼女欲睡，即带女进房上床睡卧。嗣李王氏听闻其夫喊叫，当即起身出房查看，见其夫躺卧地上，业已受伤殒命，张猪手携尖刀站立在旁。李王氏赶拢扭住张猪不依，大声哭喊，张猪用刀吓禁，逼令连夜同逃，并称如不同行，定行一并杀死，李王氏被逼无奈，假意应允，拟俟行至街市地方，随时喊拿，俾可为夫伸冤，随带同幼女倪姐与张猪从小路逃走。次早朱贞前往扫墓，路经李大门首，进内查看，见李大尸身仰卧灶旁地上，找寻李王氏母女无踪，报知李大族侄李金往看，投保报验。是月十六日，张猪等行至河南鹿邑县地方，李王氏见街上人多，捏称其女腹饿，令张猪上街买物充饥。张猪信以为真，即在立田摊上买得面馍两个，李王氏随后赶上，喊称张猪系谋杀伊夫凶犯，央恳立田帮同捉拿，张猪转身弃馍跑逃。李王氏随向立田哭诉前情，正欲报案，适该州差役与尸亲李金踵至，将李王氏并其幼女获案讯供，详批缉审。据报，李王氏在监患病，验报医痊。行据该州以逸犯弋获无期，先就现犯覆讯，议拟由府解司委审，勘转前来。臣提犯亲讯，据供前情不讳，诘无起衅别故及知情同谋下手加功情事，究鞫不移，案无遁饰。查律载："奸夫自杀其夫，奸妇虽不知情，绞监候。"等语。此案李王氏因与张猪通奸，致本夫李大被奸夫张猪谋杀身死，该犯妇事前讯未知情同谋，其事后同逃亦系被逼勉从所致，自应按例问拟。李王氏应如州府司及委审所拟，合依"奸夫自杀其夫，奸妇虽不知情，绞监候"律，拟绞监候，秋后处决。查该犯妇于伊夫被杀身死以后，曾向张猪不依哭喊，因被持刀吓禁，逼令同逃，该犯妇出于无奈，假意应允，迨行至河南鹿邑县地方，即行乘机喊拿，并向立田哭诉情由，恳其报官伸冤，虽犯无弋获，而其饮恨吞声已有不忍致死其夫之心，核与夹签声请之例相符，相应照例声明，听候夹签，请旨定夺。惟奸夫张猪屡缉未获，旁无质证，恐有狡供避就情弊，应请照例监禁，俟缉获逸犯到案，再行质明办理。该犯妇逃后讯无知情容留人家，李倪姐年幼无知，业经传属领回抚养，均无庸议。无干省释。尸棺经州饬埋。逸犯张猪饬缉获日另结。除揭移部科外，理合恭疏具题，伏乞皇上圣鉴，敕下法司核覆施行。再，此案审限云云。

光绪十八年六月十三日接准。部覆夹签。查律载："奸夫自杀其夫，奸妇虽不知情，而当时喊救与事后首告，尚有不忍致死其夫之心者，仍照本律定拟。该抚于疏内声明，法司核拟时夹签请旨。"等语。此案李王氏于伊夫被杀身死，曾向张猪不依哭喊，因被持刀吓禁，逼令同逃，该犯妇无奈应允，迨行至中途，即乘机喊拿，并向立田哭诉情由，恳为报官伸冤,虽犯无弋获,而其饮恨吞声已有不忍致死其夫之心,核与夹签之例相符。既据该抚于疏内声明,相应循例夹签,请旨定夺。倘蒙圣恩准其减等,应将该犯妇减为杖一百,流三千里。事犯到官在光绪十六年三月二十二日恩诏以前,应准累减为杖一百,徒三年,照例收赎。惟所供并未知情同谋,奸夫张猪屡缉未获,旁无质正,恐有避就情弊,应将该氏仍照流罪人犯照例监禁,俟缉获逸犯质明办理。等因。

光绪十八年四月二十日题,二十二日奉旨:“王氏准其减等,援赦杖徒。余依议。钦此。”

校勘记:

①颖州府:颖字误,当为“颍”。

②过路李大门首:据文意,当为“路过李大门首”。

③颖上县:颖字误,当为“颍”。

④一并杀却:据文意,当为“一并杀死”。

⑤同③。

妒奸谋杀先与苟合成婚之奸夫弃尸不失奸妇讯未知情

为报验事。据署按察使松峻①详查接管卷内,准徽宁池太广道移,据广德直隶州知州何庆钊详称:卑前署州阎炜任内,访闻州属杨公保地方有因奸谋命弃尸灭迹情事,当即饬差查拿。随于光绪十七年二月二十三日,据地保刘祥兴报,据客民杨大兴投称:伊无服族叔杨宗与同乡张殿邻居素好,嗣张殿病故,其妻张杜氏因家务乏人经理,托杨宗就近照管。张杜氏不知何时将杨宗私招为夫,随与同居苟合成婚。旋又与邻人汪应富通奸,经杨宗撞见斥逐,禁绝往来。本月二十二日,伊赴杨宗家探望,因不见杨宗,向张杜氏查问。据称杨宗于十六年九月二十三日夜被汪应富因奸邀同陈米塘等谋害毙命,将尸抬埋灭迹,因被汪应富管束甚严,迫于强悍,不敢赴案首告,今越时已久,嘱为报案伸冤。等语。往查属实,先因出外巡缉未及查知,现在犯已逃逸,合将奸妇张杜氏送案,报乞验缉。等情。并据尸侄杨大兴同报,各到州。据经阎炜勒差于二月二十六日缉获凶犯汪应富到案,究出埋尸处所,随带刑仵押犯驰诣相验,勘得州属牛头山地方系属旷野,四无居人,山下有旱沟一道。据汪应富指称,杨宗尸身埋在此处。该处泥土松浮,旁穿兽穴,刨开浮土,露出尸身一具。饬令尸亲杨大兴认明,确系杨宗尸身,查看骨肉消化,骨殖被兽啮残,散乱不齐,发辫脱落,腿骨系有腐烂麻绳数段。随令检齐残骨,用水洗净,如法相验。据仵作王丙南验报:已死杨宗骷髅骨一具，残缺不全，问年四十三岁。仰面：上牙齿脱落六个，下牙齿脱落四个，牙根里骨有淡红色血瘾；两血盆骨、右饭匙骨、两胳膊骨、左腿骨、两胫骨均被兽啮残，俱白色；两骱骨被兽啮残下半节，周围有淡红色痕瘾参差，系捆缚伤。合面：脑后骨右边紫赤色一片，痕瘾参差，骨不损，系垫伤；两肋骨共九条，一二寸至六七寸不等，同方骨右边均被兽啮残，俱白色；其余碎不计块，无从检验。委系受伤身死，埋后被野兽啮残。报毕，亲验无异，随查杨宗小腹有刀伤一处，今验得该尸牙根里骨有淡红色血瘾，核与《洗冤录》所载男子下部有伤现于牙根里骨之语相符。饬取凶刀无获，当场填格取结。尸骨用罐装储，给属领埋。又勒差于三月十九日续获从犯张儿一名到案，随传集尸亲人等，提犯逐一研讯。

据地保刘祥兴供与报词同。

据尸侄杨大兴供：湖北钟祥县人，已死杨宗是无服族叔，向在州属汪村保地方种田度日，合同乡张殿邻居素好。后来张殿病故，他妻子张杜氏因家务没人经理，托杨宗就近照管。张杜氏不知何时把杨宗私招为夫，就与同居苟合成婚，并没有人媒说，后又与邻人汪应富通奸，经杨宗撞见斥逐，禁绝往来。光绪十七年二月二十二日，小的走到杨宗家探望，因不见杨宗，向张杜氏查问，据称杨宗于光绪十六年九月二十三日夜被汪应富因奸邀同陈米塘们谋杀毙命，把尸抬埋灭迹，因被汪应富管束甚严，迫于强悍，不敢赴案首告，现在越时已久，嘱小的代为报案，替他伸冤，小的就投保把张杜氏带案报乞验究的，求究办。是实。

据奸妇张杜氏供：湖北钟祥县人，年三十八岁，丈夫张殿向在州属杨公保地方种田度日，生有子女，合已死同乡杨宗并这到案的汪应富都合丈夫邻居素识往来，小妇见面不避。光绪十五年十月初一日，丈夫病故，小妇因家务没人经理，托杨宗就近照管。十二月间，小妇把杨宗私招为夫，就与同居苟合成婚，并没有人媒说。十六年四月不记日期，汪应富来到小妇家闲坐，见杨宗外出不家，就合小妇调戏成奸，以后遇便续旧，不记次数，汪应富只给过铜钱一百文，鞋面布一块，杨宗先不知情。那年八月里，汪应富在小妇房内同坐谈笑，适杨宗外回撞见，把汪应富斥骂赶逐，随向小妇盘出奸情，并说汪应富如敢再来，定要把他杀死。九月十七日夜，汪应富乘杨宗探亲没回，复向小妇拉手求奸，小妇不允，并把杨宗说要把他杀死的话向汪应富告知，劝他以后不要再来，汪应富生气走回。那月二十三日夜二更时候，小妇睡梦里听得撬门声响，起来查看，那时房内灯火未熄，见汪应富合未获的陈米塘并现获的张儿各带刀绳油捻，走进房内。小妇上前查问，汪应富用刀吓禁声张，杨宗在床听闻，起身喊骂，汪应富赶到床前，喝令陈米塘动手，叫张儿在旁照亮，陈米塘走拢，把杨宗揿倒，乘势骑坐杨宗身上，并用腿压住他两胳膊，顺手拿取布衣塞住杨宗口内，杨宗不能出声,两脚乱蹬,汪应富用身带麻绳捆住杨宗两脚,拔刀戳伤杨宗小腹。小妇赶拢救护,被汪应富推跌倒地,说要一并杀死,小妇害怕求饶,不敢啧声。杨宗在床喘气不止,又被汪应富用刀戳伤杨宗咽喉,登时身死。汪应富起意埋尸灭迹,就合陈米塘们把尸抬出门外,不知掩埋何处。小妇哭泣不止,想替杨宗伸冤,因被汪应富管束甚严,迫于强悍,不敢赴案首告。本年二月二十二日,杨宗的族侄杨大兴来小妇家探望,小妇就把前情向他告诉,嘱他报案的。小妇委止在场目击,并没知情同谋下手加功的事,求详察。是实。

据从犯张儿供:湖北钟祥县人,年三十一岁,父母都故,并没弟兄妻子。小的向在州属查树村地方种田度日,合已死杨宗并这到案的汪应富都是同乡素识。光绪十六年九月不记日期,汪应富来向小的告说他合邻妇张杜氏有奸,因被先与张杜氏苟合成婚的杨宗撞破,禁绝往来,心怀忿恨,起意把杨宗致死,可作长久夫妻,又恐杨宗力大难敌,邀同小的前往帮助。小的先不应允,被汪应富再三央恳,许俟事后酬谢,小的无奈允从。汪应富又另邀未获的陈米塘同往,约定乘便下手。九月二十三日夜,汪应富探知杨宗在家,随合小的并陈米塘同行,汪应富、陈米塘合带小刀、麻绳,小的拿油捻,同到张杜氏家门口。陈米塘扒墙进院,开出大门,一同进内。小的点着油捻,汪应富用刀撬开房门。那时房内灯火未熄,张杜氏惊醒起身查问,汪应富用刀吓禁声张,杨宗坐床喊骂,汪应富赶到床前,喝令陈米塘动手,并叫小的在旁照亮。陈米塘走拢,把杨宗揿倒,乘势骑坐杨宗身上,并用腿压住他两胳膊,顺手拿取布衣塞住杨宗口内,杨宗不能出声,两脚乱蹬,汪应富用手带麻绳捆住杨宗两脚,拔刀戳伤杨宗小腹。张杜氏赶拢救护,汪应富把他推跌倒地,说要一并杀死,张杜氏求饶,不敢啧声。杨宗在床喘气不止,又被汪应富用刀戳伤杨宗咽喉,登时身死。汪应富起意埋尸灭迹,就合小的同陈米塘把尸身捆扎,抬到牛头山旱沟内用土掩埋。各散。后蒙访闻差拿,小的往外躲避,今被拿获解案的。小的实止知情同谋,在场照火,并没下手加功,事后帮同抬尸这一次,此外并没另犯不法别案,逃后也没知情容留人家。油捻当时撩弃。陈米塘现逃何处,不知道。汪应富口许谢银并没付给。是实。

据凶犯汪应富供:湖北钟祥县人,年三十一岁,父亲汪宗幅,母亲刘氏,弟兄二人,哥子汪应贵,余没别属,向在州属杨公保地方种田度日,合已死同乡杨宗并这到案的张杜氏丈夫张殿都是邻居素识,时常往来,张杜氏见面不避。光绪十五年十月间,张殿病故,张杜氏因家务没人经理,托杨宗就近照管,后来就把杨宗私招为夫,合他同居苟合成婚,并没有人媒说,小的都知道的。十六年四月不记日期,小的走到张杜氏家闲坐,见杨宗外出不家,就合张杜氏调戏成奸,以后遇便续旧,不记次数,小的只给过铜钱一百文、鞋面布一块,杨宗先不知情。那年八月里,小的在张杜氏房内同坐谈笑，适杨宗外回撞见，把小的斥骂赶逐，小的当即逃跑。九月十七日夜，小的知道杨宗探亲没回，复向张杜氏拉手求奸，张杜氏不允，就把杨宗已经盘出奸情，说道如敢再来定要杀害的话，向小的告知，并劝小的以后不要再来。小的生气走回，想起杨宗与张杜氏本是苟合成婚，现被禁绝往来，心怀忿恨，起意把杨宗致死，可作长久夫妻，又恐杨宗力大难敌，就向现获的张儿、未获的陈米塘告知谋情，邀他们同往帮助，张儿们先没应允，后经小的再三央恳，许俟事后酬谢，始各允从，约定乘便下手。九月二十三日夜二更时候，小的探知杨宗在家，邀齐陈米塘们同行，小的合陈米塘各带小刀、麻绳，张儿拿油捻，同到张杜氏家门口。陈米塘扒墙进院，开出大门，一同进内，张儿点着油捻，小的用刀撬开房门。那时房内灯火未熄，张杜氏惊醒起身查问，小的用刀吓禁声张，杨宗坐床喊骂，小的走到床前，喝令陈米塘动手，并叫张儿在旁照亮。陈米塘走拢，把杨宗揿倒，乘势骑坐杨宗身上，并用腿压住他两胳膊，顺手拿取布衣塞住杨宗口内，杨宗不能出声，两脚乱蹬，小的用身带麻绳捆住杨宗两脚，拔刀戳伤杨宗小腹。张杜氏赶拢救护，小的把他推跌倒地，说要一并杀死，张杜氏求饶，不敢啧声。杨宗在床喘气不止，小的复用刀戳伤他咽喉，登时身死。小的害怕，起意埋尸灭迹，就合陈米塘们把尸身捆扎抬到牛头山旱沟内用土掩埋。各散。小的恐怕张杜氏报案，复回向张杜氏吓说将来事发到官定要扳累，并禁止他不许出门。后蒙访闻差拿，小的往外躲避，今被拿获解案的。小的实止因奸起意商同陈米塘们谋杀杨宗身死埋尸不失，张杜氏委没知情同谋，也没下手加功的事，此外也没另有在场加功的人。凶刀当时撩弃。陈米塘现逃何处，不知道。小的所许张儿们谢银，并没付给。是实。各等供。

据此，将犯收禁，录供通详，奉批缉审。阎炜未及审解卸事，卑职到任准交。据报，该犯汪应富于光绪十七年六月二十一日在监患病，验详饬医，至七月二十一日治痊。查逸犯陈米塘弋获无期，遵提现犯覆讯，除各供同前不叙外，讯据凶犯汪应富供云云同前。等供。据此，该广德直隶州知州何庆钊审看得云云同后院看至，缉获另结。等情。解道提讯，犯供游移，札委署芜湖县王万甡审照原拟，由道解司，前司核，恐案情未确，札委署怀宁县吴云涛审讯。据报，该犯张儿在途带患泄泻病症，寄禁怀宁县监，医治无效，于十八年三月初六日病故，即经该县验明，实系因病身死，提讯刑禁人等，并无凌虐情弊，绘具图结，详批核入正案拟办。吴云涛旋即卸事，包宗经到任准交，提犯审明，仍照原拟解司提讯，犯供翻异，饬委安庆府联元讯系畏罪狡翻，亦照原拟解司，勘转到臣，提犯亲讯无异。

该臣审看得广德州客民汪应富因奸商同张儿等谋杀先与张杜氏苟合成婚之杨宗身死弃尸不失，张杜氏讯未知情同谋，该犯张儿仅止在场并未加功，旋于解省后在怀宁县监病故一案。缘汪应富、张儿均籍隶湖北钟祥县，向在该州地方种田度日，与已死杨宗并张杜氏之夫张殿均系同乡素识，时相往来，张杜氏见面不避。光绪十五年十月初一日，张殿病故，张杜氏因家务乏人经理，托杨宗就近照管。十二月间，张杜氏将杨宗私招为夫，随与同居苟合成婚，并未有人媒说。十六年四月不记日期，汪应富至张杜氏家闲坐，见杨宗外出不家，即与张杜氏调戏成奸，以后遇便宣淫，不记次数，汪应富只给过铜钱一百文、鞋面布一块，杨宗先不知情。是年八月间，汪应富在张杜氏房内同坐谈笑，适杨宗外回撞见，斥骂赶逐，汪应富当即逃跑，杨宗随向张杜氏盘出奸情，并称汪应富如敢再来，定欲将其杀死。九月十七日夜，汪应富乘杨宗探亲未回，复向张杜氏拉手求奸，张杜氏不允，并将杨宗称欲杀死之言向汪应富告知，劝其后勿再来。汪应富生气走回，忆及杨宗与张杜氏本系苟合成婚，现被禁绝往来，心怀忿恨，起意将杨宗致死，可作长久夫妻，又虑杨宗力大难敌，随向张儿并未获之陈米塘告知谋情，邀令同往帮助。张儿等先未应允，后经汪应富再三央恳，许俟事后酬谢，始各允从，约定遇便下手。九月二十三日夜二更时分，汪应富探知杨宗在家，邀齐陈米塘等同行。汪应富与陈米塘各带小刀、麻绳，张儿持油捻，偕抵张杜氏家门首。陈米塘扒墙进院，开出大门，一同进内，张儿点燃油捻，汪应富用刀撬开房门。时房内灯火未熄，张杜氏惊起查问，汪应富用刀吓禁声张，杨宗坐床喊骂，汪应富赶至床前，喝令陈米塘动手，并令张儿在旁照亮，陈米塘走拢，将杨宗揿倒，乘势骑坐杨宗身上，并用腿压住其两胳膊，顺手携取布衣塞住杨宗口内，杨宗不能出声，两脚乱蹬，汪应富用身带麻绳缚住杨宗两脚，拔刀戳伤杨宗小腹。张杜氏赶拢救护，汪应富将其推跌倒地，称欲一并杀死，张杜氏求饶，不敢啧声。杨宗在床喘气不止，汪应富复用刀戳伤杨宗咽喉，登时殒命。汪应富畏惧，起意埋尸灭迹，随与陈米塘等将尸捆扎抬至牛头山旱沟内用土掩埋。各散。汪应富因恐张杜氏赴案首告，复回向张杜氏吓称，将来事发到官定行扳害。张杜氏畏其强悍，亦即隐忍。十七年二月二十二日，杨宗无服族侄杨大兴至家探望，因不见杨宗，向张杜氏查询，张杜氏据实告知，嘱令报案伸冤。杨大兴投保将张杜氏送案，并先经该前署县阎炜访闻查拿，获犯汪应富，究出埋尸处所，诣验明确，续获从犯张儿到案，提同汪应富讯供，详批缉审。阎炜未及审解卸事，该州抵任准交。据报，该犯汪应富在监患病，验详医痊。兹据该州以逸犯陈米塘弋获无期，先就现犯覆讯，议拟解道提讯，犯供游移，札委署芜湖县王万甡审照原拟，由道解司，前司核，恐案情未确，札委署怀宁县吴云涛审讯。据报，该犯张儿在途带病，寄禁怀宁县监病故，即经该县验讯刑禁人等，并无凌虐情弊，绘具图结，详批核入正案拟办。吴云涛旋即卸事，该署县包宗经到任准交，提犯审明，仍照原拟解司提讯，犯供翻异，饬委安庆府联元讯系畏罪狡翻，亦照原拟解司，勘转到臣。经臣提犯亲讯，据各供悉前情不讳，诘无起衅别故及另有在场加功之人，严鞫不移，案无遁饰。查律载："谋杀人造意者，斩监候。不加功者，杖一百，流三千里。"等语。此案汪应富因与张杜氏通奸，经先与该氏苟合成婚之杨宗撞遇，拒绝往来，该犯辄心怀忿恨，起意商同张儿等谋杀杨宗身死，弃尸不失，自应按律问拟。查已死杨宗与张杜氏系私自苟合，并非明媒改醮，应同凡论。汪应富如州道司及委审所拟，除与张杜氏通奸及弃尸不失各轻罪不议外，合意[②]"谋杀人造意者，斩监候"律，拟斩监候，秋后处决。张儿讯止听从在场照火，并未下手加功，亦应按律问拟。张儿除帮同弃尸轻罪不议外，亦如所拟，合依"谋杀人从而不加功者，杖一百，流三千里"律，拟杖一百，流三千里，业已在监病故，应毋庸议。张杜氏讯未知情同谋，其当时不即首告，亦因迫于凶悍所致，惟该氏与杨宗、汪应富先后通奸，究有不合，应仍科以奸罪。张杜氏合依"军民相奸，奸夫、奸妇各枷号一个月，杖一百"例，拟枷号一个月，杖一百，系犯奸之妇杖决枷赎，追银册报。地保刘祥兴于所管地界内有谋杀人命重案，毫无觉察，虽据供出外巡缉，究属疏忽，应照"不应重"律杖八十，折责革役。该犯张儿在监病故，刑禁人等讯无凌虐情弊，亦毋庸议。汪应富所许张儿等谢银，系属口许虚赃，并未付给，请免著追。无干经州省释。尸棺饬属领埋。凶刀供弃免追。逸犯陈米塘饬缉获日另结。犯系带病进监身故，管狱官例无处分，职名邀免开送。除揭移部科外，理合恭疏具题，伏乞皇上圣鉴，敕下法司核覆施行。再，此案审限云云。

光绪十九年七月二十五日准。部照覆。

校勘记：

①松峻：当为"丁峻"，江西南昌人，历任凤阳县知县、安徽署按察使、浙江按察使等职。

②合意：据文意，当为"合依"。

拒奸故杀奸夫

为报验事。据署按察司安庐滁和道丁峻详，据池州府知府夏允升转，据署贵池县知县丁嘉言详称：光绪十三年正月十九日奉府司转，奉前抚院札准刑部咨安徽司案呈抄单，内开：据安徽巡抚吴疏称，贵池县民妇马王氏拒奸故杀张相身死一案。缘马王氏籍隶该县，嫁与马玉光为妻，夫故孀居，与已死张相邻近素识，见面不避。光绪八年九月间不记日期，张相至马王氏家闲坐，见屋内无人，即向马王氏调戏成奸，许其随时资助，日久往来，马王氏贪利允从，以后遇便奸宿，陆续给过钱物，不记确数，其两子均在外佣工,并不知情。嗣马王氏因张相久不给钱,即向拒绝口角,随至丑声外扬。九年三月初六日傍晚,张相又往马王氏家欲与续奸,马王氏因张相仍未给钱,坚拒不允,张相硬拉马王氏发髻拋进房内[①],用言调笑,马王氏挣扎不脱,顺拾桌上铁通条向张相斥说,如再胡言,即戳舌根,张相靠床坐下,放松发髻,用手搂抱马王氏,声称任尔戳死,定要行奸。马王氏被逼情急,顿起杀机,乘张相张口说话之际,即用铁条向其口内乱戳,致伤张相舌尖、咽喉,并擦垫伤胸膛等处,松手跌地。经马文等闻声先后趋至喝住,信知尸子张昌往视,张相伤重不能言语,移时殒命。报验获犯讯详,勘转提讯,据供不讳,将马王氏依律拟斩监候等因具题前来。查审理妇女拒奸杀死奸夫之案,必须查核下手致死情形,果系故杀方可按律定拟,若核其案情显有未符,即不得仅凭含混供词率行定谳,致滋出入。此案马王氏贪利与张相通奸,后因久不给钱拒绝口角,嗣张相复往马王氏家欲与续奸,马王氏因未给钱,坚拒不允。张相硬拉马王氏发髻拖进房内,用言调笑。马王氏挣扎不脱,拾铁通条向张相斥说如再胡言,即戳舌根。张相松放发髻,用手将马王氏搂抱,声称任尔戳死,定要行奸。马王氏被逼情急,顿起杀机,乘张相张口说话之际,即用铁条向其口内乱戳,致伤张相舌尖、咽喉,并擦垫伤胸膛等处,松手跌地。经马文等闻声进内喝住,信知尸子张昌往视,张相伤重不能言语,移时殒命。该抚将马王氏照故杀律拟斩等因具题,臣等详核案情,马王氏因张相欲与续奸不允,被张相硬拉发髻拖进房内,用言调笑,该氏挣扎不脱,顺拾桌上通条斥说如再胡言,即戳舌根。此时该氏仅止用言吓唬,尚无欲杀之心,迨张相将伊搂抱,定欲行奸,情急向戳,不过意在抵拒,何以一经动手顿起杀机,殊非情理所有,且张相即知该氏欲戳舌根,竟可用手拦抵,岂有毫不躲闪,任听乱戳之理,情节亦属支离。如果该氏有心致死,用铁通条向其口内乱戳,则死者受伤处所必多奇重,乃查阅尸格,咽喉一伤虽系透内,食气嗓均无损断,舌尖伤不成分寸,唇吻、牙齿亦未损伤,核与乱戳情形更迥不相符。承审之员于此等拒奸杀死奸夫之案并不详加研究,辄谓该氏系有心致死,照故杀定拟,殊不足以成信谳,案情即未确,罪关斩绞出入,臣部未便率覆,应令该抚再行提犯研鞫,务得确情,并详核尸伤,按律妥拟具题,到日再议。等因。光绪十二年十月二十二日题,二十四日奉旨:"部驳甚是。依议。钦此。"等因。转行到县,奉此遵即传集尸亲、人证,监提该犯妇马王氏,照依驳饬各层,逐一隔别研讯。

据尸子文生张昌供:已死张相是父亲,合这马王氏邻近素识,时相往来是不错的。光绪九年三月初六日傍晚,父亲外出没回,生员正要前去找寻,见这马文、齐大走来,告说父亲因在马王氏家欲行续奸,被马王氏用铁通条戳伤咽喉的话,生员赶往看视,不料父亲伤重,已不能言语,没多一会就死了,生员投保报验的,求究抵。是实。

据见证齐大、马文同供:合已死张相并这马王氏都是邻居。张相何时合马王氏有奸，小的们先不晓得，后来马王氏因张相没钱资助拒绝口角才知道的。光绪九年三月初六日傍晚，小的们先后路过马王氏家门口，听闻里面有人争吵，进去查看，见马王氏手拿铁通条向张相说道，如再胡言，要戳舌根。张相赶拢，把马王氏抱到床上，用手揿按，并说任尔戳死，今晚定要行奸的话，马王氏在床挣扎不起，就用铁通条向张相口内戳得一下，那晓张相正在张口嘶骂，致通条戳伤张相舌尖、咽喉，喊痛跌地，并擦垫伤胳肘、胸膛等处。小的们连忙上前喝住，问说是张相要与马王氏拒奸拒绝不允起衅的，小的们就去通知张相的儿子张昌赶来看明。不料张相伤重，不能言语，没多一会就身死了，张昌投保报验的。小的们前次到案没有供得清楚，今蒙提审，据实供明，小的们委系救阻不及。是实。

据应讯马有贵供：贵池县人，父亲马玉光已故，这马王氏是母亲，兄弟二人，小的第二，合哥子都在外帮工，那已死张相邻近素识，常到小的家合母亲说话。光绪九年三月初六日傍晚，张相怎么被母亲戳死，小的先不晓得，后来才知道的。是实。

据犯妇马王氏供：年五十一岁，贵池县人，嫁与马玉光为妻，生有二子，丈夫早故，合已死张相邻近素识，见面不避。光绪八年九月里不记日子，张相到小妇家闲坐，见屋内没人，乘间向小妇调戏，并许随时给钱帮助，小妇贪利应允，就与成奸，以后遇便奸宿，不止一次，陆续给过钱物，也不记确数。儿子们都在外帮工，并不知情。后来小妇因张相久不给钱，相待冷淡，又被外人谈论耻笑，叫张相不要再来，张相不肯，口角走散。九年三月初六日傍晚，张相又到小妇家要想续奸，小妇当向拒绝，张相生气，硬拉小妇进房，小妇出言喊骂，张相就说小妇情意不及从前，必是另与别人奸好，因此把他厌恶，小妇不依，更加怒骂，携取桌上铁通条向张相斥说，如再胡言，要戳舌根，张相赶拢，把小妇拖到床上，用手揿按，并说任你戳死，今晚定要行奸的话，用强吓逼。小妇在床挣扎不起，实在被逼难堪，起意把他致死，乘张相张口嘶骂的时候，用铁通条向他口内戳得一下，致伤张相舌尖、咽喉，喊痛跌地，并擦垫伤胳肘、胸膛等处。经邻人齐大、马文听闻先后走到喝住，报知张相的儿子张昌赶来看明。不料张相伤重，不能言语，没多一会就身死了，张昌投保报验的。小妇前次到案心慌，没有供得清楚，今蒙提审，据实供明，求详察。委非预谋致死，也没起衅别故及在场帮殴的人。是实。各等供。

据此，查现讯供情恐有不实，卑职并非原审之员，无所用其迴护，随按照奉驳各层逐加究诘，如奉驳"马王氏因张相欲与续奸不允，张相硬拉进房，该氏挣扎不脱，顺拾铁通条斥说如再胡言，即戳舌根，此时该氏仅止用言吓唬，尚无欲殴之心[②]，迨张相将伊搂抱，定欲行奸，情急向戳，不过意在抵拒，何以一经动手，遽行顿起杀机，殊非情理所有"一节，诘据马王氏供称：伊与张相通奸，原因贪其资助，本非初意所愿，后因久不给钱曾经拒绝，并嘱以后不可再来，彼此口角走散。因张相复来续奸不允，又被硬拉进房，并有另与别人奸好之言信口污蔑，所以携取铁通条向其声称如再胡言，要戳舌根，当时虽系吓唬而忿怒莫释，实已令人难受，及至张相将伊抱至床上用手揿按，强逼行奸，伊挣扎不起，愈加忿激，因而顿起杀机，戳伤毙命，并非另有别故。等语。查贪生恶死人之常情，该犯妇果非有心致死，尽可据实供吐，乃屡次提审，加以刑吓，始终不易一词，是其所供似尚近情。又如奉驳“张相即知该氏欲戳舌根，竟可用手拦抵，岂有毫不躲闪任听乱戳之理，情节亦属支离”一节，诘据马王氏供称：伊当日将张相戳伤咽喉系因张相两手揿按不放，并称今晚定要行奸，故起意致死，其时张相两手将伊揿按，系实无手拦抵，至伊被揿在床挣不起身，手持铁通条乘张相张口嘶骂之际，就向他口内戳入，致伤舌尖，此时伊怒气填胸，急图脱身，戳得一下，见张相即行跌地，伊即起身不复再戳，前供乱戳实系随口妄供，不敢含混，求详情。等语。又如奉驳“如果该氏有心致死，用铁通条向其口内乱戳，则死者受伤必多奇重，乃查阅尸格，咽喉一伤虽系透内，食气嗓均无损断，舌尖伤不成分寸，唇吻牙齿亦未损伤，核与乱戳情形更迥不相符”一节，饬提原验仵作吴连到案，详加诘问，据称原验张相咽喉一伤食气嗓虽未损断，而深至透内，亦足致命，且咽喉为速死之处，尽人皆知，非必食气嗓俱断始能毙命。如果当日马王氏逞忿乱戳，其舌尖伤痕何致不成分寸，唇吻牙齿亦何致并未损伤，诚如部驳所云，与乱戳情形迥不相符，今蒙提集犯证，隔别研鞫，已据该犯妇据实供明，仅止戳得一下，核与原验尸伤适相吻合。等语。再三研讯，矢口不移。该署贵池县知县丁嘉言审看得部驳卑县民妇马王氏拒奸故杀张相身死，现经审得实情一案云云同后院看至。无干省释。等情。由府解司核，恐案情未确，札委安庆府提讯，犯供游移，申请饬提要证马文等质询，旋因马文等先期外出河南省贸易，循例详咨展限。催据该县将马文等传解到省，发府审明，解司提讯，供仍狡展，发回该县就近传证质审，照拟解府提讯，供情不符，札委青阳县审照原拟，由府解司核，恐案情仍有未确，札委怀宁县审明，仍照原拟解司，勘转到臣，提犯亲讯无异。

该臣审看得部驳贵池县民妇马王氏拒奸故杀张相身死，现经审得实情一案。缘马王氏籍隶该县，嫁与马玉光为妻，生有二子，夫故孀守，与已死张相邻近素识，见面不避。光绪八年九月不记日期，张相至马王氏家闲坐，见屋内无人，乘间向马王氏调戏，并许随时资助，马王氏贪利应允，即与成奸，后非一次，陆续给过钱物，亦不记确数，其两子均在外佣工，并不知情。嗣马王氏因张相久不给钱，相待冷淡，又被外人谈论耻笑，嘱张相后勿再来，张相不允，口角走散。九年三月初六日傍晚，张相又至马王氏家欲与续奸，马王氏当向拒绝。张相生气，硬拉马王氏进房，马王氏出言喊骂，张相即以马王氏情意不及从前，必系另与别人奸好，因此将其厌恶。马王氏不依，愈加怒骂，携取桌上铁通条向张相斥说如再胡言，定戳舌根。张相赶拢，将马王氏抱至床上，用手揿按，并以任尔戳死，今晚定要行奸之言用强吓逼。马王氏在床挣扎不起，实在被逼难堪，顿起杀机，即用铁通条乘张相张口嘶骂之际，向其口内戳得一下，致伤张相舌尖、咽喉，喊痛跌地，并擦垫伤胳肘、胸膛等处。经邻人齐大、马文闻声先后赶至喝住，问明情由，报知尸子张昌往视。讵张相伤重，不能言语，移时殒命。投保报经该前县陆延龄诣验，获犯讯详，将该犯妇马王氏审依故杀律拟斩监候，招解勘题。嗣准部驳，以案情未确，驳饬覆审。行据该县按照奉驳各层监提该犯妇，逐一研讯明确，仍照原拟由府解司，行提要证马文等外出河南省贸易，详咨展限。嗣据传证解省委审，勘转前来，臣提犯亲讯，据供前情不讳，诘无起衅别故，及再三究诘，矢口不移，案无遁饰。查例载："妇女拒奸杀死奸夫之案，其因贪利与之通奸后以无力资助拒殴致死者，仍各依谋故斗殴等各本律定拟。"又律载："故杀者，斩监候。"各等语。此案马王氏先因贪利与张相通奸，嗣因张相无力资助拒绝口角，迨张相复往欲与续奸，该犯妇先经怒骂不允，复被抱按床上，强逼行奸。该犯妇挣不脱身，被逼难堪，忿激致死，辄用铁通条乘其张口嘶骂之际向其口内戳入，致伤张相咽喉等处身死，实属故杀，自应按律问拟。马王氏除犯奸轻罪不议外，应如县府司及委审所拟，合依"妇女拒奸杀死奸夫之案，其因贪利与之通奸后以无力资助拒殴致死者，乃[③]各依谋故斗殴等本律定拟"例，"故杀者斩监候"律，拟斩监候。该犯妇事犯到官均在光绪十一年正月初四日恭逢恩旨及光绪十五年二月初四、十七等日两次恩诏以前，系拒奸故杀拟斩，并非有关十恶，应请准予援免，后再有犯，加等治罪，仍追埋葬银二十两给付尸属具领，以资营葬。张相与马王氏通奸拒绝后，复向逼奸，本干例议，业已被戳身死，应与救阻不及之齐大、马文，均毋庸议。马王氏得过张相钱文，讯无确数，应免著追。无干省释。除揭移部科外，理合恭疏具题，伏乞皇上圣鉴，敕下法司核覆施行。再，此案审限云云。

光绪十七年七月二十九日准。部照覆。

校勘记：

①抛进房内：据文意，当为"拖进房内"。

②尚无欲殴之心：据文意，当为"尚无欲杀之心"。

③乃：误，当为"仍"。

图奸谋杀先与奸拐之奸夫

为报验事。据署按察使童祥熊详，据署凤阳府知府孙廷林转，据宿州知州陆显勋详称：光绪十七年九月二十二日，据地保张信文报，据保民邝梁玉投称：本月二十一日伊赴地工作，见地内有一无名男尸，不知被何人砍伤身死，尸旁遗有布袋一只，遍查无人认识。等语。往查属实，合报验缉。等情。并据地主邝梁玉同报，各到州。据此，当经饬差严缉，一面带领刑仵驰诣该处，勘得无名男子身死处所系在该处地上，尸旁遗有布袋一只，地有血迹，并无失物情形。勘毕，饬据仵作夏得验报：已死无名男子，约年三十余岁。仰面，不致命：左眼睛挖去无存，左腮颊[①]有刃伤一处，斜长八分，宽三分，深透内。致命：左耳窍有刃伤一处，斜长九分，宽三分，深抵骨，骨损；胸膛有刃伤一处，斜长八分，宽三分，深抵骨，骨损。以上各伤均皮卷血污。余无故。委系受伤身死。报毕，亲验无异，饬取凶刀无获，无凭比对尸伤，填格取结，尸令棺殓。提讯地保、地主人等，各供均与报词相同，详奉批饬缉参，一面示召尸属认领。勒差于是年十月二十九日访至口子集地方，据胡王氏投明地保，指引差役拿获凶犯杨魁一名到案，并据胡王氏以伊被王辛奸拐同逃，租住杨魁房屋，后被杨魁看破奸情，将王辛谋杀身死，占伊为妻等情，赴案投首前来，随讯。

据奸妇胡王氏供：年十九岁，江苏萧县人，父亲王宗。小妇前经父亲凭媒许配与胡道为室，还没过门成婚，那已死王辛与父亲同姓不宗，邻居素识，时常往来，小妇见面不避。光绪十五年九月里，王辛见父亲外出，就合小妇调戏成奸，以后遇便续旧，不记次数，并没给过钱物，父亲与夫家都不知情。后来小妇于十六年三月出嫁，从此王辛不便往来。十七年九月十一日，小妇因丈夫外出贸易，前赴母家居住，适王辛趁圩走至，彼此路遇，王辛恋奸情热，要合小妇同逃，小妇应允，就与王辛一路同行。那日午后，同到州属口子集地方，王辛捏作兄妹，租住先不认识后知姓名的杨魁房屋，夜间仍与小妇同床睡宿，后被杨魁看破奸情，常向小妇勾引嬉笑，都被王辛撞见斥逐走散。那月十九日，杨魁说要赴集收买豆草，来邀王辛同往帮挑，王辛允从，就与杨魁一同起行，更余时候杨魁独自走回，小妇见向查问王辛下落，杨魁言语支吾，小妇再三盘问，杨魁不能隐瞒，就把他谋杀王辛身死的话向小妇告知，并要把小妇奸占为妻，小妇不允，杨魁用言吓唬，小妇无奈勉从。后来闻说有一无名男尸死在邝梁玉地内，小妇心怀疑虑，前往看认，确是王辛尸身，小妇就投保指引差役把杨魁拿获到案，并自行赴案投首的，求究办。是实。

据凶犯杨魁供：年二十七岁，宿州人，父故母存，并没兄弟，娶妻已故，没生子女，种田度日，与已死王辛并这到案的胡王氏素不认识。光绪十七年九月十二日[②]，王辛带同胡王氏捏作兄妹，来到州属口子集地方租住小的房屋。后来小的看见王辛合胡王氏同床睡宿，知道他是来历不明，并因胡王氏年轻貌美，小的屡向勾引调笑，都被王辛撞见斥逐走散。小的心怀忿恨，起意把王辛致死，图占胡王氏为妻。那月十九日，小的假说要赴集收买豆草，邀王辛同往帮挑，王辛允从，小的携带尖刀布袋藏放身边，一同起行，走到半路，小的因两腿酸软不能行走，在地坐歇，王辛也因行路疲倦，就在路旁地上躺卧睡熟。小的起身四顾没人，拔出身带尖刀赶拢王辛身边，在他脸上狠扎两下，致伤他左耳窍、右腮颊，王辛惊醒喊骂，小的又用刀扎伤他胸膛，当时身死。小的恐怕有人认识面貌，复用刀尖把他左眼睛挖出，遗落布袋走回。胡王氏见向小的查问王辛下落，小的言语支吾，胡王氏再三盘问，小的不能隐瞒，据实告知，并要把胡王氏奸占为妻，胡王氏不允，小的用言吓唬，胡王氏害怕允从。随后胡王氏认明王辛尸身，喊投地保指引差役把小的拿获到案的。委没起衅别故及另有同谋加功的人。凶刀当时撩弃。是实。各等供。

据此，将犯收禁，胡王氏当堂给亲领回完聚，录供通详，奉批审解。据报，该犯杨魁于光绪十八年二月十八日在监患病，医治无效，延至是月二十四日身故，详奉札委灵璧县张奎汉验系因病身死，刑禁人等讯无凌虐情弊，绘具图结，详奉批饬核入正案办理。兹据该州移取图结，将案议拟由府具详到司。

该本司核看得宿州民人杨魁谋杀奸拐胡王氏同逃之王辛身死，并将胡王氏奸占为妻，该犯于取供后在监病故一案。缘杨魁籍隶该州，务农度日，与已死王辛并胡王氏先不认识。胡王氏先经其父王宗每凭媒许配胡道为室，尚未过门成婚。王辛与胡王氏之父王宗同姓不宗，邻居素识，时常往来，胡王氏习见不避。光绪十五年九月间，王辛乘王宗外出，即与胡王氏调戏成奸，以后遇便续旧，不记次数，并未给过钱物，王宗与胡道等均不知情。胡王氏旋于十六年三月间，经胡道迎娶过门，王辛因此踪迹渐疏，不复时相来往。十七年九月十二日，胡王氏因其夫胡道出外贸易，前赴母家居住，适王辛趁圩走至，彼此路遇，王辛恋奸情热，欲与胡王氏同逃，胡王氏应允，即与王辛一路同行。是日午后偕抵州属口子集地方，王辛捏作兄妹，租住杨魁房屋，仍与胡王氏同床睡宿。杨魁窥破奸情，知其来历不明，并因胡王氏年轻貌美，屡向勾引嬉笑，均被王辛撞见斥逐走散。杨魁心怀忿恨，起意将王辛致死，图占胡王氏为妻。是月十九日，杨魁假称赴集收买豆草，邀王辛同往帮挑，王辛误信允从，杨魁携带尖刀布袋藏放身边，一同启行，杨魁行至中途因两腿酸软，不能行走，在地坐歇，王辛亦因行路疲倦，即在路旁地上躺卧睡熟。杨魁起身四顾无人，拔出身带尖刀赶拢王辛身边，扎伤其左耳窍、右腮颊两下，王辛惊醒喊骂，杨魁又用刀扎伤其胸膛，登时殒命。杨魁恐被【有】人认识面貌，复用刀尖将其左眼睛挖出，遗落布袋走回。胡王氏见向查问王辛下落，杨魁言语支吾，胡王氏再三盘问，杨魁不能隐瞒，据实告知，并欲将胡王氏奸占为妻，胡王氏不允，杨魁用言吓唬，胡王氏畏怯勉从。旋经地主邝梁玉赴地工作，见王辛尸身，投保报州诣验详缉，并据胡王氏指引差保将杨魁拿获到案，并自行投首，讯供通详，奉批审解。据报，该犯杨魁在监患病病故，详奉札委灵璧县张奎汉验讯刑禁人等，并无凌虐情弊，绘具图结，详奉批饬核入正案办理。兹据该州移取图结，将案议拟由府详司。本署司覆核无异，应即拟结。查律载："谋杀人造意者，斩监候。"又例载："军民相奸者，奸妇枷号一个月，杖一百。"各等语。此案杨魁因王辛奸拐胡王氏同逃，被该犯窥破奸情，辄即起意将王辛谋杀身死，并将胡王氏奸占为妻，实属不法。查王辛虽系奸拐罪人，惟该犯究无应捕之责，自应仍按本律问拟。杨魁除残毁死尸及强占胡王氏为妻各轻罪不议外，应如州府所拟，合依"谋杀人造意者，斩监候"律，拟斩监候，业已在监病故，应毋庸议。胡王氏和诱同逃，罪应满徒，业据该氏赴案投首，应照自首律免其被诱之罪，仍应科以奸罪。胡王氏亦如所拟，合依"军民相奸，奸妇枷号一个月，杖一百"例，拟枷号一个月，杖一百，系犯奸之妇，杖决枷赎，追银册报，仍给与本夫胡道领回完聚，听其去留。王辛奸拐胡王氏同逃，本干例拟，业已被杀身死，应与杨魁在监病故，讯无凌虐情弊之刑禁人等，均无庸议。尸棺分别饬属领埋。凶刀供弃免追。监毙斩犯一名，管狱官职名饬取另参。理合详候核咨。等情。到院。据此，本部院覆核无异，相应咨达。

光绪十九年十月初一日。部照覆。

校勘记：

①左腮颊：据上下文当为"右腮颊"。

②九月十二日：上文作"九月十一日"。

奸拐同逃事后捉获忿激致毙

为报验事。据按察使嵩崑详，据泗州直隶州知州文翰转，据署盱眙县知县周凤梧详称：光绪十八年二月二十二日，据地保华松山禀，据客民李永发投称：伊祖籍江苏安东县，携妻胡氏寄居县属鸟石堡地方种田度日，与庄邻董庆熟识往来，伊妻见面不避。董庆何时与伊妻有奸，先前不知情，后经撞获，将伊妻责打，禁绝往来。光绪十二年三月二十二日傍晚，伊由外趁圩回归，不见伊妻踪迹，往寻董庆亦无下落，显系奸拐同逃。经伊往投董庆亲戚宋信、汪宗，四处找寻无着。本月十九日，伊探知董庆带同伊妻仍回鸟石堡搭盖草屋居住，随往邀宋信、汪宗同往捉拿，见董庆与伊妻同坐吃饭，伊即上前将其一并捉获，询明拐逃情由，喝令宋信等帮同揿按，将董庆并伊妻用绳捆缚，称欲送官究治。董庆行至中途不肯行走，卧地辱骂，伊气忿莫遏，拔出身带尖刀将董庆头颅砍落。伊妻大声喊叫，伊愈加忿恨，将其推跌倒地，一并砍落头颅。经宋信等赶上，喝救无及。等语。往看属实,合报验究。等情。并据该犯李永发携带首级两颗,自行赴案投首,各到县。据此,随带刑仵押犯并带同首级驰诣相验,勘得该处有荒山一座,地方偏僻,四无居邻。已死董庆、李胡氏尸身仰卧该处路旁,两手均有麻绳捆缚,周身衣履俱全,地有血迹。勘毕,饬将各尸移放平地,解去缚绳,如法相验,先将头颅凑合各尸身,均核对痕迹相符。据仵作金庆验报:已死董庆,问年四十九岁。仰面致命咽喉连合面不致命项颈俱断,围圆一尺二寸,皮卷筋缩,骨凸血污,两手腕均有绳痕一道,紫红色,有血癊。余无故。委系被杀身死。又据验报:已死李胡氏,问年四十五岁。仰面致命咽喉连合面不致命项颈俱断,围圆一尺二寸,皮卷筋缩,骨凸血污,两手均有绳痕一道,紫红色,有血癊。余无故。委系被杀身死。报毕,逐一亲验无异,饬取凶刀分别比对尸伤相符,填格取结,尸令棺殓。凶刀带回储库。随提犯证人等,逐一研讯。

据地保华松山供与报词同。

据见证宋信、汪宗同供:盱眙县人,已死董庆是小的们亲戚,他只身没属,游荡度日,这到案的李永发是江苏安东县人,带他妻子李胡氏寄居县属乌石堡地方种田度日,合董庆庄邻居住,时常往来,李永发的妻子李胡氏见面不避。董庆何时与李胡氏有奸,小的们先不知道,后经李永发撞获,把李胡氏责打,禁绝往来,小的们才晓得的。光绪十二年三月二十二日傍晚,李永发来向小的们告说,他由外趁圩回归,不见李胡氏踪迹,往寻董庆也没下落,料被奸拐同逃,叫小的们代为找寻,连年四处查访,杳无消息。十八年二月十九日,李永发探悉董庆带同胡氏仍回乌石堡搭盖草房居住,复向小的们告知,并邀令同往捉拿,小的们应允,一同前去,走到草屋门口,见董庆合胡氏正在那里同坐吃饭。李永发上前把他二人一并捉拿,问出拐逃的话。李永发拿取麻绳,喝令小的们帮同揿按,把董庆同胡氏两手捆缚,推拉出门,说要送官究治,董庆走到半路不肯行走,并出言辱骂,李永发拔出身带尖刀,举向董庆吓戳,董庆卧地撒泼,骂不绝口,李永发赶拢,用刀向他头上狠力一扎,把董庆头颅砍落,胡氏大声喊叫,李永发又把他推跌倒地,砍落头颅。小的们连忙赶上喝救无及,问明情由。李永发带了头颅两颗,就投保赴案投首的。小的们委系救阻不及。是实。

据犯人李永发供:年五十七岁,江苏安东县人,父母都故,并没兄弟,娶妻胡氏,没生子女。小的于光绪元年携带妻子寄居县属乌石堡地方种田度日,合已死董庆庄邻居住,时常往来,妻子胡氏见面不避。董庆何时合妻子有奸,小的先不知道,后经小的撞获,把妻子责打,禁绝往来。光绪十二年三月二十二日傍晚,小的由外趁圩回归,不见妻子踪迹,往寻董庆也没下落,料被奸拐同逃,小的就投明董庆的亲戚宋信、汪宗四处找寻,杳无消息。十八年二月十九日,小的在原籍地方探悉董庆带同妻子仍回乌石堡搭盖草房居住,就往向宋信、汪宗们告知,邀令同往捉拿,宋信们应允,一同前去,走到草屋门口,见董庆合妻子正在那里同坐吃饭。小的上前把他二人一并捉获,问出拐逃的话。小的拿取麻绳,喝令宋信们帮同揿按,把董庆合妻子两手用绳捆缚,推拉出门,说要送官究治。董庆走到半路不肯行走,并出言辱骂,小的生气,拔出身带尖刀,举向吓戳。董庆卧地撒泼,骂不绝口,小的气忿莫遏,就赶拢用刀向董庆头上狠力一扎,致把他头颅砍落,妻子大声喊叫,小的愈加忿恨,也把他推跌倒地,一并砍落头颅,经宋信们赶上,喝救无及。小的就带了董庆合妻子头颅投保赴案投首的。并没起衅别故,也没帮同下手的人。是实。各等供。

据此,将犯收禁,录供通详,奉批审解。据报,该犯李永发于四月二十日在监患病,验报饬医,至五月二十二日治痊。将犯覆讯,议拟由州解司核,恐案情未确,札委安庆府联元审无别故,仍照原拟解司。

该本司审看得盱眙县客民李永发因董庆奸拐其妻胡氏同逃,事后寻获送官,一时忿激将奸夫奸妇一并杀死一案。缘李永发籍隶江苏安东县,携妻胡氏寄居该县属鸟石堡地方种田度日,与已死董庆庄邻居住,时常往来,胡氏见面不避。董庆何时与胡氏有奸,李永发先不知情,后经撞获,将胡氏责打,禁绝往来。光绪十二年三月二十二日傍晚,李永发由外趁圩回归,不见胡氏踪迹,往寻董庆亦无下落,显被奸拐同逃。李永发往投董庆亲戚宋信、汪宗,四处找寻无着。十八年二月十九日,李永发探知董庆带同胡氏仍回鸟石堡搭盖草房居住,即往向宋信、汪宗告知,邀令同往捉拿,宋信等应允,一同前去,偕至草房门首,见董庆与胡氏正在同坐吃饭,李永发上前捉获,询出拐逃情由。李永发携取麻绳,喝令宋信等帮同揿按,将董庆同胡氏两手用绳捆缚,推拉出门,称欲送官究治。董庆行至中途不肯行走,并出言辱骂,李永发生气,拔出身带尖刀举向吓戳,董庆卧地撒泼,骂不绝口,李永发气忿莫遏,赶拢用刀向董庆头上狠力一扎,致将董庆头颅砍落,胡氏大声喊叫,李永发愈加忿恨,又将胡氏推跌倒地,一并砍落头颅。经宋信等赶上,喝救无及,问明前情。李永发携带头颅两颗投保赴案投首,报经该县验讯,详批审解。据报该犯李永发在监患病,验报医痊,将犯覆审,议拟由州解司委审,详解前来。本司提犯亲讯,据供前情不讳,诘无起衅别故及帮同下手之人,究鞫不移,案无遁饰。查例载:"本夫于奸所获奸,非登时而杀,依夜无故入人家已就拘执而擅杀律,杖一百,徒三年。"又名例载:"断罪无正条,援引他例比附定拟。"各等语。此案李永发因其妻胡氏被董庆奸拐同逃,事后找获送官,行至中途,董庆不肯行走,出言辱骂,一时忿激,将董庆并其妻胡氏先后杀死,遍查律拟①,并无治罪专条,惟李永发找至逃所,目击其妻与董庆同在一处,当场捉获,即与奸所获奸无异,迨行至中途董庆不肯行走,出言辱骂,该犯顿触忿机,将其杀死,又因胡氏喊叫,该犯痛恨交迫,将其一并致毙,系属杀非登时,核与"本夫于奸所获奸非登时而杀"之例相符,自应比例问拟。李永发应如县州及委审所拟，比依“本夫于奸所获奸，非登时而杀，依夜无故入人家已就据执而擅杀律②，杖一百，徒三年”例，拟杖一百，徒三年，定地发配，杖责充徒。董庆与李胡氏通奸，和诱同逃，均干例拟，业已被杀身死，应与救阻不及之宋信、汪宗，均无庸议。无干经县省释。尸棺分别饬埋。凶器尖刀储库备拨。理合详候核咨。等情。到院。据此，本部院覆核无异，除分咨外，相应咨达。为此合咨云云。

校勘记：

①遍查律拟：据文意，当为“遍查律例”。

②依夜无故入人家已就据执而擅杀律：按《大清律例》，当为“依夜无故入人家已就拘执而擅杀律”。

图拐妇女谋杀本夫身死

为详报事。据署按察司①丁峻详称，据署颍州府②知府王汝砺转，据颍上县③知县冯继昌详称：光绪十九年正月二十八日，据地保李连桂报，据阜阳县民张寅投称：伊胞侄张文携妻申氏并其女在凤台县地方租赁冠应房屋居住。上年十二月十八日，有同乡马儿来至伊侄家闲坐，诓令伊侄同往县属溜子口寻觅雇主，行至八里垛湖地方，伊侄被马儿谋害毙命，埋尸灭迹，次日又将张申氏母女诱拐同行，经冠应派雇工冠华赶上护送，马儿乘间逃跑，张申氏随与冠华转回，托冠应代访伊侄下落，并向伊告知，寻获马儿，盘出因图卖张申氏母女将伊侄谋害情由并埋尸处所。等语。往查属实，合将马儿送案，报乞验究。等情。并据尸叔张寅同报，各到县。据此，随带刑仵押犯驰诣该处，勘得县属八里垛湖地方，有山僻大路一条，路旁空地有新土坟堆一个。据马儿指称，张文尸身即系埋在此处，当饬爬开浮土，露出尸身一具，令张寅认系伊侄张文尸身。饬据仵作薛坤验报：已死张文，问年四十六岁。仰面，致命：右太阳穴接连右耳有木器伤一处，斜长二寸二分，宽一寸八分，紫红色，微肿，按捺骨损。余无故。实系受伤身死。报毕，亲验无异，饬取凶器无获，无凭比对尸伤，当场填格取结，尸令棺殓。随传集尸亲、人证，提犯研讯。

据地保李连桂供与报词同。

据尸叔张寅供：阜阳县人，已死张文是胞侄，合这到案的马儿同乡素识。张文携带妻子张申氏并他女儿在凤台县地方租赁冠应房屋居住。光绪十八年十二月十八日，马儿来到张文家闲坐，他说县属溜子口有一雇主要请人帮工，邀张文同去，走到八里垛湖地方，张文被马儿谋害身死，埋尸灭迹，第二日又被马儿把张申氏母女诱拐同行，经冠应派雇工冠华赶上护送，马儿乘间逃跑，张申氏随合冠华转回，托冠应代访张文下落，并向小的告知。小的连忙四处找寻，撞获马儿，向他盘问，马儿不能隐瞒，说是他起意拐卖张申氏母女，把张文谋杀的话，并埋尸处所，小的就投保把马儿送案报验的，求究伸。是实。

据尸妻张申氏供：阜阳县人，已死张文是丈夫，合这到案的马儿同乡素识，丈夫带同小妇并女儿在凤台县地方租赁冠应房屋居住。光绪十八年十二月十八日，马儿来到小妇家闲坐，丈夫谈起闲住已久，托马儿寻觅雇主，马儿说是县属溜子口有一雇主要请人帮工，邀丈夫同去，丈夫应允。就是那日，丈夫带铁锄在前行走，马儿拿木扁担跟随同行。到第二日，马儿来向小妇告说，丈夫已经在溜子口觅得雇工，并借有房屋，叫他前来接取，小妇信以为真，就向冠应退还租屋，带了女儿随同马儿起程，走不多远，见冠应雇工冠华随后赶上，说冠应叫他前来护送，马儿乘间逃跑，小妇才晓得是被马儿诱拐，当合冠华转回，寄住冠应家里，托冠应代访丈夫下落，并向夫叔张寅告知，寻获马儿，盘出起意拐卖小妇母女，把丈夫诱到八里垛湖地方谋害毙命，埋尸灭迹的话，并埋尸处所，张寅就投保把马儿送案报验的，求究伸。是实。

据应讯冠应供：凤台县人，已死张文是阜阳县人，他携带妻子张申氏并他女儿租赁小的房屋居住。光绪十八年十二月十八日，这获案的马儿来到张文家闲坐，邀张文同往县属溜子口寻觅雇主，小的是晓得的。到第二日，张申氏来向小的告说，他丈夫张文已在溜子口觅得雇主，并借有房屋，叫马儿前来接取，因此特来退还租屋，带了女儿随同马儿起程。小的疑有别故，派雇工冠华赶上护送。不多一会，张申氏母女仍合冠华转回，说马儿一见冠华赶到，形色慌张，乘间逃跑的话。张申氏就寄住小的家里，托小的代访张文下落，并向张文的叔子张寅告知，寻获马儿，盘出起意拐卖张申氏母女，把张文诱到八里垛湖地方谋害毙命，埋尸灭迹的话，并埋尸处所，张寅投保把马儿送案报验的。是实。

据要证冠华供：凤台县人，向在冠应家佣工，已死张文是阜阳县人，他携带妻子张申氏并他女儿租赁冠应房屋居住。光绪十八年十二月十八日，这获案的马儿来到张文家闲坐，邀张文同往县属溜子口寻觅雇主。到第二日，马儿来向张申氏告说，张文已在溜子口觅得雇主，并借有房屋，叫他前来接取，张申氏就向冠应退还租屋，带了女儿随同马儿起程，小的都晓得的。后来冠应疑有别故，派小的赶上护送，小的见马儿形色慌张，就乘间逃跑。张申氏知被诱拐，当合小的转回，寄住冠应家里，托冠应代访张文下落，并向张文的叔子张寅告知，寻获马儿，盘出起意拐卖张申氏母女，把张文诱到八里垛湖地方谋杀毙命，埋尸灭迹的话，并埋尸处所，张寅就投保把马儿送案报验的。是实。

据凶犯马儿供:阜阳县人,年三十三岁,父母都存,并没弟兄,娶妻生子,庄农度日,合已死张文同乡素识。张文携带妻子张申氏并他女儿在凤台县地方租赁冠应房屋居住。光绪十八年十二月十八日,小的到张文家闲坐,张文谈起闲住已久,托小的寻觅雇主。小的见张申氏母女二人,要想拐卖图利,起意把张文诱到山僻地方先行谋杀,再把张申氏母女拐卖,得钱花用,就向张文捏说县属溜子口地方有一雇主要倩人帮工,邀他同往,张文应允。就是那日张文带铁锄在前行走,小的拿木扁担跟随同行。傍晚时候走到八里垛湖地方,小的四顾没人,就用手拿木扁担把张文手内铁锄格落在地,并向张文头上狠力殴打一下,致伤他右太阳穴接连右耳,喊痛倒地,张文不能动弹,登时身死。小的复起意埋尸灭迹,拾取张文地上铁锄,在路傍空地掘坑掩埋走回。到第二日,小的往向张申氏告说,张文已在溜子口觅得雇主,并借有房屋,叫小的前来接取,张申氏信以为真,就向冠应退还租屋,带了女儿随同小的起程。走不多远,见冠应家雇工冠华随后赶来,说是冠应叫他赶上护送,小的料被窥破,乘间逃跑。后来张文的叔子张寅寻获小的,再三盘问,小的不能隐瞒,说出实情并埋尸处所,张寅就投保把小的送案报验的。委没起衅别故,也没同谋加功及帮同抬埋的人,逃后也没另犯不法及知情容留人家。凶器木扁担当时撩弃。是实。各等供。

据此,将犯收禁,录供通详,奉批审解。遵提覆讯,议拟由府解司核,恐案情未确,札委安庆府知府联元审讯,因犯供狡展,查传要证冠华外出河南省贸易,关传需时,详咨展限。兹据传到冠华解省,饬发署安庆府知府边保樫审拟解司,提犯亲讯无异。

该本署司审看得颍上县[4]客民马儿起意图卖张文妻女谋杀张文身死埋尸不失一案。缘马儿籍隶阜阳县,庄农度日,与已死张文同乡素识。张文携妻张申氏并其女在凤台县地方租赁冠应房屋居住。光绪十八年十二月十八日,马儿至张文家闲坐,张文谈及闲住已久,托马儿寻觅雇主。马儿见张申氏母女欲行拐卖图利,起意将张文诱至僻处先行杀害,再将张申氏母女拐卖,得钱花用,随向张文捏称该县溜子口地方有一雇主,闻欲倩人帮工,邀令同往,张文应允。即于是日张文携带铁锄在前行走,马儿携带木扁担跟随同行。傍晚时候,行至该县八里垛湖地方,马儿四顾无人,即用手携木扁担将张文手内铁锄格落在地,并向张文头上狠力殴打一下,致伤张文右太阳穴接连右耳,喊痛倒地,张文不能动弹,登时殒命。马儿复起意埋尸灭迹,拾取张文地上铁锄,在路旁空地掘坑掩埋走回。次日,马儿往向张申氏告称,张文已在溜子口觅得雇主,并借给住屋,嘱伊前来接取,张申氏信以为真,即向冠应退还租屋,自携其女随同马儿起程。冠应疑有别故,当令雇工冠华赶上护送。马儿形色慌张,知被窥破,乘间逃跑。张申氏母女仍与冠华转回,寄居冠应家内,托冠应代访张文下落,并向张文之叔张寅告知,寻获马儿,盘出实情并埋尸处所,投保将马儿送经该县诣验讯供,详批审解。嗣据该县将犯覆讯，议拟由府解司委审，因犯供狡展，查传要证冠华外出，详咨展限。兹据传到冠华解省，饬发安庆府审拟解司。本署司提犯亲讯，据供前情不讳，诘无起衅别故，及同谋加功帮同抬埋之人，究鞫不移，案无遁饰。查例载："图财害命得财而杀死人命者，拟斩立决。"等语。此案马儿因见张文妻女欲图拐卖得钱，辄起意谋杀张文身死，实与图财害命无异，自应按例问拟。马儿除起意埋尸不失轻罪不议外，应如该县府所拟，合依"图财害命得财而杀死人命者，拟斩立决"例，拟斩立决。该犯恭逢光绪二十年八月十六日恩诏，事犯到官虽在本年正月初一日以前，惟系图财害命，情节较重，毋庸查办，仍照例刺字。该犯逃后讯无另犯不法及知情容留人家，应与讯非和诱知情之张申氏，均毋庸议。无干省释。尸棺饬埋。凶器木扁担供弃免追。等情。到院。本部院提犯亲讯无异，除恭折具奏外，相应咨达。为此，合咨贵部，请烦查照核覆施行。再，此案因情罪重大，是以改题为奏，并请免扣审限，合并咨明。

光绪二十一年正月初七日准。部照覆。

校勘记：

①按察司：清代省级行政机构，长官为按察使，丁峻时任安徽署按察使。

②颖州府：颖字误，当为"颍"。

③颖上县：颖字误，当为"颍"。

④同③。

谋杀图奸伊妻未成之雇工从犯并未加功

题为报验事。据升授甘肃布政使、安徽按察使张岳年详，据颖州府①知府曹炜转，据蒙城县知县陈宏勋详称：光绪十三年六月十五日，访闻县属地方有谋害人命情事，当即饬查。即据地保葛树清报，据保民郭山投称：本月十四日夜，伊瓜地舍铺旁有先在伊家帮工后经辞覆之河南人蒋醴，不知被何人杀死，地有血迹。等语。往查属实，合报验缉。等情。并据郭山同报，各到县。据经饬差查缉，一面带领刑仵驰诣该处，堪得郭山家瓜地一坵，已死蒋醴尸身仰卧该处舍铺旁边地上。饬将尸移平地，如法相验。据仵作王勤验报：已死蒋醴，问年二十三岁。仰面，致命：偏右连囟门刃伤一处，斜长一寸八分，宽四分。不致命：右腮颊相连颔颏刃伤一处，斜长二寸，宽三分，深均抵骨，骨损，皮卷血污。余无故。委系受伤身死。报毕，亲验无异，当场填格取结，尸令棺殓。查讯保邻人等，供与报词相同。勒差于七月初十日访获案犯郭铁孜、郭小私到案，并起出凶器铡刀一把呈验，随传集保证人等，提犯研讯。

据地保葛树清供与报词同。

据邻证戴旺供:案下人,务农度日,这到案的郭铁孜是邻居,已死蒋醴只身没属,向在郭铁孜家帮工。光绪十三年闰四月初五日夜二更时候,小的听见郭铁孜家吵闹,过去查看,见郭铁孜拿棍赶向蒋醴殴打,问他什么事情,郭铁孜告说蒋醴调奸伊妻戴氏。当经小的劝住,叫郭铁孜把蒋醴工钱算给,当夜覆工,以后不准上门。走散。不料蒋醴无家可归,把工钱陆续花用,仍在那里游荡,并常到郭钱孜家探望。六月初十日,郭戴氏从瓜地上哭喊走回,说蒋醴又向他调戏,也是小的和他公公郭山劝歇。后来郭铁孜怎样同郭小私把蒋醴谋杀,小的先不晓得。六月十五日黎明时候,小的赴地工作,看见蒋醴杀死在郭铁孜瓜地上,就喊同郭山看明投保报验的,别的事不知道。是实。

据犯父郭山供:年七十三岁,案下人,这到案的郭铁孜是次子,郭戴氏是媳妇,郭小私是堂侄,已死蒋醴是河南人,只身没属,向在小的家帮工,彼此平等称呼,并没主仆名分。光绪十三年闰四月初五日夜二更时候,蒋醴怎样调奸媳妇戴氏,被次子撞见赶打,经邻居戴旺劝令覆工,不准蒋醴上门,小的因年老先睡,没有晓得,到第二日次子告诉才知道的。六月初十日,媳妇戴氏从瓜地上哭喊走回,说蒋醴又向他调戏,是小的同戴旺把媳妇劝歇的。到了十一日,次子就把媳妇送回娘家。六月十五日早晨,戴旺来向小的告说,蒋醴杀死在小的瓜地上,小的同去看明投保报验,后来小的在家里寻着铡刀,看有血迹,就向次子郭铁孜盘问,次子告说蒋醴屡向妻子调奸,实在气忿不过,商同郭小私把他杀死的。小的正要带次子投首,就被公差访闻,把次子合郭小私一并带案,求恩典。是实。

据应讯犯妻郭戴氏供:年二十四岁,这到案的郭铁孜是丈夫,郭小私是从堂夫弟,郭山是公公。已死蒋醴向在丈夫家帮工,彼此平等称呼,并没主仆名分,合丈夫先没嫌隙。光绪十三年闰四月初五日夜二更时候,丈夫出外没回,小妇独自在房,把门虚掩,蒋醴推门进房,向小妇拉衣求奸,小妇不依喊骂,蒋醴跑出,适丈夫走回撞见,小妇哭诉情由,丈夫气忿,就拿了棍子赶向蒋醴殴打,是这邻人戴旺出来劝住,问明情由,叫丈夫把蒋醴工钱算给,当夜覆工,以后不准上门。不料,蒋醴常到小妇家探望。六月初十日,小妇到瓜地上摘瓜,蒋醴路过看见,四顾无人,又向小妇调戏,小妇哭喊走回,是公公同戴旺把小妇劝歇的。到了十一日,丈夫就把小妇送回娘家,后来丈夫怎样邀允郭小私帮助把蒋醴杀死,小妇并没知道,丈夫也没把谋害情由先向小妇商议,求详察。是实。

据从犯郭小私供:蒙城县人,年二十一岁,这到案的郭铁孜是高祖堂兄,已死蒋醴只身没属,向在郭铁孜家帮工,合小的并没嫌隙。光绪十三年闰四月初五日夜二更时候，蒋醴怎样图奸郭铁孜妻子，郭戴氏不依喊骂跑走，郭铁孜把他当夜辞工，那时小的在河南探亲，先没知道。六月初上，小的由河南回来。十一日傍晚，郭铁孜走来向小的告说，蒋醴屡次图奸他妻子，他心里气忿不过，要把蒋醴致死泄恨，恐怕蒋醴力大难制，央小的帮助，小的起初不肯，郭铁孜再三恳说，小的只得应允。到了十四日黄昏时候，郭铁孜来向小的告知，蒋醴已骗在瓜地舍铺住宿，邀小的至家帮同下手。那夜五更时候，郭铁孜带了铡刀，合小的同行走到郭铁孜瓜地上，看见蒋醴坐在铺旁，郭铁孜问他为何不睡，蒋醴答说天气炎热，起来乘凉，郭钱孜摘瓜数枚叫小的拿到铺边，喊同蒋醴吃瓜。蒋醴蹲地取瓜，郭铁孜近前，出其不意用铡刀砍伤蒋醴偏右连囟门，喊痛倒地，又砍伤他右腮颊连颔颏，蒋醴当时气绝殒命，小的在旁并没动手。正想埋尸灭迹，望见远远有人走来，不及掩埋，郭铁孜拿了铡刀同小的各自逃回。那晓戴旺赴地工作，看见蒋醴尸身，喊同郭铁孜的父亲郭山走去查看，投保报验，就被差役访闻，把郭铁孜并小的一同拿获的。小的实止听从谋害蒋醴身死，并没下手加功的事，求恩典。是实。

据正犯郭铁孜供：蒙城县人，年二十五岁，父亲郭山，母亲戴氏，兄弟二人，小的居幼，娶妻戴氏。这到案的郭小私是小的共高祖堂弟，一向要好，已死蒋醴是河南人，只身没属，向在小的家帮工，彼此平等称呼，并没主仆名分，小的合他先没嫌隙。光绪十三年闰四月初五日夜二更时候，小的出外没回，妻子戴氏独自在房把门虚掩，蒋醴推门进房，向妻子拉衣求奸，妻子不依喊骂，蒋醴跑出，适小的走回撞见，妻子哭诉前情，小的气忿，拿了棍子赶向蒋醴殴打，是邻人戴旺出来劝住，问明情由，叫小的把蒋醴工钱算给，当夜覆工，以后不准上门。走散。不料，蒋醴无家可归，把工钱陆续花用，仍在村里游荡，并常到小的家探望。六月初十日，妻子到瓜地上摘瓜，蒋醴路过撞见，四顾无人，又向妻子调戏，妻子哭喊走回，是父亲同戴旺把妻子劝歇。到了十一日，小的就把妻子送回娘家。小的想起蒋醴屡次向妻子调奸，心怀不干，起意致死泄恨，恐怕蒋醴力大难制，走向堂弟郭小私告明情由，央他帮助。郭小私起初不肯，小的再三恳说，他就答应。那月十四日傍晚，小的找见蒋醴，假意殷勤说道农忙时候还要雇伊帮工，并说夜里有人偷瓜，就叫蒋醴在小的瓜地舍铺睡歇管瓜。蒋醴信以为实，那夜就在小的瓜地舍铺歇宿。小的就往邀郭小私至家，帮同下手。五更时候，小的暗带铡刀，合郭小私同去，走到瓜地上，见蒋醴坐在铺边，小的问他为何不睡，他说天气炎热，起来乘凉，小的就摘瓜数枚，叫郭小私拿到铺边喊同蒋醴吃瓜，蒋醴蹲地取瓜，小的近前，出其不意，用铡刀狠力一砍，致伤蒋醴偏右连囟门，喊痛倒地，又砍伤他右腮颊连颔颏，蒋醴当时气绝殒命。郭小私在旁并没动手。刚要埋尸灭迹，望见远远有人走来，不及掩埋，连忙拿了铡刀同郭小私各自逃回。那晓戴旺赴地工作，看见蒋醴尸身，喊同小的父亲查看，投保报验。后来，父亲寻出铡刀，看有血迹，向小的盘出实情，正要带小的投首，就被差保访拿，合郭小私一并获案的。小的实因蒋醴图奸，一时忿激起意致死，并没起衅别故，也没另有同谋加功的人。凶器铡刀已蒙起获。是实。各等供。

据此，将犯收禁，录供通详，奉批审解。该犯郭铁孜于光绪十三年九月十三日在监患病，验报饬医，至十月十三日治痊。遵提覆讯，除各供同前不叙外，讯据犯人郭铁孜供云云同前。等供。据此，该蒙城县陈宏勋审看得云云同后院看至，尸棺饬埋。等情。解府提讯，供情不符，饬委阜阳县审无别故，由府解司，并据差禀凶刀于解省时在颍上县[②]八里河过渡落水，打捞无获。等情。司核，恐案情未确，发委怀宁县陈兆庆审讯，该县因另有查办事件，禀司改委安庆府同知审照原拟，解司提讯，犯供翻异，发回覆讯，仍照拟解司提讯，犯供游移，发委安庆府审明，解司提讯，供仍不符，札委桐城县审照原拟解司，勘转到臣，提犯亲讯无异。

该臣审看得蒙城县民郭铁孜谋杀图奸伊妻未成之雇工蒋醴身死，并郭小私同谋并未加功一案。缘郭铁孜、郭小私均籍该县，郭戴氏系郭铁孜之妻，郭小私系郭铁孜缌麻服弟，平素和好。已死河南人蒋醴只身无属，向在郭铁孜家帮工，平时尔我相称，并无主仆名分，先无嫌隙。光绪十三年闰四月初五日夜二更时分，郭铁孜出外未回，其妻郭戴氏独自在房将门虚掩，蒋醴推门进房，向郭戴氏拉衣求奸，郭戴氏不依喊骂，蒋醴跑出，适郭铁孜走回撞见，郭戴氏哭诉前情，郭铁孜气忿，将蒋醴持棍撵逐，经邻人戴旺闻闹出劝，问明情由，处令郭铁孜将蒋醴工钱算结，当夜覆工，以后不准上门而散。讵蒋醴无家可归，将工钱陆续花用，仍在该处游荡，并常至郭铁孜家窥探。六月初十日，郭戴氏至瓜地摘瓜，蒋醴路过撞遇，四顾无人，又向郭戴氏调戏，郭戴氏哭喊走回，经氏翁郭山与戴旺劝歇。次日，郭铁孜将郭戴氏送回母家，郭铁孜忆及蒋醴屡向其妻图奸，心怀不甘，起意致死泄恨，又恐蒋醴力气大难制，往向堂弟郭小私告明情由，央其帮助，郭小私初尚未允，经郭铁孜再三恳说，始行答应。是月十四日傍晚，郭铁孜找见蒋醴，假意殷勤声称时值农忙仍要雇伊帮工，并说夜间有人偷瓜，嘱令蒋醴在伊瓜地舍铺睡歇管瓜。蒋醴信以为实，是夕即在郭铁孜瓜地舍铺歇宿。郭铁孜即往邀郭小私至家，帮同下手。是夜五更时分，郭铁孜潜携铡刀与郭小私同行，走至瓜地，见蒋醴坐在铺边，问因天气炎热，起来乘凉，郭铁孜即摘瓜数枚，合郭小私携至铺边，喊同蒋醴吃瓜。蒋醴蹲地取瓜，郭铁孜近前，出其不意，用铡刀狠力一砍，致伤蒋醴偏右连囟门，喊痛倒地，又砍伤其右腮颊连颔颏，蒋醴当即殒命，郭小私在旁并未动手。正拟埋尸灭迹，适戴旺赴地工作，郭铁孜望见不及掩埋，携带凶刀与郭小私各自逃归。旋经戴旺瞥见蒋醴尸身，喊同郭铁孜之父郭山查看，投保报案。时该县先已访闻饬查，当即诣验饬缉。嗣经郭山查出家内铡刀，见有血迹，向郭铁孜盘出实情，正拟投首，被差保访实，将郭铁孜、郭小私获案，讯供详批审解。据报，该犯郭铁孜在监患病，验报医痊。据该县覆讯，议拟解府，先后委审，由司解勘前来。臣提犯亲讯，据供前情不讳，诘无起衅别故及另有同谋加工之人，究鞫不移，案无遁饰。查例载："本夫杀死图奸未成罪人，无论登时、事后，俱照擅杀律，拟绞监候。"又："擅杀案内余人照共殴余人律，杖一百。"各等语。此案郭铁孜因蒋醴屡向其妻戴氏图奸，起意邀同郭小私将蒋醴谋杀身死，查蒋醴图奸该犯之妻未成，系属有罪之人，虽曾在该犯家帮工，并无主仆名分，且经辞覆，应同凡论，自应按例问拟。郭铁孜应如县府及委审所拟，合依"本夫杀死图奸未成罪人，无论登时、事后，俱照擅杀律，拟绞监候"例，拟绞监候，秋后处决。郭小私听邀同行，并未加功，亦应按例问拟。郭小私应如所拟，合依"擅杀案内余人照共殴余人律，杖一百"例，拟杖一百。该犯等事犯到官均在光绪十五年三月十六日恭逢恩诏以前，核其情罪俱不在不准援免之列，应请准予援免，后再有犯，加等治罪。死者系属罪人，毋庸追给埋银。蒋醴向郭戴氏图奸未成，本干例拟，业被杀死，应毋庸议。地保葛树清先虽失察，业已随同查访获案，应与讯不知情之犯父郭山并图奸不从之郭戴氏，均毋庸议。凶器铡刀于解省时行至颍上县八里河过渡遗失，落水打捞无获，已据解役岳成等禀明有案，免其查起。无干经县省释。尸棺饬埋。除揭移部科外，理合恭疏具题，伏乞皇上圣鉴，敕下法司核覆施行。再，此案审限云云。

光绪十七年六月二十五日准。部照覆。

校勘记：

①颖州府：颖字误，当为"颍"。

②颖上县：颖字误，当为"颍"。

杀死图奸未成罪人

为报验事。据按察使嵩崑详，据凤阳府知府李肇南转，据署怀远县知县朱寿慈详称：光绪十七年四月二十五日，卑前署县钱文骥任内，据地保崔汉云报，据保民翟革投称：伊弟翟魁与钱学军同在邻人徐三家佣工，素好无嫌。本月二十四日下午，徐三之妻徐胡氏在河边洗衣，伊弟亦至该处洗脚，向徐胡氏拉手调戏不依喊骂，经钱学军瞥见，斥骂走散。是夜二更后，伊弟复进内向徐胡氏图奸，被钱学军听闻，赶向捉拿，用斧头砍伤伊弟囟门等处，喊痛倒地。经徐三家牧牛之翟小虎趋救无及，报伊往看,问明情由,用药医治。讵伊弟伤重,延至次早殒命。等语。往查属实,犯已逃逸,合报验缉。等情。并据尸兄翟革同报,各到县。据经钱文骥饬差严缉,一面带领刑仵驰诣相验。据仵作乔福验报:已死翟魁,问年十七岁。仰面,致命:囟门有刃伤一处,斜长一寸,宽一分。不致命:左腮颊刃伤一处,斜长五分,宽一分;左血盆刃伤一处,斜长三分,宽一分;左肩甲刃伤二处,斜长二分,宽一分;左腋胑刃伤二处,均斜长一寸,宽一分;左胳膊刃伤一处,斜长一寸五分,宽一分;左手腕刃伤一处,斜长一寸,宽一分。以上各伤均深抵骨,骨不损。不致命:胸膛刃伤一处,斜长三寸,宽一分,深抵骨,骨断。不致命:左肋刃伤一处,斜长一寸五分,宽一分,深抵骨,骨不损;左膝刃伤一处,斜长三寸,宽一分,深抵骨,骨损。合面,致命:脑后刃伤二处,均斜长一寸,宽一分,深抵骨,骨损;不致命:左臀刃伤一处,斜长二寸,宽一分,深一分;左腿刃伤一处,斜长二寸,宽一分,深抵骨,骨损。余无故。委系受伤身死。报毕,亲验无异,饬取凶器无获,无从比对尸伤,当场填格取结,尸令棺殓,讯供详批缉参。钱文骥未及获犯卸事,卑职到任准交,勒差于是年十一月初十日缉获凶犯钱学军到案,随传集尸亲、人证,提犯研讯。

据地保崔汉云供与报词同。

据尸兄翟革供:怀远县人,已死翟魁是胞弟,向在邻人徐三家帮工,平日你我相称,并无主仆名分,合这到案的钱学军同伙工作,素好没嫌。光绪十七年四月二十四日夜二更后,徐三家牧牛的翟小虎来向小的报说,那日下午胞弟见徐三的妻子徐胡氏在河边洗衣,拉手调戏,徐胡氏不依喊骂,经钱学军看见斥骂走散,后来夜间胞弟进内又向徐胡氏图奸,被钱学军听闻,赶向捉拿,用斧砍伤倒地,钱学军已经跑走的话,小的当就赶去查看,问明情由,用药医治。不料胞弟伤重,到第二日早上身死,小的就投保报验的,求究办。是实。

据徐三供:怀远县人,已死翟魁合这到案的钱学军都在小的家帮工,素好没嫌。小的妻子徐胡氏本是钱学军胞叔钱止产的女儿,因钱止产身故,跟他母亲何氏改嫁胡老三家,遂从胡姓。小的合翟魁都是你我称呼,并没主仆名分。光绪十七年四月二十四日,小的出外有事,翟魁怎样在河边调戏小的妻子,经钱学军看见斥骂,到了夜间翟魁又怎样进内要向妻子图奸,被钱学军听闻,气忿跟进里间赶向喊拿,把翟魁扭住,用斧砍伤倒地,小的先不晓得,到第二日早上小的回家才知道的。那时翟魁已经身死,尸兄翟革就投保报验的。是实。

据徐胡氏供:怀远县人,徐三是丈夫,父亲钱止产早故,母亲何氏改嫁胡老三为妻,小妇自幼随嫁同往,遂从胡姓,合这到案的钱学军是同堂兄妹,他合已死翟魁都在小妇家帮工,素好没嫌。丈夫合翟魁都是你我称呼,并无主仆名分。光绪十七年四月二十四日下午，丈夫出外未回，小妇往河边洗衣，翟魁也到那里洗脚，他故意挨近小妇身边，拉手调戏，小妇不依喊骂，经钱学军走来看见，斥骂翟魁不该如此无礼，当各走散。那夜二更后，小妇在睡梦中听得有人来推小妇房门，正要喊叫，又闻翟魁合钱学军吵闹，互相扭殴，连忙起来点灯开门出看，见翟魁已在门外受伤倒地，钱学军在旁说道翟魁日间在河边调戏，夜间又起身出房，要向小妇图奸，他就下床摸取地上砍柴铁斧，跟进里间。翟魁走到小妇卧房门口，用手推门，他一时忿不可遏，赶向喊拿，把翟魁扭住，用斧乱砍倒地的话，那时小妇家牧牛的翟小虎也赶来查看，钱学军开门跑走，小妇就叫翟小虎连夜报知翟魁的哥子翟革赶来，问明情由，用药医治。不料翟魁伤重，到第二日早上身死，尸亲就投保报验的。是实。

据见证翟小虎供：怀远县人，小的向在徐三家牧牛度日，合已死翟魁并这到案的钱学军都是同伙认识。光绪十七年四月二十四日，翟魁怎样在河边调戏徐三的妻子徐胡氏，被钱学军撞见斥骂，到了夜间翟魁又怎样进内要向徐胡氏图奸，被钱学军听闻赶进，用斧把翟魁砍伤倒地，小的先不晓得，因听得翟魁喊骂，才惊醒起来查看的。小的委系救阻不及。余供与徐胡氏供同。

据凶犯钱学军供：怀远县人，年四十三岁，父母都故，并没兄弟妻子，种田度日，合已死翟魁都在徐三家佣工，同房睡宿，素好没嫌。徐三的妻子徐胡氏本是小的胞叔钱止产的女儿，后来胞叔身故，婶母何氏改嫁胡老三为妻，随带徐胡氏同往，遂从胡姓。光绪十七年四月二十四日下午，徐三出外未回，小的赴地工作，路过那里，看见徐胡氏在河边洗衣，翟魁也到那里洗脚，故意挨近徐胡氏身边，拉手调戏，徐胡氏不依喊骂，小的赶拢斥骂翟魁不该如此无礼，当各走散。那晚徐三还没回来，小的合翟魁并牧牛的翟小虎都各在房睡熟。二更后，小的醒来，听闻翟魁起身，悄悄走出房外，小的想起他日间调戏徐胡氏，料必又去图奸，一时气忿，当就下床摸取地上砍柴铁斧，跟进里间。翟魁走到徐胡氏卧房门口，用手推门，小的忿不可遏，赶向喊拿，把翟魁扭住，用斧在他身上乱砍数下，喊痛倒地，翟魁卧地混骂，并辱及小的祖先，小的愈加忿恨，复用斧连砍数下，因时值黑夜，都不知砍伤何处部位，经徐胡氏、翟小虎先后赶来查看，问明情由，小的开门跑走。后闻翟魁伤重，到第二日早上身死，尸亲投保报验。小的害怕，逃往各处躲避，今被拿获到案的。委没起衅别故及在场帮殴的人，逃后也没另犯不法并知情容留人家。凶器柴斧当时撩弃，是实。各等供。

据此，将犯收禁，录供通详，奉批审解。据报，该犯钱学军于光绪十八年三月初二日在监患病，验报饬医，至四月初二日治痊。遵提覆讯，除各供同前不叙外，讯据凶犯钱学军供云云同前。等供。据此，该署怀远县知县朱寿慈审看得云云同前后院看至，供弃免追。等情。解府提讯，犯供游移，札委署凤阳县蒋翌廷审照原拟，由府解司核，恐案情未确，札委安庆府联元审无别故，仍照原拟解司，勘转到臣，提犯亲讯无异。

该臣审看得怀远县民钱学军砍伤图奸徐胡氏未成罪人翟魁身死一案。缘钱学军籍隶该县，种田度日，与已死翟魁均在徐三家佣工，同房睡宿，素好无嫌。翟魁与徐三彼此平等相称，并无主仆名分。徐三之妻徐胡氏本系钱学军胞叔钱止产之女，因其母何氏改嫁胡老三为妻，徐胡氏自幼随嫁同往，遂从胡姓。光绪十七年四月二十四日下午，徐三出外未回，徐胡氏往河边洗衣，翟魁亦至该处洗脚，故意挨近徐胡氏身边，拉手调戏，徐胡氏不依喊骂，经钱学军路过瞥见，斥骂翟魁不应如此无礼，当各走散。是夜徐三尚未回来，钱学军与翟魁并牧牛之翟小虎均各在房睡熟，二更后翟魁起身潜出房外，适钱学军睡醒听闻，忆及日间翟魁调戏徐胡氏，料必又往图奸，一时气忿，随即下床摸取地上砍柴铁斧，跟进内室。翟魁走至徐胡氏卧房门首，用手推门，钱学军忿莫能遏，赶向喊拿，扭住翟魁用斧乱砍数下，喊痛倒地，翟魁卧地混骂，并辱及钱学军祖先，钱学军愈加忿恨，复用斧连砍数下，因时值黑夜，均不知砍伤何处部位，经徐胡氏、翟小虎先后闻喊，惊起点灯出看，询明情由，钱学军开门逃逸。翟小虎连夜报知翟魁之兄翟革往看，用药医治。讵翟魁伤重，延至次早殒命。尸亲投保，报经该前署县钱文骥验讯详缉，未及获犯卸事，该县抵任准交，勒差缉获钱学军到案，讯供详批审解。据报，该犯钱学军在监患病，验详医痊，将犯覆讯，议拟由府解司委审，勘转前来。臣提犯亲讯，据供前情不讳，诘无起衅别故及在场帮殴之人，究鞫不移，案无遁饰。查例载："有服亲属杀死图奸未成罪人，无论登时、事后，俱照擅杀律，拟绞监候。"等语。此案钱学军因翟魁黉夜图奸徐胡氏未成，该犯激于义忿，用斧砍伤翟魁身死，查徐胡氏本系钱学军胞叔钱止产之女，随母改嫁胡氏，遂从胡姓，与钱学军服属小功，例许捉奸，自应按律问拟。钱学军应如县府司及委审所拟，合依"有服亲属杀死图奸未成罪人，无论登时、事后，俱照擅杀律，拟绞监候"例，拟绞监候，秋后处决。翟魁图奸徐胡氏未成，本干例议，业已被杀身死，应毋庸议。该犯逃后讯无另犯不法及知情容留人家，应与救阻不及之见证翟小虎，均毋庸议。无干经县省释。尸棺饬属领埋。凶器柴斧供弃免追。除揭移部科外，理合恭疏具题，伏乞皇上圣鉴，敕下法司核覆实行。再，此案审限云云。

光绪二十年四月二十八日准。部照覆。

图奸未成拒杀本妇胞弟

为详报事。查接管卷内，据署按察使安庐道丁峻详，据署凤阳府知府刘宗海转，据宿州知州陆显勋详称：光绪十六年八月初四日，访闻州属黄里集地方有因奸毙命私和匿报情事,当经饬查。去后,旋于是月初六日据地保刘冠群禀称:集民丁猪于六月二十日夜定更后,乘邻人田学重与子田思外出不在家,潜入田学重出嫁女吕田氏房内,摸手求奸,吕田氏惊醒喊骂,适田思外回撞见,将丁猪扭住,持刀向扎,丁猪情急图脱,夺刀扎伤田思左肋倒地,经邻人欧勤闻声赶至,问明情由,报知田学重赶回,看明医治。讵田思伤重,延至次日午刻殒命。丁猪之父丁养恐其子到官办罪,向田学重央求私和,许给丧葬钱二百千文,私埋匿报。伊先在别处办公,致未呈报,今蒙访闻饬查,合将丁猪扭获,并起获凶刀报乞验究。等情。并据尸父田学重、犯父丁养先后赴州,据实呈首,各到州。据此,随带刑仵押犯驰诣该处,先勘得田思埋尸处所,系在屋后地内。该处有新冢一穴,当令刨开坟土,起出尸棺,饬据田学重认明其子田思尸身,查验尚未腐烂。据仵作夏得验报:已死田思,问年二十岁。仰面,致命:左肋有刃伤一处,斜长九分,宽三分,深透内,肠出,皮卷血污。余无故。实系受伤身死。报毕,亲验无异,饬取凶刀比对尸伤相符,当场填格取结,尸令棺殓。凶刀带回储库。随传集尸亲、人证,提犯研讯。

据地保刘冠群供与报词同。

据尸父田学重供:宿州人,已死田思是儿子,合这到案的丁猪邻居素识,并没嫌隙。吕田氏是小的出嫁女儿,因夫故孀守,跟随小的家过度。丁猪常在小的家缝衣,女儿习见不避。光绪十六年六月二十日,小的合儿子赴岳家探亲,到晚没回,小的因家内止有女儿一人,先叫儿子回家。那晚定更后,丁猪怎样走入女儿房内摸手求奸,女儿惊醒喊骂,后来儿子转回撞见,又怎样把丁猪扭住,拿刀向扎,被丁猪夺刀扎伤左肋倒地,小的先没知道,是邻人欧勤报知赶回,看明医治。不料儿子伤重,医治没效,到第二日午刻身死。小的正要投保报案,适丁猪的父亲丁养来向小的央求私和,许给丧葬钱二百千文,小的先不答应,后经丁养再三恳说,小的因有关颜面,也就应允,把儿子尸身殓埋。今蒙访闻差查,小的就据实呈首的,求究办。至丁养所许钱文,还没付给。是实。

据应讯人吕田氏供:宿州人,已死田思是胞弟,小妇因夫故孀守,跟随父亲家过度,合这到案的丁猪邻居素识,时常往来,小妇习见不避。光绪十六年六月二十日,父亲田学重合兄弟出外探亲,到晚没回,家内止有小妇一人,小妇把门虚掩,独自上床睡熟。那夜定更后,丁猪走进小妇房内,摸手求奸,小妇惊醒喊骂,丁猪夺门要逃,适兄弟由外转回撞见,把丁猪扭住,拿取桌上尖刀向扎,丁猪闪侧,夺刀拒扎,致伤兄弟左肋,松手倒地。经邻人欧勤走来,问明情由,报知父亲赶回,看明医治。不料兄弟伤重,医治没效,到第二日午刻身死。父亲正要投保报案,丁猪的父亲丁养来向父亲央求私和,许给丧葬钱二百千文,父亲应允,当把兄弟尸身殓埋。今蒙访闻获犯到案,求究办。是实。

据见证欧勤供：宿州人，已死田思并这到案的丁猪都是邻居。光绪十六年六月二十日夜定更后，小的听闻田思家吵闹，赶往查看，见丁猪从他家内跑出，田思已受伤倒地，问说是丁猪乘田思父子外出不家，走进田思的胞姊吕田氏房内，摸手求奸，吕田氏惊醒喊骂，他转回撞见，把丁猪扭住，拿刀向扎，被丁猪夺刀扎伤左肋倒地的话，小的就报知田思父亲田学重赶回，看明医治。不料田思伤重，医治没效，到第二日午刻身死。田学重正要投保报案，丁猪的父亲丁养往向田学重央求私和，许给丧葬钱二百千文，田学重应允，把田思尸身殓埋，没有报验。今蒙访闻，获犯到案。小的委系救阻不及。是实。

据犯父丁养供：宿州人，这丁猪是小的儿子，缝纫度日，合已死田思邻居素识，并没嫌隙。儿子常在田思家缝衣。光绪十六年六月二十日夜定更后，儿子怎样走到田思的出嫁胞姊吕田氏房内图奸不从，喊骂逃走，被田思撞见扭住，拿刀向扎，儿子图脱，夺刀扎伤田思左肋倒地，小的先没晓得，后闻田思伤重，到第二日午刻身死，尸父田学重说要投保报案。小的找寻儿子，逃匿无踪，恐怕儿子到官办罪，起意私和匿报，就往向田学重央求，许给丧葬钱二百千文，田学重先不答应，后经小的再三恳说，田学重也就应允，当把田思尸身殓埋，没有报验。今蒙访闻，并把儿子拿获到案。小的所许钱文还没付给。是实。

据犯人丁猪供：宿州人，年三十一岁，父亲丁养，母亲高氏，兄弟二人，小的居长，并没妻子，缝纫度日。合已死田思邻居素识，并没嫌隙，田思胞姊吕田氏夫故孀守，跟随田思家过度，小的常在田思家缝衣，吕田氏习见不避。小的因见吕田氏少艾，屡想图奸没便。光绪十六年六月二十日，小的探知田思合他父亲田学重出外探亲，到晚没回，家内止有吕田氏一人，小的顿萌淫念，起意图奸。就是那夜定更后，走到田学重家门口，见大门虚掩，潜入吕田氏房内，吕田氏在床睡熟，小的上床摸手求奸，吕田氏惊醒喊骂，小的夺门要逃，适田思外回撞见，把小的扭住，拿取桌上尖刀向扎，小的闪侧，夺刀过手，用力挣扎。田思不肯放手，小的情急图脱，用刀拒扎，致伤田思左肋，松手倒地，小的当就逃跑。经邻人欧勤闻喊赶至，问明情由，报知田学重赶回看明。不料田思伤重，到第二日午刻身死。小的父亲丁养恐怕到官办罪，起意私和匿报，就往向田学重央求，许给丧葬费二百千文，田学重先不答应，后经父亲再三恳说，田学重也就应允，把田思尸身殓埋，没有报案。今蒙访闻，把小的拿获到案的。委非有心欲杀，也没起衅别故及用强奸污的事，逃后也没另犯不法及知情容留人家。凶刀已蒙起案。是实。各等供。

据此，将犯收禁，录供通详，奉批审解。据报，该犯丁猪于光绪十六年十一月初二日在监患病，验报饬医，至十二月初二日治痊。遵提覆讯，除各供同前不叙外，讯据犯人丁猪供云云同前。等供。据此,该宿州知州陆显勋审看得云云同后院看至,储库备拨。等情。由府解司,勘转到前护抚臣阿,未及核办移交到臣,提犯亲讯无异。

该臣审看得宿州民人丁猪图奸吕田氏未成,拒伤本妇之弟田思身死,尸父私和匿报一案。缘丁猪籍隶该州,缝纫度日,与已死田思邻居素识,并无嫌隙。田思胞姊吕田氏夫故孀守,随田思家过度。丁猪常在田思家缝衣,吕田氏习见不避。丁猪因见吕田氏少艾,屡欲图奸,均未得便。光绪十六年六月二十日,丁猪探知田思与其父田学重外出探亲,至晚未回,家内仅止吕田氏一人,丁猪顿萌淫念,起意图奸,即于是夜定更后,走至田学重家门首,见大门虚掩,即潜入吕田氏房内,吕田氏在床睡熟,丁猪上床摸手求奸,吕田氏惊醒喊骂,丁猪夺门欲逃,适田思外回撞见,将丁猪扭住,携取桌上尖刀向扎,丁猪闪侧夺刀过手,用力挣扎。田思不肯放手,丁猪情急图脱,用刀拒扎,致伤田思左肋,松手倒地,丁猪当即逃跑。经邻人欧勤闻喊趋至,问明情由,报知田学重赶回,看明医治。讵田思伤重,医治无效,延至次日午刻殒命。尸父田学重正欲投保报验,丁猪之父丁养虑恐其子到官办罪,起意私和匿报,往向田学重央求,许给丧葬钱二百千文。田学重先不答应,后经丁养再三恳说,始行应允,遂将田思尸身殓埋,并未报案。旋经该州访闻饬查,即据田学重、丁养据实呈首,并据地保刘冠群获犯,报经该州验讯,详奉批饬审解。该犯丁猪在监患病,验报医痊,据该州覆讯,议拟由府解司,勘转到前护抚臣阿,移交前来。臣提犯亲讯,据供前情不讳,诘非有心欲杀,亦无起衅别故及用强奸污情事,究鞫不移,案无遁饰。查光绪七年五月刑部奏准通行,内开:“图奸未成罪人拒捕,杀死本妇有服亲属,无论立时及越数日,俱照犯罪拒捕杀所捕人律,拟斩监候。”等语。此案丁猪因图奸吕田氏不从喊骂逃跑,被吕田氏胞弟田思撞见扭获,持刀向扎,该犯情急图脱,夺刀拒伤田思越日身死,自应按照通行问拟。丁猪应如州府司所拟,合依“图奸未成罪人拒捕,杀死本妇有服亲属,无论立时及越数日,俱照犯罪拒捕杀所捕人律,斩监候”通行,拟斩监候,秋后处决。田学重于其子田思被殴身死,不即赴州呈报,辄因犯父丁养再三央求,私知匿报,丁养不将伊子送官究抵,辄向尸亲以财行求,均有应得之罪,姑念一经访闻,即行据实呈首,尚非有心隐匿,田学重、丁养均请从宽免其置议。该犯逃后讯无另犯不法及知情容留人家,应与先在别处办公讯不知情之地保刘冠群,及救阻不及之见证欧勤,均毋庸议。所说钱文讯系口许虚赃,并免著追。无干经州省释。尸棺饬埋。凶刀验明发回,案结储库备拨。除揭移部科外,理合恭疏具题,伏乞皇上圣鉴,敕下法司核覆施行。再,此案审限云云。

光绪十八年六月十三日准。部照覆。

卷十三讲 奸拐 抢夺妇女各案附

妒奸商同奸妇谋毒奸夫身死

为报验事。据按察使嵩崑详，据宁国府知府吴潮转，据南陵县知县张源溱详称：光绪十四年八月十三日，据地保汪汰山报，据民人陈万瀛投称：伊与本日早上经过石家桥地方，瞥见路旁有一无名男尸周身发青，不知如何身死。等语。往查属实，合报验究。等情。到县。据此，随带刑仵驰诣相验，据仵作曹松验报：已死无名男子，约年三十余岁。仰面：面色发变；两眼胞微开；口微开；有血水流出；心坎、肚腹青色。合面：十指甲俱青黑色；谷道突出；用银针探入口内、谷道良久，取出俱青黑色，用皂角水揩洗不去。余无故。实系吞烟身死。报毕，亲验无异，填格取结，尸令棺殓，浮厝标记，召属认领。传讯保邻人等，供与报词相同。正在饬差访查间，即据桐城县民妇江张氏同子江衍怀禀称：伊次子江有于本月十二日外出没回，连日找寻无踪，后闻石家桥地方相验服毒无名男尸，经伊长子往向保邻询明年貌、衣服，确系伊子江有尸身，不知被何人谋毒身死，报乞缉究。等情。即经饬差严缉，旋于是月十九日据该差访获凶犯胡廷、何邱氏、胡斌荣、孙贵等禀讯前来。随传地保、尸亲、人证到案，逐一研讯。

据地保汪汰山供与报词同。

据尸属江衍怀供：桐城县人，已死江有是小的兄弟。光绪十四年八月十二日外出没回，连日找寻无踪，后闻石家桥地方相验服毒无名男尸，小的就去向保邻询明年貌、衣服，确是江有尸身，小的就随同母亲赴案呈报的。至江有何时合这何邱氏通奸，后来又怎样被胡廷谋毒身死，小的没有知道。今蒙获犯，求究办。是实。

据见尸人陈万瀛供：光绪十四年八月十三日早上，小的路过石家桥地方，见路旁有一无名男尸周身发青，不知如何身死，小的就投保报验的。别的事不知道。是实。

据抬尸人胡斌荣供：年五十五岁，南陵县人，合已死江有并这胡廷、何邱氏都是认识。江有、胡廷何时合何邱氏通奸，小的先不知道。光绪十四年八月十二日二更后，胡廷来向小的告说，江有在何邱氏家酒醉身死，央小的同去帮抬尸身，小的信以为真，同到何邱氏家，见江有死在何邱氏床上，面带青色，疑有别故，当向盘问。何邱氏不能隐瞒,就说他合江有、胡廷先后有奸,后因胡廷心怀妒忌,起意合他商量,把江有用酒灌醉,再用洋烟和茶灌下毒毙,现想弃尸灭迹的话,央恳小的同他雇工孙贵帮同抬弃,胡廷在旁也向恳说,小的与孙贵先不应允,后被胡廷再三央求,只得勉强答应。就是那夜,小的同孙贵把江有尸身抬到县属石家桥地方撩弃。各散。今被拿获解案的,委系事后听从抬尸,并没在场同谋加功的事。是实。

据抬尸人孙贵供:年四十四岁,无为州人。小的向在这何邱氏家帮工,合已死江有并这胡廷都相认识。胡廷、江有何时合何邱氏通奸,小的先不知道。光绪十四年八月十二日,江有到何邱氏家闲坐,他说何邱氏相待冷淡,向其不依大声喊骂,致奸情外扬。何邱氏气忿,口角争吵,是小的劝散的。后来胡廷又到何邱氏家探望,何邱氏当把前情向胡廷哭诉,胡廷旋即走出。那日傍晚,何邱氏往邀江有至家,口称赔礼,用言劝慰,并留他在家吃饭,叫小的买得酒菜,何邱氏殷勤劝饮,江有酒醉,何邱氏把他扶进房内,在床躺卧。胡廷先在门外窥探,后经何邱氏走出,告知江有酒醉的话,就与胡廷一同进内。二更时候,听闻江有喊叫腹痛,呕吐不止,小的进房查问,胡廷说是酒醉身死,嘱勿声张,小的不敢啧声,当就走出。何邱氏害怕,起意弃尸灭迹,商同胡廷往邀胡斌荣到来,说江有酒醉身死,央他帮同抬尸,胡斌荣因见江有面带青色,说有别故,向何邱氏盘问,何邱氏不能隐瞒,就把他和江有、胡廷先后有奸,后因胡廷心怀妒忌, 起意合他商量把江有用酒灌醉再用洋烟和茶灌下毒毙的话向胡斌荣告知,央恳帮抬,胡廷在旁也向恳说,小的与胡斌荣先不应允,后被胡廷再三央求,只得勉强答应。就是那夜,小的合胡斌荣把江有尸身抬到县属石家桥地方撩弃。各散。今被拿获解案的,委止事后听从抬尸,并没在场同谋加功的事。是实。

据犯妇何邱氏供:年四十三岁,南陵县人,丈夫何光师早故,小妇只身没靠,贩卖洋烟度日,雇这孙贵在家帮工。已死江有并这胡廷常到小妇家买烟,小妇见面不避。光绪十三年不记月日,小妇先合江有有奸,十四年七月初间又与胡廷奸好,彼此遇便续奸,不记次数,都没给过钱物,雇工孙贵先不知情。那月初十日午后,江有合小妇在房续旧,适胡廷走至撞见斥骂,江有跑走。胡廷从此心怀妒忌,要叫小妇合他拒绝往来。八月十二日,江有又到小妇家闲坐,他说小妇相待冷淡,向小妇不依,大声喊骂,致把奸情外扬。小妇气忿,口角争吵,是孙贵劝散的。那时胡廷路过小妇门口,进内探望。小妇当向哭诉前情,胡廷生气,起意把江有致死泄忿,并嘱小妇先把江有诱骗到家饮酒,乘他酒醉,再用洋烟和茶灌下毒毙,小妇应允,约俟今晚乘便下手。那日傍晚,小妇往邀江有到家,口称赔礼,用言劝慰,并留江有在家吃饭,叫孙贵买得酒菜,小妇假意殷勤劝他多饮。江有酒醉,小妇把他扶进房内,在床躺卧,胡廷先在门外窥探,后经小妇走出,告知江有酒醉的话,就与胡廷一同进内。胡廷拿取洋烟搀入茶内，叫小妇把江有扶起，胡廷捏称浓茶，可以解酒，手托茶碗递给江有嘴边喝了两口。江有酒醉糊涂，不省人事，胡廷乘势灌下。小妇把江有放下，仍前睡卧。二更时候，江有毒发，在床喊叫腹痛难受，呕吐不止，旋就气绝身死。孙贵闻喊，进房查问，胡廷说是酒醉身死，嘱勿声张，孙贵当就走出。小妇害怕，起意弃尸灭迹，商同胡廷往邀胡斌荣到来，央他合孙贵帮同抬尸，胡斌荣因见江有面带青色，说有别故，向小妇盘问，小妇料难隐瞒，据实告知，并与胡廷同向胡斌荣、孙贵央恳帮抬。胡斌荣们先不应允，后被胡廷再三央求，始各允从。就是那夜，胡斌荣合孙贵把江有尸身抬到县属石家桥地方撩弃。各散。旋闻尸亲报案差拿，小妇逃往各处躲避，今被拿获解案的。委没起衅别故，也没另有同谋加功及帮同抬尸的人。是实。

据凶犯胡廷供：年三十二岁，湖北蕲州人，父故母存，弟兄五人，小的第二，并没妻子，小的寄居南陵县地方，木匠手艺，合已死桐城县人江有邻村居住，素识没嫌。何邱氏夫故没依，向卖洋烟度日，小的常到何邱氏家买烟，何邱氏见面不避。光绪十四年七月初间，小的到何邱氏家吃烟，乘便合何邱氏调戏成奸，以后遇便续奸，不记次数，并没给过钱物。他雇工孙贵先不知情。那月初十日午后，江有合何邱氏在房行奸，适小的走至撞见斥骂，江有跑走。小的从此心怀妒忌，叫何邱氏拒绝往来。八月十二日，江有又到何邱氏家闲坐，因何邱氏相待冷淡，向他不依大声喊骂，致把奸情外扬。何邱氏气忿，口角争吵，是孙贵劝散的。那时小的路过何邱氏门口，进内探望，何邱氏当向小的哭诉前情，小的生气，起意把江有致死泄忿，并嘱何邱氏先把江有诱骗到家饮酒，乘他酒醉，再用洋烟和茶灌下毒毙。何邱氏应允，约俟今晚乘便下手。那日傍晚，何邱氏往邀江有到家，口称赔礼，用言劝慰，并留他饮酒，小的先在门外窥探，停了一会，何邱氏走出，告知江有已经酒醉在床躺卧的话，就与小的一同进内，小的拿取洋烟搀入茶内，叫何邱氏把江有扶起，小的捏称浓茶，可以解酒，手托茶碗递给江有嘴边喝了两口。江有酒醉糊涂，不省人事，小的乘势灌下。何邱氏把江有放下，仍前躺卧。二更时候，江有毒发，在床喊叫腹痛难受，呕吐不止，旋就气绝身死。孙贵闻喊，进房查问，小的说是酒醉身死，嘱勿声张，孙贵当就走出。何邱氏害怕，起意弃尸灭迹，商同小的往邀素识的胡斌荣到来，央他合孙贵帮同抬尸。胡斌荣因见江有面带青色，说有别故，当向何邱氏盘问，何邱氏料难隐瞒，据实告知，并与小的同向胡斌荣、孙贵央恳帮抬。胡斌荣们先不应允，后经小的再三央求，始各允从。就是那夜，胡斌荣合孙贵把江有尸身抬到县属石家桥地方撩弃。各散。旋闻尸亲报案差拿，小的逃往各处躲避，今被拿获解案的。委没起衅别故，也没另有同谋加功及帮同抬尸的人。是实。各等供。

据此，将犯收禁，录供通详，奉批审解。据报，该犯胡廷于十四年十月十二日在监患病，验报饬医，至十一月十二日治痊。遵提覆讯，除各供同前不叙外，讯据犯妇何邱氏供云云同前，据凶犯胡廷供云云同前。各等供。据此，该南陵县知县张源溱审看得云云同后院看至，尸棺饬埋。等情。解府提讯，犯供不符，札委宣城县范葆廉审照原拟，由府解司核，恐案情未确，札委安庆府联元审照原拟，解司提讯，犯供游移，札委怀宁县范葆廉覆审，仍照原拟解司，勘转到臣，提犯亲讯无异。

该臣审看得南陵县客民胡廷妒奸商同奸妇何邱氏谋毒奸夫江有身死，事后纠邀孙贵帮同弃尸不失一案。缘胡廷籍隶湖北蕲州，寄居南陵县地方，木匠手艺，与已死桐城县人江有邻村居住，素识无嫌。何邱氏自幼嫁与该县民人何光师为妻，并无子女。嗣因夫故无依，贩卖洋烟度日，雇孙贵在家帮工。江有、胡廷常至何邱氏家买烟，何邱氏习见不避。光绪十三年不记月日，何邱氏先与江有通奸，十四年七月初间复与胡廷奸好，彼此遇便续奸，不记次数，均未给过钱物，雇工孙贵先不知情。是月初十日午后，江有与何邱氏在房续旧，适胡廷走至撞见斥骂，江有跑走。胡廷从此心怀妒忌，欲令何邱氏拒绝往来。八月十二日江有复往何邱氏家闲坐，因何邱氏相待冷淡，向其不依大声喊骂，致奸情外扬。何邱氏气忿，口角争吵，经孙贵劝散。维时，胡廷路过何邱氏门首，进内探望，何邱氏当向哭诉前情，胡廷生气，起意把江有致死泄忿，并嘱何邱氏先将江有诱骗到家饮酒，乘他酒醉，再用洋烟和茶灌下毒毙，何邱氏应允，约俟今晚乘便下手。那日傍晚，何邱氏往邀江有至家，声称赔礼，用言劝慰，并留其在家吃饭，当令孙贵买得酒菜，何邱氏假意殷勤劝令畅饮，江有酒醉，何邱氏将其扶进房内，在床躺卧。胡廷先在门外窥探，旋经何邱氏走出告知情由，与胡廷一同进内，胡廷携取洋烟和入茶内，令何邱氏将江有扶起，胡廷捏称浓茶，可以解酒，手托茶碗递给江有嘴边喝下两口。江有酒醉糊涂，不省人事，胡廷乘势灌下。何邱氏将江有放下，仍前睡卧。二更时分，江有毒发，在床喊叫腹痛难受，呕吐不止，旋就气绝殒命。孙贵闻喊，进房查问，胡廷告以酒醉身死，嘱勿声张，孙贵不敢啧声，即行走出。何邱氏畏罪，起意弃尸灭迹，商同胡廷往邀素识之胡斌荣与孙贵帮同抬尸。胡斌荣因见江有面带青色，疑有别故，当向盘问，何邱氏料难隐瞒，据实告知，并与胡廷同向胡斌荣等央恳帮抬胡斌荣等先不应允，后经胡廷再三央求，始各允从。即于是夜，胡斌荣与孙贵把江有尸身抬至县属石家桥地方撩弃。各散。次日，陈万瀛路经该处，瞥见尸身，投保报验，并据尸兄江衍怀赴县呈明，获犯讯供，详批审解。该犯胡廷在监患病，验报医痊。据该县将犯覆讯，议拟解府委审，解司核，恐案情未确，两次委审，仍照原拟由司勘转前来。臣提犯亲讯，据各供悉前情不讳，诘无起衅别故及另有同谋加功帮同抬尸之人，研鞫不移，案无遁饰。查律载："谋杀人造意者，斩监候。从而加功者，绞监候。"各等语。此案胡廷因与何邱氏通奸，旋知江有先有奸情，并向撞获,心怀妒忌,复因江有在外张扬,起意商同何邱氏谋毒江有身死,自应按律问拟。胡廷除与何邱氏通奸轻罪不议外,应如县府司及委审所拟,合依"谋杀人造意者,斩监候"律,拟斩监候,秋后处决。何邱氏听从同谋下手加功,亦应按律问拟。何邱氏除犯奸并起意弃尸不失各轻罪不议外,亦如所拟,合依"谋杀人从而加功者,绞监候"律,拟绞监候。该犯胡廷事犯到官虽在光绪十五年三月十六日恭逢恩诏以前,惟系妒奸谋杀,在不准援免之列,应不准其援免,仍照[例]刺字。该犯妇何邱氏事犯到官系在光绪十五年二月十七日恭逢恩诏以前,核其情节尚轻,应准援免,后再有犯,加等治罪。孙贵等当时并未在场同谋,事后经胡廷再三央恳,辄即听从帮抬弃尸不失,均有不合。遍查律例,并无谋杀案内事后知情听从弃尸作何治罪明文,自应比例问拟。孙贵、胡斌荣均比依"殴故杀人案内在场并未伤人听从抬埋者,照里长地邻弃尸律,杖六十,徒一年。不失尸者减一等"例,各拟杖一百,事在赦前,概请援免。江有与何邱氏通奸,本干例拟,业被谋死,应毋庸议。无干由县省释。尸棺饬埋。除揭移部科外,理合恭疏具题,伏乞皇上圣鉴,敕下法司核覆施行。再,此案审限云云。

光绪十七年九月二十日准。部照覆。

妒奸谋杀先与奸拐之奸夫

为访闻事。据按察使嵩崑详,据颍州府[①]知府风林转,据霍邱县知县屈承福详称:访闻县属顾家畈地方有无名男子被杀身死情事,当经饬差查拿。旋于光绪十五年七月初九日,据地保江得合报,据保民蒋发投称:伊于本月初七日往山锄地,瞥见山坡下有无头男尸一具,不知何时被何人杀死。等语。往看属实。随于附近塘内寻获头颅一颗,理合报验。等情。并据民人蒋发同报,各到县。据此,随即饬差缉犯,一面带领刑仵亲诣该处,勘得县属顾家畈地方有蒋发山地一块,附近并无居民,山坡下有无头男尸一具,尸旁有头颅一颗。饬据仵作戴春验报:已死无名男子,约年三十余岁。头颅连尸身量长四尺二寸,头发散乱,头颅砍下,凑合项颈痕迹相符。致命:咽喉、项颈俱断,围圆九寸二分,皮肉卷缩,骨凸,有血污,系刀砍伤。又头颅一颗:口开,项颈缩,骨凸出,皮卷血污,两肩耸皱。余无故。实系被杀身死。报毕,亲验无异,当场填格取结,尸令棺殓,浮厝标记。讯据地保江得合并民人蒋发,各供与报词相同。正在详报间,据差役协同地保禀称,役等访查已死无名男子系客民万林尸身,委被保民李征洪因奸杀死,现于县属河西地方破庙内拿获凶犯李征洪一名、奸妇刘王氏一口,并起获凶刀一把,连竹篮等物于八月初十日解送到案,随传集一干人证,逐加研讯。

据地保江得合供与报词同。

据见尸人蒋发供：霍邱县人，种田度日。光绪十五年七月初七日，小的往山锄地，瞥见山坡下有一无头男尸，不知何时被何人杀死，小的就投保看明，同在附近塘里寻获头颅一颗，地保赴案报验的。是实。

据奸妇刘王氏供：河南息县人，年二十六岁，翁姑都故，丈夫刘长安，并没子女，与已死同县人万林向来认识。小妇丈夫于光绪十二年冬间病故，家中没亲属可靠，口食难度，经万林看见，把小妇带到他家，口说帮工，就合小妇通奸，彼此同居，邻佑都不知道。十四年七月十七日，万林因原籍水荒，带同小妇来到霍邱县地方觅地耕种，就在这已获的李征洪家租屋同居，并向李征洪告说小妇是夫故没依，带来帮工的。小妇与李征洪平时见面不避。那年十二月不记日期，李征洪乘万林外出，复向小妇调戏成奸，以后遇便续旧，不记次数，也没给过钱物。万林先不晓得，后被窥破奸情，时常防备。十五年六月二十三日，万林说要带小妇另往别处居住，当向李征洪告知辞租要走，李征洪说附近山村他都熟悉，自愿同去帮寻房屋，劝万林把小妇留在家里等候，俟找定房屋再来接取，万林允从。二十五日下午，李征洪携带防身尖刀一把，合万林一阵同走。是夜五更时候，李征洪独自回来，说万林屋已找定，叫他来接小妇同去。第二日早上，小妇就检拾锅、碗、竹篮，递交李征洪代挑起行，走了半天还不见到，小妇心疑盘问，李征洪言语支吾。那日旁晚[②]，走到不知地名破庙门口，李征洪进内歇下，小妇又向他追问万林下落，李征洪说万林已经杀死，小妇哭喊不依，李征洪持刀吓禁，并说如敢声张，定把小妇一并杀死，小妇害怕，不敢啧声。后蒙案下访闻差保到来查拿，小妇当把前情哭诉，获犯送案的。小妇委止与万林、李征洪先后通奸，至李征洪怎样把万林杀死，小妇并没知情同谋的事，求究伸。是实。

据凶犯李征洪供：霍邱县人，年四十岁，父亲已故，母亲顾氏，现年七十岁，并没弟兄妻子，合已死河南息县人万林素识没嫌。光绪十四年七月十七日，万林因原籍水荒，带了这刘王氏来到霍邱县地方觅地耕种，向小的租得房屋一间，与他同居，并向告说刘王氏是夫故没依，带来帮工。刘王氏合小的平时见面不避。那年十二月不记日期，小的乘万林外出，向刘王氏调戏成奸，以后遇便续旧，不记次数，也没给过钱物。万林先不晓得，后被窥破奸情，时常防备。十五年六月二十三日，万林来向小的告说，要带刘王氏另往别处居住，当就辞租要走，小的恋奸情热，起意把万林诱往僻处先行致死，可与刘王氏长久奸好，随向万林捏称附近山村都是熟悉，自愿同去帮寻房屋，劝他把刘王氏留在家里等候，俟找定房屋再来接取，万林允从。二十五日下午，小的携带防身尖刀一把，合万林一阵动身。三更时候，走到顾家畈山坡下一同坐歇，万林行路困倦，侧身躺卧在地熟睡。小的起身四顾无人，乘他不备，拔出身带尖刀走近万林身边，用刀向他项颈狠力一砍，万林头颅落地。小的拾起头颅撩在附近塘里,并把刀上血迹洗净,携带回家,说万林屋已找定,特来接取,向刘王氏告知。第二日早上,刘王氏检拾锅、碗、竹篮递交小的代挑,一同起行。走了半天,刘王氏查问因何还不见到,小的言语支吾。那日旁晚[3],走到县属河西地方破庙门口,小的进内歇下,刘王氏复向小的追问万林下落。小的把万林已经杀死的话向他告知,刘王氏哭喊不依,小的持刀吓禁,并说如敢声张,定把刘王氏一并杀死,刘王氏不敢啧声。后蒙案下访闻差保到来查拿,刘王氏当向哭诉前情,把小的拿获送案的。委没起衅别故,也没同谋加功的人,逃后并没另犯不法及知情容留人家。刘王氏并不知情。凶器尖刀已蒙起案。是实。各等供。

据此,将犯收禁,录供通详,奉批审解。据报,该犯李征洪于光绪十五年十一月初八日在监患病,验报饬医,至十二月初八日治痊。遵提覆讯,除各供同前不叙外,讯据凶犯李征洪供云云同前。等供。据此,该霍邱县知县屈承福审看得云云同后院看至,案结储库备拨。等情。解府提讯,犯供游移,札委署阜阳县吴乃斌审无别故,仍照原拟由府解司,勘转到臣,提犯亲讯无异。

该臣审看得霍邱县民李征洪因奸谋杀万林身死,奸妇刘王氏不知谋情一案。缘李征洪籍隶该县,与已死河南息县人万林素识无嫌。刘王氏系刘长安之妻,与万林同乡认识。刘长安于光绪十二年冬间病故,刘王氏因夫死无依,口食难度,经万林瞥见,将刘王氏带至伊家,声称帮工,随与刘王氏通奸,彼此同居,邻佑人等均不知情。十四年七月十七日,万林因原籍水荒,带同刘王氏来至该县地方觅地耕种,向李征洪租屋同居,并将刘王氏夫故没依带来帮工之言向李征洪告知。刘王氏与李征洪平时见面不避。是年十二月不记日期,李征洪乘万林外出,向刘王氏调戏成奸,以后遇便续旧,不记次数,亦未给过钱物。万林先不知情,后经窥破奸情,时常防备。十五年六月二十三日,万林欲将刘王氏带往别处居住,当向李征洪辞租欲行,李征洪恋奸情热,起意将万林诱往僻处先行致死,驥[4]与刘王氏长久奸好,随向万林捏称附近山村伊俱熟悉,自愿同去帮寻房屋,劝刘王氏在家等候,俟找定房屋,再来接取,万林允从。二十五日下午,李征洪携带防身尖刀一把,与万林一同起行。三更时分,行抵顾家畈山坡下一同坐歇,万林行路困倦,侧身躺卧在地睡熟。李征洪起身,四顾无人,乘其不备,拔出身带尖刀,走近万林身边,用刀向其项颈狠力一砍,万林头颅落地。李征洪将头颅拾起,撩在附近塘内,并将刀上血迹洗净,携带回家,看见刘王氏,假称万林屋已找定,特来接取,刘王氏信以为真,即于次早检拾锅、碗、竹篮递交李征洪肩挑同行。刘王氏行走半日尚未见到,心疑盘问,李征洪言语支吾。是日旁晚[5],走至县属河西地方破庙门首,李征洪进内歇下,刘王氏复向李征洪追问万林下落,李征洪将万林已经杀死情由据实告知,刘王氏哭喊不依,李征洪持刀吓禁,并称如敢声张，定将刘王氏一并杀死，刘王氏畏惧，不敢啧声。旋经该县访闻派差查拿，并经地保寻见尸身，赴县报验。该差等访至该处，经刘王氏哭诉前情，获犯讯详，批饬审解。据报，该犯李征洪在监患病，验报医痊。嗣据该县覆讯，议拟解府委审，由府审明解司，勘转前来。臣提犯亲讯，据供前情不讳，诘无起衅别故及同谋加功之人，究鞫不移，案无遁饰。查律载："谋杀人造意者，斩监候。"又例载："军民相奸者，奸夫、奸妇各枷号一个月，杖一百。"各等语。此案李征洪因刘王氏先经万林奸拐同居，该犯续与奸好，旋因万林欲将刘王氏带走，该犯恋奸情热，独自起意将万林谋害，砍落头颅身死，自应按例问拟。李征洪应如县府司所拟，除与刘王氏通奸轻罪不议外，合依"谋杀人造意者，斩监候"律，拟斩监候，秋后处决，照例刺字。据供母老丁单，惟系谋杀造意，情节较重，毋庸查办留养。刘王氏先被万林奸拐，嗣与李征洪通奸，其于万林被杀之际，该氏并未在场同谋知情下手，迨事后查知，又被李征洪持刀吓禁，隐忍不报，及至差保往查，即据实哭诉，立时获犯讯办，尚无不合，应仍科以奸罪。刘王氏亦如所拟，合依"军民相奸者，奸夫、奸妇枷号一个月，杖一百"例，拟枷号一个月，杖一百。该犯妇事犯到官在光绪十六年三月二十二日恭逢恩诏以前，所得枷杖各罪应准宽免，并免收续[⑥]。该犯李征洪逃后，讯无另犯不法及知情容留人家。万林奸拐刘王氏本干例议，业被谋杀，应毋庸议。无干经县省释。尸棺饬埋。锅、碗、竹篮储库，凶刀验明发回，案结储库备拨。除揭移部科外，理合恭疏具题，伏乞皇上圣鉴，敕下法司核覆施行。再，此案审限云云。

光绪十七年十二月十九日准。部照覆。

校勘记：

①颖州府：颖字误，当为"颍"。

②旁晚：旁字误，当为"傍"。

③同②。

④骥：误，当为"冀"。

⑤同②。

⑥收续：续字误，当为"赎"。

图拐妇女未成先将其夫谋杀

为报验事。据按察使嵩崑详，据颖州府[①]知府凤林转，据署涡阳县知县邹钟俊详称：卑职访闻县属五里窑地方有谋毙人命埋尸灭迹情事，当即饬差查拿。去后，兹于光绪十五年正月初四日据地保邓文报，据太和县民妇齐赵氏投称：伊夫齐勤于上年八月间因原籍太和县水荒，将伊带至县属母舅祁斌生家借屋居住，遂与祁斌生同母异父兄弟邓炳征邻居认识，彼此往来，并无嫌隙。十一月二十四日，邓炳征来邀伊夫帮挑柴担，赶集售卖，伊夫当即前往。二十五日，邓炳征向伊告说齐勤已回原籍省亲，当时因伊夫本有回籍探亲之说，伊亦不复介意。本月初三日，因伊夫日久不回，又无音信，屡向邓炳征查问，言语支吾，心生疑虑，随邀同祁斌生往向邓炳征再三盘问，邓炳征神色慌张，不能隐瞒，将齐勤业已谋死掩埋乱葬冈上各情据实告知。伊与祁斌生带同邓炳征偕往埋尸处所，刨开浮土查看，确系伊夫尸身，受有多伤，显被邓炳征等谋害。等语。往查属实，合将邓炳征扭获送案，报乞验究。等情。并据尸妻齐赵氏同报，各到县。据此，随带刑仵押犯前诣该处，勘得县属五里窑地方相距邓家楼乱葬冈上约三里许，该处有刨土坑一个，已死齐勤尸身仰卧坑内，尚未腐烂。勘毕，饬将尸移平地，如法相验。据仵作李锐验报：已死齐勤，问年二十一岁。仰面，致命：额颅有砖伤一处，围圆一寸二分，深抵骨，骨损；左太阳穴连左眉有砖伤一处，斜长一寸四分，宽三分，深抵骨，骨损。不致命：右眼睛有砖伤一处，睛破；左腮颊连左耳窍有砖伤一处，斜长一寸四分，宽三分，深抵骨，骨损。致命：右乳有刃伤一处，斜长七分，宽三分，深由骨缝透内；心坎有刃伤一处，斜长一寸二分，宽四分，深透内；左肋有刃伤一处，斜长一寸一分，宽三分，深由骨缝透内；脐肚有刃伤一处，斜长八分，宽三分，深透内。以上各伤均皮卷血污。余无故。实系受伤身死。报毕，亲验无异，饬取凶刀、砖块无获，无凭比对尸伤，当场填格取结，尸令棺殓。提讯邓炳征，俱认因图拐齐赵氏价卖，起意商同张广将齐勤谋死不讳。勒差协保于是年二月十二日将从犯张广续获【案】到案，提同邓炳征，并传集尸亲人等，逐加研讯。

据地保邓文供与报词同。

据尸妻齐赵氏供：太和县人，已死齐勤是丈夫。光绪十四年八月里，丈夫因家乡被水，带领小妇来到案下母舅祁斌生家借屋居住，遂合祁斌生的同母异父兄弟邓炳征邻居认识，彼此往来，并无嫌隙。邓炳征常到小妇家闲坐，屡向小妇戏谑谈笑，曾被丈夫看见斥骂，口角争闹，都是祁斌生劝散，原是有的。那年十一月二十四日，邓炳征说因肩挑没人，来邀丈夫帮挑柴担赶集售卖，丈夫信以为真，当就同往。二十五日，邓炳征来向小妇告说丈夫已回原籍省亲，那时小妇因丈夫平日本有回籍探亲之说，也就深信不疑。后来邓炳征屡次来家向小妇调戏求奸，并送给食物，诱令出外闲逛，都被小妇拒绝不允。到了十五年正月初三日，小妇想起丈夫日久没回，又无音信，屡向邓炳征查问，他言语支吾，心生疑虑，就邀同祁斌生往向邓炳征再三盘问，邓炳征神色慌张，小妇哭喊，要他说出丈夫下落方肯干休，否则定要告官究治，祁斌生在旁也帮同盘诘，邓炳征不能隐瞒，就把丈夫已经谋死掩埋乱葬冈上的话向小妇合祁斌生告知，同往埋尸处所，刨开浮土查看确是丈夫尸身，受有多伤，料被邓炳征们谋害。小妇就投保把邓炳征扭获送案的，求究办。是实。

据应讯祁斌生供：亳州人，已死太和县人齐勤是外甥，这邓炳征是小的同母异父兄弟，分居各度。光绪十四年八月里，齐勤因原籍太和县被水，带他妻子赵氏来到小的家借屋居住，遂合邓炳征邻居认识，彼此往来，并无嫌隙。邓炳征常到齐勤家闲坐，屡合他妻子齐赵氏戏谑谈笑，曾被齐勤看见斥骂，口角争吵，都是小的劝散的。那年十一月二十四日，邓炳征说因肩挑没人，来邀齐勤帮挑柴担赶集售卖，齐勤信以为真，当就同往。二十五日，邓炳征来向齐赵氏告说，齐勤已回原籍省亲。那时齐赵氏因他丈夫平日本有回籍探亲之说，也就深信不疑。到了十五年正月初三日，齐赵氏想起齐勤日久没回，又无音信，屡向邓炳征查问，言语支吾，并时常向他调戏求奸送给食物，都被齐赵氏拒绝不允，心生疑虑，就邀同小的往向邓炳征再三盘问，邓炳征神色慌张，齐赵氏哭喊，要他说出下落方肯干休，否则定要告官究治，小的在旁也帮同盘诘，邓炳征不能隐瞒，就把齐勤已经谋死掩埋乱葬冈上的话向小的合齐赵氏告知，同往埋尸处所，刨开浮土查看，确是齐勤尸身，受有多伤，料被邓炳征们谋害。齐赵氏就投保把邓炳征扭获送案的，求究办。是实。

据从犯张广供：年二十八岁，涡阳县人，父母都故，弟兄三人，小的居幼，并没妻子，小贸度日，合已死太和县人齐勤先不认识。光绪十四年八月里，齐勤因原籍水荒，带他妻子赵氏来到案下，向他母舅祁斌生家借屋居住，遂合小的并祁斌生同母异父兄弟邓炳征邻居认识，并没嫌隙。那年十一月二十日，小的出外赶集，路遇邓炳征，谈起齐勤的妻子齐赵氏年轻，要想把他拐带嫁卖，又因齐勤在家管束甚严，不能哄骗出门，起意把齐勤先行谋死，央小的帮同下手，许俟卖得身价钱文分用，小的贪利允从，约定遇便行事。到了二十四日傍晚，邓炳征来邀小的说齐勤现在他家，已经买备酒菜，叫小的同往共饮。二更时候，齐勤饮酒过多，就到邓炳征床上睡卧，邓炳征知他酒醉，密向小的商量，不如趁此下手，小的应允。邓炳征就把杯盘收拾，拿取尖刀走近床前，见齐勤仰卧床上已经睡熟，邓炳征用刀戳伤齐勤心坎、右乳两下，齐勤惊醒，滚跌下地。小的赶拢，拾取地上砖块，连殴伤齐勤额颅、左太阳穴连左眉、右眼睛、左腮颊连左耳窍等处。齐勤在地两脚乱蹬，邓炳征又用刀戳伤他左肋、脐肚，齐勤不能动弹，当就身死。邓炳征复起意埋尸灭迹，商同小的携带铁锨同把尸身抬到邓家楼乱葬冈上，刨开浮土把尸掩埋。各散。后来，邓炳征怎样告知齐赵氏说他丈夫已回原籍省亲，并向齐赵氏调戏求奸，送给食物，及齐赵氏又怎样邀同祁斌生往向邓炳征盘问出真情，小的都没知道。后闻邓炳征被扭获送案，小的害怕，当就逃避,今被拿获解案的。委没起衅别故及另有同谋加功帮同抬埋的人,逃后也没有另犯不法及知情容留人家。砖块当时撩弃。是实。

据凶犯邓炳征供:年二十八岁,涡阳县人,父母都故,并没弟兄妻子,贩柴度日,合已死太和县人齐勤先不认识。光绪十四年八月里,齐勤因原籍水荒,带他妻子齐赵氏来到案下,向他母舅祁斌生家借屋居住,遂合小的邻居认识,彼此往来,并无嫌隙。祁斌生是小的同母异父哥子,分居各度,小的常到齐勤家闲坐,因见他妻子齐赵氏少艾,屡向戏谑谈笑,曾被齐勤看见斥骂,口角争吵,都是祁斌生劝散的。那年十一月二十日,小的外出赶集,路遇素识现获的张广,谈起齐勤的妻子齐赵氏年轻,要想把他拐带嫁卖,又因齐勤在家管束甚严,不能哄骗出门,起意把齐勤先行谋死,央张广帮同下手,许俟卖得身价钱文分用,张广贪利允从,约定遇便行事。到了二十四日,小的假说肩挑没人,往邀齐勤帮挑柴担赶集售卖,齐勤信以为真,当就前往。那日傍晚,小的买备酒菜,合齐勤并张广在家共饮。二更时候,齐勤饮酒过多,到小的床上睡卧,小的知他酒醉,密向张广商量,不如趁此下手,张广应允。小的就把杯盘收拾,拿取尖刀走近床前,见齐勤仰卧床上,已经睡熟,小的用刀戳伤齐勤心坎、右乳两下,齐勤惊醒,滚跌下地。张广赶拢,拾取地上砖块连殴伤齐勤额颅、左太阳穴连左眉、右眼睛、左腮颊连左耳窍等处。齐勤在地两脚乱蹬,小的又用刀戳伤他左肋、脐肚,齐秦不能动弹,当就身死。小的害怕,复起意埋尸灭迹,商同张广携带铁锨同把尸身抬到邓家楼乱葬冈上,刨开浮土把尸掩埋。各散。第二日,小的走到齐赵氏家捏说齐勤已回原籍省亲,向齐赵氏告知,齐赵氏也不查问。后来小的屡次向齐赵氏调戏求奸,并送给食物,诱令出外闲逛,原想俟成奸以后诱拐同行,那晓都被齐赵氏拒绝不从,没有成事。齐赵氏常向小的查问他丈夫下落,小的总把言语支吾过去。十五年正月初三日,齐赵氏合祁斌生复来向小的再三盘问,小的神色慌张,齐赵氏[哭]喊要小的说出丈夫下落方肯干休,否则定要告官究治,祁斌生在旁也帮同盘诘,小的不能隐瞒,就把齐勤已经谋死掩埋乱葬岗上的话向齐赵氏合祁斌生告知,同往埋尸处所,刨开浮土查看,确是齐勤尸身,受有多伤,就投保把小的扭获送案的。委没起衅别故,也没另有同谋加功帮同抬埋的人。凶刀当时撩弃。是实。各等供。

据此,将犯收禁,录供通详,奉批审解。据报,该犯张广于三月初二日在监患病,验报饬医,至四月初二日治痊。将犯覆讯,议拟解府提讯,犯供狡展,札委代理阜阳县秦霖审照原拟,解府提讯,犯供翻异,发回传证确审。据报,该犯邓炳征在监患病,医治无效,延至九月十一日因病身故,即经禀府札委蒙城县陈宏勋验明,实系因病身死,提讯刑禁人等,并无凌虐情弊,绘具图结,详批核入正案拟办。遵提覆讯,除各供同前不叙外,讯据从犯张广供云云同前。等供。据此,该署涡阳县知县邹钟俊审看得云云同后院看至，相应开报附参。等情。由解府司提讯，犯供游移，札委安庆府审照原拟解司，勘转到臣，提犯亲讯无异。

该臣审看得涡阳县犯人邓炳征起意商同张广谋杀齐勤身死，图拐其妻齐赵氏未成，移尸不失，该犯邓炳征于解审翻供，发回后在监病故一案。缘已获病故之邓炳征、已获之张广均籍隶该县，贩柴小贸营生，与已死太和县人齐勤先不认识。光绪十四年八月间，齐勤因原籍水荒，携妻齐赵氏同至该县，向其母舅祁斌生家借屋居住，遂与邓炳征等邻居认识，彼此往来，并无嫌隙。祁斌生与邓炳征系同母异父兄弟，分居各度，邓炳征常到齐勤家闲坐，因见齐赵氏少艾，屡向戏谑谈笑，曾经齐勤撞见斥骂，口角争吵，均经祁斌生劝散。是年十一月二十日，邓炳征出外赶集，路遇素识之张广，谈及齐勤之妻齐赵氏年轻，欲将其拐带嫁卖，又因齐勤在家管束甚严，不能哄骗出门，起意把齐勤先行谋死，央张广帮同下手，许俟卖得身价钱文分用，张广贪利允从，约定遇便行事。二十四日，邓炳征假说肩挑无人，往邀齐勤帮挑柴担赶集售卖，齐勤信以为真，一同前往。是晚，邓炳征买备酒菜，与齐勤、张广在家共饮。二更时分，齐勤饮酒过多，渐入醉乡，即在邓炳征床上睡卧。邓炳征知其酒醉，密向张广商量，不如趁此下手，张广应允。邓炳征即将杯盘收拾，携取尖刀走近床前，见齐勤仰卧床上，已经睡熟，邓炳征用刀戳伤齐勤心坎、右乳两下，齐勤惊醒，滚跌下地。张广赶拢，拾取地上砖块连殴伤齐勤额颅、左太阳穴连左眉、右眼睛、左腮颊连左耳窍等处。齐勤在地两脚乱蹬，邓炳征又用刀戳伤其左肋、脐肚，齐秦不能动弹，登时殒命。邓炳征畏罪，复起意埋尸灭迹，随商同张广携带铁锨，同将尸身抬到邓家楼乱葬冈上，刨开浮土，把尸掩埋。各散。次日，邓炳征捏称齐勤已回原籍省亲，往向齐赵氏告知。齐赵氏因其夫平日本有回籍探亲之语，亦即深信不疑。迨后邓炳征屡向齐赵氏调戏求奸，并送给食物，诱令出外闲逛，均被齐赵氏拒绝不允，致邓炳征等拐带未成。十五年正月初三日，齐赵氏因其夫日久不回，又无音信，每向邓炳征查问下落，言语支吾，心生疑虑，随邀同祁斌生往向邓炳征再三盘问，邓炳征神色慌张，齐赵氏哭喊，欲令说出齐勤下落方肯干休，否则控官究治，祁斌生在旁亦帮同盘诘，邓炳征不能隐瞒，将齐勤业已谋死掩埋乱葬冈上之言据实告知。齐赵氏不依，复与祁斌生同至埋尸处所，刨开浮土查看，确是齐勤尸身，受有多伤，即经投保将邓炳征获案，报经该县诣验，续获从犯张广到案，讯供详批审解。据报，该犯张广在监患病，验报医痊覆讯，议拟解府委审提讯，犯供翻异，发回确审。据报，该犯邓炳征在监患病病故，禀府委验讯详，批饬核入正案办理。兹据该县覆审，议拟由府解司委审，勘转前来，臣提犯亲讯，据供前情不讳，诘无另有同谋加功及帮同抬埋之人，究鞫不移，案无遁饰。查例载："图财害命未得财杀人为首者，拟斩监候，而加功者，拟绞监候"。等语。此案邓炳征起意图拐齐赵氏嫁卖，辄将其夫齐勤先行谋杀，实属图财害命，惟齐赵氏尚未被拐出门，与未曾得财无异，自应按例问拟。邓炳征除移尸不失轻罪不议外，应如县府司所拟，合依"图财害命未得财杀人为首者，斩监候"例，拟斩监候，业已在监病故，应毋庸议。张广听从同谋，在场加功，亦应按例问拟。张广除听从移尸不失轻罪不议外，亦如所拟，合依"图财害命未得财杀人从而加功者，绞监候"例，拟绞监候，秋后处决。该犯事犯到官虽在光绪十五年三月十六日恭逢恩诏以前，惟系听从图财害命，在场加功，毋庸查办，仍照例刺字。地保邓文于保内出有谋命重案，未能即时觉察，本有不合，惟后经查明即行获犯究办，应与邓炳征在监病故讯无凌虐之刑禁人等，均毋庸议。祁斌生与邓炳征虽系同母异父兄弟，惟久经分居各爨，亦毋庸议。各尸棺分别饬埋。凶器刀、砖供弃免追。所有监毙斩犯一名之管狱官，职名系涡阳县典史刘斌，相应开报附参。除将图结揭送部科外，理合恭疏具题，伏乞皇上圣鉴，敕下法司核覆施行。再，此案获犯系在封印期内，应以光绪十五年正月二十一开之日起限云云。

光绪十七年十二月十九日准。部照覆。

校勘记：

①颖州府：颖字误，当为"颍"。

图拐妇女未成先将其夫谋杀弃尸不失

为报验事。据按察使嵩崑详，据颖州府①知府凤林转，据亳州知州陈晋详称：光绪十五年七月二十日，据地保冀宽报，据山东曹县民妇董王氏投称：伊夫董士封与同乡胡庭利均寄居河南商丘县种田度日，本月十七日伊夫因年岁荒歉，口食难度，商同胡庭利前赴亳州谋生，即于是日雇坐张继三车辆带伊起程。十九日傍晚，行至州属梁家信溜集地方，胡庭利因闻该处西瓜价贱，欲与伊夫合伙贩瓜，获利均分。伊夫信以为真，即与同行，并令张继三将伊推送至集，先行投店。定更后，胡庭利独自一人走至集上，声称伊夫向其借钱二十六千自行回家，留伊在此，托其代为嫁卖，得钱抵还借款，向伊告知。伊见其神色慌张，衣上沾有血迹，疑有别故，再三盘问，始据胡庭利将伊夫诓至僻处谋害毙命弃尸路旁芝麻地内据实告知，当与张继三将胡庭利扭获同往，寻获伊夫尸身并凶刀一把，看明咽喉等处有伤。等语。往查属实，理合将犯连凶刀一并送案，报乞验究。等情。并据尸妻董王氏同报，各到州。据此，随带刑仵押犯亲诣相验。据仵作张仁验报：已死董士封，问年三十六岁。仰面，致命：咽喉有刃伤一处,斜长一寸,宽一分,深透内,食气嗓俱断;肾囊有刃伤一处,斜长九分,宽一分,深透内,两肾子俱损。以上各伤均皮卷血污。余无故。实系受伤身死。报毕,亲验无异,饬取凶器尖刀比对尸伤相符,填格取结,尸令棺殓。凶刀带回储库。随传地保、尸亲、人证,提犯研讯。

据地保冀宽供与报词同。

据尸妻董王氏供:山东曹县人,已死董士封是丈夫,寄居河南商丘县种地度日,合这同乡胡庭利邻居素识,并没嫌隙。光绪十五年七月十七日,丈夫因年岁荒歉,口食难度,合胡庭利商量同到亳州地方寻觅生理。就是那日雇坐张继三车辆,带领小妇合胡庭利一阵动身。十日九傍晚,走到州属梁家信溜集地方,胡庭利说道此地西瓜价贱,要合丈夫合伙贩瓜,获利均分。丈夫信以为真,就叫张继三把小妇推到集上,先行投店,他合胡庭利另向别路走去。定更后,小妇合张继三刚到集上,还没投店,见胡庭利独自走回,他说丈夫向他借钱二十六千自行回家,把小妇留住,托他代为嫁卖,得钱抵还借款的话,小妇不依,看他神色慌张,衣上沾有血迹,心疑丈夫被他谋害,当就大声哭喊,把他扭住,要合胡庭利拼命,张继三在旁帮同盘问,胡庭利不能隐瞒,把诓到僻处已经谋死撩弃芝麻地内的话据实告知,小妇就合张继三带了胡庭利同[到]那里寻获丈夫尸身,看明咽喉等处有伤,小妇就投保把胡庭利送案报验的,求究伸。是实。

据车夫张继三供:河南商丘县人,推车度日,合已死董士封并这胡庭利都是庄邻。光绪十五年七月十七日,董士封因年岁荒歉,口食难度,雇坐小的车辆带他妻子合胡庭利一阵动身,前来亳州地方寻觅生理。十九日傍晚,走到州属梁家信溜集地方,胡庭利说道此地西瓜价贱,要合董士封合伙贩瓜,获利均分,董士封信以为真,就叫小的把董王氏推到集上,先行投店,他合胡庭利另由别路走去。定更后,小的合董王氏刚到集上,还没投店,见胡庭利独自走回,他说董士封向他借钱二十六千自行回家,把董王氏留住,托他代为嫁卖,得钱抵还借款的话,董王氏不依,看他神色慌张,衣上沾有血迹,疑他丈夫谋害②,当就大声哭喊,把他扭住,要合胡庭利拼命,小的在旁帮同盘问,胡庭利不能隐瞒,把董士封已经谋死撩弃芝麻地内的话据实告知。董王氏就合小的带了胡庭利同到那里,寻获董士封尸身,看明咽喉等处有伤,董王氏投保把胡庭利送案报验的。是实。

据凶犯胡庭利供:年二十九岁,山东曹县人,寄居河南商丘县,父亲已故,母亲黄氏,现年五十九岁,弟兄二人,小的居长,胞弟胡庭喜,小的娶妻周氏,生有子女,种田度日。合已死同乡董士封邻居素识,并没嫌隙。光绪十五年七月十七日,董士封因年岁荒歉,口食难度,来向小的商量同到亳州地方寻觅生理。就是那日,董士封雇坐张继三车辆，带他妻子董王氏合小的一阵动身。十九日傍晚，走到州属梁家信溜集地方，小的见董王氏年轻，意图拐卖得钱使用，又恐董士封在旁难以下手，起意把董士封诓到僻地先行致死，以便设计诱拐。小的就说此地西瓜价贱，假意要合董士封合伙贩瓜，获利均分，董士封信以为真，当就应允，叫张继三把董王氏推到集上，先行投店，就合小的另由僻路行走。那时天色已黑，四顾没人，小的乘他不备，拔出身带尖刀，转身扎伤董士封咽喉，仰跌倒地，董士封在地喊叫，小的又用刀扎伤他肾囊，董士封当时身死。小的害怕，起意弃尸灭迹，复独自一人把董士封尸身背到路旁芝麻地内，同尖刀一并撩弃。定更后，小的走到集上，见董王氏、张继三在街口坐歇，还没投店，小的就说董士封已向小的借钱二十六千自行回家，把董王氏留交小的代为嫁卖，得钱抵还借款的话，向董王氏哄骗。董王氏不依，说小的神色慌张，衣上沾有血迹，他丈夫定被小的谋害，大声哭喊，把小的扭住，要合小的拼命，张继三在旁帮同盘问，小的不能隐瞒，据实告知董王氏，就合张继三带了小的同到那里，寻获董士封尸身，投保把小的送案报验的。委没起衅别故，也没知情同谋加功及帮同弃尸的人。凶器尖刀已蒙起获。是实。各等供。

据此，将犯收禁，录供通详，奉批审解。据报，该犯胡庭利于十五年十月初二日在监患病，验报饬医，至十一月初二日治痊。随提覆讯，除各供同前不叙外，讯据凶犯胡庭利供云云同前。等供。据此，该亳州知州陈晋审看得云云同后院看至，案结储库备拨。等情。由府解司提讯，犯供游移，札委安庆府审照原拟，由司勘转到臣，提犯亲讯无异。

该臣审看得亳州客民胡庭利图拐董王氏未成，谋杀其夫董士封身死弃尸不失一案。缘胡庭利籍隶山东曹县，寄居河南商丘县，种地度日。与已死同乡董士封邻居素识，并无嫌隙。光绪十五年七月十七日，董士封因年岁荒歉，口食难度，商同胡庭利偕赴亳州地方寻觅生理。即于是日董士封雇坐张继三车辆，携妻董王氏与胡庭利一同起程。十九日傍晚，行至该州属梁家信溜集地方，胡庭利见董王氏年轻，意图拐卖，得钱使用，又恐董士封在旁难以下手，起意把董士封诓至僻处先行致死，以便设计诱拐。胡庭利即以该处西瓜价贱，与董士封合伙贩瓜，获利均分，董士封信以为真，随即应允，令张继三将董王氏推至集上，先行投店，自与胡庭利另由僻路行走。维时天色已黑，胡庭利四顾无人，乘其不备，拔出身带尖刀转身扎伤董士封咽喉，仰跌倒地。董士封在地喊叫，胡庭利又用刀扎伤其肾囊，董士封登时殒命。胡庭利畏惧，起意弃尸灭迹，复独自一人将董士封尸身背至路旁芝麻地内，同尖刀一并撩弃。定更后，胡庭利走至集上，见董王氏、张继三在街口坐歇，尚未投店，即将董士封已向其借钱二十六千自行回家，留董王氏在此托其代为嫁卖得钱抵还借款之言向董王氏哄骗。董王氏不依，见胡庭利神色慌张，衣有血迹，心疑其夫定被谋害，大声哭喊，并将胡庭利扭住，欲与拼命，张继三在旁帮同盘问，胡庭利不能隐瞒，将前情据实告知，董王氏即与张继三同至该处，寻获董士封尸身并凶刀一把，投保将胡庭利获案，报经该州诣验讯供，详批审解。该犯胡庭利在监患病，验报医痊。兹据该州覆讯，议拟由府解司委审，勘转前来。臣提犯亲讯，据供前情不讳，诘无起衅别故及知情同谋加功并帮同弃尸之人，研鞫不移，案无遁饰。查例载："图财害命未得财杀人为首者，斩监候。"等语。此案胡庭利因见董士封之妻董王氏年轻，意图拐卖，起意先将董士封诓至僻处谋杀身死，实属图财害命，惟董王氏尚未被拐，即与未曾得财无异，自应按例问拟。胡庭利除弃尸不失轻罪不议外，应如州府司所拟，合依"图财害命未得财杀人为首者，斩监候"例，拟斩监候，秋后处决，照例刺字。车夫张继三讯不知情，应毋庸议。尸棺饬埋。无干经州省释。董王氏饬递回籍，传属给领。凶刀验明发回，案结储库备拨。除揭移部科外，理合恭疏具题，伏乞皇上圣鉴，敕下法司核覆施行。再，此案审限云云。

光绪十七年九月十七日准。部照覆。

校勘记：

①颖州府：颖字误，当为"颍"。

②疑他丈夫谋害：据文意，当为"疑他谋害丈夫"。

妒奸殴伤奸夫身死

题为报验事。据按察使员凤林详，据池州府知州文明转，据铜陵县知县姚鹏翕详称：光绪十八年十二月二十日，据地保吴三元报，据客民方九盛投称：伊子方荣何时与邻妇刘胡氏有奸，伊先不知情。本月十七日夜，伊子在刘胡氏家奸宿，二更时分被素识之钱锦标踢开房门，进内捉奸，伊子起身逃跑，钱锦标拉住衣襟不放，致相争闹，伊子被钱锦标用刀棍殴扎致伤右乳等处倒地。经刘胡氏喊同邻人郑易和赶向喝阻，报伊往看，问明情由，伊子即在刘胡氏家养伤医调。讵伊子伤重，医治无效，延至二十日殒命。等语。往看属实，犯已逃逸，合报验缉。等情。并据尸亲方九盛同报，各到县。据此，随即饬差严缉，一面带领刑仵前诣相验。据仵作何清验报：已死方荣，问年二十七岁。仰面，致命：右额角有木器伤一处，斜长八分，宽三分，紫赤色，皮破血结，按捺骨不损。不致命：右胳膊有木器伤一处，宽长一寸二分，宽四分，紫红色，坚硬。致命：右乳有刃伤一处，斜长六分，宽二分，深由骨缝透内，皮卷血污。余无故。实系受伤身死。报毕，亲验无异，饬起凶器无获，无凭比对尸伤，当场填格取结，尸令棺殓。勒差于十九年二月初二日缉获凶犯钱锦标、奸妇刘胡氏二名口到案,随传集尸亲、人证,提犯研讯。

据地保吴三元供与报词同。

据尸父方九盛供:桐城县人,已死方荣是儿子,合这获案的钱锦标素识没嫌。儿子何时合邻妇刘胡氏有奸,小的先不知道。光绪十八年十二月十七日夜,儿子在刘胡氏家奸宿,二更时候,被钱锦标踢开房门,进内捉奸,儿子起身逃跑,钱锦标拉住衣襟不放,致相争闹,儿子被钱锦标用刀棍殴扎致伤右乳等处倒地。经刘胡氏喊同邻人郑易和赴向喝阻,报知小的往看,问明情由,儿子就在刘胡氏家养伤医调。不料儿子伤重,医治没效,到二十日身死,小的就投保报验的。今蒙获犯,求究抵。是实。

据见证郑易和供:铜陵县人,合已死方荣并这获案的钱锦标、刘胡氏都是邻居认识。刘胡氏先后合钱锦标、方荣通奸,小的先不晓得。光绪十八年十二月十七日夜二更时候,小的听得刘胡氏家有人吵闹,赶去查看,见方荣在那里合钱锦标争殴,钱锦标用木棍殴伤方荣右额角,方荣举拳殴打钱锦标,又用木棍殴伤方荣右胳膊,方荣拿取桌上小刀格落钱锦标手内木棍,举向殴打,钱锦标闪侧夺刀过手,方荣扑拢拼命,钱锦标用刀戳伤方荣右乳,喊痛倒地。小的合刘胡氏赶向喝阻,问说因方荣在刘胡氏家奸宿,钱锦标前往捉奸争殴起衅的,小的就去报知方荣的父亲方九盛赶往查看,问明情由,方荣就在刘胡氏家养伤医调。不料方荣伤重,医治没效,到二十日身死,尸亲投保报验获犯的。小的委系救阻不及。是实。

据奸妇胡刘氏供:年四十三岁,庐江县人,寄住铜陵地方,丈夫刘荣美早故,生有一子,合已死方荣并这获案的钱锦标都是邻居素识,时常往来,小妇见面不避。光绪十七年八月不记日期,钱锦标到小妇家闲坐,合小妇调戏成奸,以后遇便续旧,不记次数,并没得过钱物。十八年十月里,小妇雇方荣在家帮工,又合方荣奸好,因此把钱锦标拒绝,不复往来。十二月十七日夜,方荣在小妇家奸宿,二更时候钱锦标踢开房门,进内捉奸。方荣起身逃走,钱锦标拉住方荣衣襟不放,方荣挣脱,钱锦标就用手拿木棍殴伤方荣右额角,方荣举拳殴打钱锦标,又用木棍殴伤方荣右胳膊。方荣拿取桌上小刀格落钱锦标手内木棍,举向殴扎,钱锦标闪侧夺刀过手,方荣扑拢拼命,钱锦标用刀戳伤方荣右乳,喊痛倒地。小妇喊同邻人郑易和赶向喝阻,钱锦标当就逃跑,郑易和报知方荣的父亲方九盛往看,问明情由,把方荣留在小妇家养伤医调。不料方荣伤重,医治没效,到二十日身死,尸亲就投保报验的。小妇仅止在场目击,并没帮殴的事。是实。

据凶犯钱锦标供:年三十九岁,桐城县人,父母都故,并没兄弟妻子,向在县属地方宰猪度日,[合]已死方荣素识没嫌。这刘胡氏合小的邻屋居住,时常往来,刘胡氏见面不避。光绪十七年八月不记日期,小的到刘胡氏家闲逛,合刘胡氏调戏成奸,以后遇便续旧,不记次数,并没给过钱物。十八年十月里,刘胡氏又合方荣奸好,因此把小的拒绝,不复往来。十二月十七日夜,探知方荣在刘胡氏家奸宿,小的心生妒忌,起意捉奸泄忿。就是那夜二更时候,小的携带木棍走到刘胡氏门口,踢开房门,进内捉奸。方荣起身逃走,小的拉住他衣襟不放,方荣挣脱,小的就用手拿木棍殴伤方荣右额角,方荣举拳殴打,小的又用棍殴伤方荣左胳膊[①],方荣拿取桌上小刀格落小的手内木棍,举向小的殴扎。小的闪侧,夺刀过手,方荣扑拢拼命,小的情急,用刀吓戳,适伤方荣右乳,喊痛倒地。经刘胡氏喊同邻人郑易和赶向喝阻,小的当就逃跑。不料方荣伤重,到二十日身死,尸亲投保报验。小的逃往各处躲避,今被拿获到案的。并非有心欲杀,也没起衅别故并在场帮殴的人,逃后也没另犯不法及知情容留人家。刀棍已经撩弃。是实。各等供。

据此,将犯收禁,录供通详,奉批审解。据报,该犯钱锦标于十九年四月十四日在监患病,验报饬医,至五月十四日治痊。遵提覆讯,除各供同前不叙外,讯据凶犯钱锦标供云云同前。等供。据此,该铜陵县知县姚鹏翕审看得云云同后院看至,供弃免追。等情。由府解司核,恐案情未确,札委安庆府联元审无别故,照拟解司提讯,犯供游移,复委署怀宁县章维藩审讯,仍照原拟解司,勘转到臣,提犯亲讯无异。

该臣审勘得铜陵县客民钱锦标妒奸殴伤方荣身死一案。缘钱锦标籍隶桐城县,向在该县地方宰猪度日,与已死方荣并刘胡氏邻屋居住,素识无嫌。刘胡氏与钱锦标时常往来,见面不避。光绪十七年八月不记日期,钱锦标到刘胡氏家闲逛,向刘胡氏调戏成奸,后非一次,并未给过钱物。十八年十月间,刘胡氏雇方荣在家帮工,又与方荣奸好,因此将钱锦标拒绝,不复与之往来。[十二月]十七日夜,钱锦标探知方荣在刘胡氏家奸宿,心怀妒忌,起意捉奸泄忿。即于是夜二更时候,钱锦标携带木棍走到刘胡氏门首,踢开房门,进内捉奸。方荣起身逃跑,钱锦标拉住衣襟不放,方荣挣脱,钱锦标即用手携木棍殴伤方荣右额角,方荣举拳殴打,钱锦标又用木棍殴伤方荣右胳膊,方荣携取桌上小刀格落钱锦标手内木棍,举向殴扎。钱锦标闪侧,夺刀过手,方荣扑拢拼命,钱锦标情急,用刀吓戳,适伤方荣右乳,喊痛倒地。经刘胡氏喊同邻人郑易和赶向喝阻,报知方荣之父方九盛往看,问明情由,方荣即在刘胡氏家养伤医调。讵方荣伤重,医治罔效,延至二十日殒命。尸亲投保报经该县诣验,获犯讯详,批饬审解。据报,该犯钱锦标在监患病,验报医痊,兹据该县将犯覆讯,议拟由府解司委审,勘转前来。臣提犯亲讯,据供前情不讳,诘非有心欲杀,亦无起衅别故及在场帮殴之人,究鞫不移,案无遁饰。查律载:"斗殴杀人者,不问手足、他物、金刃,并绞监候。"又例载:"军民相奸,奸妇枷号一个月,杖一百。"各等语。此案钱锦标因与刘胡氏通奸,后因刘胡氏又与方荣奸好,将其拒绝往来,心怀妒忌,前往捉奸,彼此争殴,夺刀戳伤方荣身死,自应按律问拟。钱锦标除与刘胡氏通奸轻罪不议外,应如县府司及委审所拟,合依"斗殴杀人者,不问手足、他物、金刃,并绞监候"律,拟绞监候,秋后处决。刘胡氏先与钱锦标通奸,嗣因与方荣奸好,即将钱锦标拒绝,致钱锦标捉奸争殴,致伤方荣身死,实属因奸肇衅,自应仍按犯奸本例问拟。刘胡氏亦如所拟,合依"军民相奸,奸妇枷号一个月,杖一百"例,拟枷号一个月,杖一百。系犯奸之妇杖决枷赎,追银册报。方荣与刘胡氏通奸,本干例议,业已被殴身死,应与救阻不及之见证郑易和,均毋庸议。无干经县省释。尸棺饬属领埋。凶刀木棍供弃免追。除揭移部科外,理合恭疏具题,伏乞皇上圣鉴,敕下法司核覆施行。再,此案审限云云。

光绪二十一年五月初三日准。部照覆。

校勘记:

①左胳膊:据上文当为"右胳膊"。

妒奸谋杀奸夫埋尸不失

题为报验事。据按察使张岳年详,据署颍州府[①]知府彭禄转,据霍邱县知县屈承福详称:光绪十四年五月间,访闻县属南乡有因奸害命埋尸灭迹情事,饬差查拿。去后,即于五月二十三日据客民王帼川呈报:伊堂兄王帼程系阜阳县人,向在案下顾家坂寄住,皮匠手艺,雇河南逃荒妇人张汪氏在家帮工。张汪氏先与堂兄有奸,迨后又与庄邻杨廷珍通奸,经堂兄撞见禁绝。本年三月初十日夜,杨廷珍乘张汪氏回归母家,不知如何将堂兄谋杀毙命,事后并同杨灝贵埋尸灭迹,伊来探望,经张汪氏告知情由,报乞勘验缉究。等情。到县。据此,查该处地保悬缺未充,饬据差役即于是日拿获凶犯杨廷珍到案,讯据供认因妒奸独自谋杀王帼程身死,事后邀允杨灝贵帮同将尸抬埋义地不讳。随带刑仵押犯前诣该处,勘得顾家坂有王帼程草屋一所,查验屋内地上有铲洗痕迹,又屋西义地有浮土一堆,据杨廷珍指称系埋王帼程尸身处所,当将浮土刨开,尸身尚未腐烂。据王帼川认明,实系王帼程尸身,饬将尸移平地,如法相验。据仵作戴春验报:已死王帼程,问年四十六岁。仰面,致命:咽喉有刃伤一处,横长二寸六分,宽二分,深至食气颡[②],俱断,皮卷血污。余无故。实系受伤身死。报毕,亲验无异,饬起凶刀比对尸身相符,填格取结,尸令棺殓。凶刀带回储库。勒差将杨灝贵获案,传集尸弟人等,提犯逐加研讯。

据尸弟王幗川供:阜阳县人,已死王幗程是堂兄,向在案下顾家坂寄住,皮匠手艺,小的常来看望。光绪八年间,小的到堂兄家,见这张汪氏合堂兄居住,问据堂兄告说是河南人,因原籍夫故岁荒,带子逃荒到霍,经伊雇他帮工的话。十四年五月里,小的又到堂兄家探望,不见堂兄,就向张汪氏查问,张汪氏就向小的告说,他合堂兄奸好已久,堂兄许他靠老,他不该又合杨廷珍通奸,被堂兄撞见禁绝。不料杨廷珍怀恨,乘他回籍探亲,把堂兄谋杀毙命,复同杨灝贵埋尸灭迹,他回来盘出情由,要想报官,因被杨廷珍吓禁,不许出门,叫小的报官替堂兄伸冤的话,小的就赴案报验获犯的,求究伸。是实。

据奸妇张汪氏供:年三十岁,河南息县人,父亲汪义兰,丈夫张仁早故,生有一子,年纪还小。光绪八年间,小妇因原籍岁荒,带了儿子跟父亲到案下顾家坂王幗程屋旁搭盖草屋居住,佣工度日。王幗程时常往来,后乘父亲外出,与小妇通奸,父亲并不知情,后来父亲回归原籍,小妇就在王幗程家帮工,合他过度,并没主仆名分。这杨廷珍常到王幗程家闲坐,合小妇时常见面。十三年六月不记日期,王幗程外出,小妇独自在家,杨廷珍走来向小妇调戏成奸,王幗程先不知情。十四年二月初间,王幗程趁墟外回,适杨廷珍在小妇房里玩笑,王幗程撞见不依,当把杨廷珍斥骂,禁止小妇不准再与杨廷珍往来,杨廷珍当就逃跑。三月初八日,小妇得知父亲患病沉重,就合王幗程说明,带同幼子回籍看望,后见父亲病体渐愈,到四月十二日小妇带了儿子回到王幗程家,不见王幗程,就向杨廷珍查问,杨廷珍言语支吾,小妇心里愈加疑惑,再三盘问,杨廷珍不能隐瞒,才说他恨王幗程阻绝不能合小妇续奸,已于初十夜独自把王幗程谋死,并叫杨灝贵同把尸身抬埋的话,小妇当向哭闹不依,并要报官。杨廷珍吓说如敢走漏风声,定把小妇母子一并杀害,小妇害怕,只得隐忍。杨廷珍就在小妇家住宿,并把小妇管住,不许出门。五月二十三日,王幗程堂弟王幗川前来探望,因不见王幗程在家,向小妇查问,小妇就私向王幗川告知,小妇同王幗程、杨廷珍先后通奸,并杨廷珍独自谋杀王幗程各情由,叫他报官伸冤,就蒙案下诣验差拿获犯的,求究伸。是实。

据杨灝贵供:年三十六岁,霍邱县人,父母都故,并没弟兄,娶妻没生子女,庄农度日,合已死的客民王幗程邻村居住,素识没嫌。光绪八年间,有河南妇人张汪氏随父逃荒到霍,在王幗程屋旁居住。后来他父亲回归原籍,张汪氏就在王幗程家帮工,小的是知道的。这无服族侄杨廷珍何时合张汪氏通奸,小的并不知道。光绪十四年三月初十日夜二更时候,小的从邻村回家,撞见杨廷珍拿了锄头背负一尸在路歇放,小的查问,杨廷珍说他合王幗程家帮工的妇人张汪氏有奸,被王幗程查知禁绝,他心怀忿恨,乘张汪氏回家探亲把王幗程杀害,要想私埋灭迹,因尸重一人不能背负，央小的帮同抬埋，小的听了害怕，不肯要走，杨廷珍拉住央求，答应谢礼，并说如不允从，将来到官定要扳害，小的无奈，只好答应，就合杨廷珍把尸抬到义地，用铁锄掘开浮土，将尸放下，用土掩埋。小的当就走回。后闻王帼程堂弟王帼川查知报验，差缉小的获案的。小的并没知情同谋，也没另有帮抬的人。是实。

据凶犯杨廷珍供：年三十九岁，霍邱县人，父母都故，并没弟兄妻子，种田度日，合已死阜阳县人王帼程邻居认识。张汪氏是河南息县人，于光绪八年间因原籍夫故岁荒，带了幼子同他父亲汪义兰来到王帼程屋旁搭盖草屋居住。后来汪义兰回归原籍，王帼程就雇张汪氏到家帮工，晓得他们有奸情了，小的常到王帼程家闲坐，合张汪氏见面不避。十三年六月不记日期，小的又到王帼程家，适王帼程外出，张汪氏独自在家，小的就向张汪氏调戏成奸，王帼程先不知情。十四年二月初间，小的在张汪氏房里玩笑，王帼程趁墟外回撞见不依，当把小的斥骂，禁绝往来，小的当就逃跑，从此心怀忿恨，又与张汪氏恋奸情热，起意想把王帼程杀死，好合张汪氏长久奸好。三月初八日，小的打听得张汪氏带子到河南看望父病去了，就是初十日夜二更时候，小的携带小刀走到王帼程家门口，撬门进内，那时灯还没熄，看见王帼程仰卧床上，已经睡熟。小的走拢床前，用刀狠力一砍，致伤王帼程咽喉，登时身死。小的怕张汪氏回来，必要告官，起意埋尸灭迹，当即拿了锄头把王帼程尸身背出门外，因尸重难背，在路歇放，刚刚族叔杨灦贵路遇撞见查问，小的告知前情，央令帮同抬埋，杨灦贵不肯要走，小的拉住央求，应许谢礼，并说如不允从，将来到官定要扳害，杨灦贵也就答应，帮同把王帼程尸身抬到义冢地里，用锄掘开浮土，把尸放落，用土遮盖。杨灦贵走回，小的回到王帼程家铲洗地上血迹，把王帼程屋门锁好，带刀回家睡歇。四月十二日，张汪氏回家不见王帼程，来向小的查问，小的言语支吾，张汪氏再三盘问，小的不能隐瞒，告知谋杀情由，张汪氏哭喊不依，并要报官，小的吓说如敢走漏风声，连伊母子一并杀害，张汪氏害怕隐忍，小的就在王帼程家住宿，并把张汪氏管住，不许出门。后来王帼程的堂弟王帼川到王帼程家探望，张汪氏把谋害情由私向王帼川告知，王帼川赴案报验，把小的拿获到案，起出尸身验讯的。小的实因妒奸独自起意谋杀王帼程身死，此外并没知情同谋也没另有帮同抬埋的人。是实。各等供。

据此，将犯收禁，详批审解。据报，该犯杨廷珍于光绪十四年六月十二日在监患病，验报饬医，至七月十二治痊。遵提覆讯，除各供同前不叙外，讯据凶犯杨廷珍供云云同前。等供。据此，该霍邱县知县屈承福审看得云云同后院看至，储库备拨。等情。解府提讯，犯供狡展，札委代理阜阳县秦霖审照原拟，由府解司核，恐案情未确，委据安庆府审无别故，仍照原拟解司，勘转到臣，提犯亲讯无异。

该臣审看得霍邱县民杨廷珍妒奸谋杀王帼程身死埋尸不失一案。缘杨廷珍籍隶该县,务农度日,与已死寄住该县之阜阳县人王帼程邻居素识。张汪氏系河南息县人,于光绪八年间因夫故岁歉,携带幼子随同其父汪义兰至该县境内,在王帼程房旁搭盖草房居住,佣趁度日。王帼程时常往来,随乘间与张汪氏通奸,汪义兰并不知情。嗣汪义兰回籍,张汪氏即在王帼程家帮工,并无主仆名分。杨廷珍常至王帼程家闲坐,与张汪氏习见不避。十三年六月不记日期,杨廷珍又至王帼程家,适王帼程外出,张汪氏在家独处,杨廷珍即与调戏成奸,王帼程先不知情。十四年二月初间,王帼程趁墟外回,见杨廷珍在张汪氏房内玩笑,王帼程不依,当将杨廷珍斥骂,禁绝往来,杨廷珍走回,从此心怀忿恨,又与张汪氏恋奸情热,蓄意将王帼程杀死,以便长久奸好。三月初八日,张汪氏因父病垂危,带同其子回籍省视,杨廷珍探知,即于初十日夜二更时分携带小刀走至王帼程家门首,撬门进内,维时灯火尚明,见王帼程仰卧在床,业已睡熟,杨廷珍走近床前,用刀狠力一砍,致伤王帼程咽喉,登时殒命。杨廷珍恐张汪氏回来,必欲控告,起意埋尸灭迹,遂携取铁锄将尸背负出门,因尸重在路歇放,适该犯无服族叔杨灏贵路过,见向查问,杨廷珍告知前情,央令帮同抬埋,杨灏贵不允欲走,杨廷珍拉住恳求,许以酬谢,并称若不允从,将来到官定要扳害,杨灏贵无奈应允,帮同将王帼程尸身抬至义冢地内,用锄掘开浮土,将尸放下,用土掩盖。各散。杨廷珍回至王帼程家铲洗地上血迹,将门锁好,带刀回家睡歇。四月十二日,张汪氏回归不见,找向杨廷珍查问,杨廷珍言语支吾,张汪氏愈加疑心,再三盘问,杨廷珍不能隐瞒,告知谋害情由,张汪氏哭喊不依,并欲报官,杨廷珍即以如敢走漏风声,定将母子一并杀害之言恐吓,张汪氏害怕隐忍,杨廷珍即在王帼程家住宿,并禁止张汪氏不许出门。五月十三日[③],王帼程堂弟王帼川走至探望,张汪氏即将王帼程被杨廷珍因奸谋害各情私向王帼川告知,并令其报官为王帼程伸冤,其时该处地保悬缺未充,先经该县访闻,饬差查拿。旋据王帼川报县获犯起尸,验讯通详,批饬审解。该犯杨廷珍在监患病,验报医痊。兹据该县覆讯,议拟由府委审,解司委员审明,勘转前来。臣提犯亲讯,据供前情不讳,诘无同谋加功及另有帮同抬埋之人,研鞫不移,案无遁饰。查律载:“谋杀人造意者,斩监候。”又:“知人谋害他人不首告者,杖一百。”又例载:“军民相奸者,奸妇枷号一个月,杖一百。”各等语。此案杨廷珍因与王帼程奸好之佣妇张汪氏通奸,被王帼程撞见禁绝,该犯挟恨恋奸,乘张汪氏回籍,独自起意将王帼程谋杀身死,查杨廷珍、王帼程彼此均系奸夫,自应按照凡人问拟。杨廷珍应如县府司所拟,除与张汪氏通奸及埋尸不失各轻罪不议外,合依“谋杀人造意者,斩监候”律,拟斩监候,秋后处决。杨灏贵讯止听从抬埋尸身,并无同谋加功情事,惟事后知情并不首告,自应按律从重问拟。杨灏贵除听从埋尸不失轻罪不议外,合依“知人谋害他人不首告者,杖一百”,系无服之亲照律减一等，拟杖九十。张汪氏先后与王帼程、杨廷珍通奸，其与杨廷珍谋杀王帼程身死先不知情，事后查明告知尸弟首告，自应仍科奸罪。张汪氏合依“军民相奸者，奸妇枷号一个月，杖一百”例，拟枷号一个月，杖一百。该犯等事犯到官均在光绪十五年三月十六日恭逢恩诏以前，杨廷珍妒奸谋杀系在条款不准援免之列，应不准其援免，仍照例刺字。张汪氏、杨灝贵所得枷杖各罪，均请援免。王帼程与张汪氏通奸，本干例议，业已身死，应毋庸议。张汪氏案结递籍交其父汪义兰管束。尸棺饬埋。凶刀案结发回，储库备拨。除揭移部科外，理合恭疏具题，伏乞皇上圣鉴，敕下法司核覆施行。再，此案审限云云。

光绪十七年七月二十九日准。部照覆。

校勘记：

①颖州府：颖字误，当为“颍”。

②食气颡：颡字误，当为“嗓”。

③五月十三日：据上下文当为“五月二十三日”。

奸夫拒杀本夫奸妇畏罪自尽

题为详报事。据按察使嵩崑详，据池州府知府文明转，据铜陵县知县姚鹏翕详称：光绪十七年四月十四日，据地保郑运来报，据民妇陈王氏投称：伊子陈论元寄居县属地方种田度日，与周满堂邻居素识，时常往来，伊媳陈章氏见面不避。周满堂何时与伊媳通奸，伊与陈论元均不知情。本月十二日，伊外出探亲，至晚未回，伊子于晚饭后赴地看守花生。是夜二更时分，周满堂在伊媳房内续旧，伊子回家撞见扭获，拔刀划伤周满堂左臂膊，周满堂挣扎不脱，夺刀戳伤伊子右肋下，松手倒地。次早，伊媳胞弟章金礼走至探望，伊子告说前情，报伊赶回，问明情由，延医调治。讵伊子伤重，医治不效，延至十四日殒命。伊媳亦于是日畏罪自缢，经伊解救无及，业已气绝身死。等语。往查属实，犯已逃逸，合报验缉。等情。并据尸母陈王氏同报，各到县。据此，随即饬差严缉，一面带领刑仵前诣相验。据仵作何清验报：已死陈论元，问年二十九岁。仰面，不致命：右肋下有刃伤一处，斜长二寸，宽五分，深透内，皮卷血污。余无故。实系受伤身死。饬起凶刀无获，无凭比对尸伤。又据验：已死陈章氏，问年二十八岁。仰面：面色发紫，口微开，舌抵齿不出。致命：咽喉有缢痕一道，斜长九寸，宽四分，深一分，血瘾，紫红色，由两耳根斜入合面发际，八字不交；十指甲血坠。余无故。实系自缢身死。报毕，逐一亲验无异。据陈王氏指称，伊媳章氏系在卧房梁上用麻绳自缢。等语。查验梁上灰尘滚乱,饬取麻绳量长七尺八寸,比对缢痕相符,当场分别填格取结,尸饬棺殓,缢绳带回储库,录供详批缉参。勒据该差等于光绪十七年十二月十三日在无为州境内会同州役拿获凶犯周满堂一名, 移解到县提验。该犯周满堂左臂膊一伤业已结痂平复,随传集尸亲人等,提犯研讯。

据地保郑运来供与报词同。

据尸母陈王氏供:无为州人,已死陈论元是儿子,陈章氏是媳妇,小妇合儿媳寄居县属地方种田度日,与这获案的周满堂邻居素识,时常往来,媳妇见面不避。周满堂何时与陈章氏通奸,小妇合儿子都不知情。光绪十七年四月十二日,小妇外出探亲,到晚没回,儿子吃过晚饭后往地看守花生。那夜二更时候,周满堂在媳妇房内续旧,适儿子因天时寒冷,回家取衣,走到门口,听闻房内有人谈笑,儿子气忿,用脚踢开房门,进内喊拿,周满堂夺门跑出,儿子把他扭住胸衣,拔出身带小刀划伤周满堂左臂膊,周满堂挣扎不脱,夺刀戳伤儿子右肋下,松手倒地。媳妇在房点灯赶出,当把儿子扶进床上,用药敷护。第二日早上,媳妇的胞弟章金礼来家探望,儿子告述前情,章金礼报知小妇赶回查看,问明情由,请医调治。不料儿子伤重,医治没效,到十四日身死,媳妇恐怕到官问罪,也是那日乘间自缢身死,小妇合章金礼解救无及,就投保报验的,求究办。是实。

据见证章金礼供:铜陵县人,已死陈章氏是胞姊,陈论元是姊夫,合这获案的周满堂邻居素识,时常往来,胞姊见面不避。周满堂何时合胞姊有奸,小的并没知道。光绪十七年四月十三日,小的走到姊夫家探望,见姊夫睡在床上,身上受有伤痕,小的忙向查问,姊夫说道他昨夜往地看守花生,二更时候天时寒冷,回家取衣,走到门口,听闻房内有人谈笑,一时气忿,用脚踢开房门,进内喊拿,周满堂夺门跑出,把他扭住胸衣,拔出身带小刀划伤周满堂左臂膊,挣扎不脱,夺刀戳伤他右肋下,松手倒地,是胞姊赶出,扶进床上,用药敷护,他母亲王氏外出探亲没回的话,小的就去报知陈王氏赶回查看,问明情由,请医调治。不料姊夫伤重,医治没效,到十四日身死,胞姊恐怕到官问罪,也是那日乘间自缢身死,小的合陈王氏解救无及,陈王氏就投保报验的。是实。

据凶犯周满堂供:年三十二岁,铜城县[①]人,父母都故,弟兄二人,小的第二,并没妻子。小的寄居县属地方种田度日,合已死陈论元邻居素识,时常往来,陈论元的妻子陈章氏见面不避。光绪十六年十二月不记日期,小的前往陈论元家闲坐,适陈论元合他母亲陈王氏都没在家,小的就向陈章氏调戏成奸,后来遇便续旧,不记次数,并没给过钱物,陈论元、陈王氏都不知情。十七年四月十二日夜,小的探知陈王氏外出探亲没回,陈论元往地看守花生,复到陈章氏家续旧。二更时候,小的正合陈章氏在房内谈笑，陈论元走回，踢开房门，进内喊拿，小的夺门跑出，陈论元扭住小的胸衣，拔出身带小刀，划伤小的左臂膊，小的挣扎不脱，夺刀过手，戳伤陈论元右肋下，松手倒地，小的急忙逃跑。后闻陈论元伤重身死，陈章氏也畏罪自尽，尸亲投保报案差拿，小的害怕，逃到无为州地方就被拿获解案的。委系图脱拒捕，并非有心欲杀，也没起衅别故及在场帮拒的人，逃后并没另犯不法及知情容留人家。凶器小刀当时撩弃。小的左臂膊伤已平复。是实。各等供。

据此，将犯收禁，录供通详，奉批审解。据报，该犯周满堂于光绪十八年四月十一日在监患病，验详饬医，至五月十一日治痊。遵提覆讯，除各供同前不叙外，讯据凶犯周满堂供云云同前。等供。据此，该铜陵县知县姚鹏翕审看得云云同后院看至，案结销毁。等情。解府提讯，犯供游移，札委署贵池县顾怀壬审讯，该县未及审解卸事，刘锟到任审照原拟，由府解司核，恐案情未确，委据安庆府审照原拟解司，勘转到臣，提犯亲讯无异。

该臣审看得铜陵县客民周满堂因奸拒杀本夫陈论元身死并奸妇陈章氏罪畏自尽一案。②缘周满堂籍隶桐城县，寄住该县地方种田度日，与已死陈论元邻居素识，时常往来，陈论元之妻陈章氏见面不避。光绪十六年十二月不记日期，周满堂前往陈论元家闲坐，适陈论元与其母陈王氏均不在家，周满堂即向陈章氏调戏成奸，以后遇便续旧，不记次数，并未给过钱物，陈论元与陈王氏均不知情。十七年四月十二日夜，周满堂探知陈王氏外出探亲未回，陈论元赴地看守花生，复往陈章氏家续旧。二更时分，陈论元因天时寒冷，回家取衣，行至门首，听闻陈章氏房内有人谈笑，一时气忿，踢开房门，进内喊拿。周满堂夺门跑出，陈论元扭住周满堂胸衣，拔出身带小刀，划伤周满堂左臂膊，周满堂挣扎不脱，夺刀过手，戳伤陈论元右肋下，松手倒地。陈章氏赶出，将陈论元扶进床上，用药敷护，周满堂当时逃逸。次早，经陈章氏之弟章金礼走至探望，陈论元告知前情，章金礼即报知陈王氏赶回查看，问明情由，延医调治。讵陈论元伤重，医治罔效，延至十四日殒命。陈章氏虑恐到官问罪，亦于是日乘间自缢身死，陈王氏解救无及，投保报经该县验讯详缉，勒差协同无为州差役获犯周满堂解县讯供，详批审解。据报，该犯在监患病，验报医痊。兹据该县覆讯，议拟由府解司，先后委审，勘转前来。臣提犯亲讯，据供前情不讳，诘系图脱拒捕并非有心欲杀，亦无起衅别故及在场帮拒之人，究鞫不移，案无遁饰。查律载："罪人拒捕杀所捕人者，斩监候。"等语。此案周满堂因与陈论元之妻陈章氏通奸，被陈论元撞获，用刀划伤左臂膊，该犯情急图脱，夺刀拒伤陈论元身死，自应按律问拟。周满堂应如县府司所拟，除与陈章氏和奸及陈章氏罪畏自尽各轻罪不议外，③合依"罪人拒捕杀所捕人者，斩监候"律，拟斩监候，秋后处决，照例刺字。陈章氏与周满堂通奸致其夫被拒毙命，本干例议，业已畏罪自缢，应毋庸议。无干经县审释。尸棺饬埋。凶刀供弃免追。缢绳案结销毁。所有拿获邻境斩犯一名，应叙职名，系无为州知州章维藩，相应随案开报。除揭移部科外，理合恭疏具题，伏乞皇上圣鉴，敕下法司核覆施行。再，此案审限云云。

光绪二十年八月初三日准。部照覆。

校勘记：

①铜城县：铜字误，当为"桐"。

②该臣审看得铜陵县客民周满堂因奸拒杀本夫陈论元身死并奸妇陈章氏罪畏自尽一案：据文意，当为"该臣审看得铜陵县客民周满堂因奸拒杀本夫陈论元身死并奸妇陈章氏畏罪自尽一案"。

③除与陈章氏和奸及陈章氏罪畏自尽各轻罪不议外：据文意，当为"除与陈章氏和奸及陈章氏畏罪自尽各轻罪不议外"。

奸妇与僧人通奸旋因奸情败露羞愧自尽

为报验事。据按察使嵩崑详，据徽州府知府春岫转，据署绩溪县知县尹允照详称：光绪十八年五月初五日，据地保方秉正报，据保民林德俦投称：本年二月初间，有高枧寺僧大军在伊村内修做法事，一连七昼夜，僧大军常至伊家闲坐，伊妻刘氏见面不避。僧大军何时与伊妻通奸，伊先不知情。本月初四日傍晚，伊由外回家，瞥见僧大军在家与伊妻同坐谈笑，经伊斥骂殴逐，当向伊妻盘出奸情，将其责打，禁绝往来。讵伊妻因奸情败露，羞愧莫释，即于本日早上乘间出外，投河殒命。经伊喊同邻佑林章捞获尸身。等语。往查属实，僧大军业已逃避，合报验缉。等情。并据尸夫林德俦报同前由，各到县。据此，随即饬差严缉，一面带领刑仵驰诣该处，勘得林德俦家相距半里许有大河一道，河面量宽约三四丈，深四五尺不等。已死林刘氏尸身捞放河边岸上。勘毕，饬据仵作孙铨验报：已死林刘氏，问年二十四岁。仰面：两眼胞开；口开，内有水沫流出；两手握，两手心绉白；肚腹膨胀，拍有水声；鞋内有沙泥。余无故。委系投水身死。报毕，亲验无异，当场填格取结，尸令棺殓。勒差于是月初八日将僧大军拿获到案，随传集尸亲人等，提犯研讯。

据地保方秉正供与报词同。

据尸夫林德俦供：绩溪县人，已死林刘氏是妻子，合这获案的僧大军素不认识。僧大军从小出家在高枧寺为僧。光绪十八年二月初上，僧大军在小的村内修做法事，一连七昼夜，僧大军常到小的家内闲坐，妻子见面不避。后来僧大军何时合妻子通奸，小的先不知道。五月初四日傍晚，小的从外回家，看见僧大军在那里合妻子同坐谈笑，小的气忿斥骂，并把僧大军殴逐，僧大军当就逃跑。小的就向妻子盘出奸情，把他责打，禁绝往来。不料妻子因奸情败露，羞愧莫释，到初五日早上乘间出外，投河身死。小的连忙喊同邻佑林章捞获尸身，投保报验的，求究办。是实。

据邻佑林章供：绩溪县人，已死林刘氏是林德传的妻子，邻居素识。这获案的僧大军是从小出家，在高枧寺为僧。光绪十八年二月初上，僧大军在村内修做法事，一连七昼夜，僧大军常到林德传家闲坐，小的是晓得的。后来僧大军何时合林刘氏通奸，小的合林德传都不知道。五月初五日早上，林德传匆忙走来，说他妻子刘氏因与僧大军有奸，经伊撞见斥骂殴打，羞愧莫释，投河自尽的话，喊同小的赶往打捞，把刘氏尸身一同捞获，林德传就投保报验的。小的委系捞救不及。是实。

据犯人僧大军供：怀宁县人，年二十一岁，父母都故，并没兄弟，从小出家在县属高枧寺为僧。已死林刘氏是林德传的妻子，合小的先不认识。光绪十八年二月初上，小的在林德传村内修做法事，一连七昼夜，小的常到林德传家闲坐，林刘氏见面不避。后来小的探知林德传外出，乘间走到他家，就合林刘氏调戏成奸，以后遇便续旧，不记次数，并没给过钱物，林德传也没知情。五月初四日傍晚，小的因送端午节符，又到林刘氏家合林刘氏同坐谈笑，适林德传从外回归，撞见斥骂，并把小的殴逐，小的当就逃跑。后闻林刘氏因被林德传盘出奸情，羞愧莫释，到初五日早上乘间出外，投河身死，林德传捞获尸身，投保报验，今被拿获到案的。委没起衅别故及另有威逼的事，逃后也没知情容留人家。是实。各等供。

据此，将犯收禁，录供通详，奉批审解。据报，该犯僧大军于光绪十八年七月初二日在监患病，验报饬医，至八月初二日治痊。遵提覆讯，议拟由府解司。

该本司审看得绩溪县民妇林刘氏与僧大军通奸被本夫林德传撞获羞愧自尽一案。缘僧大军籍隶怀宁县，自幼出家在该县属高枧寺为僧。已死林刘氏系林德传之妻，与僧大军先不认识。光绪十八年二月初间，僧大军在林德传村内修做法事，一连七昼夜，僧大军常至林德传家闲坐，林刘氏见面不避。嗣僧大军探知林德传外出，乘间走至其家，与林刘氏调戏成奸，以后遇便续旧，不记次数，并未给过钱物，林德传亦未知情。五月初四日傍晚，僧大军因送端午节符，又至林刘氏家，与林刘氏同坐谈笑，适林德传由外回归撞见斥骂，并将僧大军殴逐，僧大军当即逃跑。林德传随向林刘氏盘出奸情，将其责打，禁绝往来。讵林刘氏因奸情败露，羞愧莫释，即于初五日早晨乘间出外，投河殒命。林德传喊同邻佑林章捞获尸身，投保报经该县诣验，获犯讯供，详批审解。据报，该犯僧大军在监患病，验报医痊覆讯，议拟由府解勘前来。本司提犯亲讯，据供前情不讳，诘无起衅别故及另有威逼情事，究鞫不移，案无遁饰。查例载："和奸之案，奸妇因奸情败露羞愧自尽者，奸夫杖一百，徒三年。"又："僧奸有夫之妇，照律加二等，仍于本寺门首枷号两个月。"各等语。此案僧大军与林刘氏通奸，被本夫林德俦撞见责打，致林刘氏因奸情败露，羞愧自尽。查僧大军以僧人犯奸，实属不守清规，自应按例加等问拟。僧大军应如县府所拟，合依"和奸之案，奸妇因奸情败露羞愧自尽者，奸夫杖一百，徒三年"例上加二等，拟杖一百，流二千五百里，仍先于本寺门首枷号两个月，满日定地发配，折责安置。林刘氏与僧大军通奸，本干律议，业已投河自尽，应与捞救不及之林章，均毋庸议。无干省释。尸棺饬埋。理合详候宪台核咨。再，此案审限云云，至全限届满，合并声明。等情。到院。据此，本部院覆核无异，除分咨外，相应咨达。

光绪十九年十月初一日准。部照覆。

奸妇因奸情败露致与同坐谈笑之出嫁女一同羞愧自尽

为报验事。据按察使嵩崑详，据署庐州府知府徐宝谦转，据无为州知州章维藩详称：光绪十八年正月十七日，据地保袁玉发报，据保民许思文投称：伊在城内李丰豫药店佣工，与村邻陈灏洪素识往来，伊妻许刘氏见面不避。陈灏洪何时与伊妻有奸，伊先不知情。本月十五日黄昏时分，伊由店回家，路遇女婿赵信，告述伊女赵许氏先于十二日回家拜年，留住伊家，今来接取，约俟明早同行，伊即与赵信一同回至家内，撞见陈灏洪与伊妻女各在房内同坐谈笑，陈灏洪当即跑走。伊心疑有奸，随向伊妻盘出奸情，痛加责打，赵信亦因伊女赵许氏与陈灏洪同坐谈笑，斥骂无耻，经邻人张银等闻闹同至劝解。讵伊妻因奸情败露，伊女亦因被夫辱骂，心怀不甘，均各羞愧难堪，携取家存治病用剩烟膏，各自乘间吞服，经伊与赵信见其毒发呕吐，喊同张银等用药灌救无效，即于次早先后殒命。等语。往查属实，当将陈灏洪获住送案，报请验究。等情。并据尸亲许思文报同前由，各到州。据此，随即带领刑仵驰诣相验。据仵作李俊验报：已死许刘氏，问年三十九岁。仰面：面色青黯；两眼胞微开；上下唇吻青色；口微开，有血水流出；咽喉用银针探入，纸封良久，取出作青黑色，用皂角水揩洗不去；两手微握，右手大指有烟渍；心坎青色。合面：十指甲青黯色。余无故。委系吞服鸦片烟身死。又已死赵许氏，问年十九岁。仰面：面色青黑；两眼胞微开；上下唇吻青黑色；口开有血水流出；咽喉用银针探入，纸封良久，取出作青黑色，用皂角水揩洗不去；两手握，右手大食中三指均有烟膏粘结；心坎微青。合面：十指甲青黯色。余无故。委系吞服鸦片烟身死。报毕，逐一亲验无异，分别填格取结，各尸饬令棺殓。随传同尸亲、保邻人等，提犯逐一研讯。

据地保袁玉发供与报词同。

据见证张银、许思印同供：无为州人，合已死许刘氏并这到案的陈灏洪都是村邻素识。陈灏洪向开肉店生理，和许刘氏的丈夫许思文庄邻居住，时常往来，许刘氏见面不避。陈灏洪何时合许刘氏通奸，小的们先不知道。光绪十八年正月十二日，许刘氏出嫁女儿赵许氏回家拜年，留住母家。十五日黄昏时候，小的们听闻许刘氏家吵闹，赶去查看，见许思文扭住许刘氏殴打，他女婿赵信在旁斥骂赵许氏无耻，小的们连忙上前劝解，问说因赵信前来接取赵许氏同回，路遇许思文一同归家，撞见陈灏洪合许刘氏、赵徐氏同坐房内谈笑，陈灏洪跑走，许思文随向许刘氏盘出奸情起衅的。那时许刘氏在房哭泣，赵许氏就说被丈夫如此辱骂，心怀不甘，无颜做人，不如寻死的话，向小的们哭诉，经小的们用言劝慰。不料许刘氏因奸情败露，赵许氏也因被骂不甘，都各羞愧难堪，携取家存治病用剩烟膏，各自乘间吞服，毒发呕吐。经许思文、赵信喊同小的们用药灌救没效，到第二日早晨先后身死，许思文就投保把陈灏洪扭获，送案报验的。小的们委系灌救不及。是实。

据尸亲许思文供：无为州人，已死许刘氏是妻子，赵许氏是出嫁女儿。小的向在城内李丰豫药店佣工，合这到案的陈灏洪村邻素识，时常往来，妻子刘氏见面不避。陈灏洪何时合妻子有奸，小的先不知道。光绪十八年正月十五日黄昏时候，小的由店回家，路遇女婿赵信，说是女儿先于十二日回家拜年，留住母家，今日前来接取，约俟明早同行，小的就合赵信一同回到家内，撞见陈灏湿洪合妻子、女儿各在房内同坐谈笑，陈灏洪当就跑走。小的心疑有奸，就向妻子盘出奸情，痛加责打。赵信也因女儿合陈灏洪同坐谈笑，斥骂无耻，经邻人张银们闻闹赶来劝解，问明情由，妻子在房哭泣，女儿就说被丈夫如此辱骂，心怀不甘，无颜做人，不如寻死的话，向张银们哭诉，经张银们用言劝慰。不料妻子因奸情败露，女儿也因被骂不甘，都各羞愧难堪，携取家存治病用剩烟膏，各自乘间吞服，毒发呕吐，小的合赵信连忙喊同张银们用药灌救没效，到第二日早晨先后身死。小的就投保把陈灏洪扭获送案报验的，求究办。是实。

据尸亲赵信供：无为州人，已死赵许氏是妻子，许刘氏是妻母，合这到案的陈灏洪村邻素识。余供与许思文供同。

据犯人陈灏洪供：无为州人，年三十五岁，父母俱存，兄弟二人，小的居幼，并没妻子，向开肉店生理，合已死许刘氏的丈夫许思文村邻素识，时常往来，许刘氏见面不避，他出嫁女儿赵许氏素不认识。光绪十六年十月间不记日期，小的走到许思文家闲坐，适许思文外出佣工，就与许刘氏调戏成奸，后非一次，送过许刘氏猪肉不计斤数①,许思文先不知情。十八年正月十五日黄昏时候,小的复往许刘氏家要想续旧,见有人在许刘氏房内说话,小的不敢进去,就要走避,许刘氏走出,说这是他出嫁女儿,不是外人,邀令进房同坐谈笑,适许思文同他女婿赵信回家撞见,小的当就跑走。后来许思文怎样向许刘氏盘出奸情,把他责打,赵信也因他妻子赵许氏合小的同坐谈笑,斥骂无耻,小的先不晓得。到第二日早晨,闻许刘氏因奸情败露,赵许氏也被丈夫辱骂不甘,都各羞愧难堪,乘间吞服烟膏先后身死。小的害怕,正要往外躲避,就被许思文投保把小的扭获送案报验的。小的委没合赵许氏通奸,也没调戏威逼的事。是实。各等供。

据此,将犯收禁,录供通详,奉批审解。据报,该犯陈灏湿洪于光绪十八年三月初八日在监患病,验报饬医,至四月初八日治痊。遵提覆讯,议拟解府提讯,犯供游移,札委合肥县屈承福审照原拟,由府解司核,恐案情未确,札委安庆府联元审无别故,仍照原拟详解前来,本司提犯亲讯,除各供均与州讯相同请免冗叙外,该本司审看得无为州民陈灏洪因与许刘氏通奸败露,致许刘氏羞愧莫释,与同坐谈笑之出嫁女赵许氏同时服毒身死一案。缘陈灏洪籍隶无为州,向开肉店生理,与已死许刘氏之夫许思文村邻素识,时相往来,许刘氏见面不避。许刘氏出嫁女赵许氏与陈灏洪素未谋面。光绪十六年十月间不记日期,陈灏洪走至许思文家闲坐,适许思文外出佣工,即与许刘氏调戏成奸,后非一次,陈灏洪送给许刘氏猪肉不记斤数,许思文与邻佑张银等均不知情。十八年正月十二日,赵许氏回家拜年,经许刘氏留住母家。十五日黄昏时分,陈灏洪复往许刘氏家希图续旧,见赵许氏在房说话,不敢进房,即欲走避,许刘氏走出,声言系伊出嫁女儿,并非外人,邀令进房同坐谈笑,适赵信前来接取赵许氏,路遇许思文由店回家,遂一路同行,回至家内,撞见陈灏洪与许刘氏、赵许氏各在房内同坐谈笑,陈灏洪登即跑走。许思文心疑有奸,当向许刘氏盘出奸情,痛加责打,赵信亦因赵许氏与陈灏洪同坐谈笑,斥骂无耻。经邻人张银等闻闹,赶至劝解,问明情由,许刘氏在房哭泣,赵许氏以被丈夫如此辱骂,心怀不甘,无颜做人,不如寻死之言,向张银等哭诉,经张银等用言劝慰。讵许刘氏因奸情败露,赵许氏亦被夫骂不甘,均各羞愧难堪,携取家存治病用剩烟膏,各自乘间吞服,毒发呕吐,经许思文、赵信喊同张银等用药灌救无效,即于次早先后殒命。许思文投保将陈灏洪扭获,报经该州验讯,详批审解。据报,该犯陈灏洪在监患病,验报医痊,将犯覆讯,议拟解府提讯,犯供游移,札委合肥县屈承福审照原拟,由府解司核,恐案情未确,札委安庆府联元审无别故,仍照原拟详解前来。本司提犯亲讯,据供前情不讳,诘无另有别故及与赵许氏通奸并调戏威逼情事,究鞫不移,案无遁饰。查例载:"和奸之案,奸妇因奸情败露羞愧自尽者,奸夫杖一百,徒三年。"又:"人命案件,按律不应拟抵,罪止军流徒人犯致死二命，照律从一科断。"各等语。此案陈灦洪先与许刘氏通奸，嗣因复往续旧，与许刘氏出嫁女赵许氏在房同坐谈笑，致被本夫许思文撞见，盘出奸情，赵许氏亦被其夫赵信斥骂无耻，致许刘氏、赵许氏均各羞愧难堪，同时吞服烟膏身死。遍查律例，并无因奸致酿二命作何治罪专条，惟许刘氏之死由于奸情败露，赵许氏系因与陈灦洪同坐谈笑，被其夫赵信斥骂所致，该犯讯无调戏威逼情事，按律不应拟抵，自应照例从一科断。陈灦洪应如该州府及委审所拟，合依"和奸之案，奸妇因奸情败露羞愧自尽者，奸夫杖一百，徒三年"例，拟杖一百，徒三年，定地发配，折责充徒。许刘氏与陈灦洪通奸本干例议，业已自尽，应毋庸议。赵信斥骂其妻赵许氏不应与陈灦洪同坐谈笑，系属以理训责，并无不合，赵许氏死出自取，与人无尤，应与灌救不及之见证张银、许思印，均毋庸议。无干经州省释。尸棺分饬领埋。理合详候核咨。再，此案审限云云，至合并声明。等情。到院。据此，本部院覆核无异，除分咨外，相应咨达。

光绪十九年十月二十二日准。部照覆。

校勘记：

①不计斤数：据文意，当为"不记斤数"。

奸妇因奸情败露羞忿自尽

为报验事。据按察使嵩崑详，据庐州府知府黄云转，据署巢县知县桑隽详称：光绪十五年三月二十六日，卑前县周应湝任内，据地保徐义和报，据民妇董汪氏投称：伊媳妇周氏孀居多年，本月二十一日有租住伊家房屋之吴梁斌在伊媳房内同坐谈笑，经伊撞见，喊同伊堂侄董光论进内捉拿，吴梁斌当即逃跑，随向伊媳盘出奸情，禁绝往来，当经控蒙拘究。嗣伊媳因事关脸面，连日在房内哭泣，声言无颜做人，不如寻死，经伊与董光论用言劝慰，随时防范，不料伊媳羞忿莫释，于二十六日早乘伊外出，潜在房门横枋上用草绳自缢。伊外回瞥见，喊同董光论赶忙解救无及，业已气绝殒命。等语。往查属实，合将吴梁斌带案，禀乞验究。等情。并据尸姑董汪氏同报，各到县。据经周应湝卷查，此案先于本年三月二十一日据董汪氏禀控，吴梁斌调奸伊媳周氏，在房撞见，叩乞严究。等情。即经批饬，拘究在案。据报前情，随带刑仵押犯前诣该处，勘得董汪氏朝北住屋一所，前进两间，左开大门，右一间租与吴梁斌居住，后进三间，中系堂屋，左右俱系卧房。已死董周氏即在左间门枋上自缢，查验房门横枋上灰尘滚乱，自地至枋量高五尺五寸，尸旁遗有草绳一根，量长四尺六寸，又小木凳一张，量高一尺二寸。勘毕，饬据仵作司详验报：已死董周氏，问年四十三岁。

仰面：面色紫；两眼胞闭；口开，舌出齿三分。致命：咽喉有缢痕一道，斜长九寸，宽三分，深一分，紫赤色，有血瘾斜入两耳后发髻，八字不交；两手直微握；两腿伸；十指甲下坠，有血瘾。余无故。实系自缢身死。报毕，亲验无异，填格取结，尸令棺殓，缢绳带回储库。提讯吴梁斌，供词狡执。周应湘暨代理县李文治均未讯详先后卸事，卑职抵任准交，随传集一干人证，提犯研讯。

据地保徐义和供与报词同。

据尸姑董汪氏供：巢县人，年七十五岁，已死董周氏是媳妇，儿子董光斗早故，媳妇孀居多年。这吴梁斌租住小妇家房屋，同门出入，他何时合媳妇有奸，小妇先不晓得。光绪十五年三月二十一日，吴梁斌在媳妇房内同坐谈笑，经小妇看见，喊同堂侄董光论进内捉拿，吴梁斌当就逃跑，随向董周氏盘出奸情，把他责骂，禁绝往来，就赴案下禀究。后来媳妇因事关脸面，连日在房哭泣，说他无颜做人，不如寻死，经小妇合董光论用言劝慰，随时防守。不料媳妇羞忿莫释，到二十六日早上乘小妇外出，就在房门横枋上用草绳搭挂自缢。小妇外回瞥见，喊同董光论赶忙解救不及，业已气绝身死了。小妇就投保把吴梁斌送案的，求究办。是实。

据邻证董光论供：合堂婶董汪氏家邻居，已死董周氏是董汪氏媳妇，他丈夫早故，孀居多年。这吴梁斌是租住堂婶家房屋，同门出入。光绪十五年三月二十一日，小的听闻董汪氏声喊，赶往查看，见吴梁斌已经逃跑，堂婶说他撞见吴梁斌在董周氏房里同坐谈笑，喊同捉拿的话，当向董周氏盘出奸情，把他责骂，禁绝往来，小的当就走回，董汪氏就赴案下禀究。后来董周氏因事关脸面，连日在房哭泣，说他无颜做人，不如寻死，经小的合堂婶用言劝慰，并经堂婶随时防守。不料董周氏羞忿莫释，到二十六日早上乘堂婶外出，就在房门横枋上用草绳自缢，堂婶瞥见，喊同小的连忙解救不及，业已气绝身死了。小的委系解救不及。是实。

据犯人吴梁斌供：年二十八岁，巢县人，父母都故，并没弟兄妻子，小的向租董汪氏家房屋居住，同门出入，合董汪氏的媳妇董周氏习见不避。光绪十五年二月里不记日期，小的前往董汪氏家闲坐，适董汪氏外出，就向董周氏调戏成奸，以后遇便续旧，不记次数，也没给过钱物，董汪氏并不知情。三月二十一日，小的在董周氏房里合董周氏同坐谈笑，被董汪氏撞见，喊同他堂侄董光论进内捉拿，小的当就逃跑，后来听得董汪氏向董周氏盘出奸情，禁绝往来，就赴案下禀究，又闻得董周氏羞忿莫释，连日哭泣，说要寻死，到二十六日早上，在房门横枋上自缢身死，董汪氏就投保把小的送案的。小的实止与董周氏通奸，被董汪氏撞见禀究，致董周氏羞忿自缢身死，并没别故。是实。各等供。

据此，将犯收禁，录供通详，奉批审解。据报，该犯吴梁斌于光绪十五年七月十四日在监患病，验报饬医，至八月十四日治痊。将犯覆讯，议拟解府提讯，犯供游移，札委合肥县袁学昌审系畏罪图翻，仍照原拟由府解司核，恐案情未确，札委署怀宁县范葆廉覆讯，该县因另有查办事件，禀司改委安庆府联元审无别故，仍照原拟详解前来。本司提犯亲讯，供与县府及委审相同，请免冗叙。

该本司审看得巢县民人吴梁斌与董周氏通奸，被其姑董汪氏撞见赴县禀究，致董周氏羞忿自尽一案。缘吴梁斌籍隶该县，向租董汪氏家房屋居住，同门出入，与其媳董周氏习见不避。光绪十五年二月间不记日期，吴梁斌前往董汪氏家内闲坐，适董汪氏外出，即向董周氏调戏成奸，以后遇便续旧，不记次数，亦未给过钱物，董汪氏先不知情。三月二十一日，吴梁斌在董周氏房内与董周氏同坐谈笑，经董汪氏撞见，喊同堂侄董光论进内捉拿，吴梁斌当即逃跑，董汪氏随向董周氏盘出奸情，将其责骂，禁绝往来，并控经该县，周应濉饬差拘究，嗣董周氏因事关脸面，连日在房哭泣，声言无颜做人，不如寻死，经董汪氏与董光论用言劝慰，随时防范。讵董周氏羞忿莫释，乘董汪氏外出，于二十六日早潜在房门横枋上用草绳搭挂自缢，又经董汪氏外回瞥见，喊同董光论赶忙解救无及，业已气绝殒命。董汪氏投保获犯报县诣验，周应濉、李文治因犯供狡执，未及讯详先后卸事。该县桑隽抵任准交，讯供详批审解。据报，该犯吴梁斌在监患病，验报医痊覆讯，议拟由府解司委审，详解前来。本司提犯亲讯，据供前情不讳，诘无另有起衅别故，究鞫不移，案无遁饰。查例载："和奸之案，奸妇因奸情败露羞忿自尽者，奸夫杖一百，徒三年。"等语。此案吴梁斌因与董周氏通奸，被氏姑董汪氏撞见禀究，致董周氏羞忿莫释，自缢身死，自应按例问拟。吴梁斌应如县府及委审所拟，合依"和奸之案，奸妇因奸情败露羞忿自尽者，奸夫杖一百，徒三年"例，拟杖一百，徒三年。事犯到官在光绪十六年三月二十二日恭逢恩诏以前，核其情罪系在准减之列，应准减为杖一百，折责发落。董周氏与人通奸，本干例拟，业已自尽，应毋庸议。董汪氏系例得捉奸之人，其赴县控究并无不合，应与解救不及之董光论，均毋庸议。尸棺经县饬埋。缢绳案结销毁。理合详候核咨。再，此案审限云云，至合并声明。等情。到院。据此，本部院覆核无异，除分咨外，相应咨达。

光绪十七年六月二十九日准。部照覆。

擅杀图奸未成无服族弟

为报验事。查接管卷内，据按察使嵩崑详，据颍州府[①]知府凤林转，署阜阳县知县吴乃斌详称：光绪十五年六月二十日，卑前代理县秦霖任内，据地保张一棠报，据保民张培益投称：伊有地十三亩，先年典与张本之管业，言明随时回赎。本月十八日，伊欲备价往赎，先令长子张林向张本之告知，伊子因张本之与子张科等均不在家，即乘间向张科之妻张魏氏调奸不从，当即跑回。十九日傍晚，张科外回，赶向伊子寻殴。伊子张林被张科用刀扎伤肚腹等处，当时殒命。有邻人李春贵见证。等语。往查属实，将犯获住并起获凶刀一把，合报验究。等情。并据尸父张培益同报，各到县。据经秦霖带领刑仵押犯驰诣相验，据仵作陈立验报：已死张林，问年三十岁。仰面，不致命：右肩甲有刃伤一处，斜长三分，阔一分，深四分；左胳膊有刃伤一处，斜长五分，阔二分；左手腕有刃伤二处，上一处斜长五分，下一处斜长四分，宽阔二分；右手腕有刃伤三处，上一处斜长五分，下二处各斜长七分，俱阔二分。以上各伤均深抵骨，骨不损。致命：肚腹有刃伤一处，斜长八分，阔三分，深透内，肠出。合面，不致命：左后肋有刃伤二处，上一处斜长七分，阔二分，深由骨缝透内，下一处斜长五分，阔二分，深四分；右后肋有刃伤三处，上一处斜长七分，下二处各斜长六[分]，均阔二分，深五分。致命：左后肋有刃伤一处，斜长四分，阔二分，深六分。以上各伤均皮卷血污。余无故。实系受伤身死。报毕，亲验无异，饬取凶刀比对尸伤相符，填格取结，尸令棺殓，凶刀带回储库。随传集尸亲、人证，提犯逐加研讯。

据地保张一棠供与报词同。

据尸父张培益供：已死张林是儿子，合无服族兄张科素好没嫌。小的家有地十三亩，先年当与张科的父亲张本之管业，言明随时回赎。光绪十五年六月十八日上午，小的要想备价赎地，叫儿子先向张本之通知，那晓儿子因张本之父子都没在家，张科的妻子张魏氏独自一人在水沟洗衣，就乘间向张魏氏调奸不从，当就走回，小的先不知道。到十九日傍晚，小的外出未回，有庄邻李春贵来向小的报知，儿子因调奸张科妻子张魏氏起衅，致被张科用刀扎伤身死的话，小的当就赶回查看，投保把张科扭获送案报验的，求究伸。是实。

据邻证李春贵供：合已死张林并这张科都是庄邻。光绪十五年六月十八日上午，张林怎样往张科家告续当地[2]，因张科父子外出，张科的妻子张魏氏独自一人在水沟洗衣，张林就向张魏氏调戏，拉衣求奸，张魏氏不依喊骂，经小的母亲李陈氏闻喊赶去查看，问明情由，张林当就逃跑，母亲随向张魏氏用言劝慰走回。十九日傍晚，张科田工外回，张魏氏向张科哭诉前情，张科听闻气忿，拿了尖刀赶向张林寻殴，小的连忙赶去救阻，那知张科已把张林用刀扎伤身死。那时张林父亲张培益没有在家，小的就去报知，赶回看明，投保获犯报验的。母亲李陈氏现因年老患病不能到案。小的委系救阻不及。是实。

据犯妻张魏氏供：年四十岁，这到案的张科是丈夫，合已死无服族弟张林素好没嫌。光绪十五年六月十八日上午，丈夫赴地工作，翁父张本之、夫弟张献都出外探亲,婆母张孙氏卧病在床,小妇独自一人在屋后水沟洗衣,张林走来说要回赎当地,向翁父们告知,小妇说道都没在家。张林就走近小妇身边,用言调戏,拉衣求奸,小妇不依喊骂,经邻人李春贵的母亲李陈氏闻喊赶来,问明情由,张林当就逃跑,李陈氏随向小妇用言劝慰走回。小妇告知婆母,因有关颜面,叫小妇不要声张。十九日傍晚,丈夫回家,小妇就向哭诉前情,丈夫气忿,拿了尖刀赶向张林寻殴,后来丈夫怎样把张林用刀扎伤身死,小妇委没看见。是实。

据凶犯张科供:年四十一岁,阜阳县人,父亲张本之,母亲孙氏,弟兄二人,小的居长,娶妻魏氏,生有子女,种田度日。合已死无服族弟张林素好没嫌,张林的父亲张培益先年把地十三亩当与父亲张本之管业,言明随时回续[③]。光绪十五年六月十八日,小的赴地工作,到十九日傍晚回家,妻子张魏氏向小的哭诉,十八日上午时候父亲同兄弟张献出外探亲,母亲卧病在床,妻子独自一人在屋后水沟洗衣,张林走来说要回续[④]当地,向父亲合小的告知,妻子说道都不在家,张林就走近妻子身边,用言调戏,拉衣求奸,妻子不依喊骂,经邻人李春贵的母亲李陈氏闻喊赶到,问明情由,张林当就逃跑,李陈氏随向妻子用言劝慰走回,妻子回向母亲告知,母亲因有关颜面,劝妻子不要声张的话,小的听闻气忿,拿了尖刀赶向张林寻殴,走到那里,见张林赤膊坐在门口乘凉,小的斥他不该调戏妻子,张林起身分辩,小的不服混骂,张林回骂,并举起板凳掷来,小的闪侧,拔出身带尖刀抵格,致扎伤张林左胳膊,张林湾身[⑤]拾石,小的用刀扎伤他左后肋倒地,张林在地乱滚,大声辱骂,并说日后定要报复,小的一时忿极,顿起杀机,用刀连扎伤他右肩甲、两手腕、两后肋,张林骂不绝口,小的复用刀狠扎致伤他肚腹,当时身死。经李春贵赶来喝阻,小的害怕跑走,今被获案的,委非预谋致死,也没起衅别故及在场帮殴的人。凶器尖刀已蒙起获。是实。各等供。

据此,将犯收禁,录供通详,奉批审解。秦霖旋即卸事,卑职到任准交。据报,该犯张科于光绪十五年九月二十日在监患病,验报饬医,至十月二十日治痊。遵提覆讯,除各供同前不叙外,讯据凶犯张科供云云同前。等供。据此,该署阜阳县知县吴乃斌审看得云云同后院看至,储库备拨。等情。由府解司核,恐案情未确,札委安庆府联元审照原拟解司,勘转到前抚臣沈,提犯亲讯无异,未及核题,移交到臣。

该臣核看得阜阳县民张科故杀图奸伊妻未成之无服族弟张林身死一案。缘张科籍隶该县,务农度日,与已死无服族弟张林素睦无嫌。张林之父张培益有地十三亩,先年典与张科之父张本之管业,言明随时回续[⑥]。光绪十五年六月十八日上午,张培益意欲备价续地[⑦],先令张林向张本之告知,适张本之与其次子张献出外探亲,张科赴地工作,张科之母张孙氏卧病在床,其妻张魏氏独自一人在屋后水沟洗衣,张林走至瞥见张魏氏,告知赎地情由,张魏氏答以均不在家,张林四顾无人,走近张魏氏身边，用言调戏，拉衣求奸，张魏氏不依喊骂，经邻人李春贵之母李陈氏闻喊赶至，问明情由，张林当即逃跑，李陈氏随向张魏氏用言劝慰走回。张魏氏回向其姑张孙氏告知，张孙氏因有关颜面，劝其隐忍。十九日傍晚，张科田工外回，张魏氏即向哭诉前情，张科闻知气忿，携带尖刀赶向张林寻殴，走至该处，见张林赤膊坐在门首乘凉，张科斥其不应调戏伊妻，张林起身分辩，张科不服混骂，张林回詈，并举起板凳掷殴，张科闪侧，拔出身带尖刀抵格，致扎伤张林左胳膊，张林湾身[8]拾石，张科用刀扎伤其左后肋倒地，张林在地乱滚，大声辱骂，并称日后定欲报复，张科一时忿极，顿起杀机，用刀连扎伤其右肩甲、左右手腕、左右后肋。张林骂不绝口，张科复用刀狠扎，致伤其肚腹，登时殒命。张科当即跑走，经李春贵趋至喝阻，报知尸父张培益赶回看明，投保获犯，报经该前代理县秦霖验讯，详批审解。秦霖旋即卸事，该县吴乃斌到任准交。据报，该犯张科在监患病，验报医痊。兹据该县将犯讯拟由府解司委审，勘转到前抚臣沈提讯无异，未及核题，移交前来。臣覆核此案，既经前抚臣沈提犯亲讯，据供前情不讳，诘非预谋致死，亦无起衅别故及在场帮殴之人，究鞫不移，案无遁饰。查例载："本夫杀死图奸未成罪人，无论登时、事后，俱照擅杀律，拟绞监候。"等语。此案张科因张林调奸伊妻张魏氏未成，该犯事后闻知，赶往寻殴，故杀张林身死，自应按例问拟。查已死张林系该犯无服族弟，至死应同凡论。张科应如县府司及委审所拟，合依"本夫杀死图奸未成罪人，无论登时、事后，俱照擅杀律，拟绞监候"例，拟绞监候，秋后处决。张林图奸张魏氏未成，本干例拟，业被杀死，应与救阻不及之李春贵，均毋庸议。张培益出典地亩，饬令备价赎回。无干经县省释。尸棺饬埋。凶器尖刀验明发回，案结储库备拨。除揭移部科外，理合恭疏具题，伏乞皇上圣鉴，敕下法司核覆施行。再，此案审限云云。

光绪十七年十二月二十六日准。部照覆。

校勘记：

①颖州府：颖字误，当为"颍"。

②告续当地：续字误，当为"赎"。

③回续：续字误，当为"赎"。

④同③。

⑤湾身：同"弯身"。

⑥同③。

⑦续地：续字误，当为"赎"。

⑧同⑤。

卷十四艺 奸拐 抢夺妇女各案附

调奸未成致本妇羞忿自尽

题为报验事。据署按察使丁峻详,据署凤阳府知府凤林转,据署宿州知州桂中纯详称:光绪十八年闰六月二十四日,据地保李盛报,据保民邵学文投称:本月二十一日,伊外贸未归,伊妻王氏带领幼子赴塘洗衣,只留伊女瀛姐一人在家,被邻人杨铁匠前往伊家,向瀛姐用言调戏,致瀛姐羞忿莫释,吞服烟土自尽。等语。往查属实,已将杨铁匠获住,送案报请验究。等情。并据尸亲邵学文同报,各到州。据此,随即带领刑仵,押犯前诣相验。据仵作夏得验报:已死邵瀛姐,问年十七岁。仰面:面色青黑;两眼胞开;唇吻、齿根俱青色;口内有血沫流出,用银针探入咽喉良久,取出作青黑色,皂角水擦洗不去;右手指粘有烟土;心坎、肚腹俱青黑色;脐肚以下据尸亲结求免验。合面:十指甲青黑色。余无故。实系服毒身死。报毕,亲验无异,填格取结,尸令棺殓,随传集尸亲、地保、人证,提犯研讯。

据地保李盛供与报词同。

据邻佑邵明学、张学盛同供:小的们合邵学文是邻居。光绪十八年闰六月二十一日,小的们在家忽听邵学文的妻子邵王氏在那里喊说他女儿瀛姐吞了烟土,叫小的们快去灌救,小的们连忙走去查问,知道是方才邵王氏带领幼子赴塘洗衣,只留邵瀛姐一人在家,被杨铁匠进去,向邵瀛姐用言调戏,邵瀛姐闻言哭骂,适邵王氏走回,邵瀛姐当向他母亲哭诉前情,邵王氏气忿,扭住杨铁匠不依,就被挣脱逃跑,不防邵瀛姐羞忿莫释,乘间吞了烟土,小的就找药帮同把邵瀛姐灌救没效,到夜身死,尸亲投保获犯报验的。小的们委系灌救不及。是实。

据尸父邵学文供:宿州人,已死邵瀛姐是女儿,这杨铁匠合小的邻居素识,时常往来,女儿见面不避。光绪十八年闰六月二十一日,小的先期外出生意未归,妻子邵王氏也领幼子往屋外塘边洗衣,只留女儿一人在家,那晓杨铁匠走去,就问女儿何时出嫁,女儿不理,杨铁匠又说女儿婆家未定,不如跟他快活的话,向女儿调戏,女儿听闻哭骂,适妻子走回,女儿当向妻子哭诉前情,妻子气忿,扭住杨铁匠不依,就被挣脱逃走,女儿说是被杨铁匠这样羞辱没脸做人,哭泣不止,妻子用言劝解,不料女儿羞忿莫释,找着家存治病用剩烟土,乘间吞服,经妻子查知,喊邻觅药把女儿灌救没效,到夜毒发身死,妻子就信知小的赶回,问明投保,把杨铁匠获住送案报验的,求究伸。是实。

据尸母邵王氏供:宿州人,已死邵瀛姐是女儿,这杨铁匠合小妇家邻居素识,时常往来,女儿见面不避。光绪十八年闰六月二十一日,丈夫邵学文先期外出生意没归,小妇带领幼子到屋外塘边洗衣,只留女儿一人在家,那晓杨铁匠走去,就问女儿几时出嫁,女儿不理,杨铁匠又说女儿婆家未定,不如跟他快活的话,向女儿调戏,女儿听闻哭骂。小妇走回,女儿当向小妇哭诉前情,小妇气忿,扭住杨铁匠不依,就被挣脱逃走。女儿说是被杨铁匠这样羞辱,没脸做人,哭泣不止,小妇用言劝解。不料女儿羞忿莫释,找着家存治病用剩烟土乘间吞服,经小妇查知,忙去喊邀邻佑邵明学们帮同觅药,把女儿灌救没效,到夜毒发身死,小妇就信知丈夫赶回,投保把杨铁匠获住报验的,求究伸。是实。

据犯人杨铁匠供:宿州人,年三十岁,父母都故,并没弟兄,娶妻生有一子,铁匠手艺。已死邵瀛姐是邵学文女儿,小的合邵学文邻居素识,时常往来,邵瀛姐见面不避。光绪十八年闰六月二十一日,小的前往邵学文家闲坐,那时邵学文外出生意未归,邵瀛姐的母亲邵王氏带领幼子往屋外塘边洗衣,小的见邵瀛姐一人独处,起意调奸,就问邵瀛姐何时出嫁,邵瀛姐不理,小的又说你婆家未定,不如跟我快活的话,向邵瀛姐戏谑,邵瀛姐听闻哭骂,小的心慌要走,适邵王氏走回,邵瀛姐当向他母亲哭诉前情,邵王氏气忿,扭住小的不依,即被小的挣脱逃走。不料邵瀛姐羞忿莫释,服毒自尽,经尸亲投保,把小的获住送案报验的。委止语言调戏,并没手足勾引及用强威逼的事。是实。各等供。

据此,将犯收禁,录供详批审解。据报,该犯杨铁匠于十八年九月十二日在监患病,验报饬医,至十月十二日治痊。遵提覆讯,除各供同前不叙外,讯据犯人杨铁匠供云云同前。等供。据此,该署宿州知州桂中纯审看得云云同后院看至,尸棺饬埋。等情。议拟解府提讯,犯供游移,札委署凤阳县蒋翊廷审照原拟,由府解司提讯,犯供翻异,札委署怀宁县包宗经审无别故,照拟解司提讯,供仍狡展,后委安庆府联元审系畏罪狡翻,仍照原拟解司,勘转到臣,提犯亲讯无异。

该臣审看得宿州民人杨铁匠用言调戏邻女邵瀛姐致令羞忿自尽一案。缘杨铁匠籍隶该州,铁匠手艺,与已死邵瀛姐之父邵学文邻居素识,时相往来,邵瀛姐见面不避。光绪十八年闰六月二十一日,杨铁匠前往邵学文家闲坐,其时邵学文外贸未归,邵瀛姐之母邵王氏带领幼子在屋外塘边洗衣,杨铁匠见邵瀛姐一人独处,起意调奸,即问邵瀛姐何时出嫁,邵瀛姐不理,杨铁匠复以婆家未定,不如跟伊快活之言向邵瀛姐戏谑,邵瀛姐闻言哭骂,杨铁匠心慌欲逃,适邵王氏走回,邵瀛姐当向其母哭诉前情,邵王氏气忿,扭住杨铁匠不依,即被挣脱逃逸。邵瀛姐声言被杨铁匠如此羞辱,无颜为人,哭泣不止,邵王氏用言劝解。讵邵瀛姐羞忿莫释,觅取家存治病用剩烟土,乘间吞服,经邵王氏查知,喊邀邻佑邵明学等帮同觅药,将邵瀛姐灌救罔效,至晚毒发殒命。尸亲投保获犯,报经该州验讯通详,批饬审解。该犯杨铁匠在监患病,验报医痊。该州遵提覆讯,议拟由府解司,先后委审拟解,勘转前来。臣提犯亲讯,据供前情不讳,诘止语言调戏,并无手足勾引及用强威逼情事,究鞫不移,案无遁饰。查例载:"但经调戏本妇羞忿自尽者,绞监候。"等语。此案杨铁匠起意调奸邵瀛姐,辄以婆家未定,不如跟伊快活之言,向其戏谑,致邵瀛姐羞忿莫释,服毒自尽,自应按例问拟。杨铁匠应如州府司所拟,合依"但经调戏本妇羞忿自尽者,绞监候"例,拟绞监候,秋后处决。邵瀛姐守正不污,捐躯明志,洵属贞烈可嘉,应予附请旌表,以慰幽魂而维风化。邻佑邵明学等灌救不及,应毋庸议。无干省释。尸棺由县饬埋。除揭移部科查照外,理合恭疏具题,伏乞皇上圣鉴,敕下法司核覆施行。再,此案审限云云。

光绪二十年九月十三日准。部照覆。

语言调戏致本妇羞忿自尽

为报验事。据升授甘肃布政使、安徽按察使张岳年详,据凤阳府知府赵舒翘转,据宿州知州何庆钊详称:光绪十四年九月十八日,据地保张广廷报,据民妇张高氏投称:本月十四日傍晚时分,伊媳张何氏赴屋旁池塘洗衣,有邻人倪亮走往池边,向伊媳用言调戏,伊媳携衣哭走回家,向伊告诉情由,并称被倪亮欺侮,无颜做人,定欲寻死,经伊劝慰,并嘱伊子张允安加意防范。伊即往寻倪亮不遇,经邻人赵克光等问明情由,将伊劝回。讵伊媳羞忿莫释,即于十六日黎明时候,乘伊子睡熟,在房内梁上用布带自缢殒命,解救无及。等语。往查属实,当将倪亮拿获送案,报乞验究。等情。并据尸姑张高氏同报,各到州。据此,随带刑仵押犯前诣该处,勘得张高氏朝南住宅草屋三间,已死张何氏尸身已经解放,仰卧西间房内地上。据张高氏指称,伊媳张何氏系在西间房内梁上用板床垫脚自缢身死。等语。自梁至地量高四尺八寸,梁上灰尘滚乱,下放板床一张,高一尺五寸。勘毕,饬将尸移平地,如法相验。据仵作夏得验报:已死张何氏,问年十九岁。仰面:两眼胞闭;口闭;舌抵齿不出。致命:咽喉上有缢痕一道,斜长九寸,宽五分,深一分,紫赤色,由两耳后斜入发髻。合面:脑后八字不交；两手大拇指、两脚尖均垂下；肚腹坠。余无故。实系自缢身死。报毕，亲验无异，饬取布带比对缢痕相符，当场填格取结，尸令棺殓。传集尸亲、保证人等，提犯逐加研讯。

据地保张广廷供与报词同。

据尸姑张高氏供：已死张何氏是媳妇，合这到案的倪亮邻居素识。光绪十四年九月十四日傍晚时候，媳妇赴屋旁池塘洗衣，不多一会哭走回来，向小妇告诉他在那里洗衣，倪亮走去说道看我可好你可喜欢的话，向他调戏，并说被倪亮这样欺侮，没颜做人，定要寻死，小妇当把媳妇劝慰，并叫儿子张允安加意防备。小妇赶去找向倪亮不依，没有看见，是邻人赵克光们过来查问情由，把小妇劝回的。那晓媳妇羞忿莫释，到了十六日黎明时候，乘儿子睡熟，就在房里梁上用布带自缢，儿子惊起看见，喊同小妇合赵克光们解救无及，已经气绝身死，小妇就投保把倪亮拿获送案报验的。媳妇实被倪亮用言调戏，羞忿自缢身死，并没别故，求伸冤。是实。

据尸夫张允安供：已死张何氏是妻子，张何氏实被倪亮用言调戏，羞忿自尽，小的喊同母亲合邻人赵克光们解救无及，已经身死。余与张高氏供同。

据邻证赵克光、王廷恩同供：小的们合已死张何氏并这到案的倪亮都是邻居，张何氏是这张允安的妻子。光绪十四年九月十四日傍晚时候，张何氏的婆婆张高氏赶到倪亮家里要找倪亮不依，倪亮躲避不见，小的们过去查问。据张高氏告诉，说他媳妇张何氏在屋旁池塘洗衣，倪亮走到池边说道看我可好你可喜欢的话，向他媳妇调戏，现在他媳妇在家说被倪亮欺侮，没颜做人，定要寻死，当经小的们把张高氏劝回。不料张何氏羞忿莫释，到十六日黎明时候在房自缢，是他丈夫张允安起来看见，喊同张高氏合小的们过去解救无及，业已气绝身死，张高氏就投保把倪亮拿获送案报验的。张何氏是被倪亮语言调戏羞忿自缢身死，并没别故，求详察。是实。

据犯人倪亮供：年二十三岁，宿州人，父亲倪尚仁，现年六十二岁，母亲王氏，现年五十三岁，弟兄三人，小的第二，并没妻子，务农度日，已死张何氏是张允安的妻子，合小的邻居素识。光绪十四年九月十四日傍晚时候，小的由外回归，看见张何氏独自一人在屋旁池塘洗衣，小的四顾无人，顿起淫念，走到池边就说看我可好你可喜欢的话，向张何氏调戏，那晓张何氏听了这话，立刻起身拿衣哭走，小的也就走回。过了一会，张何氏的婆婆张高氏来找小的不依，小的躲避不见，是邻人赵克光们把张高氏劝回的。不料张何氏羞忿莫释，到了十六日黎明时候自缢身死，尸亲就投保把小的拿获送案报验的。小的委止语言调戏，致张何氏羞忿自缢身死，并没手足勾引及用强逼辱的事。是实。各等供。

据此，将犯收禁，录供通详，奉批审解。据报，该犯倪亮于十五年正月二十四日在监患病,验报饬医,至二月二十四日治痊。遵提覆讯,除各供同前不叙外,讯据犯人倪亮供云云同前。等供。据此,该宿州知州何庆钊审看得云云后同院看至,以维风化。等情。由府解司提讯,犯供游移,札委安庆府覆审,仍照原拟解司,勘转到臣,提犯亲讯。

该臣审看得宿州民人倪亮因向邻妇张何氏语言调戏致令羞忿自缢身死一案。缘倪亮籍隶该州,务农度日,与已死张何氏邻居素识。光绪十四年九月十四日傍晚时分,倪亮由外回归,瞥见张何氏独自一人在屋旁池塘洗衣,倪亮四顾无人,顿起淫念,走至池边即以看我可好你可喜欢之言,向张何氏调戏,张何氏一闻亵语,立即起身携衣哭走回家,向其姑张高氏哭诉前情,并称被倪亮如此欺侮,无颜为人,定欲自尽,经张高氏用言劝慰,并嘱张何氏之夫张允安加意防范。张高氏即往寻倪亮不遇,经邻人赵克光等问明情由,将张高氏劝回。讵张何氏羞忿莫释,即于十六日黎明时候乘其夫张允安睡熟,潜在房内梁上用布带自缢,张允安惊起瞥见,喊同张高氏等解救无及,业已气绝殒命。张高氏投保获犯,报验讯详,批饬审解。该犯倪亮在监患病,验报医痊。据该州覆讯,议拟由府解司委审,勘转到臣,提犯亲讯,据供前情不讳,讯无手足勾引及用强逼辱情事,研鞫不移,案无遁饰。查例载:“但经调戏本妇羞忿自尽者,绞监候。”等语。此案倪亮因见张何氏独在池塘洗衣,辄即顿起淫念,走至池边用言调戏,致张何氏羞忿自缢身死,自应按例问拟。倪亮应如县州府司及委审所拟,合依“但经调戏本妇羞忿自尽者,绞监候”例,拟绞监候,秋后处决。该犯事犯到官在光绪十五年三月十六日恭逢恩诏以前,核其情罪系在条款不准援免,酌入缓决之列,应不准其援免,秋审入于缓决。尸夫张允安等解救不及,应毋庸议。无干经州省释。尸棺饬埋。缢带验明,案结烧毁。张何氏一闻倪亮语言调戏即行捐躯明志,洵属节烈可嘉,相应随案附请旌表,以维风化。除揭移部科外,理合恭疏具题,伏乞皇上圣鉴,敕下法司核覆施行。再,此案审限云云。

光绪十七年六月二十五日准。部照覆。

妇女听闻秽语戏谑羞忿自尽

为报验事。据按察使嵩崑详,据署庐州府知府徐宝谦转,据舒城县知县杨熚详称:光绪十七年八月二十二日,卑前署县吴云翔任内,据地保张明海报,据孀妇张周氏投称:伊养媳程氏幼配伊子张萌欧为妻,未及成婚伊子先已病故,程氏自愿守贞不嫁。本年六月间,伊婿邱仪真因伊女病故,曾向商议欲图续娶程氏为妻,伊未允许。本月二十日邱仪真来至伊家坐谈,提及前事,并以程氏年轻恐难终守不如早日改嫁之言向伊怂恿。讵程氏在房听闻,羞忿莫释,即于次日黄昏乘间自缢,经伊喊同邻人张起山等赶往解救，业已气绝殒命。等语。往查属实，犯已逃逸，合报验缉。等情。并据尸姑张周氏同报，各到县。据经吴云翔饬差缉犯，一面带领刑仵驰诣该处，勘得张周氏家住屋一所，前后二进，已死张程氏尸身业已解放，仰卧后进房内地上。据张周氏指称，伊媳程氏即在此房用板凳垫脚，系带梁上结套自缢。等语。查验梁上灰尘滚乱，自梁至地量高七尺四寸，凳高一尺五寸。勘毕，饬据仵作邵慎验报：已死张程氏，问年十九岁。仰面：面色黄；两眼胞开；口闭，舌抵齿不出。致命：咽喉上有缢痕一道，斜长七寸五分，宽二分半，深一分，紫赤色，有血癊，斜入两耳后发际，八字不交；两手微握；十指甲血坠。余无故。委系自缢身死。报毕，亲验无异，饬取缢带量长四尺五寸，比对缢痕相符，当场填格取结，尸令棺殓，缢带带回储库。正在比差勒缉间，旋于九月初三日该犯邱仪真自行投首到县，随提集尸亲、人证，逐一研讯。

据地保张明海供与报词同。

据尸亲张周氏供：舒城县人，已死张程氏是童养媳妇，从小配与儿子张萌欧为妻，过门后还没成婚，儿子先已病故，媳妇自愿守贞不嫁，这到案的邱仪真是女婿，合小妇家邻近居住。光绪十七年六月间，女婿因小妇女儿病故，曾向小妇商议要想续娶媳妇为妻，小妇就说媳妇自愿守贞，向女婿回覆没有允许。八月二十日女婿来到小妇家坐谈，提起前事，他说媳妇年轻恐难终守，不如早日改嫁的话，向小妇怂恿。小妇斥骂女婿不该出言讥诮，女婿当就走去。那晓媳妇先已在房听闻，说被女婿如此欺辱，没颜见人，不如早死，向小妇哭诉，当经小妇合邻人张起山们用言劝慰。各散。不料媳妇羞忿莫释，到第二日黄昏乘间自缢，小妇看见，连忙喊同张起山们赶来解救，业已气绝身死，小妇就投保报验的，求究办。是实。

据邻证张起山、孔堂同供：舒城县人，合已死张程氏并这到案的邱仪真都是邻居。张程氏从小过门童养，许配张周氏的儿子张萌欧为妻，还没成婚，张萌欧先已病故，张程氏自愿守贞不嫁。光绪十七年六月间，邱仪真因他妻子病故，曾向张周氏商议，要想续娶张程氏为妻，张周氏没有允许，小的们都知道的。八月二十日，小的们先后走到张周氏家闲坐，适邱仪真也来坐谈，提起前事，并说张程氏年轻恐难终守，不如早日改嫁的话，向张周氏怂恿，张周氏斥他不该出言讥诮，邱仪真当就走去。那晓张程氏先已在房听闻，就说被邱仪真如此欺辱，没颜见人，不如早死，向张周氏哭诉，经张周氏合小的们用言劝慰。各散。不料张程氏羞忿莫释，到第二日黄昏乘间自缢，张周氏看见，连忙喊同小的们赶往解救，业已气绝身死，张周氏就投保报验的。小的们委系解救不及。是实。

据犯人邱仪真供：舒城县人，年三十三岁，父母俱存，弟兄四人，小的居幼，娶妻张氏，生有子女，种田度日。合已死张程氏邻近居住，张程氏从小经岳母张周氏过门童养，许配小的妻弟张萌欧为妻，还没成婚张萌欧先已病故，张程氏自愿守贞不嫁。光绪十七年六月间，小的因妻子张氏病故，曾向岳母商议要想续娶张程氏为妻，岳母说程氏自愿守贞，没有允许。八月二十日小的前赴岳母家坐谈，提起前事，并说张程氏年轻恐难终守，不如早日改嫁的话，向岳母怂恿，岳母斥骂小的不该出言讥诮，小的当就走回。后闻张程氏在房听闻，就说被小的欺辱，没颜见人，不如早死，向岳母哭诉，到第二日黄昏羞忿莫释，自缢身死。尸亲投保报验，小的害怕，逃往各处躲避，今闻差拿严紧，就赴案投首的。委没另有别故，也没觌面戏谑的事。是实。各等供。

据此，将犯收禁，录供通详，奉批审解。吴云翔旋即卸事，卑职抵任准交。据报，该犯邱仪真于十八年正月二十八日在监患病，验报饬医，至二月二十八日治痊。遵提覆讯，除各供同前不叙外，讯据犯人邱仪真供云云同前。等供。据此，该舒城县知县杨焜审看得云云同后院看至，案结销毁。等情。解府核，恐案情未确，札委合肥县屈承福审无别故，仍照原拟由府解司，前署司提讯，犯供翻异，饬委署怀宁县包宗经覆讯，该令因另有查办事件，禀经前署司，改委安庆府联元审系畏罪狡翻，亦照原拟解司，勘转到臣，提犯亲讯无异。

该臣审看得舒城县民邱仪真因语言秽亵致张程氏听闻羞忿自缢身死一案。缘邱仪真籍隶该县，务农度日，与已死张程氏邻近居住，张程氏自幼经邱仪真妻母张周氏过门童养，许配其子张萌欧为妻，未及成婚张萌欧先已病故，张程氏自愿守贞不嫁。光绪十七年六月间，邱仪真因其妻张氏病故，曾与张周氏商议，欲图续娶张程氏为室，张周氏因程氏自愿守贞，未经允许。八月二十日，邱仪真前赴张周氏家坐谈，提及前事，并以张程氏年轻恐难终守不如早日改嫁之言，向张周氏怂恿，张周氏斥骂邱仪真不应出言讥诮，邱仪真当即走回。不意张程氏先已在房听闻，即以被邱仪真如此欺辱，无颜见人，不如早死，向张周氏哭诉，经张周氏与邻人张起山等用言劝慰。各散。讵张程氏羞忿莫释，即于次日黄昏乘间投缳，经张周氏惊见，喊同张起山等赶往解救，业已气绝殒命。张周氏投保报经该前署县吴云翔诣验，并据该犯邱仪真闻拿投首，讯供详批审解，吴云翔旋即卸事，该县抵任准交。据报，该犯邱仪真在监患病，验详医痊，将犯覆讯，议拟由府解司委审，勘转前来。臣提犯亲讯，据供前情不讳，诘无另有别故，亦无觌面戏谑情事，究鞫不移，案无遁饰。查例载："妇女因人亵语戏谑羞忿自尽之案，如并未与妇女觌面相谑，止与其亲属戏谑，妇女听闻秽语羞忿自尽者，杖一百，流三千里。"等语。此案邱仪真因向妻母张周氏商议图娶其媳张程氏未允，辄以张程氏年轻难守，后向张周氏用言讥诮，致被张程氏听闻羞忿自缢身死，自应按例问拟。邱仪真应如该县府司及委员所拟，合依"妇女因人亵语戏谑羞忿自尽之案，如并未与妇女觌面相谑，止与其亲属戏谑，妇女听闻秽语羞忿自尽者，杖一百，流三千里”例，拟杖一百，流三千里，虽据自首，无因可免，仍定地发配，折责安置。张起山讯系解救不及，应毋庸议。已死张程氏以乡曲少妇夫故守贞，一闻该犯邱仪真同其姑张周氏出言讥诮，即便捐躯明志，洵属节烈可嘉，相应照例随案附请旌表，以慰幽魂。无干经县省释。尸棺饬属领埋。缢带案结销毁。除揭移部科外，理合恭疏具题，伏乞皇上圣鉴，敕下法司核覆施行。再，此案审限云云。

光绪二十年正月十一日准。部照覆。

抢夺犯奸妇女已成

为详报事。据升任甘肃布政使、安徽按察使张岳年详，据宁国府知府吴潮转，据宣城县知县范葆廉详称：光绪十五年六月初七日，据地保李有江报，据保民刘芳达投称：伊家于本月初六日夜三更时分被先租伊屋居住曾与伊妻许氏通奸之欧得锁带人撬门进内，将伊妻许氏架抢出门，顺取伊妻随身衣被等件逃逸，伊叔刘锐昌追捕，并被拒伤。等语。往查属实，合报勘验缉究。等情。并据事主刘芳达开单同报，暨将刘锐昌抬验，各到县。据经饬仵验明刘锐昌左臁肕、右腿各有刃伤一处，皮破血出，注单饬医。查该处距城七十里，随即饬差缉犯，一面驰诣该处，勘得刘芳达同刘锐昌住屋一所，排连五间，中系堂屋，左系刘许氏卧房，右系刘锐昌住房，查验大门有撬损痕迹，房内什物并无翻乱情形。勘毕绘图，提讯刘锐昌、刘芳达等，各供均与报词相同。饬差于六月十六日[①]在广德州花果塘地方协同该处捕保缉获伙犯朱有康并被抢之刘许氏二名口，嗣于二十七日续获伙犯袁方浩一名，先后解县提验，各犯均无拷刺痕迹，随传地保、事主人等，提犯研讯。

据地保李有江供与报词同。

据事主刘芳达供：宣城县人，这许氏是小的妻子，小的向在东门渡居住，合欧得锁先不认识，并没瓜葛。光绪十四年六月里，欧得锁租赁小的房屋开设烟馆，因此熟识。小的在外训蒙，常在学堂住歇，家中只有妻子照应门户，欧得锁何时合妻子有奸，小的先不知情。后于十二月里欧得锁合妻子在房说笑，被小的外归撞遇，当把妻子打骂禁绝。十五年正月里，小的把妻子搬到南星团合小的叔子刘锐昌同住，告诉情由，托叔子代为管束，小的依旧出外教书。六月初六日夜三更时候，欧得锁怎样带人撬开大门，把妻子抢去，并顺拿妻子随身衣被等件逃跑，叔子刘锐昌起身追捕，被欧得锁拒伤，小的先不在家，是叔子信知小的回归投保报案的。今蒙获犯传讯，求究办。是实。

据刘锐昌供：刘芳达是小的侄子，向在东门渡居住，在外训蒙糊口。小的在南星团居住,侄子的妻子许氏何时合欧得锁有奸,小的先不知道,后被侄子撞破,于光绪十五年正月里把许氏搬到小的家里同住,侄子告诉情由,托小的代为管束,他依旧出外教书。六月初六日夜三更时候,小的已经睡息,听见许氏喊叫,小的赶忙起身,拿了稻叉出来,瞥见一人背负许氏出门先走,欧得锁背一口袋落后,小的向前追捕,被欧得锁夺过稻叉,戳伤小的左臁肕、右腿等处,欧得锁弃叉携袋逃跑。小的转身进内查看,仅失去许氏随身衣被等件,当就信知侄子回归投保报案的。今蒙获犯传讯,小的伤已平复,求究办。是实。

据刘许氏供:年二十九岁,山东菏泽县人,小妇于光绪三年间嫁与刘芳达为妻,向在东门渡居住,合欧得锁先不认识,并没瓜葛。光绪十四年六月里,欧得锁租赁小妇家房屋,开设烟馆,因此熟识。丈夫在外训蒙,常在学堂住歇,小妇合欧得锁见面不避。那年七月不记日期,欧得锁合小妇调戏成奸,并没给过钱物,丈夫先不知情。后来十二月里,欧得锁合小妇在房说笑,被丈夫外归撞遇,当把小妇打骂禁绝。十五年正月里,丈夫把小妇搬到夫叔刘锐昌家同住,丈夫依旧出外教书,欧得锁并没来往。六月初六日夜三更时候,小妇已经睡息,听得撬门声响,起来查看,见有一人手拿火捻直进小妇卧房,认是欧得锁,又有先不认后知姓名的邓老小一人,把小妇从床上拉起,小妇喊叫,欧得锁就用布带把小妇嘴眼蒙住裹扎,喝令邓老小背负出门,欧得锁在后。听见夫叔追捕,被欧得锁拒伤,邓老小把小妇背到河边放下,解开布带,欧得锁吓禁声张,并称路上如果露风,定要杀死,小妇害怕,不敢啧声。欧得锁随打开口袋,拿出衣裤叫小妇穿好,一同上船,船上另有一人,问名朱有康,随就开行,驶到欧得锁家里,弃船上岸。欧得锁连夜收拾行李,央朱有康、邓老小帮同挑送,叫小妇跟随步行,一同逃走,并把小妇衣服沿途当钱花用。十一日,走到广德州属花果塘地方投宿饭店。二更时候,听闻有人打门,欧得锁合邓老小就从后门逃跑,朱有康合小妇未及走脱,致被差役拿获解案的,小妇仅止与欧得锁有奸,后来欧得锁怎样起意抢夺,小妇实不知情,至被抢后因欧得锁沿路吓禁,所以不敢声张,求恩典。是实。

据犯人袁方浩供:年四十六岁,宣城县人,父母都故,并没弟兄妻子,小本营生,先没为匪犯案,合在逃的欧得锁、邓老小、张歪嘴并这到案的朱有康,彼此素识。欧得锁一向租赁刘芳达房屋开设烟馆,他何时合刘芳达的妻子许氏有奸,小的先不知道。光绪十五年六月初上,小的撞遇欧得锁,说起他曾合刘许氏有奸,因被刘芳达撞破禁绝往来,并把刘许氏搬到刘锐昌家同住,他恋奸情热,起意抢夺,已商允在逃的邓老小、张歪嘴并这朱有康同去,央恳小的相帮,事后酬谢,小的贪利允从,约定六月初六日夜行事。到了那夜,小的到欧得锁家会齐,朱有康们都已先到,欧得锁携带小刀、油捻,小的合朱有康、邓老小、张歪嘴都是空手,一共五人。三更时候,偷坐裘公义渡船只，划到刘锐昌家相近河边，一齐上岸。走到刘锐昌家门口，欧得锁留小的合朱有康、张歪嘴在外瞭望，他自合邓老小点燃油捻，撬门进内，不多一会见邓老小背了刘许氏出门先走，欧得锁背着布口袋逃出落后，并见一人拿了稻叉从后追捕，小的合朱有康、张歪嘴害怕，分路逃散。后来欧得锁怎样把追捕那人拒伤，又怎样带了刘许氏逃走，小的已经逃回家去，都不知道。今被获案的，小的实止听从欧得锁帮抢刘许氏已成，并未奸污这一次，此外并没另犯奸拐窝伙窃劫别案，逃后也没知情容留人家。欧得锁们现逃何处，不知道。是实。

据犯人朱有康供：年四十二岁，庐江县人，父母都故，并没弟兄妻子，向在县属帮工度日，先没为匪犯案，合在逃的欧得锁、邓老小、张歪嘴并这到案的袁方浩，彼此素识。欧得锁一向租赁刘芳达房屋开设烟馆，他何时合刘芳达的妻子许氏有奸，小的先不知道。光绪十五年五月三十日，小的撞遇欧得锁，说起他曾合刘许氏有奸，因被刘芳达撞破，禁绝往来，并把刘许氏搬住刘锐昌家同住，他恋奸情热，起意抢夺，已商允在逃的邓老小、张歪嘴同去，央恳小的相帮，事后酬谢，小的贪利允从，约定六月初六日夜行事。到了那夜，小的到欧得锁家会齐，见邓老小、张歪嘴都已先到，欧得锁又另邀这到案的袁方浩一人，欧得锁携带小刀、油捻，小的合邓老小、张歪嘴、袁方浩都是空手，一共五人。三更时候偷坐裘公义渡船只，划到刘锐昌家相近河边，一齐上岸，走到刘锐昌家门口，欧得锁留小的合袁方浩、张歪嘴在外瞭望，他自合邓老小点燃油捻撬门进内。不多一会，见邓老小背了刘许氏出门先走，欧得锁背着布口袋逃出落后，并见一人拿了稻叉从后追捕，小的合袁方浩、张歪嘴害怕，分路逃散。欧得锁怎样夺获稻叉，把追捕那人拒伤，那时小的先已逃到船上没有看见，后来欧得锁、邓老小把刘许氏背到河边放下，告知前情，解开刘许氏布带，查找袁方浩、张歪嘴，逃散无踪，欧得锁吓禁刘许氏不许声张，打开口袋，取出衣裤，叫刘许氏穿好，一同上船开行，驶回欧得锁家里，弃船上岸。欧得锁连夜收拾行李，央小的合邓老小帮同挑送，叫刘许氏跟随步行，一同逃走。欧得锁把刘许氏衣服沿途当钱花用。十一日，走到广德州属花果塘地方投宿饭店。二更时候，听闻有人打门，欧得锁合邓老小就从后门逃跑，小的逃走不及，连刘许氏被差役拿获解案的。小的实止听从欧得锁帮抢刘许氏已成，并未奸污这一次，此外并没另犯奸拐窝伙窃劫别案，逃后也没知情容留人家。欧得锁们现逃何处，不知道。是实。各等供。

据此，将犯分别收禁，录供通详，奉批缉审。据报，该犯朱有康于光绪十五年八月二十八日在监患病，验报饬医，至九月二十八日治痊。查刘锐昌伤已平复，逸犯弋获无期，先就现犯覆讯，议拟由府解司。本司提犯亲讯，供与县府相同，请免冗叙。

该本司审看得宣城县拿获聚众抢夺犯奸妇女刘许氏已成案内从犯朱有康等一

案。缘朱有康、袁方浩分隶庐江、宣城等县，朱有康帮工度日，袁方浩小本营生，均先未为匪犯案，与在逃之欧得锁、邓老小、张歪嘴彼此素识。刘许氏系县民刘芳达之妻，与欧得锁素无瓜葛。光绪十四年六月间，欧得锁租赁刘芳达屋开设烟馆，刘芳达在外训蒙，时在学堂住宿，留妻许氏在家独处，与欧得锁习见不避。是年七月不记日期，欧得锁即与刘许氏调戏成奸，并未给过钱物，刘芳达先不知情。嗣于十二月间，欧得锁与刘许氏在房说笑，经刘芳达外归撞遇，当将刘许氏打骂禁绝。十五年正月间，刘芳达将刘许氏搬住南星团地方与其叔刘锐昌同居，并托刘锐昌代为管束，刘芳达仍旧出外教书。嗣欧得锁先后会遇该犯朱有康、袁方浩，谈及伊曾与刘许氏有奸，因被刘芳达撞破搬走，禁绝往来，伊恋奸情热，起意抢夺，已商允在逃之邓老小、张歪嘴同往，央恳朱有康等相帮，并许事后酬谢，朱有康等贪利允从，约期行事。至六月初六日夜，朱有康等先后至欧得锁家会齐，欧得锁携带小刀、油捻，朱有康、袁方浩、邓老小、张歪嘴徒手，一共五人。三更时分，偷坐裘公义渡船只，划至刘锐昌家相近河边，一齐上岸，偕抵刘锐昌家门首。欧得锁留朱有康、袁方浩、张歪嘴在外瞭望，自与邓老小点燃油捻撬门进内，走入刘许氏卧房，邓老小将刘许氏从床上拉起，刘许氏喊叫，欧得锁即用布带将刘许氏口眼蒙住裹扎，喝令邓老小背负出门，一面顺取刘许氏随身衣被装入布袋逃出。刘锐昌闻喊，起持稻叉追捕，被欧得锁夺获稻叉戳伤刘锐昌左臁肕等处，将叉丢弃，赶上邓老小，一同逃至河边，时朱有康已先在船上，欧得锁等告知拒捕情由，查找袁方浩、张歪嘴逃散无踪。邓老小将刘许氏放下，解井布带，欧得锁吓禁声张，并称如果路上露风，定行杀死，刘许氏畏怯，不敢啧声。欧得锁打开口袋，取出衣裤令刘许氏穿好，划船驶回欧得锁家中，弃船上岸。欧得锁连夜收拾行李，央朱有康、邓老小帮同挑送，令刘许氏跟随步行，一同逃走，并将刘许氏衣服沿途当钱花用。十一日，行至广德州属花果塘地方投宿饭店。是夜二更时分，经该县缉役协同该处捕保前往捕拿，欧得锁与邓老小即从饭店后门逃逸，将朱有康并刘许氏拿获带案，续获袁方浩，讯供通详，奉批缉审。据报，该犯朱有康在监患病，报验医痊。查刘锐昌伤已平复，逸犯弋获无期，现犯未便久羁，遵提覆讯，议拟由府解司，本司提犯亲讯，据供前情不讳，研鞫不移，案无遁饰。查例载："聚众伙谋抢夺曾经犯奸妇女已成，为从帮抢者，杖一百，流三千里。"又："军民相奸者，奸妇枷号一个月，杖一百。"各等语。此案朱有康等听从逸犯欧得锁起意抢夺刘许氏已成，查刘许氏先与欧得锁通奸，虽已禁绝往来，搬走另住，惟究由其夫刘芳达防范所致，并非该犯妇悔过自新，即属犯奸妇女，自应按例问拟。朱有康、袁方浩应如县府所拟，均合依"聚众伙谋抢夺曾经犯奸妇女已成，为从帮抢者，杖一百，流三千里"例，各拟杖一百，流三千里。据供系在逃之欧得锁为首，惟犯系先后拿获，隔别研讯，供出一辙,无虞避就,应请先决从罪,定地发配,折责安置,毋庸监候待质。余讯无另犯奸拐窝伙窃劫别案,逃后亦无知情容留之人,应毋庸议。刘许氏被抢,讯不知情,即其随同逃走亦系逼迫勉从, 惟与欧得锁通奸本夫刘芳达并未纵容, 亦应按例问拟。刘许氏合依“军民相奸,奸妇枷号一个月,杖一百”例,拟枷号一个月,杖一百,系犯奸之妇杖决枷赎,饬交本夫刘芳达领回,听其去留。刘锐昌伤已平复,应毋庸议。刘许氏所失衣被等件,供系欧得锁当钱使用,应俟缉获追赔给领。逸犯欧得锁等,饬缉获日另结。无干省释。此案首伙五人,初参限内拿获伙犯二名,首犯未获,仍应照例开参,理合详候核咨。再,此案审限云云,至全限届满,合并声明。等情。到本部院。据此,除饬勒缉逸犯欧得锁等务获究报并分咨外,相应咨达。

光绪十六年十月二十二日准。部照覆。

校勘记:

①六月十六日:据上下文当为“六月十一日”。

抢夺犯奸妇女已成

为禀报事。据按察使张岳年详,据凤阳府知府赵舒翘转,据宿州知州何庆钊详称:光绪十二年四月十一日,据地保戚太永报,据民人马元江投称:有宋孙氏原籍山东莱芜县,寄居州属永安集,因夫故子幼,口食难度,经伊雇令在家帮工,其幼子宋兹孜一并随带抚养。本月初九日黄昏时分,伊家门尚未关,突来数人一起进内,伊即喊捕,当被一匪拒伤左胳膊等处,将宋孙氏并宋兹孜抢去,伊因被拒受伤不及赶捕。等语。往查属实,合报勘缉。等情。并据马元江呈同前由,各到州。据此,当饬仵验得马元江左胳膊、右手背、左臁肕各有木器伤一处,用药敷盖,未便揭验,注单饬医。随即饬差严缉,一面会营驰诣该处,勘得马元江草屋坐北朝南,旁无邻居,一排四间,东首第二间设有双扇板门,迤东一间系厨屋,靠西二间系马元江、宋孙氏卧房,查验屋内并无翻乱失物情形。勘毕,绘图附卷,勒据差役于十二年九月二十四日拿获该犯邵永训、魏虎即魏恒仁、潘永光、宁粱沉到案。讯据供认伙抢宋孙氏卖与怀远县人戴玉恺为妻不讳,将犯收禁,随移提宋孙氏、戴玉恺到案,提同各犯并原报马元江,逐一研讯。

据地保戚太永供与报词同。

据马元江供:宿州人,年五十九岁,种地贩货度日。这宋孙氏同他丈夫宋金芳原籍山东莱芜县,寄居州属永安集地方,合小的同庄居住,后来宋孙氏因丈夫病故,没有依靠，儿子宋兹孜年止五岁，口食难度。光绪十一年冬里，小的雇他到家帮工，他的儿子宋兹孜一并随带抚养，彼此你我称呼，并没主仆名分。十一月里不记日期，小的合宋孙氏调戏成奸，以后遇便续奸，不计次数①，陆续给过钱物也记不起确数，后因丑声外扬，邵永训同魏虎来向小的索诈，称要控究，小的因有关脸面，许给钱文嘱勿声张走散，后来没给。十二年四月初九日黄昏时候，门还没关，突来数人，一起走进屋里，小的喊捕，被一人用棍拒伤左胳膊等处，其余的人分投把宋孙氏并他幼子宋兹孜架拉出门。宋孙氏喊救，小的因被拒受伤，不及追赶，投保报案。所受伤痕现已平复。别的事不知道。是实。

据奸妇宋孙氏供：年四十六岁，丈夫宋金芳，宋兹孜是儿子，原籍山东莱芜县，寄居案下永安集地方，合马元江同庄居住。后来丈夫病故，小妇人没有依靠，儿子宋兹孜年止五岁，口食难度。光绪十一年冬里，马元江雇小妇人到他家里帮工，儿子宋兹孜一并随带抚养，彼此你我称呼，并没主仆名分。十一月里不记日期，马元江乘间合小妇人调戏成奸，以后遇便续旧，不计次数②，陆续支用钱物也记不起确数，后因丑声外扬，邵永训、魏虎来向马元江索诈，称要控究，马元江因有关脸面，许给钱物嘱勿声张走去。十二年四月初九日黄昏时候，门还没关，突有数人一起走进屋里，马元江喊捕，被一人用木棍拒伤，其余的人把小妇人合儿子宋兹孜架拉出门，小妇人喊救，被他们吓禁声张，轮流背到这先不认识后知姓名的宁梁沉家住了一夜，彼此看守，并没奸污。次日，是邵永训们把小妇人母子带到怀远县地方，捏说小妇人夫亡不能孀守，自愿带子改嫁，卖与戴玉恺为妻，得受身价钱四十二千文，都各逃走。戴玉恺委非知情买娶，小妇人也没把实情告知。是实。

据娶主戴玉恺供：怀远县人。光绪十二年四月里，邵永训们说有妇人宋孙氏夫故不能孀守，自愿带子改嫁，托他们为媒，小的因没娶妻，信他为真，议定身价钱四十二千文，买娶为妻，幼孩宋兹孜也叫小的抚养，写立婚书，身价钱交邵永训们拿去的。今蒙移提到案，宋孙氏母子被邵永训们抢卖，小的实不晓得，宋孙氏也没把实情告知，委非知情故娶。是实。

据伙犯宁梁沉供：宿州人，年三十三岁，父母都故，并没弟兄妻子，游荡度日，先没为匪犯案。光绪十二年四月初九日，小的合素识现获的邵永训、魏虎、潘永光并在逃的邵广有、宁体诗、路毛鸭会遇闲谈，邵永训说起马元江雇宋孙氏帮工通奸，前向诈钱没给，起意商同把宋孙氏抢卖，得钱分用，邀小的同邵广有们入伙，大家允从。就是那夜黄昏时候，先后齐集，小的带木棍，邵永训们都是空手，一共七人。走到马元江门首，见门还没关，邵永训合魏虎因与马元江认识，同在门外等候，小的合潘永光们一齐进内。马元江喊捕，小的用木棍拒伤他左胳膊等处，潘永光们分投把宋孙氏并他幼子宋兹孜架拉出门，宋孙氏喊救，邵永训吓禁声张。小的并向邵永训告知马元江喊捕，被小的拒伤情由，邵永训喝令潘永光们把宋孙氏轮流背到小的家住了一夜，彼此看守，并没奸污。次日，邵永训同小的并潘永光们把宋孙氏母子带到怀远县地方，邵永训捏说宋孙氏夫故不能孀守，自愿带子改嫁，托他同潘永光们说合，卖与怀远县人戴玉恺为妻，幼孩宋兹孜也交戴玉恺抚养，写立婚书，得受身价钱四十二千文，按股匀分。各自逃走。马元江报案差拿，小的逃往各处躲避，今被拿获解案的。小的实止听纠伙抢犯奸妇女宋孙氏价卖分赃，并没奸污这一次，此外并没另犯窝伙抢劫别案，逃后也没知情容留人家。分得铜钱已经花用。木棍当时撩弃。邵广有们现逃何处，不知道。再，小的现在患病。是实。

据伙犯潘永光供：年三十二岁，父母都故，并没弟兄，娶妻生有一女。据魏虎即魏恒仁供：年四十八岁，父母都故，弟兄二人，娶妻王氏，生有一女。又据同供：小的们都是宿州人，游荡度日，先没为匪犯案。光绪十一年冬里，小的魏虎同邵永训在饭店吃饭，听得人说马元江雇宋孙氏在家帮工通奸的话，就合邵永训同到马元江家里向他索诈，称要控究，马元江许给钱文，嘱勿声张走散，后来没给。十二年四月初九日，小的们合素识现获的邵永训、宁梁沉并在逃的邵广有、宁体诗、路毛鸭会遇，邵永训说起前事，起意商同把宋孙氏抢卖，得钱分用，邀小的们入伙，小的们合邵广有们都各允从。就是那夜黄昏时候，先后齐集，宁梁沉带木棍，小的们同邵永训们都是空手，一共七人，走到马元江家门首，见门还没关，小的魏虎合邵永训因与马元江认识，同在门外等候，小的潘永光合宁梁沉们一齐进内，马元江喊捕，被宁梁沉用木棍拒伤他左胳膊等处，小的潘永光同邵广有们分投把宋孙氏并他幼子宋兹孜架拉出门，宋孙氏喊救，邵永训吓禁声张，并喝令小的们轮流背到宁梁沉家住了一夜，彼此看守，并没奸污。次日，邵永训同小的并宁梁沉们把宋孙氏母子带到怀远县地方，邵永训捏说宋孙氏夫故不能孀守，自愿带子改嫁，托他同小的们说合，卖与怀远县人戴玉恺为妻，幼孩宋兹孜也交戴玉恺抚养，写立婚书，得受身价钱四十二千文，按股匀分。各自逃走。马元江报案差拿，小的们逃往各处躲避，今被拿获解案的。小的们实止听纠伙抢犯奸妇女宋孙氏价卖分赃，并没奸污这一次，此外并没另犯窝伙抢劫别案，逃后也没知情容留人家。分得铜钱已经花用。邵广有们现逃何处，不知道。是实。

据首犯邵永训供：宿州人，年三十六岁，父母都故，并没弟兄妻子，游荡度日，先没为匪犯案。光绪十一年冬里，小的同魏虎在饭店吃饭，听得人说马元江雇宋孙氏在家帮工通奸的话，就合魏虎同到马元江家里向他索诈，称要控究，马元江许给钱文，嘱勿声张走散，后来没给。十二年四月初九日，小的合已获的魏虎、潘永光、宁梁沉并在逃的邵广有、宁体诗、路毛鸭会遇，小的说起前事，起意商同把宋孙氏抢卖,得钱分用,邀魏虎们入伙,魏虎们合邵广有们都各允从。就是那夜黄昏时候,先后齐集,宁梁沉带木棍,小的同潘永光们都是空手,一共七人。走到马元江家门首,见门还没关,小的合魏虎因与马元江认识,同在门外等候,潘永光们一齐进内,把宋孙氏并他幼子宋兹孜架拉出门,宋孙氏喊救,小的吓禁声张,并据宁梁沉告知,马元江喊捕被他拒伤情由,小的喝令潘永光们把宋孙氏轮流背到宁梁沉家住了一夜,被此看守[③],并未奸污。次日,小的同魏虎们把宋孙氏母子带到怀远县地方,捏称宋孙氏亡夫不能孀守,自愿带子改嫁,托小的同潘永光们说合,卖与怀远县人戴玉恺为妻,幼孩宋兹孜也交戴玉恺抚养,写立婚书,得受身价钱四十二千文,按股匀分。各自逃散。马元江报案差拿,小的逃往各处躲避,今被拿获解案的。小的实止起意纠抢犯奸妇女宋孙氏价卖得赃,并未奸污这一次,此外并没另犯窝伙抢劫别案,逃后也没知情容留人家。分得铜钱已经花用。邵广有们现逃何处,不知道。是实。各等供。

据此,将犯分别收禁,宋孙氏交保领回,录供通详,奉批缉审。据报,该犯宁梁沉带病进监,医治无效,于十二年十一月初八日在监病故,禀府饬委灵璧县郑保清验明,宁梁沉实系因病身死,提讯刑禁人等,并无凌虐情弊,绘具图结,详奉批饬核入正案办理。又据报,该犯邵永训于十三年二月初八日在监患病,验报饬医,至三月初八日治痊。查逸犯弋获无期,先就现犯覆讯,议拟解府提讯,犯供翻异,札委署凤阳县王万甡审照原拟,详解提讯,犯供不符,札委定远县张树建审系畏罪图翻,仍照原拟由府解司核,恐案情未确,札委署怀宁县范葆廉覆讯,未及审解卸事,移交署县陈兆庆审无别故,仍照原拟解司提讯,犯供游移,札委安庆府联元覆讯,犯供复翻,申请饬提马元江质询,札据宿州申覆,马元江先期赴浙江省贸易,循例详请展限。催据该州将马元江传案解司,札委安庆府联元审照原拟解司。本司提犯亲讯,供与州府及委审相同,请免冗叙。

该本司审看得宿州匪犯邵永训等伙抢犯奸妇女宋孙氏已成,拒伤马元江平复,并案犯宁梁沉于取供后带病进监病故一案。缘邵永训、魏虎即魏恒仁、潘永光均籍隶该州,游荡度日,先未为匪犯案,宋孙氏原籍山东莱芜县,寄居该州永安集地方,与马元江同庄居住,宋孙氏旋因夫故无依,仅遗幼子宋兹孜年甫五岁,口食难度,经马元江雇令在家帮工,并其幼子一并随带抚养,彼此尔我相称,并无主仆名分。光绪十一年十一月不记日期,马元江乘间与宋孙氏调戏成奸,以后遇便续奸,不记次数,给过钱物亦不记确数,后因丑声外扬,该犯邵永训与魏虎往向马元江索诈,称欲控究,马元江因有关脸面,许给钱文,嘱勿声张各散。十二年四月初九日,邵永训与现获之魏虎、潘永光、宁梁沉并在逃之邵广有、宁体诗、路毛鸭会遇,邵永训谈及前事,起意商同将宋孙氏抢卖得钱分用，邀魏虎等入伙，魏虎等与邵广有等均各允从。即于是夜黄昏时分，先后齐集，宁梁沅带木棍，余俱徒手，一共七人，偕抵马元江门首，见门尚未关，邵永训、魏虎因与马元江认识，同在门外等候。潘永光等一齐进内，马元江喊捕，宁梁沅用木棍拒伤马元江左胳膊等处，潘永光等分投将宋孙氏并其幼子宋兹孜架拉出门，宋孙氏喊救，邵永训吓禁声张，并喝令潘永光等轮流背至宁梁沅家住宿一夜，彼此看守，并无奸污情事。次日，邵永训等复将宋孙氏母子带到怀远县地方，捏称宋孙氏夫亡不能孀守，自愿带子改嫁，经邵永训等说合，卖与怀远县人戴玉恺为妻，得受身价钱四十二千文，按股匀分。各自逃逸。维时，戴玉恺并不知情，宋孙氏亦未将实情告知。旋经马元江投保，报经该州会营诣勘获犯，并移提宋孙氏、戴玉恺等到案，讯供通详，批饬缉审。据报，该犯宁梁沅带病进监病故，详府委验，讯明刑禁人等，并无凌虐情弊，绘具图结，详奉批饬，核入正案办理。又据报，该犯邵永训在监患病，验报医痊。逸犯弋获无期，先就现犯覆讯，议拟解府提讯，犯供翻异，札委署凤阳县王万甡审照原拟，详解提讯，犯供不符，札委定远县张树建审明，仍照原拟由府解司核，恐案情未确，札委署怀宁县范葆廉覆讯，未及审解卸事，移交该署县陈兆庆审无别故，仍照原拟解司提讯，犯供游移，札委安庆府联元覆讯，犯供复翻，申请饬提马元江质，札据宿州申覆，饬传马元江先期赴浙江省贸易等情，循例详请展限。催据该州将马元江传案解司，札委安庆府联元审照原拟解司。本司提犯亲讯，据供前情不讳，研鞫不移，案无遁饰。查例载："聚众伙谋抢夺曾经犯奸妇女已成，无论在途、在室，首犯发黑龙江给披甲人为奴。为从帮抢者，杖一百，流三千里。"又："军民相奸者，奸妇、奸夫各枷号一个月，杖一百。"各等语。此案邵永训纠众伙抢宋孙氏嫁卖得财，查宋孙氏曾与马元江通奸，系属犯奸之妇，自应按例问拟。邵永训应如州府所拟，除诈未得钱轻罪不议外，合依"聚众伙谋抢夺曾经犯奸妇女已成，无论在途、在室，首犯发黑龙江给披甲人为奴"例，拟发黑龙江给披甲人为奴，仍依名例改为实发云、贵、两广极边烟瘴充军，面刺改发二字。魏虎即魏恒仁、潘永光听纠伙抢价卖，亦应如所拟，魏虎除诈未得钱轻罪不议外，与潘永光均合依"为从帮抢者，杖一百，流三千里"例，各拟杖一百，流三千里。该犯等事犯到官均在光绪十五年三月十六日恭逢恩诏以前，核其情罪在条款不准援免之列，应不准其援免，仍照例刺字，分别定地发配，折责安置。宁梁沅听纠伙抢价卖，拒伤马元江平复，本干例议，业已在监病故，应毋庸议。马元江雇宋孙氏帮工，调戏成奸，并无主仆名分，亦应如所拟。马元江、宋孙氏合依"军民相奸者，奸妇、奸夫各枷号一个月，杖一百"例，拟各枷号一个月，杖一百，宋孙氏系犯奸之妇，杖决枷赎，唯事犯均在赦前，应予援免并免收赎。戴玉恺买娶宋孙氏，讯不知情，应与宁梁沅在监病故讯无凌虐情弊之刑禁人等，均毋庸议。宋孙氏夫故子幼，别无亲属，应仍给戴玉恺领回完聚，马元江给过宋孙氏钱物讯无确数，应予免追。邵永训等得受宋孙氏身价，照追入官册报。宁梁沉系带病进监病故，管狱官例无处分。尸棺饬埋。逸犯邵广有等，饬缉获日另结。此案同伙七人，已获首伙各犯四名，获犯过半，兼获首犯，职名应请免开，是否允协，理合详候核咨。再，此案审限云云。至全限届满，合并声明。

光绪十六年五月十二日准。部照覆。

校勘记：

①不计次数：计字误，当为“记”。

②同①。

③被此看守：被字误，当为“彼”。

抢夺幼女已成案内从犯不知拒捕搜赃情事

为详报事。据署按察使丁峻详，据署六安直隶州知州德恺详称：光绪十九年三月初九日，卑前州刘宗海任内，据地保石照报，据保民王之雨投称：本年二月二十九日夜二更时分，伊家被匪推门进内，抢去伊七岁幼女勤姑一口，伊与妻叶氏惊起喊捕，被落后一匪用棍拒伤，搜去钱文衣物逃逸。等语。往查属实，合报勘缉。等情。并据事主王之雨开单同报，各到州。据经刘宗海查，该处距城汛均十六里，附近并无墩防，随即饬差严缉，一面会营驰诣该处，勘得王之雨朝南草屋一所，平排二间，四无邻居，东开竹笆门，西系厨灶、卧房，查验竹笆门有推损痕迹，房内什物翻乱，地无匪遗捻械。勘毕，绘图饬验，事主王之雨右手背、左膝，王叶氏右腿各有木器伤一处，均红肿，注单饬医。传牙估赃，值银一两一钱九分，造册附卷。勒据兵役协同凤台县役于四月初一日缉获匪犯常三一名，并起获被抢幼女勤姑一口，送由凤台县牒解到州。刘宗海未及讯详卸事，卑职抵任准交，提验该犯，并无拷刺痕迹，随传集事主人等到案，隔别研讯。

据地保石照供与报词同。

据事主王之雨供：六安州人，这勤姑是小的女儿。光绪十九年二月二十九日夜二更时候，小的合妻女都已睡熟，被匪二人推门进内，把小的幼女勤姑抢去，小的同妻子叶氏惊起喊捕，都被落后一匪用棍拒伤，搜取钱文衣物逃逸，小的就投保报案。今蒙获犯并查起幼女到案，求给领完聚。是实。

据幼女王勤姑供：六安州人，年七岁，这王之雨是父亲。那天夜里，我已睡熟，被匪把我从床上抱出，递交一匪背着逃走，沿途我要哭喊，被他吓嘱不敢出声。不多一会，又有一匪手拿钱物从后赶上，把我轮流背负到了一处地方，说要送我到好地方去，我也不知是那里，后被差人捉住一匪，连我一并起获解送来案的。求交给父亲带回完聚就是了。是实。

据伙犯常三供：年四十一岁，涡阳县人，父故母存，余没别属，游荡度日，先没为匪犯案。合这王之雨素相认识，并没瓜葛。光绪十九年二月二十九日，小的在六安州马头集地方会遇素识在逃的董冠喜，各谈穷苦。董冠喜说他知道王之雨的幼女勤姑生得俊俏，起意抢夺，卖钱分用，小的允从。就是那夜二更时分，在空地会齐，董冠喜拿木棍，小的带油捻，一共二人，走到事主门口，董冠喜推开竹笆门，一同进内。小的点燃油捻照亮，董冠喜赶拢，把勤姑从床上抱出，递交小的背负先逃，沿途勤姑哭喊，小的吓禁声张。不多一会，董冠喜手拿钱物赶上小的，说他被事主王之雨夫妇惊起喊捕，他就用棍拒伤，搜得钱文衣物逃出的话，同到空地，先把钱文俵分，余赃都是董冠喜拿去。彼此轮流把勤姑背负同逃，后闻事主报案差拿，小的背着勤姑合董冠喜逃到凤台县地方，正要把勤姑说卖，就被兵役拿获，连勤姑一并起获解案的。小的实止听纠入室抢夺幼女已成，并没在场拒捕搜赃这一次，此外委没另犯窝伙抢窃别案，及同居亲属知情分赃，牌保得规包庇的事。分得钱文业已花用。油捻当时撩弃。董冠喜现逃何处，不知道。是实。各等供。

据此，将犯收禁，起获幼女勤姑饬交其父王之雨领回完聚，录供通详，奉批缉审。据报，该犯常三于光绪十九年五月十六日在监患病，验报饬医，至六月十六日治痊。饬查王之雨等伤均平复，逸犯弋获无期，遵提现犯覆讯，议拟解经前司核，恐案情未确，札委署怀宁县章维藩审讯，该县因另有查办事件，禀司改委桐城县龙赓言审照原拟，解司提讯，犯供游移，札委安庆府联元未及审解卸事，接署府边保桎审系畏罪图翻，仍照原拟详解前来。本署司提犯亲讯，供与该州及委审相同，请免冗叙。

该本署司审看得六安州匪犯常三听从抢夺事主王之雨幼女勤姑已成一案。缘常三籍隶涡阳县，游荡度日，先未为匪犯案，与王之雨素相认识，并无瓜葛。光绪十九年二月二十九日，常三在六安州马头集地方会遇素识在逃之董冠喜，各道贫难。董冠喜稔知王之雨幼女勤姑生得俊俏，起意抢夺，卖钱分用，常三允从。即于是夜二更时分在僻处会齐，董冠喜持木棍，常三带油捻，一共二人，偕抵事主门首，董冠喜推开竹笆门一同进内，常三点燃油捻照亮，董冠喜赶拢，见王之雨夫妇均已睡熟，勤姑亦在旁酣睡，董冠喜即从床上将勤姑抱出，递交常三背负先逃，王之雨与妻叶氏惊起喊捕，均被董冠喜用棍拒伤，搜取钱文衣物逸出，赶上常三告知拒捕搜赃情由，同至僻处将钱先行俵分，彼此轮流背负勤姑同逃，嗣行至凤台县地方，正欲说卖，即经事主投保，报经该前州刘宗海会营勘缉，勒据兵役协同凤台县役获犯常三一名，并起获被抢幼女勤姑一口解州。刘宗海未及讯详卸事，该署州德恺抵任准交，讯供详批缉审。据报，该犯常三在监患病，验报医痊。饬查王之雨等伤均平复，逸犯弋获无期，遵提现犯覆讯，议拟由司先后委审，详解到司。本署司提犯亲讯，据供前情不讳，诘止听纠入室抢夺幼女已成，并未在场拒捕搜赃，究鞫不移，案无遁饰。查例载："于素无瓜葛之家入室抢夺妇女已成，其并未伙众但强卖于人者，拟绞监候。"等语。此案常三听从逸犯董冠喜起意共伙二人入室抢夺事主王之雨幼女勤姑已成，该犯于首犯拒捕搜赃之际，业将勤姑背负先逃，不知行强情事，且与王之雨素无瓜葛，自应照例问拟。常三应如该州及委审所拟，除事后分赃轻罪不议外，合依"于素无瓜葛之家入室抢夺妇女已成，其并未伙众但强卖于人者，拟绞监候"例，为从减一等，拟杖一百，流三千里。据供系在逃之董冠喜起意纠抢拒伤事主、搜取赃物，旁无指证，难保非狡供避就，应请照例监候待质，俟缉获逸犯再行质明办理。余讯无另犯窝伙抢窃别案，及同居亲属知情分赃，牌保得赃包庇情事，应与该犯在外为匪，无从觉察之原籍牌保，及伤经平复之事主王之雨等，均毋庸议。起获幼女勤姑业经给属领回完聚。各赃照估追赔。逸犯董冠喜饬缉获日另结。此案首伙二人，仅获从犯一名，应议职名饬取另参。所有协获邻境抢夺幼女拟流伙犯一名，应叙职名，系凤台县知县李师沆，相应开报，理合详候核咨。再，此案审限云云。全限届满，合并声明。等情。到本署抚。据此，除饬勒缉逸犯董冠喜获报并分咨外，相应咨呈。

光绪二十一年四月二十八日准。部照覆。

妇女听闻秽语服毒自尽比例量减拟徒

为报验事。据按察使嵩崑详，据安庆府知府联元转，据署桐城县知县符兆鹏详称：光绪十六年七月十六日，据地保汪萌报，据职员王起发投称：伊与黄永同院居住。本月十三日，伊子王炳有事外出，是夜五更时分，伊在城隍庙做会祭孤转回，黑暗中见有人影，由伊媳康氏房外经过，喝问不答。伊即抓取地上泥灰向前抛洒，走拢查看，认系黄永，斥其不应黑夜在妇女房外行走，因何终不答应，黄永告以腹痛由厕出恭走回，并未向伊媳图奸，何必洒灰，互相争辩，经邻人陈仪闻声赶至解劝。各散。时伊媳在房听闻，哭泣不止，次早伊子外回，伊媳哭诉前情，并有被辱难堪、无颜做人之语，经伊子用言劝慰。讵伊媳气忿莫释，即于十四日夜乘间吞服洋烟毒发呕吐，又经伊子喊同陈仪灌救无及，移时殒命。等语。往查属实，犯已逃逸，合报验缉。等情。并据尸翁王起发、尸夫王炳同报,各到县。据此,随即饬差严缉,一面带领刑仵驰诣相验。据仵作王元验报:已死王康氏,问年三十四岁。仰面:面色发变;两眼胞微开;口微开;舌抵齿不出;咽喉用银针探入,以纸密封良久,取出作青黑色,皂角水洗擦不去;两手微握。合面:十指甲青黑色;脐肚以下尸亲结求免验。余无故。委系吞服洋烟身死。报毕,亲验无异,当场填格取结,尸令棺殓。勒差于光绪十六年十二月十三日缉获该犯黄永到案,随传集尸亲人证,提犯研讯。

据地保汪萌供与报词同。

据尸翁职员王起发供:桐城县人,已死王康氏是儿子王炳的妻子,合这到案的黄永同院居住,素识没嫌。光绪十六年七月十三日,儿子有事外出,那夜五更时候,职员在城隍庙做会祭孤转回,黑暗里见有人影从媳妇康氏房外走过,喝问没有答应,职员就抓取地上泥灰向前抛洒,走拢查看,认是黄永,斥他不该黑夜在妇女房外行走,为何终没答应,黄永说他因腹痛由厕出恭走回,并不是图奸职员媳妇,何必洒灰,大家争辩,经邻人陈仪赶来解劝。各散。那时媳妇在房听闻,哭泣不止,到第二日早上儿子外回,媳妇哭诉前情,并有被辱难堪、没脸做人的话,儿子用言劝慰。不料媳妇气忿莫释,到十四日夜乘间吞服洋烟毒发呕吐,又经儿子喊同职员并陈仪灌救无及,过一会就死了,职员就投保报验的,求究办。是实。

据尸夫王炳供:已死王康氏是小的妻子,余与父亲王起发供同。

据邻证职员陈仪供:桐城县人,合已死王康氏并黄永都是同院邻居。光绪十六年七月十三日夜五更时候,职员正要起身,听闻王起发家吵闹,过去查看,见王起发合黄永在那里争论,王起发斥说不该黑夜在妇女房外行走,为何喝问终没答应,黄永说因腹痛由厕出恭走回,并不是图奸他媳妇,何必洒灰,两相争辩,职员连忙赶拢解劝,问说是因黄永腹痛赴厕出恭走回,路过王康氏房外,王起发黑暗里看见人影,喝问不答,就抓灰抛洒,认明斥骂起衅的,职员当就走回。第二日早上,王起发的儿子王炳外回,王康氏哭诉前情,并有被辱难堪、没脸做人的话,经王炳用言劝慰。不料王康氏气忿莫释,到十四日夜乘间吞服洋烟毒发呕吐,王炳喊同职员并他父亲灌救无及,过一会就死了,王起发们就投保报验的。委系灌救不及。是实。

据犯人黄永供:桐城县人,年三十六岁,父亲黄林于同治八年九月里病故,母亲胡氏,现年六十一岁,孀居二十三年,小的并没弟兄妻子,种田度日,合已死王康氏同院居住,素识没嫌。光绪十六年七月十三日夜五更时候,小的忽患腹痛赴厕出恭,走回自己屋内,从王康氏房外走过,适王康氏的公公王起发在城隍庙做会祭孤转回,黑暗里见向喝问,小的没有答应,王起发就抓取地上泥灰向前抛洒,走拢查看,认是小的,他就斥骂小的不该黑夜在妇女房外行走,为何终没答应,小的说因腹痛难堪由厕走回，并不是图奸他媳妇，何必洒灰，互相争辩，经邻人陈仪赶来劝解。各散。不料王康氏在房听闻，气忿莫释，到十四日夜乘间服毒身死，尸亲投保报验。小的害怕，逃往各处躲避，今被获案的。委非有心秽辱，也没觌面戏谑的事及另有起衅别故，逃后也没另犯不法及知情容留人家。是实。各等供。

据此，将犯收禁，录供通详，奉批审解。据报，该犯黄永于光绪十七年二月十七日在监患病，验报饬医，至三月十七日治痊。遵提覆讯，除各供同前不叙外，讯据犯人黄永供云云同前。等供。据此，该署桐城县知县符兆鹏审看得云云同后院看至，以慰幽魂。等情。解府提讯，犯供游移，札委署怀宁县吴云涛审照原拟由府解司，勘转到臣，提犯亲讯无异。

该臣审看得桐城县民人黄永因事与王起发口角致王康氏听闻秽语服毒身死一案。缘黄永籍隶该县，种田度日，与已死王康氏同院居住，素识无嫌。王康氏系王起发之媳、王炳之妻。光绪十六年七月十三日夜五更时分，黄永陡患腹痛赴厕出恭，走回自己屋内，由王康氏房外经过，适王起发在城隍庙做会祭孤转回，黑暗中见有人影，当向喝问不答，王起发即抓取地上泥灰向前抛洒，走拢查看，认是黄永，王起发斥其不应黑夜在妇女房外行走，因何终未作答，黄永告以腹痛难受由厕走回，并未向伊媳妇图奸，何必洒灰，互相争辩，经邻人陈仪闻声赶往解劝。各散。时王康氏在房听闻，哭泣不已，次早王炳由外回归，王康氏即向其夫哭诉前情，并有被辱难堪、无颜做人之语，经王炳用言劝慰。讵王康氏气忿莫释，即于是夜乘间吞服洋烟毒发呕吐，又经王炳喊同其父王起发、邻人陈仪灌救无及，移时殒命。尸亲王起发投保报验，获犯讯详，批饬审解。据报，该犯黄永在监患病，验报医痊。兹据该县覆讯，议拟解府委审，解司勘转前来。臣提犯亲讯，据供前情不讳，诘非有心秽辱，亦无觌面戏谑及另有起衅别故，研鞫不移，案无遁饰。查例载："因他事与妇女口角，彼此詈骂，妇女一闻秽语气忿轻生者，仍照例杖一百，流三千里。"又律载："断罪无正条，援引他律比附加减定拟。"各等语。此案黄永因患腹痛，夤夜赴厕出恭走回，由王康氏房外经过，王起发先向喝问不答，抓灰抛洒，嗣经认明斥骂，该犯辄以并未图奸伊媳，因何洒灰之言，互相争辩，致王康氏在房听闻气忿服毒身死。查黄永虽讯无与王康氏觌面秽辱情事，第王康氏之自尽究由听闻该犯秽语所致，遍查律例并无恰合专条，自应比例酌减问拟。黄永应如县府司所拟，比依"因他事与妇女口角詈骂，妇女一闻秽语气忿轻生者，杖一百，流三千里"例上量减一等，拟杖一百，徒三年。据供犯母胡氏守节已逾二十年，家无次丁，已据保邻族长人等到县供明，黄永平日事亲孝顺，并无触犯游荡情事，亦无另有兄弟子侄可侍，由县取具各结附送，核与定例相符，相应随案声请留养。该犯逃后讯无另犯不法及知情容留人家，应与灌救不及之邻证陈仪并讯无不合之尸翁王起发，均毋庸议。无干经县省释。尸棺饬埋。王康氏捐躯明志，节烈可嘉，理合附请旌表，以慰幽魂。除将印甘各结揭移部科查核外，谨恭疏具题，伏乞皇上圣鉴，敕下法司核覆施行。再，此案审限云云。

光绪十九年正月二十三日准。部照覆。

诱拐妇女同逃

为详报事。据按察使嵩崑详，据兼理太平府知府丁汝霖转，据署当涂县知县水鸿飞详称：光绪十八年五月十五日，准湖北孝感县移，开据派出丁役随同委员许冠瀛盘获拐犯万盛梁并拐妇别陈氏二名口到县，讯据万盛梁供认，在安徽当涂县地方起意商同胡米氏诱拐别金玉之妻别陈氏同逃不讳，质之别陈氏，供亦靡异，应即解赴犯事地方，提同胡米氏质讯详办，拟合移解。等由。并准芜湖县转，准前途各县将万盛梁、别陈氏二名口移解到县，并奉宪札准湖广督部堂张咨同前由。随查此案，并未据该亲属赴县呈报，当即饬差查传，去后旋据客民别传顺呈称：伊寄居县属地方，种田度日，伊子别金玉自幼聘娶陈氏为妻，陈氏素性懒惰，屡经伊子训责不悛。本年二月初十日，别陈氏前赴村邻胡米氏家探望，至晚未回。次早四处查寻，杳无踪迹，往询胡米氏，亦无下落，显系被匪拐逃，当时因伊子外出贸易，未经报案。今奉饬查，理合赴案补报，该处地保病故未充，叩乞讯究。等情。前来。随提研讯。

据原告别传顺供与呈词同。

据被拐妇别陈氏供：当涂县人，年二十一岁，自幼嫁与江宁县人别金玉为妻，小妇随同丈夫寄居县属地方，种田度日，合这获案的万盛梁素相认识，丈夫因小妇素性懒惰，时常打骂。光绪十八年二月初十日，小妇乘丈夫外出，走到素识的村邻胡米氏家探望，适万盛梁先在那里，彼此坐谈。小妇就把常被丈夫打骂实在受苦不过的话向胡米氏愁叹，胡米氏用言劝慰，万盛梁向小妇说道，你丈夫既相待刻薄，不如跟他逃往河南，他有兄弟万老三还没娶亲，可以改嫁成婚，胡米氏在旁怂恿，小妇也就允从。万盛梁当付给胡米氏洋钱八元，嘱他不要声张。就是那夜三更时候，一同起身，走到湖北孝感县地方，就被官差盘出拐逃情由，拿获到案，转解审讯的。小妇实止听从万盛梁诱拐同逃，并没奸污的事。是实。

据拐犯万盛梁供：河南信阳州人，年三十九岁，父母都存，弟兄二人，小的居长，兄弟万老三，并没妻子。小的向在县属地方帮工度日，合这到案的别陈氏素相认识。光绪十八年二月初十日，小的走到素识的胡米氏家闲坐，适别陈氏也来探望，彼此坐谈。别陈氏说他常被丈夫打骂实在受苦不过的话，向胡米氏愁叹，胡米氏用言劝慰，小的想起兄弟万老三正要娶妻，起意商同胡米氏把他拐回河南，可与兄弟成婚。就向别陈氏诱说，现有兄弟还没娶亲，你丈夫既相待刻薄，不如跟小的同逃，改嫁兄弟为妻，胡米氏在旁怂恿，别陈氏允从。小的当付给胡米氏洋钱八元，嘱他不要声张。就是那夜三更时候，小的携带别陈氏一同起身，走到湖北孝感县地方，就被官差盘出拐逃情由，拿获到案，转解审讯的。小的委止起意诱拐别陈氏同逃，并没奸污的事，此外也没另犯不法别案及逃后有人知情容留。小的现在患病。是实。各等供。

据此，将犯收禁，别陈氏交属保领候讯，录供详批审解。据报，该犯万盛梁带病进监，医治无效，至五月十九日病故，即经验明，委系患病身死，提讯刑禁人等，并无凌虐情弊，绘具图结，详批核入正案办理。又据报，该犯妇别陈氏于光绪十八年闰六月初二日在保患病，验详饬医，至七月初二日治痊。查胡米氏屡缉无获，将案拟议随同图结由府审详到司，当因图结舛错，驳饬另换，去后兹据该县换具图结，申送前来。

该本司核看得当涂县客民万盛梁诱拐别陈氏同逃，该犯于取供后在监病故一案。缘万盛梁籍隶河南信阳州，向在该县地方帮工度日，与未获之胡米氏并到案之别陈氏均相认识。胡米氏与别陈氏邻村居住，时常往来。别陈氏系别金玉之妻，别金玉因其素行懒惰，屡经训责不悛。光绪十八年二月初十日，万盛梁前赴胡米氏家闲坐，适别陈氏亦来探望，彼此坐谈。别陈氏即以常被其夫打骂实在受苦不过之言向胡米氏愁叹，胡米氏用言劝慰，万盛梁忆及其弟万老三正欲娶妻，起意商同胡米氏将其拐回河南，可与伊弟成婚，当向别陈氏诱称，现有兄弟尚未娶亲，尔夫既相待刻薄，不如相与同逃，改嫁伊弟为妻，胡米氏在旁怂恿，别陈氏允从。万盛梁当付给胡米氏洋钱八元，嘱勿声张。即于是夜三更时分，万盛梁携带别陈氏一同起身，行至湖北孝感县地方，即经该县派出丁役随同委员徐寇瀛①盘出拐逃情由，拿获该犯万盛梁并别陈氏二名口，递解到案，并奉宪札准湖广督院咨同前由，饬据别传顺赴县补报，讯供详批审解。据报，该犯万盛梁带病进监病故，验讯刑禁人等，并无凌虐情弊，绘具图结，详批核入正案办理。又据报，别陈氏在保患病，验报医痊。查胡米氏屡缉无获，将案议拟随同图结由府转详到司。本司覆核此案，既据该县讯供前情不讳，诘无奸污情事，再三究鞫，矢口不移，案无遁饰。查例载："诱拐妇女，其和诱知情为首者，发极边足四千里充军，被诱之人减等满徒。"等语。此案万盛梁起意诱拐别陈氏同逃，自应按律问拟。万盛梁应如县府所拟，合依"诱拐妇女，其和诱知情为首者，发极边足四千里充军"例，拟发极边足四千里充军，业已在监病故，应毋庸议。别陈氏被诱同逃，亦应按律问拟。别陈氏亦如所拟，合依"被诱之人减等满徒"例，拟杖一百，徒三年，系妇女照例收赎，追银册报，仍交其亲属领回，听其去留。万盛梁在监病故，刑禁人等讯无凌虐情弊，应毋庸议。逸犯胡米氏饬缉获日另结。尸棺饬属领埋。

犯系带病进监身故，管狱官例无处分。所有拿获邻境拐犯应叙职名，系湖北孝感县知县沈星标、候补知县徐冠瀛，相应随案开报，理合详候核咨。再，此案审限云云。计咨送图结一套，送刑部。

光绪十九年十一月二十一日准。部照覆。

校勘记：

①徐寇瀛：人名前后不一致，据上下文当为“徐冠瀛”。

诱拐七岁幼尼已成致死灭口

为议详事。据按察使张岳年详，据凤阳府知府赵舒翘转，据署灵璧县知县胡寿祺详称：光绪十四年七月二十五日，据地保魏良荣报，据孙家庙尼僧本齐投称：本月十三日午后，伊赴田工作，令徒孙昌善看守庙门，傍晚回庙不见昌善，当即查找无踪，正拟禀究。二十四日，经邻庄华功立等赴井汲水，见井内有一孩尸，投保捞起，系是一个女孩，因闻伊庙幼尼被拐，信伊往看，认是徒孙昌善，不知被何人淹死。等语。往查属实，合报验缉。等情。并据尼僧本齐、尸父李廷绍同报，各到县。据此，随即饬差严缉，一面带领刑仵前诣，勘得该井庄后山旁有井一口，量得井口围圆九尺五寸，自口至底深一丈六尺，水深八尺，已死幼尼昌善尸身捞放井边地上。勘毕，饬将尸移平地，如法相验。据仵作何得验报：已死幼尼昌善，问年七岁。仰面：面色发变；发脱落；两眼开；口开，内有水沫流出；两手心皱白[①]；十指甲缝有沙泥；肚腹膨胀。合面：两足心皱白[②]，十趾甲缝有沙泥。余无故。委系被溺身死。报毕，亲验无异，当场填格取结，尸令棺殓。饬据差役于是月二十七日缉获凶犯华行龙到案，随传尸亲、保证人等集讯。

据地保魏良荣供与报词同。

据见尸人华功立、马文富同供：小的们都是灵璧县人，合尼僧本齐邻庄认识。本月二十四日，小的们到庄后汲水，看见井内有一幼孩尸身，当即投明地保捞起，系是一个女孩，小的们因闻孙家庙小尼被拐，就信知尼僧本齐前往看明，认是他徒孙昌善，不知被何人抛入井中淹死，是本齐投保报验的。是实。

据尼僧本齐供：向在龙山里孙家庙住持，已死昌善是尼僧徒孙，年止七岁。光绪十四年七月十三日午后，尼僧赴田工作，留徒孙昌善在庙看门，傍晚回庙不见昌善，连日查找没踪，正要禀究。那月二十四日，有邻庄华功立们走来，说他们到庄后山旁汲水，看见井内有一幼孩尸身，投保捞起，系是一个女孩，因闻尼僧庙里幼尼被拐，心疑赶来通知的话,尼僧当即往看,认是徒孙昌善,不知被何人抛井淹死,尼僧就投保报验。今蒙访获凶犯华行龙到案,求究抵是了。

据尸父李廷绍供:这已死女孩昌善是小的女儿,小的因女儿时常患病,才送与庙内为尼的。余与尼僧本齐供同。

据凶犯华行龙供:年二十八岁,灵璧县人,父故母存,并没弟兄,娶妻冯氏,没生子女,求乞度日,先没为匪犯案,合已死幼尼昌善邻庄认识。光绪十四年七月十三日午后,小的路过孙家庙门口,进庙求乞,适老尼本齐不在庙内,只有昌善一人在那里戏耍,小的见庙内无人,起意把昌善拐卖,得钱使用,就在身边取出铜钱数文,向昌善哄称同到前庄买食糕饼,昌善听信同行。回到家内,小的母亲看见,再三盘问,小的不能隐瞒,告知情由,求勿声张,母亲当把小的责骂,并叫小的送回。小的把昌善藏匿三日,因没处托人价卖,就是那月十六日清早,把昌善背负,心想送还,走到魏家庄井旁,昌善哭喊,小的怕人听见张扬,送回又怕昌善告知老尼送官办罪,就起意致死灭口,把昌善抛入井内,转身逃回,向母亲捏说已经送去,当就逃避。后闻是华功立们赴井汲水看见尸身,投保捞起,通知尸亲认明,投保报验,把小的访获到案的。今蒙提审,并没图财奸污的事,也没有人知情同谋,并另犯不法别案。是实。各等供。

据此,将犯收禁,录供通详,奉批审解。嗣据该县覆讯,议拟由府解司核,供案情未确,[3]札委安庆府审无别故,照拟解司。正在勘转间,即据怀宁县申报,该犯华行龙在监染患伤寒病症,医治无效,至光绪十五年六月二十七日因病身死,禀府札委试用知县张奎汉会同该县陈兆庆验明,华行龙实系因病身死,提讯刑禁人等,并无凌虐情弊,详批核入正案拟办。行据该县覆讯,议拟绘具图结,由安庆府具详前来。

该本司核看得灵璧县民华行龙诱拐幼尼昌善已成,因恐败露起意致死灭口,将昌善抛井淹死,该犯于取供后在省监病故一案。缘华行龙籍隶灵璧县,求乞度日,先未为匪犯案,与已死幼尼昌善邻庄认识。光绪十四年七月十三日午后,华行龙路经孙家庙门首,进庙求乞,适老尼本齐赴田工作,仅止昌善一人在该处戏耍,华行龙见庙内无人,起意拐卖,得钱使用,随取出铜钱数文,向昌善慌称[4]同至庄前买食糕饼,昌善听信同行。回至家内,经华行龙之母看见,再三盘问,华行龙不能隐瞒,告知情由,求勿声张,其母将华行龙责骂,并令其送回。华行龙将昌善藏匿三日,因无处托人价卖,即于是月十六日黎明将昌善背负,意欲送还,行至魏家庄井旁,昌善哭喊,华行龙恐被人听闻败露,送回又恐昌善告知本齐送官究治,随起意致死灭口,将昌善抛入井内,转身逃回,向母捏称业已送回,当即逃避。维时本齐回庙查找昌善无着,正拟禀究,经庄邻华功立等赴井汲水,瞥见尸身,投保捞起,通知本齐赶往认明,报县诣验获犯讯详，奉批审解。据该县覆审，议拟由府解司核，恐案情未确，札委安庆府审无别故，照拟解司。正在勘转间，即据怀宁县申报，该犯华行龙在监病故，禀府委验讯明刑禁人等，并无凌虐情弊，详批核入正案拟办。行据该县覆讯，议拟绘具图结，由安庆府具详前来。本司覆查此案，即经该县府等覆讯，据供前情不讳，诘无图财奸污，亦无另有同谋加功之人，究鞫不移，案无遁饰。查例载："谋杀幼孩之案，将十岁以下幼孩谋杀者，首犯拟斩立决。"等语。此案华行龙诱拐幼尼昌善已成，因无处价卖，并经其母责令送回，行至中途昌善哭喊，虑事败露，起意将昌善抛入井内致死灭口，实属凶残。查昌善年仅七岁，推其致死根由，实由昌善哭喊虑人听闻所致，并无图财奸污情事，自应按例问拟。华行龙除诱拐已成轻罪不议外，应如县府所拟，合依"将十岁以下幼孩谋杀者，首犯拟斩立决"例，拟斩立决，业已在监病故，应毋庸议。余讯无知情同谋并另犯不法别案，应与例得容隐之犯母、犯妻，并讯无凌虐之刑禁人等，均毋庸议。无干省释。各尸棺饬县分别移传领埋。所有监毙斩犯一名之管狱官职，名系怀宁县典史陈嘉谟，相应开报附参。合将送到图结，详送核咨。等情。到院。据此，本部院覆核无异，除分咨外，相应咨达。

光绪十六年六月初八日准。部照覆。

校勘记：

①皱白：皱字误，当为"绉"。

②同①。

③供案情未确：据文意，当为"恐案情未确"。

④慌称：慌字误，当为"谎"。

图财强卖孀居弟妇未成致令自尽[①]身死

为报验事。据署按察使丁峻详，据凤阳府知府曾树椿转，据署灵璧县知县郭继泰详称：光绪十九年十一月十六日，卑前代理县丁文熙任内，据地保赵迎春报，据客民周福仓投称：伊侄女周氏自幼嫁与县民邱万钱为妻，邱万钱病故后屡被邱万钱胞兄邱盛钱劝令改嫁，伊侄女不从，自愿孀守。本月十三日，邱盛钱不知如何凭媒赵印章将伊侄女卖与庄邻江家齐为妻，约定次日接娶。至期，江家齐等前往，伊侄女先有风闻，避躲表亲刘允章家，邱盛钱查知，与江家齐等同至刘允章家索人争吵，刘允章又将伊侄女送往贴邻赵汝德家躲匿。讵伊侄女不甘失节，乘赵汝德外出，即在空屋内自缢殒命。等语。往查属实，合将邱盛钱并娶主江家齐扭获送案，报乞验究。等情。

并据尸叔周福仓同报,各到县。据经丁文熙带领刑仵押犯驰诣相验,据周福仓指称,伊侄女系在赵汝德空屋内用凳踏脚绳系梁上自缢。等语。查验梁上灰尘滚乱,自梁至地量高五尺八寸,凳高一尺四寸。勘毕,饬据仵作何得验报:已死邱周氏,问年三十岁。仰面,致命:咽喉有缢痕一道,横长九寸,宽五分,深一分,紫赤色,有血癃,由耳根斜入合面发际八字不交。余无故。实系自缢身死。报毕,亲验无异,饬取缢绳量长四尺四寸,比对缢痕相符,当场填格取结,尸令棺殓,缢绳带回储库。丁文熙未及讯详卸事,卑职抵任准交,随传尸亲、人证,提犯研讯。

据地保赵迎春供与报词同。

据尸叔周福仓供:江苏睢宁县人,寄居灵璧县地方,已死邱周氏是小的胞侄女,从小嫁与灵璧县人邱盛钱的胞弟邱万钱为妻。邱万钱于光绪十年病故,侄女屡被邱盛钱劝他改嫁,侄女不从,自愿孀守,小的是晓得的。十九年十一月十三日,邱盛钱怎样凭媒赵印章把侄女卖与庄邻江家齐为妻,得受身价钱四十千文,约定次日接娶,到期江家齐们怎样前往,侄女先已风闻避匿表亲刘允章家,邱盛钱查知,合江家齐们同到刘允章家要人争吵,刘允章又怎样把侄女送到贴邻赵汝德家躲匿,不料侄女不甘失节,乘赵汝德外出,就在空屋内自缢身死,是刘允章报知小的往看投保,把邱盛钱同娶主江家齐扭获送案报验的,求究办。是实。

据见证刘允章供:灵璧县人,已死邱周氏是小的表侄女,自幼嫁与邱盛钱的胞弟邱万钱为妻。邱万钱于光绪十年病故,邱周氏自愿孀守,小的是晓得的。十九年十一月十四日,邱周氏来到小的家哭诉说道,他夫兄邱盛钱把他卖与庄邻江家齐为妻,得受身价钱四十千文,就要前来接娶,央恳小的容留躲避。小的知道他甘心守节,不愿改嫁,当就应允,并用言劝慰。不多一会,邱盛钱和江家齐们同到小的家要人,小的出向分辩,邱盛钱不依,恃强吵说要进内搜查,小的恐被寻获,又把邱周氏送到贴邻赵汝德家躲匿。不料邱周氏乘赵汝德外出,就在空屋内自缢身死,经小的瞥见,喊同邱盛钱解救无及,小的报知尸叔周福仓往看,投保把邱盛钱同娶主江家齐扭获送案报验的。小的委系解救不及。是实。

据犯人江家齐供:年四十岁,灵璧县人,父故母存,弟兄二人,小的居幼,余没别属,已死邱周氏是邱盛钱孀居弟妇。光绪十九年十一月间,有素识在逃的赵印章来向小的做媒,说邱盛钱贪图财礼,要把他弟妇周氏嫁卖,叫小的买娶为妻,小的应允,言明身价钱四十千文。就是那月十三日过帖付价,约定次日接娶。到了十四日,小的邀同媒人赵印章前往邱盛钱家,那时邱周氏先已风闻,避匿他表亲刘允章家。邱盛钱告知前情,合小的同到刘允章家要人争吵,不料邱周氏不甘失节,乘间在赵汝德家空屋内自缢身死,经刘允章瞥见,解救无及,报知尸叔周福仓往看,投保把小的合邱盛钱扭获送案报验的。委没起衅别故及另有在场助势的人。赵印章现逃何处,不知道。是实。

据犯人邱盛钱供:年四十三岁,灵璧县人,父亲已故,母亲林氏,现年七十岁,弟兄二人,小的居长,娶妻没生子女。已死邱周氏自幼嫁与小的胞弟邱万钱为妻,邱万钱于光绪十年病故,弟妇周氏自愿孀守,小的见他年轻,屡劝改嫁,周氏不从,誓以死守。十九年十一月里,小的因贫难度,起意把周氏嫁卖,得钱花用,随央托素识在逃的赵印章为媒,卖与庄邻江家齐为妻,言明身价钱四十千文。就是那月十三日过帖付价,约定次日接娶。到了十四日,江家齐邀同媒人赵印章来到小的家,那时周氏先已风闻,避匿表亲刘允章家,小的查知,就合江家齐们同到刘允章家要人。刘允章出向小的分辩,小的不依,恃强争吵,说要进内搜查,刘允章怎样把周氏送到贴邻赵汝德家躲匿,致周氏在赵汝德家空屋内乘间自缢身死,是刘允章瞥见,喊同小的解救无及,刘允章报知尸叔周福仓往看投保,把小的合娶主江家齐扭获送案报验的。委没起衅别故及另有在场助势的人。赵印章现逃何处,不知道。是实。各等供。

据此,将犯收禁,录供通详,奉批缉审。据报,该犯邱盛钱于光绪二十年三月十一日在监患病,验报饬医,至四月十一日治痊。遵提覆讯,除江家齐供与前同不叙外,讯据犯人邱盛钱供云云同前。等供。据此,该署灵璧县知县郭继泰审看得云云同后院看至,获日另结。等情。由府解司核,恐案情未确,委据署怀宁县知县黄国城审照原拟解司,勘转到臣,提犯亲讯无异。

该臣审看得灵璧县民邱盛钱图财强卖孀居弟媳邱周氏未成致令自缢身死一案。缘邱盛钱、江家齐均籍隶该县,已死邱周氏系邱盛钱胞弟邱万钱之妻,服属小功。邱万钱于光绪十年病故,邱周氏自愿孀守,邱盛钱因其年轻,屡劝改嫁,邱周氏不从,誓以死守。十九年十一月间,邱盛钱因贫难度,起意将邱周氏嫁卖,得钱花用,随央托素识在逃之赵印章为媒,卖与庄邻江家齐为妻,言明身价钱四十千文,即于是月十三日过帖付价,约定次日接娶。十四日,江家齐邀同媒人赵印章前往邱盛钱家,时邱周氏先已风闻,避匿表亲刘允章家。邱盛钱查知前情,即与江家齐等同至刘允章家索人,刘允章出向分辩,邱盛钱不依,恃强争吵,称欲进内搜查。刘允章虑被寻获,又将邱周氏送往贴邻赵汝德家躲匿。讵邱周氏不甘失节,乘赵汝德外出,即在空屋内自缢殒命,经刘允章瞥见,解救无及,报知尸叔周福仓往看,投保获犯报经该前代理县丁文熙诣验,未及讯详卸事,该署县抵任准交,讯供详批缉审。据报,该犯邱盛钱在监患病,验报医痊,将犯覆讯,议拟由府解司委审,勘转前来。臣提犯亲讯,据各供悉前情不讳,诘无起衅别故及另有在场助势之人,究鞫不移,案无遁饰。查例载:"尊长图财强卖卑幼,如妇女不甘失节因而自尽者,期功尊长发近边充军。娶主知情用财谋买者,减正犯罪一等。"等语。此案邱盛钱因邱周氏夫故孀守,辄即图财强卖与庄邻江家齐为妻,致邱周氏不甘失节,乘间自缢身死。查已死邱周氏系该犯胞弟邱万钱之妻,服属小功,自应按例问拟。邱盛钱应如县府司及委审所拟,合依"尊长图财强卖卑幼,如妇女不甘失节因而自尽者,期功尊长发近边充军"例,拟发近边充军。据供母老丁单,是否属实,饬县查明,取结详办。江家齐明知邱周氏不愿改嫁,辄敢用财谋买,亦应按例问拟。江家齐亦如所拟,合依"娶主知情用财谋买者,减正犯罪一等"例,于邱盛钱军罪上减一等,拟杖一百,徒三年。该犯等恭逢光绪二十年八月十六日恩诏,事犯在二十年正月初一日以前,惟该犯邱盛钱系强卖孀妇致令自尽拟军,情节较重,应不准其援免,该犯江家齐罪止减等拟徒,应请准予援免,后再有犯,加一等治罪。刘允章容留孀妇在家,系为邱周氏不愿改嫁起见,迨后送往赵汝德家躲匿,亦为保全名节所致,至邱周氏因而自尽非其意料所及,且讯系解救不及,应毋庸议。邱盛钱所得身价照追入官。已死邱周氏以乡曲妇女矢志孀守,因被夫兄图财强卖,捐躯明志,洵属节烈可嘉,相应随案附请旌表,以慰幽魂。无干省释。尸棺由县饬埋。缢绳案结销毁。逸犯赵印章罪止拟徒,并免缉拿。除揭移部科外,理合恭疏具题,伏乞皇上圣鉴,敕下法司核覆施行。再,此案审限云云。

校勘记:

①自尽:目录作"自缢"。

卷十五立 杂 案

巡检擅受差传致被拒杀弓兵二命

为会详事。据布政使阿克达春、按察使张岳年会详，据代理六安直隶州知州朱大绅详称：光绪十三年四月初五日，卑前署州尹起鸾任内，访闻和尚滩巡检有保民舒华全呈控邱光发抢夺奸占等情，签派弓兵往传，致被邱光发等杀死弓兵二人，砍伤一人情事。正在饬缉查办间，即据该巡检以前情面禀，并据地保陶春荣押同余犯邱裕起，并呈缴尸头两颗，赴案投首前来。讯据邱裕起，供因疑盗误杀，伊仅用木柄长刀砍伤刘升右肋、左胳肘两处，刘升、李富两尸头均系邱光发所杀。等语。当经饬差严缉正凶，并详道先将该巡检方吉升撤任，一面查该处距城一百一十里，随带刑仵驰诣该处，勘得邱光来朝东草屋三间，北首厢屋二间，南首侧屋半间，四无邻居。勘毕，饬将两尸身移放平地，并令尸亲刘士科等辨认。各将首级凑合，对众去衣，如法相验。据仵作孙全验报：已死李富，约年五十余岁。仰面，不致命：颔颏连合面项颈有刃伤一处，围圆九寸，头落，皮肉卷缩，骨凸血污。余无故。委系被杀身死。又已死刘升，问年四十一岁。仰面，致命：咽喉连合面项颈有刃伤一处，围圆九寸四分，头落，皮肉卷缩，骨凸血污。不致命：右肋刃伤一处，斜长一寸，宽二分，深透内。合面，不致命：左胳肘刃伤一处，斜长一寸五分，宽三分，深抵骨，骨损。致命：右脊膂刃伤一处，斜长一寸五分，宽二分，深抵骨，骨损；左腰眼刃伤一处，斜长八分，宽二分，深三分。不致命：左腿刃伤两处，各斜长五分，宽一分，深二分。以上各伤俱皮卷血污。余无故。委系被杀身死。报毕，分别亲验无异，饬起木柄长刀无获，刘升右肋、左胳肘两伤无凭比对，其余各尸伤饬起凶刀比对相符，当场填格取结，尸令分别棺殓。又验得弓兵陈起偏右接连右额角、右肋各有刃伤一处，均用药包护，未便揭验，注单饬医。凶器木柄烟刀带回储库。当经尹起鸾以案关二死一伤，情节凶残，是否逞凶拒杀，抑系疑盗杀死，亟应集讯，分别详办，先将相验大略情形秉奉批饬，将该巡检方吉升撤任，听候参办，一面委员驰往会同该州提犯研讯，并勒拿凶犯邱光发等，悉获并究。等因。并奉藩臬两司会委候补知州周辛炳来州会讯，即据该巡检申送舒华全控告原词,并呈递亲供到州,并饬差查提舒华全到案。尹起鸾未及讯详卸事,卑职抵任准交,随会同委员周辛炳查该巡检送到舒华全控告原词,内开:情身胞叔舒永山长子大玉孜幼聘张大典长女,于去腊月成婚。讵有十八道保素行不法邱光发之弟邱光来,欺身叔等愚懦,抢去霸占,宛如夫妇。身叔畏其凶横,不敢声张,忍至今年三月二十六日,有胡长春劝身叔等儿媳张氏即被邱光来霸占,势必受伊摧残,不如即卖与伊,得钱三十五串文,希图免祸。身叔素系痴愚,听春蛊折,已经逼迫成交,岂知应允之后,只交墨票数纸,追向伊家发钱[①],邱光发分文不给,寻问光来,反加凶殴,屡鸣地保均畏不言,身思伊等始欺愚懦,引诱成奸,继被恶占,终恐性命莫保,况发素行抢夺,屡被保董驱逐,历有案卷确查,今复再蹈前愆,实属愍不畏法。身屡叩喊冤,未蒙恩准,兹光来、光发等见屡喊弗受,威焰更倍于前,并声言与身不两立,似此进退两难,实有万不得已之苦,若不叩请究追,不但媳被来占,财被发吞,救火负薪,并身性命亦属难存,泣叩差传,送州严讯究办。等情。暨粘呈期票一千文。又查该巡检方吉升亲供,内称:巡检自光绪十二年奉委属和尚滩,到任后不敢擅受民词,只因舒华全自本年三月二十七日屡以邱光来、邱光发素行抢夺不法,今又奸占伊弟媳张氏来巡检衙门,并于出署巡查时拦舆喊控,掷还原词,斥令赴州呈究。讵舒华全又于三月二十九日复以前情喊称,邱光来、邱光发等见屡喊弗受,凶焰更张,声言势不两立,性命难保,只求查传,送州救命。等语。巡检因恐酿成巨案,原词即控关抢夺不法奸占,遂于四月初一日派弓兵刘升、李富、陈起三人往查,拟俟查明带案,送州究办。不知该弓兵等怎样协保先往查传未见,初二日夜访知回家,复又同保陶春荣往传,甫叫开门,就被邱光发等持刀拒伤陈起,并将刘升、李富二人杀死。巡检闻信,立即赶赴前州案下面禀,当蒙差缉诣验,并将巡检详揭撤任,听候查办。所具亲供是实。随会同提集全案人证,逐加研讯。

据舒永山供:小的儿子舒大玉孜自幼聘定张大典女儿为媳,过门童养,尚没成婚。因儿子天阉,小的恐误人家女儿终身,随合张大典商明,把媳妇退回母家,听其另嫁。三月里,张大典就把他女儿凭媒嫁与邱裕起为妻,给还小的饭食钱三十五千文,大家都已情愿。后来堂侄舒华全怎样向邱裕起讹索不遂,起意在和尚滩巡司衙门诬告,弓兵刘升们又怎样奉票往传,被邱光发砍伤身死,小的都没知道。是实。

据弓兵陈起供:小的向在和尚滩巡司衙门充当弓兵。本年三月二十九日,这舒华全告邱光来、邱光发们素行抢夺不法,今又奸占他弟媳张氏一案。四月初一日奉本官票差,小的同刘升、李富协保往传,以便送州讯办。小的们就投明地保陶春荣同往查传,适值邱光发们都不在家,回到饭店住歇。初二日往传,仍复不见。在村邻探听,始知邱裕起们连日上山采茶,日里终不在家,刘升就说只好乘夜往传。就是那夜黄昏时候，约同地保一共四人，同到邱光来门首敲门叫唤，邱光发就在门里喊问何人，因为何事敲门，刘升们回说是弓兵奉官来拿你们，带去见官的话。邱光发又说果是弓兵传人，定在白日，这样夜来，怕是歹人，不肯开门。刘升敲打愈急，邱光发们就开门出来，说他们并没犯法，也不是强盗，为何黑夜来拿的话。小的上前喝拿，邱光发就用烟刀砍伤小的偏右连右额角，邱裕起也用木柄长刀戳伤小的右肋，忍痛避开。刘升、李富赶拢帮拿，邱光发、邱裕起分路逃走，李富向邱光发追赶，刘升合地保陶春荣向邱裕起追赶。后来刘升、李富怎样被邱光发们砍下头颅，那时小的已回至饭店，并没看见，是后来才知道的。今蒙提审，小的合刘升们并没有藉差吓诈的事。小的伤已平复。是实。

据见证地保陶春荣供：年四十九岁，六安州人，充当本州十八道下保地保。因保内地方辽阔，小的合邱裕起家住处较远，邱裕起怎样凭媒聘娶舒永山退婚的童养媳为妻，舒永山的堂侄舒华全又怎样向邱裕起讹诈不遂，在巡检衙门诬告，邱裕起抢夺奸占等情，小的生没知道[②]。光绪十三年四月初一日，巡检衙门弓兵刘升、李富合陈起三人来到小的处，说是麻埠镇人舒华全在巡检衙门控告邱光来、邱光发向犯抢夺不法，现又奸占他弟媳张氏，他们现奉本官签票传人，叫小的前去领传的话，小的依允同去。走到那里，邱光来们都没在家，彼此走散。初二日往传，仍复不见，向邻村探听，[③]始知邱光发们连日上山采茶，日里总不在家，弓兵就说只好乘夜往传。就是那夜，一共四人同到邱裕起家敲门叫唤，邱光发就在门里喊问何人，因为何事敲门，刘升们回说是弓兵奉官拿你们带去见官的话，邱光发又说果是弓兵传人，定在白日，这样夜来，怕是歹人，不肯开门。刘升们敲打愈急，邱光发们就开门出来，说他们并没犯法，也不是强盗，为何黑夜来拿的话，向陈起们诘问，陈起不与分辩，上前喝拿，邱光发就用木柄烟刀砍伤陈起偏右连右额角，邱裕起也用木柄长刀戳伤陈起右肋，转身避开，刘升、李富赶拢帮拿，邱光发同邱裕起分路逃走，李富向邱光发追赶，小的合刘升向邱裕起追赶，正要赶上捉拿，邱裕起转身用木柄长刀戳伤刘升右肋，刘升赶拢夺刀，邱裕起又用刀砍伤刘升右胳肘[④]，小的赶拢帮同把邱裕起刀子夺获撩弃，刘升就扭住邱裕起发辫拉走，走不多路，见邱光发手提李富头颅走来，邱裕起喊救，邱光发赶拢用刀砍戳刘升【们】左腰眼、右脊膂等处几下，刘升松手倒地，邱光发就用刀把刘升头颅砍落。小的上前吆喝，邱光发声称要把小的一并杀却，小的害怕逃回。次早邀同乡约往拿，邱光发业已逃逸，邱裕起正要挑头投首，小的就把他押送到案的。前已到案供明，嗣奉差往湖北缉案，今始回来的。是实。

据诬告民人舒华全供：年三十岁，父亲已故，母亲汪氏，现年五十四岁，并没弟兄，娶妻没生子女，种茶为业。从前小的堂叔舒永山为他儿子舒大玉孜幼聘张大典的女儿张氏为妻,过门童养,还没成婚。后来堂叔知道舒大玉孜天阉,怕误张氏终身,合张大典商允,要把张氏退回。光绪十三年三月间,经张大典主婚,凭媒把张氏另嫁这到案的邱裕起为妻,过门成婚,邱裕起出彩礼钱三十五千文给与堂叔,作贴养张氏饭食钱文。小的闻知,起意向邱裕起讹索钱文,邱裕起不允,止付给期票钱一千文,小的心不甘服,起意诬告泄忿,就捏邱裕起的父亲邱光来同他堂叔邱光发平日抢夺不法,现又奸占弟媳张氏各节,央过路不识姓名测字人做就呈词,在和尚滩巡检衙门控告没准。那月二十九日,小的又添砌邱光来们见小的呈控不准,凶焰更张,如再不准,性命难保等词续控,蒙巡司准为查传,小的情虚,恐被传质,当就走避。后来四月初一日巡司怎样差弓兵刘升们往传邱光来们都没在家,初二日夜里刘升们又去传案,邱光发们怎样把陈起砍伤,把刘升、李富头颅砍落,小的先没知道,后蒙州官访闻,差拿小的到案。今蒙提讯,小的实因向邱裕起讹索不遂,在和尚滩巡检衙门诬告泄忿,原是有的。后来弓兵刘升们黑夜传人,致被杀伤身死,实非小的意料所及。小的讹得期票钱一千文,业经缴案。是实。

据犯人邱裕起供:年三十岁,六安州人,父亲邱光来,现年六十四岁,母亲已故,并没弟兄,种茶为业。在逃的邱光发是分居堂叔,同院居住。光绪十三年三月二十日,经父亲凭媒胡长春聘娶舒永山退婚的童养媳就是张大典的女儿张氏与小的为妻,付给财礼钱三十五千文,由张大典收去,转给舒永山作为贴养张氏饭食钱文,当娶张氏过门。后来这到案的舒永山的堂侄舒华全来向小的讹索钱文,小的不肯多出,只借付张仁和期票钱一千文,那晓舒华全还不满欲,就以抢夺奸占等情到和尚滩巡检衙门诬控。四月初一日,巡司差弓兵同地保陶春荣怎样到小的家传人,那时父亲往周口卖茶,小的合堂叔并妻子连日在山上采茶,没有看见。初二日夜二更时候,小的们都已睡卧,听闻有人敲门叫唤,堂叔喊问何人,因为何事,他们回答是巡司衙门弓兵,来拿父亲同堂叔带去见官的话。堂叔说弓兵传人定在白日,似此夜来怕是歹人,不肯开门。他们敲打愈急,堂叔就顺拿烟刀一把,叫小的顺拿办团练时留下木柄长刀一把,一同开门出看,堂叔说是我们并没犯法,又非强盗,因何黑夜拴拿的话,向弓兵们诘问,弓兵陈起不听分辩,上前喝拿,堂叔就用手拿烟刀砍伤陈起偏右连右额角,小的也用木柄长刀戳伤陈起右肋,陈起转身避开。李富、刘升赶拢捉拿,小的同堂叔分路逃跑。李富向堂叔追赶,地保陶春荣合刘升向小的追赶,正被赶上,小的转身就用木柄长刀戳伤刘升右肋,刘升赶拢夺刀,小的又用刀砍伤他左胳肘,地保赶拢帮同把小的刀子夺获撩弃,刘升扭住小的发辫拉走,走不多路,见堂叔手提李富头颅走来,小的喊救,堂叔就赶拢用刀砍戳刘升左腰眼、右脊膂等处几下,刘升松手倒地,堂叔就用刀砍落刘升头颅。地保陶春荣赶拢吆喝,被堂叔用刀吓砍逃避。堂叔向小的告说他被李富追赶，李富赶到那里田埂上失足跌地，他就把李富头颅砍落已拿来，并说事已闹大，只好把头颅献官，装作疑盗格杀的话，商议已定，大家走回。次日天明，正要假装疑盗投首，被乡保们赶来缉拿，堂叔乘间逃脱，小的就同地保到案投首的。今蒙研讯，小的实止被弓兵刘升追赶情急，用刀砍戳他右肋、左胳肘两下，至刘升右脊膂、左腰眼各伤，都是堂叔把他戳伤并把他头颅砍落的。并非预谋纠殴，也没起衅别故及另有在场帮殴的人。烟刀已蒙起获，小的所拿木柄长刀，当时被刘升们夺获撩弃。堂叔现逃何处，不知道。是实。各等供。

据此，将犯收禁，录供通详。周辛炳旋即回省销差，奉批缉审，查逸犯弋获无期，现犯未便久羁，遵提覆讯，议拟解司。本司核，恐案情未确，札委署怀宁县范葆廉提讯，供词翻异，申请发回该州覆审解司。本司提讯，犯供游移，札委署怀宁县陈兆庆审办，因另有查办事件，禀请改委安庆府覆审，犯供狡展，移提要证陶春荣先期赴湖北省侦缉要案，循例详请咨展。兹将陶春荣移解到案，质审明确，议拟详解前来，提犯亲讯，供与该州及委审相同。

该本司等审看得六安州民舒华全在和尚滩巡检衙门诬控邱光发等抢夺奸占，该巡检擅受差传，致被邱光发拒杀弓兵二命一案。缘舒华全、邱裕起均籍隶该州，种茶度日，在逃之邱光发系邱裕起分居堂叔，同院居住，舒华全系舒永山堂侄。舒永山有子舒大玉孜，幼聘张大典之女张氏为妻，过门童养，尚未成婚。嗣舒永山因知舒大玉孜系属天阉，恐误张氏终身，与张大典商允，欲将张氏退回，听其另嫁。光绪十三年三月二十日，经张大典主婚，凭媒将张氏嫁与邱裕起为妻，过门成婚，当付财礼钱三十五千文，由张大典转给舒永山，作为贴养张氏饭食之费。舒华全闻知，即向邱裕起讹索钱文，邱裕起仅借付票钱一千文，舒华全未能满欲，起意诬控泄忿，即捏邱裕起之父邱光来同邱光发平素抢夺不法，今又奸占其弟媳张氏各节，央过路不识姓名测字人做就呈词，在该州和尚滩巡检衙门控告未准。二十九日，舒华全又添砌邱光来等见其呈控未准，凶焰更张，如再不准，性命难保等词续控，经该署巡检方吉升以控关抢夺奸占准予传案送州究办，票差弓兵李富、刘升、陈起协同地保陶春荣前往查传。适邱光来出外卖茶未回，邱光发、邱裕起连日在山采茶，两次往传，均未会遇。刘升等探知邱裕起等采茶正忙，日间总不在家，约定乘夜往传，随于初二日夜二更时分协同地保陶春荣一共四人，同至邱裕起家敲门叫唤，邱光发喊问何人，因为何事，刘升等答以弓兵奉票传人。邱光发因系夜间，不肯开门。刘升等敲打愈急，邱光发即携烟刀一把，并嘱邱裕起顺拿办团练时留下木柄长刀一同开门出看。邱光发即以伊等并不犯法，又非强盗，因何黑夜拴拿之言，向陈起等诘问。陈起不与分辩，上前喝拿，邱光发用手拿烟刀砍伤陈起偏右连右额角，邱裕起亦用木柄长刀戳伤陈起右肋，陈起转身避开，李富、刘升赶拢捉拿，邱光发、邱裕起分路逃跑，李富向邱光发追赶，地保陶春荣与刘升向邱裕起追赶。正被赶上，邱裕起转身用木柄长刀戳伤刘升右肋，刘升赶向夺刀，邱裕起又用刀砍伤其左胳肘，地保陶春荣赶拢，帮同将邱裕起获住，夺刀撩弃，刘升即扭住邱裕起发辫拉走，适邱光发手提李富头颅走至，邱裕起喊救，邱光发即用刀砍戳刘升左腰眼、右脊膂等处，松手倒地，邱光发即将刘升头颅砍落。陶春荣赶拢吆喝，被邱光发吓砍逃避。邱光发即以伊被李富追赶，李富追到田埂失足跌地，伊将李富头颅砍落之言向邱裕起告知，并称事已闹大，只好将头颅献官，假装疑盗格杀，彼此商定走回。次早邱光发乘间逃脱，邱裕起正拟假装疑盗格杀投首，即经乡保往拿，将邱裕起押送到州，并据该巡检禀经该州诣验差缉，详经凤颖道⑤先将该巡检撤任，一面即将验讯情形禀奉批司，会委候补知州周辛炳前往会讯，查获舒华全到案。该前州尹起鸾未及讯详卸事，该州抵任，随会同周辛炳提犯讯供通详，奉批缉审。嗣据该州以逸犯弋获无期，先就现犯覆讯，议拟解司。本司核，恐案情未确，札委署怀宁县范葆廉提讯，供词翻异，申请发回该州覆审解司。本司提讯，犯供游移，札委署怀宁县陈兆庆审办，该县因另有查办事件，禀请改委安庆府覆审，犯供狡展，移提要证陶春荣，先期赴湖北省侦缉要案，循例详请咨展。兹将陶春荣移解到案，质审明确，议拟详解前来。本司等提犯亲讯，据各供认前情不讳，诘非预谋纠殴，亦无起衅别故及另有在场帮殴之人，再三究诘，矢口不移，案无遁饰。查律载："诬告人死罪未决者，杖一百，流三千里，加徒役三年。"又例载："凡非民间常用之物均以凶器伤人论。"又："执持凶器伤人者，发近边充军。"各等语。此案舒华全因邱裕起聘娶其堂叔舒永山退婚之童养媳张氏为妻，辄向讹索不遂，迭捏邱光来等抢夺奸占各情，赴巡检衙门控告，如果所控得实，邱光来等罪应缳首，今审属虚诬，自应按律反坐，至弓兵刘升等被杀二命，系因黑夜传人所致，并非该犯意料所及，与因而致死平人者不同，自应仍按诬告本律问拟。舒华全应如该州及委员所拟，合依"诬告人死罪未决者，杖一百，流三千里，加徒役三年"律，拟杖一百，流三千里，加徒役三年。邱裕起因为舒华全在巡检衙门诬控查传，听信其堂叔邱光发之言不服传唤，辄用木柄长刀戳伤弓兵陈起平复，又戳伤刘升右肋等处。查该犯邱裕起并无抢夺奸占情事，本系无罪之人，巡检衙门例禁擅受，亦无应传之责，自应以凡斗论。刘升先被该犯刃伤右肋、左胳肘两处，伤不甚重，且尚能扭住该犯行走，不致戕生，惟被在逃之邱光发砍戳伤右脊膂等处，并将头颅砍落殒命，应以邱光发拟抵。该犯与邱光发一家共犯，系侵损于人，仍应以凡人首从论，所执木柄长刀供系前办团练时留存，究非民间常用之刀，其砍伤陈起平复罪名相等，自应从一科断。邱裕起亦应如所拟，合依"执持凶器伤人者，发近边充军"例，拟发近边充军。据称仅止砍伤刘升右肋、左胳肘两处，有地保陶春荣见证，无虞避就，应请照例拟结，毋庸监候待质。该犯邱裕起、舒华全事犯到官均在光绪十五年三月十六日恭逢恩诏以前，核其情罪俱不在不准援免之列，均应准予援免，后再有犯，加等治罪。地保陶春荣协同弓兵刘升等奉票传人，辄行黑夜同去，并不阻止，致酿二命重案，虽讯系救阻不及，亦无藉差吓诈情事，究有不合，除陈起当时业已受伤免其科罪外，地保陶春荣应请照"不应重"律拟杖八十，事在赦前，请免发落，仍与陈起俱革役。邱光来先期外出，并不在场知情，平日亦无抢夺不法情事，应与退婚之舒永山并主婚另嫁之张大典、媒人胡万春，均毋庸议。作词之不识姓名测字人无从查究，陈起伤经平复，舒华全讹得期票钱一千文业已由州追缴，仍给邱裕起收领。凶器烟刀案结发回，储库备拨。木柄长刀供弃免追。前署和尚滩巡检方吉升擅受差传，致酿重案，业奉另案奏参革职，应毋庸议。无干经州省释。各尸棺分别饬埋。逸犯邱光发饬缉获日另结。理合详候核咨。再，此案审限云云。至全限届满，合并声明。等情。到院。据此，本部院覆核无异，除饬勒缉逸犯邱光发获报并分咨外，相应咨达。

光绪十六年十月二十二日准。部照覆。

校勘记：

①发钱：据文意，当为"要钱"。

②小的生没知道：生字误，当为"先"。

③向邻村探听：据文意，当为"向村邻探听"。

④右胳肘：据上下文当为"左胳肘"。

⑤凤颖道：颖字误，当为"颍"，全称当谓"凤颍六泗道"，为光绪年间安徽省三道之一。

听从纠邀作线假差图功将曾经犯窃之人提获致令畏罪自尽

为报验事。据按察使嵩崑详，据署凤阳府知府刘宗海转，据定远县知县郑葆清详称：光绪十六年八月十九日，据地保涂立功报，据宿州民人丁征投称：伊子丁建素不务正，在外行窃不止一次，属经伊训责不悛。本年六月间，伊子又在原籍地方偷窃不识姓名事主家衣物，经事主查知不依，逃外躲避，许久未回。本月十八日，有开设饭店之廖克祭向伊报称，伊子于十七日傍晚被宿州捕差舒洪、石兴、祁真、汪富四人将其带至店内投宿，拟俟次日送究。讵伊子畏罪情急，即于是夜吞服洋烟自尽。伊赶往查看，伊子业已灌救无及，于十八日午后殒命。等语。查舒洪、石兴先已逃逸，合将祁真、汪福二名扭获送案,报乞验究。等情。并据尸父丁征同报,各到县。据此,随即饬差严缉,一面带领刑仵驰诣相验。据仵作许兰验报:已死丁建,约年二十余岁。仰面:两眼胞微开;口合内有血沫流出;右手食指有烟膏粘结;心坎、肚腹、十指甲俱青色;用银针探入口内取出青色,用皂角水揩洗不去。余无故。实系吞服洋烟身死。报毕,亲验无异,填格取结,尸令棺殓。随传尸亲、人证,提犯研讯。

据地保涂立功供与报词同。

据尸父丁征供:宿州人,已死丁建是儿子,向不务正,在外行窃不止一次,屡经小的训责不改。光绪十六年六月不记日期,丁建又在原籍地方偷窃不识姓名事主家衣物,经事主查知不依,丁建逃外躲避,许久没回。八月十八日,有素识开设饭店的廖克祭来向小的告说,丁建于十七日傍晚被宿州捕差舒洪、石兴、祁真、汪福四人把他带到店内投宿,说俟明日送究,那晓丁建畏罪情急,就是那夜吞服洋烟自尽的话,小的连忙赶往查看,不料丁建灌救没效,于十八日午后身死。舒洪、石兴乘间脱逃,小的就投保把祁真、汪福扭获送案报验的,求究办。是实。

据见证廖克祭供:定远县人,向在县属天长集开设饭店生理,合已死丁建并这到案的祁真、汪福,在逃的舒洪、石兴都先不认识。光绪十六年八月十七日傍晚时候,舒洪、石兴合祁真、汪福带同丁建来到小的店内投宿,舒洪、石兴说是宿州捕差,奉票缉贼,知道丁建曾在宿州地方犯窃,央同祁真、汪福作线引拿,把丁建捉获,因天色已晚,就在小的店内住歇,拟俟明日早解赴宿州禀究。那时小的并没理会。到十八日早上,舒洪们正要动身,丁建面色改变,脚软难走,舒洪们就喊同小的向丁建盘问,丁建说他屡次犯窃,此次到官定要办罪,不如一死干净。就是昨晚四更,乘舒洪们都已睡熟,潜取烟盘内吃剩洋烟,搅入茶内,私自吞服,并向小的合舒洪们愁叹,小的合舒洪们赶忙用药灌救,一面报知丁建的父亲丁征往看,不料丁建灌救没效,到十八日午后身死。丁征投保把祁真、汪福二人扭获送案报验的。小的委系灌救不及。是实。

据犯人祁真供:年三十九岁,父母都故,并没弟兄妻子。据犯人汪福供:年五十二岁,父母都故,并没弟兄妻子。又据同供:小的们都是灵璧县人,小本营生,合已死丁建素识没嫌。光绪十六年八月十七日,小的们路遇素识在逃的舒洪、石兴,说道他们想赴宿州谋充差捕,没由进身,知道丁建曾在宿州地方犯窃,央小的们同往作线引拿,若能把丁建拿获送案,就可邀功入卯,赏充捕役,并许事后酬谢,小的们当就应允。随一路同行,走到县属天长集相近地方,撞遇丁建行走慌张,小的就向舒洪们告知,舒洪们假充宿州捕差,把丁建捉获带走,因天色已晚,不及押解进城,就在廖克祭饭店住宿,拟俟明早解赴宿州禀究。舒洪们把丁建安顿停妥,他们二人开灯吃烟,同房睡卧。小的们也在外间睡歇。不料丁建怕到官办罪,一时情急,就是那夜乘舒洪们睡熟,潜取盘内吃剩洋烟,搅入茶内,私自吞服。到十八日早上,小的们合舒洪们正要带犯动身,忽见丁建面色改变,脚软难走,舒洪们就喊同店主廖克祭向丁建盘出前情,并说此次到官定要办罪,不如一死干净的话,向舒洪们愁叹,舒洪们赶忙用药灌救没效。到那日午后舒洪们乘间脱逃,尸亲投保把小的们扭获送案的。小的们实止听从同往作线引拿,并没帮同下手,也没捏造签票及吓诈争殴的事。舒洪们现逃何处,不知道。是实。各等供。

据此,将犯收禁,录供通详,奉批缉审。据报,该犯祁真于光绪十六年九月二十三日在监患病,验报饬医,至十月二十三日治痊。查逸犯舒洪等弋获无期,先将现犯覆讯,议拟由府勘转到司核,恐案情未确,饬委安庆府联元审照原拟,详解前来,本司提犯亲讯无异。

该本司审看得定远县客民祁真等听从逸犯舒洪等纠邀作线,舒洪等假充差役将曾经犯窃之丁建捉获致令畏罪自尽一案。缘祁真、汪福均籍隶灵璧县,小本营生,与已死丁建素识无嫌。丁建素不务正,在外行窃不止一次,屡经其父丁征训责不悛。光绪十六年六月不记日期,丁建又在原籍地方偷窃不识姓名事主家衣物,经事主查知不依,丁建逃外躲避,许久没回。八月十七日,已获之祁真、汪福路遇在逃之舒洪、石兴,谈及伊等欲赴宿州谋充捕差,无由进身,探知丁建曾在宿州地方犯窃,央祁真等同往作线引拿,若能拿获丁建送案,即可邀功入卯,赏充捕役,并许事后酬谢,祁真等应允。随一路同行,走至该县属天长集相近地方,撞遇丁建行走慌张,祁真等见向舒洪等告知,舒洪等假充宿州捕差,将丁建捉获带走,因天色已晚,不及押解进城,即在该集廖克祭饭店住宿,拟俟次早解赴宿州禀究,舒洪等将丁建安顿停妥,即行开灯吃烟,同房睡卧,祁真等亦在外间睡歇。讵丁建虑恐到官办罪,一时情急,即于是夜乘舒洪等睡熟,潜取烟盘内吃剩洋烟,搅入茶内,私自吞服。十八日早晨,舒洪等正欲带犯动身,忽见丁建面色改变,脚软难走,舒洪等即喊同店主廖克祭向丁建盘出前情,并有此次到官定要办罪,不如一死干净之言,向舒洪等愁叹,舒洪等赶忙用药灌救无效,于十八日午后殒命。廖克祭报知丁建之父丁征往看,投保将祁真等扭获,报经该县诣验讯供,详批缉审。据报,该犯祁真在监患病,验报医痊。查逸犯弋获无期,先就现犯覆讯,议拟由府解司核,恐案情未确,委据安庆府审照原拟,详解前来。本司提犯亲讯,据各供悉前情不讳,诘止听邀作线,并无帮同下手及捏造签票吓诈争殴情事,究鞫不移,似无遁饰。查例载:“诈充各衙门差役缉捕盗贼,妄拿平人吓诈财物,被诈之人因而自尽者,拟绞监候,为从减一等。”又:“刁徒吓诈逼命之案,如讯明死者实系奸盗等项有干例拟之人,致被藉端讹诈,虽非干己事情,究属事出有因，为首之犯应于绞罪上量减一等，杖一百，流三千里，为从者杖一百，徒三年。"各等语。此案祁真等听从逸犯舒洪等起意谋充宿州捕役，知丁建曾经犯窃，纠邀同往，作线引拿，希冀邀功入卯。舒洪等即诈充捕差将丁建捉获，欲行送究，致令畏罪服毒身死。查丁建即经犯窃，即非平人，舒洪等亦未向其索诈，与妄拿平人因诈赃而逼毙者有间。将来舒洪等缉获到案，应照"刁徒吓诈逼命，讯明死者实系奸盗等项有干例拟之人，首犯于绞罪上量减拟流"。该犯祁真等听从同往，即属为从，自应按例问拟。祁真、汪福均如县府及委审所拟，应于舒洪等杖一百，流三千里罪上照为从减一等例，拟杖一百，徒三年。据供系在逃之舒洪等起意为首，旁无指证，恐有狡供避就情弊，应请照例监候待质，俟缉获逸犯，再行质明办理。丁建迭次犯窃，业据其父丁征供明，本干律拟，业已畏罪自尽，应毋庸议。丁征系律得容隐之人，惟不能禁约其子为窃，本有应得之罪，姑念其子已死非命，并免置议。无干经县省释。尸棺饬埋。逸犯舒洪等，饬缉获日另结。理合详候核咨。再，此案审限云云，合并声明。等情。到本部院。据此，除饬勒缉逸犯舒洪等获报并分咨外，相应咨达。

光绪十八年正月二十八日准。部照覆。

地保诬诈吓逼被诈之人自尽[①]

为提审事。据署按察使丁峻详，据安庆府知府联元详称：奉司札奉院批，滁州详，地保经汰诬指过客许才拐带妇女图诈捆殴吓逼，致令许才受伤后服毒身死。等情。饬司行提犯证尸亲人等到省，饬发安庆府讯办。等因。由司委提一干人证解至中途，合肥县尸妻许王氏产生一子，截留调养，仍将犯证人等及卷宗解省，札发到府。随查滁州直隶州知州齐肇敏原详，内称：光绪十八年七月初一日，卑职访闻西乡关山地保有诬诈客民殴逼致死情事，正饬差查拿间，既据该地保经汰禀称：闰六月二十边[②]有过客许才、许王氏夫妻二人，由江南同回凤阳原籍，路过关山，投宿徐二饭店，被朱标诬指许才拐带妇女图诈，捆殴吓逼，致许才受伤后服毒身死。兹奉饬拿，合将朱标带案。尸妻许王氏因系女流，未及同来禀报。等情。据经带领刑仵押犯驰诣，勘得该处有王廷贞草棚一间，已死许才尸身仰卧棚内地上。当传尸妻许王氏在场认明，饬令尸移平地，如法相验。据仵作夏元验报：已死许才，问年三十八岁。仰面：唇吻紫黑色；口开，有血水流出；舌缩；用银针探入咽喉，密封良久，取出黑色，用皂角水擦洗不去。不致命：左手大指有绳痕伤一处，紫红色，十指甲俱青黯色。致命：右肋有木器伤一处，长一寸，宽二分。不致命：右臁肕有木器伤一处，长二寸，宽一寸五分。合面，致命：右后肋有木器伤一处，长二寸，宽一寸。不致命：左腿肚有木器伤一处，长一寸，宽五分。以上各伤均紫红色。余无故。实系受伤后服毒身死。报毕，亲验无异，填格取结，尸令棺殓，浮厝标记。提讯丐头朱标、尸妻许王氏，均称系地保诬逼酿命，研究该地保经汰，无从狡避，始据供认起意诬诈，殴逼致令，许才受伤后服毒自尽，并事后闻拿情急捏禀等情不讳。据此，将犯收禁，录供通详在卷。查毕，提讯该犯经汰因恃尸亲未到，坚不承招。旋据合肥县以尸妻许王氏产限期满月，递解迳投前来，随即督同局员饬集尸妻、人证，提犯研讯。

据尸妻许王氏供：年二十八岁，母家天长县，已死凤阳县人许才是丈夫，同在南边帮工度日，合这地保经汰向不认识。光绪十八年夏里，丈夫带小妇同回凤阳老家。闰六月十九日傍晚，走到滁州关山地方，投宿未到案的徐二饭店，当有这丐头朱标进内，查知小妇们来历，也就出去。次早，丈夫合小妇动身走了半日，忽然朱标、徐二合未到案的廖大三人赶来，硬叫转回，说是地保有话查问。丈夫被阻无奈，仍合小妇走回关山，时已二更，又在徐二饭店住宿。朱标、廖大各自走去。二十一日早，经汰走来盘问，丈夫对他说合小妇是夫妻二人，同回凤阳老家去的，来路清白，不应叫人拦阻，那晓经汰欺侮异乡，有意诬诈，斥说丈夫定是奸拐妇女，必须出洋三十元，少则二十元，方免送官究治。丈夫用言分辩，经汰就拉丈夫出去，小妇在店等候，许久未见丈夫回来。正在心里着急，听闻传说地保在那里打人，连忙赶去，找到这王廷贞草棚内，只见丈夫卧地哼呼，当向查问，丈夫说被经汰捆打右肋、右臁肕、右后肋、左腿肚等处受伤，是朱标走去劝住解放。各散。并告诉小妇被殴气忿不过，已把身带烟土吞下，要合经汰拼命的话，小妇没法，哭喊求救，适王廷贞走来查看，小妇就把前情对他说了一遍，王廷贞忙去拿药帮同小妇把丈夫灌救没效，到夜毒发身死，正要报官，当蒙州主访闻饬拿验讯，究出实情，详奉提省审办。小妇行至合肥产生一子，蒙县截留调养，现已满月，递解来省，求究伸。是实。

据见证王廷贞供：合肥县人，寄住滁州关山地方，合已死许才并这许王氏都向不认识。小的有堆物草棚一间，空在那里。光绪十八年闰六月二十一日早赶集回家，走过草棚，听闻里面妇人声音，进去查看，只见许才受伤卧地，许王氏在旁哭喊，他就向小的告知姓名，并说许才是他丈夫，向在南边帮工，同回凤阳老家，前日路过此地，投宿徐二饭店，先被丐头朱标查问来历，次日动身，又被朱标合徐二们追回，说地保经汰有话查问，那晓经汰有意诬诈，把他丈夫拉到草棚捆打受伤，是朱标走来解放，合经汰各散。不料，他丈夫气忿不过，乘间吞服身带烟土，要合经汰拼命，经他随后找到，才向丈夫问明的话。小的忙去拿药帮同把许才灌救没效，到夜毒发身死。当蒙州主访闻饬拿，并验讯究出实情，传同小的解省的，委系灌救不及。是实。

据朱标供：年二十八岁，泗州人，寄住滁州关山地方，充当丐头，合已死许才向不认识。光绪十八年闰六月十九日傍晚,许才同他妻子许王氏两人来到关山,投宿未到案的徐二饭店。小的正在那里闲逛,因见他们男女二人,疑是奸拐,进店查知来历,也就走回。次早,许才们动身,这地保经汰不知听怎样传说,就骂小的放走拐犯,若不把许才们追回,定要禀官提究。小的被骂心慌,就邀徐二并素识未到案的廖大同去,追着许才们硬叫转回,只说地保有话查问。许才无奈,仍合许王氏走回关山,时已二更,又在徐二饭店住宿。小的合廖大通知经汰,各自回家。二十一日早,经汰走去怎样盘问,起意诬诈,把许才拉到王廷贞草棚内捆住吓逼,并连殴伤许才右肋、右臁肕、右后肋、左腿肚等处,小的先没晓得,后来走去看见,忙向经汰劝住,把许才解放,问知情由,许才卧地不起,经汰合小的各散。不料,许才乘间吞服烟土,那时许王氏赶往查问,喊同王廷贞把许才灌救没效,到夜毒发身死。当蒙州主访闻,饬拿经汰,把小的带案捏禀,经州主验讯,究出实情,详蒙提解来省的,委系恐被经汰禀究,才把许才们中途追回,不料经汰起意诬诈捆殴,酿成人命。小的并没串诈帮同捆殴吓逼的事。徐二们现往何处,不知道。是实。

据犯人经汰供:年四十六岁,滁州人,父母都故,娶妻生子,余没别属,充当州属关山地保,合已死许才向不认识。光绪十八年闰六月二十日,小的从州里应卯回家,听人传说,昨晚有过客许才带一女人投宿未到案的徐二饭店,被丐头朱标盘问来历的话,小的随往徐二饭店查看,那晓许才们已经动身,就向朱标斥说放走拐犯,若不把许才们追回,定要禀官提究。朱标心慌,就邀徐二合未到案的廖大同去把许才们追回,时已二更,仍在徐二饭店住宿。朱标、廖大通知小的,各自回家。二十一日早,小的走去盘问,许才说是带妻许王氏同回凤阳老家,来路清白,不应叫人拦阻。小的因他异乡可欺,起意诬诈,斥说许才定是奸拐妇女,必须出洋三十元,少则二十元,方免送官究治。许才用言分辩,小的就拉许才到王廷贞没人草棚内,用绳捆住吓逼,并拾取柴块连殴伤许才右肋、右臁肕、右后肋、左腿肚等处,经朱标走来劝住解放,许才卧地不起,小的合朱标各散。不料许才乘间吞服烟土,那时许王氏赶往查问,喊同王廷贞把许才灌救没效,到夜毒发身死。当蒙州主访闻饬拿,小的情急,把朱标带案捏禀,经州主验讯,究出实情,详蒙提解来省的。委系诬拐图诈捆殴吓逼,致令许才受伤后服毒身死,并没奸谋别情及另有串诈在场帮同捆殴吓逼的人。柴块、绳索都已撩弃。徐二们现往何处,不知道。是实。各等供。

据此,将犯迁禁,录供通详,奉批审解。据报,该犯经汰于光绪十九年四月初十日在监患病,验详饬医,于五月初十日治痊。兹查案内徐二等解讯无期,遵提该犯覆鞫,除各供同前不复冗叙外,讯据犯人经汰供云云同前。等供。据此,该安庆府知府联元审看得云云同后院看至,相因[3]随案附参。等情。解司,勘转到臣,提犯亲讯无异。

该臣审看得滁州地保经汰诬指过客许才拐带妇女，图诈捆殴吓逼，致令许才受伤后服毒身死一案。缘经汰籍隶滁州，充当该州关山地保，与已死凤阳县人许才素不相识。许才向在天长县佣工度日，娶妻王氏，于光绪十八年夏间带眷回籍，闰六月十九日傍晚行抵滁州关山地方，投宿未到案之徐二饭店。时有丐头朱标在彼闲逛，因见许才男女二人，疑系奸拐，进店查知来历，旋即走回。次早许才动身，经汰由州应卯回家，闻人传说前情，随往徐二饭店查看未遇，即向朱标斥说放走拐犯，若不将许才等追回，定欲禀官提究。朱标被斥心慌，遂邀徐二并未到案之廖大同往，追及许才等阻令折回，告以地保有话查问。许才被阻无奈，仍与许王氏走回关山，时已二更，复在徐二饭店住宿。朱标、廖大通知经汰，各自回家。二十一日早，经汰走往盘诘，许才称系带妻许王氏回籍，来路清白，不应令人拦阻。经汰因其异乡可欺，起意诬诈，斥说许才奸拐妇女，必须出洋三十元，少则二十元，方免送官究治。许才用言分辩，经汰即拉许才至王廷贞无人草棚内，用绳捆住吓逼，并拾取柴块连殴伤许才右肋、右臁肕、右后肋、左腿肚等处，经朱标走至劝住解放。许才卧地不起，经汰、朱标各散。讵许才气忿莫释，乘间吞服身带烟土，其时许王氏在店候夫未至，闻被捆殴，赶往找见，许才受伤卧地，问明被殴服毒情由，哭喊求救，适王廷贞经过听闻，查知前情，帮同将许才灌救罔效，至晚毒发殒命。即经该州齐肇敏访闻饬拿，经汰情急将朱标带案捏禀。齐肇敏验讯，究出实情，详批提省审办，由司委员行提犯证尸亲人等及卷宗解至合肥县境，尸妻许王氏产生一子，截留并禀报先将犯证州卷解省，饬发委审。旋据合肥县以许王氏产已满月，递解迳投该局集讯，详批审解。据报，该犯在监患病，详饬医痊。该府以案内徐二等解讯无期，遵提该犯经汰覆鞫，议拟解司，勘转前来。臣提犯亲讯，据供前情不讳，诘无奸谋别情，并另有串诈在场帮同捆殴诬逼之人，研究不移，案无遁饰。查例载："捕役妄拿平人私行拷打，吓诈财物，逼勒认盗，照诬良为盗例分别治罪。"又："诬良为窃，捆缚吓诈逼认致令自尽者，拟绞监候。"又律载："不应为而为，事理重者杖八十。"又名例载："断罪无正条者，援引他律比附定拟。"各等语。此案经汰因传闻许才携带妇女，疑系奸拐，勒令朱标追回，迨经询知来历，辄以许才异乡可欺，起意诬诈未遂，复行捆殴吓逼，致令许才受伤后服毒身死，殊属不法。查该犯身充地保，本有稽查之责，与刁徒无端肇衅者有间，惟死系无辜良民，因被诬诈捆殴致令自尽，遍查律例并无治罪专条，第地保诬拐与捕役诬窃均系在官人役情事相同，自应比例问拟。经汰除捏禀朱标诬诈捆殴酿命，审系全虚轻罪不议外，应如该府司所拟，比照"捕役妄拿平人私刑拷打，吓诈财物，逼勒认盗，照诬良为盗例分别治罪"，"诬良为窃，捆缚吓诈逼认致令自尽者，拟绞监候"例，拟绞监候，秋后处决。丐头朱标讯系畏被经汰禀究，将许才等中途追回，致经汰辄行诬诈吓殴，俱非该丐头意料所及，迨后经见劝解，亦无帮同捆殴吓逼情事，惟究因该丐头先向许才查问来历，致经汰传问根究，遂酿人命，殊有不合。朱标应照“不应重杖八十”律，拟杖八十，递回原籍，折责发落，交保管束。未到案之徐二、廖大帮同朱标将许才等追回，亦有不合，并饬由州提案责惩。王廷贞讯系灌救不及，应毋庸议。无干省释。许王氏母子资遣回籍，尸棺并饬领埋。柴块、绳索供弃免追。该滁州直隶州知州齐肇敏失察地保滋事酿命，虽经访拿究办，照例不准免议，相应随案附参。除揭移部科外，理合恭疏具题，伏乞皇上圣鉴，敕下法司核覆施行。再，此案审限云云。

光绪二十年八月初三日准。部照覆。

校勘记：

①地保诬诈吓逼被诈之人自尽：据目录及文意，当为“地保诬诈吓逼致被诈之人自尽”。

②六月二十边：据文意，当为“六月二十日”。

③相因：据文意，当为“相应”。

乡长查拿赌博致被在逃赌犯踢伤身死

为报验事。据按察使嵩崑详，据颍州府①知府凤林转，据署涡阳县知县冯继昌详称：光绪十八年三月十七日，据地保梁召报，据保民梁纯道投称：伊父梁福祥充当乡长，本月十四日夜，族人梁炳三、梁月在梁思家压宝赌钱，伊父闻知，前往斥禁，梁炳三不服混骂，伊父气忿，声言送官究治，拢向捉拿，被梁炳三踢伤脐肚倒地。经庄邻尤佩云赶至喝散，报伊往看，问明情由，将伊父抬至梁炳三家医治。讵伊父伤重，延至十六日殒命。等语。往查属实，凶犯梁炳三业已逃逸，现将同赌之梁月一名扭获送案，报乞验缉。等情。并据尸子梁纯道同报，各到县。据此，随即饬差严缉，一面带领刑仵前诣相验。据仵作李锐验报：已死梁福祥，问年四十七岁。仰面，致命：脐肚有脚踢伤一处，横长一寸二分，宽五分，紫黯色，按捺坚硬。余无故。实系踢伤身死。报毕，亲验无异，当场填格取结，尸令棺殓。随传集尸亲、人证，提犯研讯。

据地保梁召供与报词同。

据尸子梁纯道供：涡阳县人，已死梁福祥是父亲，充当本集乡长，合这到案的梁月并在逃的梁炳三、梁思都是同族无服，素好没嫌。光绪十八年三月十四日夜，梁炳三、梁月在梁思家压宝赌钱，父亲闻知走去斥禁，梁炳三不服混骂，父亲气忿，说要送官究治,拢向梁炳三捉拿,被梁炳三用脚踢伤脐肚倒地,是庄邻尤佩云看见喝散,报知小的往看,问明情由,把父亲抬到梁炳三家医治。不料父亲伤重,到十六日身死,小的就投保扭获这同赌的梁月送案报验的,求缉办。是实。

据见证尤佩云供:涡阳县人,合已死乡长梁福祥并这获案的梁月、在逃的梁炳三、梁思都是庄邻素识。光绪十八年三月十四日夜,小的听闻梁思家有人吵闹,走去查看,见梁福祥合梁炳三在那里争论,梁福祥说要送官究治,拢向梁炳三捉拿,梁炳三用脚踢伤梁福祥脐肚倒地。小的连忙赶拢喝阻,问说因梁炳三、梁月在梁思家压宝赌钱,梁福祥走去斥禁,梁炳三不服混骂起衅的,小的就去报知梁福祥的儿子梁纯道往看,问明情由,把梁福祥抬到梁炳三家医治。不料梁福祥伤重,到十六日身死,梁纯道投保报验的。委系救阻不及。是实。

据赌犯梁月供:年四十六岁,涡阳县人,父母都故,并没弟兄,娶妻孙氏,生有二子,庄农度日。合已死乡长梁福祥,并在逃的梁炳三、梁思都是同族无服。光绪十八年三月十四日夜,小的合梁炳三同到梁思家闲坐,梁炳三起意用钱压宝赌博,小的合梁思允从,一共三人,就在梁思家轮流猜压。二更时候,梁福祥走来斥禁,梁炳三不服,随口混骂,梁福祥气忿,说要送官究治,拢向梁炳三捉拿,梁炳三就用脚踢伤梁福祥脐肚倒地,经邻人尤佩云赶来喝散,报知梁福祥的儿子梁纯道往看,问明情由,把梁福祥抬到梁炳三家医治。不料梁福祥伤重,到十六日身死,梁纯道投保把小的扭获送案报验的。委没起衅别故,也没在场帮殴及另有同赌的人。梁炳三、梁思现逃何处,不知道。是实。各等供。

据此,将犯交差看管,录供通详,批饬缉审。兹据该县以逸犯弋获无期,遵提现犯覆讯,议拟由府详司。该本司核看得涡阳县民梁福祥因查拿赌博被梁炳三踢伤身死,该犯梁月讯止在场同赌并未帮殴一案。缘梁月籍隶涡阳县,庄农度日,与已死乡长梁福祥并在逃之梁炳三、梁思均系同族无服。光绪十八年三月十四日夜,梁月、梁炳三同至梁思家闲坐,梁炳三起意用钱押宝赌博,梁月、梁思允从,一共三人,即在梁思家轮流猜压。二更时分,梁福祥闻知,前往斥禁,梁炳三不服,随口混骂。梁福祥气忿,声言送官究治,拢向梁炳三捉拿,梁炳三用脚踢伤梁福祥脐肚倒地,经邻人尤佩云赶至喝散,报知梁福祥之子梁纯道往看,问明情由,将梁福祥抬到梁炳三家医治。讵梁福祥伤重,延至十六日殒命,梁纯道投保,扭获梁月送案,报经该县验讯,详批缉审。兹据该县以逸犯弋获无期,先就现犯覆讯,议拟由府详司。本司覆核此案,既据该县提犯研讯,据供前情不讳,诘无起衅别故,亦无在场帮殴及另有同赌之人,究鞫不移,案无遁饰。查例载:"赌博不分兵民,俱枷号两个月,杖一百。"等语。此案梁月听从逸犯梁炳三在梁思家压宝赌博,乡长梁福祥往禁不服,起衅争闹,被梁炳三踢伤身死,梁月仅只在场同赌,并未帮殴,自应按例问拟。梁月应如县府所拟,合依“赌博不分兵民,枷号两个月,杖一百”例,拟枷号两个月,杖一百。该犯并未帮殴,业据尸亲见证,众供确凿,无虞避就,应请先决从罪,毋庸监候待质,照例枷号满日,折责发落。见证尤佩云救阻不及,应毋庸议。失察牌保照例提责。犯系用钱压宝,并无赌具,请免查追。凶犯梁炳三并同赌之梁思,饬缉获日另结。无干省释。尸棺饬埋。所有失察赌博职名系调属涡阳县事颖上县[②]知县冯继昌相应开报,理合详候核咨。再,此案罪止拟杖,请免扣限,合并声明。等情。到本部院。据此,除饬缉逸犯梁炳三等获报并分咨外,相应咨达。

光绪十九年十一月十一日准。部照覆。

校勘记:

①颖州府:颖字误,当为“颍”。

②颖上县:颖字误,当为“颍”。

保甲委员因外来客民开设烟馆查无门牌擅自责打致令差忿自尽[①]

为委审事。据署按察使丁峻详,据署安庆府知府曾树春[②]详称:案奉委审青阳县保甲委员已革候补从九品陈其鑣擅责客民何宗山,致令羞忿自缢身死一案,饬即确讯详办。等因。并奉发人卷到府。旋据该委员陈其鑣赴府,投到提讯,供词互相推诿,饬传要证王松等外出未回,详咨展限,一面将陈其鑣先行详请咨革,归案讯办。兹于光绪二十一年闰五月二十日,据要证王松自行赴府投审前来,遵查青阳县原卷,内开:光绪十九年九月二十五日,该前署县彭灿垣任内,据地保江巨蛟报,据客妇何程氏投称:伊原籍湖南临湘县,本年九月初间,随同伊夫何宗山来至县属探亲未遇,伊夫即在木竹镇地方租赁房屋,开设烟馆度日。本月二十三日夜,有保甲局委员带领勇丁赴街巡夜,行至伊夫烟馆门首,进内查问。伊夫告知来历,委员因无保结门牌,谕令寻觅保人,编入门牌,伊夫称未窝匪犯法,何庸委员过问,委员生气,用拳殴伤伊夫右后肋,当将伊夫带回局中审讯,致伊夫被委员殴辱难堪,羞忿莫遏,乘间自缢。经家丁罗中看见,喊同邻人王松解救无及,当时殒命。等语。往查属实,合报验究。等情。并据尸妻何程氏同报,各到县。据经彭灿垣带领刑仵驰诣相验,据家丁罗中指称,何宗山系在门房内床档上用铁练自缢。等语。查验床档至地量高四尺五寸。

饬据仵作刘贵验报:已死何宗山,问年四十一岁。仰面,致命:咽喉上有缢痕一道,缠绕合面项颈,横长七寸,宽三分,深一分,紫赤色,有血癊,由两耳根斜入发际,八字不交。合面,不致命:右后肋有拳伤一处,围圆四寸,紫红色;左腿有竹板伤一处,横长三寸,宽二寸五分;右腿有竹板伤一处,横长三寸五分,宽三寸。均紫赤色。余无故。实系被责后自缢身死。报毕,彭灿垣亲验无异,饬取铁练无获,无凭比对尸伤,当场填格取结,尸令棺殓,讯供通详,奉批提省审办,并经池州府文明将陈其鏕撤去差使,饬令赴省投质,各在卷。奉委前因,遵即督同局员提集研讯。

据地保江巨蛟供与报词同。

据尸妻何程氏供:湖南临湘县人,已死何宗山是丈夫。光绪十九年九月初上,丈夫带同小妇来到青阳县探亲没遇,丈夫就在木竹镇地方租赁房屋,开设烟馆度日。那月二十三日夜,有保甲局委员陈其鏕带领勇丁赴街巡夜,走到丈夫烟馆门口,进内查问。丈夫告知来历,陈其鏕说丈夫没有保结门牌,谕令寻觅保人,编入门牌,丈夫就说我没窝匪犯法,何庸委员过问,陈其鏕生气,用拳殴伤丈夫右后肋一下,当把丈夫带到局中审讯,丈夫出言顶撞,陈其鏕喝令局勇鲍明们用竹板在丈失③两腿责打二十下,叫家丁罗中带到门房暂行看管,说等天明送县究办。那晓丈夫被陈其鏕殴辱难堪,羞忿莫遏,乘间自缢,罗中惊见,喊同邻人王松解救无及,当时身死。王松报知小妇往看,问明情由,就投保报验的,求究伸。是实。

据要证王松供:青阳县人,合已死湖南人何宗山素不认识,这到案的陈其鏕是保甲局委员,在小的住屋间壁设局。光绪十九年九月二十三日夜,小的听得陈其鏕巡夜转回,带有一人在那里审讯,小的也没理会。到五更时候,忽听陈其鏕的家丁罗中喊叫,小的连忙过去查看,见何宗山在门房床档上用铁练套住项颈自缢。问据罗中说,他家主叫何宗山寻觅保人编入门牌不遵,把何宗山带回讯责,何宗山羞忿莫遏,乘间自缢的话,小的就帮同罗中解救无及,何宗山业已气绝身死。小的就去报知何宗山的妻子何程氏往看,问明情由,投保报验的。小的前因有事外出,今才回家就遵传投质的。是实。

据家丁罗中供:年三十岁,贵池县人,这到案的陈其鏕是家主,合已死湖南人何宗山素不认识。光绪十九年九月初间,家主委办青阳县木竹镇保甲局事务。那月二十三日夜,带同小的合局勇鲍明、江荣赴街巡夜,走到何宗山烟馆门口,听见里面人声嘈杂,进内查问。何宗山说他探亲没遇,开设烟馆度日,家主说他没有保结门牌,谕令寻觅保人编入门牌,何宗山就说并没窝匪犯法,何庸委员过问。家主生气,用拳殴伤何宗山右后肋一下,把何宗山带回局中审讯,何宗山出言顶撞,家主喝令鲍明、江荣用竹板在何宗山两腿责打二十下,因时已夜深,把何宗山交小的带到门房暂行看管,说等天明送县究办。何宗山就把被官殴辱难堪没脸做人的话向小的哭诉,小的用言劝慰,后见何宗山上床睡卧,小的也到对面铺上睡歇。那晓何宗山羞忿莫遏,乘小的睡熟,拿取桌上铁练拴挂床档上套住项颈自缢,小的睡醒惊见,连忙喊同邻人王松解救无及,何宗山业已气绝身死。王松就去报知何宗山的妻子何程氏往看,问明情由,投保报验的。今蒙提讯,小的委止失于防范,并没拷诈吓逼的事。铁练当时撩弃。是实。

据局勇鲍明供:年三十八岁。据局勇江荣供:年二十一岁。又据同供:小的们都是桐城县人,充当青阳县木竹镇保甲局巡勇,这到案的陈其鏕是保甲局委员,合已死湖南人何宗山素不认识。光绪十九年九月二十三日夜,委员带同小的们合他家丁罗中赴街巡夜,走到何宗山烟馆门口,听见里面人声嘈杂,进内查问,何宗山说他探亲不遇,开设烟馆度日。委员说他没有保结门牌,谕令寻觅保人编入门牌,何宗山就说并没窝匪犯法,何庸委员过问。委员生气,用拳殴伤何宗山右后肋一下,并叫小的们把何宗山带回局中审讯,何宗山出言顶撞,委员喝令小的们用竹板在何宗山两腿责打二十下。因时已夜深,把何宗山交罗中带到门房暂行看管,说等天明送县究办。那晓何宗山因被委员殴辱难堪,羞忿莫遏,乘罗中睡熟,拿取桌上铁练栓挂床档上,套住项颈自缢。罗中睡醒惊见,喊同邻人王松解救无及,何宗山业已气绝身死。王松就去报知何宗山的妻子何程氏往看,问明情由,投保报验的。今蒙提讯,小的们委没拷诈吓逼的事。是实。

据已革候补从九品陈其鏕供:年五十六岁,浙江山阴县人,报捐从九品指省安徽禀分池州府差遣。光绪十九年九月初间,革员蒙池州府委办青阳县木竹镇保甲局事务,合已死湖南人何宗山素不认识。那月二十三日夜,革员带同家丁罗中、局勇鲍明、江荣赴街巡夜,走到何宗山烟馆门口,听见里面人声嘈杂,进内查问,何宗山说他探亲没遇,开设烟馆度日,革员因他没有保结门牌,饬令寻觅保人编入门牌,何宗山就说并没窝匪犯法,何庸委员过问。革员生气,用拳殴伤何宗山右后肋一下,并叫巡勇鲍明们把何宗山带回局中审讯。何宗山出言顶撞,革员喝令鲍明、江荣用竹板在何宗山两腿责打二十下。因时已夜深,把何宗山交罗中带到门房暂行看管,说等天明送县究办。那晓何宗山因被殴辱难堪,羞忿莫遏,乘罗中睡熟,拿取桌上铁练栓挂床档上,套住项颈自缢,罗中睡醒惊见,喊同邻人王松解救无及,何宗山业已气绝身死,王松就去报知何宗山的妻子何程氏往看,问明情由,投保报验,并把革员撤去差使,革员就赴省投审的。今蒙提讯,委没拷诈吓逼的事。是实。各等供。

据此,录供详批审解,遵提覆讯,议拟解司。本署司提犯亲讯,供与府审相同。该本署司审看得青阳县保甲委员已革候补从九品陈其鏕擅责客民何宗山致令羞忿自缢身死一案。缘陈其鑣籍隶浙江山阴县,鲍明、江荣、罗中分隶桐城、贵池等县。陈其鑣报捐从九品指省安徽禀分池州府差遣,委办青阳县木竹镇保甲局事务,鲍明、江荣充当保甲局巡勇,罗中跟随陈其鑣充当长随,与已死湖南人何宗山均不认识。光绪十九年九月初间,何宗山带同其妻何程氏前往青阳县探亲未遇,即在木竹镇地方租赁房屋,开设烟馆度日。是月二十三日夜,陈其鑣带同罗中、鲍明、江荣赴街巡夜,行至何宗山烟馆门首,听见人声嘈杂,进内查问。何宗山告知来历,陈其鑣因其并无保结门牌,饬令何宗山寻觅保人编入门牌,何宗山答以并未窝匪犯法,何庸委员过问。陈其鑣生气,用拳殴伤何宗山右后肋一下,并令巡勇鲍明等将何宗山带回局中审讯,何宗山出言顶撞,陈其鑣喝令鲍明、江荣用竹板在何宗山两腿责打二十下,因时已夜深,将何宗山交罗中带至门房暂行看管,称俟天明送县究办。何宗山即以被官殴辱难堪无颜为人之言,向罗中哭诉,罗中用言劝慰,后见何宗山上床睡卧,亦即至对面铺上睡歇。讵何宗山羞忿莫遏,乘罗中睡熟,携取桌上铁练拴挂床档上,套住项颈自缢,罗中睡醒惊见,喊同邻人王松解救无及,何宗山业已气绝殒命。王松报知何程氏往视,问明情由,投保报经该前署县彭灿垣诣验,讯供通详,奉批提省,发委安庆府审办,并经池州府文明将陈其鑣撤去差使,饬令赴省投审提讯,供词互相推诿,饬传要证王松外出,关传需时,详咨展限,一面将陈其鑣先行详请咨革归案,兹据要证王松赴府投到,将案审拟,详解到司。本署司提犯亲讯,据供前情不讳,诘无起衅别故及另有拷诈吓逼情事,究鞫不移,案无遁饰。查律载:“监临官因公非法殴打至死者,杖一百,徒三年。听使下手之人各减一等。”又:“狱卒失于检点,致囚自尽者,杖六十。”又:“断罪无正条,援引他律比附定拟。”各等语。此案已革从九品陈其鑣奉委查办保甲,因客民何宗山开设烟馆,并无保结门牌,饬令觅保编牌不遵,将其带回局中寻讯责打,致何宗山羞忿难堪,自缢身死。查陈其鑣充当保甲局委员,本有稽查之责,惟不应擅自讯责,致令何宗山羞忿自尽,虽何宗山之死由于自缢,而其自缢之由究因该革员讯责所致,遍查律例并无作何治罪专条,自应比律问拟。陈其鑣应如委审所拟,比依“监临官因公非法殴打至死者,杖一百,徒三年”律,拟杖一百,徒三年。鲍明、江荣听从下手亦如所拟,均应于陈其鑣满徒罪上减一等,各拟杖九十,徒二年半。罗中于派交看管之何宗山,并不小心防范,致令乘间自缢,虽讯无拷诈吓逼情事,疏忽之咎,究有难辞。罗中亦如所拟,比依“狱卒失于检点,致囚自尽者,杖六十”律,拟杖六十。该革员等恭逢二十年八月十六日恩诏,事犯在是年正月初一日以前,所得徒杖各罪均不在不准援免之列,应请准予援免,后再有犯,加一等治罪,仍于该革员陈其鑣名下照追埋葬银一十两给付尸属具领,以资营葬。何宗山开设烟馆,本干例拟,业已自缢身死,应与解救不及之要证王松,均毋庸议。无干省释。尸棺由县饬埋。铁练供弃免追。失察委员因公酿命之池州府知府文明,及失察烟馆之前署青阳县知县彭灿垣均在恩诏以前,应请邀免置议。等情。到院。据此,本部院覆核无异,除分咨外,相应咨达。

校勘记:

①保甲委员因外来客民开设烟馆查无门牌擅自责打致令差忿自尽:据目录及文意,当为"保甲委员因外来客民开设烟馆查无门牌擅自责打致令羞忿自尽"。

②曾树春:当为"曾树椿",四川庆符人,光绪癸未(1883)进士,历任凤阳县知县、安庆府知府等职。

③丈失:失字误,当为"夫"。

监犯结伙反狱勒毙禁卒拒伤丁役多人

为议详事。据署按察司①丁峻详,准凤颍六泗道②移,据凤阳府知府曾树椿详称:光绪二十年正月初二日傍晚时分,卑府监内羁禁盗犯田振得等在监同谋,结伙反狱,勒毙禁卒张春并殴伤王堂倒地,砸断镣铐,扳断护监木栅,打开监门,正欲往外逃跑,适管狱官经历庄介祎前往瞥见,奋力抵御,卑府闻信,亦即督同署凤阳县知县陆梂增亲率兵役驰往围捕,该犯田振得等逞凶拒捕,致伤外监禁卒卫荣、丁长、李二、金贵、蒋凤等多人。维时统带卓胜营防军提督高得胜、管带马步队副将何宗文,凤阳营守备傅宽、把总朱得元,凤阳卫守备杨兆熊,稽查委员参将徐九如,各带勇丁先后踵至,田振得等尚在监门往来冲击,高得胜等会合各军迎头兜截,一面喝令弁勇开枪轰击,当场格毙田振得、孟兆堂、王四、田二四犯,并将余化章、蘧守得、潘开机三犯获解到府,即经禀道,饬由卑府督同陆梂增带领刑仵会刑诣勘查验,监门损坏,木栅折断,当即饬匠修整完固,一面饬据仵作张林验报:已死监犯田振得,查年二十一岁。仰面,致命:胸膛有枪子伤一处。孟兆堂,查年二十九岁。仰面,致命:肚腹有枪子伤一处,均围圆五分,深透内,焦黑色。田二,查年二十八岁。仰面,致命:顶心有铁器伤一处,围圆一寸八分,按捺骨损;左额角有刃伤一处,斜长一寸四分,宽二分,深抵骨,骨损。王四,查年二十一岁。仰面,致命:肚腹有刃伤一处,斜长一寸二分,宽二分,深透内。余无故。俱系受伤身死。又验得已死禁卒张春,问年六十五岁。仰面,致命:咽喉下有红衣绕痕一道,围长一尺一寸,宽九分,深二分,紫黑色,脑后八字交匝。余无故。实系被勒身死。报毕,亲验无异,当场填格取结,各尸棺殓。验得禁卒王堂头颅、背脊各有砖石伤一处,卫荣左臂膊、丁长右臂膊各有铁镣伤一处,李二手背有木器伤一处，金贵左肩膀有铁镣伤一处，蒋凤左肩甲有石块伤一处，均用药敷，未便揭视，分别注单饬医，随讯。

据禁卒王堂供：小的合已死张春是内监禁卒。光绪二十年正月初二日傍晚时候，小的合张春伺候狱官验封，张春先走进监，就被监犯田振得们脱下红衣卷成长条环绕张春项颈拉勒身死，小的闻喊赶往，也被孟兆堂们挖取地上砖石殴伤头颅、背脊等处，昏晕倒地。随后田振得们怎样砸断镣铐，打开监门逃跑，就被兵役格杀拿获，小的都不知道，也没松刑贿纵的事。是实。

据禁卒卫荣、丁长、李二、金贵、蒋凤同供：小的们都是外监禁卒。光绪二十年正月初二日傍晚时候，小的们合刑书魏永成正在外监伺候狱官验封，不料内监犯人田振得们把禁卒张春勒死，并殴伤王堂倒地，砸断镣铐，扳断护监木栅，打开监门，往外逃跑，适狱官前往瞥见，率同小的们上前围捕，本府闻信也就督同县官带领兵役齐往堵拿。田振得们拿取断镣断栅往来冲击，小的们都被拒伤，那时营官各带勇丁先后赶来，喝令开枪轰击，就把田振得、孟兆堂、王四、田二四犯当场格伤身死，并把余化章、蘧守得、潘开机三犯一并拿获解案的。小的们委没松刑贿纵的事。是实。

据刑书魏永成供：小的充当府监刑书，内监犯人共有九名，每日早晚小的随同狱官前往验封，禁卒们也各依法看管。余与卫荣等供同。

据同号犯人黄二、尤保同供：小的们都是亳州解勘案犯，奉发府监收禁，合已被格杀的田振得、孟兆堂、王四、田二并这获案的余化章、蘧守得、潘开机同收内监。光绪二十年正月初二日傍晚时候，田振得们怎样同谋结伙反狱，小的们委没知情，也没随同滋闹的事。是实。

据监犯余化章供：山东兰山县人，因听从在逃的张相【伙】伙劫怀远县事主倪义昌钱店得赃犯案。据监犯蘧守得供：山东单县人，因听从于振海伙劫宿州事主王兆祥家得赃拒伤事主之妻王刘氏平复犯案。据监犯潘开机供：江苏安东县人，因听从李学仁伙劫盱眙县事主于锡钺家得赃犯案。又据同供：小的们是先后解道提勘，奉发府监收禁，合已被格杀的亳州案犯田振得、孟兆堂、王四、田二同收在内监。光绪十九年十二月不记日期，田振得合孟兆堂、王四、田二并小的们在监密谈，各诉愁苦。田振得起意商同结伙反狱，乘间脱逃，大家允从，约定遇便行事。同号犯人黄二们合禁卒张春们都没知情。二十年正月初二日傍晚时候，张春进监伺候狱官验封，田振得密使眼色，大家会意，共伙七人，一齐动手。田振得上前拉住张春两手，张春喊捕，小的余化章脱下红衣卷成长条，环绕张春项颈，合孟兆堂分头拉勒，当就身死。王堂赶来救护，也被孟兆堂们挖取地上砖石殴伤头颅、脊背等处，昏晕倒地，随各用砖石砸断镣铐，扳断护监木栅，分拿断镣断栅，打开监门往外逃跑。不料外面已有多人围捕，都被田振得们合小的们拒伤，后见兵役开枪轰击，就把田振得、孟兆堂、王四、田二四人当时格伤身死，并把小的们拿获解案的。小的们实止听从结伙反狱这一次，此外委没另有知情同谋助殴的人。是实。各等供。

据此，将犯收禁，一面备录供折，禀奉前抚院沈，批饬将余化章、蘧守得、潘开机三犯先行就地正法，并将田振得等四犯照例戮尸，以昭炯戒在案。兹查禁卒王堂等伤均平复，覆讯同号犯人及刑禁人等，委无知情同谋松刑贿纵情弊，将案议拟由道解司核议，转详前来。

本部院核看得凤阳府监羁禁盗犯田振得等结伙反狱勒毙禁卒张春并拒伤王堂等平复一案。缘田振得、孟兆堂、王四、田二均籍隶山东定陶县，因伙劫亳州事主丁大举家得赃拒伤事主之父丁汝曾身死，并伤邻佑人等平复犯案。余化章籍隶山东兰山县，因从劫怀远县事主倪义昌钱店得赃犯案。蘧守得籍隶山东单县，因从劫宿州事主王兆祥家得赃，拒伤事主之妻王刘氏平复犯案。潘开机籍隶江苏安东县，因从劫盱眙县事主于锡钺家得赃犯案。均审依强盗律，拟斩立决，照章加拟枭示，先后解道提勘，饬发凤阳府监羁禁。管狱官该府经历庄介袆每日早晚带同刑书亲自点验收封，已死禁卒张春与王堂亦均依法看管。光绪十九年十二月不记日期，该犯田振得与孟兆堂、王四、田二、余化章、蘧守得、潘开机在监密谈，各诉愁苦。田振得起意商同结伙反狱，乘间脱逃，各犯允从，约定遇便行事。同号犯人黄二等与狱卒张春等均不知情。二十年正月初二日傍晚十分，张春进监伺候狱官验封，田振得密使眼色，各犯会意，共伙七人，一齐动手，田振得上前拉住张春两手，张春喊捕，余化章即脱下红衣卷成长条环绕张春项颈，与孟兆堂分头拉勒，立时毙命。王堂闻喊趋至，亦被孟兆堂等挖取地上砖石殴伤头颅、脊背等处，昏晕倒地。各犯随用砖石砸断镣铐，扳断护监木栅，分拿断镣断栅打开监门，正欲往外逃跑。适该经历庄介袆前往瞥见，奋力抵御，并报经该府曾树椿督同该署县陆椒增亲率兵役驰往围捕，该犯田振得等逞凶拒捕，致伤外监禁卒卫荣、丁长、李二、金贵、蒋凤等多人。维时统带卓胜营防军提督高得胜、管带马步队副将何宗文，凤阳营守备傅宽、把总朱得元，凤阳卫守备杨兆熊，稽查委员参将徐九如，各带勇丁先后踵至。田振得等尚在监门往来冲击，高得胜等会合各军，迎头兜截，一面喝令卫勇开枪轰击，当场格毙田振得、孟兆堂、王四、田二四犯，并拿获余化章、蘧守得、潘开机三犯，禀道饬由该府县分别验明讯供，列折禀经前部院批饬，就地正法，戮尸枭示在案。兹查禁卒王堂等伤均平复，覆讯同号犯人及刑禁人等，委无知情同谋松刑贿纵情弊。将案议拟由道移司核议，转详前来。查例载：“罪囚结伙反狱，杀伤役卒，不论原犯罪名轻重，悉照劫囚例科罪。”又：“纠众劫囚，杀死役卒者，为首并预谋助殴伙犯俱拟斩立决，枭示。"各等语。此案田振得等身犯重辟，不知守法，辄敢在监起意结伙反狱，余化章等听从下手，勒毙禁卒张春并拒伤丁役王堂等多人平复，均属凶横不法，自应按例问拟。田振得、孟兆堂、王四、田二、余化章、蘧守得、潘开机均应如该司道等所拟，合依"罪囚结伙反狱，杀伤役卒，不论原犯罪名轻重，悉照劫囚例科罪"，"纠众劫囚，杀死役卒者，为首并预谋助殴伙犯，俱拟斩立决，枭示"例，各拟斩立决，枭示。业经分别就地正法，戮尸枭示，应毋庸议。刑禁人等讯无松刑贿纵情弊，应与伤经平复之禁卒王堂等，及讯无知情同谋之同号犯人黄二等，并先被勒毙之禁卒张春，均毋庸议。兵役格杀反狱拒捕盗犯，律得勿论。管狱官凤阳府经历庄介祎于监犯结伙反狱未能先时预防，失于察觉，咎无可辞，惟事起仓促，即行督率丁役奋力堵御，将各犯当时格毙拿获，不使一名幸逃法网，办理尚称迅速，除恭折具奏并请将该经历并其功过相抵，并免议处。并将田振得等原犯各案分别另行拟办暨分咨外，相应咨达。为此，合咨贵部，请烦查照核覆施行。

光绪二十一年九月初七日准。刑部咨。

校勘记：

①按察司：清代省级行政机构，长官为按察使，丁峻时任安徽署按察使。

②凤颖六泗道：颖字误，当为"颍"。

越狱脱逃于白日限内拿获请将管狱有狱各官分别革职议处①

奏为监犯越狱脱逃旋于百日限内拿获，讯明先行正法，请旨将管狱有狱各官分别革职议处，恭折仰祈圣鉴事。窃查接管卷内，据署寿州知州钱文骥禀报：光绪二十年四月二十五日，该州公出期内，途次接据吏目茅汇贞报，据禁卒杨安等禀称：本月二十四日夜四更时分，风雨交作，伊等与更夫进房避雨，均各困倦睡熟。监犯盛少勤乘间扭断镣铐，扳落栅笼，挖开墙洞，越狱脱逃。伊等惊觉，追捕无踪，叩乞勘缉。等情。报经该州驰回勘验，一面会营选派兵役分投查缉，并飞关邻封营县及犯籍一体协拿。卷查该犯盛少勤系山东单县人，因在该州地方听从逸犯盛仅立起意纠窃事主权焕然家，临时强劫得赃，开放洋枪拒伤邻佑段甫章等平复案内，审依强盗律，拟斩立决，并加枭示。解经凤颖道②勘讯，由司核议，详奏具题发回监禁，尚未奉准部覆之犯。提讯刑禁人等，供无松刑贿纵情弊等情。禀经前署抚臣德批饬，将该州吏目茅汇贞先行撤任，并将该署州钱文骥摘顶，勒令严密侦缉。正在专折奏参间，旋据该州钱文骥禀报，于七月十五日在山东金乡县地方协同该县兵役将逃犯盛少勤一名拿获，由金乡县加派勇役押解到州提验，年貌相符，讯明越狱脱逃属实，并据供称刑禁人等委无松刑贿纵情弊，逃后亦无另犯不法别案，并准刑部将该犯原案咨覆到皖，行令提犯处斩，枭首示众，业将行刑日期及监刑文武各职名呈报在案。前署抚臣德因值交卸，未及具奏，移交到臣，伏念监狱重地，宜如何小心防守，加意看管，以昭慎重，乃寿州吏目茅汇贞于此等斩枭军犯，并不妥为防范，致令越狱脱逃，殊非寻常疏忽可比，本应照例立予揭参，姑念于百日限内将犯设法拿获缉捕，尚知奋勉，现在犯已就获，并经奉文正法，惟管狱有狱各官，当时慢无觉察[③]，疏忽之咎难辞，据藩臬两司会详请奏前来，相应请旨，将管狱官寿州吏目茅汇贞即行革职，免其拿问，并先期公出之有狱官署寿州知州钱文骥交部议处，以示惩儆。除饬再研讯刑禁人等，有无贿纵情弊，分别按拟详办，并咨部查照外，谨会同两江总督臣刘合词恭折具奏，伏乞皇上圣鉴训示。谨奏。

前案奏请将刑禁人等分别按例议拟。

奏为监犯越狱脱逃旋于百日限内拿获，刑禁人等讯无贿纵情弊，按例定拟，恭折仰祈圣鉴事。窃据署寿州知州钱文骥禀报，公出期内，监犯盛少勤于光绪二十年四月二十四日夜越狱脱逃，旋于七月十五日在山东金乡县地方拿获一案。先经前署抚臣德批饬，将该州吏目茅汇贞撤任，该州钱文骥摘顶，并准刑部将该犯原案咨覆到皖，又经前署抚臣行令提犯处斩，枭首示众，一面由奴才将疏防之管狱有狱各官专折奏参，钦奉谕旨，寿州吏目茅汇贞著即革职，免其拿问，署寿州知州钱文骥交部议处。等因。钦此。旋准吏部议覆，钱文骥照例革职留任，自拿获之日起扣限一年，无过开复。等因。光绪二十年十二月十四日题，十六日奉旨："依议。钦此。"遵经行司转饬，遵照去后，兹据该州讯明刑禁人等，无松刑贿纵情弊，分别议拟，详由凤颖道[④]勘讯，移经署臬司丁峻核议，转详前来。奴才详加覆核，缘盛少勤籍隶山东单县，杨安、徐礼均籍隶寿州，充当该州禁卒。该犯盛少勤先于光绪十八年九月二十八日夜在该州地方听从逸犯盛仅立起意伙窃事主权焕然家，临时行强得赃，该犯开放洋枪，拒伤邻佑段甫章等平复案内，审依强盗律，拟斩立决，并照章加拟枭示，解道勘讯，发回监禁，照例刺字，一面由司核议，详经具题听候部覆之犯。二十年四月二十四日傍晚，该州吏目茅汇贞带同刑书李砚田进监收封验明，各犯刑具完固，谕饬禁卒杨安等小心看守，李砚田向不在监值宿，亦即随同出监，回署办公。是夜四更时分风雨交作，更夫王锭[⑤]与巡监营兵黄得胜等进房避雨，均各困倦睡熟。讵盛少勤自知罪重，起意越狱脱逃，即扭断镣铐，扳折栅笼，脱除红衣裤，由窗下挖洞钻出，爬越围墙，乘间逃逸。禁卒杨安等惊觉，喊同更夫等追捕无踪。时值该州钱文骥先期公出，途次接据吏目茅汇贞禀报，星驰回署，会营勘缉，禀经前署抚臣德批饬，将管狱有狱各官分别撤任摘顶，勒限严缉。该犯盛少勤逃后，由城东水沟扒出，用炭灰涂抹脸上刺字，在不识姓名人薙发担上捏称病后发长，央恳薙去头发，日行山僻求乞，夜宿孤庙凉亭，并无一定住址，经过地方亦不知是何县名。七月十五日，行至山东金乡县地方，即经丁役汛兵及刑禁人等家属协同该县兵役，将该犯拿获解州，讯供具禀，并准刑部将该犯原案咨覆回皖，即经前署抚臣行令，提犯处斩，枭首示众，并经奴才将管狱有狱各官专折奏参。钦奉谕旨，该州吏目茅汇贞著即革职，免其拿问，钱文骥交部议处。等因。钦此。钦遵咨行，查照在案。兹据该署州讯明，议拟详由凤颖道[6]移司核议，转详前来。奴才覆查此案，即经该署州暨该管道府研讯明确，刑禁人等并无松刑贿纵情弊，该犯逃后亦无另犯不法及知情容留之人，严鞫不移，案无遁饰。查例载："伤人伙盗原拟斩枭，若越狱脱逃被获者，于本地方斩立决，枭示。"等语。此案盛少勤原犯听纠伙窃临时行强得赃，拒伤邻佑平复，审拟斩枭监禁，乃不安分守法[7]，辄敢越狱脱逃，实属不法，自应按例问拟。盛少勤应如该司道等所拟，合依"伤人伙盗原拟斩枭，若越狱脱逃被获者，于本地方斩决，枭示"例，拟斩立决，枭示，业于讯明后即行照例处决，应毋庸议。禁卒杨安、徐礼、更夫王锭[8]、营兵黄得胜、刘大化疏防斩枭重犯越狱脱逃，讯系依法看守，并无松刑贿纵情弊，已于百日限内拿获究办，应请照例免罪，仍革役伍。刑书李砚田向不在监值宿，并请免议。不识姓名薙头人无从查传，已革寿州吏目茅汇贞应请遵旨革职，免其拿问。署寿州知州钱文骥仍照部议革职留任，自获犯之日起扣限一年，无过再行奏请开复。所有拿获邻省越狱脱逃斩枭重犯一名，应除职名[9]，系山东金乡县知县张鸿钧，相应随案开报。除饬勒缉逸盗盛仅立等获报并将供招咨部外，理合恭折具陈，伏乞皇上圣鉴，敕部核覆施行。谨奏。

前案供招：

为分咨事。据署按察使丁峻详，准凤颖道[10]移，据凤阳府知府曾树椿转，据署寿州知州钱文骥详称：光绪二十年四月二十五日，卑职公出期内，途次接据吏目茅汇贞报，据禁卒杨安等禀称：本月二十四日夜四更时分风雨交作，伊等与更夫进房避雨，均各困倦睡熟，监犯盛少勤乘间扭断镣铐，扳落栅笼，挖洞越狱脱逃。伊等惊觉，追捕无踪，叩乞勘缉。等情。由吏目转报到州，据经星驰回署会营勘得州属左首有监狱一所，落后两进。该犯盛少勤收禁后进内监，查验笼木扳断，靠右窗下有窟洞一个，高宽均一尺二寸，旁遗断镣铐一副，红衣裤一套，西北围墙有爬越形迹，分别修整完固。勘毕绘图，红衣裤同断镣铐带回储库。一面会营选派兵役分投查缉，并飞关邻封营县及犯籍一体协拿。卷查该犯盛少勤系山东单县人，因在阜州地方听从逸犯盛仅立起意纠窃事主权焕然家，临时强劫得赃，开放洋枪，拒伤邻佑段甫章等平复案内，审依强盗律拟斩立决，并照章加拟枭示。解道勘讯，发回监禁，照例刺字，业经由司核议，详蒙具题，听候部覆之犯。提讯刑禁人等，供无松刑贿纵情弊。当将据报勘讯缘由，秉奉前署抚宪德批饬，将卑州吏目茅汇贞先行撤任，并将卑职摘顶，勒令严密侦缉，旋据丁役于七月十五日在山东金乡县地方协同该县兵役将逃犯盛少勤拿获，解州提验，犯面上刺字模糊，尚未销毁，随讯。

据逃犯盛少勤供：年二十八岁，山东单县人，父亲盛立长，母亲张氏，并没弟兄，娶妻没生子女，游荡度日。小的先于光绪十八年九月二十八日夜，在州属地方听从在逃的盛仅立起意伙窃事主权焕然家，临时行强得赃，小的开放洋枪，拒伤邻佑段甫章们平复案内，被获拟罪，解道勘讯，刺字发回监禁。二十年四月二十四日傍晚，狱官带同刑书进监收封，验明小的刑具完固，吩咐禁卒们小心看守，当就回署。那夜四更时候风雨大作，禁卒们进房避雨，大家睡熟，小的自知罪重，起意越狱脱逃，就扭断镣铐，扳落栅笼，脱除红衣裤，由窗下挖洞钻出，爬越围墙，乘间逃走。从城东水沟扒出，用炭灰涂抹脸上刺字，向不识姓名薙头担上捏说病后发长，央恳薙去头发，日行山僻求乞，夜宿孤庙凉亭，并没一定住处，经过地方也不知是何县名。七月十五日，逃到山东金乡县地方，就被丁役们拿获解回的。小的实因自知罪重起意越狱脱逃，禁卒们委没松刑贿纵的事，逃后也没另犯不法并知情容留人家。是实。等供。

据此，将犯收禁，录供具禀，详奉文行准刑部，将该犯原案咨覆回皖，饬令提犯处斩，枭首示众。等因。业将行刑日期及监刑文武各职名呈报，嗣奉抚宪将疏防之管狱有狱各官专折奏参，钦奉谕旨，寿州吏目茅汇贞著即革职，免其拿问。署寿州知州钱文骥交部议处。等因。钦此。旋准吏部议处，钱文骥照例革职留任，自拿获之日起扣限一年，无过开复。等因。于光绪二十年十二月十四日题，十六日奉旨依议。钦此。转饬遵照。等因。下州奉此遵提刑禁人等，隔别研讯。

据刑书李砚田供：寿州人，充当寿州刑书。光绪二十四年四月二十四日傍晚，书办随同捕官进监收封，验明盛少勤刑具完固，收入监笼，吩咐禁卒杨安们小心看守。书办向不在监住宿，就同捕官出监回署办公。那夜四更时候风雨大作，监犯盛少勤怎样扭断镣铐，扳落栅笼，脱除红衣裤，从窗下挖洞钻出，爬越围墙从城东水沟逃走，书办先不知道，是禁卒杨安们惊觉，喊同更夫王定们追捕没踪，禀蒙捕官跟拿无获，转报州主会营勘缉，督同禁卒们于七月十五日在山东金乡县地方把逃犯盛少勤拿获。解州讯办的。禁卒们并没松刑贿纵的事。是实。

据更夫王定供：小的充当寿州监狱更夫。据营兵黄得胜、刘大化同供：奉派在监巡防。光绪二十年四月二十四日夜四更时候，风雨大作，小的们进屋避雨，都各困倦睡熟,后来听得禁卒杨安们喊叫,监犯盛少勤乘间扭断镣铐,扳断笼栅,脱除红衣裤从窗下挖洞钻出,爬过围墙逃跑。小的们连忙起来,分投追捕没踪,禀蒙捕官跟拿无获,转报州主会营勘缉,督同小的们于七月十五日在山东金乡县地方把逃犯盛少勤拿获解州讯办的。小的们实系依法看守,一时疏忽,致监犯盛少勤越狱脱逃。禁卒们并没松刑贿纵的事。是实。

据禁卒杨安供:年四十六岁。徐礼供:年五十一岁。又据同供:小的们都是寿州人,充当寿州监狱禁卒。光绪二十年四月二十四日傍晚,捕官带同刑书李砚田进监收封,验明犯人盛少勤刑具完固,收入监笼,吩咐小的们小心看守,刑书李砚田向不在监住宿,就同捕官出监去了。那夜四更时候风雨大作,更夫王定同巡监营兵黄得胜们进屋避雨,都各困倦睡熟。不料监犯盛少勤乘间扭断镣铐,扳断笼栅,脱除红衣裤,从窗下挖洞钻出,爬过围墙逃跑。小的们惊觉,喊同更夫营兵们分投追捕没踪,禀蒙捕官跟拿无获,转报州主会营勘缉,督同小的们于七月十五日在山东金乡县地方把逃犯盛少勤随同拿获解州讯办的。小的们实系依法看守,一时疏忽,致监犯盛少勤越狱脱逃,委没松刑贿纵的事。是实。各等供。

据此,将案拟议由府解经凤颍道[11]勘讯,移司核议,转详到院。本部院核看得寿州监犯盛少勤越狱脱逃,旋于百日限内拿获,刑禁人等讯无松刑贿纵情弊一案。缘盛少勤籍隶山东单县,杨安、徐礼均籍隶该州,充当禁卒。该犯盛少勤先于光绪十八年九月二十八日夜,在该州地方听从逸犯盛仅立起意伙窃事主权焕然家,临时行强得赃,该犯开放洋枪,拒伤邻佑段甫章等平复案内,审依强盗律,拟斩立决,并照章加拟枭示,解道勘讯,发回监禁,照例刺字,一面由司核议,详经具题,听候部覆之犯。二十年四月二十四日傍晚,该州吏目茅汇贞带同刑书李砚田进监收封,验明该犯刑具完固,谕饬禁卒杨安等小心看守,刑书李砚田向不在监值宿,亦即随同出监,回署办公。是夜四更时分,风雨交作,更夫王定同巡监营兵黄得胜等进屋避雨,均各困倦睡熟。讵该犯盛少勤自知罪重,起意越狱脱逃,即扭断镣铐,扳折栅笼,脱除红衣裤,由窗下挖洞钻出,爬越围墙乘间逃逸。禁卒杨安等惊觉,喊同更夫等追捕无踪,时值该州钱文骥先期公出,途次接据吏目茅汇贞禀报,星驰回署,会营勘缉。禀经前署部院批饬,将管狱有狱各官分别撤任、摘顶,勒限严缉。该犯盛少勤逃后,由城东水沟扒出,用炭灰涂抹脸上刺字,在不识姓名人薙发担上捏称病后发长,央恳剃去头发,日行山僻求乞,夜宿孤庙凉亭,并无一定住址,经过地方亦不知是何县名。七月十五日行至山东金乡县地方,即经丁役汛兵及刑禁人等家属协同该县兵役,将该犯拿获解州,讯供具禀,并准刑贵部将该犯原案咨覆回皖,即经前署部院行令,提犯处斩,枭首示众,并经本部院将管狱有狱各官专折奏参,钦奉谕旨该州吏目茅汇贞著即行革职，免其拿问，钱文骥交部议处。等因。钦此。钦遵咨行，查照在案。兹据该州讯明，议拟详由凤颖道[12]移司核议，转详前来，本部院覆查，此案既经该署州暨该管道府研讯明确，刑禁人等并无松刑贿纵情弊，该犯逃后亦无另犯不法及知情容留之人，严鞫不移，案无遁饰。查例载："伤人伙盗原拟斩枭，若越狱脱逃，被获者于本地方斩决，枭示。"等语。此案盛少勤原犯听纠伙窃，临时行强得赃，拒伤邻右平复，审拟斩枭，监禁乃不安分守法[13]，辄敢越狱脱逃，实属不法，自应按例问拟。盛少勤应如该司道等所拟，合依"伤人伙盗原拟斩枭，若越狱脱逃被获者，于本地方斩决，枭示"例，拟斩立决，枭示，业于讯明后即行照例处决，应无庸议。禁卒杨安、徐礼、更夫王定、营兵黄得胜、刘大化，疏防斩枭重犯，越狱脱逃，讯系依法看守，并无松刑贿纵情弊，已于百日限内拿获究办，应请照例免罪，仍革役革伍。刑书李砚田向不在监值宿，并请免议。不识姓名剃头人无从查提。已革寿州吏目茅汇贞应请遵旨革职，免其拿问。署寿州知州钱文骥仍照部议革职留任，自获犯之日起扣限一年，无过开复。所有拿获邻省越狱脱逃斩枭重犯一名，应叙职名，系山东金乡县知县张鸿钧，相应随案开报。除饬勒缉逸盗盛仅立等务获究报，并恭折具奏暨分咨外，相应咨达。

准。部照覆。

校勘记：

①越狱脱逃于白日限内拿获请将管狱有狱各官分别革职议处：据目录及文意，当为"越狱脱逃于百日限内拿获请将管狱有狱各官分别革职议处"。

②凤颖道：颖字误，当为"颍"，全称当谓"凤颍六泗道"，为光绪年间安徽省三道之一。

③慢无觉察：慢字误，当为"漫"。

④同②。

⑤王锭：人名前后不一致，据上下文当为"王定"。

⑥同②。

⑦乃不安分守法：据文意，当为"仍不安分守法"。

⑧同⑤。

⑨应除职名：据文意，当为"应叙职名"。

⑩同②。

⑪同②。

⑫同②。

⑬同⑦。

卷十六言 杂 案

伪造庙官木戳执照冒充差官劝捐谎骗得赃

为访闻事。据按察使赵尔巽详,据安庆府知府王汝砺转,据桐城县知县龙赓言详称:光绪二十一年七月初五日,访闻县属有匪徒伪造木戳执照,冒充衍圣公府差官劝捐谎骗情事,当即会营饬差查拿。旋据兵役禀获匪犯孔宪钰一名,并搜获木戳一颗,执照十三张,连同车夫陈树诚、常进修、姚竹林三名一并解案,查验木戳,系刊袭封衍圣公府字样,篆文粗细不一,显系伪造。提讯孔宪钰,据供伊充衍圣公府四品执事差官,此次奉委来安劝捐,并非假冒。质之车夫陈树诚、常进修、姚竹林,各供:伊等仅止受雇推车,不知孔宪钰谎骗情事。当经禀请衍圣公府查覆,一面循例详咨展限在案。兹于二十一年十月十五日奉衍圣公府札饬查明,并无派委孔宪钰来安劝捐之事,执事各官内亦无孔宪钰其人。等因。奉经提犯研讯。

据车夫陈树诚、常进修供:山东曲阜县人。姚竹林供:阜阳县人。又据同供:小的们都是推车度日。光绪二十年十一月里,小的们在山东、安徽交界地方会遇这获案的孔宪钰,彼此闲谈,孔宪钰说他是衍圣公府四品执事,差官奉委来到安徽劝捐,雇小的们车辆推送,每日各给工钱一百文,小的们允从。后来孔宪钰在各处如何劝捐谎骗,小的们都是不知道。二十一年七月初五日,推到桐城县属地方,就被访闻拿获送案的。小的们实止受雇推车,并没伙同谎骗及知情分赃的事,求详察。是实。

据匪犯孔宪钰供:山东曲阜县人,年四十一岁,父母都故,弟兄四人,小的居长,娶妻生子,刻字手艺度日,先没为匪犯案。光绪二十年十月里不记日期,小的因贫难度,晓得衍圣公府执事各官,不论五六七八品都准外省人纳资报捐,起意伪造木戳执照,冒充差官到各处劝捐,希图骗钱使用。就是那夜,独自走到街口,挖取衍圣公所出告示印花,拿回家内粘贴木板上,自用小刀刊成木戳,并在家内找出旧存捐官执照,依样誊写一张,私自刊就木板一块,买备纸张印色等件,先用皮纸刷印执照多张,又把私刊木戳刷上印色钤盖照上,藏放身边,预备各处劝捐,随时填用。那年十一月里,小的携带木戳执照,假充衍圣公府四品执事差官,走到山东、安徽交界地方,雇坐这获案的陈树诚、常进修、姚竹林车辆推送，并没告知实情，一路在不知是何州县地方，捏说现奉衍圣公派委来安劝捐，随身带有执照，可以当时填给，各人信以为真，随有不识姓名人先后买去五六七八品执事假官执照，不计张数[①]，约计骗得洋钱五百余元，陆续花用。二十一年七月初五日，走到桐城县属地方，正要向人劝捐，就被访闻拿获，连木戳执照一并解案的。前因怕办重罪，没有认供，今蒙提讯，小的实止独自起意伪造衍圣公府木戳执照，冒充差官劝捐谎骗得赃这一次，此外委没另犯不法别案，也没伪造别衙门印信凭札及知情同伙分赃的人。小刀、照板当时撩弃。是实。各等供。

据此，将犯收禁，录供通详，奉批审解。据报，该犯孔宪钰于二十一年十一月十五日在监患病，验报饬医，至十二月十五日治痊。遵提覆讯，议拟由府解司。本司提犯亲讯，供与县府审相同，请免冗叙。

该本司审看得桐城县访获匪犯孔宪钰伪造衍圣公府木戳执照，冒充差官劝捐谎骗得赃一案。缘孔宪钰籍隶山东曲阜县，刻字营生，先未为匪犯案。光绪二十年十月间不记日期，孔宪钰因贫难度，稔知衍圣公府执事各官不论五六七八品，俱准外省人纳资报捐，起意伪造木戳执照，冒充差官往各处劝捐，希图骗钱使用。即于是夜独自潜赴街口，挖取衍圣公所出告示印花，携回家内粘贴木板上，自用小刀刊成木戳，并在家内寻出旧存捐官执照，依样誊写一张，私自刊存木板一块，买备纸张印色等件，先用皮纸刷印执照多张，后将私刊木戳刷上印色钤盖照上，藏放身边，预备各处劝捐，随时填用。是年十一月间，孔宪钰携带木戳执照，假充衍圣公府四品执事差官，走至山东、安徽交界地方，雇坐现获陈树诚、常进修、姚竹林车辆推送，并未告知实情，一路在不知是何州县地方，谎称现奉衍圣公府派委来安劝捐，随身带有执照，可以当时填给。各人信以为真，随有不识姓名人先后买去五六七八品执事假官执照，不计张数[②]，约计骗得洋钱五百余元，陆续花用。二十一年七月初五日，走至该县地方，正要向人劝捐，即经该县访闻会营拿获孔宪钰一名，并搜获木戳、执照等件，连同车夫陈树诚等一并解案提讯。孔宪钰供词狡执，经县禀请衍圣公府查覆，一面循例详咨展限。旋据该县以奉到札覆，并无派委孔宪钰来安劝捐，执事各官内亦无孔宪钰其人，提犯研讯，供系畏罪狡赖，并无别故，录供详批审解。据报，该犯在监患病，验报医痊覆讯，议拟由府解司。本司提犯亲讯，据供前情不讳，诘止谎骗得赃，并无伪造别衙门印信凭札情事，究鞫不移，案无遁饰。查例载："伪造关防印记，谎骗财物为数多者，将为首雕刻之人发云、贵、两广烟瘴少轻地方。"等语。此案孔宪钰独自起意为造[③]衍圣公府木戳执照，冒充四品执事差官，在于各处劝捐谎骗得赃，实属不法，查庙官与命官有间，其所造木戳执照亦非印信凭札可比，若照伪造印信及诈假官假与人官各律，量减拟流未免轻纵，惟藉木戳执照，因而谎骗赃洋至五百余元，按洋钱每元六钱计算，核计赃数已逾三百两之多，自应按例从重问拟。孔宪钰除冒充公府差官并谎骗计赃各轻罪不议外，应如县府所拟，合依"伪造关防印记，谎骗财物为数多者，将为首雕刊之人发云、贵、两广烟瘴少轻地方"例，拟发云、贵、两广烟瘴少轻地方充军，仍以足四千里为限，照例刺字，定地发配，折责安置。陈树诚等虽讯不知谎骗情事，惟受雇匪人推车，究有不合。陈树诚、常进修、姚竹林均请酌照"不应重杖八十"律，各拟杖八十，分别折责发落，递籍保束。余讯无另犯不法别案，及知情同伙分赃之人，应与被骗之不识姓名人，均毋庸议。孔宪钰所得赃洋例应著追，惟移查原籍，该犯实系赤贫，并无产业，请免追赔。起获木戳执照，案结销毁。小刀、照板供弃免追。犯系访获，失察文武各职名邀免开送，理合详候核咨。再，此案审限云云，至合并声明。等情。到院。据此，本部院覆核无异，除分咨外，相应咨达。

校勘记：

①不计张数：据文意，当为"不记张数"。

②同①。

③为造：为字误，当为"伪"。

同伙五人兴贩私盐并在途凑遇私贩并未合伙一经巡勇捕拿即行弃盐逃逸并未帮同拒捕

为详报事。据升授甘肃布政使、安徽按察使张岳年详，据庐州府知府黄云转，据署合肥县知县袁学昌详称：光绪十四年七月初五日，卑前署县孙葆田任内，准办理北岸缉私总巡桂移，据梁园缉私委员申称：七月初二日，探闻有私枭多名在寿州新集地方贩私南来，当即拨派店埠卡勇张复兴、童金胜等于初三日巡至王家岗地方，初更时分，路遇私贩多人挑盐二十余担，勇等上前擒捕，截获私盐七担，该枭匪等各持刀枪，将勇等围住，勇等情急，开放洋枪，轰伤在场拒捕一匪倒地，询名叶邦裕，余匪逃散，勇等追获一匪，询名凤庭。讵叶邦裕伤重，移时身死。当经投保，将凤庭送局，所获私盐并勇等洋枪两杆，搬至地保包荣家内，次日正欲报案，不意枭等率领多人已将所获盐担并洋枪一并乘间攫去。合将凤庭一名移请验缉。等因。并据地保包荣报同前由，各到县。据经孙葆田提验，凤庭左右腿各有跌伤一处，皮破血出，填单饬医，一面带领刑仵驰诣相验。据仵作彭骏验报：已死叶邦裕，问年三十四岁。仰面，不致命：左胳膊有枪子伤一处，围圆八分，深抵骨，焦黑色，血污，又有飞砂数点，不成分寸,焦黑色。【不】致命:左肋有枪子伤一处,围圆六分,深由骨缝透内,焦黑色,血污。余无故。实系被枪轰伤身死。报毕,亲验无异,当场填格取结,尸令棺殓。勒差于七月初八日拿获叶幅一名到案,随传集应讯人证,提同凤庭,逐一研讯。

据总甲包荣供与报词并巡勇张复兴等供同。

据勇丁张复兴供:湖南祁阳县人。童金胜供:案下人。又据同供:勇丁们充当店埠巡勇。本月初二日,奉本局委员拨派出外缉私。初三日巡至黄家岗①地方,初更时分,忽有私贩多人挑盐二十余担,由该岗西大路走来,勇丁们瞥见上前兜拿,截下私盐七担。这已死叶邦裕带领多人,各持器械扁担四面围拒,勇丁们情急,开放洋枪,当把叶邦裕轰伤倒地,这到案的凤庭因被勇丁们追赶失跌伤腿,当被获住,各匪纷纷逃散,叶邦裕移时身死。勇丁们同地保押送凤庭赴局,把截下盐包同自携洋枪搬送地保包荣家内,交地保的母亲包鲍氏看守。次日,勇丁们到地保家搬盐,据地保的母亲说是那日早上忽有多人至伊家,把盐担并洋枪两杆一并拿去,伊拦阻不住的话,勇丁们报局,移请验究,又把这叶幅获案的,这已死私贩叶邦裕实因当场恃众拒捕,放枪轰伤,凤庭、叶幅当时都没有在场拒捕。是实。

据犯人叶幅供:年二十三岁,寿州人,父故母存,并没弟兄,庄农度日。光绪十四年七月初三日上午,小的探亲回家,离下塘集三四里地方,遇着拒捕格杀的叶邦裕,这到案的凤庭,并素识在逃的叶邦求、叶邦虎、叶二五人,各挑盐包回归,叶邦裕就雇小的帮挑,说该工钱二百文,小的应允,分挑盐包同走。那日初更时候,走到合肥县王家岗相近地方,适有不识姓名私贩十多人,带有刀械,挑盐十多担,从后赶来,一阵同走,刚到王家岗西大路,就被那里缉私盐勇们看见,上前截捕,叶邦裕放下盐包,手拿木担,合那不识姓名私贩多人各拿刀械向盐勇们围拒,盐勇开放洋枪抵御,轰伤叶邦裕左胳膊、左肋倒地。那时凤庭合小的害怕,各自弃盐逃跑,盐勇追赶,凤庭失跌伤腿,就被获住,那不识姓名各私贩丢弃盐担,合小的都各逃散。后闻叶邦裕伤重身死,所有盐勇夺获私盐同洋枪两杆,寄放那里总甲包荣家,怎样被人攫去,小的都不晓得,巡勇报局移县,把小的获案的。小的实止受雇帮挑盐担,并非合伙贩私,也没帮同拒捕的事。叶邦求们现逃何处,不知道。是实。

据犯人凤庭供:年四十四岁,合肥县人,父母都故,兄弟二人,小的居长,务农度日,先没贩私犯案。光绪十四年六月二十九日,小的合拒捕格杀的叶邦裕,并素识在逃的叶邦求、叶邦虎、叶二先后会遇,都说年岁荒旱,穷苦难度,叶邦裕说起合寿交界的下塘集相近地方盐摊甚多,价钱便宜,起意各出本钱贩卖图利,小的合叶邦求们大家允从。七月初三日早上,叶邦裕们各拿蒲包、布袋、绳担等件,小的担挑荞麦两袋,一共五人,同到那里,小的把荞麦卖得洋钱一元并钱数百文,向不识姓名盐摊上买得盐四十多斤，叶邦裕们各自买盐三四十斤及四五十斤不等，分装蒲包、布袋，肩挑转回。走到路上，叶邦裕合这素识到案的叶幅撞遇，就雇他帮挑，说该工钱二百文，叶幅允从，分挑盐包同走。那日初更时候，走到合肥县王家岗相近地方，适有不识姓名私贩十多人，带有刀械，挑盐十多担，从后赶来，一阵同走，刚到王家岗西大路，就被那里缉私盐勇们看见，上前截捕。叶邦裕放下盐包，手拿木担，合那不识姓名私贩多人各拿刀械向盐勇们围拒，盐勇开放洋枪抵御，轰伤叶邦裕左胳膊、左肋倒地。那时小的合叶幅害怕，各自弃盐逃跑，盐勇追赶，小的失跌伤腿，当被获住。那不识姓名私贩就丢弃盐担，并叶幅们都各逃散，把小的押解到局送案的。小的实止听从叶邦裕贩私图利，并没携带军器帮同拒捕，也非积惯兴贩及另有窝囤分赃的人。那不识姓名私贩多人，实系中途凑遇，并非合伙贩私。叶邦求们现逃何处，不知道。是实。各等供。

据此，将犯收禁，该前署县王万甡暨兼理县蒋斯彤均未讯详卸事，署县袁学昌到任准交，提犯讯供通详，奉批缉审。据报，该犯凤庭于十四年十一月初三日在监患病，验详饬医，至十二月初三日治痊。查逸犯弋获无期，先就现犯覆讯，议拟由府解司核，恐案情未确，札委怀宁县覆审，该县因另有查办事件，禀司改委安庆府覆审提讯，犯供狡展，申司提证质审，行令该县传证解司，饬据该府审照原拟，详解到司。

该本司审看得合肥县拿获盐犯凤庭听从贩私，并叶幅受雇挑担，均未帮同拒捕一案。缘凤庭、叶幅分隶合肥县、寿州，均庄农度日，先未贩私犯案。光绪十四年六月二十九日，凤庭与拒捕格杀之叶邦裕并素识在逃之叶邦求、叶邦虎、叶二先后会遇，各道年岁荒歉，贫苦难度，叶邦裕谈及合寿交界之下塘集相近地方盐摊甚多，价值便宜，起意各出资本，贩卖图利，凤庭等均各允从。七月初三日早，叶邦裕等各带蒲包、布袋、绳担等件，凤庭担挑荞麦两袋，一共五人偕抵该处，凤庭将荞麦卖得洋蚨一元并钱数百文，向不识姓名盐摊上买得盐四十余斤，叶邦裕等各自买盐三四十斤及四五十斤不等，分装蒲包、布袋，肩挑转回。行至中途，叶邦裕与素识已获之叶幅途遇，即雇令帮挑，议给工钱二百文，叶幅允从，分挑盐包同行。是日初更时分，行至该县王家岗相近地方，适有不识姓名私贩十余人，携带刀械，挑盐十余担，从后赶上，与叶邦裕等一阵行走，甫至该岗西大路，即被该处缉私巡勇张复兴等瞥见，上前截捕，叶邦裕放下盐包，执持木担，与不识姓名私贩多人各持刀械围拒巡勇，张复兴等情急开放洋枪抵御，轰伤叶邦裕左胳膊、左肋倒地。惟时凤庭与叶幅畏怯，各自弃盐逃跑，巡勇追赶，凤庭失跌伤腿，当被获住，余匪弃盐逃逸，叶幅亦即逃回。张复兴等同该地保押送凤庭赴局，将所获私盐并自携洋枪两杆，一并存放地保家中，叶邦裕伤重，旋即殒命。次日该巡勇等正拟将盐送局，前往搬挑，讵是日早晨已被逸匪将盐担同洋枪两杆一并攫去，张复兴等追捕无获，当将凤庭由局移经该前署县孙葆田勘验缉究，续获叶幅到案，供认不讳。孙葆田与署县王万牲暨兼理县府蒋斯彤均未讯详卸事，该署县袁学昌到任准交，提犯讯详，奉批缉审。据报，该犯凤庭在监患病，验报医痊。兹据该县以逸犯弋获无期，先就现犯覆讯，议拟由府解司核，恐案情未确，札委怀宁县覆审，该县因另有查办事件，禀司改委安庆府提讯，犯供狡展，申请提证质审，行令该县传证解司。饬据该府审照原拟，详解到司。本司提犯覆讯，据各供认前情不讳，究诘不移，似无遁饰。查例载："兵民聚众兴贩私盐，十人以下，拒捕不曾伤人者，为从照私盐本律拟徒。"又律载："犯无引私盐者，杖一百，徒三年。受雇挑担者，杖八十，徒二年。"各等语。此案凤庭听从拒捕格杀之叶邦裕同伙五人贩私图利，讯系零星收买，其余在逃之不识姓名私贩十余人亦系各贩各私，中途凑遇，并非合伙兴贩，嗣被巡勇张复兴等拦捕，叶邦裕等持械拒捕，致被巡勇施放洋枪轰伤叶邦裕身死，该犯凤庭先已弃盐逃避，并未帮同拒捕，亦未带有军器，自应按例问拟。凤庭一犯应如县府所拟，合依"犯无引私盐者，杖一百，徒三年"例，拟杖一百，徒三年。叶幅帮同叶邦裕挑盐，议有工价，即属受雇挑担，其叶邦裕拒捕时该犯弃担逃逸，并未帮同拒捕，亦应按律问拟。叶幅亦如所拟，合依"受雇挑担者，杖八十，徒二年"律，拟杖八十，徒二年。该犯等事犯到官均在光绪十五年三月十六日恭逢恩诏以前，核其情罪均不在不准援免之列，应请准予援免，并免折责，后再有犯，加等治罪。叶邦裕起意纠伙贩私，执持木担拒捕，本干例拟，业已被格身死，应毋庸议。巡勇张复兴、童金胜奉派缉私，因被持械拒捕，开放洋枪抵御，轰毙拒捕之叶邦裕一名，系属等时格杀，例得勿论，其夺获盐担同自携洋枪寄放地保包荣家，致被逸匪乘间攫去，惟时该保随同巡勇押犯赴局，应与拦阻不住之包鲍氏，均毋庸议。凤庭伤经平复，无干经县省释。尸棺给属领埋。逸犯叶邦求等，并攫取盐担洋枪各犯，饬缉获日另结。失察文武职名事在赦前，邀免开送。理合详候核咨。再，此案审限云云，至合并声明。等情。到院。据此，本部院覆核无异，除饬勒缉逸犯叶邦求等并攫去盐担洋枪各犯务获究报外，相应咨达。

光绪十六年八月十三日准。部照覆。

校勘记：

①黄家岗：地名前后不一致，据上下文当为"王家岗"。

叩阍未成讯系怀疑混控

为委审事。据按察使张岳年详，据安庆府知府联元详称：案奉前抚院陈札开，光绪十四年八月初四日，准刑部咨四川司案呈所有前事等因，相应抄单，连人一并解交，该巡抚查照办理可也。计抄单一纸，人犯一名，原呈二纸，黄赢系安徽凤阳府定远县人，年三十八岁，身中面黄无须，左手大指箕，余俱斗，右手五指俱斗。等因。并抄单原呈人犯到院。准此，除将该原告黄赢谕发怀宁县收管，并将长牌咨缴外，合就抄单，并原呈札行札到该司，即便遵照委员往提人卷来省，发委研审详办。等因。奉经札委候补巡检綦南英往提人卷，去后兹据该县检同卷宗，将被证黄魁、郭祥、黄富、黄赢之妻继氏四名口交委解司。并据该委员禀称，案内应讯之黄富，在合肥县境抱病沉重，当令随送亲属保回医调，未能到案。等情。前来。除将解到之黄魁等三名口谕发候审所收管，一面催提未到人证解省另发外，合将提到人卷先行札委审办。等因。到府，遵查奉发抄单，内开：准提督衙门咨送欲行叩阍人犯黄赢一案。讯据黄赢供：我系安徽凤阳府定远县人，年三十八岁，在县属西乡地方居住，种地度日，原有祖遗地五十亩。光绪十三年六月间，被族叔黄魁同郭祥硬行霸占，我欲向伊理论，伊等挟仇，于是月初二日将我女人继氏及儿子伏山、女儿伏子均各抢去，我赴县喊告，派差往查，我畏惧黄魁等凶横，未敢回家，当赴本府本道控告，均未准理，无奈求乞来京，在各处打听，闻说圣驾要出安定门，我随到安定门外大桥住宿。那日我见黄轿经过，意欲上前喊冤，当被官人拿获，搜出呈词二纸，解经提督衙门，转送到部的。今蒙审讯，所控各情如有虚捏，情甘认罪。所供是实。等供。此案黄赢系安徽凤阳府定远县人，在县属西乡地方居住，种地度日，原有祖遗地五十亩。光绪十三年六月间，族叔黄魁串通郭祥将地霸种，并将伊妻及子女抢去，伊赴县控告，经县派差往查，伊畏惧黄魁等凶横，未敢回家，又赴本府本道控告均未准理。伊于十四年五月间求乞来京，听闻圣驾于十一日出郊，伊于是日在安定门外等候，适见有备用黄轿经过，正欲上前喊冤，当被官人拿获，连搜出呈底批词，并解经提督衙门转送到部。据供前情，查黄赢因黄魁等霸占地亩，抢去妻子赴县控告，并不守候审断，又赴府道各衙门具控未准，辄来京欲行叩阍未成被获，虽讯无冲突仪仗情事，究属妄为，黄赢应酌照违制律杖一百，第所控霸地抢妻等情虚实，均应根究，惟人证俱在该省，未便纷纷提质，应将该犯黄赢解交安徽巡抚，查讯明确，如所控得实，即照拟杖责发落，倘有虚诬别情，另行按例治罪，相应将该犯及所带呈底批词，一并转解安徽巡抚查照办理可也。又查奉发呈底内，称具告状人黄赢年三十八岁，住定远县西乡，距城九十里，为霸占抢妇贿嘱埋冤嚎叩亲提事，缘身庄农无妄，故父黄永泰遗下田地约计五十余亩，有契可凭，因光绪十三年六月间，族叔黄魁、恶棍郭祥等知身不在家，硬将身田霸占五十亩，身同中查明，向伊理论，讵伊等致触恶怒，怀恨钉心，视身愚弱，于去年六月初二日黑夜间又将身妻女架抢而去，当即鸣保控县，不意黄魁闻身赴县具控,贿托代书差役,不容身呈词,伊等耸言在路屠害,要将身治死,以免后祸,身闻惊吓绕道奔府呈冤,奉批粘呈,似此光天化日抢架霸占,不惧法律,不畏王章,伊等逍遥法外,任意凶横,现当农忙之际,家不敢归,地不能耕,身若再赴县呈诉,又恐遭伊掌握之中,如蛾投火,岂不冤上加冤,若不叩赏提严究,田不能归,妇女亦难得圆,永绝身家香烟,但抢占各情,若任伊势占得,志更加愈横,法律奚存?为此情急,只得录批奔辕嚎叩,伏乞大宪大人电鉴冤情,恩赏亲提黄魁等到案讯明,究追妻室子女得归,田产给领,以儆抢霸而安良民,焚祝上叩。等情。随查定远县原卷,内开:光绪十三年六月初五日,该前署县张树建任内,据民人黄赢呈称:伊庄农无妄,娶妻继氏,生有幼女。不料伊堂叔黄富、黄魁欺伊幼孤,于本月初二日硬将伊发妻继氏拉卖与郭祥为妻,并欲屠害伊命,叩请拘究。等情。并据黄魁以堂侄黄赢游荡不务农业,竟置妻女不顾,经黄赢母舅岳重庆、表叔廖永盛将赢妻继氏并幼女交伊等照应,不料黄赢反捏,控伊将赢妻继氏架卖与郭祥为妻等情具诉。即经张树建传集被告黄魁、郭祥,中证岳重庆、廖永盛,及族长黄金贵,并查获黄赢之妻黄继氏到案讯明,黄魁等与郭祥均无抢卖为妻情事,质之中证岳重庆等供亦相符,该原告黄赢供词狡执,经张树建查知,黄赢素有痰证,宽免深究,谕饬该族长黄金贵领回管束在卷。奉饬前因,遵即督同局员提集原被人证,逐加研讯。

据被告人黄魁供:定远县人,这京控原告黄赢是堂侄,黄继氏是黄赢的妻子,黄赢向患痰症,不愿耕种,田地荒芜。光绪十年正月里,黄赢痰病复发,外出游荡,日久没回,他妻子黄继氏查无下落,恐怕田地久荒废弃,没人照料,央请他丈夫的母舅岳重庆、表叔廖永盛、昔存今故的胞叔黄廷及族长黄金贵、亲家郭祥并小的齐集商议,把黄赢家祖遗田地大小共四十四坵,给小的合胞弟黄富耕种交租,并托郭祥照管家务,后来黄继氏每年收取租谷过度。十三年夏里,本乡天旱,小的合胞弟因田地无收,不交租息,黄继氏穷苦难度,带同女孩到郭祥家依靠,郭祥也因年荒,回覆无力帮助,黄继氏就把那田地契据交给小的妻子赵氏代为收存,他到各处求乞度日,乘便找他丈夫下落。那年五月底,黄赢从外回来,查知他胞叔黄廷先已病故,小的弟兄没有交租,并找寻黄继氏无着,就以小的弟兄抢卖他的妻子黄继氏与郭祥为妻等情赴县捏控,小的同胞弟黄富据实投诉,蒙张前县传同中证岳重庆们及这郭祥并查获黄继氏,同小的弟兄到案,当堂对质明白,并没抢卖黄继氏与郭祥为妻的事,黄赢仍复狡供,经张前县念他素有痰症,谕饬族长黄金贵把他领回管束完案。那晓黄赢又添砌小的弟兄霸占田地,郭祥强抢妻女各情,赴凤阳府道各衙门上控没准,又去京控了。今蒙提审,小的实没霸种黄赢田地情事,至他家田地契据,是他妻子继氏交给小的妻子代为收存,业已检呈给领,现在黄赢供明他家田地仍叫小的承种,每年交租十五石，并代黄嬴完纳钱粮，以后黄嬴自愿耕种，听凭起佃。小的情愿完案。胞弟黄富委系患病不能到案，愿具结。是实。

据被告民人郭祥供：定远县人，这到案的黄嬴是小的亲家，他的女儿许给小的为媳，合小的素睦没嫌。黄嬴向患痰症，不愿耕种，田地荒芜，小的是晓得的。光绪十年正月里，黄嬴痰病复发，外出游荡，日久没回，他妻子黄继氏查无下落，恐怕田地久荒废弃，没人照料，央请黄嬴的母舅岳重庆、表叔廖永盛同昔存今故的胞叔黄廷及族长黄金贵、堂叔黄魁合小的齐集商议，把黄嬴家祖遗田地大小共四十四坵，给黄魁、黄富耕种交租，并托小的照管家务。后来，黄继氏每年收租过度。十三年夏里，本乡天旱，黄魁们因田地无收，不交租息，黄继氏穷苦难度，带同女孩到小的家依靠，小的也因年荒，覆他无力帮助，黄继氏随到各处求乞度日，乘便找他丈夫下落。那年五月底，黄嬴从外回来，查知他胞叔黄廷先已病故，黄魁们种他田地并没交租，并到小的家找寻他妻子继氏无着，就以黄魁们抢卖他妻子与小的为妻等情赴县捏控，蒙张前县传同中证岳重庆们，合这黄魁并查获黄继氏同小的当堂对质明白，小的同黄魁们并没抢卖继氏的事，黄嬴仍复狡供，经张前县念他向有痰症，谕饬族长黄金贵把他领回管束完案。那晓黄嬴添砌黄魁们霸占田地，小的强抢黄继氏母女各情，到凤阳府道各衙门上控没准，又去京控了。今蒙提审，小的实没强抢黄嬴妻女情事，愿具结。是实。

据民妇黄继氏供：河南人。光绪五年逃荒到定远县，经黄嬴承买为妻，只生一女，平日夫妇和睦。这到案的黄魁是丈夫堂叔，郭祥是亲家，小妇的女儿许给他为媳，丈夫向患痰症，不愿耕种，田地荒芜。光绪十年正月里，丈夫痰病复发，独自出外游荡，日久没归，小妇查找并没下落，恐怕田地久荒废弃，没人照料，就请丈夫的母舅岳重庆、表叔廖永盛、昔存今故的胞叔黄廷，及族长黄金贵、堂叔黄魁、亲家郭祥齐集商议，把丈夫家祖遗田地大小共四十四坵，给黄魁、黄富耕种交租，并托郭祥照管家务。后来，小妇每年收取租谷过度。十三年夏里，本乡天旱，黄魁们因田地没收，不交租息，小妇穷苦难度，带同女孩到郭祥家依靠，郭祥也因年荒，回覆无力帮助，小妇无奈，只得把田地契据交给黄魁的妻子赵氏代为收存，自带幼女到各处求乞度日，乘便找寻丈夫下落。那年五月底，丈夫由外回来，怎样查知他胞叔黄廷先已病故，黄魁们耕种田地并没交租，听见小妇同幼女在郭祥家，经丈夫往查无着，疑被藏匿，就以黄魁们抢卖小妇与郭祥为妻各情，到县捏控，小妇先不晓得，蒙张前县派差把小妇带案，传同中证岳重庆们合这黄魁们当堂对质，黄魁们并没抢卖小妇的事，丈夫仍复狡供，经张前县念他向有痰症，谕饬族长黄金贵把丈夫领回管束完案。那晓丈夫心不甘服，并没回家，仍复添砌黄魁们霸占田地，郭祥强抢小妇并幼女各情，到凤阳府道各衙门上控没准，又去京控了。今蒙提审，黄魁们所种田地，是小妇央请亲戚议明，叫他耕种，田地契据是小妇交给黄魁的妻子赵氏代为收存，现已检呈当堂给领，黄魁们并没霸种田地，郭祥也没强抢小妇的事，丈夫现已查知。据实供明，求施恩。是实。

据原告民人黄赢供：年三十九岁，定远县人，先系务农度日，这到案的黄魁是堂叔，郭祥是亲家，合小的素睦无嫌。黄继氏是河南人，光绪五年因荒逃到定远县，经小的承买为妻，只生一女，平日夫妇和睦。小的因向患痰症，不愿耕种，致田地荒芜。光绪十年正月里，小的痰病复发，独自出外游荡，日久没回，妻子黄继氏怎样查找小的久无下落，恐怕田地久荒废弃，没人照料，就请小的母舅岳重庆、表叔廖永盛、昔存今故的胞叔黄廷及族长黄金贵，并这到案的堂叔黄魁、亲家郭祥齐集商议，把小的祖遗田地大小共四十四坵，给黄魁、黄富耕种交租，并托郭祥照管家务，后来妻子每年收取租谷过度。十三年夏里，本乡天旱，黄魁们因田地没收，不交租息，妻子穷苦难度，带同女孩到郭祥家依靠，郭祥也因年荒，回覆无力帮助，妻子没奈，把田地契据交给黄魁的妻子赵氏代为收存，自带女孩随到各处求乞度日，并找寻小的下落，小的先没知道。那年五月底，小的从外回家，查知胞叔黄廷先已病故，黄魁们耕种小的田地并没交租，又闻妻女在郭祥家，经小的往查无着，疑被藏匿，就以黄魁们抢卖妻子与郭祥为妻各情，到县呈控，蒙张前县传到黄魁、岳重庆、廖永盛、黄金贵、郭祥，并查获妻子到案质讯，黄魁们都没抢卖藏匿的事，小的仍复狡执，蒙张前县饬交族长黄金贵领回管束完案。小的心不甘服，并没回家，复以前情并添砌黄魁们霸种田亩各情，央过路不识姓名测字人做就呈词，赴凤阳府道各衙门控告，均没准理，起意京控，就携带词底批词，独自到京准备叩阍，在安定门外见有黄轿经过，正要上前喊冤，当被官役拿获，搜出词底批词，解到提督衙门，转送刑部查讯，解回审办，蒙提黄魁们来省的。今蒙提审，小的已经查明，堂叔黄魁们所种田地是妻子因小的久无下落，央请母舅岳重庆们议明叫他承种，并非黄魁们霸占，那年没交租谷，实因年荒没收，田地契据是妻子继氏交给黄魁的妻子赵氏代为收存，现蒙饬令，检呈当堂给领，小的已经领回。那里田地小的情愿仍给黄魁耕种，每年交租谷十五担[①]，钱粮也归黄魁完纳，以后小的自愿耕种，听凭起佃，黄魁情愿具结。妻子继氏是带幼女逃荒求乞，并非郭祥强抢，这都是小的疑心图准添砌混控的，不敢始终固执，愿具结。是实。各等供。

据此，录供通详，奉批覆审，遵提覆讯，议拟解司，经本司逐一提讯，除各供同前不叙外，该本司审看得定远县民黄赢京控黄魁等霸产抢妻等情，审系怀疑混控，即据自行供明一案。缘黄赢籍隶定远县，先系务农为业，到案之黄魁系黄赢堂叔，郭祥系黄赢亲家，与黄赢素睦无嫌。黄继氏系河南人，光绪五年间因荒逃到该县，经黄赢承买为妻，生有一女，平日夫妇和睦。黄赢因素患痰症，懒于耕种，致田地荒芜。光绪十年正月间，黄赢痰病复发，独自出外游荡，日久不归，经其妻黄继氏查无下落，恐田地久荒废弃，无人照应，随请黄赢之母舅岳重庆、表叔廖永盛并昔存今故之胞叔黄廷及族长黄金贵，同到案之亲家郭祥、堂叔黄魁齐集商议，将黄赢家祖遗田地大小共四十四坵，给黄魁、黄富耕种交租，并托郭祥照管家务，以后黄继氏每年收取租谷过度。十三年复间，该乡天旱，黄魁等因田地无收，不交租息，黄继氏贫苦难度，带同女孩前往郭祥家依靠，郭祥亦因年荒，覆以无力他顾，黄继氏无奈，随将田地契据交给黄魁之妻赵氏代为收存，自带幼女赴各处求乞度日，并找寻其夫下落。是年五月底，黄赢由外回归，查知胞叔黄廷业已物故，黄魁等佃其田地，并未交租，并闻其妻女在郭祥家，经伊往找无着，疑被藏匿，随以黄魁等抢卖其妻与郭祥为妻各情，赴县呈控，并据黄魁等呈诉，当经该前县张树建传集被告黄魁、郭祥，中证岳重庆、廖永盛、黄金贵，并查获黄继氏，到案质讯明确，黄魁等并无抢卖藏匿情事，该原告黄赢供词狡执，经张树建念其素有痰症，宽免深究，谕饬族长黄金贵领回管束完案。讵黄赢心不甘服，并未回家，复以前情并添砌黄魁等霸种地亩各情，希图耸听准理，央过路不识姓名测字人做就呈词，赴凤阳府道各衙门控告未准，起意京控，随即怀挟词底批词，独自进京准备叩阍，在安定门外见有备用黄轿经过，正要上前喊冤，当被官役拿获，搜出词底批词，解送提督衙门转送刑部查讯，议拟照违制律拟杖，咨解回安审办，委提人卷发委安庆府联元审讯，录供通详，奉批覆审。兹据该府覆讯，议拟解司。本司亲提研讯，据各供悉前情不讳，诘无霸产抢妻各情，事经府札饬该县传知黄魁之妻赵氏，检齐黄继氏原交契据，申由该府当堂验明，交给黄赢领回管业，并据黄赢供明该处田地，仍愿给其堂叔黄魁佃种，议明每年交给租稻十五石，其应完户粮即归黄魁代完，以后黄赢自愿耕种，准其循照该处向章听凭起佃自种，黄魁不得措留霸阻，各具遵结完案，应即拟结此案。黄赢因堂叔黄魁等佃种田亩，岁歉不交租息，其妻黄继氏先至郭祥家依靠，旋因郭祥无力资助，出外求乞，该原告外归查找无着，疑被藏匿，随以抢卖各情控，经该县讯无其事，犹后心不甘服，添砌霸产抢妻各情，赴府道衙门上控不准，起意京控，怀挟词底批词进京，希图叩阍未成，实属越诉，且所控各节审系虚诬，本应照例反坐，姑念控出怀疑，一经质讯即行据实供明，核与有心诬告始终狡执者不同，情尚可原，且事犯在光绪十五年三月十六日恭逢恩诏以前，核其情罪系在条款准免之例，应与大部原拟杖罪并予宽免。黄魁讯无霸种田产，郭祥亦无强抢妻女各情事，应与讯无不合、因病未到之黄富，以及并无贿托埋冤之代书差役人等，均毋庸议。作词之不识姓名测字人无从查传，请免置议。黄赢田亩契据业经当堂给领，并将黄继氏同幼女一并领回完聚，该处田地黄嬴情愿仍给黄魁承种，议明交租完粮，应听其便，取结附卷。无干省释。再，此案罪止拟杖，且已援免，请免扣限。等情。到院。据此，本部院覆核无异，除分咨外，相应咨达。

光绪十七年七月十四日准。部照覆。

校勘记：

①十五担：据文意，当为“十五石”。

积惯讼棍迭次教唆词讼

为访获事。据按察使嵩崑详，据署宁国府知府王汝砺转，据宣城县知县陈兆庆详称：卑前县范葆廉任内，访闻县属有讼棍胡玉廷迭次唆讼扰害情事，即经饬差查拿，未获卸事，卑职到任接准移交，照案饬缉，旋于光绪十六年六月初九日亲带丁役拿获讼棍胡玉廷一名，并搜获词稿一束，账簿一本，押解回县提验，该犯并无拷刺痕迹，随讯。

据犯人胡玉廷供：年四十四岁，湖北武昌县人，父母都故，并没兄弟妻子，小的向在县属测字度日。光绪十三年十二月里，小的因贫难度，起意代人作词得钱使用，随有素识的方德明来向小的告说他屡向哥子方道明索借不允，央小的代作词状，赴县呈告，小的就代做呈词一张，交方德明呈递，得受方德明谢资洋钱一元。又十四年正月里，有孀妇鲍董氏要抱养表亲吴之恩为嗣，被他族亲鲍希安、王祥宝们理阻，向小的商议，小的叫他先行赴县呈请立案，一面控王祥宝唆使鲍希安越占阻继，便可邀准，鲍董氏允从，小的就做就呈词，交鲍董氏呈递，得受鲍董氏谢资洋钱一元。那年三月里，有同乡陈云道先把女儿许与盛永成为妻，后因他女儿病故，盛永成索还原定财礼，陈云道不允，央小的代作词状赴县呈告，小的就做呈词捏控盛永成痞闹讹诈等情，交陈云道投递，得受陈云道谢资洋钱五元。十五年四月里，有同乡张富州因偷挖塘水，地保潘加兴理阻争闹，被张富州殴伤，控县差传，张富州自知情虚，央小的代作词状，赴县呈诉，小的做就呈词，捏控潘加兴装伤蒙验等情，交张富州呈递，小的并没索得钱文。那年六月里，有同乡王振条先在原籍把女许给杨心丙为妻，后来案下又把女儿嫁与李叔华为妻，杨心丙控县差传，王振条害怕，央小的代作词状赴县呈诉，小的就做就呈词，捏控杨心丙已故，现被其弟顶冒图诈等情，交王振条呈递，得受王振条铜钱五百文。那年十月里，有同乡王明纲先在建平县把长女双英许与傅姓为婚，后经其妻又把双英许给沈文富的胞弟沈文贵为妻，傅姓查知不依，控经建平县讯明，将双英断归傅姓完聚，沈文富心不甘服，要合王明纲拼闹，央小的代作词状，小的叫他在案下歧控，就做就呈词，捏控王明纲先把幼女福英许配伊弟沈文贵为妻，后图悔赖，将女隐匿等情，交沈文富呈递，得受沈文富洋钱三元、铜钱九百文。那年十一月里，有同乡王李氏因夫故不愿扶柩回籍，向他胞侄王鸿宾吵闹，小的闻知，就向王李氏用言怂恿，叫他告状，王李氏央恳小的代做呈词，捏控王鸿宾逼勒回籍，希图嫁卖等情，交王李氏呈递，得受王李氏铜钱一千四百文。又有素识的李廷荣，凭媒廖光要聘定王光荣的女儿为媳，因图赖财礼，商同廖光要前往抢亲，经王光荣查知不依，合廖光要争殴涉讼，李廷荣恐怕审出实情，央小的代作词状，小的应允，就做就呈词，捏控廖光要从中蒙骗财礼等情，交李廷荣呈递，得受李廷荣洋钱一元、铜钱四百文。那年十二月里，有素识的郑家贵，因袁大贵趁风行船，把他放湖鸭只冲失，致相争闹，小的知道袁大贵懦弱可欺，唆使郑家贵告状，冀图索诈得钱，郑家贵应允，小的就代做呈词，捏控袁大贵抢夺伊放湖鸭二百余只等情，交郑家贵呈递，得受郑家贵铜钱四百文。十六年二月里，有董事张贞干，因地保吴百秀不堪应役，另举殷福兴承充，吴百秀因此挟恨，央小的作词呈诉，小的就代做呈词，捏控张贞干开店收礼拂欲诬陷等情，交给投递，得受吴百秀洋钱一元、铜钱五百文。又有同乡朱洪兴，因他孀妹王朱氏不愿合他夫兄王科甲同居，互相吵闹，朱洪兴气忿，央小的作词指告，小的就代做呈词，捏控王科甲逼嫁吞产等情，交朱洪兴呈递，得受朱洪兴铜钱一千四百文。那年闰二月里，有同乡白宗善，不许他孀妹陈白氏跟随夫兄陈朝华回籍，央小的设法拦阻，小的唆使告状，白宗善应允，小的就代做呈词，用陈白氏出名，捏控陈朝华图卖逼节等情，叫白宗善做抱呈递，得受白宗善洋钱一元。又有同乡陈永太，因独霸塘水被陈亨宗控县讯明断结，小的查知，就向陈永太说道，替他设法翻控，陈永太应允，小的就代做诉呈一张，添砌陈亨宗谋买田塘不遂、架词朦断等情，另捏吴长坤们多名分词扛帮，并交陈永太呈递，得受陈永太铜钱一千二百文。那年三月里，有同乡何国太，因崔何氏借欠钱文，怕他继子崔有元日后不还，央小的作词，小的就代做呈词，捏说崔有元争继霸产、不理后事等情，交何国太呈递，得受何国太铜钱四百文。后闻访闻差拿，小的逃往各处躲避，今被拿获解案的。小的实止唆讼作词十四次，此外并没另犯不法别案，也没串通胥吏吓诈乡愚的事，逃后也没知情容留人家，所得钱洋都已花用。是实。等供。

据此，随卷查光绪十三年十二月十三日，据县民方德明具呈被兄嫂殴逐霸占祖产等情，当经卑前县范葆廉讯明，方德明因索借不遂，饰词架控，将方德明责惩，断令其兄方道明量力资助，顾全手足完案。又十四年正月二十八日，据孀妇鲍董氏以王祥宝唆使鲍希安越占阻继等情，控经卑前县范葆廉查系异姓乱宗，饬凭房族另行择继以承宗祧。又是年三月二十三日,据客民陈云道以盛永成痞闹讹诈等情,控经卑前县范葆廉饬差查传,因原告情虚逃避,屡传不到,将案注销。又十五年四月二十七日,据地保潘加兴呈控张富州偷挖塘水阻被殴伤等情,赴县请验,即经卑前县范葆廉验明伤痕,注单饬医,差传质讯,嗣据客民张富州以潘加兴装伤蒙验等情具诉,复经传集两造,讯悉前情,将张富州当堂责惩,断令各照旧章轮流取水,各具遵结完案。又是年六月初八日,据客民杨心丙以伊聘定王振条之女为妻,被王振条悔婚另嫁等情,控县差传,嗣据王振条以杨心丙已故,现被其弟顶冒图诈等情呈诉,又经卑前县范葆廉讯明,该氏业已另嫁成婚,杨心丙不愿承领,断令追还财礼,由杨心丙另娶,并将王振条责惩完案。又是年十月二十三日,据客民沈文富以王明纲先将其女福英许配伊弟沈文贵为妻,后图悔赖将女隐匿等情,控经卑前县范葆廉集讯明确,断令王明纲赔还沈文富财礼,另行聘娶,取具领结完案。又是年十二月十八日[①],据民妇王李氏以王鸿宾逼勒回籍,希图嫁卖等情,控经卑前县范葆廉讯系虚诬,断令王李氏扶柩回籍安葬,与其子同居过度完案。又是年十一月二十三日,据客民李廷荣以廖光要蒙骗财礼等情,控经卑前县范葆廉讯明实情,当将李廷荣等分别责惩,照追财礼给领完案。又是年十二月初八日,据民人郑家贵以袁大贵抢夺伊放湖鸭只等情,控经卑前县范葆廉于收词时讯与控情不符,将案批驳不行。又十六年二月十三日,据地保吴百秀以张贞干开店收礼拂欲诬陷等情,控经卑职,讯系砌词饰抵,将吴百秀责革完案。又是年二月十七日,据客民朱洪兴以伊妹王朱氏夫故,被王科甲逼嫁吞产等情,控经卑职,讯系虚捏,断令王朱氏照常随夫兄王科甲同居过度完案。又是年闰二月二十三日,据民妇陈白氏以夫兄陈朝华图卖逼节等情,控经卑职讯明实情,断令陈白氏仍交陈朝华领回过度,不准妄图嫁卖,白宗善亦不准从中主唆,取具各结完案。又是月二十八日,据客民陈永春[②]以陈亨宗谋买蒙断等情,控经卑职查案集讯,并据吴长坤等先后赴县具呈,即经讯明实情,照案断结注销。又是年三月二十八日,据客民何国太以崔有元争继霸产等情,控经卑职,以事不干己,所叙情词含混,批驳不行。各在案。

查毕,饬令该犯当堂写字,核与起获词稿及账簿内所写笔迹相符,差查方德明等,或外出贸易,或已先后病故,无凭传审,将犯收禁,录供通详,奉批审解。据报,该犯胡玉廷于光绪十六年八月初二日在监患病,验报饬医,至九月初二日治痊。遵即提犯覆讯,议拟由府解司,前司核,恐案情未确,札委安庆府联元审无别故,仍照原拟详解本司,提犯亲讯,供与县府及委审相同,请免冗叙。

该本司审看得宣城县访获积惯讼棍胡玉廷迭次唆讼一案。缘胡玉廷籍隶湖北武昌县,向在宣城县地方测字营生。光绪十三年十二月间,胡玉廷因贫难度,起意代人作词得钱使用,随有素识之方德明来向胡玉廷告称,伊屡向其兄方道明索借未允，央胡玉廷代作词状，赴县呈告，胡玉廷即代做呈词一纸，交方德明呈递，得受方德明谢资洋钱一元。十四年正月间，有孀妇鲍董氏欲抱养表亲吴之恩为嗣，被其族亲鲍希安、王祥宝等理阻，向胡玉廷商议，胡玉廷令其赴县呈请立案，一面控王祥宝唆使鲍希安越占阻继，即可邀准，鲍董氏允从，胡玉廷即做就呈词，交鲍董氏呈递，得受鲍董氏谢资洋钱一元。是年三月间，有客民陈云道先将其女许与盛永成为妻，后因女故，盛永成索还财礼，陈云道不允，央胡玉廷代作词状赴县呈告，胡玉廷遂做就呈词捏控盛永成痞闹讹诈等情，交陈云道呈递，得受陈云道洋钱五元。十五年四月间，有客民张富州因偷挖塘水，地保潘加兴理阻争闹，被张富州殴伤，控县差传，张富州自知情虚，央胡玉廷代作词状，赴县呈诉，胡玉廷遂做就呈词，捏控潘加兴装伤蒙验等情，交张富州呈诉，并未索取钱文。是年六月间，有客民王振条先在原籍将女许与杨心丙为妻，后来宣城复将其女嫁与李叔华为妻，杨心丙控县差传，王振条畏惧，央胡玉廷代作词状，赴县呈诉，胡玉廷即做就呈词，捏控杨心丙已故，现被其弟顶冒图诈等情，交王振条呈递，得受王振条铜钱五百文。是年十月间，有客民王明纲先在建平县将长女双英许与傅姓为婚，后经其妻又许给沈文富之弟沈文贵为妻，傅姓查知不依，控经建平县讯明，断归傅姓领回完聚，沈文富心不甘服，欲与王明纲拼闹，央胡玉廷代作词状，胡玉廷唆令赴宣歧控，即做就呈词，捏控王明纲悔婚图赖，将女隐匿等情，交沈文富呈递，得受沈文富洋钱三元、铜钱九百文。是年十一月间，有民妇王李氏因夫故不愿扶柩回籍，向其胞侄王鸿宾吵闹，胡廷玉闻知，即向王李氏用言怂恿，令其告状，王李氏央恳胡玉廷代做呈词，捏控王鸿宾逼勒回籍，希图嫁卖等情，交王李氏呈递，得受王李氏铜钱一千四百文。又有客民李廷荣凭媒廖光要聘定王光荣之女为媳，因图赖财礼，商同廖光要前往抢亲，经王光荣查知不依，致与廖光要争殴涉讼，李廷荣虑恐审出实情，央胡玉廷代做词状，胡玉廷应允，即做就呈词捏控廖光要蒙骗财礼等情，交李廷荣呈递，得受李廷荣洋钱一元、铜钱四百文。是年十二月间，有郑家贵因袁大贵趁风行船，将其放湖鸭只冲失，致相争闹，胡玉廷稔知袁大贵懦弱可欺，唆使郑家贵告状，冀图索诈，郑家贵应允，胡玉廷即代做呈词，捏控袁大贵抢夺放湖鸭二百余只等情，交郑家贵呈递，得受郑家贵铜钱四百文。十六年二月间，有客董张贞干，因地保吴百秀不堪应役，另举殷福兴承充，吴百秀因此挟恨，央胡玉廷作词呈诉，胡玉廷即代做呈词，捏控张贞干收礼诬陷等情，交给投递，得受吴百秀洋钱一元、铜钱五百文。又有客民朱洪兴因其孀妹王朱氏不愿与其夫兄王科甲同居，互相吵闹，朱洪兴气忿，央胡玉廷作词指告，胡玉廷即代做呈词，捏控王科甲逼嫁吞产等情，交朱洪兴呈递，得受朱洪兴铜钱一千四百文。是年闰二月间，有客民白宗善不许其孀妹陈白氏随伊夫兄陈朝华回籍，央胡玉廷设法拦阻，胡玉廷唆使告状，白宗善应允，胡玉廷即代做呈词，盗用陈白氏出名捏控陈朝华图卖逼节等情，交白宗善作抱呈递，得受白宗善洋钱一元。又有客民陈永太独霸塘水，被陈亨宗控县讯明断结，胡玉廷查知即向陈永太捏称，代为设法翻控，陈永太应允，胡玉廷即代做诉呈一纸，添砌陈亨宗谋买田塘，架词蒙断等情，交陈永太呈递，得受陈永太铜钱一千二百文。是年三月间，有客民何国太，因崔何氏借欠钱文，恐其继子崔有元日后不还，央胡玉廷作词，禀请立案，胡玉廷即代做呈词，捏控崔有元争继霸产、不理后事等情，交何国太呈递，得受何国太铜钱四百文。以上各案，均经该前县范葆廉及该署县陈兆庆随时讯明断结，分别责惩完案。旋经范葆廉访闻该犯唆讼各节，差拿未获卸事，该县陈兆庆到任，照案饬拿，将胡玉廷获案，并起获词稿账簿，核对笔迹相符，讯供详批审解。该犯胡玉廷在监患病，验报医痊，将犯覆讯，议拟由府解司委审，详解本司，提犯亲讯，据供前情不讳，诘无串通胥吏吓诈乡愚及另犯不法别案，究鞫不移，案无遁饰。查例载："积惯讼棍一经审实，即依棍徒生事扰害例，问发云、贵、两广极边烟瘴充军。"等语。此案胡玉廷迭次为方德明等代做词状，增减情节，并复教唆词讼，先后得受谢资至十四案之多，实属积惯讼棍，自应按例问拟。胡玉廷应如县府及委审所拟，合依"积惯讼棍一经审实，即依棍徒生事扰害，问发云、贵、两广极边烟瘴充军"例，拟发云、贵、两广极边烟瘴充军，仍照名例以极边足四千里为限。事犯虽在光绪十六年三月二十二日恩诏以前，惟到官在后，毋庸查办，仍照例刺字，定地发配，折责安置。所得钱文照追入官。该犯逃后讯无知情容留人家，应与听唆妄控之方德明等，均毋庸议。各案均经该县讯明断结，且查方德明等或已物故，或经外出，犯供确凿，请免查传，以省拖累。词稿账簿案结销毁。案系该前县范葆廉访闻移交，该县陈兆庆拿获究办，失察职名邀免开报，理合详候核咨。再，此案获犯系在六月刑鞫展限期内，应以光绪十六年初一日起限云云，至合并声明。等情。到院。据此，本部院覆核无异，除分咨外，相应咨达。

光绪十七年十一月二十一日准。部照覆。

校勘记：

①十二月十八日：据上下文当为"十一月十八日"。

②陈永春：人名前后不一致，据上下文当为"陈永太"。

刁徒藉端吓诈致被诈之人自尽

为详报事。据按察使赵尔巽详，据徽州府知府春岫转，据黟县知县孙履材详称：

光绪二十一年正月二十九日，据地保舒和德报，据民妇余汪氏投称：伊子余右祥前与邻妇韩舒氏有奸，经韩舒氏婆母韩方氏撞获，禁绝往来，韩舒氏因此常在其母舒邱氏家居住。本月二十七日，伊子出外探亲，路经舒邱氏家门首，适舒邱氏外出，韩舒氏即留伊子进内坐谈，韩舒氏母家无服族侄舒大光撞见，邀同汪大受将伊子拉至家内用言吓诈，逼写戒约借票，致伊子被诈情急，潜服身带烟膏，经汪大受等喊同邻人舒国标用药灌救无效，于次早毒发殒命。等语。往查属实，当将该犯等获住，并起出约票送案，报请验究。等情。并据尸母余汪氏同报，各到县。据此，随带刑仵押犯驰诣相验。据仵作王容验报：已死余右祥，问年二十七岁。仰面：面色青黯；两眼胞微开；口微开；咽喉用银针探入，密封良久，取出青黑色，用皂角水擦洗不去；两手微握，十指甲缝青黑色；心坎青黯色；肚腹低陷，青黯色。合面：十指甲青黑色。余无故。实系服毒身死。报毕，亲验无异，当场填格取结，尸令棺殓。随传集尸亲、人证，提犯研讯。

据地保舒和德供与报词同。

据尸母余汪氏供：黟县人，已死余右祥是儿子，合这到案的舒大光、汪大受都向不认识。儿子前合邻妇韩舒氏有奸，被韩舒氏婆母韩方氏撞获，禁绝往来，韩舒氏因此常在他母亲舒邱氏家居住，小妇是知道的。光绪二十一年正月二十七日午后，儿子往蓝田地方探亲，路过舒邱氏家门口，韩舒氏怎样留儿子进内坐谈，被舒大光撞见，邀同汪大受把儿子拉到他家用言吓诈，逼写戒约借票，致儿子被诈情急，吞服身带烟膏，经汪大受们喊同邻人舒国标用药灌救没效，到第二日早上毒发身死，小妇先没晓得，后来闻知往看，问明情由，就投保把舒大光们扭获，并起出约票，送案报验的，求究伸。至汪大受祖母年老丁单，小妇查明是不错的。是实。

据邻证监生舒国标供：黟县人，合这到案的舒大光是邻右，已死余右祥向不认识。光绪二十一年正月二十七日，听说舒大光因他无服族姑韩舒氏前在夫家合余右祥有奸，韩舒氏现住母家，余右祥又来同韩舒氏谈笑，被舒大光撞见，邀同汪大受把余右祥拉到他家评理的话，监生因事不干己，没有理会。到第二日早上，监生听闻汪大受喊叫，说余右祥因舒大光逼写借票没钱应付，吞服身带烟膏，监生连忙过去查看，帮同用药灌救，不料余右祥服毒深重，没多一会身死。经尸母余汪氏投保，把舒大光们扭获送案报验的。监生实系灌救不及。是实。

据奸妇韩舒氏供：黟县人，年二十四岁。这到案的舒大光是无服族侄，已死余右祥是夫家邻右，时常往来，小妇见面不避。光绪二十年十一月十六日，余右祥来到小妇家闲坐，那时丈夫韩观龄出门贸易，婆母韩方氏也不在家，余右祥就向小妇调戏成奸，以后遇便续旧，并没给过钱物，婆母先不晓得，后被撞获，把小妇责打，不许再合余右祥往来，小妇因此常在母家居住。二十一年正月二十七日傍晚时候，余右祥往蓝田地方探亲，路过母家门口，小妇看见就说母亲外出，留他进内同坐谈笑，适舒大光走来撞见，向余右祥问知姓名转身就走，过了一会舒大光带同汪大受复来，向余右祥斥说，前因他合小妇通奸败露，致舒韩两姓都没脸面，今敢复来续旧，欺人太甚，就把余右祥拉到他家去了。到第二日早上，听说余右祥因舒大光逼写借票没钱应付，情急服毒身死，经尸母余汪氏查知，投保把舒大光们扭获送案报验的。今蒙提讯，所供是实。

据犯人汪大受供：黟县人，年二十二岁，父故母存，祖母鲍氏，现年七十三岁，并没胞伯叔、弟兄、妻子。小的是这到案的舒大光家世仆，合已死余右祥先不认识，舒大光有出嫁无服族姑韩舒氏，前在夫家合余右祥有奸，被他婆母韩方氏撞获，禁绝往来，韩舒氏因此常在他母亲舒邱氏家居住，小的是晓得的。光绪二十一年正月二十七日傍晚时候，舒大光向小的告说，他往舒邱氏家闲逛，舒邱氏不在家内，见一面生男人合韩舒氏同坐谈笑，问是余右祥，想起他合韩舒氏奸好，必来续旧，起意向余右祥讹诈钱文，来合小的商量，小的允从。舒大光又往在逃的族人文生舒兆铎家央恳代拟戒约借票各稿走回，邀同小的到舒邱氏家，舒大光向余右祥斥说前因他合韩舒氏通奸败露，致舒韩两姓都没脸面，今敢复来续旧，欺人太甚，就拉余右祥到他家里评理，说要送官究治，小的也帮同斥骂，余右祥害怕求饶，舒大光说要免究，除非写立戒约，声明以后不再与韩舒氏往来，并另立英洋五十元借票一纸，方可无事，余右祥应允。舒大光取文生舒兆铎代拟底稿，勒令余右祥照写画押，把稿烧毁。那夜，余右祥就在舒大光家合小的同屋睡歇。到第二日早上，小的见余右祥神色改变，向他查问，余右祥说所写借票没钱应付，不如一死干净，已把身带烟膏吞服的话，小的就喊同舒大光并邻人舒国标帮同用药灌救，不料余右祥受毒深重，没多一会身死。经尸母余汪氏投保，把小的同舒大光扭获，并起出约票送案报验的。委没起衅别故及另有在场帮同吓诈的人。至小的祖母年已七十三岁，家没次丁，全靠小的一人养活，平日也没游荡忘亲、触犯不孝的事。是实。

据犯人舒大光供：黟县人，年三十二岁，父母都故，并没弟兄妻子，向在店铺帮伙度日，合已死余右祥先不认识。这到案的汪大受是小的家世仆，韩舒氏是出嫁无服族姑，他从前曾合余右祥有奸，被他婆母韩方氏撞获，禁绝往来，韩舒氏因此常在他母亲舒邱氏家居住，小的是晓得的。光绪二十一年正月二十七日傍晚时候，小的到舒邱氏家闲逛，舒邱氏不在家内，见一面生男人合韩舒氏同坐谈笑，当向余右祥问知姓名，小的想起他合韩舒氏奸好，必来续旧，起意向余右祥讹诈钱文，当就回家，合汪大受商量，并往在逃的族人文生舒兆铎家告知情由，央恳代拟戒约借票各稿，带在身边走回，邀同汪大受复到舒邱氏家，就向余右祥斥说前合韩舒氏通奸败露，致舒韩两姓都没脸面，今敢复来续旧，欺人太甚，就拉余右祥到小的家评理，说要送官究治，汪大受也帮同斥骂，余右祥害怕求饶，小的说要免究，除非写立戒约，声明以后不再与韩舒氏往来，并另立英洋五十元借票一纸，方可无事，余右祥应允。小的取出舒兆铎代拟底稿，勒令余右祥照写画押，把稿烧毁。那夜，余右祥就在小的家合汪大受同屋睡歇。到第二日早上，汪大受因见余右祥神色改变，向他查问，余右祥说所写借票没钱应付，不如一死干净，已把身带烟膏吞服，告知小的赶往查看，并喊同邻人舒国标帮同用药灌救，不料余右祥受毒深重，没多一会身死。经尸母余汪氏查知，投保把小的同汪大受扭获送案报验的。委没起衅别故，及另有在场帮同吓诈的人。票约已蒙起案。舒兆铎现逃何处，不知道。是实。各等供。

据此，将犯收禁，录供通详，奉批缉审，并将逸犯文生舒兆铎衣顶详请褫革。该犯汪大受据供祖母年逾七十，家无次丁，饬传地邻、犯亲人等到案查讯佥供，汪大受祖母汪鲍氏现年实系七十三岁，子已早故，仅靠汪大受一人养赡，别无次丁，平日并无游荡忘亲、触犯不孝情事。该犯系舒大光世仆，并无族长。等语。取具各结附卷。据报，该犯汪大受于光绪二十一年三月二十八日在监患病，验详饬医，至四月二十八日治痊。遵提覆讯，议拟解府核，恐案情未确，札委署歙县何恩煌审无别故，照拟由府解经前署司提讯，舒大光供情翻异，札委怀宁县吴云涛确审，该县因另有要公禀奉，改委署安庆府杨综清审系畏罪狡翻。正在解勘间，据安庆府照磨沈锦申报，该犯舒大光于十一月二十四日在监患病，医治无效，至二十八日病故，禀府札委怀宁县吴云涛验明，实系因病身死，提讯刑禁人等，并无凌虐情弊，绘具图结，详奉批饬核入正案拟办。兹据该府将现犯汪大受覆讯，议拟解司，本司提犯亲讯无异，除供同不叙外，该本司审看得黟县民人汪大受听从舒大光向奸犯余右祥藉端讹诈致令服毒身死，并舒大光于解省取供后在监病故一案。缘汪大受籍隶该县，系舒大光家世仆，与已死余右祥先不认识。舒大光有出嫁无服族姑韩舒氏，先与余右祥有奸，后被其姑韩方氏撞获，禁绝往来，韩舒氏因此常在其母舒邱氏家居住。光绪二十一年正月二十七日，余右祥出外探亲，傍晚时分路过舒邱氏家门首，韩舒氏看见，告以伊母外出，留余右祥进内同坐谈笑，适舒大光亦至舒邱氏家闲逛，彼此撞遇，当向余右祥问知姓名，舒大光忆及余右祥曾与韩舒氏奸好，必来续旧，起意向余右祥讹诈钱文，当即回家与汪大受商量，并往在逃之已革生员舒兆铎告知情由，央恳代拟戒约同借票底稿，携带身边走回，遂邀同汪大受复往舒邱氏家，即以余右祥前与韩舒氏通奸败露，致舒韩两姓有失颜面，今敢复来续旧，欺人太甚之言向余右祥指斥，并拉余右祥至家评理，称欲送官究治，汪大受亦随声斥骂，余右祥畏惧求饶，舒大光称欲免究,除非写立戒约,声明以后不再与韩舒氏往来,并另立英洋五十元借票一纸,方可无事,余右祥无奈勉从。舒大光取出底稿,勒令余右祥照写画押,将底稿烧毁。是夜,余右祥即在舒大光家与汪大受同屋睡歇。讵余右祥因所立借票无钱应付,愁急莫释,乘间潜服身带烟膏。次早,汪大受见其神色改变,询悉前情,告知舒大光,并喊同邻人舒国标灌救无效,毒发殒命。尸母余汪氏闻知往看,问明情由,投保获犯,报经该县诣验讯供,详批斥革缉审。该犯汪大受据供,祖母年老丁单,饬传地邻人等讯取供结。据报,该犯汪大受在监患病,验详医痊,提犯覆讯,议拟由府委审,解司提讯,犯供翻异,札委署安庆府杨综清确审,据报该犯舒大光在监病故,由府委验详报。兹据该府将现犯汪大受覆讯,议拟解经本司,提犯亲讯,据供前情不讳,诘无起衅别故,及另有在场帮同吓诈之人,究鞫不移,案无遁饰。查例载:"刁徒吓诈逼命,如讯明死者实系奸盗等项有干例议之人,致被藉端讹诈,虽非凶犯干己事情,究属事出有因,为首之犯于绞罪上量减一等,杖一百,流三千里例,拟杖一百,流三千里。为从杖一百,徒三年。"又:"军民相奸,奸夫、奸妇枷号一个月,杖一百。"各等语。此案舒大光因见余右祥与奸妇韩舒氏谈笑,起意讹诈,纠同汪大受用言恐吓,逼令余右祥写立戒约借票,致余右祥被诈情急,吞服烟土身死,自应按例问拟。舒大光应如县府及委审所拟,合依"刁徒吓诈逼命,讯明死者实系奸盗等项有干例议之人,为首之犯,于绞罪上量减一等,杖一百,流三千里"例,拟杖一百,流三千里,业已在监病故,应与讯无凌虐之刑禁人等,均毋庸议。汪大受听纠同往随声斥骂,即属为从,汪大受亦如所拟,合依"为从杖一百,徒三年"例,拟杖一百,徒三年。据供祖母年老丁单,既据该县讯取供结,核与留养之例相符,请照例枷号一个月,满日杖一百,折责发落,准其存留养亲。韩舒氏与余右祥通奸,亦应按例问拟。韩舒氏亦如所拟,合依"军民相奸,奸夫、奸妇【应】枷号一个月,杖一百"例,拟枷号一个月,杖一百,系犯奸之妇杖决枷赎,由县追银册报,饬传本夫韩观龄领回,听其去留。余右祥与韩舒氏通奸,本干例议,业已服毒身死,应与讯未纵容之韩方氏等及灌救不及之邻证舒国标,均毋庸议。戒约借票饬县涂销,底稿供弃免追。尸棺饬属领埋。逸犯舒兆铎饬缉获日另结。所有监毙流犯一名,职名管狱官系安庆府照磨沈锦,相应开报附参。理合详候核咨。再,此案审限云云,至合并声明。等情。到院。据此,本部院覆核无异,除饬勒缉逸犯舒兆铎获报并分咨外,相应咨达。

京控人命于未经集讯之前悔悟呈明照例拟杖

为议详事。据署按察使丁峻详,准凤颍道[①]移,据凤阳府知府曾树椿详称:光绪二十年七月初八日，奉本道札，奉前抚宪札开，光绪十九年十二月[②]二十九日，准步军统领衙门兹据阜阳县监生李周章遣抱李文治京控李思兴等霸占地亩，将李建国轰毙。等情。讯据李文治供：我系安徽颍州府[③]阜阳县人，年二十八岁，在县属任庄居住，种地度日。原因光绪十七年七月间，族人李思兴与伊街邻任恒兴子媳任陈氏因检拾谷禾滋事，在县涉讼，李思兴曾经被押，随使伊胞弟李思聪并伊叔李建昌等将伊家田二十亩当给我耕种，价钱付清后又向我借去钱二百三十吊，屡讨未给，反声言未交地价。我们先后控县，不料李思兴纠同伊子侄等找我寻骂，并将我地内麦禾抢去，霸地不准耕种，仍勾讼棍吴级三等勒传我胞兄李周章赴县，并纠人至我家吓诈放炮，以致我堂侄李建国被炮轰毙命，赴县复控，未蒙验究，勒索钱文，赴本府、本道控告，未蒙讯究，赴臬司巡抚前控告，批府饬县，至今冤莫能伸，是以我胞兄李周章具呈，遣我来京赴案抱告的。等语。查李文治抱控李思兴等霸占地亩，将伊胞侄李建国轰毙，控经巡抚批府饬县。等情。此案既在该省巡抚前控告有案，相应将李文治并所递原呈甘结，咨送安徽巡抚审明办理，仍将如何完结缘由咨覆本衙门并都察院可也。计送原告李文治一名，原呈甘结各一纸。等因。到本部院。准此，查此案前据监生李周章等来辕具控，当以情节支离，批府饬县调契集证公断，结报在案。兹准前由，除将该原告谕发怀宁县收管，饬令解赴该道衙门听候提审，并行臬司知照外，合将原呈甘结抄录札行，札到即便行提全案人卷到道核讯详办，仍将抄发原呈甘结照抄一分[④]移送臬司备案。此札计抄发原呈甘结各一分[⑤]。等因。到道，奉经前道札提人卷，去后兹据凤阳县转准前途递到抱告李文治一名，并据阜阳县送到卷宗，以此案李周章词控李思兴轰毙其侄李建国一层，检查档案，未据呈报，饬令差保查覆，亦称李建国本系因病身死，实无被人轰毙之事等情申覆，及被证李思兴、李克明、李建昌，原告李周章，先后投讯前来，除分别发县收管取保候讯外，合抄原呈甘结同卷宗札委，札到该府，立即遵照提集现到原被人证，督同局员核明卷宗，研讯明确，录供妥拟，详解勘办，毋稍率延，切切。特札。等因。到局，奉此遵查抄发京控原呈，内开：具状人监生李周章，年四十九岁，安徽颍州府[⑥]阜阳县人，抱告李文治，为霸业吞价，串差酿命，贿布灭冤，情惨泣陈，哀叩中堂大人恩准电鉴怜情作主，赏饬法究，以伸含冤事。缘光绪十七年七月间，生族恶棍李思兴行事凶横，仗势欺懦，因与切邻任恒兴子媳任陈氏检拾谷禾滋事，陈氏被刀插伤一案，经讯思兴被押县中，用钱甚急，兴使胞弟李思聪、胞叔李建昌央族人李培本、李文藻等婉说，当与生等地二十余亩，生素知思兴不良，未敢应允。聪、昌屡次缠求，非将地当与生，别无人当，任姓控案难了。生念族谊，兴又在押，不忍坐视勉允，当即立约交价，别无他异。聪等将钱付给，应用未足，遂又托生代借钱二百三十千，县案得了。孰知兴人面兽心，妄意不良，觉案处和，妄费过多，不舍去地，从生奸谋，又被近族李克明翻唆不准借钱，屡催不给，反出恶言声称地价未交，控生在案。生遂赴县候质，伊更起奸谋，纠领子侄、雇佃刘兴等各执棍刀逞凶詈骂，生畏伊巨恶，闭门未出。伊遂又硬将生种麦禾抢去，霸地不准佃耕，又勾讼棍吴级三摆布衙门，勒生县案，串差汤德等纠令多人，突至生家，放炮扬威，百般吓诈，生侄避逃未及，被炮炸毙。信生控县，并不验究，反勒文藻纳钱八百千之多，生方免事，迫生控本府、本道、臬、宪，并在抚辕具控，展转皆批颍州府[⑦]饬阜阳县讯究，生等欲回县候质，恐遭伊等毒手，生出万难，不揣冒昧，恳乞法究，以屏诬贿。懦民有天，存没均感万代，朱衣焚祝上叩。又查甘结内开具切实甘结。李文治窃生抱控李思兴霸占地亩并放炮将生胞侄李建国轰毙等情，控经巡抚批府饬县，未蒙亲提，如虚甘罪所结。是实。又查县卷，内开：光绪十七年七月二十三日，据县属民人任恒兴呈称：本月二十日，伊媳任陈氏因在地内捡拾谷禾，不知被何人殴伤，旋即殒命。查有庄邻李思兴在场同殴，叩乞验究。等情。据经萧令诣验，提到李思兴，传同尸亲讯供各执，分别保管，传证质讯。旋因李思兴在管患病，经吴级三保出，在寓医调。嗣据任恒兴以伊媳任陈氏被人殴毙，现经查明，实无李思兴在场凶殴，不忍牵累，呈请摘释另缉。等情。又经讯取供结，将李思兴释回，录供详明，另缉正凶。又查另卷，内开：光绪十八年十二月间，据李思兴呈称：上年七月间，庄邻任陈氏被人殴毙，牵控身在场同殴，将身提案看管，传证质讯，后因在管患病，经吴级三保出，在寓医调，无钱使用，商同身叔李建昌、身弟李思聪将己地二十一亩，凭中李培本、李文藻当与族人李周章，说定每亩价银八两，共计银一百六十八两，立契成交，所有地价银两仍托由李周章代付城寓房、饭、医药各帐。嗣经任恒兴呈明，身未在场凶殴，又蒙提讯取结，将身释回，身因李周章当地银两核算，除开销外余剩尚多，屡向索找，讵李周章希图蒙混开消，拖赖不给，叩提究追。等情。即经萧令提讯两造，供词各执，正在补传中证质讯间，据李周章以李思兴等信人主唆，串诬牵累等情词，先后赴府、道、臬司暨抚宪衙门呈控，均批县提讯，因屡提人证未齐，致未讯结，各在卷。查毕，正提讯间，即据原告李周章以伊京控李思兴带领子侄逞凶抢麦霸地串差吓诈放炮将伊侄李建国轰伤毙命，控县不究，反勒索钱文各情，实系误听人言，以京控非有人命重情不能告准，一时糊涂起意捏砌图准，现已深知悔悟，不敢狡执，求免究诬。所欠地价银两，现因无钱应付，亦愿退地了事。等情。具呈。随提集人证，逐一研讯。

据监生李培本、李文藻同供：合这李周章即李文祥并李思兴都是无服族邻。光绪十七年七月里，庄邻任恒兴的媳妇任陈氏在地检拾谷禾，不知被何人殴毙，指控李思兴在场同殴，经县验明，差提李思兴到案讯供看管，传证质讯，随后李思兴在管患病，央恳吴级三保出，在寓医调，因没钱使用，经他叔子李建昌并他兄弟李思聪央求监生们作中,把己地二十一亩当给李周章,说定每亩价银八两,共计银一百六十八两,立契成交。所有地价银两仍托李周章经手,代付城寓房、饭、医药各帐。后来任恒兴查知李思兴并没在场凶殴,不忍牵累,赴县呈明讯释,李思兴回家后就向李周章找算地价银两,李周章狡赖不给,李思兴赴县控追,李周章就添砌人命重情上控京控的。今蒙提讯,李周章已知悔悟,先自呈明诬告实情,并与李思兴算清代付房饭医药各帐,用银六十余两作抵地价八亩,其余十三亩情愿退还与李思兴收回,另换契据了事。求恩断。是实。愿具结。

据文生李克明供:合这李周章、李思兴都是无服族邻。光绪十七年七月里,庄邻任恒兴的媳妇任陈氏在地检拾谷禾,不知被何人殴毙,牵控李思兴在场同殴。经县验明,差提李思兴到案讯供看管,传证质讯,后经任恒兴查知李思兴并没在场凶殴,赴县呈明,提讯释回,文生是知道的。至李思兴怎样当地与李周章,后来因索找地价彼此兴讼,文生们并没干预,那有从中主唆的事。今蒙提讯,李周章既已知悔认错,文生也不请深究了,求宽办。是实。愿具结。

据贡生吴级三供:合这李思兴素识往来。光绪十七年七月里,李思兴被庄邻任恒兴家命案牵控,差提到县,看管候讯。旋因在管患病,央恳贡生出具保状,把他保出,在寓医调。后来任恒兴查知李思兴并没在场凶殴,赴县呈明,提讯释回,贡生是知道的。至李思兴怎样因向李周章索找地价银两,彼此另兴讼端,贡生并没干预,那有从中串讼摆布的事。今蒙提讯,李周章既已知悔认错,贡生也不请深究了。求宽办,是实。愿具结。

据李思兴供:年三十五岁,阜阳县人。小的合李周章是无服族邻,素没嫌隙。光绪十七年七月里,庄邻任恒兴的媳妇任陈氏在小的族中地内检拾谷禾,不知被何人殴伤毙命。任恒兴指控小的在场同殴,经县验明,差提小的到案,讯供不认,蒙把小的看管,传证质讯。随后小的在管患病,央恳素识的吴级三保出,在寓医调。因没钱使用,商同叔子李建昌、兄弟李思聪把己地二十一亩,凭中李培本、李文藻说当与李周章,每亩价银八两,共合银一百六十八两,立契成交,所有地价银两仍托李周章经手,代付城寓房、饭、医药各帐。后来任恒兴查明小的并没在场凶殴,不忍牵累,赴县呈明,提讯省释,小的回家后因核算开消各帐地价银两,尚没用完,屡向李周章索找,李周章回称在城花用钱文已足抵过地价,笼统结算,不肯找付,也没实在细帐,小的心不甘服,遂赴县控追。李周章情虚狡赖,不知因何疑系李克明从中翻唆,并吴级三串讼摆布,先后赴各衙门上控,并又添砌小的带领子侄逞凶抢麦霸地及串差吓诈放炮轰伤他侄子李建国毙命各情,进京控告,蒙发提讯的。小的合李克明们那有前项情事,现在李周章既知悔悟,自行呈明诬告实情,并与小的结算,除经手代付房饭医药各帐用银六十余两作抵地价八亩外,余地十三亩情愿退还与小的收回,另换契纸,各执各业。小的念系族谊,也情愿息事,不请深究,求恩断。是实。愿具结。

据李建昌、李思聪供与李思兴供同。

据抱告李文治供:年二十九岁,阜阳县人,李周章是哥子,京控的事是哥子自做呈词带同小的进京作抱投递的,求宽办,是实。愿具结。

据原告监生李周章即李文祥供:年五十岁,阜阳县人,合李思兴们是无服族邻,素没嫌隙。光绪十七年七月里,庄邻任恒兴的媳妇任陈氏在地检拾谷禾,不知被何人殴伤毙命,控有李思兴在场同殴,经县验明,差提李思兴到案讯供看管,传证质讯,随后李思兴在管患病,央恳这到案的吴级三保出,在寓医调,因没钱使用,叫他兄弟李思聪同他叔子李建昌,凭中李培本、李文藻,把己地二十一亩当与监生,言明每亩价银八两,共合银一百六十八两,立契成交,所有地价银两仍托监生代付城寓房、饭、医药各帐。后来任恒兴查明李思兴并没在场凶殴,不忍牵累,赴县呈明讯释。李思兴回家后,因知地价银两尚没用完,屡向监生索找,监生原想连自己进城往返花用笼统开销作为价帐,已足两抵,不肯再付,向他回覆。那知李思兴心不甘服,控县差提讯追,监生情虚狡赖,因向李克明合李思兴近房,疑为从中主唆,并疑吴级三具保串讼摆布,就捏李思兴信人主唆串讼牵累等情,赴府、道、臬司暨抚宪各衙门呈控,均蒙批县讯断,监生因没奉准亲提,起意京控,并误听人言说京控事件非人命重情不能告准,遂又捏砌李思兴们纠领子侄逞凶抢麦霸地,串差吓诈放炮轰伤侄子李建国毙命,控县不究,反勒索钱文各节,自写呈词,于十九年十一月里带同兄弟李文治进京作抱,赴步军统领衙门控准,咨解回安,蒙发提讯的。现在监生已知悔悟,自行呈明诬告情由,并合李思兴结算,除经手代付城寓房饭医药各帐合计用银六十余两作抵地价八亩,其余所用钱文本系无帐可开,情愿自认,退还当地十三亩,仍归李思兴收回。另换契纸,各执各业,不再狡翻,只求不办监生诬告重罪,就是恩典了。至监生侄子李建国实是因病身死,并没别故,是实。愿具结。各等供。

据此,录供议拟解经凤颍道[8]亲讯无异,详奉批司核议。该本署司核看得阜阳县监生李周章遣抱京控李思兴等霸占地亩,并串差吓诈放炮将伊侄李建国轰毙等情讯系虚诬一案。缘李周章即李文详[9]籍隶该县,与李思兴等同族无服,素无嫌隙。光绪十七年七月间,庄邻任恒兴之媳任陈氏在李姓地内检拾谷禾,不知被何人殴伤毙命,赴县报验,控有李思兴在场同殴。据经该县萧先镐诣验,提到李思兴讯无确供,暂饬看管,传证质究。李思兴旋因患病,央允素识之贡生吴级三保出,在寓医调,因没钱使用,商允其叔李建昌、其弟李思聪,凭中李培本、李文藻,将己地二十一亩当与李周章,言明每亩价银八两,共合银一百六十八两,立契成交,所有地价银两仍托李周章经手代付城寓房饭医药各帐。后经任恒兴查明,李思兴并无在场凶殴,不忍牵累,赴县呈明讯释,录供详报,另缉正凶究办。李思兴回归,核算开消各帐,地价银两尚未用罄,屡向李周章索找,李周章蒙混开消,回覆价帐已足两抵,不允找付。李思兴心不甘服,控县讯供各执,李周章情虚狡赖,因疑李克明、吴级三从中串讼摆布,即以李思兴信人主唆串讼牵累等情,先后赴府道司暨前宪台衙门控告,均经批县提讯,李周章因未奉准亲提,起意京控,并误听人言以京控事件非人命重情不能准理,遂又捏砌李思兴带领子侄逞凶抢麦霸地,串差吓诈放炮将伊侄李建国轰伤毙命,控县不究,反勒索钱文各节,写就呈词,于十九年十一月间带同其弟李文治进京作抱,赴步军统领衙门控准,咨解回安,发由凤颖道[10]就近行提人卷,发委凤阳府曾守树椿审办。正提讯间,即据原告李周章以伊京控李思兴等抢麦霸地串差吓诈轰毙人命,控县不究反被勒索钱文各情,实系误听人言,图准添砌,自具悔呈,求免究诬。等情。即经提集原被人证质讯录供,议拟解经凤颖道[11]亲讯无异,详奉批司核议。本署司覆核此案,即经凤颖道[12]亲提讯明,李思兴等实无串差吓诈轰毙人命及私行贿和各情事,应即拟结。查律载:"断罪无正条,援引他律比附定拟。"又例载:"控告人命,如有诬告情弊,其间或有误听人言,情急妄告,于未经验尸之先尽吐实情,自愿认罪,递词求息者,讯明果无贿和等情,照不应重律治罪完结。"又律载:"不应为而为,事理重者杖八十。"各等语。此案李周章京控各节应以串差放炮轰毙伊侄李建国为重,如所控得实,李思兴罪应骈首,今李周章于到案未经质讯之先,即行自具悔呈,求免究诬,正核与"控告人命,如有诬告情弊,其间或有误听人言,情急妄告,于未经验尸之先尽吐实情,自愿认罪,递词求息"之例相符,即据讯无贿和情弊,应如道府所拟,将该原告李周章革去监生,酌照"不应重杖八十"律,拟杖八十。恭逢光绪二十年八月十六日恩诏,事犯在是年正月初一日以前,免其折责发落,仍饬县追取监照另交缴销。李文治讯是听从兄命进京作抱,业已罪坐其兄,应与讯无带领子侄逞凶抢麦并串差吓诈放炮轰毙李建国之李思兴,及并无主唆串讼摆布之李克明、吴级三,均毋庸议。李周章受当李思兴地二十一亩,除代付李思兴房饭医药银六十余两作抵地价八亩外,余地十三亩断令李周章退还与李思兴收回,另换契据,各执各业。李建国实系因病身死,已据该县查明具覆。任恒兴呈报命案,经县验报缉凶另办,均毋庸议。案已讯明,无干经道省释,未到免提。理合详候鉴核分咨。等情。到院。据此,本部院覆核无异,除分咨外,相应咨达。为此合咨云云。

校勘记:

①凤颖道:颖字误,当为"颍",全称当谓"凤颍六泗道",为光绪年间安徽省三道

之一。

②十二月:据上下文当为“十一月”。

③颖州府:颖字误,当为“颍”。

④一分:分字误,当为“份”。

⑤同④。

⑥同③。

⑦同③。

⑧同①。

⑨李文详:人名前后不一致,据上下文当为“李文祥”。

⑩同①。

⑪同①。

⑫同①。

诬轻为重原告始终狡执众供确凿照例奏请定夺

为详请事。据按察使嵩崑详,据安庆府知府联元详称:案奉札准都察院咨,据安徽民人盛锡振以强奸不从毒后身死等词赴院呈诉。讯据盛锡振供:年三十六岁,系凤阳府定远县人,缘光绪十三年八月间,身携眷逃荒至藕镇租赁土豪李鳌之侄住房一间。本年四月间,身赴怀远县谋生,家中有八岁小孩与妻过度,旋即回家搬取行李,途遇李姓家人送信,提及身妻病故,到家后始知身妻业经李鳌棺殓,葬在伊侄园内,身启棺看验,七窍流血,两手有伤。询据身子诉称,身妻临危之时言被李鳌损毁名节,难活于世,嘱身父子伸冤报仇,身即赴县呈报。讵李鳌手眼通天,贿通差役、地保,蒙混县主,报验不验,反将身掌责断钱完案,历控府道均不准理,身妻系是李鳌强奸不从被大烟毒死,是以来京沥诉。等语。余与原呈略同。查盛锡振控称土豪李鳌强奸伊妻不从,致伊妻被毒身死,该县并不认真验讯,上控不理。等情。案关强奸毙命凶纵冤沉,如果属实,亟应严究,相应抄粘原呈并原告咨送贵抚,提案严办,以重人命而惩强暴,完案后仍咨覆本院备查可也。计送抄原呈甘结各一纸,粘批二纸,原告盛锡振一名,同子鹤孜。等因。到本部院。准此,除将解到原告盛锡振等谕发怀宁县收管外,行司饬府研讯确情,录供详办。等因。奉此,遵查奉发原呈,内开:具呈状人民人盛锡振,年三十六岁,住定远县南乡严家桥保,离城十二里,为强奸不从,皂白不分,土豪凶恶毒后身死事。窃身向住定远县南乡严家桥保,素习染匠手艺。因去岁天干,秋成无收,于八月间携眷逃至藕塘镇,租李鳌之侄房屋一间,居住中街路北。身以砍草为生，妻以针工度日。于今春四月十四日往怀远谋求生理，家中只有八岁小孩与妻度日，于二十六日回家讨取行李，走至半途，忽遇李姓传人送信，言及妻于二十六日病故。身得此信，无所适从，于二十八日到家见妻尸已经入棺，系【方氏】李鳌买棺入殓，身妻病故，虽系在外生理，离家不远，当自己葬埋。李鳌买棺入殓，所为何情，尚且又不在他园内，在他侄园内。身与李鳌并无亲故，因何棺殓。身启棺验看，七窍鲜血流出，两手皆有伤痕，周身并未看验。身问小儿，他哭诉其母因临危时诉与小儿，汝父来家，告说李鳌不论纲常，损坏名节，皂白不分，难活于世，死后汝父子伸冤报仇。于五月初一日，父子到县呈控，恩准差传。不料李鳌手眼托天，贿买原差穆兰、地保孙玉芳，得赃拦验，捺票不传。十八日父子到县呈诉催验，不意李鳌内外贿布，蒙混县尊，并不赏验，又不差传，公堂不容分诉，掌责断钱，应行具结完案。似此刁恶，不论王法倒置，买法害民，不敢再呈。无奈到府呈控，府中推词不问。又控道辕，不问身妻被李鳌大烟毒死，害身妻皂白不分，似此刁恶土豪何能甘为，叩恳仁恩青天大人赏提李鳌，验妻伤痕。等情。又甘结内称：具甘结安徽凤阳府定远县民人盛锡振，年三十六岁，依奉结得身在本府、本道各控告一次，均未亲提，所具是实。等语。又查奉发定远县原卷，内开：该前县忠明任内，光绪十四年五月初一日，据民人盛锡振呈称：伊染匠手艺，在外佣工，遗妻胡氏，携带幼子在家度日。讵被李鳌于四月二十六日乘隙入室强奸，伊妻不从哭喊，鳌即逃走。伊妻一时气忿，服毒自尽，叩乞拘究。等情。到县，当经忠明查讯，盛锡振供无证据，饬传保邻质审，供甚参差，谕饬集证，讯办在卷。奉札前因，遵经督同局员提集人证研讯，盛锡振供词狡执，行提要证盛桂芳等，先期外出未到，详咨展限，一面委员前往催提。并据该户族文生盛相新、民人盛玉谦禀称，族人盛锡振之妻胡氏不守妇道，与李鳌通奸怀孕产生一女，经盛锡振查知，将女抛水淹毙并向斥责，胡氏屡次自尽，均经邻佑解救得生。盛锡振旋又外出，胡氏愧悔莫释，私自服毒殒命，族邻周知。不知盛锡振听谁唆使，诬告李鳌强奸逼命，兹因盛桂芳等逃荒外出，存亡未卜，生等确知其事，理合据实禀明，以杜拖累。等情。据经该县郑葆清传讯，盛相新等供与禀同，取具切结，会同委员禀司转饬到府，随提研讯。

据地保孙玉芳供：定远县人，这京控原告盛锡振合李鳌都住小的保内。李鳌先与盛锡振的妻子盛胡氏如何通奸，怀孕生一女孩，被盛锡振查知用水淹毙，并把盛胡氏责骂，致盛胡氏羞愧，乘间两次自尽，小的先不晓得。光绪十四年四月二十六日，盛胡氏服毒身死，因盛锡振没钱收殓，商允小的分向他族邻募钱殓埋。不料盛锡振于五月初一日，忽以李鳌强奸逼命等词赴县控蒙差传查讯，并没证据，谕饬集证讯办。盛锡振复赴本道衙门控告，没有准理，旋又赴京呈控，递解回省。今蒙提到质审,盛胡氏委因与李鳌通奸败露,羞愧自尽的,求作主。是实。

据邻佑杨宗明供:定远县人,合盛锡振同屋居住。盛锡振合李鳌时相往来,他妻子盛胡氏习见不避,李鳌何时向盛胡氏调戏成奸,小的先不晓得。光绪十四年四月初六日,盛胡氏因奸怀孕,生一女孩,外人纷纷谈论,邻族周知。十五日盛锡振回归,把女孩用水淹死,并把盛胡氏责骂,小的合妻子杨何氏闻声前往解劝,盛锡振也就出外佣工。后来盛胡氏自知丑声外扬,没脸见人,两次悬梁上吊,是他儿子盛鹤孜撞见,喊同小的赶去解救。不料盛胡氏羞愧莫释,于二十六日潜吞烟土自尽,又经他儿子鹤孜喊告族邻盛桂芳们用药灌救没效,旋即身死。报知盛锡振赶回,因没钱收殓,商允地保孙玉芳分向族邻募钱殓埋。后来盛锡振不知听谁唆使,捏控李鳌强奸逼命,蒙县传讯并没证据,谕饬集证讯办,盛锡振复赴本道府衙门控告,没有准理,旋又赴京呈控,把他递解回省。今蒙提到质审,盛胡氏委因与李鳌通奸败露羞愧自尽的,求质讯。是实。

据盛鹤孜供:年十一岁,定远县人,盛锡振是父亲,已死盛胡氏是母亲。这李鳌是邻居,合父亲时常往来,父亲外出佣工,在家日少,李鳌常合母亲谈笑是有的。光绪十四年四月初六日,母亲生一女孩,十五日父亲回归,把女孩用水淹死,并合母亲吵闹,经邻人杨宗明们劝散的。后来父亲外出,母亲两次上吊,都是小的撞见,喊同杨宗明解救。不料二十六日母亲又服烟土,小的看见,连忙喊告盛桂芳们灌救没效,就身死了。别的事不知道。是实。

据被告奸夫李鳌供:年六十岁,定远县人,父母都故,并没兄弟妻子,合这盛锡振邻居素识,时相往来,他妻子盛胡氏习见不避。光绪十三年不记月日,小的前往盛锡振家闲坐,适盛锡振外出,他儿子鹤孜在外玩耍,小的乘间向盛胡氏调戏成奸,后非一次,并没给过钱物,盛锡振先不知情。十四年四月初六日,盛胡氏因奸怀孕,生一女孩,十五日盛锡振回归,向盛胡氏盘出奸情,把女孩用水淹死,并把盛胡氏责骂,小的先不知道,后因听说盛胡氏乘间两次悬梁上吊,经人解救,小的潜往探问,盛胡氏告知情由,并说事已败露,难以存活的话,向小的哭诉,小的用言劝慰走散。不料盛胡氏羞愧莫释,于那月二十六日潜服烟土自尽,经他族邻盛桂芳们用药灌救没效,旋即身死,报知盛锡振回归,因没钱收殓,商允地保孙玉芳分向族邻募钱殓埋。后来盛锡振不知听谁唆使,忽捏小的强奸逼命等词赴县具控,差传查讯,并没证据,谕饬集证讯办,盛锡振复到本道衙门控告,没有准理,随赴京呈控,把他递解回省。今蒙提到质审,盛胡氏委因与小的通奸败露羞愧自尽,并没强奸的事,求详察。是实。

据原告盛锡振供:年三十九岁,定远县人,父母都故,并没兄弟,手艺营生,已死胡氏是妻子，这李鳌合小的邻居素识，时相往来，妻子习见不避。光绪十四年四月十五日，小的回归，查知妻子于那月初六日产生一女，外人纷纷谈论，小的知道来历不明，就把女孩用水淹死，并把妻子责骂。经同居的杨宗明、杨何氏走来劝解，小的也就外出佣工。过了几天，小的接到家信说妻子于二十六日吞服烟土身死，小的赶忙回家，因没钱收殓，商允地保孙玉芳分向族邻募钱殓埋，后来小的探闻妻子是被李鳌强奸不从，羞忿自尽，心怀不甘，就赴县喊控，蒙差传讯，小的没有供出实在证据，谕俟集证质审。小的终不输服，复先后赴凤阳府、凤颍道[①]衙门控告，因没有准理，起意京控，就照原控情词并添砌差保得贿蒙弊[②]各情，央过路不识姓名测字人做就呈词，携带儿子进京赴都察院衙门呈控，讯供取结，咨解回省，饬发审办。今蒙取到户族盛相新们供结，都说妻子因与李鳌通奸败露羞愧自尽，并经李鳌到案，据实供明，小的不敢始终固执，惟求传到盛桂芳们质明就是。各等供。

据此，将犯分别收禁，录供详批确审。据报，被告李鳌在监患病，提禁取保，医治无效，至十六年八月初六在保局病故。札委署怀宁县知县吴云涛验讯保人，并无凌虐情弊，绘取图结，详批核入正案拟办。兹据安庆府知府联元以众供确凿，该原告始终狡执，意图拖累，详叙众证情状，援例拟议，解由臬司嵩崑勘讯，转详请奏前来。本部院亲提研讯，缘盛锡振籍隶定远县，手艺营生，与在保病故之李鳌邻居素识，识相往来，其妻盛胡氏习见不避。光绪十三年不记月日，李鳌前赴盛锡振家闲坐，适盛锡振外出佣工，其子盛鹤孜在外玩耍，李鳌乘间向盛胡氏调戏成奸，后非一次，并没给过钱物，盛锡振先不知情。十四年四月初六日，盛胡氏因奸怀孕产生一女，因此外人纷纷谈论，邻族周知。十五日盛锡振回归，向盛胡氏盘出奸情，将女溺毙，并将盛胡氏责骂，经同居之杨宗明、杨何氏闻声前往解劝，盛锡振旋仍出外佣工，盛胡氏自知丑声外扬，无颜见人，两次悬梁自缢，均经其子鹤孜撞见，喊同杨宗明解救得生。李鳌闻知，潜往探问，盛胡氏告知前情，并以事已败露，难以存活之言向李鳌哭诉，经李鳌用言劝慰而散。讵盛胡氏羞愧莫释，于是月二十六日潜服烟土自尽，又经鹤孜喊告族邻盛桂芳等用药灌救无效，旋即殒命，报知盛锡振赶回，因无钱收殓，商允地保孙玉芳分向族邻人等募资殓埋。五月初一日，盛锡振忽以强奸逼命等词赴县呈控，该前县忠明提讯，盛锡振供无证据，饬传保邻质审，供甚参差。盛锡振即以前情先后赴凤阳府、凤颍道[③]衙门具控，均经驳斥未准。该民人心怀不甘，起意京控，仍照原控情节并添砌差保得贿蒙弊[④]各情，央过路不识姓名测字人做就呈词，携子进京赴都察院衙门越控，讯供取结，咨解回安，前抚院行司委提人卷至省，饬发安庆府审办。盛锡振供词狡执，行提要证未到，详咨展限，一面委员催提，并据该户族文生盛相新等据实呈明讯取供结，集证反覆推鞫，非特众供如一，即李鳌亦供认因奸败露致盛胡氏服毒自尽不讳，惟原告盛锡振始终狡执，坚不成招，录供详批确审。据报，被告李鳌因病取保病故，委验详批核入正案拟办。兹据安庆府详由臬司勘转到本部院，亲提研鞫，众供佥同，查审断全凭证佐，谳狱务贵精详，盛胡氏因与李鳌通奸怀孕产生一女，经盛锡振查知盘出奸情，将女溺毙，并将盛胡氏责打，其两次轻生有邻佑杨宗明等解救可证。迨李鳌闻知，潜往探问，又有该氏向其哭诉，告以不能存活之言可凭，及至毒发毙命复有该族邻地保人等在场目击可据，其为因奸败露羞愧自尽情节显然，乃反覆究结，该原告盛锡振一味固执，未肯实供，诘以李鳌强奸伊妻毙命有何证据，则又理屈词穷，不能指实，惟求提证提质。该原告明知要证到案无期，坚请传案质审，希图藉词延宕，实为刁健之尤，案经迭次严讯，众供确凿，且取有该户族盛相新等切实供结，未便因要证未到，悬案莫结，转得遂其拖累之计。查例载："强奸未成，本妇羞忿自尽者，拟绞监候。"又："和奸之案，奸妇因奸情败露羞愧自尽者，奸夫杖一百，徒三年。"又律载："诬轻为重至死罪未决者，杖一百，流三千里。"又名例载："审办案件其有实在刁健坚不承招者，犯该徒罪以上，仍叙众证情状奏请定夺。"各等语。此案盛锡振因其妻盛胡氏与李鳌通奸产生一女，旋经查知，将女溺毙，致该氏羞愧莫释，服毒自尽，已据李鳌供认不讳，按例罪应满徒，盛锡振捏以强奸逼命重情赴京控告，如果所控属实，李鳌罪应缳首，今讯系虚诬，自应照律反坐。盛锡振应如该府司所拟，除故杀奸生之女及越诉各轻罪不议外，合依"诬轻为重至死罪未决者，杖一百，流三千里"律，拟杖一百，流三千里。事犯在光绪十五年三月十六日恭逢恩诏以前，核其情罪不在不准援免之列，应请准予援免，后再有犯，加一等治罪。惟该原告始终狡执，坚不成招，是其自知情虚，意图延讼滋累，已可概见，第众供既经确凿，案情似无疑义，相应援例奏明，请旨定夺。李鳌与盛胡氏通奸，致酿人命，罪应拟徒，业已在保病故，应与讯无凌虐之保人及讯无贿弊之差保人等均毋庸议。做词之不识姓名测字人请免查提。尸棺饬埋。无干省释。未到人证免提省累。除恭折具奏并分咨外，相应咨达。

光绪十八年正月二十八日准。部照覆。

校勘记：

①凤颖道：颖字误，当为"颍"，全称当谓"凤颍六泗道"，为光绪年间安徽省三道之一。

②蒙弊：弊字误，当为"蔽"。

③同①。

④同②。

跋 一

苏东坡先生诗云："读书万卷不读律，致君尧舜知无术。"律之为用，其大矣哉！而今之士则固甚。夫蘧庐风雨，适以啸歌，原未卜苍苍者之位置何等。然谓世有卿相，而吾不禹、皋，不乃自菲薄耶？文少侍先君子宦游滇南，鲤庭趋过，尝谆谆以东坡二语上承严训。时吾师春帆夫子馆粤制府署，因体堂上指，负笈往事焉。既抵门，夫子呼而进之曰："嘻！子胡来？子富于岁，读诗书以弋取科第，出为国家用，后望正未有既。恶取此，以刀笔依人。为子无然，是谋非可长也。"文唯唯，谨具呈所来意，夫子因哂其志之大而言之狂，姑许留之。后文以应试归，连不洽有司，度决然舍去，借赀郎以博一官，役役然走听皖江鼓，适夫子已停骖是邦，十数年前旧师弟异地重逢，乐可知也。顾文以引嫌，未获屡过问，而讲席之旁，遂不复时有弟子之跡矣。文因有感焉。自百司政务殷繁，帷幄中各延通儒达彦以资参赞，而关禁肃甚，外人罕与之通。夫官之于幕，以友视，非以属视，以义合，非以势结也。居停而贤者乎！则端人之取友必端，何所用其猜忌哉！兹者，因夫子有《刑案汇编》之刻，爰附数言于简尾，藉志师弟因缘。他日者，或得展尺寸长，不至以末秩竟，藉无负先君子之期望，皆夫子之所策也。夫子其许乎？否耶？

光绪丙申季秋十有八日　受业全焕文谨识

跋 二

古君子之平天下也，有絜矩之道焉，所以平不平以致其平者也。世道陵夷，犴狱滋起，骫法之吏，往往畸轻畸重于其间，情有可原者故入之，理无可恕者故出之，民无所措手足矣。不平孰有大于是者乎！吾师春帆夫子，浙之山阴人也，沉静寡言，慈祥之怀出于天性，读书不喜事帖括，精律例以求为有用之学，殊不类于申、韩刻薄之所为。数十年来，游豫章、历粤东暨大江南北，凡土物之肥硗、风俗之贞淫、人心之正变，靡不藻绘于胸中。其取之也精，故其用之也益宏。当世名公卿耳其名，争投辖焉。居恒手订之案积数十百起，其中有疑难者，辄至废寝忘餐，四三驳诘，虽显触当途之忌讳而不辞，务使权衡至当，蕲至乎仁至义尽，以絜古君子之所谓矩者。夫亦曰：得其平而已矣。假而挟所学膺尺寸柄以奉天子法，使天下无冤民，民且自以为不冤者，安知张释之、于定国所以造福于苍生，即以福其子孙者，不复见于今日耶？球少孤，不更时事，曩者负笈徒步，薄游皖江，幸得隶事门下，侧闻绪论，十有余年。岁丙申，馆于庐阳，友来告曰：吾师之劳形案牍，卷帙浩繁，生平精力毕萃于此，久则恐其散佚也，盍劝付手民以垂不朽？球正喜友人之先得我心焉，因于编次之余，敬述颠末，固知于是书之蕴奥，尚未窥其万一也。所愿有心世道者授而读之，以治一邑而有余，即以治天下而无不足。所谓平不平以致其平者，庶浸淫焉，日臻乎刑措之世也。然则是书固即古君子所以平天下之矩也，岂徒及门之绳墨、后学之津梁已哉！

光绪二十二年岁次丙申孟冬　受业章球谨言

跋　三

刑者，圣人不得已而用之也。后世法网愈密，而人心愈不靖者，何哉？今有说者曰："试剖而斗，折而衡，禁而相生相养之道，民自无所用其争。"此庄、老之见也，势必不能。又有说者曰："息争无他术也，致焉，锻炼焉，深文周内，使民无遁情。"此申、韩之学也，循是而行之，人之类不几灭矣乎！然则果遵何道哉？善乎，韩子之言曰："博爱之谓仁，行而宜之之谓义。仁义者，乃圣人所以用刑之本，尽己之性以淑民之性者也。"吾师春帆夫子，以其学遍交当世士大夫，足迹半天下，最后游皖江，大吏咸争迎之。溥束发授书，从事帖括，连不得志于有司，中夜感愤，思有以自效于世也。于是负笈庐阳，始受业梦蟾胡师门下，继复隶事我夫子于节辕幕庭，朝夕亲炙，阅四寒暑，晰疑辨难，多所领悟。今夫子因同门之请，选积年在皖手订案牍付之手民，溥得与于雠校之役，见夫不事姑息以类煦妪之所为，亦不事刻覈以干造物之忌，必使折衷一是，归于仁至义尽而后已，其矜慎也如此！人第知于庄、老之道大相径庭也，不知于申、韩之学抑亦有不可同年语者矣。吾见出是编以问世，上体天地好生之德，下顺民物自然之情，诚不失圣人所以用刑之意。任人事之纷纭蕃变，迭出其巧以相尝，卒莫能轶此范围之外，久则能渐民以仁，摩民以义也。不诚可谓发前贤所未发，能佐国家律例之所不及也哉！镌刻将蒇事，喜而缀言于尾，以志心香一瓣之祝云。

光绪二十二年岁次丙申季秋　受业方溥谨言

跋 四

天之于物，其无所不爱矣乎？而雷电也，冰霜也，水火疾疫也，此天之刑也。天之于物，其有所不爱矣乎？而遇雷电而知戒惧，见冰霜而知警惕，经水火疾疫而知修省，此天之以不爱为爱，所以为爱之至也。天子则之。百司者，为天子行政者也，而纷纭蕃变，病其应博而不能专也，于是延才识宏通之士以资其佐理，而名法乃有所专属。夫名法亦岂易言哉？罪名出入之所系，民命生死之所关，一或不慎，而轻重悬殊，冤抑滥苦。居停信任而行之，在上如拟而覆之，则民不死于法中，而死于法外者良多也。吾师春帆先生，精于名法者也，始游粤，继之金陵、之皖江，为曾忠襄、张靖达诸巨公所契重。先生于谳牍恒斟酌再三，无一字一言之轻忽，谓治狱必情法两得其平，生死者皆无所恨而后可。又尝乐善好施，与遇有贫病急难者，靡不尽力佽助，推而至于虫鱼鸟兽，亦各被其拯济恩。以故四十年参赞上台，行橐萧然，犹未克作退老计。顾忆先生年逾四旬，尚抱商瞿之憾，今者雨世兄亭亭玉立，俱崭然见头角矣，秉性温良，天分超特，见者咸许为非常之器，天之报施先生者，其在斯乎！先生品行、心术，无一不足为后生法，而半生探讨钻研、所消磨其精力者，尽在案牍之中。网罗其所散轶，请厘订而雕刻之，是谁之责耶？有其责而克副之，其乐为何如耶！吾知是编之出，金科玉条，智愚皆知所敬畏，将所谓遇雷电而知戒惧、见冰霜而知警惕、经水火疾疫而知修省，上以承圣世法天行道、刑期无刑之郅治，而即以报当道诸公之知遇者，胥在此也，独留名云乎哉！工即竣，附缀数言，博先生之莞尔焉。

光绪丙申会庆节　受业江景镛、郑延鸿、陈畴谨识

跋 五

天地生人而不畀以有用之才，则天地虚生此人也。天地生才而不假以可用之权，则天地虚生此才也。然天地虚生此才，而才卒不为天地所虚生，此才之隐报天地，实非天地所意料也。盖士君子秉两间之浩气，裕一室之暗修，醞酿既深，幽光必发，理固然也。若无黼黻之膺、斧柯之假，而必欲以所抱之才有功于天下国家、世道人心也，不更戛戛乎难之哉！我师春帆夫子为越中贤士，早岁读书镜湖，郁郁不得志，遂以申、韩术历游于粤之东西，而苏而皖，当时明公巨卿咸争迎之，足迹半天下，心计数十年，虽无尺寸之柄，而渐民以仁，摩民以义，恒汲汲于怀。其手订案牍，无论轻重巨细，必使情法两平，冤滥悉泯，以仰副朝廷明慎用刑至意，而亦告无罪于天地鬼神，此其用心之苦、立意之厚，实有功于世道人心者大也，岂寻常以笔墨为生涯者所可同日语哉！今以皖中所订之稿，寿之以书，曰《刑案汇编》，俾览之者庶几略见一斑。噫！天地虚生此才，而才卒不为天地所虚生者，殆我夫子之谓焉！光薄游皖水，侍立有年，尚不能拟其万一，爰缀数言，以鸣学步之意。

时光绪丙申季秋十有九日　会稽门生王观光谨跋

跋 六

舅氏春帆先生天姿卓荦，赋性淡泊，读书不求仕进，期有济于世用，知申、韩一道可以彰国宪而正人心焉，遂肆志于此，得其精要。出游豫、粤间，名重一时。当世巨卿争致幕中，前席受教。彬时家居，勿获知其详。洎游皖，始随侍左右，尝见舅氏每覈一案，必反复推求，务使情法皆当而后定谳。彬窃以为用心太苦，非老人所宜，时进几谏。因诲之曰："国家设科条以正有罪，立法有尽而人情变幻靡穷，全在当事者揆事察理，细心体会，以冀得免于枉纵。吾宁苦心深思，以求理得心安，讵敢率而操觚哉！"彬闻而悚然，而后知舅氏之任事弥久，见道弥深，而虚心弥甚也。丙申夏，诸同门请以在皖所定爰书，付之手民，以为及门模楷，后学津梁。舅氏辞弗获，遂如所请，刊既竣，名曰《刑案汇编》，计十六卷，得百五十案。世之览者，第见叙事简练，援引精当，而舅氏一片慈祥、恺恻之怀，有在楮墨之外者。彬既躬任校对，其能已于言哉！

光绪丙申重九后七日　甥胡彬谨跋

跋 七

《刑案汇编》一书,家大人应及门之请,搜辑以付梓者也。家大人由苏至皖时,荣才授书,今更十一寒暑矣。每遇拟办谳牍,荣尝侍立案旁,见其中有疑难者,则细心斟酌,管至屡握而屡辍。荣以节劳上劝,曰:“居停寄民命于幕庭,此一笔下,死生出入系焉者也,可不慎哉!且我于一虫一鸟之微,犹爱护周至,不忍伤之,而况其大者耶!”家大人之教荣也,无疾言遽色,有过,必微词示意,未尝呵责之。荣亦益加警惕,常伺察于无形无声之表,必视笑色如常而心始安也。兹者刻工告竣,谨志数言,以明家大人之苦心云。

尔时光绪丙申九月十有七日　男锡荣谨识